Im Verlag Hans Huber sind außerdem erschienen:

Dieter Frey und Martin Irle (Hrsg.)
Theorien der Sozialpsychologie
Band I: Kognitive Theorien
2., vollständig überarbeitete und erweiterte Auflage. 406 Seiten

Dieter Frey und Martin Irle (Hrsg.)
Theorien der Sozialpsychologie
Band III: Motivations-, Selbst- und Informationsverarbeitungstheorien
2., vollständig überarbeitete und erweiterte Auflage. 398 Seiten

Dieter Frey / Martin Irle (Hrsg.)

Theorien der Sozialpsychologie

Band II
Gruppen-, Interaktions- und Lerntheorien

2., vollständig überarbeitete und
erweiterte Auflage

Verlag Hans Huber
Bern · Göttingen · Toronto · Seattle

Adresse des Erstherausgebers:
Prof. Dr. Dieter Frey
Institut für Psychologie der Universität München
Abt. Sozialpsychologie
Leopoldstraße 13
D-80802 München

Die Deutsche Bibliothek – CIP-Einheitsaufnahme

Theorien der Sozialpsychologie / Dieter Frey / Martin Irle (Hg.). -
Bern ; Göttingen ; Toronto ; Seattle : Huber
Bd. 2. Gruppen-, Interaktions- und Lerntheorien. -
2., vollst. überarb. und erw. Aufl. - 2002
(Aus dem Programm Huber: Psychologie Lehrtexte)
ISBN 3-456-83513-2

2., vollständig überarbeitete und erweiterte Auflage 2002
© Verlag Hans Huber, Bern 2002

Lektorat: Peter Stehlin
Herstellung: Kurt Thönnes, die Werkstatt, Liebefeld-Bern
Anregungen und Zuschriften bitte an:
Verlag Hans Huber, Länggass-Straße 76, CH-3000 Bern 9
Tel: 0041 (0)31 300 4500 / Fax: 0041 (0)31 300 4593
E-Mail: verlag@hanshuber.com / Internet: http://www.HansHuber.com
Fotosatz und Repro: SatzTeam Berger, Ellwangen/Jagst
Druck: Hubert & Co., Göttingen
Printed in Germany

Inhaltsverzeichnis

Grundlegende Theorien zu Gruppen

Theorien zu intergruppalem und interpersonalem Verhalten

Lern- und Handlungstheorien

Theorien zu angewandten Aspekten

Vorwort der Herausgeber zur Neuauflage der Bände II und III

Der Entwicklungsstand einer Wissenschaft ist danach zu beurteilen, wie sehr sie fähig ist, erklärungskräftige Theorien anzubieten. Nach wie vor halten wir an diesem Grundsatz fest, der uns auch in dem Entschluss bekräftigte, die Theorienbände II und III nun vollständig überarbeitet neu herauszugeben. Im deutschen genauso wie im internationalen Sprachraum gibt es bislang kaum Bücher, die sich dem Anspruch verpflichtet fühlen, einen Überblick über die bestehenden sozialpsychologischen Theorien zu vermitteln. Diese Lücke zu schließen war und ist Ziel des vorliegenden Werkes.

Der Band I mit dem Titel «Kognitive Theorien der Sozialpsychologie» wurde erstmals 1978 herausgegeben und seitdem mehrfach neu aufgelegt. Eine vollständige Überarbeitung wurde zuletzt 1993 vorgenommen. Die Bände II und III der Theorien der Sozialpsychologie erschienen erstmals 1985. Trotz mehrerer Neuauflagen fehlte jedoch bisher eine substantielle Überarbeitung. In der sozialpsychologischen Forschung und Theorienbildung ist aber seitdem sehr viel passiert, was uns dazu bewogen hat, die Bände II und III der Theorien der Sozialpsychologie nun komplett neu herauszugeben.

Einige der ursprünglich in den Bänden II und III enthaltenen Theorien finden sich aufgrund dieser Entwicklungen nicht mehr in dieser Neuauflage. Alle anderen bereits bestehenden Beiträge zu den verschiedenen Theorien wurden grundlegend überarbeitet, um neuere Forschungsergebnisse und gegenwärtige theoretische Strömungen zu integrieren. Des weiteren ist es uns gelungen, einige Beiträge zu klassischen genauso wie zu neueren Richtungen sozialpsychologischer Forschung zusätzlich aufnehmen zu können, die bisher in den Bänden II und III noch nicht abgedeckt waren: Hierzu gehören Beiträge über Theorien der modernen Zielpsychologie, Theorien interpersonaler Attraktion, Kreativität und Innovation, Theorien hilfreichen Verhaltens, Theorien aggressiven Verhalten, kulturvergleichende Sozialpsychologie, die Prospekttheorie, die Selbstbestimmungstheorie von Deci und Ryan, das linguistische Kategorienmodell, Theorien der Bewältigung, Handlungstheorien sowie Theorien ideologischer Systeme. Diese Themen, deren Teilaspekte bisher in verschiedenen anderen Themenbereichen immer wieder von Bedeutung waren und dort Erwähnung fanden, werden nun in eigenständigen Kapiteln behandelt.

Insgesamt gehen wir davon aus, dass die vorliegenden Bände nun erneut eine gute Ergänzung zu den bestehenden Lehrbüchern der Sozialpsychologie darstellen. Während nämlich die traditionellen Lehrbücher vorwiegend phänomenorientiert aufgebaut sind, also auf Phänomene wie Entschcidungen, Konflikte, Hilfeverhalten o. ä. fokussieren und die damit verbundenen unterschiedlichen Theorien und Forschungsei gebnisse abhandeln, wird hier der umgekehrte Weg vorgeschlagen: Es werden Theorien vorgestellt und anschließend versucht, diese auf unterschiedliche Phänomene zu beziehen. Natürlich lässt es sich trotz dieses Vorsatzes nicht vermeiden, bestimmte Themen, wie z. B. Hilfeverhalten, Aggression oder Gruppenforschung phänomenorientiert anzugehen.

Bei machen Theorien wird der eine oder andere vielleicht zunächst überrascht sein, warum diese nun gerade in einem Werk über die Sozialpsychologie aufgenommen wurden. Zu diesen zählt möglicherweise die Prospekttheorie. Es lässt sich jedoch nicht bestreiten, dass viele Phänomene, die mit Gesundheits- und Umweltverhalten zu tun haben (also Phänomene, mit denen sich die Sozialpsychologie auch beschäftigt) durch den Ansatz der Prospekttheorie erklärt werden können. Sicherlich weist die Forschung zur Prospekttheorie noch Lücken auf, wir gehen aber davon aus, dass dieser Ansatz das Potential besitzt, zu einer erklärungskräftigen Theorie ausgebaut werden zu können.

Neu aufgenommen haben wir ein Kapitel über die Theorien der Bewältigung, weil wir der Meinung sind, dass dieser Ansatz in vielen anderen Theorien (etwa der Dissonanztheorie oder der Kontrolltheorie) relevant ist.

Den Bereich Bindungstheorie und Bindungsforschung haben wir hinzugefügt, weil die damit verbundenen Theorien zwar in der Entwicklungspsychologie hochaktuell sind, in der Sozialpsychologie jedoch immer noch vernachlässigt werden, und das obwohl dieser Komplex viele Bezüge zu sozialpsychologischer Forschung aufweist. Soziale Interaktion ist unserer Ansicht nach besser zu verstehen, wenn die Vergangenheit der beteiligten Personen miteinbezogen wird. Dies ermöglich uns ein besseres Verständnis dafür, wodurch deren Bindungen zueinander geprägt sind. Dass vergangene Beziehungen letztlich auch die gegenwärtigen und zukünftigen Interaktionen beeinflussen, wird wohl nicht bezweifelt werden. Ein Großteil der bindungstheoretischen Forschungen bezieht sich zwar auf Kinder und deren Eltern, wobei v.a. die Mütter im Fokus stehen. Viele der hier entdeckten Zusammenhänge sind jedoch auch auf soziale Beziehungen in anderer Form, wie z. B. das Lehrer-Schüler-Verhältnis oder die Beziehungen zwischen Führungskraft und Mitarbeiter, generalisierbar.

Auch Theorien über Kreativität und Innovation sind bisher in der Sozialpsychologie noch unterentwickelt. Da sie aber durch die Ideen der Globalisierung, des lebenslangen Lernens und der veränderten Arbeitswelt zunehmend an Bedeutung erfahren, wurde ein Beitrag über sie aufgenommen.

Mancher Leser und manche Leserin mag sich wundern, warum wir in den «Theorien der Sozialpsychologie» nun auch einen Beitrag über die Systemtheorie bringen. Dahinter steht die Überzeugung, dass das systemtheoretische Denken in der (Sozial-) Psychologie teilweise noch zu wenig angewendet wird und viele «unserer» Theorien der

Vernetzung nicht ausreichend Beachtung schenken. Dieser Beitrag mag Leser und Nutzanwender von (Sozial-)Psychologie dazu inspirieren, bestehendes Denken im Lichte der Systemtheorie neu zu bewerten und systemtheoretische Erkenntnisse bei der Formulierung (sozial-)psychologischer Theorien zu berücksichtigen.

Neu hinzugekommen sind auch die Handlungstheorien. Hierbei handelt es sich weniger um eine Theorie, die Erleben und Verhalten vorhersagen möchte, als vielmehr um einen globalen Ansatz, der Aussagen darüber macht, wie Kognition, Emotion und soziales Verhalten zusammenhängen.

Das Ziel der beiden nun neu herausgegeben Bände besteht erneut darin, ausgewählte Theorien zu präsentieren und gleichzeitig auch exemplarische Anwendungsgebiete aufzuzeigen. In Band II werden überwiegend Gruppen-, sowie Interaktions- und Lerntheorien und besprochen. In Band III haben wir eine Differenzierung zwischen Motivations-, Selbst- und Informationsverarbeitungstheorien vorgenommen. Sicherlich hätte die eine oder andere Theorie auch anders zugeordnet werden können – je nachdem, welche Kriterien man besonders in den Vordergrund stellen möchte; ebenso lassen sich Überschneidungen nicht vermeiden. Trotzdem erscheint es uns sinnvoll, die Theorien nach den hier vorgeschlagenen Kriterien zu ordnen.

Jeder einzelne Beitrag wurde von Gutachtern, sowohl von studentischer Seite als auch aus dem Kollegenkreis, genauso wie durch die Herausgeber selbst, kritisch durchgesehen, korrigiert und anschließend von den jeweiligen Autoren erneut überarbeitet. Dadurch sollte eine Ausgewogenheit genauso wie eine gute Verständlichkeit sichergestellt werden. Insbesondere die Partizipation von Studierenden bei diesem Prozess sollte garantieren, dass das vorliegende Werk bei hohem fachlichen Niveau eine gut lesbare Grundlage für die Auseinandersetzung mit sozialpsychologischen Theorien darstellt.

Zahlreiche studentische Mitarbeiter/-innen waren in diesen Prozess involviert. Hier seien insbesondere genannt: Frau Herzfeld, Frau Hirsch, Frau Promberger und Frau Schmidt. Ebenso beteiligten sich eine Vielzahl von Kollegen und Kolleginnen an der Optimierung der eingereichten Beiträge; besonders hervorheben möchten wir in diesem Zusammenhang Veronika Brandstätter, Felix Brodbeck, Peter Fischer, Elisabeth Frank, Verena Graupmann, Tobias Greitemeyer, Eva Jonas, Rudolf Kerschreiter, Andreas Mojzisch, Stefan Schulz-Hardt, Beate Schuster und Eva Traut-Mattausch. Wir bedanken uns bei ihnen allen für die Mitarbeit, für konstruktives Feedback und hilfreiche Kritik. Herzlich bedanken möchten wir uns auch bei jenen, die an der technischen Umsetzung beteiligt waren und ohne deren kontinuierliche Unterstützung eine Realisierung eines solchen Vorhabens nicht möglich gewesen wäre. Zu diesen «Helfern im Hintergrund» zählen Albrecht Schnabel, Michaela Bölt, Mara Doro Kleeblatt und insbesondere auch Martin Winkler.

München, im Mai 2002   Dieter Frey / Martin Irle

Grundlegende Theorien
zu Gruppen

Sozialpsychologische Theorien zu Urteilen, Entscheidungen, Leistung und Lernen in Gruppen

Stefan Schulz-Hardt, Tobias Greitemeyer, Felix C. Brodbeck und Dieter Frey

1 Einführung

Bedeutsame Urteile und Entscheidungen werden in demokratischen Gesellschaften in zunehmendem Maße von Gruppen getroffen. Organisationen weisen vermehrt Gruppen Arbeiten zu, die traditionellerweise durch Individuen erledigt wurden (Gruenfeld, Mannix, Williams & Neale, 1996). Dies wird u. a. dadurch begründet, dass auf Gruppenebene mehr Ressourcen (z. B. intellektueller Art) verfügbar sind als auf Individualebene, und dass Gruppen daher in besonderem Maße in der Lage sein sollten, qualitativ hochwertige Gruppenergebnisse wie zum Beispiel akkurate Prognoseurteile und gute Entscheidungen zu erzielen (vgl. Vroom & Jago, 1988). Von daher ist nicht verwunderlich, dass die Themen Gruppenurteile, Gruppenentscheidungen und Gruppenleistung zentrale Bestandteile sozialpsychologischer Forschung und Theorienbildung sind. Alle diese Bereiche unterliegen einem gemeinsamen Prinzip, nämlich dass ein bestimmter von der Gruppe produzierter «Output» – der oft sogar konstituierendes Merkmal dieser Gruppe ist (z. B. Personalauswahlkommission, Arbeitsgruppe am Fließband) – im Zentrum des Interesses steht. Aus diesem Grund sind diese Bereiche im vorliegenden Beitrag zusammengefasst.

Dabei liegt hier kein «klassisches» Theoriekapitel in dem Sinne vor, dass eine bestimmte Theorie dezidiert vorgestellt und hinsichtlich ihres Forschungsstands diskutiert würde. Eine übergreifende Theorie des Zustandekommens und der Qualität von «Gruppenoutcomes» (wie Urteilen, Entscheidungen sowie quantitativer und/oder qualitativer Leistungen) existiert – wie übrigens im Individualbereich auch – bisher nicht, obwohl es durchaus vereinzelt Versuche gibt, zumindest einige Forschungsbereiche zu diesem Thema übergreifend theoretisch zu ordnen (siehe z. B. Hinsz, Tindale & Vollrath, 1997; Witte, 1987).

Um trotzdem dem Anspruch eines *Theorie*bandes gerecht zu werden, zielt unser Beitrag darauf ab, das jeweils verbindende Prinzip theoretischer Hauptströmungen in den genannten Forschungsbereichen zu verdeutlichen und wichtige theoretische Ansätze solchen Strömungen zuzuordnen. Demgegenüber vernachlässigen wir die Phänomenseite, d. h. wir beanspruchen nicht, einen repräsentativen Überblick über Phänomene zu geben, die im Hinblick auf Gruppenurteile, Gruppenentscheidungen und Gruppenleistung erforscht wurden und werden. Wir greifen beispielhaft zentrale Phänomene heraus, an denen wir dann jeweils die hinter den Hauptströmungen stehenden theoretischen Prinzipien verdeutlichen.

In Abschnitt 2 beschäftigen wir uns mit Gruppenurteilen und Gruppenentscheidungen. In Abschnitt 3 werden die wesentlichen theoretischen Zugänge zum Thema «Gruppenleistung» skizziert. Obwohl natürlich auch Gruppenurteile und Gruppenentscheidungen Leistungsaspekte beinhalten können, z. B. wenn die Akkuratheit von Urteilen oder die Qualität von Entscheidungen untersucht wird, handelt es sich bei «Gruppenleistung» doch um einen Forschungsbereich, der sich aus anderen Wurzeln heraus entwickelt hat und durch eine im Vergleich zu Gruppenurteilen und -entscheidungen unterschiedliche Theoriebildung geprägt ist. Parallelen werden aber, wenn möglich, auch hier verdeutlicht.

Die in den Abschnitten 2 und 3 dargestellten theoretischen Ansätze fokussieren auf ein singuläres Gruppenergebnis zu einem bestimmten Zeitpunkt. Reale Gruppen bestehen und interagieren oft über längere Zeiträume hinweg. Dementsprechend erfordert eine realistische Betrachtung der Leistungsfähigkeit von Gruppen, auch die zeitliche *Veränderung* von Gruppenergebnissen durch Lernprozesse im Gruppenkontext in Betracht zu ziehen. In Abschnitt 4 gehen wir daher auf Gruppen als lernende Systeme ein und besprechen theoretische Ansätze zu individuellen und kollektiven Lernprozessen und deren Einfluss auf das Gruppenergebnis. Abschnitt 5 gibt einen abschließenden Ausblick.

2   Gruppenurteile und Gruppenentscheidungen

2.1   Zwei exemplarische Phänomene: Gruppenpolarisierung und suboptimale Entscheidungen im «Hidden Profile» Paradigma

Wenn Gruppen ein Urteil abgeben oder eine Entscheidung treffen wollen, dann müssen dazu Beiträge der einzelnen Mitglieder zusammengeführt und integriert werden. Dabei ist zwischen zwei unterschiedlichen Arten von Beiträgen zu unterscheiden: Jedes Gruppenmitglied bringt bestimmtes *Wissen* (d. h. Informationen) über das Urteils- bzw. Entscheidungsproblem ein, und jedes Mitglied verfügt auch über eine (mehr oder weniger stark ausgeprägte) *Meinung* zu diesem Problem, d. h. ein individuelles Urteil oder eine individuelle Entscheidungspräferenz. Im Fall eines rationalen Prozesses auf Individualebene sollte natürlich letzteres die Folge von ersterem sein. Bei der Untersuchung, wie diese individuellen Beiträge auf Gruppenebene zu Urteilen und Entscheidungen zusammengeführt werden, wurden zwei auf den ersten Blick überraschende Phänomene aufgedeckt, die im folgenden kurz beschrieben werden.

2.1.1 Gruppenpolarisierung

Stoner (1961) machte eine für die weitere Forschung sehr einflussreiche Entdeckung: Bei Untersuchungen mit dem so genannten «Choice Dilemma Questionaire» (CDQ) – einem Fragebogen, in dem hypothetische Wahlsituationen zwischen einer sicheren und einer riskanten Alternative vorgegeben werden und man angeben soll, ab welcher Erfolgswahrscheinlichkeit der riskanten Alternative man sich für diese entscheiden würde –, beobachtete er folgendes: Sowohl die Gruppenentscheidungen als auch der Durchschnitt der auf die Gruppendiskussion folgenden Individualentscheidungen fielen riskanter aus als die durchschnittliche Individualentscheidung vor der Diskussion. Dieses Phänomen wurde als «risky shift» (Risikoschub) bezeichnet. Moscovici und Zavalloni (1969) wiesen einige Jahre später ein allgemeineres Phänomen nach, dessen Spezialfall der Risikoschub darstellt, nämlich die so genannte «Gruppenpolarisierung»: Gruppenurteile sowie der Durchschnitt der Individualurteile nach einer Gruppendiskussion verschieben sich in Richtung desjenigen Endes der Urteilsdimension, in das der Durchschnitt schon vorher tendiert hat. Konkret heißt dies: Tendiert der Durchschnitt der Gruppenmitglieder vorab in Richtung auf Risikofreudigkeit, so verstärkt sich diese Neigung durch die Gruppendiskussion. Besteht umgekehrt eine Tendenz zur Vorsicht, so wird diese gleichfalls durch die Gruppendiskussion verstärkt (da bei den meisten CDQ-Items Risikofreudigkeit präferiert wird, wurde diese Tendenz lange übersehen). Diese Gruppenpolarisierung betrifft aber in gleicher Weise auch andere Urteilsdimensionen wie zum Beispiel politische Einstellungen und ist daher ein allgemeines Gruppenurteilsphänomen (als Überblick siehe z. B. Isenberg, 1986).

2.1.2 Suboptimale Entscheidungen im «Hidden Profile» Paradigma

Von Gruppenentscheidungen, die nach einer entsprechenden Diskussion des Entscheidungsproblems getroffen werden, erhofft man sich eine erhöhte Qualität (siehe z. B. Vroom & Jago, 1988) im Vergleich zu einfacheren Formen der Entscheidungsfindung wie beispielsweise Einzelentscheidungen oder sozialen Kombinationen von Einzelentscheidungen – letzteres heißt, dass mehrere Einzelentscheidungen unabhängig voneinander abgegeben und dann gemäß einer bestimmten Aggregationsregel (z. B. die Alternative mit den meisten Stimmen gewinnt) zusammengeführt werden.

Solche Zuwächse an Entscheidungsqualität sind allerdings rein sachlogisch nur in bestimmten Situationen möglich, wie an einem einfachen Beispiel deutlich wird. Angenommen, eine Gruppe soll sich zwischen zwei Alternativen entscheiden. Zu jeder der beiden Alternativen gibt es Informationen, die jeweils entweder *geteilt* oder *ungeteilt* sind. Geteilte Informationen sind allen Gruppenmitgliedern bereits vor der Gruppendiskussion zugänglich; ungeteilte Informationen sind dagegen nur einem Gruppenmitglied vorab bekannt.[1] Durch die Gruppendiskussion können die vorher ungeteilten

---

1 Daneben gibt es natürlich auch sogenannte *partiell geteilte* Informationen, die einigen, nicht aber allen Gruppenmitgliedern vorher bekannt sind. Diesen Informationstyp vernachlässigen wir hier, da sich die gesamte Argumentation zwar problemlos auch unter Einschluss partiell geteilter Informationen formulieren lässt, dann aber unübersichtlicher wird.

Tabelle 1: Hidden Profile bei zwei Alternativen und drei Gruppenmitgliedern.

Gruppenmitglied	Pro-A geteilt	Ungeteilt	Pro-B alle geteilt
1	a1	a2, a3	b1, b2, b3, b4
2	a1	a4, a5	b1, b2, b3, b4
3	a1	a6, a7	b1, b2, b3, b4

Informationen den jeweils anderen Gruppenmitgliedern bekannt gemacht werden. Die Wissensgrundlage für die Entscheidung wäre damit erweitert. Falls aber die ungeteilten Informationen dieselbe Entscheidung nahe legen wie die geteilten (z. B. Wahl von Alternative B), so kann sich durch die Wissenserweiterung kein Zuwachs an Entscheidungsqualität ergeben.

Anders sieht es aus, wenn die ungeteilten Informationen eine *andere* Entscheidung nahe legen als die geteilten, und wenn die von den ungeteilten Informationen nahe gelegte Entscheidung auch die tatsächlich beste ist (also jene, für die die Gesamtmenge an Information, über die die Gruppe verfügt, spricht). Eine solche Situation wird auch als «Hidden Profile» («verstecktes Profil») bezeichnet (vgl. Stasser & Titus, 1985); ein Beispiel für eine solche Informationsverteilung ist in Tabelle 1 veranschaulicht. Zur Vereinfachung sei angenommen, dass alle Informationen positiv sind (d. h. es geht nur um Vorteile der Alternativen) und dieselbe «Stärke» aufweisen, d. h. in gleichem Ausmaß für die jeweilige Entscheidungsalternative sprechen. (Diese Einschränkungen sind keineswegs notwendig.)

Jedes der drei Gruppenmitglieder kennt vor der Diskussion drei Vorteile von Alternative A und vier Vorteile von Alternative B. Daher sollte jedes Gruppenmitglied individuell Alternative B bevorzugen. Durch Diskussion können die Gruppenmitglieder entdecken, dass ihnen weitgehend unterschiedliche Vorzüge von Alternative A vorliegen und daher diese Entscheidungsalternative mehr Vorzüge (nämlich sieben) hat als Alternative B (vier). Aufgrund dessen sollte sich die Gruppe als ganzes für Alternative A entscheiden.

Bei einem Hidden Profile sind die Informationen folglich so verteilt, dass die beste Alternative nicht durch die einzelnen Gruppenmitglieder individuell erkannt, sondern erst in einer Gruppendiskussion aufgedeckt werden kann (Stasser, 1988). Hidden Profiles sind somit der Prototyp von Situationen, in denen sich die Verwendung von Gruppen als Entscheidungsträger durch höhere Entscheidungsqualität auszahlen kann. Leider hat sich seit der Initialstudie von Stasser und Titus (1985) konsistent gezeigt, dass Gruppen bei der Bearbeitung von Hidden Profiles zumeist scheitern (als Überblick z. B. Kerschreiter, Mojzisch, Schulz-Hardt, Brodbeck & Frey, im Druck; Wittenbaum & Stasser, 1996). Die meisten Gruppen wählen in solchen Situationen diejenige Alternative, die durch die geteilten Informationen nahe gelegt wird und die auf Individualebene die beste Alternative zu sein scheint – und nicht diejenige, die auf Grundlage *aller* Informationen die beste ist. Bei Hidden Profiles treffen Gruppen also suboptimale Entscheidungen und versäumen es somit, ihr Potential an Entscheidungsqualität zu realisieren.

2.2 Zentrale theoretische Strömungen und ihre Erklärung für die exemplarischen Phänomene

Nunmehr sollen die theoretischen Hauptströmungen der Forschung zu Gruppenurteilen und -entscheidungen an den beiden eben skizzierten Phänomenen verdeutlicht werden. Hinsichtlich der Prozesse auf Gruppenebene werden, in der Tradition von Deutsch und Gerard (1955), zwei Hauptströmungen unterschieden, nämlich *informationale* und *normative* Ansätze. Von diesen beiden zentralen «Theoriefamilien» im Hinblick auf Gruppenprozesse sind so genannte *soziale Entscheidungsschemata* abzugrenzen, die auf jegliche Prozessannahmen verzichten und stattdessen fragen, wie Gruppenurteile bzw. -entscheidungen am besten aus den anfänglichen Individualurteilen bzw. -entscheidungen der Mitglieder vorherzusagen sind. Individualpsychologische Ansätze schließlich stellen eine in diesem Gebiet noch relativ junge Theoriefamilie dar: Sie spezifizieren, inwieweit sich bestimmte Phänomene auf Gruppenebene auch ohne Beteiligung von Gruppenprozessen, sondern rein aufgrund individualpsychologischer Prozesse ergeben.

2.2.1 Informationale Ansätze

Das Grundprinzip informationaler Erklärungsansätze für Urteile und Entscheidungen in Gruppen besteht darin, diese Phänomene auf die innerhalb der Gruppe ausgetauschten Sachinformationen zurückzuführen. Wenn also eine Gruppe ein bestimmtes Urteil oder eine bestimmte Entscheidung fällt, dann muss gemäß informationaler Ansätze der Informationsaustausch gerade die gewählte Alternative begünstigt haben.

Für das Phänomen der Gruppenpolarisierung wurde dies in prototypischer Weise in der «persuasive arguments theory» von Vinokur und Burnstein (1974) formuliert. Dieser Ansatz geht davon aus, dass sowohl Gruppen- als auch Individualurteile die zum jeweiligen Urteilszeitpunkt vorliegende Evidenz widerspiegeln, dass also diese Urteile rationale Schlussfolgerungen aus der zur Verfügung stehenden informationalen Basis darstellen. Liegen den Gruppenmitgliedern zum Beispiel jeweils individuell mehr Argumente für als gegen risikofreudiges Handeln vor (oder werden erstere Argumente als stärker wahrgenommen), so besteht schon vor der Gruppendiskussion eine Tendenz in Richtung auf Risikofreudigkeit. Allerdings verfügen meistens nicht alle Mitglieder über alle Argumente. Die Diskussion bewirkt, dass den Gruppenmitgliedern die bisher unbekannten Argumente bekannt gemacht werden und diese in ihr neues Urteil einfließen. Eine Gruppenpolarisierung findet daher im obigen Beispiel statt, da die Gruppenmitglieder während der Gruppendiskussion vornehmlich solche Informationen neu kennen lernen, die Risikofreudigkeit unterstützen.[2] Empirische Stützung erfuhr dieser

---

2 Dahinter steht die implizite Annahme, dass man bei der Beurteilung nach der Differenz und nicht nach dem Quotienten der Argumente vorgeht. In einem von Burnstein und Vinokur (1977, S. 316) gewählten Beispiel existieren sechs Argumente für Alternative X und drei Argumente für Alternative Y. Verfügt jedes der drei Gruppenmitglieder über eine repräsentative Stichprobe von drei Argumenten und sind alle Argumente ungeteilt (d.h. jeweils nur einer Person bekannt), so kennt jedes Gruppenmitglied vor der Diskussion zwei Argumente für X und

Ansatz vor allem durch Studien, in denen zum einen substantielle Korrelationen zwischen der Verteilung der Argumente und den stattfindenden Polarisierungen aufgezeigt wurden, zum anderen Manipulationen der Informationsverteilung auch die dadurch zu erwartenden Polarisierungseffekte nach sich zogen (Überblick in Isenberg, 1986).

Vinokur und Burnstein gehen von einer ausgewogenen Diskussion aus, die vorrangig dazu dient, den Mitgliedern das ihnen jeweils unbekannte Wissen zugänglich zu machen. Im Gegensatz hierzu rekurrieren Stasser (1988) bzw. Stasser und Titus (1987) bei ihrer informationalen Erklärung des Scheiterns von Gruppen bei der Lösung von Hidden Profiles auf eine grundsätzliche *Asymmetrie* der Gruppendiskussion. Wie in vielen Studien konsistent nachgewiesen wurde, fokussieren Gruppendiskussionen auf *geteilte* (d. h. allen Gruppenmitgliedern schon vorher bekannte) Informationen: Geteilte Informationen werden prozentual stärker in die Diskussion eingebracht als ungeteilte Informationen, und einmal eingebrachte geteilte Informationen werden auch häufiger im Diskussionsverlauf aufgegriffen als ungeteilte Informationen (zusammenfassend Kerschreiter et al., im Druck; Wittenbaum & Stasser, 1996). Dies wird stochastisch dadurch erklärt, dass geteilte Informationen von mehr Personen genannt werden können als ungeteilte Informationen (Stasser & Titus, 1987). Um ein Hidden Profile lösen zu können, muss die Gruppe jedoch gerade die ungeteilten Informationen austauschen und integrieren. Die mangelnde Präsenz dieser Informationen in der Gruppendiskussion liefert also die informationale Erklärung für die seltene Lösung von Hidden Profiles. Im Einklang mit dieser Annahme zeigte sich in verschiedenen Studien, dass die Entscheidungsgüte bei Hidden Profiles um so höher ist, je mehr ungeteilte Informationen von der Gruppe ausgetauscht werden (Brodbeck u.a., 2002; Larson, Christensen, Franz & Abbott, 1998; Winquist & Larson, 1998).[3]

2.2.2 Normative Ansätze

Im Gegensatz zu informationalen Ansätzen fokussieren normative Ansätze nicht auf die in der Gruppendiskussion ausgetauschten Informationen und Sachargumente, sondern auf das Bestreben von Gruppenmitgliedern, sich zu den Erwartungen anderer Gruppenmitglieder konform zu verhalten und dadurch positiv bewertet zu werden

---

eines für Y. Durch Austausch der Informationen wächst die Differenz zwischen X und Y von +1 auf +3, während der Quotient gleich bleibt (nämlich 2).

3 Bezieht man diese Diskussionsasymmetrie zurück auf die informationale Erklärung von Gruppenpolarisierung, so sieht man, dass Gruppen vom informationalen Standpunkt gesehen oft weniger polarisieren, als sie eigentlich auf Grundlage der verfügbaren Argumente müssten. Denn Polarisierung ergibt sich ja informational gesehen nur, wenn Gruppenmitglieder neue (d.h. ungeteilte oder partiell geteilte) Argumente kennenlernen. Wenn diese Argumente in der Diskussion unterrepräsentiert sind, «bremst» dies den Polarisierungseffekt. Ein Spezialfall ergibt sich allerdings, wenn die Informationsgrundlage der Gruppenmitglieder für das Urteil in derselben Weise unrepräsentativ ist wie beim Hidden Profile. In diesem Fall sollte eigentlich Depolarisierung erfolgen (die Mitglieder sollten merken, dass ihre ursprüngliche Urteilstendenz der Gesamtevidenz nicht entspricht); durch unzureichende Diskussion derjenigen Argumente, die zu dieser Korrektur führen könnten, unterbleibt diese aber, oder es findet sogar eine Polarisierung in die ursprüngliche Richtung statt (Brauer, Judd & Jacquelin, 2001).

(Deutsch & Gerard, 1955, S. 629). Obwohl diese Erwartungen natürlich äußerst vielfältig sein können, so ist doch vor allem die Konsensfindung in den meisten Fällen den Gruppenmitgliedern als primäres Ziel bewusst, und zentrale Erwartungen an die anderen Gruppenmitglieder bestehen darin, zu diesem Ziel beizutragen (Festinger, 1950). Des weiteren möchten die einzelnen Gruppenmitglieder, dass ihre Meinungen in diesem Gruppenprodukt berücksichtigt werden; und diese Erwartung wirkt als normativer Einfluss auf die anderen Gruppenmitglieder. Der Prozess, der die Transformation dieser Erwartungen ins Gruppenergebnis leistet, ist ein «Aushandeln» des Gruppenurteils oder der Gruppenentscheidung – z. B. durch Konformitätsdruck und/oder Minoritätseinfluss – auf Grundlage der anfänglichen individuellen Meinungen der Mitglieder (Winquist & Larson, 1998, S. 371).

Daraus ergibt sich die normative Erklärung für das Scheitern von Gruppen bei Hidden Profiles (Gigone & Hastie, 1993). Nicht der verzerrte Informationsaustausch, sondern die unter Hidden-Profile-Bedingungen falschen individuellen Präferenzen führen nach Gigone und Hastie zu falschen Gruppenentscheidungen. Falls sich alle Mitglieder bereits zu Beginn einig sind, entsteht Gigone und Hastie zufolge quasi keine Diskussion über die verfügbaren Informationen. Statt dessen wird die gemeinsame Meinung übernommen und nicht mehr hinterfragt. Und auch wenn a priori keine Übereinstimmung herrscht, wird aus normativer Sicht nur über diejenigen Alternativen «verhandelt», für die es Proponenten in der Diskussion gibt, d. h. die anfangs von zumindest einem Gruppenmitglied präferiert werden. Im Hidden Profile hingegen sollte kein Mitglied vorab die richtige Alternative präferieren (vgl. Tab. 1), sodass eine Einigung auf diese Alternative aus normativer Sicht nicht stattfinden kann. Im Einklang hiermit zeigten Gigone und Hastie (1993, 1997) sowie Lavery, Franz, Winquist und Larson (1999), dass die Gruppenentscheidungen in ihren Studien fast nur von den anfänglichen Präferenzen der Mitglieder abhingen und die ausgetauschten Informationen keinen über die Präferenzen hinausgehenden Einfluss auf die Entscheidung ausübten.

Um auch Gruppenpolarisierung normativ erklären zu können, benötigt man Zusatzannahmen, denn auf Grundlage des eben dargestellten normativen «Präferenzaushandelns» wäre ja jegliches Urteil als Gruppenurteil möglich, das von mindestens einem Gruppenmitglied zuvor vertreten wird. Um die systematische Urteilsverschiebung in die bereits anfänglich dominierende Richtung zu erklären, nehmen Vertreter normativer Ansätze – ausgehend von der Theorie sozialer Vergleichsprozesse (Festinger, 1954) – an, aus Sicht der Gruppenmitglieder gäbe es sozial positiv bewertete und sozial weniger positiv (oder sogar negativ) bewertete Urteile. Das vermeintlich als am positivsten bewertete Urteil lässt sich als «antizipierte Norm» bezeichnen – im Beispiel der Risikofreudigkeit wäre also das in der konkreten Situation vermeintlich am positivsten bewertete Ausmaß an Risikofreudigkeit die antizipierte Norm.

Darauf aufbauend gibt es zwei Varianten der normativen Erklärung für Gruppenpolarisierung (siehe Isenberg, 1986): Gemäß der «pluralistische Ignoranz»-These (z. B. Schroeder, 1973) geben Gruppenmitglieder ihr Individualurteil vor der Diskussion als Kompromiss zwischen dem eigenen Standpunkt und der antizipierten Gruppennorm ab. Da sie aber die Gruppennorm systematisch unterschätzen (sie sich also fälschlicherweise als zu extrem sehen), ist ihr erstes Individualurteil in Richtung des Skalenmittelpunktes verschoben. Während der Gruppendiskussion lernen sie die tatsächliche Gruppennorm kennen und korrigieren in anschließenden Urteilen ihren «Irrtum». Die zweite Variante hingegen sieht das erste Individualurteil als unverzerrt an und geht davon aus, dass Personen sich positiv von den anderen Gruppenmitgliedern abgrenzen wollen. Dies erreichen sie, indem sie die soziale Norm «übererfüllen», d. h. wenn die Gruppe Risikofreudigkeit bevorzugt, tendieren sie zu nochmals höherer Risikofreudigkeit (z. B. Brown, 1974). In Übereinstimmung mit diesen normativen Ansätzen konnte zum Beispiel gezeigt werden, dass bereits die Kenntnis über die Meinung der anderen Gruppenmitglieder, ohne dass eine Gruppendiskussion stattfindet, Polarisierungseffekte auslösen kann (für einen Überblick siehe Isenberg, 1986).

Das Grundprinzip normativer Ansätze, das Verhalten von Personen in Gruppendiskussionen systematisch durch die antizipierten sozialen Konsequenzen dieses Verhaltens gesteuert zu sehen, wird besonders deutlich im so genannten «Groupthink»-Modell von Janis (1982). Es wurde zwar nicht im Zusammenhang mit Gruppenpolarisierung oder suboptimalen Entscheidungen im Hidden-Profile-Paradigma entwickelt, lässt sich aber gut auch auf diese beiden Phänomene anwenden. Janis (1982) konzipierte das Groupthink-Modell, um damit die großen Fiaskos der amerikanischen Außenpolitik – Pearl Harbour, Schweinebucht-Invasion, Eskalation des Korea- und des Vietnam-Krieges – sowie die Verstrickung der Nixon-Administration in die Watergate-Affäre sozialpsychologisch erklären zu können. Er definiert Groupthink (Gruppendenken) als ein übermäßiges Streben nach Einmütigkeit und Harmonie in einer Gruppe, das einen kritischen Diskurs verhindert. Dieser normative Prozess – nämlich die Ausrichtung des Verhaltens an dem sozial belohnten Harmonieziel – führt zu Symptomen wie Engstirnigkeit, Konformitätsdruck und Selbstzensur, die ihrerseits Fehler im Entscheidungsprozess bewirken, so zum Beispiel eine mangelhafte Beachtung von Alternativen und eine auf Selbstbestätigung ausgerichtete Informationsverarbeitung. Diese Fehler wiederum erhöhen – gemäß Janis (1982) – die Wahrscheinlichkeit gravierender Fehlentscheidungen.

Damit ist Groupthink unmittelbar anwendbar auf Gruppenpolarisierung und Hidden Profiles. Die suboptimalen individuellen Präferenzen der Gruppenmitglieder bei Hidden Profiles bewirken, dass der vorschnelle Konsens in Richtung einer suboptimalen Alternative erfolgen muss. Ungeteilte Informationen, die auf die richtige Lösung hinweisen, gefährden diesen Konsens und werden daher systematisch unterdrückt, entweder per Selbstzensur oder aber durch sozialen Druck auf Personen, die solche Informationen nennen. Die richtige bzw. beste Alternative kann somit nicht aufgedeckt werden. In gleicher Weise werden diejenigen Personen, die bei einem Gruppenurteilsprozess von der in der Gruppe dominierenden Richtung abweichen, daran gehindert, ihren Standpunkt zu vertreten; stattdessen gleichen sie diesen in Folge von Konformitätsstreben der Majoritätsposition an. Gruppenpolarisierung ist die Folge.

Allerdings kann Groupthink – im Gegensatz zu den bisher vorgestellten Ansätzen – keinesfalls als *allgemeine* Erklärung für Gruppenpolarisierung und suboptimale Hidden-Profile-Entscheidungen dienen, sondern nur unter ganz bestimmten Bedingungen zur Anwendung kommen. Groupthink tritt nämlich gemäß Janis (1982) nur auf, wenn hoch kohäsive Gruppen sich einer Situation mit extremem Entscheidungsstress gegenübersehen (z. B. weil alle Alternativen zu gravierenden Verlusten zu führen drohen) und zugleich strukturelle Merkmale aufweisen, die eine vorschnelle Konsensbildung fördern (direktive Führung, Abschottung nach außen, homogener sozialer und ideologischer Hintergrund der Gruppenmitglieder, keine festgelegten Prozeduren der Entscheidungsfindung). Groupthink stellt somit einen Mechanismus der Stressreduktion in eng zusammenhaltenden Gruppen dar: Man «schließt die Reihen», bestärkt sich gegenseitig in der Richtigkeit eigener Ansichten, findet einen vorschnellen Konsens und vermeidet Kritik, um mit einer bedrohlichen Situation fertig zu werden.

Darüber hinaus ist darauf zu verweisen, dass die empirische Stützung des Groupthink-Modells uneindeutig ist (als Überblick siehe Esser, 1998) und sowohl im Hinblick darauf als auch im Hinblick auf theoretische Uneindeutigkeiten verschiedentlich kritisiert wird (vgl. z. B. Aldag & Fuller, 1993; McCauley, 1989; Schulz-Hardt, 1997). Obwohl somit sein momentaner Status als «ungeklärt» zu charakterisieren ist, ist es speziell zur Verdeutlichung der Grundausrichtung normativer Ansätze gut geeignet.

2.2.3 Integrationsversuche

Nach heutigem Forschungsstand kann als gesichert gelten, dass sowohl Gruppenurteile und -entscheidungen im allgemeinen als auch die hier betrachteten Phänomene der Gruppenpolarisierung und der suboptimalen Hidden-Profile-Entscheidungen im besonderen durch normative *und* informationale Prozesse vermittelt werden können (siehe z. B. Isenberg, 1986; Winquist & Larson, 1998). Anfängliche Versuche, den einen oder anderen Erklärungsansatz als ausschließliche Erklärung zu etablieren (siehe z. B. Burnstein & Vinokur, 1977), sind daher verstärkt durch Versuche der Integration normativer und informationaler Prozesse abgelöst worden.

Die einfachste Form der Integration besteht in einem rein additiven Zusammenführen der beiden Einflusspfade, d. h. man konstatiert, dass zum Beispiel Gruppenpolarisierung oder suboptimale Hidden-Profile-Entscheidungen sowohl durch den spezifischen Informationsaustausch in der Gruppe als auch durch normative Prozesse des Präferenzaushandelns oder der Präferenzverschiebung in Richtung sozialer Normen bedingt sind. Ein Beispiel hierfür ist das so genannte «dual process model» von Winquist und Larson (1998), das in dieser Weise die suboptimalen Entscheidungen im Hidden-Profile-Paradigma erklärt: Demnach bewirken – im Einklang mit Gigone und Hastie (1993) – die im Hidden Profile typischerweise fehlerhaften individuellen Präferenzen einen suboptimalen Konsens der Gruppe. Dieser könnte korrigiert werden, falls in der Gruppendiskussion ausreichend ungeteilte Informationen genannt werden. Da jedoch – im Sinne von Stasser und Kollegen (z. B. Stasser & Titus, 1987) – vorrangig geteilte Informationen diskutiert werden, unterbleibt zumeist dieser korrektive Einfluss.

Eine zweite Möglichkeit besteht darin, relevante Moderatorvariablen zu bestimmen, die darüber entscheiden, unter welchen Bedingungen der normative oder der informationale Einfluss stärker ist. Im Bereich der Gruppenpolarisierung haben dies zum Beispiel Kaplan und Miller (1987) versucht. Sie unterscheiden, basierend auf Laughlin (1980), zwischen so genannten «intellective issues» (Aufgaben mit einer eindeutig richtigen Lösung) und «judgmental issues» (Meinungsfragen). Während bei ersteren informationale Einflüsse dominieren sollten, wird bei letzteren eine Dominanz normativer Gesichtspunkte erwartet. Diese jeweilige Dominanz des informationalen bzw. normativen Einflusses sollte stärker sein, wenn die Gruppe ein einstimmiges Urteil an Stelle eines Mehrheitsbeschlusses erreichen soll, da ersteres eine intensivere Diskussion erfordert als letzteres. Die von Kaplan und Miller (1987) hierzu im Rahmen von simulierten Jurys erhobenen Daten stützen diese Vorhersagen allerdings nur teilweise – tatsächlich kam es nur bei Meinungsfragen unter Einstimmigkeitsregel überhaupt zu Polarisierungseffekten.

In ähnlicher Weise postulieren Winquist und Larson (1998), dass der Einfluss informationaler Prozesse um so stärker sein sollte, je geringer die a priori bestehende Einigkeit in der Gruppe ist. Unter diesen Umständen sollte ein vorschneller Konsens in der Gruppe erschwert werden. Bestätigende Evidenz für diese These kann aus zwei kürzlich durchgeführten Hidden-Profile-Studien von Brodbeck et al. (2002) sowie Greitemeyer, Schulz-Hardt, Brodbeck und Frey (2002) abgeleitet werden: Während nämlich in der Studie von Greitemeyer et al. (2002), in der die Gruppen überwiegend homogen hinsichtlich der initialen Entscheidungspräferenzen zusammengesetzt waren, die in der Diskussion ausgetauschten Informationen kaum mit den Gruppenentscheidungen in Verbindung standen und letztere fast perfekt aus den Anfangspräferenzen der Gruppenmitglieder vorhergesagt werden konnten, bestand in der Studie von Brodbeck et al. (2002) ein starker Zusammenhang zwischen dem Einbringen ungeteilter Informationen und der Entscheidungsqualität – und in letzterer Studie wurde experimentell Meinungsdivergenz hergestellt.

Eine dritte Möglichkeit der Integration von normativen und informationalen Prozessen besteht darin zu spezifizieren, in welcher Weise Prozesse der einen Kategorie Einfluss auf Prozesse der anderen Kategorie nehmen. Ein Beispiel hierfür ist ein so genannter «präferenzkonsistenter Diskussionsstil». So geht etwa Pavitt (1994) davon aus, dass Gruppenpolarisierung – in Übereinstimmung mit dem informationalen Ansatz – durch das Hinzulernen neuer Argumente vermittelt wird, die vorrangig die initiale Tendenz in der Gruppe unterstützen. Dieses Vorwiegen von Argumenten, die die initiale Tendenz stützen, wird aber gerade dadurch vermittelt, dass die Gruppenmitglieder hauptsächlich urteilskonforme Argumente in die Diskussion einbringen. Dies kann auf einer Konversationslogik beruhen, der zufolge man seine Ansicht in einer Diskussion begründen, d. h. durch entsprechende Argumente untermauern soll, oder auf einem Bestreben, die eigene Position möglichst gut in der Gruppe durchsetzen zu können. In beiden Fällen würde der Informationsaustausch durch einen normativen Einfluss moderiert. In ähnlicher Weise postulierten bereits Stasser und Titus (1985) bei der Einführung des Hidden-Profile-Paradigmas, das Scheitern bei der Lösung von Hidden Profiles werde auch dadurch mitverursacht, dass die ungeteilten Informationen in diesem Paradigma zumeist den Präferenzen der Gruppenmitglieder widersprechen und daher nicht genannt werden. Empirische Evidenz für diesen präferenzkonsistenten Diskussionsstil lieferten Dennis (1996) im Bereich von Hidden Profiles und Pavitt (1994) im Bereich der Gruppenpolarisierung.

Die am weitesten gehende Möglichkeit der Integration von informationalen und normativen Prozessen besteht darin, sie auf ein gemeinsames Prinzip zurückzuführen. Ein solcher ambitionierter Integrationsversuch wurde auf Grundlage der Theorie der sozialen Identität bzw. der daraus entwickelten Theorie der Selbstkategorisierung (siehe hierzu auch das Kapitel von Mummendey und Otten, in diesem Band) vorgenommen und u. a. auf den Bereich der Gruppenpolarisierung angewendet (vgl. hierzu z. B. Turner, Hogg, Oakes, Reicher & Wetherell, 1987). Hiernach basieren beide Einflussarten auf dem Prozess der Identifikation mit einer In-Group, deren Prototyp man sich anzugleichen versucht (normativer Einfluss), wobei dieser Prototyp wiederum aus den von anderen Gruppenmitgliedern übermittelten Informationen erschlossen wird (informationaler Einfluss). Dabei moderiert der soziale Vergleichskontext das Ausmaß der Polarisierung; bei Konfrontation mit einer risikofreudigeren Out-Group polarisiert die In-Group beispielsweise in Richtung auf Vorsicht, da der eigene In-Group-Prototyp durch diesen Referenzpunkt anders wahrgenommen wird (Hogg, Turner & Davidson, 1990). Experimente mit interagierenden sowie non-interaktiven Gruppen stützen den Ansatz (z. B. Hogg, Turner & Davidson, 1990; Mackie, 1986; McGarty, Turner, Hogg & David, 1992), erlauben aber noch kein Urteil darüber, ob damit auch die bisherigen Haupterklärungsansätze erfolgreich subsumiert werden können.

2.2.4 Soziale Entscheidungsschemata

Im Vergleich zu normativen und informationalen Ansätzen wählen die so genannten *sozialen Entscheidungsschemata* einen anderen theoretischen Zugang zu Gruppenurteilen und -entscheidungen. Die unter diesem Oberbegriff zusammenzufassenden Ansätze verzichten auf inhaltliche Aussagen über Prozesse während einer Gruppendiskussion, sondern suchen rein formal nach derjenigen Kombinationsregel, mit der sich Gruppenurteile und Gruppenentscheidungen am besten aus den vor der Diskussion bestehenden individuellen Urteilen bzw. Entscheidungen vorhersagen lassen. Kombinationsregeln geben an, in welcher Weise aus den individuellen Positionen der Gruppenmitglieder eine Gruppenposition gebildet wird (s. u.). Das Grundprinzip dieser Ansätze soll im folgenden kurz anhand ihres bekanntesten Vertreters, nämlich der Theorie der sozialen Entscheidungsregeln (social decision schemes) von Davis (1973), illustriert werden – für umfassendere und weiterführende Darstellungen sei beispielsweise auf Parks und Kerr (1999) verwiesen.

Die Theorie der sozialen Entscheidungsregeln spezifiziert unterschiedliche Regeln, mittels derer sich eine Anzahl von Individuen mit unterschiedlichen Präferenzen auf eine gemeinsame, diskrete (z. B. Ja vs. Nein) Gruppenentscheidung einigen kann. Dabei ist unerheblich, ob es sich um explizit formulierte oder implizit angewendete Entscheidungsregeln handelt. Beispiele für solche Entscheidungsregeln sind:

- *Die Wahrheit gewinnt:* Die Gruppe entscheidet sich für die richtige Lösung, falls zumindest ein Gruppenmitglied diese vertritt.
- *Die unterstützte Wahrheit gewinnt:* Die Gruppe entscheidet sich für die richtige Lösung, falls zumindest zwei Gruppenmitglieder diese vertreten.

Tabelle 2: SDS Matrizen für drei Modelle (Verteilungen der individuellen Präferenzen im linken Block mit A1 als richtiger Lösung).

Primäres SDS: Sekundäres SDS:		Wahrheit siegt Proportionalität		Unt. Wahrheit siegt Proportionalität		Majorität Proportionalität	
A1	A2	A1	A2	A1	A2	A1	A2
4	0	1	0	1	0	1	0
3	1	1	0	1	0	1	0
2	2	1	0	1	0	.50	.50
1	3	1	0	.25	.75	0	1
0	4	0	1	0	1	0	1

- *Majorität:* Die Gruppe entscheidet sich für die Alternative, die von der Mehrheit der Gruppenmitglieder vertreten wird.
- *Proportionalität:* Die Wahrscheinlichkeit, dass eine Alternative von der Gruppe ausgewählt wird, ist proportional zu der Häufigkeit, mit der diese Alternative von den Gruppenmitgliedern präferiert wird.
- *Gleichwahrscheinlichkeitsregel:* Jede der vorgeschlagenen Alternativen wird mit der gleichen Wahrscheinlichkeit von der Gruppe ausgewählt, unabhängig von der Anzahl der Gruppenmitglieder, die diese vertreten.

In Tabelle 2 sind drei SDS Modelle für eine Entscheidung zwischen zwei Alternativen in einer Vier-Personen-Gruppe dargestellt.

Wie aus Tabelle 2 ersichtlich ist, unterscheiden sich je nach SDS die Wahrscheinlichkeiten, mit denen gemäß Vorhersage die unterschiedlichen Gruppenentscheidungen eintreten werden. Allerdings treffen für manche Verteilungen (4 – 0; 3 – 1; 0 – 4) alle Modelle die gleichen Vorhersagen. In manchen Fällen ist die Einführung so genannter *sekundärer* Entscheidungsregeln erforderlich, da die primären Entscheidungsregeln aufgrund der Besetzungszahlen keine Vorhersagen machen; beispielsweise kann die Regel «Mehrheit gewinnt» keine Aussagen über die Gruppenentscheidung treffen, falls gleich viele Personen zwei unterschiedliche Alternativen präferieren. Bei dieser Konstellation könnte zum Beispiel die Proportionalitätsregel zur Anwendung kommen. Das SDS wäre dann: Majorität, andernfalls Proportionalität.

Empirisch verglichen werden nun die von den Modellen vorhergesagten Wahlhäufigkeiten der Alternativen mit den tatsächlichen Entscheidungen. Dabei hat sich gezeigt, dass die Vorhersagegüte der verschiedenen SDS-Modelle in erster Linie vom Aufgabentyp abhängt. Bei Problemlöseaufgaben mit richtiger Lösung treffen die Aggregationsregeln «die Wahrheit gewinnt» bzw. «die unterstützte Wahrheit gewinnt» die besten Vorhersagen. Dagegen ist bei Entscheidungsaufgaben mit keiner offensichtlich richtigen Lösung die Mehrheitsregel der beste Prädiktor für die Gruppenentscheidung (Laughlin, 1980).

Soziale Entscheidungsschemata können vom Forscher in unterschiedlicher Weise genutzt werden. Eine naheliegende Möglichkeit besteht darin, sie als Prognoseinstrument für Gruppenentscheidungen bei bekannten (oder plausibel geschätzten) individuellen Entscheidungspräferenzen der Mitglieder zu benutzen. Interessanterweise würden im Hidden-Profile-Beispiel aus Tabelle 1 alle bekannten sozialen Entscheidungsschemata dieselbe Vorhersage treffen, nämlich dass das Hidden Profile nicht gelöst wird.

Eine zweite Möglichkeit besteht darin, soziale Entscheidungsschemata als rudimentäre Charakterisierung des Gruppenprozesses anzusehen. Möglicherweise bestehen Gruppendiskussionen oftmals aus nicht viel mehr als einer Zusammenführung individueller Meinungen durch eine Entscheidungsregel. In diesem Fall fände nicht einmal mehr ein normatives Aushandeln der Gruppenentscheidung statt, sondern nach der «Auszählung» der Präferenzen würde direkt die Entscheidungsregel angewendet. Wenn Gruppen so vorgehen, können sie ein Hidden Profile nahe liegenderweise nicht lösen. In ähnlicher Weise kann auch bei der Gruppenpolarisierung argumentiert werden: Auch für Gruppenurteile gibt es soziale Kombinationsregeln, die quantitative Verallgemeinerungen des Ansatzes von Davis (1973) darstellen (vgl. z. B. Davis, 1996); und auf Grundlage solcher Kombinationsregeln kann man wiederum versuchen, das Ausmaß von Gruppenpolarisierung möglichst akkurat vorherzusagen. In einer Studie von Crott, Szilvas und Zuber (1991) erwies sich beispielsweise die Median-Regel (d. h. der Median der individuellen Urteile wird als Gruppenurteil verwendet) als passende Aggregationsregel. Falls Gruppen beim Abgeben von Urteilen nichts anderes täten, als die Position des «mittleren» Gruppenmitglieds als nahe liegendste Kompromisslösung zu wählen, so würde sich genau dieses ergeben.[4]

Umgekehrt kann man aber aus der Tatsache, dass sich Gruppenentscheidungen sehr gut durch Entscheidungsregeln vorhersagen lassen, nicht automatisch zurückschließen, dass auf Gruppenebene vorrangig Entscheidungsregeln angewendet wurden. Um eine Analogie zu nennen: Wenn man die Flugbahn eines Vogels durch eine mathematische Funktion beschreiben kann, impliziert das noch nicht, dass im Kopf des Vogels auch entsprechende mathematische Kalkulationen ablaufen. Eine dritte Möglichkeit der Verwendung von sozialen Entscheidungsschemata ist daher, sie als «Detektor» für psychologische Phänomene in der Gruppendiskussion zu verwenden. Wenn man zum Beispiel in einer Hidden-Profile-Studie feststellt, dass die meisten Gruppen die richtige Lösung nicht gefunden haben und ihre Entscheidungen stattdessen fast perfekt mit der Mehrheitsregel vorhergesagt werden können, obwohl sie nachweislich keine vorschnelle «Abstimmung» durchgeführt haben, dann ist dieses Ergebnis sowohl mit bestimmten normativen Prozessen als auch mit bestimmten informationalen Prozessen (s. u.) verträglich. Die Ergebnisse der SDS-Analyse würden dann anleiten, nach

---

4 Die Polarisierung kommt in diesem Fall wie folgt zustande: Gruppenpolarisierung erfolgt ja jeweils in diejenige Richtung, in die die Mehrheit der Gruppenmitglieder schon vorher tendiert hat. Tendiert nun die Mehrheit in Richtung auf Risikofreudigkeit, so können die individuellen Werte der einzelnen Gruppenmitglieder stärker nach unten (in Richtung Vorsicht) als nach oben (in Richtung Risiko) streuen. Wenn sich nun alle Gruppenmitglieder auf die Position des «Median-Gruppenmitglieds» einigen, ist der entsprechende Schritt im Regelfall bei vorsichtigen Gruppenmitgliedern größer als bei risikofreudigen – und somit findet Polarisierung statt.

welchen Prozessen man in der Gruppendiskussion sucht. Im eben geschilderten Fall könnte man zum Beispiel externe Rater die Diskussionsvideos dahingehend beurteilen lassen, ob Konformitätsdruck von Seiten der Majorität ausgeübt wurde; zudem könnte man analysieren, ob zu wenig solche ungeteilten Informationen diskutiert wurden, die zur anfänglichen Präferenz der Mehrheit der Gruppenmitglieder inkonsistent waren – beide Prozesse würden dazu führen, dass sich anfängliche Mehrheitsfraktionen durchsetzen.

Während man in solchen Fällen versucht, die empirisch bestätigten Entscheidungsregeln psychologisch zu «unterfüttern», kann man diese Regeln auch umgekehrt als «baselines» verwenden, um neue psychologisch relevante Phänomene als Abweichung von diesen baselines aufzudecken. Wenn zum Beispiel bestimmte Arten von Gruppen systematisch Hidden Profiles lösen, «verstoßen» sie damit gegen alle plausiblen sozialen Entscheidungsregeln. Dadurch werden Fälle angezeigt, in denen psychologisch relevante Prozesse in der Gruppendiskussion stattgefunden haben *müssen*, und die Aufgabe des Forschers besteht dann darin, diese Phänomene näher zu spezifizieren.

2.2.5 Individualpsychologische Ansätze

Alle bisher beschriebenen theoretischen Strömungen lokalisieren die Erklärung für bestimmte Gruppenurteils- und -entscheidungsphänomene auf *Gruppen*ebene. In jüngerer Zeit sind jedoch vermehrt theoretische Ansätze entstanden, die zeigen, dass solche Gruppenphänomene auch *ohne normative oder informationale Gruppenprozesse*, sondern alleine aufgrund bestimmter individualpsychologischer Mechanismen entstehen können. Im Bereich der Gruppenpolarisierung kann der Ansatz von Brauer, Judd und Gliner (1995) dieser Kategorie zugerechnet werden. Diesen Autoren zufolge genügt bereits die Tatsache, dass man in einer Gruppendiskussion wiederholt seinen Standpunkt darstellt bzw. wiederholt denselben Standpunkt hört, um eine Extremisierung dieses Standpunkts auszulösen. Dahinter steht ein uns allen mehr oder weniger bekanntes Phänomen: Beim ersten Mal wird die Meinung noch in allen Differenzierungen dargestellt. Mit zunehmender Wiederholungshäufigkeit werden immer mehr Einschränkungen und Abwägungen ausgespart, sodass der Standpunkt insgesamt eindeutiger wird. In den von Brauer et al. (1995) durchgeführten Experimenten führte die experimentelle Manipulation der *Wiederholungshäufigkeit sowie Darbietungshäufigkeit* tatsächlich zu systematischen Polarisierungseffekten.

Auch wenn das wiederholte Darstellen der eigenen Meinung bzw. das wiederholte Hören desselben Standpunkts sicherlich keine Gruppenprozesse in engeren Sinne sind, werden hier jedoch immer noch Mechanismen verantwortlich gemacht, die zumindest weitgehend an Gruppensituationen gekoppelt sind. Völlig aufgegeben wird ein solcher Bezug in einem kürzlich vorgestellten Ansatz von Greitemeyer und Schulz-Hardt (im Druck), die zeigen, dass die Lösung von Hidden Profiles auch ohne jegliche informationalen oder normativen «Fehler» auf Gruppenebene systematisch scheitern kann. In ihren Experimenten erhielten Probanden dieselben Individualinformationen wie in den Gruppenexperimenten zu diesem Thema, führten jedoch danach keine reale Diskussion durch, sondern lasen das Protokoll einer fiktiven Diskussion mit vollständigem

Austausch *aller* Informationen. Trotzdem blieben die Lösungsquoten der Probanden gering; im Durchschnitt fanden weniger als 20% der Probanden die richtige Lösung. Als Ursache für dieses Scheitern konnten Greitemeyer und Schulz-Hardt (im Druck) zeigen, dass die Probanden die im fiktiven Diskussionsprotokoll vorliegenden Informationen in Abhängigkeit von ihrer anfänglichen (falschen) Präferenz bewerteten: Präferenzstützende Informationen wurden systematisch für glaubwürdiger und wichtiger gehalten als präferenzkonträre Informationen. Dieser Effekt, der aus vielen Studien zur individuellen Informationsverarbeitung bei Entscheidungen bekannt ist (z. B. Russo, Medvec & Meloy, 1996), führt dazu, dass man während der Diskussion neu hinzukommende zielführende (d. h. auf die richtige Alternative hinweisende) ungeteilte Informationen zwar registriert, diese jedoch für vergleichsweise schwach, unwichtig und unglaubwürdig hält – und daher bei seiner anfänglichen Präferenz bleibt. Der gleiche Ansatz kann im übrigen problemlos auf den Bereich der Gruppenpolarisierung übertragen werden: Tendieren die Gruppenmitglieder beispielsweise schon anfangs in Richtung Risikofreudigkeit, so gewinnen sie auch bei ausgewogenem Informationsaustausch in Folge präferenzkonsistenter Informationsbewertung den Eindruck, dass viele stichhaltige Pro-Risiko-Argumente und viele schwache und unglaubwürdige Pro-Vorsicht-Argumente hinzukommen. Als Konsequenz sollte sich eine Polarisierung des Urteils ergeben.

Solche individualpsychologischen Ansätze schließen nicht aus, dass auch informationale und normative Einflüsse in Gruppendiskussionen stattfinden und an den untersuchten Phänomenen beteiligt sind. Sie verdeutlichen aber zum einen, dass gruppenspezifische Modelle von Phänomenen wie Gruppenpolarisierung und suboptimale Hidden-Profile-Entscheidungen sich zukünftig an veränderten «baselines» messen lassen müssen (d. h. an einem neuen Bezugspunkt, der angibt, welches Ergebnis auf Gruppenebene zu erwarten ist, wenn keine Gruppenprozesse stattfinden). Und sie weisen zum anderen darauf hin, dass es für ein erfolgreiches «Gegensteuern» gegen solche Phänomene nicht ausreicht, Prozesse auf Gruppenebene zu optimieren. Bleiben basale individualpsychologische Prozesse unberücksichtigt, so sind letztere Versuche oftmals zum Scheitern verurteilt.

3 Gruppenleistung

Die Untersuchung individuell erbrachter Leistungen in einem Gruppenkontext sowie kollektiv in Gruppen erbrachter Leistungen lieferte Ende des 19. und Anfang des 20. Jahrhunderts einen – vor allem durch die steigende Verbreitung von Gruppenarbeit sowie daran geknüpfte praktische Optimierungsgedanken inspirierten – Gründungsimpuls für die wissenschaftliche Sozialpsychologie. So wird beispielsweise die Studie von Triplett (1898) zum Radrennfahren in Gruppen oftmals als erstes sozialpsychologisches Experiment der Geschichte zitiert. Zentrale Fragen der Forschung zu Gruppenleistung bestehen seitdem darin, diejenigen Mechanismen zu bestimmen, die sich förderlich oder hinderlich auf den quantitativen und/oder qualitativen Output bei

Gruppenarbeit auswirken. Dabei lassen sich zwei grundsätzliche Forschungsrichtungen unterscheiden. Die eine beschäftigt sich damit, wie die Leistung von Individuen durch die reine *Anwesenheit* anderer Personen beeinflusst wird; die andere thematisiert, in welcher Weise die Interdependenz und Interaktion der Mitglieder Einfluss auf die Leistung in Gruppen nehmen. Während erstere somit gewissermaßen das Gruppenleistungs-Pendant zu den eben dargestellten individualpsychologischen Mechanismen bei Gruppenurteilen und -entscheidungen darstellt (d. h. Erklärungen für Leistungsveränderungen auf Gruppenebene liefert, ohne auf Gruppenprozesse zu rekurrieren), bildet letztere eine gewisse Analogie zu den vorhin skizzierten Gruppenprozessen.

3.1 Individuelle Leistung bei Anwesenheit anderer: Soziale Aktivierung (social facilitation) vs. soziale Hemmung (social inhibition)

Wenn Personen in einer Gruppe andere Leistungen erbringen als alleine, so kann dieser Unterschied bereits darin begründet sein, dass die Aufgabenbearbeitung im Beisein anderer Personen erfolgt. Solche Effekte werden im Rahmen der Forschung zu «social facilitation» (soziale Aktivierung) und «social inhibition» (soziale Hemmung) thematisiert. Die hierbei als Einflussgröße interessierenden anderen Personen führen dabei nicht zwangsläufig dieselbe Aufgabe durch wie die Versuchsperson, sondern sind oftmals auch nur reine Zuschauer.

Frühe empirische Untersuchungen um die Jahrhundertwende belegten überwiegend positive Auswirkungen der Anwesenheit anderer bei der Erledigung von Aufgaben. So zeigte Triplett (1898) in der oben erwähnten Studie, dass Fahrradfahrer im Durchschnitt die besten Leistungen im direkten Wettkampf gegeneinander erzielen (im Vergleich zu Einzelrennen mit oder ohne «Schrittmacher»). Ebenso wurde bereits in frühen Studien nachgewiesen, dass Schulkinder im sozialen Kontext des Klassenzimmers zumeist besser arbeiten als allein (z. B. Schmidt, 1904). Andererseits ergaben sich bereits früh auch Hinweise, dass die Anwesenheit anderer Personen die Leistung mindern kann (z. B. Pessin, 1933) und dass somit neben sozialen Aktivierungseffekten auch soziale Hemmungseffekte auftreten können.

In der Folgezeit wurde untersucht, unter welchen Bedingungen welcher der Effekte dominiert. Dabei ergab sich ein sehr robuster Befund: Während für vergleichsweise einfache, vom Individuum gut gelernte Aufgaben Leistungssteigerungen bei Anwesenheit anderer Personen eintreten, bewirkt diese Anwesenheit bei relativ schwierigen, neuartigen Aufgaben eine Leistungsminderung im Vergleich zur individuellen Bearbeitung ohne andere Personen (als Überblick z. B. Bond & Titus, 1983). Neuere Arbeiten haben gezeigt, dass diese differenzielle Wirkung nicht an die physische Anwesenheit dieser Personen geknüpft ist, sondern sich auch ergibt, wenn man nur davon ausgeht, beobachtet zu werden – zum Beispiel bei elektronischer Überwachung von Bildschirmarbeit (Aiello & Kolb, 1995).

Für die Abhängigkeit sozialer Aktivierungs- vs. Hemmungseffekte vom Aufgabentyp haben sich unterschiedliche Erklärungsansätze herausgebildet, die sich in zwei Kategorien gruppieren lassen. Zur ersten Kategorie gehörende Ansätze nehmen an, dass die Anwesenheit anderer Personen bei beiden Aufgabentypen *dieselbe* individuelle Reaktion bewirkt, die nur eben beim einen Aufgabentyp funktional und beim anderen Aufgabentyp dysfunktional ist. Bekannte Vertreter dieser Kategorie sind die Ansätze von Zajonc (1965), Cottrell (1968) sowie Sanders (1981). Alle diese Ansätze gehen davon aus, dass die Anwesenheit anderer Personen einen Erregungszustand bewirkt und damit das Aktivationsniveau der Person erhöht. Dadurch wird wiederum das Auftreten so genannter «dominanter Reaktionen» begünstigt, wobei eine dominante Reaktion definiert ist als eine Reaktion, die in der betreffenden Reizsituationen eine höhere Auftretenswahrscheinlichkeit aufweist als andere im Verhaltensrepertoire enthaltene Reaktionen. Bei leichten bzw. vertrauten Aufgaben sind diese Reaktionen zielführend; folglich erhöht ihre Begünstigung die Leistung. Bei schwierigen bzw. unvertrauten Aufgaben hingegen kommt es dadurch zu falschen Reaktionstendenzen, da man hier die richtige Reaktion selten bereits als dominante Reaktion gespeichert hat.

Die drei Ansätze unterscheiden sich darin, durch welchen Prozess die Anwesenheit anderer Personen einen Erregungszustand auslöst. Während Zajonc (1965) hierin – der triebtheoretischen Tradition von Hull und Spence folgend – eine angeborene Reaktion des Organismus vermutet, sieht Cottrell (1968) dies als erlernten Prozess, der durch die mit der Anwesenheit anderer Personen verknüpfte Bewertungserwartung zustandekommt. Sanders (1981) schließlich argumentiert, dass die erhöhte Aktivation in einem Aufmerksamkeits-Reaktionskonflikt begründet ist, da ein Teil der Aufmerksamkeit auf die anderen Personen gerichtet ist und damit von der Aufgabe abgelenkt wird. Cottrell und Sanders nehmen somit vermittelnde kognitive Prozesse an, während Zajonc eine automatische, angeborene Triebkopplung zwischen Anwesenheit anderer Personen und physiologischer Erregung postuliert. Empirische Studien konnten nachweisen, dass kognitive Prozesse zwar tatsächlich soziale Aktivierung und Hemmung moderieren können – so zum Beispiel bei Cottrell (1968), wo die Effekte nur bei einem als *aufmerksam* erlebten Publikum auftraten –, dass aber andererseits diese Effekte auch bei Tieren feststellbar sind, die zu solchen kognitiven Prozessen nicht fähig sein sollten (z. B. Clayton, 1978). Insofern können vermittelnde kognitive Prozesse die Erklärung von sozialen Aktivierungs- und -hemmungseffekten *verbessern*, sind aber keine *notwendige* Bedingung für das Auftreten solcher Effekte.

Eine zweite Kategorie von Ansätzen rekurriert zur Erklärung des differentiellen Effekts der Anwesenheit anderer bei leichten/vertrauten vs. schwierigen/unvertrauten Aufgaben auf *unterschiedliche* Prozesse, die bei diesen beiden Aufgabentypen ausgelöst werden und somit auch zu unterschiedlichen Leistungseinflüssen führen. Ein Beispiel hierfür ist der Erklärungsansatz von Sanna (1992). Wie bei Cottrell (1968) ist auch bei Sanna (1992) die Bewertungsantizipation ein zentrales Konstrukt. Allerdings postuliert Sanna, unterschiedliche *Ergebniserwartungen* seien dafür verantwortlich, dass Leistungssteigerungen bei leichten und Leistungseinbußen bei schwierigen Aufgaben auftreten: Bei leichten Aufgaben erwartet man eher positive Bewertungen, während bei schwierigen Aufgaben negative Bewertungen wahrscheinlicher sind. Positive Bewertungserwartungen fördern die Leistung, negative Bewertungserwartungen hingegen hemmen sie. Im Einklang hiermit konnte Sanna (1992) nachweisen, dass Probanden, die von einer erfolgreichen Durchführung einer Aufgabe ausgehen, auch eher eine positive Bewertung durch das Publikum erwarten und ihre Leistungen verbessern. Probanden mit negativer Erwartung bezüglich Leistung und Ergebnis zeigen dagegen vor einem Publikum signifikante Leistungseinbußen. Da die Erklärung von Sanna, wie die Ansätze von Cottrell und Sanders, auf vermittelnde kognitive Prozesse fokussiert, gilt auch für sie, dass sie nur als ergänzende, nicht als umfassende Erklärung von sozialer Aktivierung und Hemmung herangezogen werden kann.

Eine umfassende Erklärung könnte hingegen ein recht neuer Vertreter dieser zweiten Kategorie von Erklärungsansätzen bieten, nämlich der Ansatz von Blascovich, Mendes, Hunter und Salomon (1999). Gemäß diesem Ansatz, der sich aus dem biopsychosozialen Modell der Erregungsregulation von Blascovich und Tomaka (1996) ableitet, erhöht die Anwesenheit anderer Personen die Relevanz der bearbeiteten Aufgabe und dadurch – im Einklang mit Zajonc, Cottrell und Sanders – das Erregungsniveau. Allerdings führt dieses gestiegene Erregungsniveau zu unterschiedlichen Mustern von physiologischen, kognitiven und affektiven Prozessen in Abhängigkeit davon, ob die Ressourcen zur Bewältigung der Aufgabe ausreichend erscheinen oder nicht. Hier findet sich in anderer Form Sannas Gedanke der Erfolgserwartung wieder. Werden die Ressourcen als ausreichend erlebt (was vor allem bei vertrauten Aufgaben der Fall ist), so entsteht ein so genanntes «Herausforderungsmuster» (challenge pattern), das sich in erhöhter Herztätigkeit, verringertem vaskulärem Widerstand sowie affektivem und kognitivem Herausforderungserleben manifestiert. Bei als unzureichend erlebten Ressourcen hingegen (und somit vor allem bei unvertrauten Aufgaben) resultiert ein so genanntes «Bedrohungsmuster» (threat pattern), das sich in ebenfalls erhöhter Herztätigkeit, zugleich aber erhöhtem vaskulärem Widerstand sowie affektivem und kognitivem Bedrohungserleben ausdrückt. Ersteres Muster steigert die Leistung, während letzteres Muster leistungshemmend ist. Empirisch konnten Blascovich et al. (1999) zeigen, dass bei vertrauten vs. unvertrauten Aufgaben die postulierten differentiellen physiologischen Erregungsmuster auftreten, wenn diese Aufgaben vor Publikum anstatt alleine durchgeführt werden, und dass diese mit den entsprechenden Leistungseffekten korrespondieren.

Insgesamt hat die Forschung zu sozialer Aktivierung und Hemmung sehr konsistent nachweisen können, dass die Anwesenheit anderer Personen zu Leistungssteigerungen bei einfachen bzw. vertrauten Aufgaben und zu Leistungsminderungen bei schwierigen bzw. neuartigen Aufgaben führt (Bond & Titus, 1983). Nach gegenwärtigem Forschungsstand sind hieran automatische Erregungssteigerungen durch die Anwesenheit anderer Personen (wie von Zajonc postuliert) beteiligt, deren Wirkung durch kognitive Prozesse wie Bewertungs- und Erfolgserwartung moderiert werden kann (wie z. B. in den Modellen von Cottrell, Sanders und Sanna formuliert). Der Komplexität der Befundlage könnte das neu entstandene biopsychosoziale Erklärungsmodell von Blascovich et al. (1999) gerecht werden, indem es neben einer allgemeinen Erregungssteigerung spezifische physiologische, affektive und kognitive Muster in

Abhängigkeit vom Aufgabentyp annimmt und durch seine Bandbreite sowohl auf menschliche als auch im Tierreich gefundene soziale Aktivierungs- und Hemmungseffekte anwendbar ist.

3.2 Leistung in interagierenden bzw. interdependenten Gruppen

Leistung auf Gruppenebene wird nicht nur davon beeinflusst, dass die Mitglieder ihre Leistung in Anwesenheit anderer erbringen, sondern auch davon, dass sie zum Erbringen der Leistung miteinander interagieren oder in ihren Ergebnissen voneinander abhängen, d. h. interdependent sind. Solche Gruppeneinflüsse auf die Leistung werden in diesem Abschnitt besprochen.

Eine nahe liegende Annahme ist, dass Gruppen höherwertige Leistungen erbringen als Individuen (Stroebe, Diehl & Abakoumkin, 1992). Frühe experimentelle Forschung schien diese Annahme zunächst auch zu unterstützen. Shaw (1932) zeigte beispielsweise, dass Gruppen mehr Wörter-Puzzles lösten als Individuen. Die Überlegenheit der Gruppe wurde dabei auf das gegenseitige Korrigieren von Fehlern der Gruppenmitglieder zurückgeführt. In den fünfziger Jahren wurden jedoch die Ergebnisse von Shaw kritisch hinterfragt; so zeigten zum Beispiel Lorge und Solomon (1955) in einer Reanalyse der Daten von Shaw mit Hilfe mathematischer Modelle, dass Gruppen ihre Ressourcen bei weitem nicht optimal ausnutzten.

Daraus entwickelte sich das allgemeine Prinzip, die reale Leistung von Gruppen ihrem *Potential* gegenüberzustellen. Für Diskrepanzen zwischen tatsächlicher und potentieller Leistung wurde nach vermittelnden Mechanismen gesucht. Wir skizzieren zunächst, wie sich dieses Leistungspotential bestimmt, und stellen dann die wichtigsten theoretischen Ansätze dar, die Diskrepanzen zwischen potentieller und realer Leistung zu erklären versuchen.

3.2.1 Potentielle Gruppenleistung in Abhängigkeit vom Aufgabentyp

Die potentielle Leistung einer Gruppe bei einer bestimmten Aufgabe ergibt sich aus den individuellen Leistungsfähigkeiten der Gruppenmitglieder bei der betreffenden Aufgabe, die mit Hilfe einer Kombinationsregel (ähnlich den in Abschnitt 2.2.4 beschriebenen Entscheidungsregeln) zusammengeführt werden. Welche Kombinationsregel dabei anzuwenden ist, hängt vom Aufgabentyp ab (siehe hierzu Steiner, 1972). Drei besonders wichtige und häufige Aufgabentypen sind so genannte additive, konjunktive und disjunktive Aufgaben. Bei einer *additiven* Aufgabe wie zum Beispiel «Seilziehen» ergibt sich die Gruppenleistung aus der Summe aller individuellen Beitrage; das passende Potential erhält man also, wenn man jedes Gruppenmitglied individuell an einem Seil ziehen lässt, die entsprechende Kraft bestimmt und diese Einzelleistungen additiv kombiniert. Das Gruppenmitglied mit der geringsten Leistungsfähigkeit bestimmt die Gruppenleistung bei *konjunktiven* Aufgaben (z. B. Bergsteigen). Die Leistung dieses Gruppenmitglieds bei individueller Bearbeitung (z. B. seine Steiggeschwindigkeit) ist also zugleich das Gruppenpotential. Bei einer *disjunktiven* Aufgabe (z. B. einem mathematischen Problem mit demonstrierbar richtiger Lösung) hingegen ergibt sich die Gruppenleistung aufgrund der Leistung des besten Gruppenmitglieds; die individuelle Lösungsgüte des besten Gruppenmitglieds entspricht also der potentiellen Gruppenleistung. Empirische Forschung zur Gruppenleistung zeigt, dass die tatsächliche Gruppenleistung in den meisten Fällen – und über die verschiedenen Aufgabentypen hinweg – hinter der potentiellen Gruppenleistung zurückbleibt, zum Teil sogar sehr deutlich. Das wohl bekannteste Beispiel hierfür liefert die klassische Studie von Ringelmann (1928, zitiert nach Kravitz & Martin, 1986), der als erster den Zusammenhang zwischen der Gruppengröße und der Effizienz, mit der (in diesem Fall landwirtschaftliche) Arbeiten durchgeführt werden, untersuchte. Es zeigte sich, dass die Leistung pro Person mit zunehmender Gruppengröße abnahm: Je größer die Gruppe, desto geringer ist das pro Person bewegte Gewicht.

3.2.2 Klassische Erklärungsrichtungen: Koordinations- und Motivationsprozesse

Die Diskrepanz zwischen realer und potentieller Gruppenleistung wird durch so genannte *Prozessverluste* erklärt, wobei klassischerweise zwei Typen von Prozessverlusten unterschieden werden: Koordinationsverluste und Motivationsverluste (Hill, 1982). *Koordinationsverluste* entstehen bei der Kombination der Beiträge der einzelnen Gruppenmitglieder, wenn Gruppenmitglieder nicht in der Lage sind, ihre individuellen Beiträge optimal in das Gruppenergebnis einzubringen. Falls zum Beispiel die Bergsteigergruppe ihre Aktivitäten nicht gut koordiniert, wird sie damit auch das für ihr Vorwärtskommen kritische schwächste Gruppenmitglied verlangsamen. Ebenso treten zum Beispiel Koordinationsverluste beim Seilziehen auf, falls nicht alle Gruppenmitglieder in die gleiche Richtung ziehen oder nicht zeitgleich ihre maximale Leistung erbringen. Ein weiterer bekannter Koordinationsverlust ist die so genannte «Produktionsblockierung» beim Brainstorming (Diehl & Stroebe, 1987), bei der in interagierenden Gruppen weniger Ideen generiert werden als in nominalen (d. h. nicht interagierenden) Gruppen, da man, während andere Gruppenmitglieder sprechen, weniger Ideen produziert oder seine eigenen Ideen zum Teil wieder vergisst.

Motivationsverluste resultieren aus einer verminderten Anstrengungsbereitschaft einzelner Gruppenmitglieder im kollektiven gegenüber dem individuellen Kontext (Shepperd, 1993). Gängige Motivationsverluste sind das *soziale Faulenzen* (Harkins, Latané & Williams, 1980), bei dem die verminderte Anstrengungsbereitschaft durch eine geringe Identifizierbarkeit der individuellen Anteile erklärt werden kann, *Trittbrettfahrer-Effekte* (Kerr & Bruun, 1983), die aus einer subjektiv wahrgenommenen höheren Entbehrlichkeit individueller Beiträge im Gruppenkontext resultieren, sowie der *Gimpel- bzw. Sucker-Effekt* (Kerr, 1983), bei dem Gruppenmitglieder, die soziales Faulenzen oder Trittbrettfahren von anderen Gruppenmitgliedern antizipieren, ihre eigenen Anstrengungen vermindern, um nicht ausgenutzt zu werden. Generell werden Motivationsverluste dadurch erklärt, dass individueller Aufwand und individueller Ertrag im Gruppenkontext schwächer gekoppelt sind als im individuellen Kontext. Motivationsverluste sind allerdings nicht unvermeidlich: Sie treten gar nicht oder nur in geringem Masse auf, falls die Identifizierbarkeit, die Unentbehrlichkeit sowie die Bewertungsmöglichkeit der individuellen Beiträge erhöht wird, eine hohe Aufgabenattraktivität besteht und Gruppenmitglieder sich für das Gruppenergebnis verantwortlich fühlen (Karau & Williams, 1993; Shepperd, 1993).

Gegenüber dem in der Gruppenleistungs-Forschung vorherrschenden «Defizit-Ansatz» der Prozessverluste weisen einige Forscher auch auf die Möglichkeit von Prozess*gewinnen* in Gruppen hin. Nach Collins und Guetzkow (1964) beispielsweise kann die tatsächliche Gruppenleistung größer sein als die potentielle Gruppenleistung, falls die Gruppe ein Resultat erzielt, das weder ein Mitglied alleine erreichen noch aus einer Kombination der individuellen Beiträge der Mitglieder resultieren würde. Die tatsächliche Gruppenleistung wird demnach durch folgende Gleichung abgebildet:

Tatsächliche Gruppenleistung = Gruppenpotential + Prozessgewinne – Prozessverluste

Da Koordinationsgewinne rein sachlogisch unmöglich sind (der Koordinationsaufwand bei Individuen, die zur Bestimmung des Gruppenpotentials dienen, ist Null), können solche Prozessgewinne im Sinne der klassischen Aufteilung nur durch Motivationsgewinne erreicht werden. Obwohl die Literatur zu Motivationsgewinnen noch recht jung und vergleichsweise dünn ist (als Überblick siehe zum Beispiel Hertel, 2000), können doch zumindest zwei solche Gewinne mittlerweile als gut gesichert gelten: der Köhler-Effekt (zitiert nach Witte, 1989) und die soziale Kompensation im Gruppenkontext (Williams & Karau, 1991). Beide Effekte resultieren aus einer vermehrten Anstrengungsbereitschaft einzelner Gruppenmitglieder, wobei sich beim Köhler-Effekt die schwächeren, beim sozialen Kompensationseffekt dagegen die stärkeren Gruppenmitglieder verstärkt bemühen.

Der Köhler-Effekt ist vor allem bei konjunktiven Aufgaben zu erwarten. Köhlers klassische Vorhersage war, dass die jeweils schwächeren Gruppenmitglieder, auf die es bei konjunktiven Aufgaben wie Bergsteigen ankommt, bei moderaten Differenzen der individuellen Leistungsstärken höhere Leistungen erbringen als im Individualkontext, während dieser Effekt bei annähernd gleichen oder sehr unterschiedlichen individuellen Leistungsstärken nicht auftreten sollte. Dahinter steht die Überlegung, dass man auf der einen Seite nicht für ein schlechtes Gruppenergebnis verantwortlich sein möchte, auf der anderen Seite aber zumindest eine realistische Chance sehen muss, mit den stärkeren Gruppenmitgliedern mitzuhalten. Neue Studien haben gezeigt, dass der Köhler-Motivationsgewinn zunächst einmal unabhängig von der tatsächlichen Leistungsdiskrepanz eintritt, so lange die Höhe der Diskrepanz dem Gruppenmitglied nicht bekannt ist (Hertel, Kerr & Messé, 2000). Ist das schwächere Gruppenmitglied hingegen über die Höhe dieser Diskrepanz informiert, so findet sich der von Köhler beschriebene kurvilineare Zusammenhang zwischen Fähigkeitsdifferenz auf der einen und Motivationsgewinn beim schwächeren Mitglied auf der anderen Seite (Messé, Hertel, Kerr, Lount & Park, 2002). In beiden Fällen war der Motivationsgewinn an die konjunktive Aufgabenstruktur gebunden.

Demgegenüber tritt die so genannte *soziale Kompensation* nur bei additiven Aufgaben auf. Hier strengt sich ein Gruppenmitglied mit höherer Leistungsfähigkeit im kollektiven Kontext mehr an als bei einer individuellen Aufgabenbearbeitung, wenn diese Person antizipiert, dass der unzureichende Beitrag schwächerer Gruppenmitglieder ein erfolgreiches Gruppenergebnis gefährdet, und sie den Gruppenerfolg als sehr wichtig ansieht (Williams & Karau, 1991). Bei konjunktiven oder disjunktiven Aufgaben kann dieser Effekt nicht auftreten, da Kompensation für schwächere Leistungen anderer Mitglieder hier entweder nicht möglich (konjunktiv) oder nicht nötig (disjunktiv) ist.

3.2.3 Kognitive Prozesse

Vergleicht man die eben dargestellten Haupterklärungsrichtungen mit denjenigen Gruppenprozessen, die bei Gruppenurteilen und -entscheidungen diskutiert wurden, so fällt ein wichtiger Unterschied auf. In einer – groben – Vereinfachung könnte man sagen, dass die bei Gruppenurteilen/-entscheidungen untersuchten normativen Prozesse motivational, die informationalen Prozesse hingegen kognitiv fundiert sind. In diesem Sinne hätten die normativen Prozesse in den Motivationsverlusten und -gewinnen bei der Forschung zu Gruppenleistung eine Entsprechung, während es für die informationalen Prozesse keine solche Entsprechung gibt.[5] Ein wesentlicher Grund hierfür dürfte sein, dass die klassische Forschung zu Gruppenleistung vorrangig auf relativ einfach strukturierte, oft auch physische Aufgaben fokussiert hat, für die Informationsaustausch und damit in Verbindung stehende kognitive Prozesse von untergeordneter Bedeutung sind.[6] Insbesondere seitdem kognitive Aufgaben verstärkt in den Fokus der Forschung zu Gruppenleistung gerückt sind, erscheint es jedoch aus unserer Sicht notwendig, die klassische Aufteilung von Prozessverlusten und -gewinnen in Koordinations- und Motivationsprozesse um eine dritte, kognitive Komponente zu erweitern.

Dahinter steht die Idee, dass bestimmte, von anderen Gruppenmitgliedern kommende informationale Reize – darunter sind sowohl explizit geäußerte Informationen als auch aus der Wahrnehmung des Handelns anderer Gruppenmitglieder abstrahierte Informationen, z. B. über Handlungsstrategien, zu verstehen – durch kognitive Prozesse den individuellen Beitrag von Mitgliedern zur Gruppenleistung beeinflussen. Beim Brainstorming beispielsweise resultiert auf diese Weise ein kognitiv vermittelter Prozessverlust, wenn die Informationen, die man von anderen Gruppenmitgliedern hört, zu einer Einschränkung des Suchraums führen. Man soll Ideen zum Thema «Umweltschutz» generieren, hört von zwei anderen Mitgliedern Ideen dahingehend, wie

---

5 Man könnte versuchen, einige dieser informationalen Prozesse unter der Rubrik «Koordination» zu subsumieren; zum Beispiel könnte man sagen, dass es Gruppen mit verzerrtem Informationsaustausch im Hidden Profile nicht gelingt, die informationalen Ressourcen ihrer Mitglieder zu koordinieren. Dies würde aber den Begriff der Koordination sehr unscharf werden lassen.

6 Ebenso haben natürlich auch Koordinationsmechanismen in der Forschung zu Gruppenurteilen und Gruppenentscheidungen nur eine sehr untergeordnete Rolle gespielt; möglicherweise ebenfalls aufgrund der Art der verwendeten Aufgaben, die überwiegend nur geringe Koordinationsanforderungen stellen.

man weniger Autofahren könne, und fokussiert daher auf Überlegungen zur Reduktion des CO_2-Ausstoßes – was man bei individueller Bearbeitung nicht getan hätte. Umgekehrt kann aber das Hören von Ideen der anderen Gruppenmitglieder auch zur kognitiven Stimulation und zum Erschließen neuer Suchräume führen – möglicherweise hätte man individuell gar nicht an die Reduktion des CO_2-Ausstoßes als Möglichkeit zum Umweltschutz gedacht, kann jetzt aber ergänzende Ideen in diese Richtung produzieren. Solche erhofften Synergieeffekte, die ursprünglich hinter der Entwicklung der Brainstorming-Technik standen, konnten erst in jüngster Zeit mit verfeinerten Methoden nachgewiesen werden (z. B. Paulus & Yang, 2000), da sie bis dato von Prozessverlusten wie Produktionsblockierung (Diehl & Stroebe, 1987) überlagert wurden (siehe hierzu auch den Beitrag von Diehl und Munkes, in diesem Band).

Die Betrachtung kognitiver Restriktionseffekte auf der einen und kognitiver Stimulationseffekte auf der anderen Seite, die jeweils über informationalen Input durch andere Gruppenmitglieder ausgelöst werden, lässt sich auch als eine Form des Lernens in Gruppen konzeptualisieren. Solche Lerneffekte sollten insbesondere angeregt werden, wenn Gruppen über längere Zeiträume interagieren und mehrfach ähnliche Aufgaben bearbeiten. Dies ist Gegenstand des nun folgenden Teils.

4 Gruppenlernen

In den bisherigen Abschnitten wurden vielfach Phänomene und Prozesse diskutiert, die die Leistungsfähigkeit von Gruppen für die ihnen gestellten Aufgaben in Zweifel ziehen: Sie treffen beispielsweise suboptimale Entscheidungen und bleiben deutlich hinter ihrer potentiellen Leistung zurück. Oft fanden sich bessere Ergebnisse, wenn dieselbe Anzahl von Personen eine Aufgabe individuell statt in einer Gruppe bearbeitet. Gruppen scheinen somit den Mehraufwand, den sie im Vergleich zu Individuen erfordern, nur selten durch entsprechende Qualitätsgewinne zu rechtfertigen.

Für diesen Eindruck, der aus unserer Sicht durchaus repräsentativ für den gegenwärtigen Stand der Gruppenforschung ist, könnte allerdings eine weit gehende Beschränkung auf die stationäre Betrachtung einer isolierten, einmaligen Aufgabenbearbeitung durch ad hoc zusammengestellte Gruppen mitverantwortlich sein. Unserer Ansicht nach jedoch stellt der Einsatz von Gruppen eine *Investition* dar, deren anfängliche Kosten (z. B. in Form von erhöhtem Koordinationsaufwand) sich erst *im Verlauf der Zeit* amortisieren und die dann durch entsprechende Qualitätsgewinne auf individueller und kollektiver Ebene gerechtfertigt wird (eine eingehende theoretische Fundierung und empirische Bestätigung dieses Gedankens liefert das Forschungsprogramm von Brodbeck, 1999; siehe auch Brodbeck & Greitemeyer, 2000a, b). Die Entwicklung solcher Qualitätsgewinne ist zwangsläufig an Lernprozesse in Gruppen geknüpft.

Das Thema «Gruppen als lernende Systeme» wurde in den letzten 20 Jahren vor allem in der angewandten Gruppenforschung, die vorwiegend in der Arbeits- und Organisationspsychologie sowie in der Organisationsforschung verankert ist, vorangetrieben. Bei der wiederholten Bearbeitung gleichartiger Aufgaben in natürlichen Arbeitsgruppen und Organisationen sind in der Regel Leistungsverbesserungen feststellbar (vgl. Argote & Epple, 1990; Argote, 1993). Zwei Erklärungen für solche Leistungsverbesserungen wurden dabei bisher unterschieden, nämlich *individuelle* und *kollektive* Lernprozesse.

Individuelles Lernen beim kollektiven Arbeiten wird mit Prozessen der Automatisierung, Routinisierung und des Wissenserwerbs in Zusammenhang gebracht. Unter kollektivem Lernen in Gruppen und Organisationen wird sehr verschiedenes subsumiert, zum Beispiel die Entwicklung kollektiver Handlungsroutinen und Normen (Gersick, 1988), neuer Methoden der Arbeitsteilung und neuer Technologien (Brodbeck, 1994), sowie ein mit kollektiver Erfahrung zunehmender Konsens über Standardprozeduren, das Imitieren von erfolgreichen Vorgehensweisen anderer Firmen oder der Wissenserwerb durch Aufnehmen neuer Mitarbeiter in Arbeitsgruppen und Organisationen (Levitt & March, 1988).

Um die theoretische Nähe zu den bisherigen Ausführungen zu wahren, gehen wir nicht weiter auf die Literatur über organisationales Lernen ein, sondern konzentrieren uns auf experimentelle Arbeiten über Lernprozesse in Kleingruppen. Wir beginnen mit klassischen Zugängen zu Lernen in Gruppen (d.i. im wesentlichen Lernen in Anwesenheit anderer) und wenden uns dann Prozessen zu, die wir zum einen als sozial vermitteltes Lernen (d.i. individuelles Lernen, das durch kollektives Handeln in Gruppen beeinflusst wird) und zum anderen als Gruppenlernen (d.i. kollektives Lernen auf Gruppenebene) bezeichnen.

4.1   Individuelles Lernen in Anwesenheit anderer

Sehr früh in der sozialpsychologischen Gruppenforschung verglich man individuelle Leistungen mit Gruppenleistung bei ausgesprochenen Lernaufgaben. Dabei zeigten sich die für additive Aufgaben typischen Prozessverluste (z. B. Gurnee, 1938). Gruppen «lernen» zwar mehr als Individuen, sie erreichen jedoch nicht die potentielle Lernleistung, die auf Basis der synthetischen Kombination individueller Lernleistungen zu erwarten ist (vgl. Abschnitt 3.2). Insgesamt weisen die Befunde darauf hin, dass in den betreffenden Experimenten im wesentlichen individuelles Lernen in Anwesenheit anderer praktiziert wurde. Das Erlernen neuer Verhaltensweisen oder neuartiger gedanklicher Operationen und Kognitionen ist definitionsgemäß mit dem Betreten unvertrauten Terrains und mit Schwierigkeiten verbunden. Folglich sollten die in Abschnitt 3.1. beschriebenen Hemmungseffekte bei Anwesenheit anderer auch beim individuellen Lernen im Gruppenverband wirksam sein. Auch aus diesem Grunde sind die in den klassischen Studien beschriebenen Prozessverluste zu erwarten.

4.2 Sozial vermitteltes individuelles Lernen

Unterliegt hingegen das individuelle Lernen einem Einfluss durch das kollektive Handeln in Gruppen, z. B. wird handlungsrelevante Information bei gemeinsamer Gruppenarbeit aufgenommen oder ausgetauscht, dann sprechen wir von sozial vermitteltem Lernen. Derartige Lernprozesse wurden vor allem in der entwickungspsychologischen und der pädagogischen Forschung über die Rolle sozialer Interaktion beim individuellen Lernen von Heranwachsenden und jungen Erwachsenen untersucht. In der sozialpsychologischen Gruppenforschung widmen sich nur vereinzelte Experimente vergleichbaren Fragestellungen bei Erwachsenen bzw. Studenten, und zwar unter dem Stichwort «group-to-individual transfer» (G-I-Transfer, vgl. zusammenfassend Brodbeck, 1999; Brodbeck & Greitemeyer, 2000a; Laughlin & Sweeney, 1977). Positiver G-I-Transfer liegt vor, wenn individueller Leistungszuwachs durch vormaliges kollektives Handeln in Gruppen entsteht.

Im folgenden gehen wir auf drei Mechanismen ein, die sich zur Erklärung positiver Lerntransfereffekte eignen: sozio-kognitiver Konflikt, Internalisierung von Strategien durch kollektives Handeln sowie Beobachtungslernen.

4.2.1 Sozio-kognitiver Konflikt

Entwickungspsychologische und pädagogische Forschungsarbeiten, die im Rahmen der Neo-piagetschen Perspektive durchgeführt wurden, zeigen, dass bestimmte Formen interpersonaler Konflikte in Gruppen die kognitive Entwicklung von Kindern fördern können (z. B. Azmitia & Perlmutter, 1989). Dabei wird angenommen, dass so genannte sozio-kognitive Konflikte unter Gleichaltrigen (Peers) durch das Offenbarwerden einander widersprechender Auffassungen beim kollektiven Handeln entstehen. Sofern die Motivation besteht, eine gemeinsame Position zu entwickeln, resultieren daraus besondere Lösungsbemühungen. Wenn diese am kognitiven und nicht am sozialen Konflikt orientiert sind (also am Sachverhalt, nicht am sozialen Konsens), dann ist mit individuellen Leistungsverbesserungen zu rechnen (hier also positiver G-I-Transfer), zum Beispiel mit dem Einsatz höherwertigerer Handlungsstrategien bei der Aufgabenbearbeitung (Dillenbourg, Baker, Blaye & O'Malley, 1996).

In der sozialpsychologischen Forschung über Minoritätseinfluss in Gruppen erwachsener Personen (siehe hierzu auch das Kapitel von Erb und Bohner, in diesem Band) werden sozio-kognitive Konflikte ebenfalls als bedeutsam für die Qualität der individuellen Informationsverarbeitung erachtet und vermittelt darüber auch für die Qualität des Gruppenergebnisses (vgl. Moscovici, 1980). Minoritätseinfluss kann unter bestimmten Bedingungen zu besserer individueller Informationsverarbeitung anregen (vgl. Nemeth & Owens, 1996). Aufbauend auf Moscovicis Konversionshypothese (Moscovici, 1980) argumentiert Nemeth (1986), dass Konflikte mit Minoritätenpositionen sachbezogene Validierungsprozesse («Was ist richtig?») auslösen, womit divergentes Denken und kreativere Beiträge einhergehen. Hingegen bedingen Konflikte mit Majoritätspositionen eher soziale Validierungsprozesse («Wer hat recht?»), die zu konvergentem Denken und konventionellen Lösungsbeiträgen führen. Dass auf Gruppenebene von solchem durch Minoritätseinfluss angeregtem divergentem individuellem Denken profitiert werden kann, zeigen zum Beispiel Untersuchungen von Schulz-Hardt, Frey, Lüthgens und Moscovici (2000) sowie Schulz-Hardt, Jochims und Frey (2002), denen zufolge Minoritätseinfluss zu einer Reduktion von Selbstbestätigungstendenzen und somit zu einer ausgewogenen Informationssuche bei Gruppenentscheidungen führt. Für den Fall vollständiger Divergenz – d. h. alle Gruppenmitglieder vertreten unterschiedliche Meinungen, so dass jedes Gruppenmitglied eine Minoritätenposition einnimmt – zeigen Brodbeck et al. (2002) darüber hinausgehend nicht nur eine Verbesserung des Informationsflusses in der Diskussion, sondern auch eine Steigerung der Lösungshäufigkeit bei Hidden Profiles.

4.2.2 Internalisierung von Strategien durch kollektives Handeln

Entwickungspsychologische und pädagogische Forschungsarbeiten im Rahmen der Neo-vygotskyschen Perspektive gehen davon aus, dass Problemlöseprozesse, die auf kollektiver Ebene offenbar werden und etwas oberhalb des aktuellen Entwicklungsniveaus des Lernenden liegen (*zone of proximal development*, Vygotsky, 1978), zu kognitiver Entwicklung führen. Die Lernenden internalisieren dann jene Strategien, die sie zuvor nur mit sozialer Unterstützung meistern konnten, und zeigen dadurch in späteren individuellen Handlungskontexten bessere Leistungen (hier wiederum als positiver G-I-Transfer zu bezeichnen). In der pädagogischen Psychologie wird Vygotskys Ansatz zur Entwicklung instruktionaler Arrangements des kooperativen Lernens herangezogen (vgl. Dillenbourg et al., 1996). In der sozialpsychologischen Kleingruppenforschung ist Vygotskys Sichtweise dagegen wenig populär, möglicherweise deshalb, weil sie bisher nur an Vorschul- und Schulkindern weiterentwickelt wurde und ein Zusammenhang mit der individuellen Lernleistung in Gruppen erwachsener Personen zunächst nicht offensichtlich ist.

4.2.3 Beobachtungslernen

Neben Lerntransfer durch Internalisierung ist vor allem das Lernen durch Beobachtung von Bedeutung für den sozial vermittelten Erwerb leistungsrelevanter Verhaltensweisen (Bandura, 1986; Laughlin & Jaccard, 1975; siehe hierzu auch das Kapitel von Jonas und Brömer, in diesem Band). Sowohl individuelle Verhaltensweisen (z. B. Problemlösestrategien) als auch kollektive Handlungsstrategien (z. B. gegenseitige Fehlerkorrektur) können als Modellverhalten für Beobachtungslernen fungieren, sofern sie im Gruppenkontext offenbar werden.

Unter Verwendung von Konzeptbildungsaufgaben zeigten Laughlin und Jaccard (1975), dass individueller Leistungszuwachs als Folge der passiven Beobachtung von kollaborativ tätigen Paaren auftritt, nicht jedoch nach Beobachten von Einzelpersonen, d. h. eine leistungsförderliche Verhaltensmodifikation geht auf die Beobachtung kollektiver Aktivitäten zurück. Brodbeck und Greitemeyer (2000a, b) haben weiter gehend untersucht, was genau im kollektiven Handlungskontext erlernt wird. Unter Verwendung von Serien von bis zu 10 Regelinduktionsaufgaben (vgl. Laughlin & Hollingshead, 1995) verschiedenen Inhalts und Schwierigkeitsgrades, die alternierend individuell und kollektiv bearbeitet wurden, war feststellbar, dass Gruppenmitglieder mit zunehmender Erfahrung beim kollektiven Problemlösen und Entscheiden jene Handlungsstrategien erlernen, deren Leistungsrelevanz im kollektiven Handlungskontext offenbar wird. Zum einen lernen sie besser zu kooperieren, d. h. flüssiger zu koordinieren, zügiger Entscheidungen zu treffen und reibungsloser Konflikte zu bewältigen, was mit einer erheblichen Reduktion, teilweise sogar mit einer vollständigen Elimination von Prozessverlusten einhergeht (Brodbeck & Greitemeyer, 2000a). Zum anderen lernen sie beim kollektiven Handeln, offenkundige Fehler schneller zu erkennen und zu korrigieren, und zwar auf dreierlei unterschiedliche Art und Weise (Brodbeck & Greitemeyer, 2000b): a) sie erkennen und korrigieren ihre eigenen Fehler bei der individuellen Aufgabenbearbeitung besser (G-I Transfer), b) sie erkennen und korrigieren die Fehler anderer Gruppenmitglieder, die bei Gruppendiskussionen zu Tage treten, besser (d. i. *gegenseitige* Fehlerkorrektur) und c) sie erkennen und korrigieren fehlerhafte Gruppenlösungen besser (d. i. *kollektive* Fehlerkorrektur). Mit den beiden letztgenannten Mechanismen lassen sich erfahrungsbedingte Leistungsverbesserungen auf Gruppenebene, die oftmals als Gruppenlernen bezeichnet werden, erklären.

4.3   Kollektives Lernen in Gruppen

In der experimentellen Gruppenforschung werden seit kurzer Zeit Konzepte propagiert, wonach soziale Kognition als kollektives Phänomen zu verstehen ist, das durch kollektive Aktivitäten verändert wird (z. B. Gruenfeld & Hollingshead, 1993; Hinsz et al., 1997). Diesen Ansätzen liegt zum einen die bereits erwähnte Annahme zugrunde, dass sich Gruppenleistung über die Zeit bzw. über wiederholtes Bearbeiten ähnlicher Arbeitsaufgaben hinweg verbessert. Zum anderen wird davon ausgegangen, dass sich Gruppenlernen nicht durch individuelles Lernen erklären lässt. Es wird eine Art «kollaboratives Denken» auf Gruppenebene angenommen (vgl. Levine, Resnick & Higgins, 1993). Ein bedeutsame Unschärfe, mit der viele Untersuchungen über Gruppenlernen behaftet sind, besteht darin, dass sie die Unterscheidung zwischen sozial vermitteltem individuellen Lernen (G-I Transfer) und Lernen auf Gruppenebene experimentell nicht schlüssig nachvollziehen (vgl. Brodbeck, 1999).

Der einzige, den Autoren bekannte, Erklärungsmechanismus, der kollektives Lernen auf Gruppenebene eindeutig nahe legt, ist das Konzept des *transaktiven Wissenssystems*. Ein transaktives Wissenssystem ist ein von einer Gruppe geteiltes System der Encodierung, Speicherung und des Abrufs von Informationen (Wegner, 1986). Durch transaktive Wissenssysteme sind einzelnen Gruppenmitgliedern Wissensbestände prinzipiell zugänglich, die nicht sie selbst, sondern andere Mitglieder gespeichert haben. Durch soziale Interaktion (z. B. durch Fragen oder um Hilfe bitten) kann das prinzipiell verfügbare, in der Gruppe verteilte Wissen für eine individuelle oder kollektive Aufgabenbearbeitung nutzbar gemacht werden. Dementsprechend zeigt zum Beispiel eine Studie von Stasser, Stewart und Wittenbaum (1995), dass solches Metawissen darüber, welches Gruppenmitglied über welches Spezialwissen verfügt, die

Nutzung ungeteilter Informationen und die Lösungsgüte im Hidden-Profile-Paradigma verbessert.

Transaktive Wissenssysteme bilden sich – wenn sie nicht, wie bei Stasser et al. (1995), von außen induziert werden – erst über die Zeit hinweg, und zwar vor allem bei wiederholter Bearbeitung vergleichbarer Aufgaben: Liang, Moreland und Argote (1995) konnten zeigen, dass transaktive Wissenssysteme durch aufgabenbezogenes Gruppentraining in höherem Maße entwickelt werden als durch (a) Individualtraining, (b) aufgabenneutrales Teamentwicklungstraining und (c) aufgabenbezogenes Gruppentraining mit anschließender Neuzusammenstellung der Gruppen. Zudem war feststellbar, dass der Entwicklungsgrad transaktiver Wissenssysteme den Leistungsvorteil der gruppentrainierten Gruppen (bessere Erinnerung von Aufgabenkomponenten, geringere Fehlerraten) gegenüber den Kontrollbedingungen mediiert (Liang et al., 1995). Insofern führt die gängige sozialpsychologische Forschungspraxis, ad hoc Gruppen lediglich eine isolierte Aufgabe bearbeiten zu lassen und bereits danach Schlussfolgerungen über ihre Leistungsfähigkeit zu ziehen, zu einer systematischen negativen Verzerrung – jedenfalls in allen denjenigen Fällen, in denen die realen Gruppen, auf die man die Ergebnisse generalisieren möchte, über längere Zeiträume sowie vielfache Aufgabenbearbeitungen hinweg interagieren (siehe vertiefend Brodbeck, 1999; Brodbeck & Greitemeyer, 2000b).

Auf der anderen Seite könnten dadurch auch potentielle «Nebenwirkungen» kollektiven Lernens unentdeckt bleiben. Nur wenn man (a) wiederholte Aufgabenbearbeitungen untersucht und dies (b) sowohl auf kollektiver als auch auf individueller Ebene realisiert (und letzteres unterbleibt oft, selbst wenn ersteres verwirklicht wird, vgl. z. B. Moreland, Argote & Krishnan, 1996), kann man nämlich Aussagen darüber treffen, ob auch die *individuellen* Ressourcen zur solitären Aufgabenbearbeitung durch die fortschreitende Entwicklung transaktiver Wissenssysteme gefördert (positiver G-I-Transfer) oder vielleicht sogar *behindert* werden (negativer G-I-Transfer). Transaktive Wissenssysteme auferlegen Gruppen zum Beispiel auch eine gewisse Arbeitsteilung. Sie führen deshalb mit hoher Wahrscheinlichkeit zur Spezialisierung individueller Ressourcen (z. B. von Wissen, Verantwortlichkeit, Fertigkeiten etc.), die nur von einzelnen Gruppenmitgliedern oder Teilgruppen beigesteuert werden können. So gesehen findet möglicherweise auch eine teilweise Dequalifizierung der Gruppenmitglieder statt, sodass sie in späteren individuellen Leistungskontexten weniger gut in der Lage sind, die Aufgabe als Ganzes zu lösen. Interessanterweise wären demnach als Folge transaktiver Wissenssysteme nicht nur Leistungsgewinne auf Gruppenebene, sondern gleichzeitig auch Leistungsverluste auf individueller Ebene zu erwarten.

Schliesslich sei noch auf eine besondere Anfälligkeit transaktiver Wissensysteme im Falle von Fluktuation zentraler Gruppenmitglieder hingewiesen. Verlassen Personen, denen aufgrund ihres fundierten und historisch gewachsenen Wissens über das transaktive Wissensystem eine Schlüsselstellung bei der Nutzung desselben durch alle Gruppenmitglieder zukommt, ihre Arbeitsgruppe, dann kann es eine ganze Wiele dauern, bis die verbleibenden Gruppenmitglieder wieder ein effektives transaktives Wissenssystem hergestellt haben – manchmal gelingt dies nie. Dieses Phänomen lässt sich, quasi als Gegenstück zum Organisationalen Lernen und in Anlehnung an Argote (1993), die den Begriff des «*organisational forgetting*» in die Literatur einführte, als *kollektives Vergessen* bezeichnen.

5 Ausblick

Die referierten sozialpsychologischen Theorien zu Leistung und Entscheidungsprozessen in Gruppen werden seit einiger Zeit auch in der Arbeits- und Organisationspsychologie aufgegriffen und zumeist erfolgreich zur Steigerung von Gruppenleistungen in Organisationen umgesetzt (vgl. Guzzo & Dickson, 1996; Hackman, 1990). Die empirische Überprüfung der genannten Theorien weist allerdings – wie schon erwähnt – den Schwachpunkt auf, dass sie fast ausschließlich auf Laborexperimenten basiert, die keine «real life» Gruppen untersuchen, sondern Gruppen, die ihrem natürlichen Kontext entrissen sind und zudem in Folge einer häufig nur einmaligen Aufgabenbearbeitung keine leistungsfördernden Lernprozesse im Gruppenkontext entwickeln können (McGrath, Arrow & Berdahl, 2000; Ausnahmen wurden im letzten Abschnitt über Lernen in Gruppen vorgestellt). Zwar ist die interne Validität durch experimentelle Untersuchungen im Labor in der Regel besser zu gewärleisten als in Feldstudien; die externe Validität und die Nützlichkeit sozialpsychologischer Gruppentheorien lässt sich allerdings nur dann verbessern, wenn eine Übertragbarkeit in «real life» Situationen angestrebt wird. Deshalb sollte zukünftige Forschung Gruppen noch mehr als komplexe, adaptive und dynamische Systeme begreifen und sie sowohl im Labor als auch im Feld untersuchen.

Nichtsdestotrotz kann konstatiert werden, dass die sozialpsychologische Theorienbildung zu Urteilen, Entscheidungen, Leistung und Lernen in Gruppen und deren empirische Überprüfung wertvolle Hinweise erbrachte, wie beispielsweise Fehlentscheidungen in Gruppen zustande kommen und wie diese vermieden werden können, ob und unter welchen Umständen Gruppen Individuen als Entscheidungsträger vorzuziehen sind, welche Aufgaben besser alleine und welche besser koaktiv mit anderen Personen erledigt werden sollten, wie individuelle Motivationsverluste beim kollektiven Handeln verhindert werden können und welches individuelle Leistungsverhalten durch kollektives Handeln in Gruppen verbessert werden kann. Es ist von daher sowohl unter theoretischen wie auch unter praktischen Gesichtspunkten sehr zu begrüßen, dass nach einer Phase der Vernachlässigung sozialpsychologischer Gruppenforschung und der Fokussierung auf individualpsychologische Prozesse im sozialen Kontext (Steiner, 1974) die Kleingruppe im Verlauf der letzten Jahre wieder verstärkt zum Untersuchungsgegenstand in der Sozialpsychologie geworden ist.

Literatur

Aiello, J. R. & Kolb, K. J. (1995). Electronic performance monitoring and social context: Impact on productivity and stress. *Journal of Applied Psychology, 80,* 339–353.

Aldag, R. J. & Fuller, S. R. (1993). Beyond fiasco: A reappraisal of the groupthink phenomenon and a new model of group decision processes. *Psychological Bulletin, 113,* 533–552.

Argote, L. (1993). Group and organizational learning curves: Individual, system and environmental components. *British Journal of Social Psychology, 32,* 31–51.

Argote, L. & Epple, D. (1990). Learning curves in manufacturing. *Science, 247,* 920–923.

Azmitia, M. & Perlmutter, M. (1989). Social influences on children's cognitions: State of the art and future directions. In: H. W. Reese (Hrsg.), *Advances in child development and behavior* (Band 22, S. 44–89). New York: Academic Press.

Bandura, A. (1986). *Social foundations of thought and action: A social cognitive theory.* Englewood Cliffs: Prentice-Hall.

Blascovich, J., Mendes, W. B., Hunter, S.-B. & Salomon, K. (1999). Social «facilitation» as challenge and threat. *Journal of Personality and Social Psychology, 77,* 68–77

Blascovich, J. & Tomaka, J. (1996). The biopsychosocial model of arousal regulation. In: M. Zanna (Hrsg.), *Advances in experimental social psychology* (Bd. 28, S. 1–51). San Diego: Academic Press.

Bond, C. F. & Titus, L. J. (1983). Social facilitation: A meta-analysis of 241 studies. *Psychological Bulletin, 94,* 265–292.

Brauer, M., Judd, C. M. & Gliner, M. D. (1995). The effects of repeated expressions on attitude polarization during group discussions. *Journal of Personality and Social Psychology, 68,* 1014–1029.

Brauer, M., Judd, C. M. & Jacquelin, V. (2001). The communication of social stereotypes: The effects of group discussion and information distribution on stereotypic appraisals. *Journal of Personality and Social Psychology, 81,* 463–475.

Brodbeck, F. C. (1994). Intensive Kommunikation lohnt sich für SE-Projekte. In: F. C. Brodbeck & M. Frese (Hrsg.), *Produktivität und Qualität in Software Projekten: Psychologische Analyse und Optimierung von Arbeitsprozessen in der Software-Entwicklung* (S. 51–68). München: Oldenbourg.

Brodbeck, F. C. (1999). «Synergy is not for free»: Theoretische Modelle und experimentelle Untersuchungen über Leistung und Leistungsveränderung in aufgabenorientierten Kleingruppen. Habilitationsschrift, Ludwig-Maximilians Universität, München.

Brodbeck, F. C. & Greitemeyer, T. (2000a). Effects of individual versus mixed individual and group experience in rule induction on group member learning and group performance. *Journal of Experimental Social Psychology, 36,* 621–648.

Brodbeck, F. C. & Greitemeyer, T. (2000b). A dynamic model of group performance: Considering the group members' capacity to learn. *Group Processes and Intergroup Relations, 2,* 159–182.

Brodbeck, F. C., Kerschreiter, R., Mojzisch, A., Frey, D. & Schulz-Hardt, S. (2002). The dissemination of critical, unshared information in decision making groups: The effects of pre-discussion dissent. *European Journal of Social Psychology, 32,* 35–56.

Brown, R. (1974). Further comment on the risky shift. *American Psychologist, 29,* 468–470.

Burnstein, E. & Vinokur, A. (1977). Persuasive argumentation and social comparison as determinants of attitude polarization. *Journal of Experimental Social Psychology, 13,* 315–332.

Clayton, D. A. (1978). Socially facilitated behavior. *The Quarterly Review of Biology, 53,* 373–392.

Collins, B. E. & Guetzkow, H. (1964). *A social psychology of group processes for decision-making.* New York: Wiley.

Cottrell, N. B. (1968). Performance in the presence of other human beings: Mere presence audience and affiliation effects. In: E. C. Simmel, R. A. Hoppe & G. A. Milton (Hrsg.), *Social facilitation and imitative behavior* (S. 245–250). Boston: Allyn & Bacon.

Crott, H. W., Szilvas, K. & Zuber, J. A. (1991). Group decisions, choice shift, and polarization in consulting-, political- and local political szenarios: An experimental investigation and theoretical analysis. *Organizational Behavior and Human Decision Processes, 49,* 22–41.

Davis, J. H. (1973). Group decision and social interaction: A theory of social decision schemes. *Psychological Review, 80,* 97–125.

Davis, J. H. (1996). Group decision making and quantitative judgments: A consensual model. In: E. Witte & J. H. Davis (Hrsg.), *Understanding group behavior: Consensual action by small groups* (Band 1, S. 35–59). Mahwah, NJ: Erlbaum.

Deutsch, M. & Gerard, H. B. (1955). A study of normative and informational social influences upon individual judgment. *Journal of Abnormal and Social Psychology, 51,* 629–635.

Diehl, M. & Stroebe, W. (1987). Productivity loss in brainstorming groups: Toward the solution of a riddle. *Journal of Personality and Social Psychology, 53,* 497–509.

Dillenbourg, P., Baker, M., Blaye, A. & O'Malley, C. (1996). The evolution of research on collaborative learning. In: H. Spada & P. Reiman (Hrsg.), *Learning in human and machines: Towards an interdisciplinary learning science* (S. 189–211). Oxford: Elsevier.

Esser, J. K. (1998). Alive and well after 25 years: A review of groupthink research. *Organizational Behavior and Human Decision Processes, 73,* 116–141.

Festinger, L. (1950). Informal social communication. *Psychological Review, 57,* 271–282.

Festinger, L. (1954). A theory of social comparison processes. *Human Relations, 7,* 117–140.

Gersick, C. J. G. (1988). Time and transition in work teams: Toward a new model of group development. *Academy of Management Journal, 31,* 9–41.

Gigone, D. & Hastie, R. (1993). The common knowledge effect: Information sharing and group judgment. *Journal of Personality and Social Psychology, 65,* 959–974.

Gigone, D. & Hastie, R. (1997). The impact of information on small group choice. *Journal of Personality and Social Psychology, 72,* 132–140.

Greitemeyer, T. & Schulz-Hardt, S. (im Druck). Preference-consistent evaluation of information in the hidden profile paradigm: Beyond group-level explanations for the dominance of shared information in group decisions. *Journal of Personality and Social Psychology.*

Greitemeyer, T., Schulz-Hardt, S., Brodbeck, F. C. & Frey, D. (2002). *Information sampling and group decision making: The effects of an advocacy decision procedure and task experience.* Zur Veröffentlichung eingereichtes Manuskript.

Gruenfeld, D. H. & Hollingshead, A. B. (1993). Sociocognition in work groups: The evolution of group integrative complexity and its relation to task performance. *Small Group Research, 24,* 383–405.

Gruenfeld, D. H., Mannix, E. A., Williams, K. Y. & Neale, M. A. (1996). Group composition and decision making: How member familiarity and information distribution affect process and performance. *Organizational Behavior and Human Decision Processes, 67,* 1–15.

Gurnee, H. (1939). The effect of collective learning upon the individual participants. *Journal of Abnormal and Social Psychology, 34,* 529–532.

Guzzo, R. A. & Dickson, M. W. (1996). Teams in organizations: Recent research on performance and effectiveness. *Annual Review of Psychology, 47,* 307–338.

Hackman, J. R. (Hrsg.) (1990). *Groups that work (and those that don't).* San Francisco: Jossey-Bass.

Harkins, S., Latané, B. & Williams, K. (1980). Social loafing: Allocating effort or taking it easy. *Journal of Experimental Social Psychology, 16,* 1214–1229.

Hayes, R. H. & Wheelwright, S. C. (1984). *Restoring our competitive edge: Competing through manufacturing.* New York: John Wiley & Sons.

Hertel, G. (2000) (Hrsg.). Motivation gains in groups [Special issue]. *Zeitschrift für Sozialpsychologie, 31* (4).

Hertel, G., Kerr, N. & Messé, L. A. (2000). Motivation gains in performance groups: Paradigmatic and theoretical developments on the Köhler effect. *Journal of Personality and Social Psychology, 79,* 580–601.

Hill, G. W. (1982). Group versus individual performance: Are N + 1 heads better than one? *Psychological Bulletin, 91,* 517–539.

Hinsz, V. B., Tindale, R. S. & Vollrath, D. A. (1997). The emerging conceptualization of groups as information processors. *Psychological Bulletin, 121,* 43–64.

Hogg, M. A., Turner, J. C. & Davidson, B. (1990). Polarized norms and social frames of reference: A test of the self-categorization theory of group polarization. *Basic and Applied Social Psychology, 11,* 77–100.

Isenberg, D. J. (1986). Group polarization: A critical review and meta-analysis. *Journal of Personality and Social Psychology, 50,* 1141–1151.

Janis, I. L. (1982). *Groupthink* (zweite, erweiterte Auflage). Boston: Houghton Mifflin.

Kaplan, M. F. & Miller, C. E. (1987). Group decision making and normative versus informational influence: Effects of type of issue and assigned decision rule. *Journal of Personality and Social Psychology, 53,* 306–313.

Karau, S. J. & Williams, K. D. (1993). Social loafing: A meta-analytic review and theoretical integration. *Journal of Personality and Social Psychology, 65,* 681–706.

Kerr, N. L. (1983). Motivation losses in small groups: A social dilemma analysis. *Journal of Personality and Social Psychology, 45,* 819–828.

Kerr, N. L. & Bruun, S. (1983). The dispensability of member effort and group motivation losses: Free rider effects. *Journal of Personality and Social Psychology, 44,* 78–94.

Kerschreiter, R., Mojzisch, A., Schulz-Hardt, S., Brodbeck, F. C. & Frey, D. (im Druck). Informationsaustausch bei Entscheidungsprozessen in Gruppen: Theorie, Empirie und Implikationen für die Praxis. In: A. Thomas & S. Stumpf (Hrsg.), *Psychologie für das Personalmanagement: Teambuildung.* Göttingen: Hogrefe.

Kravitz, D. A. & Martin, B. (1986). Ringelmann rediscovered: The original article. *Journal of Personality and Social Psychology, 50,* 936–941.

Larson, J. R., Christensen, C., Franz, T. M. & Abbott, A. S. (1998). Diagnosing groups: The pooling, management, and impact of shared and unshared case information in team-based medical decision making. *Journal of Personality and Social Psychology, 75,* 93–108.

Laughlin, P. R. (1980). Social combination processes of cooperative problem-solving groups on verbal intellective tasks. In: M. Fishbein (Hrsg.), *Progress in social psychology* (Band 1, S. 127–155). Hillsdale: Erlbaum.

Laughlin, P. R. & Hollingshead, A. B. (1995). A theory of collective induction. *Organizational Behavior and Human Decision Processes, 61,* 94–107.

Laughlin, P. R. & Jaccard, J. J. (1975). Social facilitation and observational learning of individuals and cooperative pairs. *Journal of Personality and Social Psychology, 32,* 873–879.

Laughlin, P. R. & Sweeney, J. D. (1977). Individual-to-group and group-to-individual transfer in problem solving. *Journal of Experimental Psychology: Human Learning and Memory, 3,* 246–254.

Levine, J. M., Resnick, L. B. & Higgins, E. T. (1993). Social foundations of cognition. *Annual Review of Psychology, 44,* 585–612.

Levitt, B. & March, J. G. (1988). Organizational Learning. *Annual Review of Sociology, 14,* 319–340.

Liang, D. W., Moreland, R. & Argote, L. (1995). Group versus individual training and group performance: The mediating factor of transactive memory. *Personality and Social Psychology Bulletin, 21,* 384–393.

Lorge, I. & Solomon, H. (1955). Two models of group behavior in the solution of Eureka-type problems. *Psychometrika, 20,* 139–148.

Mackie, D. (1986). Social identification effects in group polarization. *Journal of Personality and Social Psychology, 50,* 720–728.

McCauley, C. (1989). The nature of social influence in groupthink: Compliance and internalization. *Journal of Personality and Social Psychology, 57,* 250–260.

McGarty, C., Turner, J. C., Hogg, M. A., David, B. & Wetherell, M. S. (1992). Group polarization as conformity to the prototypical group member. *British Journal of Social Psychology, 31,* 1–20.

McGrath, J. E., Arrow, H., Berdahl, J. L. (2000). The study of groups: Past, present, and future. *Personality and Social Psychology Review, 4,* 95–105.

Messé, L. A., Hertel, G., Kerr, N. L., Lount, R. B. Jr. & Park, E. S. (2002). Knowledge of partner's ability as a moderator of group motivation gains: Exploration of the Köhler Discrepancy Effect. *Journal of Personality and Social Psychology,* 82, 935–946.

Moreland, R. L., Argote, L. & Krishnan, R. (1996). Socially shared cognition at work: Transactive memory and group performance. In: J. L. Nye & A. M. Brower (Hrsg.), *What's social about social cognition? Research on socially shared cognition in small groups* (S. 57–84). Thousand Oaks: Sage Publications.

Moscovici, S. (1980). Towards a theory of conversion behavior. In: L. Berkowitz (Hrsg.), *Advances in experimental social psychology* (Band 13, S. 208–239). New York: Academic Press.

Moscovici, S. & Zavalloni, M. (1969). The group as a polarizer of attitudes. *Journal of Personality and Social Psychology, 12,* 125–135.

Nemeth, C. J. (1986). Differential contributions of majority and minority influence. *Psychological Review, 93,* 23–32.

Nemeth, C. J. & Owens, P. (1996). Making work groups more effective: The value of minority dissent. In: M. West (Hrsg.), *Handbook of work group psychology* (S. 125–141). Chichester, UK: John Wiley & Sons.

Parks, C. D. & Kerr, N. L. (1999) (Hrsg.). Twenty-five years of social decision scheme theory (Special issue). *Organizational Behavior and Human Decision Processes, 80*(1).

Paulus, P. B. & Yang, H.-C. (2000). Idea generation in groups: A basis for creativity in organizations. *Organizational Behavior and Human Decision Processes, 82,* 76–87.

Pavitt, C. (1994). Another view of group polarizing: The «reasons for» one-sided oral argumentation. *Communication Research, 21,* 625–642.

Pessin, J. (1933). The comparative effects of social and mechanical stimulation on memorizing. *American Journal of Psychology, 45,* 263–270.

Platania, J. & Moran, G. P. (2001). Social facilitation as a function of mere presence of others. *Journal of Social Psychology, 141,* 190–197.

Russo, J. E., Medvec, V. H. & Meloy, M. G. (1996). The distortion of information during decisions. *Organizational Behavior and Human Decision Processes, 66,* 102–110.

Sanders, G. S. (1981). Driven by distraction: An integrative review of social facilitation theory and research. *Journal of Experimental Social Psychology, 17,* 227–251.

Sanna, L. J. (1992). Self-efficacy theory: Implications for social facilitation and social loafing. *Journal of Personality and Social Psychology, 62,* 774–786.

Schmidt, F. (1904). Experimentelle Untersuchungen über die Hausaufgaben des Schulkindes. *Archiv für Gesellschaftliche Psychologie, 3,* 33–152.

Schroeder, H. E. (1973). The risky shift as a general choice shift. *Journal of Personality and Social Psychology, 27,* 297–300.

Schulz-Hardt, S. (1997). *Realitätsflucht in Entscheidungsprozessen: Von Groupthink zum Entscheidungsautismus.* Bern: Huber.

Schulz-Hardt, S., Frey, D., Lüthgens, C. & Moscovici, S. (2000). Biased information search in group decision making. *Journal of Personality and Social Psychology, 78,* 655–669.

Schulz-Hardt, S., Jochims, M. & Frey, D. (2002). Productive conflict in group decision making: Genuine and contrived dissent as strategies to counteract biased information seeking. *Organizational Behavior and Human Decision Processes,* 88, 563–586.

Shaw, M. E. (1932). Comparison of individuals and small groups in the rational solution of complex problems. *American Journal of Psychology, 44,* 491–504.

Shepperd, J. A. (1993). Productivity loss in performance groups: A motivation analysis. *Psychological Bulletin, 113,* 67–81.

Slavin, R. E. (1992). When and why does cooperative learning increase achievement? Theoretical and empirical perspectives. In: R. Hertz-Lazarowitz & N. Miller (Hrsg.), *Interaction in cooperative groups: The theoretical anatomy of group learning* (S. 145–173). Cambridge: Cambridge University Press.

Stasser, G. (1988). Computer simulation as a research tool: The DISCUSS model of group decision making. *Journal of Experimental Social Psychology, 24,* 393–422.

Stasser, G., Stewart, D. D. & Wittenbaum, G. M. (1995). Expert roles and information exchange during discussion: The importance of knowing who knows what. *Journal of Experimental Social Psychology, 31,* 244–265.

Stasser, G. & Titus, W. (1987). Effects of information load and percentage of common information on the dissemination of unique information during group decision making. *Journal of Personality and Social Psychology, 53,* 81–93.

Steiner, I. D. (1972). *Group process and productivity.* New York: Academic Press.

Steiner, I. D. (1974). Whatever happened to the group in social psychology? *Journal of Experimental Social Psychology, 10,* 94–108.

Stoner, J. A. F. (1961). *A comparison of individual and group decisions involving risk.* Unveröffentlichte «Master Thesis», Massachusetts Institute of Technology, Cambridge, MA.

Stroebe, W., Diehl, M. & Abakoumkin, G. (1992). The illusion of group effectivity. *Personality and Social Psychology Bulletin, 18,* 643–650.

Triplett, N. D. (1898). The dynamogenic factor in pace making and competition. *American Journal of Psychology, 9,* 507–533.

Turner, J. C., Hogg, M. A., Oakes, P. J., Reicher, S. D. & Wetherell, M. S. (1987). *Rediscovering the social group: A self-categorization theory.* Oxford: Blackwell.

Vinokur, A. & Burnstein, E. (1974). Effects of partially shared persuasive arguments on group-induced shifts. *Journal of Personality and Social Psychology, 29,* 305–315.

Vroom, V. H. & Jago, A. G. (1988). *The new leadership: Managing participation in organizations.* Englewood Cliffs: Prentice Hall.

Vygotsky, L. S. (1978). *Mind in society: The development of higher psychological processes.* Cambridge, MA: Harvard University Press.

Wegner, D. M. (1986). Transactive memory: A contemporary analysis of the group mind. In: B. Mullen & G. R. Goethals (Hrsg.), *Theories of group behavior* (S. 185–208). New York: Springer.

Williams, K. D. & Karau, S. J. (1991). Social loafing and social compensation: The effects of co-worker performance. *Journal of Personality and Social Psychology, 61,* 570–581

Winquist, J. R. & Larson, J. R. (1998). Information pooling: When it impacts group decision making. *Journal of Personality and Social Psychology, 74,* 371–377.

Witte, E. H. (1987). Behavior in group situations: An integrative model. *European Journal of Social Psychology, 17,* 403–429.

Witte, E. H. (1989). Köhler rediscovered: The anti-Ringelmann effect. *European Journal of Social Psychology, 19,* 147–154.

Wittenbaum, G. M. & Stasser, G. (1996). Management of information in small groups. In: J. L. Nye & A. M. Brower (Hrsg.), *What's social about social cognition: Research on socially shared cognition in small groups* (S. 3–28). Thousand Oaks: Sage.

Zajonc, R. B. (1965). Social facilitation. *Science, 149,* 269–274.

Sozialer Einfluss durch Mehrheiten und Minderheiten

Hans-Peter Erb und Gerd Bohner

1   Einleitung

Individuen als Mitglieder sozialer Gruppen zeigen Uniformität und Anpassung an die Vorgaben der Mehrheit der anderen Gruppenmitglieder – beobachtbar in gemeinsamer Kleidungsordnung, sozial geteilten Normen und Moralvorstellungen, Demokratie als politischer Grundeinstellung usw. Der herrschende Konsens bestimmt, was erwartet wird und als «normal» gilt. Folgen jedoch alle Mitglieder eines sozialen Aggregats immer der Mehrheitsmeinung, wird sozialer Wandel unmöglich. Tatsächlich aber lässt sich gesellschaftliche Innovation beobachten. Die Fähigkeit, Neuerungen zu bewirken, schrieb Moscovici (1976) sozialen Minderheiten zu, etwa der Frauenbewegung oder den rebellierenden Studierenden von 1968. Theorien zum sozialen Einfluss durch Minderheiten ergänzten die bis Ende der sechziger Jahre vorherrschende Vorstellung der Konformitätsforschung, Mehrheiten seien immer Agenten und Minderheiten immer Objekte sozialer Einflussnahme. In diesem Kapitel geben wir zunächst je einen kurzen Überblick über die wichtigsten psychologischen Theorien zu Mehrheiten- und Minderheiteneinfluss, um zur Besprechung integrativer Ansätze zu gelangen, die wir zum Ausgangspunkt unserer Schlussbemerkungen machen wollen.

2   Konformität durch den Einfluss von Mehrheiten

In Experimenten zum sozialen Einfluss zeigte Sherif (1935), wie Urteile über Merkmale der Umwelt auf eine Gruppennorm hin konvergieren. Er bediente sich hierfür einer Wahrnehmungstäuschung, des so genannten autokinetischen Effekts. Versuchspersonen sollten das Ausmaß der nur scheinbaren Bewegung eines Lichtpunkts in einem völlig abgedunkelten und unbekannten Raum schätzen. Die Situation bot keinerlei Anhaltspunkte, die für die Schätzung hilfreich gewesen wären. Sherifs Versuchspersonen entwickelten in Einzelsitzungen recht unterschiedliche persönliche Standardschätzungen. In späteren Gruppensitzungen konvergierten die individuellen Urteile aber auf eine Gruppennorm hin, die auch dann noch wirksam war, wenn die Versuchspersonen wieder alleine urteilten. Das Experiment zeigte, dass individuell erworbene Normen innerhalb einer Gruppe aufgegeben werden, wenn sie mit den Normen anderer in Konflikt geraten. Das Ergebnis mag wenig überraschen, da die Reizsituation sehr uneindeutig war. Ohne Grundlage für ein begründetes eigenes Urteil erscheint es vom individuellen Standpunkt aus durchaus sinnvoll, sich vom Urteil der Anderen beeinflussen zu lassen.

In der Folge wurde in einer Vielzahl von Forschungsarbeiten die Tendenz zur Anpassung von individuellen Einstellungen an die Gruppennorm untersucht (Überblick z. B. bei Jones & Gerard, 1967). Es zeigte sich, dass Meinungsübereinstimmung in Gruppen positiv bewertet wird. Konsens vermittelt einerseits inhaltliche Validierung individueller Einstellungen, denn hoher Konsens signalisiert, dass «wir wissen, dass wir wissen» (Hardin & Higgins, 1996; Kelley, 1967). Andererseits schafft Meinungsübereinstimmung Gemeinsamkeit und soziale Unterstützung. Entsprechend erwarten Individuen negative Bewertung, wenn sie nicht konform gehen, denn Devianz wird von der Mehrheit sanktioniert (Levine, 1989).

Sozialer Einfluss wurde in dieser Forschungstradition also als ein Mittel aufgefasst, hohen Gruppenkonsens herzustellen. In typischen Experimenten wurden Gruppensitzungen realisiert, in denen komplexe Interaktionen stattfanden. Diese Bedingungen entsprachen somit zwar weitgehend sozialen Situationen des Alltags, ihre hohe Komplexität erschwerte jedoch die präzise Untersuchung zu Grunde liegender psychischer Mechanismen. Asch (1951) reduzierte in seinen paradigmatischen Studien zum ersten Male die Einflusssituation so weit, dass experimentelle Kontrolle über die Einflussbedingungen möglich wurde. Dabei verwendete Asch im Gegensatz zu Sherif vollkommen eindeutige Stimuli. Konkret sollten die Versuchspersonen entscheiden, welche von drei Vergleichslinien die gleiche Länge aufwies wie eine Referenzlinie. Die Aufgabe war so einfach, dass in einer Kontrollbedingung praktisch keine Fehler auftraten. Ganz anders dagegen waren die «Fehlerquoten», wenn die Versuchspersonen um ihr Urteil gebeten wurden, nachdem zuvor mehrere angeblich andere Versuchspersonen, tatsächlich aber instruierte Helfer des Versuchsleiters, geschlossen absichtlich falsche Urteile abgegeben hatten. Die Schätzungen der echten Versuchspersonen glichen sich denen der Mehrheit an.

Die Ergebnisse Aschs wurden viele Male repliziert (Bond & Smith, 1996), und Konformität wurde in den unterschiedlichsten Situationen nachgewiesen. Insgesamt konnte diese Forschung überzeugend belegen, dass hoher Konsens, auch über offensichtlich falsche Urteile, zur Beeinflussung individueller Urteile führt. Wie aber lässt sich der Einfluss von Mehrheiten psychologisch erklären? Ansätze zur Erklärung von Konformität lassen sich grob in drei Kategorien einteilen, die wir als Selbstkategorisierung, Konflikt und Informationsverarbeitung bezeichnen und im Folgenden einzeln beleuchten wollen.

2.1 Selbstkategorisierung

Nach der Theorie der Selbstkategorisierung (Turner, 1991) hat die soziale Kategorisierung eines Individuums weit reichende Konsequenzen für Einstellungen gegenüber beliebigen Objekten. Einstellungen sind mehr oder weniger definierende Merkmale von Gruppen (z. B. «Feministinnen», «Konservative»), also wird von Angehörigen derselben Gruppe Meinungsübereinstimmung erwartet. Nach Turner ist das subjektive Bedürfnis, Konsens mit der Mehrheit der eigenen Gruppe herzustellen, unter anderem davon abhängig, als wie ähnlich sich das Individuum den anderen Gruppenmitgliedern sieht. Fehlender Konsens mit der Mehrheit einer Eigengruppe erzeugt Unsicherheit, die häufig nur durch Einstellungsänderung aufgelöst werden kann. Folglich üben insbesondere solche Gruppen Einfluss aus, denen die Fähigkeit zugeschrieben wird, Unsicherheit zu reduzieren, weil sie sozial geteilte «Objektivität» vermitteln. Einfluss resultiert nicht einfach im Nachgeben, um den Konflikt mit der Mehrheit zu vermeiden, sondern in tatsächlicher Einstellungsänderung. Dabei akzeptiert das Individuum die in der Eigengruppe herrschende Mehrheitsmeinung als eigene, valide Sichtweise. Folglich können Mehrheiten (und Minderheiten) nur Einfluss ausüben, wenn die Einflussagenten als Mitglieder einer Eigengruppe des Individuums wahrgenommen werden. Eine Reihe von Untersuchungen, in denen der Status der Mehrheit als Eigen- oder Fremdgruppe systematisch variiert wurde, bestätigten grundlegende Annahmen der Selbstkategorisierungstheorie (z. B. Abrams & Hogg, 1990; David & Turner, 1996).

2.2 Konflikt

Nach Moscovicis (1976, 1980, 1985) Vorstellungen resultiert sozialer Einfluss durch Mehrheiten aus einer subjektiven Strategie, interpersonalen Konflikt zu reduzieren. Der Konflikt mit einer Mehrheitsmeinung führt zu einem Vergleichsprozess, der sich um die Frage dreht: «Wer hat Recht?» Im Vordergrund stehen dabei die sozialen Implikationen des Konflikts und weniger die Frage, welche Einstellung die richtige ist. Der Wunsch, von der Mehrheit akzeptiert zu werden, führt dazu, dass das Individuum öffentlich die Einstellung der Mehrheit übernimmt («compliance»). Weil aber die sozialen Konsequenzen des Konflikts mit der Mehrheit im Fokus der Aufmerksamkeit des Individuums stehen und deshalb wenig kognitive Energie auf die Verarbeitung von inhaltlicher Information zum Einstellungsobjekt gerichtet ist, bleibt private Einstellungsänderung («conversion») aus. Der Einfluss ist kurzlebig und lässt sich nur nachweisen, solange die Einflussagenten anwesend sind. Diese Vorhersagen konnten in einigen Experimenten bestätigt werden. Ebenso konsistent mit den Annahmen Moscovicis fanden Wood, Lundgren, Ouellette, Busceme und Blackstone (1994), dass Mehrheiten tatsächlich mehr öffentliche Zustimmung erfuhren als Minderheiten.

2.3 Informationsverarbeitung

Wir kommen jetzt zu Theorien, die Annahmen über spezifische Informationsverarbeitung unter Mehrheiteneinfluss postulieren. Eine wichtige Erkenntnis dieses Ansatzes ist, dass eine Aussage unter Umständen eine besondere Bedeutung erhält, wenn sie einer Mehrheit zugeschrieben wird. In einem Experiment von Allen und Wilder (1980) beurteilten Versuchspersonen «keine größeren Umstände» in der Aussage: «Ich würde keine größeren Umstände in Kauf nehmen, um jemand anderem zu helfen» eher als «das eigene Leben riskieren», wenn angeblich eine Mehrheit der Aussage zugestimmt hatte, während in der Kontrollgruppe eher an «Unannehmlichkeiten ertragen» gedacht wurde. Dies zeigt, dass der angenommene Konsens über eine Aussage die Bedeutung dieser Aussage mitbestimmt.

Weitere Evidenz für derartige «Verzerrungen» findet sich in Studien, in denen Versuchspersonen relativ uneindeutige Botschaften lasen und danach ihre Gedanken dazu auflisteten (Erb, Bohner, Schmälzle und Rank, 1998). Je nach Versuchsbedingung war als Quelle der Botschaft eine Mehrheit oder eine Minderheit genannt, oder die Konsensverhältnisse blieben ungenannt. Die Versuchspersonen reagierten mit positiven Gedanken auf die Botschaft der Mehrheit, mit negativen Gedanken auf dieselbe Botschaft in der Minderheitsbedingung und neutral, wenn keine Aussage über den Konsens gemacht worden war. Entsprechend positiv, negativ und neutral fielen auch ihre Einstellungsurteile aus. In weiteren Versuchsbedingungen, in denen die Konsensinformation erst nach der Verarbeitung der Botschaft gegeben wurde und damit kognitive Verzerrungen ausgeschlossen waren, blieben Unterschiede in den Einstellungsurteilen aus.

Schließlich kann es auch zu kognitiven Verzerrungen kommen, *nachdem* Einfluss stattgefunden hat. Griffin und Buehler (1993) argumentierten, dass Individuen sozialen Einfluss rechtfertigen, indem sie nachträglich die Bedeutung zuvor verarbeiteter Information verändern. So zeigte sich in ihren Experimenten Verzerrung nur, wenn Versuchspersonen sich von der Mehrheit hatten beeinflussen lassen, nicht aber, wenn sie zwar dem Einfluss der Mehrheit ausgesetzt waren, jedoch kein eigenes Urteil abgegeben hatten. Wie die Autoren argumentierten, ist mit nachträglicher Verzerrung vor allem dann zu rechnen, wenn es sich um Einstellungsobjekte handelt, die kein sofortiges eigenes Urteil provozieren und damit eine zunächst unvoreingenommene Verarbeitung vorliegender Information erlauben.

Ein anderer Ansatz zur Erklärung von Mehrheiteneinfluss stammt von Mackie (1987). Nach Mackies Annahme vermittelt weniger der Inhalt der kognitiven Reaktionen auf eine Mehrheitsbotschaft deren Einfluss, sondern der kognitive Aufwand, der bei der Verarbeitung betrieben wird. Nach Mackie repräsentiert die Mehrheit die wahrscheinlich zutreffende Position («objective consensus»). Darüber hinaus erwarten Individuen meist, dass die eigene Einstellung von einer Mehrheit geteilt wird («false consensus»; Ross, Greene & House, 1977). Schließlich stellt die Mehrheit eine Quelle positiver Identifikation dar, denn das Individuum will nicht deviant erscheinen. All dies führt dazu, dass die Botschaft der Mehrheit ausführlich und systematisch verarbeitet wird, während dieselbe Botschaft nur geringe Beachtung erfährt, wenn sie von einer Minderheit stammt. Tatsächlich fand Mackie starken Einfluss der Mehrheit und verschiedene Hinweise darauf, dass Mehrheitsbotschaften mit höherem Aufwand verarbeitet wurden als Minderheitsbotschaften, etwa bessere Erinnerung an eine Botschaft, wenn diese von einer Mehrheit stammte.

Mackies Annahmen stehen im deutlichen Widerspruch zu Moscovicis Theorie, in der Mehrheiteneinfluss gerade durch geringen kognitiven Aufwand gekennzeichnet ist. Dieser Widerspruch ließ sich in Experimenten von Erb, Bohner, Rank und Einwiller (2002) auflösen. Ob Minderheiten oder Mehrheiten höheren kognitiven Aufwand bei der Verarbeitung ihrer Botschaften auslösen, hängt davon ab, inwieweit die vorgetragene Position im Widerspruch zu den Voreinstellungen der Rezipienten steht. Starker Konflikt, etwa wenn die Mehrheit feste Überzeugungen attackiert, behindert die Verarbeitung der von der Mehrheit vorgetragenen Inhalte. Sind die Rezipienten dagegen relativ unentschieden, verarbeiten sie die Botschaft der Mehrheit ausführlicher als die der Minderheit. Aus dieser Perspektive erscheinen Moscovicis und Mackies Theorien je auf spezifische Situationen zugeschnitten und in ihrer Allgemeingültigkeit eingeschränkt.

3 Einfluss durch Minderheiten

Die Forschung zum Einfluss von Minderheiten wurde Ende der sechziger Jahre von Moscovici und Kollegen (Moscovici, Lage, Naffrechoux, 1969) initiiert und ist nach wie vor eng mit dessen Konversionstheorie (Moscovici, 1980, 1985) verknüpft, die als Erweiterung seiner ursprünglichen Überlegungen verstanden werden muss. Insofern erscheint es uns vertretbar, Moscovicis theoretischen Beitrag vereinfachend unter dem Begriff «Konversionstheorie» zu subsumieren, auch wenn wir der historischen Entwicklung der Theorie damit nicht Rechnung tragen.

Neben der Konversionstheorie wurden weitere Erklärungsversuche für Minderheiteneinfluss vorgeschlagen, die teilweise auf Moscovicis Grundannahmen aufgebaut wurden. Einer der wichtigsten Befunde in der Forschung zu Minderheiteneinfluss ist der, dass der Einfluss häufig nicht direkt zu beobachten ist, sondern sich auf Einstellungen zeigt, die mit dem fokalen Einstellungsobjekt zwar in inhaltlichem Zusammenhang stehen, nicht aber damit identisch sind. Ein solcher indirekter Einfluss liegt z. B. dann vor, wenn die Minderheit für verbesserten Gewässerschutz (fokales Thema) plädiert, der Einfluss sich aber z. B. in der Einstellung gegenüber Maßnahmen zur Reduktion der Luftverschmutzung (verwandtes Thema) zeigt. Entsprechend wurden Theorien entwickelt, die gerade dieses Phänomen zu deuten versuchen.

3.1 Die Konversionstheorie

Moscovici (1980) postulierte, dass Minderheiten dann Einfluss ausüben, wenn sie Konflikt auslösen und ihre Position konsistent der Mehrheit gegenüberstellen. Die Konsistenz im Verhaltensstil, also das Beharren auf der abweichenden Meinung, führt zu zwei

Resultaten: Zum einen wird die soziale Stabilität der Situation unterminiert und damit die Grundlage für Änderungen geschaffen, zum anderen erweckt der konsistente Verhaltensstil den Eindruck von Sicherheit und Überzeugtheit der Minderheit in ihren Standpunkt. Bleiben diese positiven Attributionen aus, kann die Minderheit nicht einflussreich sein, weil sie grundsätzlich negativ bewertet wird (für eine ausführliche Diskussion von Attribution im Zusammenhang mit Minderheiteneinfluss s. Maass & Clark, 1984).

Die Bedeutung des konsistenten Verhaltensstils zeigte sich schon im ersten Experiment zu Minderheiteneinfluss (Moscovici et al., 1969; vgl. Levine & Russo, 1987), das paradigmatisch für eine Reihe weiterer Experimente wurde. Darin gaben zwei Eingeweihte des Versuchsleiters gegenüber vier echten Versuchspersonen absichtlich falsche Beurteilungen ab. Die experimentelle Aufgabe bestand darin, die Farbe von Dias zu benennen, die alle blau waren, sich aber in der Farbintensität unterschieden. Wenn die Minderheit konsistent die Antwort «grün» gab und auf ihrem Standpunkt beharrte, glaubte etwa ein Drittel der echten Versuchspersonen mindestens einmal während des Experiments, ein grünes Dia zu sehen. Antworteten die Eingeweihten dagegen inkonsistent und unsystematisch teils «blau» und teils «grün», ließ sich kein Einfluss feststellen. Ebenso bestätigte sich die Annahme, dass konsistentes Verhalten zur Attribution von Sicherheit und Überzeugtheit führt, auch in späteren Experimenten (z. B. Bray, Johnson & Chilstrom, 1982).

Allerdings wurden auch nach und nach Modifikationen an diesen theoretischen Vorstellungen notwendig. Es zeigte sich etwa, dass Konsistenz als die rigide Wiederholung des eigenen Standpunkts auch negative Konsequenzen für den Einflussprozess haben kann. Wenn die Minderheit ihren Standpunkt zwar konsistent, aber flexibel und weniger dogmatisch vorträgt, ist sie erfolgreicher. Rigidität dagegen scheint den Einfluss zu erschweren, wenn das Verhalten der Minderheit leicht auf persönliche Charakteristiken der Minderheitsmitglieder attribuiert werden kann («Psychologisierung»; Mugny, 1975).

Der konsistente Verhaltensstil sowie die Attribution von Sicherheit und Überzeugtheit führen zu einem kognitiven Konflikt (im Vergleich zu interpersonalem Konflikt unter Mehrheiteneinfluss), der sich um die Frage dreht, ob die Minderheit nicht doch Recht haben könnte. Dabei setzt sich das Individuum in einer Art Validierungsprozess («validation») mit dem Standpunkt der Minderheit ausführlich auseinander, indem es Argumente und Gegenargumente entwickelt. Das Resultat dieser kognitiv aufwendigen Validierung ist «Konversion», die private Einstellungsänderung, die um so weniger öffentlich gemacht wird, je mehr eine Zustimmung zur Minderheitsposition Sanktionen der Mehrheit erwarten lässt. Konversion zeigt sich insbesondere in indirektem Einfluss, generalisiert also auf Themen, die mit dem eigentlichen Einstellungsobjekt verwandt sind. Konversion ist langlebig, die Einstellungsänderung lässt sich auch dann noch feststellen, wenn die Minderheit keinen Einfluss mehr ausübt. Die Tendenz zur Konversion wird stärker, wenn die Minderheit den inhaltlichen Konflikt mit der Mehrheit verschärft und damit die öffentliche Zustimmung zu ihrer Position immer weniger möglich macht.

Empirische Überprüfungen der Konversionstheorie haben insgesamt gemischte Befunde hervorgebracht. In der Literatur finden sich praktisch zu allen Annahmen Moscovicis bestätigende und widersprechende Befunde. Eine ausführliche Diskussion wurde z. B. um die Frage geführt, ob sich indirekter Minderheiteneinfluss bei der Beurteilung der optischen Nachbilder von blauen und «grünen» Dias findet. Moscovici und Personnaz (1980) berichteten, dass Personen, die konsistentem Minderheiteneinfluss in Richtung «grün» ausgesetzt waren, nicht nur blaue Dias eher als grün sahen, sondern vor allem bei der Beurteilung der Nachbilder blauer Dias stärker zur Komplementärfarbe von grün tendierten, was sie als Beleg für indirekten Einfluss werteten. Eine Vielzahl von Arbeiten außerhalb Moscovicis Labor, die diesen Befund nicht replizieren konnten (z. B. Martin, 1998; Sorrentino, King & Leo, 1980), legen jedoch den Schluss nahe, dass es sich bei dem angeblichen Nachbildeffekt um ein Artefakt handelt. Etwas günstiger stellt sich die Befundlage für indirekten Einfluss durch Minderheiten dar, wenn man Arbeiten betrachtet, die Einstellungsänderung untersuchten. In einer Metaanalyse von Wood und Kolleginnen (1994) fanden sich bestätigende Hinweise auf verstärkten Einfluss von Minderheiten auf indirekten und privaten Einstellungsmaßen, jedoch auch Befunde, die zur Konversionstheorie in Widerspruch stehen, etwa starker Mehrheiteneinfluss auf privaten Einstellungsmaßen. Eine abschließende Bewertung der Konversionstheorie auf der Grundlage empirischer Befunde erscheint uns daher nicht möglich.

3.2   Konflikttheorien

Eine auf der Konfliktannahme basierende Weiterentwicklung der Konversionstheorie stammt von Nemeth (1986). Nach Nemeth induziert der Konflikt mit einer Mehrheit starken Stress, der sich hemmend auf die Verarbeitungen vorgegebener Informationen ausübt und gewöhnlich zu einer raschen Übernahme der Mehrheitsmeinung führt. Dagegen ist Konflikt mit einer Minderheit mit deutlich weniger Stress verbunden. Das Individuum ist bestrebt zu erkennen, warum die Minderheit eine abweichende Meinung vertritt, und ist nicht bereit, die Meinung der Minderheit einfach zu übernehmen. Dadurch werden Bedingungen geschaffen, die zu einer Art der kognitiven Auseinandersetzung mit der Minderheitsposition führt, die Nemeth als divergent (im Vergleich zu konvergent unter Mehrheiteneinfluss) bezeichnete. Personen, die divergent denken, beachten viele Aspekte der Situation und gehen mit diesen kreativ um. Unter divergentem Denken steigt die Wahrscheinlichkeit für neue und ausgefallene Lösungsmöglichkeiten vorliegender Aufgaben und Probleme, während konvergentes Denken auf die gegebenen Inhalte fokussiert bleibt. Divergentes Denken unter Minderheiteneinfluss wurde durch neuerer Befunde bestätigt (Butera, Mugny, Legrenzi & Perez, 1996; Peterson & Nemeth, 1996); es erscheint jedoch eher fraglich, ob Konflikt und Stress hierfür notwendige Bedingungen darstellen (Erb & Bohner, 2001; Erb et al., 1998).

Während Nemeth divergentes und konvergentes Denken als unabhängig davon betrachtete, ob es tatsächlich zu Einfluss kommt, fassten De Vries, De Dreu, Gordijn und

Schuurman (1996) indirekten Einfluss durch Minderheiten als Folge divergenten Denkens auf. Aufbauend auf Nemeth (1986) und dem «heuristic-systematic model» (z. B. Bohner, Moskowitz & Chaiken, 1995; Chaiken, Liberman & Eagly, 1989) sagten diese Autoren vorher, dass bei geringer Motivation zu inhaltlicher Verarbeitung eine abweichende Minderheitsposition ohne großen Aufwand abgelehnt, eine abweichende Mehrheitsposition hingegen angenommen wird. Hohe Motivation, sich mit den Inhalten der Botschaft der Minderheit zu beschäftigen, führt hingegen zu umfangreicherem divergenten Denken, das direkten Einfluss behindert und indirekten Einfluss fördert. Umgekehrt ist bei hoher Motivation und einer Mehrheitsbotschaft konvergentes Denken zu erwarten, das sich vor allem in direktem Einfluss zeigt. Wie die Autoren jedoch selbst einräumten, fehlt bislang jegliche direkte Evidenz, um diese Prozessannahmen empirisch zu bestätigen.

Aufbauend auf Moscovicis Konfliktansatz wurde eine weitere Theorie entwickelt, die Konflikt mit Tendenzen zur Identifizierung mit der Einflussgruppe in Beziehung setzt (Mugny & Perez, 1991). Demnach ist eine Minderheit durchaus in der Lage, direkten Einfluss auszuüben, nämlich dann, wenn die Minderheit dem Individuum die Möglichkeit schafft, sich mit ihr zu identifizieren, um eine positive Identität herzustellen. Dies gilt insbesondere für Minderheiten, die der Eigengruppe angehören. Minderheiten von Fremdgruppen können dagegen nur indirekten Einfluss ausüben, und zwar dann, wenn Bedingungen vorliegen, die einen Validierungsprozess auslösen. Im Vergleich zu Moscovicis Konversionstheorie können nach Mugny und Perez also beide, Minderheiten und Mehrheiten, Vergleichs- und Validierungsprozesse auslösen – entscheidend ist dabei nur, ob die Möglichkeit zu Identifikation mit der Einflussgruppe gegeben ist.

3.3 Theorien ohne Konfliktannahme

Die Selbstkategorisierungstheorie Turners (1991) kommt ohne die Annahme von Konflikt als Erklärungsvariable aus. Um als Minderheit einflussreich zu sein, muss sie Teil der Eigengruppe sein und sich als grundsätzlich den Normen der Eigengruppe verpflichtet darstellen. Allerdings sind Kategorisierungsprozesse flexibel und von Bedingungen der Situation abhängig. In einem sozialen Kontext, in dem ausschließlich Vergleiche innerhalb einer gegebenen Gruppe stattfinden, kann eine Minderheit, obwohl sie prinzipiell zur Eigengruppe gehört, wegen ihrer abweichenden Position als eine Art Fremdgruppe betrachtet werden. In einem breiteren sozialen Kontext, in dem Zwischengruppenvergleiche wahrscheinlich werden, kann dieselbe Minderheit leicht als Teil der Eigengruppe aufgefasst werden und beträchtlichen Einfluss ausüben. Der Unterschied zwischen Turner einerseits und Mugny und Perez andererseits besteht vor allem darin, dass nach Turner die Minderheit in der Eigengruppe private Einstellungsänderung («conversion» im Sinne Moscovicis) herbeiführt, während die Fremdgruppenminderheit nur oberflächliche Zustimmung («compliance») erreichen kann – Mugny und Perez sagen genau das Gegenteil vorher.

Ebenfalls im Gegensatz zur Konfliktannahme Moscovicis argumentierten Autoren wie Doms (1984) oder Levine (1980), dass die Mehrheit von der Minderheit in gewisser Weise abhängig sei, um die Gruppenziele, insbesondere sozial geteilte Realität und Zusammengehörigkeit, aufrecht zu erhalten. Diese Abhängigkeit kann dazu führen, dass es zu indirektem Einfluss kommt, ohne dass Konflikt eine entscheidende Rolle dabei spielen muss. Ein verwandtes Modell wurde von Alvaro und Crano (1997; Crano & Chen, 1998) vorgestellt. Konsistent mit früherer Forschung nahmen diese Autoren an, dass Mehrheitsmitglieder innerhalb einer Gruppe nicht mit der Minderheit identifiziert werden wollen. Um aber die Gruppe als solche zu erhalten, lassen Mehrheitsmitglieder der Minderheit gegenüber eine gewisse «Milde» walten. Ablehnung einerseits und Milde andererseits produzieren ein Dilemma, das dazu führt, dass die Position der Minderheit nicht einfach ignoriert werden kann. Im Sinne eines impliziten «leniency contract» gesteht die Mehrheit der Minderheit zu, ihre Meinung frei vorzutragen; gewissermaßen als Gegenleistung verzichtet die Minderheit auf direkten Einfluss, und die Mehrheit kann auf ihrer ursprünglichen Position beharren. Das Ergebnis dieses Arrangements ist indirekter Einfluss, wobei die Mehrheit sich bei verwandten Themen der Minderheitsposition annähert. In einem Experiment von Alvaro und Crano (1997) beispielsweise lasen Studierende eine Botschaft, die gegen die Aufnahme homosexueller Personen in die US-Armee plädierte. Kam diese Botschaft von einer Minderheit der Eigengruppe, so zeigte sich zwar kein direkter Effekt auf der Einstellung zu Homosexuellen in der Armee, jedoch änderten die Studierenden ihre Einstellung zu einem verwandten Thema in politisch konservativer Richtung. Derartige indirekte Effekte blieben aus, wenn die Botschaft einer Mehrheit oder einer Fremdgruppen-Minderheit zugeschrieben wurde.

4 Integrative Ansätze

Während die bisher vorgestellten Ansätze alle mehr oder weniger deutlich von qualitativ unterschiedlichen Prozessen in Minderheiten- und Mehrheiteneinfluss ausgehen und Variablen wie Konflikt, Identifikation usw. mit Minderheiten- und Mehrheitenstatus verknüpfen, finden sich in der Literatur auch Ansätze, in denen bei beiden von ein und demselben psychischen Prozess ausgegangen wird. Zu besprechen sind hier die so genannten «mathematischen Modelle», in denen der Versuch unternommen wurde, sozialen Einfluss auf der Grundlage einer mathematischen Formel vorherzusagen. Daneben existiert ein Ansatz, der Minderheiten- und Mehrheiteneinfluss auf die Wirkung von Information über Konsens zurückführt. Schließlich lassen sich Minderheiten- und Mehrheiteneinfluss auch persuasionstheoretisch beleuchten.

4.1 Mathematische Modelle

Latané (z. B. Latané & Wolf, 1981) formulierte seine Theorie zum sozialen Einfluss («social impact theory») auf der Grundlage einer Formel, die sozialen Einfluss auf die multiplikative Verknüpfung dreier Faktoren zurückführt: Kraft (z. B. Status, Macht), Nähe (räumlich und zeitlich) und Anzahl der Gruppenmitglieder. Auf Minderheiten- und Mehrheiteneinfluss angewendet, müssen die ersten beiden Faktoren des Modells konstant gehalten werden. Dann ergibt sich in Abhängigkeit von der Größe der Einflussgruppe eine negativ beschleunigte Einflussfunktion, nach der das erste Gruppenmitglied den stärksten Einfluss, jede weitere Einflussquelle einen zusätzlichen, jedoch stetig abnehmenden Einfluss ausübt. Durch ihre numerische Überlegenheit wird die Mehrheit also immer einflussreicher sein als die Minderheit (wenn Kraft und Nähe konstant gehalten werden). Nur wenn die Minderheit die numerische Unterlegenheit etwa durch Verhaltenskonsistenz (Kraft) ausgleichen kann, kann sie mehr Einfluss ausüben als die Mehrheit.

Ein verwandtes Modell wurde von Tanford und Penrod (1984) vorgestellt («social impact model»). Ebenso wie Latané gingen diese Autoren davon aus, dass Minderheiten- und Mehrheiteneinfluss vorwiegend eine Funktion der Gruppengröße darstellen. Das mathematische Modell postuliert eine S-förmige Kurve, wonach der Einfluss jedes einzelnen Mitglieds einer Gruppe bis etwa zum dritten Mitglied der Gruppe ständig ansteigt, jedes weitere Mitglied der Einflussgruppe dann aber relativ weniger zusätzlichen Einfluss ausübt.

Beide mathematischen Modelle zeichnen sich durch ihre Einfachheit und ihre Integrationsmöglichkeiten aus. Allerdings ist an ihnen bemängelt worden, dass sie die zu Grunde liegenden psychischen Mechanismen völlig außer Acht lassen. Dies und eine Reihe widersprüchlicher Befunde mögen die Gründe dafür sein, dass diese Modelle in der neueren Literatur zum sozialen Einfluss von Minderheiten und Mehrheiten nur noch eine eher untergeordnete Rolle spielen.

4.2   Konsens-Ansatz

In einem Überblickskapitel analysierten Kruglanski und Mackie (1990) die Effekte einer Vielzahl von Variablen, die zur Erklärung von Minderheiten- und Mehrheiteneinfluss herangezogen wurden. Sie fanden, dass nur Konsens, das ist die numerische Größe der Einflussgruppe, zwingend an den Status der Einflussgruppe als Minderheit oder Mehrheit gebunden ist. Im Prinzip können sowohl Mehrheiten als auch Minderheiten Konflikt, Identifikationstendenzen, positive Attributionen usw. auslösen, jedoch ist die Minderheit stets numerisch kleiner als die Mehrheit. Damit wird Konsens zur Schlüsselvariable bei der Erklärung von Minderheiten- und Mehrheiteneinfluss.

Auf dieser Grundlage formulierten Erb und Bohner (2001) ihren Konsens-Ansatz («mere consensus approach»). So konnte etwa gezeigt werden, dass unabhängig von Konflikt und sozialer Identifikation hoher Konsens zu mehr Einfluss führt, niedriger Konsens divergentes und hoher Konsens konvergentes Denken auslöst (Erb et al., 1998), oder positive Attributionen sowohl Minderheiten- als auch Mehrheiteneinfluss gleichermaßen verstärken (Bohner, Frank & Erb, 1998). Der Konsens-Ansatz stellt weiterhin eine Antwort auf die Frage bereit, ob Minderheiten (Moscovici, 1980) oder

Mehrheiten (Mackie, 1987) mehr kognitive Aktivität auslösen. Unter Bedingungen, in denen weder Konflikt noch Tendenzen zu sozialer Identifikation eine Rolle spielten, wurde sowohl bei niedrigem als auch bei hohem Konsens weniger kognitiver Aufwand betrieben, als wenn keine Konsensinformation vorlag (Erb et al., 1998). Information über Konsens erlaubt demnach eine Art Vorbeurteilung, auf deren Grundlage nachfolgende Information weniger ausführlich verarbeitet wird, da bereits ein Urteil gefällt wurde.

Dabei werden die Effekte von Konflikt, Identifikation, Attributionen usw. auf Urteile oder auf den kognitiven Aufwand bei der Verarbeitung nicht bestritten. Wie schon in Abschnitt 2.3 beschrieben, kann etwa der Konflikt mit der vorgetragenen Position den Verarbeitungsaufwand moderieren (Erb et al., 2002). Um theoretische Erklärungskraft zu erlangen, müssen solche Variablen jedoch unter niedrigem und hohen Konsens unterschiedliche Effekte produzieren, da sie nicht notwendigerweise mit dem Status als Minderheit oder Mehrheit verknüpft sind. Um Minderheiteneinfluss zu erklären, erscheint es folglich notwendig, Bedingungen zu finden, unter denen niedriger Konsens positiv bewertet wird. Hierzu liegen vorläufige Befunde vor, nach denen Personen zur Übernahme einer Minderheitsposition tendieren, wenn ihnen dies erlaubt, sich von der «grauen Masse» der Mehrheit positiv zu differenzieren (Erb & Seidler, 1999). Möglicherweise wird künftige Forschung weitere Bedingungen identifizieren können, unter denen niedriger Konsens positivere Bewertung und stärkeren Einfluss bedingt als hoher Konsens.

4.3   Persuasionstheoretischer Ansatz

Sozialer Einfluss lässt sich als Persuasionsphänomen begreifen. Aktuelle Persuasionstheorien (s. Eagly & Chaiken, 1993; Petty & Wegener, 1998) unterscheiden dabei aufwendige Verarbeitung von einfachen Urteilsmechanismen, die auf der Grundlage von oberflächlicher Verarbeitung in das Einstellungsurteil einfließen. Zustimmung zur Mehrheit oder Ablehnung der Minderheitsmeinung können als die Anwendung einer Konsensheuristik (etwa «hoher Konsens impliziert Korrektheit») aufgefasst werden (z. B. Bohner et al., 1995). Wenn etwa die Werbung für ein Konsumprodukt durch die Information effektiver wird, dass eine Mehrheit von Konsumenten das Produkt positiv beurteilt, haben Rezipienten der Botschaft offensichtlich die Konsensheuristik angewendet (Erb, 1998).

Der persuasionstheoretische Ansatz erlaubt, sozialen Einfluss aus neuen Blickwinkeln zu betrachten, wie wir mit einigen Beispielen belegen wollen. So ist z. B. erfolgreiche Persuasion von der Qualität der vorgetragenen Argumente abhängig. Vor diesem Hintergrund erscheint es fraglich, ob der von Moscovici (1980) formulierte Validierungsprozess unter Minderheiteneinfluss grundsätzlich zu Konversion führt (Erb et al., 2002). Die implizite Annahme der Konversionstheorie, Minderheiten verfügten immer über starke Argumente, lässt sich wohl kaum rechtfertigen (Bohner et al., 1995).

Weiter lassen sich auf der Grundlage von Persuasionstheorien unterschiedliche Annahmen darüber formulieren, wie sozialer Einfluss durch Minderheiten und Mehrheiten vermittelt sein kann. So kann die Zustimmung zur Mehrheitsposition über die einfache Anwendung der Konsensheuristik ohne aufwändige Verarbeitung der Inhalte erfolgen («heuristische Verarbeitung»; z. B. De Vries et al., 1996), oder die Anwendung der Konsensheuristik lässt die Argumente der Mehrheit überzeugender erscheinen, als sie tatsächlich sind (Erb et al. 1998). Weitere Möglichkeiten bestehen darin, dass Inkongruenz zwischen Konsensheuristik und inhaltlichen Argumenten (hoher Konsens und schwache Argumente bzw. niedriger Konsens und starke Argumente; Maheswaran & Chaiken, 1991) oder Inkongruenz zwischen vertretener Position und Eigeninteresse der Gruppe (eine Mehrheit von Studierenden spricht sich für höhere Studiengebühren aus, bzw. nur eine Minderheit lehnt diese ab; Baker & Petty, 1994) Aufmerksamkeit erregt, und in der Folge höherer kognitiver Aufwand betrieben wird als bei Kongruenz.

Trotz vieler neuer Anregungen (Bohner et al., 1995) ist dem persuasionstheoretischen Ansatz bisher jedoch nicht zu entnehmen, wie Minderheiten erfolgreich Einfluss ausüben können. Auch können verschiedene weitere Phänomene wie etwa der indirekte Einfluss durch Minderheiten bisher nicht in Persuasionsmodellen abgebildet werden (vgl. De Vries et al., 1996).

5   Ausblick

Wie unser Überblick zeigt, gibt es trotz jahrzehntelanger Forschung zu Minderheiten- und Mehrheiteneinfluss noch immer kein Modell, das die wichtigsten Phänomene befriedigend und umfassend erklären könnte. Die Forschung ist unserer Meinung nach vielmehr durch zwei generelle Prinzipien gekennzeichnet. Einerseits wird der Versuch unternommen, durch die Einführung immer mehr neuer Variablen ein Modell zur möglichst guten Erklärung gegebener Phänomene zu liefern. Dies führt zwangsläufig zu immer komplexeren Theorien, die spezifisch auf das zu erklärende Phänomen zugeschnitten sind und häufig mit bereits existierenden Theorien in Widerspruch stehen. Andererseits gibt es integrative Ansätze, die jedoch auf eine Reihe von Fragen (noch) keine Antwort bereitstellen. Möglicherweise liegt der Schlüssel zur Erklärung von Minderheiten- und Mehrheiteneinfluss in einer noch zu entwickelnden Theorie, die in der Lage ist, Urteile generell zu erklären und sozialen Einfluss nur noch als Spezialfall begreift. Auf jeden Fall wird unser Thema ein spannendes Objekt sozialpsychologischer Forschung bleiben.

Literatur

Abrams, D. & Hogg, M. A. (1990). Social Identification, self-categorization, and social influence. In: W. Stroebe & M. Hewstone (Eds.), *European review of social psychology,* (Vol. 1, pp. 195–228). Chichester: Wiley.

Allen, V. L. & Wilder, D. A. (1980). Impact of group consensus and social support on stimulus meaning: Mediation of conformity by cognitive restructuring. *Journal of Personality and Social Psychology, 39,* 1116–1124.

Alvaro, E. M. & Crano, W. D. (1997). Indirect minority influence: Evidence for leniency in source evaluation and counterargumentation. *Journal of Personality and Social Psychology, 72,* 949–964.

Asch, S. E. (1951). Effects of group pressure upon the modification and distortion of judgments. In: H. Guetzkow (Ed.), *Groups, leadership, and men* (pp. 177–190). Pittsburgh, PA: Carnegie Press.

Baker, S. M. & Petty, R. E. (1994). Majority and minority influence: Source-position imbalance as a determinant of message scrutiny. *Journal of Personality and Social Psychology, 67,* 5–19.

Bohner, G., Frank, E. & Erb, H.-P. (1998). Heuristic processing of distinctiveness information in minority and majority influence. *European Journal of Social Psychology, 28,* 855–860.

Bohner, G., Moskowitz, G. B. & Chaiken, S. (1995). The interplay of heuristic and systematic processing of social information. In: W. Stroebe & M. Hewstone (Eds.), *European review of social psychology* (Vol. 6, pp. 33–68). Chichester: Wiley.

Bond, R. & Smith, P. B. (1996). Culture and conformity: A meta-analysis of studies using Asch's (1952b, 1956) line judgment task. *Psychological Bulletin, 119,* 111–137.

Bray, R. M., Johnson, D. & Chilstrom, J. T. (1982). Social influence by group members with minority opinions: A comparison of Hollander and Moscovici. *Journal of Personality and Social Psychology, 43,* 78–88.

Butera, F., Mugny, G, Legrenzi, P. & Perez, J. A. (1996). Majority and minority influence, task representation, and inductive reasoning. *British Journal of Social Psychology, 35,* 123–136.

Chaiken, S., Liberman, A. & Eagly, A. H. (1989). Heuristic and systematic processing with and beyond the persuasion context. In: J. S. Uleman & J. A. Bargh (Eds.), *Uninted thought* (pp. 212–252). New York: Guilford.

Crano, W. D. & Chen, X. (1998). The leniency contract and persistence to majority and minority influence. *Journal of Personality and Social Psychology, 74,* 1437–1450.

David, D. & Turner, J. C. (1996). Studies in self-categorization and minorty conversion: Is being a member of the out-group an advantage? *British Journal of Social Psychology, 35,* 179–200.

De Vries, N. K., De Dreu, C. K. W., Gordijn, E. & Schuurman, M. (1996). Majority and minority influence: A dual role interpretation. In: W. Stroebe & M. Hewstone (Eds.), *European review of social psychology* (Vol. 7, pp. 145–172). Chichester: Wiley.

Doms, M. (1984). The minority influence effect: Am alternative approach. In: W. Doise and S. Moscovici (Eds.), *Current issues in European social psychology* (Vol. 1, pp. 1–33). Cambridge: University Press.

Eagly, A. H. & Chaiken, S. (1993). *The psychology of attitudes.* Fort Worth, TX: Hartcourt, Brace, Jovanovich.

Erb, H.-P. (1998). Sozialer Einfluss durch Konsens: Werbung mit Meinungsübereinstimmung. *Zeitschrift für Sozialpsychologie, 29,* 156–164.

Erb, H.-P., Bohner, G., Rank, S., & Einwiller, S. (2002). Processing minority and majority communications: The role of conflict with prior attitudes. *Personality and Social Psychology Bulletin, 28,* 1172–1182.

Erb, H.-P. & Bohner, G. (2001). Mere consensus effects in minority and majority influence. In: C. K. W. De Dreu & N. K. De Vries (Eds.). *Group consensus and minority influence* (pp. 40–59). Oxford: Blackwell.

Erb, H.-P., Bohner, G., Rank, S. & Einwiller, S. (2002). Processing minority and majority communications: The role of conflict with prior attitudes. *Personality and Social Psychology Bulletin, 28,* 1172–1182.

Erb, H.-P., Bohner, G., Schmälzle, K. & Rank, S. (1998). Beyond conflict and discrepancy: Cognitive bias in minority and majority influence. *Personality and Social Psychology Bulletin, 24,* 620–633.

Erb, H.-P. & Seidler, K. (1999, April). *Deindividuierung und sozialer Einfluss durch Minderheiten.* 41. Tagung experimentell arbeitender Psychologen, Leipzig.

Griffin, D. & Buehler, R. (1993). Role of construal processes in conformity and dissent. *Journal of Personality and Social Psychology, 65,* 657–669.

Hardin, C. D. & Higgins, E. T. (1996). Shared reality: How social verification makes the subjective objective. In: R. M. Sorrentino & E. T. Higgins (Eds.), *Handbook of Motivation and Cognition* (Vol. 3, pp. 28–84). New York: Guilford.

Jones, E. E. & Gerard, H. B. (1967). *Foundations of social psychology.* New York: Wiley.

Kelley, H. H. (1967). Attribution theory in social psychology. In: D. Levine (Ed.), *Nebraska Symposium on Motivation* (Vol. 15, pp. 192–238). Lincoln, NA: University of Nebraska Press.

Kruglanski, A. W. & Mackie, D. M. (1990). Majority and minority influence: A judgmental process analysis. In: W. Stroebe & M. Hewstone (Eds.), *European review of social psychology* (Vol. 1, pp. 229–261). Chichester: Wiley.

Latané, B. & Wolf, S. (1981). The social impact of majorities and minorities. *Psychological Review, 88,* 438–453.

Levine, J. M. (1980). Reaction to opinion deviance in small groups. In: P. Paulus (Ed.), *Psychology of group influence* (pp. 375–429). Hillsdale: Erlbaum.

Levine, J. M. (1989). Reaction to opinion deviance in small groups. In: P. Paulus (Ed.), *Psychology of group influence* (pp. 187–231). Hillsdale: Erlbaum.

Levine, J. M. & Russo, E. M. (1987). Majority and minority influence. In: C. Hendrick (Ed.), *Review of Personality and social psychology group processes* (Vol. 8, pp. 13–54). Newbury Park: Sage.

Maass, A. & Clark, R. D. III. (1984). Hidden impact of minorities: Fifteen years of minority influence research. *Psychological Bulletin, 95,* 428–450.

Mackie, D. M. (1987). Systematic and nonsystematic processing of majority and minority persuasive communication. *Journal of Personality and Social Psychology, 53,* 41–52.

Maheswaran, D. & Chaiken, S. (1991). Promoting systematic processing in low motivation settings: The effect of incongruent information on processing and judgment. *Journal of Personality and Social Psychology, 61,* 13–25.

Martin, R. (1998). Majority and minority influence using the afterimage paradigm: A series of attempted replications. *Journal of Experimental Social Psychology, 34,* 1–26.

Moscovici, S. (1976). *Social influence and social change.* London: Academic Press.

Moscovici, S. (1980). Toward a theory of conversion behavior. In: L. Berkowitz (Ed.), *Advances in experimental social psychology* (Vol. 13, pp. 209–230). New York: Academic Press.

Moscovici, S. (1985). Social influence and conformity. In: G. Lindzey and E. Aronson (Eds.), *Handbook of social psychology (3rd ed., pp. 347–412). Reading: Addison-Wesley.*

Moscovici, S., Lage, E. & Naffrechoux, M. (1969). Influence of a consistent minority on the responses of a majority in a color perception task. *Sociometry, 32,* 365–380.

Moscovici, S. & Personnaz, B. (1980). Studies in social influence: V. Minority influence and conversion behavior in a perceptual task. *Journal of Experimental Social Psychology, 16,* 270–282.

Mugny, G. (1975). Negotiations, image of the other, and the process of minority influence. *European Journal of Social Psychology, 5,* 209–228.

Mugny, G. & Perez, J. A. (1991). *The social psychology of minority influence.* Cambridge: Cambridge University Press.

Nemeth, C. (1986). Differential contribution of majority and minority influence. *Psychological Review, 93,* 23–32.

Peterson, R. S. & Nemeth, C. (1996). Focus versus flexibility: Majority and minority influence can both improve performance. *Personality and Social Psychology Bulletin, 22,* 14–23.

Petty, R. E. & Wegener, D. T. (1998). Attitude change: Multiple roles for persuasion variables. In: D. Gilbert, S. T. Fiske, & G. Lindzey (Hrsg.), *Handbook of social psychology* (4. Aufl., S. 323–390). New York: McGraw-Hill.

Ross, L., Greene, D. & House, P. (1977). The false consensus effect: An egocentric bias in social perception. *Journal of Experimental Social Psychology, 13,* 279–301.

Sherif, M. (1935). A study of some social factors in perception. *Archives of Psychology, 27,* 1–60.

Sorrentino, R. M., King, G. & Leo, G. (1980). The influence of the minority on perception: A note on a possible alternative explanation. *Journal of Experimental Social Psychology, 16,* 293–301.

Tanford, S. E. & Penrod, S. (1984). Social influence model: A formal integration of research on majority and minority influence prosesses. *Psychological Bulletin, 95,* 189–225.

Turner, J. C. (1991). *Social influence.* Pacific Grove: Brooks/Cole.

Wood, W., Lundgren, S., Ouellette, J. A., Busceme, S. & Blackstone, T. (1994). Minority influence: A meta-analytic review of social influence processes. *Psychological Bulletin, 115,* 323–345.

Die Theorie sozialer Interdependenz[1]

Ursula Athenstaedt, Heribert H. Freudenthaler und Gerold Mikula[2]

1 Einleitung

In den späten fünfziger und frühen sechziger Jahren wurden mehrere sozialpsychologische Theorien veröffentlicht, die sich mit sozialen Interaktionen und Beziehungen befassen und unter dem Namen Austausch- und Interdependenztheorien bekannt geworden sind. Die wichtigsten derartigen Theorien stammen von Thibaut und Kelley (1959), Homans (1961) und Blau (1964). Trotz vielfältiger Unterschiede teilen diese Theorien eine Reihe von Merkmalen und grundsätzlichen Annahmen. Alle betonen den Tatbestand, dass Personen in sozialen Interaktionen und Beziehungen voneinander wechselseitig abhängig (*interdependent*) sind und mit ihrem Verhalten Einfluss aufeinander ausüben. Alle analysieren soziale Interaktionen und Beziehungen unter Berücksichtigung der positiven und negativen Konsequenzen bzw. Ergebnisse, die sich für die Beteiligten aus ihrem eigenen Verhalten und dem Verhalten des Interaktionspartners ergeben. Es wird angenommen, dass Menschen bestrebt sind, möglichst positive Ergebnisse zu erzielen. Dementsprechend werden Interaktionen, die als angenehm oder positiv empfunden werden, wiederholt, und solche (freiwillige) Beziehungen eingegangen, die erwarten lassen, dass sie positiv sein werden. Die Aufrechterhaltung und Entwicklung von Beziehungen hängt von der Qualität der Ergebnisse ab, die sie mit sich bringen. Alle genannten Theorien weisen zudem Bezüge zu ökonomischen Theorien auf. Dies äußert sich in einzelnen Begriffen (z. B. «Kosten», «Profit»), im Bild vom Menschen als homo oeconomicus (vgl. Kirchgässner, 1991) sowie in Parallelen zur ökonomischen Preistheorie.[3] Außerdem zeigen sie Bezüge zur Spieltheorie (Shubik, 1964), die sich mit Verhaltensstrategien in sozialen Entscheidungssituationen befasst.

Das vorliegende Kapitel konzentriert sich auf die Interdependenztheorie von Kelley und Thibaut (Thibaut & Kelley, 1959; Kelley & Thibaut, 1969, 1978; Kelley, 1979), sowie auf das darauf aufbauende Investitionsmodell von Rusbult (1980, 1983). Diese Ein-

---

1 Die endgültige Fassung dieses Beitrags wurde bereits im Mai 2000 bei den Herausgebern eingereicht.
2 Die Autorennennung erfolgt in alphabetischer Reihenfolge. Alle Autoren haben gleichermaßen zum Artikel beigetragen.
3 Für eine kritische Analyse psychologischer Austauschtheorien aus der Perspektive der Theorie rationaler Entscheidungen vgl. Heath (1976).

schränkung erscheint angemessen, weil diese Theorien die sozialpsychologische Forschung über zwischenmenschliche Interaktionen und Beziehungen in den letzten Jahren maßgeblich beeinflusst haben (vgl. Rusbult & Van Lange, 1996; Holmes & Murray, 1996). Neben der Interdependenztheorie hat besonders die Theorie von Homans (1961) nachhaltigen Einfluss auf die Sozialpsychologie gehabt. Überblicksdarstellungen und kritische Diskussionen verschiedener austausch- und interdependenztheoretischer Konzeptionen finden sich u.a. bei Chadwick-Jones (1976), Cook (1987), Mikula (1985, 1992) sowie Rusbult und Van Lange (1996).

Die vorliegende Besprechung der Interdependenztheorie ist in drei Abschnitte gegliedert. Zunächst werden die wichtigsten Konzepte und Annahmen der Theorie dargestellt. Im Anschluss daran werden Beispiele aus der empirischen Forschung besprochen. Das Kapitel endet mit einer kritischen Einschätzung der Vorzüge und Schwächen der Interdependenztheorie und ihrer Bedeutung für die Sozialpsychologie.

2 Zentrale Konzepte und Annahmen der Interdependenztheorie

Entsprechend ihrem Namen betrachtet die Interdependenztheorie die wechselseitige Abhängigkeit von Personen als das zentrale Charakteristikum zwischenmenschlicher Phänomene, Interaktionen und Beziehungen. Sie unterscheidet verschiedene Formen wechselseitiger Abhängigkeit und zeigt auf, dass sich daraus spezifische Folgen für Interaktionen ergeben. Die Ausführungen beziehen sich überwiegend auf Interaktionen zwischen zwei Personen, gelten aber gleichermaßen für Gruppen und Sozialsysteme größeren Umfangs.

Von Interaktion sprechen Thibaut und Kelley (1959, S. 10), «wenn sich zwei Menschen in Gegenwart des anderen verhalten, Produkte für einander herstellen oder miteinander kommunizieren oder wenn zumindest die Möglichkeit besteht, dass die Handlungen jeder Person jene der anderen beeinflussen». Ausschlaggebend dafür, welche Interaktionen stattfinden und wiederholt werden, sind die vermuteten und tatsächlichen Konsequenzen oder Ergebnisse der Interaktion. Sie werden anhand der erzielten Belohnungen und aufgewendeten Kosten beschrieben.

2.1 Belohnungen, Kosten, Ergebnisse

Als *Belohnungen* bezeichnen Thibaut und Kelley (1959) alle Befriedigungen oder Gratifikationen, die eine Person als Folge ihrer Interaktionsbeteiligung erhält (z.B. Bedürfnisbefriedigung, soziale Unterstützung usw.). *Kosten* sind alle jene Faktoren, die das Ausüben einer Handlung hemmen, alle negativen Konsequenzen, die mit der Produktion einer Handlung im interaktiven Kontext einhergehen (z.B. geistige und körperliche Anstrengungserfordernisse, Angst usw.). Es wird angenommen, dass sich Belohnungen und Kosten auf einer gemeinsamen psychologischen Skala der ‹Ergebnisqualität› abbilden lassen. Das *Ergebnis*, das eine Person aus einer Interaktionsbeteiligung erzielt, ergibt sich aus der Differenz der damit verbundenen Belohnungen und Kosten.

Die mit einer bestimmten Handlung verbundenen Belohnungen, Kosten und Ergebnisse sind subjektive Größen und können daher von verschiedenen Personen unterschiedlich eingeschätzt werden. Außerdem sind sie nicht konstant und können sich in Abhängigkeit von den gegebenen Umständen sowie bei mehrfacher Wiederholung der Handlung ändern.

2.2   Bewertungsmaßstäbe für Interaktionsergebnisse

Für die Bewertung von Interaktionen und Beziehungen sowie für deren Fortbestand und Entwicklungsverlauf ist nicht die absolute Höhe der vermuteten oder tatsächlich erzielten Ergebnisse entscheidend, sondern vielmehr deren relative Stellung zu zwei verschiedenen Vergleichsstandards, dem Vergleichsniveau (*comparison level*, CL) und dem Vergleichsniveau für Alternativen (*comparison level for alternatives*, CL_{alt}).

2.2.1   Vergleichsniveau (CL)

Das Vergleichsniveau stellt die Grundlage für die Bewertung einer Beziehung dar. Es repräsentiert jenes Ergebnisniveau, das einer Person ihrer Meinung nach zusteht, worauf sie meint, ein Anrecht zu haben. Ergebnisse, die über dem Vergleichsniveau liegen, werden als attraktiv und zufrieden stellend erlebt, darunter liegende Ergebnisse als unbefriedigend und unattraktiv. Das Vergleichsniveau kann als eine Art gewichteter Mittelwert der Qualität von Interaktionsergebnissen verstanden werden, die eine Person in der Vergangenheit erzielt und bei anderen Personen beobachtet hat. Das Vergleichsniveau einer Person kann je nach Situation unterschiedlich sein. Außerdem können neu erfahrene Ergebnisse zu Veränderungen des CL führen.

2.2.2   Vergleichsniveau für Alternativen (CL_{alt})

Das Vergleichsniveau für Alternativen ergibt sich aus der Qualität (dem erwarteten Ergebnis) der besten Alternative, die zur Verfügung steht, wenn man aus der aktuellen Beziehung ausscheidet. Diese Alternative kann in der Aufnahme einer Beziehung mit anderen Personen bestehen oder im Alleinsein. Man kann sich das CL_{alt} als untere Schwelle oder Grenzwert für den Verbleib in einer Beziehung vorstellen. Wenn das Ergebnis längere Zeit unter diesen Wert sinkt, wird die Person die Beziehung zugunsten der besseren Alternative verlassen. Wenn das Ergebnis über dem CL_{alt} liegt, wird die Person in der Beziehung verbleiben. Das Größenverhältnis zwischen Ergebnis und CL_{alt} dient somit als Grundlage für die Entscheidung einer Person, ob sie in einer Beziehung verbleibt oder aus ihr ausscheidet.

Mit der Einführung des theoretischen Begriffes des CL_{alt} wird dem wichtigen Sachverhalt Rechnung getragen, dass unter bestimmten Umständen auch nicht zufrieden stellende Beziehungen (das sind solche, in denen das Ergebnis unter dem CL liegt) aufrechterhalten werden; dann nämlich, wenn keine besseren Alternativen offen stehen (wenn das Cl_{alt} unter dem aktuellen Ergebnis liegt). Zum anderen bietet dieses Konzept einen interessanten Zugang zu den Phänomenen der Macht und Abhängigkeit. Je geringer das Cl_{alt} im Vergleich zum Ergebnis der aktuellen Beziehung ist, desto abhängiger ist eine Person von der Beziehung, desto stärker ist sie an die Beziehung gebunden und desto weniger Macht und Einfluss hat sie in der Beziehung.

2.3 Beziehungszufriedenheit, Beziehungsabhängigkeit, Beziehungscommitment

Rusbult (1980, 1983) hat in ihrem Investitionsmodell die Interdependenztheorie von Thibaut und Kelley (1959; Kelley & Thibaut, 1978) in einzelnen Punkten erweitert (vgl. Rusbult, Martz & Agnew, 1998). Wie Thibaut und Kelley betont Rusbult die Notwendigkeit, die theoretischen Konzepte der Beziehungszufriedenheit und der Beziehungsabhängigkeit auseinander zu halten, weil die Beziehungszufriedenheit nur eine von mehreren konstituierenden Bedingungen der Beziehungsabhängigkeit einer Person darstellt. Für die Beziehungszufriedenheit sind nach Rusbult gleich wie bei Thibaut und Kelley die Belohnungen, Kosten und die Höhe des Vergleichsniveaus entscheidend. Die Stärke der Beziehungsabhängigkeit wird analog zu Thibaut und Kelley vom Ausmaß der Beziehungszufriedenheit und der wahrgenommenen Qualität der zur aktuellen Beziehung verfügbaren Alternativen bestimmt. Laut Rusbult ist für die Beziehungsabhängigkeit aber noch ein weiterer Faktor entscheidend, nämlich die in eine Beziehung eingebrachten *Investitionen*. Unter Investitionen werden Faktoren verstanden, die das Beenden einer Beziehung kostspielig machen, weil sie dann verloren gehen. Beispiele für Investitionen sind die in die Beziehung investierte Zeit, Emotion, oder dem Partner gegenüber geäußerte intime Informationen, sowie gemeinsame Freunde, Erinnerungen oder materielle Besitztümer, Aktivitäten, Objekte oder Ereignisse, die in besonderer Weise mit der Beziehung verknüpft sind. Investitionen können als belohnend oder kostspielig erlebt werden. Was sie von Belohnungen und Kosten unterscheidet, ist, dass letztere nicht so stark mit einem bestimmten Partner verknüpft sind und daher nicht so sehr an Wert verlieren bzw. überhaupt verloren gehen, wenn eine Beziehung aufgelöst wird, während Investitionen nicht so ohne weiteres zurückgenommen oder von der Beziehung «abgezogen» werden können. In diesem Sinne erhöhen Investitionen die Abhängigkeit einer Person von ihrer Beziehung und halten sie in der Beziehung fest, weil sie die Kosten für eine Beendigung der Beziehung erhöhen.

Im Investitionsmodell wird zwischen den Konstrukten *Beziehungsabhängigkeit* und *Beziehungscommitment* unterschieden (vgl. Agnew, Van Lange, Rusbult & Langston, 1998; Rusbult, 1983; Rusbult et al., 1998). Die Beziehungsabhängigkeit wird als ein strukturelles Merkmal aufgefasst, welches das Ausmaß definiert, in dem eine Person eine Beziehung benötigt. Das Beziehungscommitment beschreibt hingegen das subjektive Erleben dieser Abhängigkeit. Es umfasst eine Langzeitorientierung gegenüber einer bestimmten Beziehung (kognitive Komponente), im weiteren die Absicht, diese Beziehung aufrecht zu erhalten (verhaltensmäßige Komponente) sowie die psychologische Bindung (*attachment*) an die Beziehung (emotionale Komponente). Individuen müssen sich ihrer strukturellen Abhängigkeit nicht immer bewusst sein. Das Beziehungscommitment hingegen stellt einen subjektiven Zustand dar, den Individuen unmittelbar wahrnehmen und erleben. Dementsprechend wird im Investitionsmodell postuliert, dass sich das subjektiv erlebte Beziehungscommitment auf das alltägliche Verhalten in Beziehungen stärker auswirkt als die strukturelle Abhängigkeit.

Die Berücksichtigung des Beziehungscommitments bei der Analyse des menschlichen Verhaltens in Interaktionen sowie seine konzeptuelle Unterscheidung von der Beziehungsabhängigkeit können als bedeutende Weiterentwicklungen des Ansatzes von Thibaut und Kelley betrachtet werden.

2.4   Die Ergebnismatrix

Zur Veranschaulichung der strukturellen Merkmale der Interdependenz zweier Personen in einer bestimmten Interaktionssituation oder Beziehung verwenden Thibaut und Kelley (1959) so genannte Ergebnismatrizen. Entlang der beiden Achsen solch einer Matrix (vgl. Abbildung 1 für zwei Personen A und B) werden die zu einem gegebenen Zeitpunkt verfügbaren Handlungsalternativen der interagierenden Personen dargestellt (a_1 bis a_n für A und b_1 bis b_n für B). Die einzelnen Zellen der Matrix (a_1b_1 bis a_nb_n)

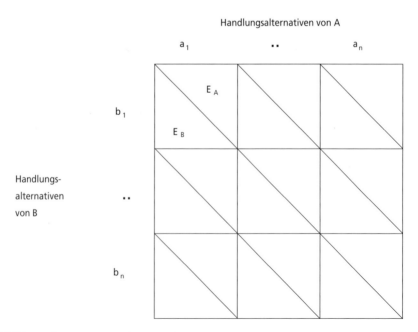

Abbildung 1: Matrix möglicher Interaktionsergebnisse (nach Thibaut & Kelley, 1959).

repräsentieren Handlungskombinationen beider Partner. Die Eintragungen in den Zellen geben die aus der jeweiligen Kombination zweier Handlungen für A und B resultierenden Ergebnisse (E) wieder. Üblicherweise werden oberhalb der Diagonale das Ergebnis für die Person A und unterhalb der Diagonale die entsprechenden Werte für die Person B angeführt.

Als Beispiel kann man an Ehepartner denken, die sich Gedanken darüber machen, wie sie das Wochenende gestalten sollen. Die Handlungsalternativen können in diesem Fall verschiedene Aktivitäten sein, wie beispielsweise Lesen, Musik hören, ins Theater gehen, Freunde besuchen, Radfahren usw. Die in den Zellen eingetragenen Ergebniswerte resultieren aus den mit den Tätigkeitskombinationen verbundenen Belohnungen (Freude, Stolz, Spaß usw.) und Kosten (Langeweile, Anstrengung, Streitigkeiten, schlechtes Gewissen usw.). Die mit einer bestimmten Tätigkeit für den Einzelnen zusammenhängende Ergebnisqualität ist nicht konstant, sondern variiert in Abhängigkeit davon, welche Tätigkeit der Partner zur gleichen Zeit durchführt. So kann eine Person die von ihr bevorzugten Freizeitaktivitäten dann als besonders belohnend erleben, wenn sie diese mit dem Partner gemeinsam ausübt, wie z. B. wenn sie eine Rad- oder Bergtour mit dem Partner gemeinsam unternimmt. Kelley und Thibaut (1978) schlagen als Bezugspunkt der dargestellten Ergebnisse das erwartete Ergebnis in der besten verfügbaren Alternative vor, also das Cl_{alt}. Ist das in einer Interaktion erzielte Ergebnis gleich hoch wie das Cl_{alt}, ergibt sich in der Ergebnismatrix ein Wert von Null. Alle Ergebnisse, die besser sind, werden demnach als positive Werte dargestellt, alle Ergebnisse, die schlechter ausfallen, als negative Werte.

In der Interdependenztheorie werden drei mögliche Einflussfaktoren unterschieden, von denen die Ergebnisse, die Personen in einer Interaktion erzielen, abhängen können: (1) *Reflexive Kontrolle*: Sie beschreibt das Ausmaß, in dem eine Person die Qualität ihrer Ergebnisse durch ihr eigenes Verhalten beeinflussen bzw. kontrollieren kann. (2) *Schicksalskontrolle*: Sie bezieht sich darauf, inwieweit die Ergebnisse einer Person vom Verhalten des Interaktionspartners, unabhängig von ihrem eigenen Verhalten, kontrolliert oder bestimmt werden können. (3) *Verhaltenskontrolle*: Sie beschreibt das Ausmaß, in dem die Ergebnisqualität vom Verhalten beider Personen wechselseitig beeinflusst werden kann. Die verschiedenen Formen an Kontrolle und ihr Zusammenspiel werden im Folgenden an einem Beispiel veranschaulicht.

Man stelle sich ein Paar vor, bei dem Paul sich am Wochenende lieber in der Natur aufhält, um dort verschiedenen Freizeitaktivitäten nachzugehen (z. B. Wandern, Radfahren, Kajakfahren) und Ilse lieber zu Hause bleibt, um zu lesen oder Musik zu hören. Während Paul sich wünscht, dass Ilse sich mehr für sportliche Aktivitäten in der Natur begeistern würde, hätte sie es wiederum lieber, wenn er am Wochenende weniger «Freizeitstress machen» und körperlich öfter ausspannen würde. Unabhängig davon, dass die beiden Interaktionspartner unterschiedliche Präferenzen hinsichtlich ihrer Freizeitgestaltung aufweisen, ziehen es beide vor, die Wochenenden gemeinsam zu verbringen. Die Handlungsalternativen der beiden Partner werden in Abbildung 2 grob in zwei Klassen unterteilt, nämlich «sich in der Natur aufhalten» (Natur) und «zu Hause bleiben» (zu Hause).

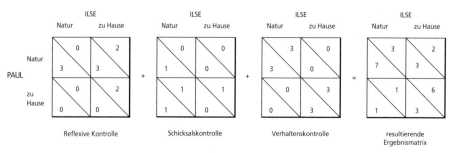

Abbildung 2: Einflussgrößen von individuellen Interaktionsergebnissen.

Die *reflexive Kontrolle* der beiden Interaktionspartner zeigt sich darin, inwieweit jeder für sich in der Lage ist, sein Ergebnis durch sein eigenes Verhalten zu beeinflussen. Wie ersichtlich kann Ilse, wenn sie zu Hause bleibt, statt sich in der Natur aufzuhalten, ihr Ergebnis von 0 auf 2 steigern – unabhängig davon, was ihr Partner Paul macht. Paul seinerseits kann dadurch, dass er sich in der Natur aufhält, statt zu Hause zu bleiben, sein Ergebnis von 0 auf 3 steigern. In unserem Beispiel haben also beide Personen reflexive Kontrolle, wobei jene von Paul stärker als jene von Ilse ist, weil er sein Ergebnis um 3 Punkte verändern kann, Ilse ihr Ergebnis hingegen nur um 2 Punkte.

Dass Ilse über Paul *Schicksalskontrolle* hat, zeigt sich in unserem Beispiel darin, dass sie Paul ein Ergebnis mit dem Wert eins (1) zukommen lassen, oder vorenthalten kann, je nachdem ob sie sich entscheidet, sich in der Natur aufzuhalten oder zu Hause zu bleiben. In unserem Beispiel hat nicht nur Ilse Schicksalskontrolle über Paul. Paul hat zugleich Schicksalskontrolle über Ilse. Wenn er zu Hause bleibt, bringt dies für Ilse positive Konsequenzen mit einem Wert von eins (1), wenn er sich in der Natur aufhält, erzielt sie hingegen keine positiven Konsequenzen (0).

Die *Verhaltenskontrolle* stellt einen wichtigen Indikator für die soziale Interdependenz in einer Interaktion dar. In unserem Beispiel haben beide Personen Verhaltenskontrolle übereinander. Paul kann durch seine Entscheidung, zu Hause zu bleiben oder ins Grüne zu fahren, beeinflussen, ob Ilse, wenn sie zu Hause bleibt, ein Ergebnis von 3 oder 0 erzielt, und ob ein Aufenthalt in der Natur für sie 0 oder 3 Ergebniseinheiten bringt. In unserem Beispiel (aber nicht zwangsläufig!) gilt Gleiches auch für Ilse. Ein Aufenthalt in der Natur bringt Paul 0 Ergebniseinheiten, wenn Ilse zu Hause bleibt, hingegen 3 Einheiten, wenn Ilse mit ihm ins Grüne geht. Zu Hause bleiben bringt 0 Einheiten, wenn er es alleine tut, aber 3 Einheiten, wenn Ilse auch zu Hause bleibt. Allem Anschein nach haben Paul und Ilse eine starke Präferenz dafür, die Wochenenden gemeinsam zu verbringen.

Reflexive Kontrolle, Schicksalskontrolle und Verhaltenskontrolle bestimmen gemeinsam die Ergebnisse, die Interaktionspartner erzielen können. Die Eintragungen in der Ergebnismatrix resultieren aus der Addition dieser drei Effekte.

2.5 Strukturelle Aspekte der Interdependenz

Zur genauen Charakterisierung von Interaktionssituationen oder Beziehungen werden vier strukturelle Interdependenzmerkmale herangezogen: (1) das Ausmaß der Abhängigkeit, (2) das Ausmaß der Wechselseitigkeit der Abhängigkeit; (3) die Basis der Abhängigkeit und (4) das Ausmaß an Korrespondenz in den Ergebnissen, die bei Ausführung der verschiedenen Handlungsalternativen für die Interaktionspartner resultieren.

2.5.1 Ausmaß der Abhängigkeit

Für Thibaut und Kelley besteht Abhängigkeit darin, dass eine Person eine bestehende Beziehung benötigt, um für sich möglichst positive Ergebnisse erzielen zu können. Je weniger eine Person ihre Ergebnisse selbst beeinflussen kann (geringe reflexive Kontrolle) und je mehr diese vom Partner kontrolliert werden (hohe Schicksalskontrolle und/oder Verhaltenskontrolle), desto abhängiger ist die Person von der gegebenen Beziehung. Zusätzlich wird die Abhängigkeit vom Cl_{alt} bestimmt. Je weiter das Cl_{alt} unter dem Ergebnis der aktuellen Beziehung liegt, desto abhängiger ist eine Person von ihrer Beziehung, weil sich ihr Ergebnis durch einen Beziehungsabbruch umso mehr verschlechtern würde. Zusammenfassend ist eine Person von ihrer Beziehung insgesamt umso abhängiger, je mehr die Qualität ihrer Ergebnisse vom Verhalten des Partners bestimmt wird, und je unattraktiver die für sie verfügbaren Alternativen sind.[4]

2.5.2 Wechselseitigkeit der Abhängigkeit

Ein zweites charakteristisches Merkmal von Interdependenzsituationen ist die Wechselseitigkeit der Abhängigkeit von Interaktionspartnern. Wenn nur das Ergebnis eines der beiden Interaktionspartner vom Verhalten des anderen abhängt, spricht man von einseitiger Abhängigkeit. Wenn die Ergebnisse beider Interaktionspartner vom jeweils anderen beeinflusst werden können, spricht man von wechselseitiger Abhängigkeit. Anders ausgedrückt beschreibt das Konstrukt der Wechselseitigkeit der Abhängigkeit, inwieweit die Abhängigkeit interagierender Personen symmetrisch oder asymmetrisch ist.

2.5.3 Basis der Abhängigkeit

Die Basis der Abhängigkeit bezieht sich auf das Ausmaß, in dem die Abhängigkeit interagierender Personen auf Verhaltenskontrolle und/oder Schicksalskontrolle beruht. In Situationen mit hoher Schicksalskontrolle liegt das Wohlbefinden des Einzelnen in den

---

4 Das Gegenteil von Abhängigkeit ist Macht. Eine Person besitzt umso mehr Macht, je mehr sie die Ergebnisse des Partners im Sinne einer hohen Schicksals- und/oder Verhaltenskontrolle beeinflussen kann, ohne dabei selbst Nachteile in Kauf nehmen zu müssen. Im Weiteren ist sie mächtiger, je besser ihre Alternativen zur aktuellen Beziehung verglichen zu jenen des Partners sind. Auch wenn die Ergebnisse beider Interaktionspartner über dem Cl_{alt} liegen, hat prinzipiell jeder von beiden die Möglichkeit, die Beziehung zu beenden. Derjenige Partner besitzt mehr Macht, der durch einen Beziehungsabbruch den geringeren Verlust erleiden würde, weil bei ihm der Abstand zwischen Ergebnis und Cl_{alt} geringer ist.

Händen seines Partners. Situationen, in denen beide Partner wechselseitig Schicksals-kontrolle über einander haben, sind im Allgemeinen durch den *Austausch* von Hand-lungen charakterisiert (z. B. wenn Du mir heute etwas Gutes tust, werde ich Dir morgen Gutes tun). In Situationen, in denen ein hohes Maß an Verhaltenskontrolle gegeben ist, wird das aus einem Verhalten resultierende Ergebnis vom Verhalten beider Partner ge-meinsam bestimmt. Es kommt daher auf die *Koordination* des Verhaltens der Partner an, damit beide zufrieden stellende Ergebnisse erzielen.

2.5.4 Korrespondenz der Ergebnisse

Laut Kelley und Thibaut (1978) liegt die bedeutendste Eigenschaft der Ergebnismatrix darin, dass sie das Ausmaß der Korrespondenz der Ergebnisse der Interaktionspartner veranschaulicht. Damit ist gemeint, inwieweit das über die Zellen der Matrix hinweg be-stehende Muster der Ergebnisse einer Person dem Muster der Ergebnisse ihres Partners entspricht (mit ihm *korrespondiert*). Mit anderen Worten ist die Korrespondenz der Er-gebnisse umso größer, je positiver die Korrelation zwischen den Ergebnissen der beiden Interaktionspartner über die verschiedenen Zellen der Ergebnismatrix hinweg ist. Das muss keineswegs nur dann der Fall sein, wenn es für beide Partner angenehm ist, dasselbe zu tun (z. B. gemeinsam die Haushaltsarbeiten erledigen). Korrespondierende Ergebnisse können auch für Kombinationen verschiedener (komplementärer) Verhaltensweisen be-stehen (z. B. wenn es beide Partner bevorzugen, dass sich einer von ihnen vorwiegend um die Haushaltsarbeit und der andere vorwiegend um den Familienunterhalt kümmert).

Hinsichtlich des Ausmaßes der Ergebniskorrespondenz kann man sich ein Konti-nuum vorstellen, das von vollkommen korrespondierenden Ergebnissen (perfekt posi-tive Korrelation) über mittelstark korrespondierende Ergebnisse, voneinander unab-hängige Ergebnisse (Nullkorrelation) bis zu völlig gegensätzlichen Ergebnissen (perfekt negative Korrelation) reicht. Das obige Beispiel mit der Haushaltsarbeit verdeutlicht eine Situation mit vollkommener bzw. starker Korrespondenz. Ein Beispiel für vollstän-dig nicht korrespondierende Ergebnisse wäre es, wenn einer von zwei Partnern alle Tä-tigkeiten nur gemeinsam mit dem anderen durchführen möchte und es negativ erlebt, wenn sie getrennt erledigt werden, während der andere es nur dann als positiv empfin-det, wenn sie die Tätigkeiten getrennt voneinander durchführen. Ein Beispiel für mitt-lere Korrespondenz sind so genannte mixed-motive Situationen (siehe Abschnitt 3.1.).

2.6   Transformation der Motivation

Die Interdependenztheorie geht von der grundlegenden Annahme aus, dass Individuen bestrebt sind, ihre Ergebnisse zu maximieren. Im einfachsten Fall bedeutet dies, das zu maximieren, was dem unmittelbaren Eigeninteresse dient. Die Theorieversion von Kel-ley und Thibaut (1978) berücksichtigt zusätzlich, dass manchmal ein Abgehen von der Verfolgung des unmittelbaren Eigeninteresses kurz- oder langfristig vorteilhaftere Er-gebnisse mit sich bringen kann (vgl. Rusbult & Arriaga, 1997; Rusbult & Van Lange, 1996). Wenn dies der Fall ist, sollte das Verhalten im Sinne der angestrebten Ergebnismaximierung von anderen Zielen und Motiven, und nicht vom unmittelbaren Eigeninteresse, geleitet werden. Kelley und Thibaut (1978) sprechen in diesem Zusammenhang von motivationalen Transformationsprozessen.

Motivationale Transformationen können u. a. darin bestehen, dass Personen nicht, oder nicht nur, die eigenen Ergebnisse, sondern auch die Ergebnisse des Partners berücksichtigen. Beispielsweise kann es einer Person unter bestimmten Umständen wichtig sein, dass ihr Partner möglichst gute Ergebnisse erhält. In diesem Fall sind die Eigenergebnisse dann maximal, wenn die Ergebnisse des Partners maximal sind. Im Weiteren können Personen motiviert sein, sowohl für sich selbst als auch für den Partner möglichst positive Ergebnisse im Sinne einer Maximierung der gemeinsamen Ergebnisse sicherzustellen. Eine andere Transformation, die häufig auf Gerechtigkeitsüberlegungen beruht, besteht darin, möglichst ausgeglichene Ergebnisse für sich und den Partner im Sinne einer Minimierung der Differenz in den jeweiligen Ergebnissen zu gewährleisten. Die drei genannten Transformationen werden häufig unter der Bezeichnung prosoziale Transformationen zusammengefasst, weil sie als beziehungsförderlich gelten. Für Transformationsprozesse können jedoch auch wettbewerbsorientierte Motive von Bedeutung sein, wie beispielsweise der Wunsch nach einer Maximierung der Differenz in den Ergebnissen der beiden Interaktionspartner.

Motivationale Transformationen können auch darin bestehen, dass sich Personen bei ihren Verhaltensentscheidungen nicht an den Ergebnissen, sondern am Verhalten des Interaktionspartners orientieren. Diese Transformationsform ist natürlich nur bei zeitlich aufeinander folgenden Handlungen möglich. Wenn einer der beiden Interaktionspartner eine Handlung setzt, kann der andere entscheiden, ob er sein Verhalten an jenes des Interaktionspartners anpasst oder nicht. Seitens des Beginnenden würde eine entsprechende Transformation darin bestehen, dass er sich bei seiner Verhaltensentscheidung von seiner Erwartung leiten lässt, welches Verhalten der Partner zeigen wird. Derartige Transformationen sind vor allem in Situationen mit hoher Verhaltenskontrolle von Bedeutung, in denen die individuellen Ergebnisse vom Verhalten beider Interaktionspartner bestimmt werden. Bei längerfristigen Interaktionen können Personen auch Strategien und Verfahren einführen, die das Verhalten über mehrere Interaktionen regeln. So können Individuen beispielsweise Rotationsprinzipien zur Anwendung bringen und den spezifischen Wünschen der beiden Partner abwechselnd Rechnung tragen (z. B. «Diesmal verhalten wir uns so, wie du es gerne hättest, beim nächsten Mal machen wir es hingegen so, wie ich es will»).

Unabhängig davon welche motivationalen Transformationen im Einzelnen erfolgen, führen sie immer dazu, dass die Ergebnisse, an denen sich die Verhaltensentscheidungen orientieren, nicht am unmittelbaren Eigeninteresse der Person sondern an anderen Zielen gemessen werden. Um dies zu verdeutlichen, haben Kelley und Thibaut (1978) zwischen der «gegebenen» Ergebnismatrix (*given matrix*) und der «effektiven» Ergebnismatrix (*effective matrix*)[5] unterschieden. Die «gegebene» Matrix spiegelt die Ergebnisse wider, die sich im Sinne des unmittelbaren Eigeninteresses ergeben. Alle bis-

---

5 «Effective» im Sinne von «geltend», «wirksam werdend», «in Kraft tretend».

her besprochenen Matrixbeispiele waren solche «gegebenen» Matrizen. Die «effektive» Matrix gibt die an den geänderten Präferenzen bemessenen Ergebnisse wieder, die im Falle motivationaler Transformationen für die Verhaltensentscheidung letztlich bestimmend sind.

2.6.1 Determinanten von Transformationsprozessen

Aufbauend auf Kelley und Thibaut (1978) stellen Rusbult und Van Lange (1996) in übersichtlicher Form bedeutende proximale und distale Determinanten von Transformationsprozessen dar (siehe Abbildung 3). Dabei wird angenommen, dass sich die distalen Determinanten von Transformationsprozessen in überdauernden (habituellen) zwischenmenschlichen Orientierungen manifestieren. Drei verschiedene Formen von habituellen Transformationstendenzen werden unterschieden: (1) *Interpersonale Dispositionen*, (2) *Beziehungsspezifische Motive* sowie (3) *Normenbedingte Transformationstendenzen.* Nach Rusbult und Van Lange (1996) wirken sich diese distalen Determinanten vor allem dahingehend auf die Motivationstransformation aus, dass sie die in einer Interaktionssituation ablaufenden Kognitionen, wie Wahrnehmungs-, Attributions- und Interpretationsprozesse, sowie das emotionale Erleben beeinflussen (siehe Abbildung 3). Letztere werden als proximale Transformationsdeterminanten bezeichnet.

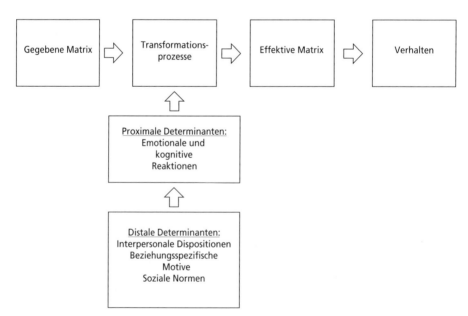

Abbildung 3: Distale und proximale Determinanten von Transformationsprozessen.

2.6.1.1 Habituelle Transformationstendenzen

Interpersonale Dispositionen. Interpersonale Dispositionen sind auf persönliche Erfahrungen beruhende, situationsübergreifende Neigungen, Interdependenzsituationen auf eine bestimmte Art und Weise wahrzunehmen und auf sie mit bestimmten Verhaltensweisen zu reagieren.

Interpersonale Dispositionen äußern sich z. B. in unterschiedlichen sozialen Wertorientierungen. Darunter versteht man verschiedene Präferenzen von Personen hinsichtlich der Maximierung von Ergebnissen für sich und/oder für den Partner (Messick & McClintock, 1968). Es haben sich dabei im Wesentlichen drei Tendenzen gezeigt. Personen mit *prosozialer Orientierung* versuchen, die Summe aus eigenen Ergebnissen und aus Ergebnissen anderer Personen zu maximieren. Personen mit *individualistischer Orientierung* maximieren vorrangig ihr eigenes Ergebnis, und Personen mit *Wettbewerbsorientierung* versuchen, die Differenz der eigenen Ergebnisse zu den Ergebnissen anderer Personen zum eigenen Vorteil möglichst groß zu halten.

Die soziale Wertorientierung stellt jene interpersonale Disposition dar, die im Zusammenhang mit Interdependenzphänomenen bislang am häufigsten untersucht worden ist. Es gibt jedoch eine ganze Reihe weiterer interpersonaler Dispositionen, die für Transformationsprozesse von Relevanz sein dürften (vgl. Rusbult & Van Lange, 1996), wie z. B. Bindungsstile (vermeidend vs. sicher vs. ängstlich-ambivalent; Bowlby, 1982) oder Austausch- vs. Gemeinschaftsorientierung (Clark & Mills, 1979).

Beziehungsspezifische Motive. Beziehungsspezifische Motive stellen stabile Wahrnehmungs- und Verhaltenstendenzen von Personen dar, die an eine bestimmte Beziehung zu einer bestimmten Person gebunden sind. Eine besondere Rolle kommt in diesem Zusammenhang dem Beziehungscommitment zu. Ein hohes Beziehungscommitment begünstigt beziehungsförderliche, prosoziale Transformationsprozesse. Dazu zählt beispielsweise die erhöhte Bereitschaft, für den Partner und die Beziehung Opfer zu bringen (vgl. Abschnitt 3.2.3.). Als ein weiteres wichtiges beziehungsspezifisches Motiv kann das Vertrauen in den Partner angesehen werden (vgl. Holmes & Rempel, 1989). Vor allem in Interaktionssituationen mit einem geringen bis mittleren Ausmaß an Ergebniskorrespondenz sollte ein hohes Vertrauen in den Partner ein kooperatives Verhalten im Sinne einer Transformation von unmittelbaren Eigeninteressen zugunsten einer Maximierung der gemeinsamen Ergebnisse fördern.

Normenbedingte Transformationstendenzen. Transformationsprozesse sind auch durch verschiedene soziale Normen beeinflusst. Es gibt in jeder Gesellschaft Verhaltensregeln, die die Interaktion von Personen in Beziehungen betreffen. Verhält sich jemand nicht entsprechend dieser Normen, muss er mit Sanktionen rechnen. Schon deshalb ist es im Allgemeinen eher schwer möglich, sich gänzlich im Sinne des Eigeninteresses zu verhalten. Als ein Beispiel können Gerechtigkeitsregeln in Bezug auf die Verteilung von positiven und negativen Ressourcen gelten. In bestimmten Beziehungen können Partner auch selbst Regeln definieren, die dann beziehungsspezifisch normativen Charakter haben, und daher von beiden Partnern akzeptiert und befolgt werden (Thibaut & Kelley,

1959). So könnte zum Beispiel ein Paar sich darauf einigen, ein besonders heikles Thema nicht anzusprechen, da es für einen von beiden sehr unangenehm ist.

2.6.1.2 Kognitive Interpretationen und emotionale Reaktionen

Proximale Determinanten von Transformationsprozessen haben Einfluss darauf, welche inhaltliche Bedeutung einem einzelnen Ereignis im Interaktionsgeschehen zugeschrieben wird, welche weiterreichenden Folgerungen daraus über den Partner und die Beziehung abgeleitet werden und welches Verhalten als Reaktion darauf gezeigt wird (Rusbult & Van Lange, 1996). Um sich in einer Situation angemessen zu verhalten, ist es zum Beispiel wichtig, die Verhaltenspräferenzen und Absichten des Interaktionspartners richtig einzuschätzen. Da die Interaktionsziele und Motive des Partners nicht immer unmittelbar einsichtig sind (klar auf der Hand liegen), müssen sie häufig aus den gezeigten Verhaltensweisen erschlossen werden.

Neben verschiedenen Kognitionen können auch die in einer Interaktion auftretenden Emotionen für die Einschätzung einer gegebenen Interdependenzsituation von Relevanz sein. Im Emotionsmodell von Shaver, Schwartz, Kirson und O'Connor (1987) werden Emotionen als eine Folge von wiederkehrenden Erfahrungen mit bestimmten Interaktionsmustern angesehen. Darauf aufbauend nehmen Rusbult und Van Lange (1996) an, dass in Interaktionen auftretende Emotionen bestimmte Interdependenzmuster signalisieren und in weiterer Folge das Verhalten von Individuen beeinflussen können.

3   Empirische Untersuchungen zur Interdependenztheorie

Die interdependenztheoretische Forschung hat sich primär mit Entscheidungsverhalten in mixed-motive Situationen sowie mit der Entwicklung und Dynamik enger persönlicher Beziehungen beschäftigt. In den beiden folgenden Abschnitten werden Untersuchungen dargestellt, die zu diesen Themenbereichen auf der Grundlage der Interdependenztheorie geplant wurden oder – wenn auch nicht unmittelbar zu diesem Zweck geplant – Befunde zu zentralen interdependenztheoretischen Annahmen liefern.

3.1   Empirische Untersuchungen zu mixed-motive Situationen

Soziale Interaktionen implizieren häufig einen Motivationskonflikt bei den beteiligten Personen, weil sowohl gemeinsame als auch gegensätzliche Interessen vorhanden sein können. In solchen als mixed-motive Situationen bezeichneten Entscheidungskonflikten ist nicht eindeutig, auf welche Art und Weise die Personen am besten ihre Ergebnisse maximieren können. In spieltheoretischen Untersuchungen zeichnen sich derartige mixed-motive Situationen dadurch aus, dass Personen entscheiden müssen, ob sie

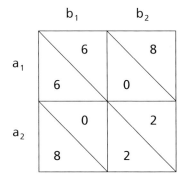 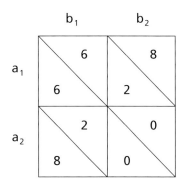

Abbildung 4: 2 x 2 Ergebnismatrizen zur Darstellung eines Prisoner's Dilemmas (links) und eines Chicken Dilemmas (rechts).

mit anderen kooperieren oder sich nicht-kooperativ (kompetitiv) verhalten (vgl. Dawes, 1980; Komorita & Parks, 1996; Liebrand, Messick & Wilke, 1992).[6]

Die Untersuchungen, die hier berichtet werden, wenden im Wesentlichen zwei Arten experimenteller Spiele an: Matrixspiele und soziale Dilemmata. In beiden Fällen stehen den Spielern zwei (oder mehrere) Entscheidungsalternativen zur Verfügung, die unterschiedliche Konsequenzen nach sich ziehen. Alle Entscheidungen ziehen Konsequenzen für alle Spieler nach sich. Üblicherweise müssen die Spieler ihre Entscheidungen unabhängig voneinander treffen und ohne miteinander sprechen zu können. Falls mehrere Durchgänge vorgesehen sind, wird den Spielern nach jedem Durchgang das Ergebnis bekannt gegeben. Daraus können sie auch die Entscheidung des Partners erkennen (vgl. Van Lange, Liebrand, Messick & Wilke, 1992).

Abbildung 4 zeigt zwei Beispiele für Matrixspiele für 2 Personen (Person A und Person B). Das in der linken Matrix dargestellte Spiel entspricht hinsichtlich der Ergebnisstruktur einem so genannten *Prisoner's Dilemma*, das Spiel in der rechten Matrix einem so genannten *Chicken Dilemma*. Eine Erweiterung auf mehrere beteiligte Personen ist möglich (N-Personen-Dilemma). Die in den Matrizen eingetragenen Ergebnisse werden üblicherweise für die Versuchsteilnehmer als erreichbare Punkte oder Geld dargestellt.

Die zwei Entscheidungsoptionen, über die die beteiligten Personen im *Prisoner's Dilemma* verfügen, werden als kooperativ (a_1 sowie b_1) und nicht-kooperativ (a_2 sowie b_2) bezeichnet. Der Motivationskonflikt, der in dieser Entscheidungssituation vorgegeben ist, besteht darin, dass aus reinem Eigeninteresse heraus, Personen sich eher nicht-kooperativ entscheiden werden, da in diesem Fall ihr Ergebnis immer höher ist als bei einer kooperativen Entscheidung. Andererseits ist das Ergebnis relativ gering, wenn sich beide Partner nicht-kooperativ entscheiden ($a_2b_2 = 2{,}2$), und im Vergleich dazu ist eine gemeinsame kooperative Entscheidung günstiger ($a_1b_1 = 6{,}6$). Im Endeffekt ist die

---

6 Derartige Entscheidungssituationen werden traditioneller Weise als Spiele und die beteiligten Personen als Spieler bezeichnet.

Höhe des Ergebnisses einer Person immer abhängig von der Entscheidung des Partners. Das Prisoner's Dilemma ist ein Beispiel für eine Interdependenzsituation mit gegenseitiger Schicksalskontrolle.

Das *Chicken Dilemma* unterscheidet sich vom Prisoner's Dilemma vor allem dadurch, dass die Dominanz der nicht-kooperativen Entscheidung weniger stark gegeben ist. Bei einem kooperativen Verhalten hat ein Spieler unabhängig vom Verhalten des Partners immer ein relativ gutes Ergebnis. Allerdings erhält zugleich ein nicht-kooperativer Partner ein besonders gutes Ergebnis. Entscheiden sich beide Partner nicht-kooperativ, so erzielen sie beide ein schlechtes Ergebnis ($a_2b_2 = 0{,}0$). Wie ersichtlich, ist das Chicken Dilemma ein Beispiel für eine Interdependenzsituation mit gegenseitiger Verhaltenskontrolle.

Ein Spezialfall von mixed-motive Situationen sind soziale Dilemmata, bei denen zwischen verschiedenen Ressourcenaufteilungen zu entscheiden ist. Personen müssen sich entscheiden, ob sie sich ohne Rücksicht auf andere im Sinne ihres Eigeninteresses verhalten oder aber im Sinne gemeinschaftlicher Interessen kooperativ handeln. Beispielsweise könnte es um die Entscheidung gehen, ob man Müll trennen soll oder nicht. Müll-Trennen ist im Sinne einer Begrenzung der Umweltbelastung wünschenswert, zugleich aber aufwendig und arbeitsintensiv. Eine Person ist möglicherweise sowohl daran interessiert, in einer nicht durch Müll belasteten Umwelt zu leben (gemeinschaftliches Interesse), als auch daran, den eigenen Aufwand möglichst gering zu halten (Selbstinteresse). Da beide Motive nicht gleichzeitig befriedigt werden können, muss die Person sich für eines der beiden Ziele entscheiden. Für den Einzelnen mag es bequemer sein, das Selbstinteresse in den Vordergrund zu stellen und den Müll nicht zu trennen. Wenn das aber alle tun, verschlechtern sich die Ergebnisse jedes Einzelnen insofern, als die Umweltbelastung steigt. Es wäre daher besser, wenn alle das Gemeinwohl in den Vordergrund stellen und Müll trennen. Strukturell entsprechen viele soziale Dilemmata einem N-Personen Prisoner's Dilemma. Die egoistische Entscheidung bringt für den Einzelnen das beste Ergebnis. Verhalten sich aber alle egoistisch, so bringt das für die Gesellschaft Nachteile, sodass es für alle günstiger wäre, wenn möglichst viele sich kooperativ verhalten.

Die für mixed-motive Situationen typischen Interdependenzstrukturen ermöglichen es, verschiedene theoretische Annahmen der Interdependenztheorie empirisch zu untersuchen. Die Zahl der explizit zur Interdependenztheorie durchgeführten Untersuchungen ist gering, doch lassen sich aus vielen Studien Bestätigungen interdependenztheoretischer Annahmen ableiten (vgl. auch Rusbult & Van Lange, 1996).

3.1.1 Vergleichsniveau (CL)

Das Vergleichsniveau ist ein wesentlicher Faktor im Zusammenhang mit der Ergebnisbewertung. Ergebnisse, die über dem CL liegen, sollten als zufrieden stellend erlebt werden, Ergebnisse, die darunter liegen, als unbefriedigend.

Friedland, Arnold und Thibaut (1974) überprüften Zusammenhänge zwischen dem CL und der Zufriedenheit. In einer ersten Phase der Untersuchung wurde das individuelle CL variiert, indem die Probanden je nach Versuchsbedingung Gewinne in unterschiedlicher Höhe erspielen konnten (4 Cent vs. 1,5 Cent pro Punkt). In einer zweiten Versuchsphase konnte jeweils die Hälfte der Personen mit höherem und mit niedrigerem CL Ergebnisse erzielen, die im Vergleich zur ersten Phase höher (8 Cent) oder niedriger (1 Cent) waren. Die Ergebnisse zeigten, dass Personen unabhängig von der absoluten Gewinnhöhe dann zufriedener waren, wenn die Gewinne ihr CL überschritten, bzw. weniger zufrieden waren, wenn die Gewinne unter dem CL lagen.

3.1.2 Cl_{alt} und Wechselseitigkeit der Abhängigkeit

In den meisten Matrixspielen ist die Ergebnisstruktur symmetrisch, was bedeutet, dass beide Partner im selben Ausmaß voneinander abhängig bzw. mächtig sind. Um Zusammenhänge zwischen Verhalten und Wechselseitigkeit der Abhängigkeit zu untersuchen, haben Thibaut und Faucheux (1965) in einem Matrixspiel die Interaktionspartner mit unterschiedlicher Macht ausgestattet und zugleich das Ausmaß der Macht des mächtigeren Interaktionspartners variiert. In diesem Matrixspiel verfügten beide Personen über zwei gleichwertige Entscheidungsalternativen. Zusätzlich verfügten beide Beteiligten über mehr oder weniger gute externe Alternativen (Cl_{alt}), die als zusätzliche (dritte) Entscheidungsmöglichkeit zur Verfügung standen und der Qualität nach für beide Partner gleich waren. Im Gegensatz zu den zuvor beschriebenen experimentellen Spielen, wurde den Probanden in dieser Untersuchung mitgeteilt, dass sie sich in einer Verhandlungssituation befänden. Sie hatten vor jeder Entscheidung die Möglichkeit, miteinander zu kommunizieren und Vereinbarungen darüber zu treffen, welche Entscheidungsalternativen sie beim nächsten Mal wählen werden.

Es wurde angenommen, dass die gegebene asymmetrische Machtverteilung für den weniger mächtigen Partner eine Bedrohung darstellt und umso bedrohlicher ist, je größer die Macht des Gegenspielers ist. Die Hypothese war, dass der weniger mächtige Partner auf diese Bedrohung reagieren werde, indem er versucht, zu verhandeln und eine Vereinbarung zu treffen, die den mächtigeren Partner daran hindern, die Macht zum Nachteil des weniger mächtigen Partners auszunützen. Diese Annahme wurde bestätigt. In der Bedingung mit höherem Ausmaß an Macht wurden mehr Vereinbarungen getroffen als in der Bedingung mit niedrigem Ausmaß an Macht. Zusätzlich wurden in der Bedingung mit höherem Machtausmaß dann mehr Vereinbarungen getroffen, wenn für die Spieler eine gute externe Alternative gegeben war. Das letztgenannte Ergebnis ist so zu verstehen, dass durch das Vorhandensein einer guten externen Alternative der weniger mächtige Partner von der gegebenen Beziehung weniger abhängig ist. Er hat daher eine bessere Ausgangsposition, um in der Verhandlung eine gute Vereinbarung zu erreichen.

3.1.3 Basis der Abhängigkeit

Dass Entscheidungen in mixed-motive Situationen unterschiedlich ausfallen, je nachdem ob die Interdependenz der Partner auf Schicksalskontrolle oder Verhaltenskontrolle beruht, haben Van Vugt, Meertens und Van Lange (1994) gezeigt. Zusätzlich illustriert diese Untersuchung anschaulich, wie verschiedene Personen ein und dieselbe Situation unterschiedlich wahrnehmen können. Thema der Untersuchung waren Entscheidungen, ob man das eigene Auto oder öffentliche Verkehrsmittel benützen soll. Die Autoren nahmen an, dass Studenten und Pendler bei derartigen Entscheidungen von einer unterschiedlichen Problemsicht ausgehen.

Aus der Sicht der Studenten stellt sich die Situation als eine Entscheidung zwischen der Bequemlichkeit der Autonutzung und der Umweltfreundlichkeit der öffentlichen Verkehrsmittel dar. Unter dem Gesichtspunkt der Umweltbelastung ist es für alle von Nachteil, wenn jeder mit dem Auto fährt (sich nicht-kooperativ verhält), und es wäre gut, wenn viele das öffentliche Verkehrsmittel benützten (sich kooperativ verhielten). Zugleich ist aber die Nutzung des Autos bequemer und daher für den einzelnen stets attraktiver als die Nutzung von öffentlichen Verkehrsmitteln. Zusammengenommen entspricht diese Interdependenzstruktur etwa einem N-Personen Prisoner's Dilemma mit wechselseitiger Schicksalskontrolle (vgl. Abbildung 4, linke Matrix).

Aus Sicht der Pendler stellt sich die Situation als Entscheidung unter Berücksichtigung der unmittelbaren Vor- und Nachteile der Autonutzung dar. Wie diese Konsequenzen aussehen, hängt zu einem wesentlichen Teil vom Verhalten der anderen Personen ab. Daher sollte man unter dem Gesichtspunkt der unmittelbaren Konsequenzen seine Entscheidung danach ausrichten, was die anderen tun. Wenn die anderen Personen mit dem Auto fahren, gibt es Staus und keine Parkplätze, sodass es günstiger wird, öffentliche Verkehrsmittel zu verwenden. Umgekehrt ist man selbst mit dem Auto schneller, wenn genügend andere nicht mit dem Auto fahren. Diese Interdependenzstruktur entspricht etwa einem N-Personen Chicken Dilemma, das durch wechselseitige Verhaltenskontrolle charakterisiert ist (vgl. Abbildung 4, rechte Matrix).

Ausgehend von diesen Überlegungen gaben die Autoren sowohl Pendlern als auch Studenten eine hypothetische Verkehrssituation vor und ließen sie ihre Präferenz für die Nutzung des eigenen Autos vs. öffentlicher Verkehrsmittel auf einer Ratingskala angeben. Zusätzlich wurde die Erwartung bezüglich des Verhaltens der anderen Verkehrsteilnehmer variiert. Der Hälfte der Probanden wurde mitgeteilt, dass Studien ergeben hätten, dass die Mehrheit der Verkehrsteilnehmer in dieser Situation mit dem Auto fahren würden. Die andere Hälfte wurde informiert, die Mehrheit würde mit einem öffentlichen Verkehrsmittel fahren. Die Ergebnisse bestätigten die oben genannten Annahmen. Studenten wählten bevorzugt eher ein öffentliches Verkehrsmittel, während Pendler sich bevorzugt für das Auto entschieden. Zusätzlich entschieden sich die Studenten unabhängig von der Erwartungsbedingung eher für ein öffentliches Verkehrsmittel, verhielten sich also generell eher kooperativ. Pendler wurden hingegen in ihrer Entscheidung vom erwarteten Verhalten der anderen Verkehrsteilnehmer beeinflusst. Unter der Erwartung, dass die Mehrheit der anderen Verkehrsteilnehmer mit dem Auto fahren würden, präferierten sie selbst das Auto weniger als unter der Erwartung, dass die meisten anderen mit öffentlichen Verkehrsmitteln fahren würden. Dieses Entscheidungsverhalten entspricht der im Rahmen eines Chicken Dilemmas bevorzugten Verhaltenskoordination.

3.1.4 Motivationstransformation

Die Ursachen für eine Motivationstransformation können sowohl in der Situation als auch in den Personenmerkmalen der Interaktionspartner liegen.

3.1.4.1 Situative Faktoren

In zahlreichen Studien wurden situative Faktoren überprüft, die die Kooperationsbereitschaft von Personen in mixed-motive Situationen beeinflussen (für eine detaillierte Auseinandersetzung s. Komorita & Parks, 1996; Van Lange & Messick, 1996). Hiezu zählen unter anderem das Verhalten des jeweiligen Interaktionspartners sowie verschiedene Aspekte der Situation selbst. Einige Untersuchungen zeigten beispielsweise, dass zwischen der Erwartung, dass sich der Partner kooperativ verhalten wird, und eigenem kooperativen Verhalten ein positiver Zusammenhang besteht (z. B. Dawes, McTavish & Shaklee, 1977; De Dreu, Yzerbyt & Leyens, 1995). Bei Untersuchungen von Strategien, mittels derer ein verstärktes Kooperationsverhalten des Partners erreicht werden kann, hat sich gezeigt, dass bedingungslose Kooperation hierfür nicht am besten ist (z. B. Patchen, 1987). Wirkungsvoll ist hingegen die so genannte «Tit-for-tat» Strategie, bei der man sich nach einer anfänglichen kooperativen Entscheidung später nur mehr dann kooperativ entscheidet, wenn dies der Partner zuvor getan hat (Axelrod, 1984).

3.1.4.2 Personenmerkmale

Dass sich die Interdependenzstruktur einer bestimmten Situation für verschiedene Personen unterschiedlich darstellen kann, hat bereits die in Abschnitt 3.1.3 besprochene Untersuchung von Van Vugt et al. (1994) gezeigt. Zahlreiche Untersuchungen bestätigen im Weiteren, dass sich Personen mit prosozialer Wertorientierung in sozialen Dilemma-Situationen in höherem Ausmaß kooperativ verhalten als Personen mit individueller Orientierung oder Wettbewerbsorientierung (z. B. Kramer, McClintock & Messick, 1986; Kuhlman & Marshello, 1975; McClintock & Liebrand, 1988). Andere Studien zeigten, dass Personen je nach sozialer Wertorientierung bezüglich ihres Entscheidungsverhaltens unterschiedlich beeinflussbar sind (Van Lange, 1992). Kuhlman und Marshello (1975) und McClintock und Liebrand (1988) fanden etwa, dass lediglich Individualisten durch eine tit-for-tat Strategie beeinflussbar waren, da für sie der Verlust bei einer «Bestrafung» für nicht-kooperatives Verhalten mehr zählt als für Prosoziale und Wettbewerbsorientierte.

Van Lange (1994) ließ Personen mit unterschiedlicher sozialer Wertorientierung zwischen verschiedenen Prisoner's Dilemma-Spielen wählen, die sich hinsichtlich der Höhe der Ergebnisse unterschieden. Variiert wurde im Weiteren die Strategie des (vermeintlichen) Gegenspielers, d. h. ob sich dieser kooperativ oder nicht-kooperativ verhielt. Bei prosozial orientierten Personen hatte die Strategie des Gegenspielers keine Wirkung. Sie bevorzugten allgemein Spiele mit einem höheren Ergebnisniveau. Individualistisch und kompetitiv orientierte Personen hingegen reagierten auf die Strategie des Gegenspieles, indem sie bei einem nicht-kooperativen Partner Spiele mit niedrigerem Ergebnisniveau wählten, bei einem kooperativen Partner aber Matrizen mit höhe-

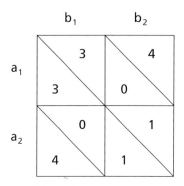
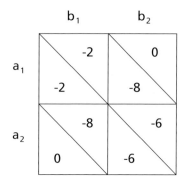

Abbildung 5: Gewinn- und Verlustversion eines Prisoner's Dilemma unter Berücksichtigung der Verlustaversion (vgl. DeDreu & McCusker, 1997).

rem Ergebnisniveau. Dies kann dadurch erklärt werden, dass bei niedrigerem Ergebnisniveau der (relative) Verlust bei gemeinsamen nicht-kooperativen Entscheidungen geringer ist. Individualistisch und kompetitiv orientierte Personen verminderten also das Verlustrisiko. Van Lange interpretiert die Ergebnisse unter anderem über unterschiedliche Erwartungen, die Personen mit verschiedener sozialer Wertorientierung bezüglich des Verhaltens ihres Partners haben.

De Dreu und McCusker (1997) nutzten das Konzept der sozialen Wertorientierungen um widersprüchliche Befunde zum Entscheidungsverhalten in Prisoner's Dilemma-Situationen mit positiven und negativen Ergebnissen einer Klärung zuzuführen. Die Hypothesen ihrer Untersuchung leiteten die Autoren teils aus der Interdependenztheorie und teils aus der «prospect theory» von Kahneman und Tversky (1979) ab. Letztere besagt, dass Personen ein und dasselbe Ergebnis unterschiedlich bewerten, je nachdem ob ein Vergleich mit einem schlechteren (darunter liegenden) oder einem besseren (darüberliegenden) Referenzergebnis nahe gelegt wird. Im ersten Fall sollte das Ergebnis als Gewinn, im letzten Fall hingegen als Verlust erlebt werden, wobei Verluste im Sinne einer «Verlustaversion» zusätzlich mehr gewichtet werden als Gewinne (Tversky & Kahneman, 1991).

Aus Untersuchungen ist bekannt, dass in Prisoner's Dilemma-Situationen im Allgemeinen nicht-kooperative Entscheidungen gegenüber kooperativen überwiegen. Wie in Abbildung 5 dargestellt, können Prisoner's Dilemma Situationen sowohl Gewinne (positive Ergebnisse) als auch Verluste (negative Ergebnisse) enthalten.[7] Wenn Verluste

---

7   Die Werte in den beiden Prisoner's Dilemma Matrizen in Abbildung 6 sind folgendermaßen zu verstehen: Werte der Gewinnversion (linke Matrix) beruhen auf einem Vergleich der Ergebnisse mit einem Referenzergebnis von 0 und stellen daher Gewinne (positive Ergebnisse) dar. Werte in der Verlustversion (rechte Matrix) sind folgendermaßen zustande gekommen. Zunächst wurden die Werte der linken Matrix auf ein Referenzergebnis von +4 bezogen. Verglichen zu +4 stellen sie Verluste (negative Ergebnisse) dar. Zusätzlich wurden die Werte verdoppelt, um der als Folge der Verlustaversion stärkeren Gewichtung von negativen Ergebnissen gerecht zu werden.

tatsächlich stärker gewichtet werden als Gewinne, ließe sich annehmen, dass die für Prisoner's Dilemma-Situationen typische Neigung zu nicht-kooperativen Entscheidungen bei der Verlustversion des Prisoner's Dilemmas noch stärker wird als bei der Gewinnversion. Entsprechende Untersuchungen, in denen die Häufigkeit kooperativen und nicht-kooperativen Verhaltens in Prisoner's Dilemma-Situationen mit positiven und negativen Ergebnissen verglichen wurden, lieferten allerdings widersprüchliche Ergebnisse.

De Dreu und McCusker (1997) vermuteten nun, dass dies unter anderem auf nicht berücksichtigte Zusammenhänge mit der sozialen Wertorientierung der Probanden zurückzuführen ist. Die Autoren postulierten, dass prosozial orientierte Personen im Sinne der gemeinsamen Ergebnismaximierung auch in einer Verlustsituation die bei Kooperation geringsten gemeinsamen Verluste als wichtig erachten, und somit auch in dieser Situation bevorzugt kooperieren werden. Für individualistisch orientierte Personen, die nur die eigenen Ergebnisse für wichtig erachten, und für kompetitiv orientierte Personen, für die eine maximale positive Differenz zwischen den eigenen Ergebnissen und den Ergebnissen des Partner im Vordergrund steht, sollte dies hingegen nicht gelten. Für sie müsste in einer Verlustsituation die nicht-kooperative Entscheidungsalternative attraktiver sein als in einer Gewinnsituation und daher auch häufiger gewählt werden. Diese Annahmen konnten die Autoren in drei Studien für prosozial und individualistisch orientierte Personen bestätigen. Dass sich für kompetitiv orientierte Personen keine entsprechenden Ergebnisse fanden, erklärten die Autoren damit, dass diese generell wenig kooperierten und somit eine Verringerung kaum möglich war.

3.2 Empirische Untersuchungen in der Beziehungsforschung

Die Interdependenztheorie wurde von vielen Autoren als eine nützliche und wertvolle theoretische Perspektive für die Beziehungsforschung angesehen und der Formulierung von spezifischeren Modellen der Entwicklung, Aufrechterhaltung und Auflösung enger und intimer zwischenmenschlicher Beziehungen zugrundegelegt (vgl. Burgess & Huston, 1979; Mikula, 1992). Allerdings wurden zu diesen Modellen lange Zeit kaum gezielte empirische Untersuchungen durchgeführt. Dies hat sich erst im Zusammenhang mit dem Investitionsmodell von Rusbult (1980, 1983) deutlich geändert, das in den letzten Jahren einer Vielzahl empirischer Überprüfungen unterzogen wurde. Im Folgenden wird nur auf jene Untersuchungen eingegangen, die an engen persönlichen Beziehungen wie Liebesbeziehungen, ehelichen und unehelichen Lebensgemeinschaften sowie Freundschaften durchgeführt wurden. Weitere Analysen zum Investitionsmodell erfolgten u. a. bezüglich des Verhaltens in Arbeitsbeziehungen (Arbeitszufriedenheit, Commitment, Wechsel des Arbeitsplatzes; z. B. Farrel & Rusbult, 1981; Rusbult & Farell, 1983).

3.2.1 Untersuchungen zur Vorhersage der Beziehungszufriedenheit und des Beziehungscommitments

Aus dem Investitionsmodell lassen sich folgende Annahmen zur Vorhersage der Beziehungszufriedenheit und des Commitments gegenüber einer Beziehung ableiten:

(1)   Die Beziehungszufriedenheit sollte umso größer sein, je mehr Belohnungen aus der Beziehung resultieren, je weniger Kosten anfallen, und je höher das aus der Differenz zwischen Belohnungen und Kosten resultierende Nettoergebnis über dem Vergleichsniveau liegt.

(2)   Das Commitment gegenüber einer Beziehung sollte umso stärker sein, je zufriedener eine Person mit der Beziehung ist, je größer sie ihre Investitionen in die Beziehung einschätzt und je schlechter sie die zur Beziehungsteilnahme bestehenden Alternativen wahrnimmt. Alle drei genannten Prädiktoren sollten eigenständige Beiträge zur Vorhersage des Beziehungscommitments leisten. Die Investitionsgröße und die Qualität der verfügbaren Alternativen sollten nur mit dem Beziehungscommitment, nicht aber mit der Beziehungszufriedenheit zusammenhängen.

In den Untersuchungen zum Investitionsmodell wurden die einzelnen Modellvariablen (Belohnungswert, Kosten, Qualität der besten Alternative, Investitionsgröße, Beziehungszufriedenheit und Commitment) mittels Fragebögen erhoben, wobei die Operationalisierung in verschiedenen Untersuchungen allerdings sehr unterschiedlich erfolgte. Um dem entgegenzuwirken, haben Rusbult, Martz und Agnew (1998) reliable und valide Skalen für die einzelnen Variablen vorgelegt. Eine deutschsprachige Version dieser Skalen wurde kürzlich von Grau, Mikula und Engel (2000) entwickelt.

Die bezüglich Freundschaften, romantischer Liebesbeziehungen sowie hetero- und homosexueller Partnerschaften gewonnenen Befunde sind sehr konsistent und unterstützen die Vorhersagen des Investitionsmodells weitgehend (z. B. Duffy & Rusbult, 1986; Rusbult, 1980, 1983; Rusbult & Martz, 1995). Für die Beziehungszufriedenheit sind die Belohnungen und Kosten (letztere allerdings nur in einem geringeren Maße) entscheidend, nicht aber die Investitionsgröße und die Qualität der Alternativen. Während sich zwischen dem Belohnungswert einer Beziehung und der Beziehungszufriedenheit durchgehend positive Zusammenhänge zeigen (z. B. Bui, Peplau & Hill, 1996; Duffy & Rusbult, 1986; Michaels, Edwards & Acock, 1984; Rusbult, 1980, 1983), ist die Befundlage hinsichtlich der Beziehung zwischen den wahrgenommenen Kosten und der Beziehungszufriedenheit weniger eindeutig und konsistent (siehe z. B. Argyle & Furnham, 1983; Bui et. al., 1996; Duffy & Rusbult, 1996; Hays, 1985; Rusbult, 1980, 1983). Mit der unklaren und teilweise widersprüchlichen Rolle von Kosten in Beziehungen haben sich in letzter Zeit vor allem Clark und Grote (1998) eingehend auseinander gesetzt (siehe auch Clark & Reis, 1988; Hays, 1985).

Kritisch zu erwähnen ist, dass in den von Rusbult und Mitarbeitern durchgeführten Untersuchungen das als wichtige Determinante der Beziehungszufriedenheit postulierte Vergleichsniveau unberücksichtigt geblieben ist. Rusbult (1983) erklärt dies damit, dass es Personen schwer fällt, eine klare Unterscheidung zwischen ihren tatsächlichen Belohnungen und Kosten und den dem Vergleichsniveau zugrundeliegenden, verallgemeinerten Erwartungen zu treffen (siehe auch Bui et al, 1996). Michaels et al. (1984) sind dieses Problem umgangen, indem sie ihre Probanden danach befragt haben, wie ihre gegenwärtige Beziehung im Vergleich zu dem abschneidet, was sie meinen, aus so einer Beziehung bekommen zu können. Sie konnten zeigen, dass die so erhobene Differenz zwischen Ergebnis und Vergleichsniveau ein geeigneter Prädiktor zur Vorhersage der wahrgenommenen Beziehungszufriedenheit ist.

Das Beziehungscommitment kovariiert positiv mit der Beziehungszufriedenheit und der Investitionsgröße und negativ mit der Qualität der verfügbaren Alternativen, wobei modellkonform meist alle Variablen eigenständige Beiträge zur Varianzaufklärung leisten (Bui et. al., 1996; Rusbult, 1983; Rusbult & Martz, 1995; Rusbult et al., 1998).

Die im Investitionsmodell postulierte Annahme, dass die wahrgenommene Beziehungszufriedenheit die Wirkung von Belohnungen und Kosten auf das Beziehungscommitment vermittelt, wurde unseres Wissens bislang nur von Bui et al. (1996) empirisch geprüft. Eine Bestätigung der vorhergesagten Vermittlerrolle der Beziehungszufriedenheit konnte dabei für Belohnungen, jedoch nicht für Kosten erbracht werden.

Zusammenfassend kann gesagt werden, dass die vorliegenden Befunde die Sinnhaftigkeit einer konzeptuellen Unterscheidung zwischen den Konstrukten Beziehungszufriedenheit und Beziehungscommitment nachhaltig unterstützen.

3.2.2 Untersuchungen zur Vorhersage von Aufrechterhaltung vs. Abbruch der Beziehung

Gemäß den Annahmen des Investitionsmodells ist das Beziehungscommitment für die Beziehungsstabilität von zentraler Bedeutung. Personen mit höherem Commitment sollten mit höherer Wahrscheinlichkeit in einer Beziehung verbleiben als Personen mit einem geringeren Commitment. Die Wirkung von Beziehungszufriedenheit, Investitionen und Vergleichsniveau für Alternativen auf die Beziehungsstabilität sollten größtenteils über das Beziehungscommitment vermittelt werden.

Eine Reihe von Studien zeigt übereinstimmend, dass das Investitionsmodell eine gute Vorhersage der Beziehungsstabilität erlaubt (z. B. Bui et al., 1996; Rusbult, 1983; Rusbult & Martz, 1995; Van Lange, Rusbult et al., 1997). Rusbult (1983) konnte in einer Längsschnittstudie an Angehörigen von romantischen Liebesbeziehungen feststellen, dass sich Personen, deren Beziehungen zu einem zweiten Messzeitpunkt noch intakt waren, von Personen, die ihre Beziehungen bereits abgebrochen hatten, entsprechend den Erwartungen in der Einschätzung der zentralen Variablen des Investitionsmodells zum ersten Messzeitpunkt unterschieden haben. Außerdem zeigte sich, dass das Beziehungscommitment für die Vorhersage von Aufrechterhaltung vs. Abbruch von zentraler Bedeutung war, und die anderen Modellvariablen sich überwiegend nur indirekt, über das Commitment vermittelt, auf die Beziehungsstabilität auswirken.

In einer weiteren Längsschnittstudie haben Rusbult und Martz (1995) untersucht, ob bzw. unter welchen Bedingungen Frauen, die infolge von gewalttätigen Übergriffen ihres Partners ein Frauenhaus aufsuchen, wieder zu ihrem Partner zurückkehren. Sie stellten fest, dass Frauen mit einem stärkeren Beziehungscommitment eine deutlich stärkere Rückkehrtendenz aufweisen als Frauen mit einem geringen Beziehungscommitment.

Anders als Rusbult (1983) und Rusbult und Martz (1995) haben Bui et al. (1996) die Beziehungsstabilität im Rahmen einer Längsschnittstudie, die sich über einen Zeitraum von 15 Jahren erstreckte, nicht in Form einer dichotomen Variable (Aufrechterhaltung vs. Abbruch der Beziehung) operationalisiert sondern anhand der Beziehungsdauer. Auch sie fanden, dass dem ursprünglich erhobenen Beziehungscommitment eine zentrale Rolle zur Vorhersage der Stabilität einer Beziehung zukommt.

3.2.3 Untersuchungen zur Vorhersage von Verhaltensweisen, die der Aufrechterhaltung einer Beziehung dienen

Entsprechend den Annahmen des Investitionsmodells fördert das Beziehungscommitment das Auftreten von Verhaltensweisen, die für die Aufrechterhaltung einer Beziehung von Bedeutung sind. Hiezu zählen unter anderem so genanntes «akkomodatives» Verhalten, die Bereitschaft, für den Partner und die Beziehung Opfer zu bringen, die Abwertung der Attraktivität von potentiellen Alternativen sowie eine optimistische Wahrnehmung der eigenen Beziehung.

3.2.3.1 Bereitschaft zu akkomodativem Verhalten

Die Bereitschaft zu akkomodativem Verhalten äußert sich in der Neigung einer Person, auf ein destruktives Verhalten ihres Partners nicht destruktiv (z. B. den Partner beschimpfen oder ignorieren) sondern mit einem konstruktiven Verhalten zu reagieren (z. B. Diskutieren von Problemen, Vorschlagen von Lösungen, Warten und Hoffen, dass sich die Dinge zum Guten wenden). Rusbult, Verette, Whitney, Slovik und Lipkus (1991) konnten belegen, dass die Bereitschaft zu akkomodativem Verhalten tatsächlich umso stärker ist, je ausgeprägter das Beziehungscommitment ist, je zufriedener Personen mit der Beziehung sind, je mehr sie in die Beziehung investiert haben und je geringer die wahrgenommene Qualität potentieller Alternativen zur bestehenden Beziehung ist. Die Auswirkungen von Beziehungszufriedenheit, Investitionen und der Qualität verfügbarer Alternativen auf die Ausübung von akkomodativen Verhaltensweisen werden dabei größtenteils über das Beziehungscommitment vermittelt.

Yovetich und Rusbult (1994) haben untersucht, ob die Bereitschaft zu akkomodativem Verhalten in der Transformation egoistischer Motive begründet ist. Sie konnten nachweisen, dass Personen mehr destruktive Verhaltensweisen in ihre Überlegungen einbeziehen als sie letztendlich tatsächlich zeigen. Außerdem reagieren Personen eher destruktiv, wenn sie unter Zeitdruck Entscheidungen treffen müssen als wenn sie ausreichend Zeit zum Überlegen haben. Beides kann als Hinweis darauf gesehen werden, dass hier keine automatischen (auf selbstsüchtigen Motiven beruhenden) Reaktionen erfolgen, sondern Überlegungen im Sinne des Konzeptes motivationaler Transformationsprozesse angestellt werden.

3.2.3.2 Opferbereitschaft

Das Konstrukt «Opferbereitschaft» beschreibt die Neigung, auf die Verfolgung egoistischer Eigeninteressen zu verzichten, um damit das Wohlergehen des Partners oder der Beziehung zu unterstützen, indem eine Person entweder für sie wünschenswerte Verhaltensweisen unterlässt oder für sie unerwünschte Verhaltensweisen zeigt.

Van Lange und Kollegen (Van Lange, Rusbult et al., 1997; Van Lange, Agnew, Harinck & Steemers, 1997) konnten in Bestätigung ihrer Annahmen zeigen, dass die Bereitschaft, derartige Opfer zu bringen, mit einem ausgeprägten Beziehungscommitment, einer hohen Beziehungszufriedenheit, schlechten Alternativen und großen Investitionen kovariiert. Die Auswirkungen von Beziehungszufriedenheit, verfügbaren Alternativen und eingebrachten Investitionen auf die Opferbereitschaft einer Person werden dabei größtenteils über das Beziehungscommitment vermittelt. Van Lange, Agnew et al. (1997) stellten im Weiteren fest, dass der Zusammenhang zwischen Beziehungscommitment und Opferbereitschaft durch die soziale Wertorientierung einer Person moderiert wird. Die Enge des Zusammenhangs zwischen diesen beiden Konstrukten ist am stärksten bei Individualisten ausgeprägt, etwas weniger stark bei wettbewerbsorientierten Personen und am geringsten bei kooperativ orientierten Individuen.

3.2.3.3. Abwertung von potentiellen Alternativen

In ihrer Längsschnittstudie konnte Rusbult (1983) beobachten, dass die wahrgenommene Attraktivität von potentiellen Alternativen zu einer bestehenden Beziehung mit zunehmender Beziehungsdauer abnimmt. Für diesen Befund wurden a posteriori zwei alternative Erklärungen in Betracht gezogen: (1) Die Qualität der Alternativen nimmt mit zunehmender Beziehungsdauer tatsächlich ab. (2) Es nimmt nicht die tatsächliche Qualität, sondern die wahrgenommene Attraktivität potentiell verfügbarer Alternativen ab. Die zweitgenannte Erklärung wird durch Befunde von Johnson und Rusbult (1989) sowie Lydon, Meana, Sepinwall, Richards und Mayman (1999) nachdrücklich unterstützt. Es konnte festgestellt werden, dass die Abwertung von potentiellen Alternativen bei besonders attraktiven – und daher für die Beziehung bedrohlichen – Alternativen stärker ist als bei weniger bedrohlichen Alternativen. Im Weiteren haben Personen mit einem starken Beziehungscommitment bedrohliche Alternativen weniger positiv bewertet als Personen mit einem niedrigeren Beziehungscommitment. Keine commitmentabhängigen Unterschiede in der Bewertung von attraktiven Personen konnten hingegen beobachtet werden, wenn die zu bewertenden Personen nicht als potentielle Alternativen verfügbar sind und somit auch keine Bedrohung für eine bestehende Beziehung darstellen (Simpson, Gangestad & Lerma, 1990).

Miller (1997) konnte nachweisen, dass ein höheres Beziehungscommitment mit einer geringeren Aufmerksamkeit gegenüber potentiellen Alternativen einhergeht. Im Weiteren hat sie festgestellt, dass die Wirkung des Commitments auf die Beziehungsqualität über die Aufmerksamkeit gegenüber Alternativen vermittelt wird. Möglichen Alternativen keine Aufmerksamkeit zu schenken, kann als sinnvolle und effektive Strategie zur Aufrechterhaltung einer bestehenden Beziehung angesehen werden.

3.2.3.4 Beziehungsoptimismus

Zahlreiche Studien belegen übereinstimmend, dass Personen ihre eigene Beziehung positiver wahrnehmen als jene von anderen Paaren (z. B. Buunk & VanYperen, 1991; Martz et al., 1998; Murray & Holmes, 1997; Murray, Holmes & Griffin, 1996; Van Lange & Rusbult, 1995). Forschungsarbeiten, die den Zusammenhang zwischen Beziehungsoptimismus und Beziehungscommitment analysiert haben (Martz et al., 1998; Rusbult et al., 1998), konnten entsprechend den Annahmen des Investitionsmodells belegen, dass der Beziehungsoptimismus von Personen umso ausgeprägter ist, je stärker ihr Beziehungscommitment ist.

4   Abschließende Bemerkungen

Die Interdependenztheorie stellt einen wichtigen Beitrag zur Sozialpsychologie dar. Durch ihren Fokus auf die wechselseitige Abhängigkeit und gegenseitige Beeinflussung von Interaktionspartnern hat die Theorie das Verständnis zwischenmenschlicher Prozesse und Beziehungen nachhaltig gefördert. Zusätzlich bietet die Theorie einen umfassenden Bezugsrahmen für die Analyse verschiedener Formen und Aspekte von Sozialverhalten, sozialer Beziehungen sowie Gruppenstrukturen und -prozesse. Damit ermöglicht sie eine integrative Betrachtung sozialer Phänomene, die bislang getrennt voneinander in bereichspezifischen Theorien behandelt worden sind.

Die Annahme, dass Menschen in Interaktionen nach Ergebnismaximierung streben, hat der Interdependenztheorie (sowie den Austauschtheorien) häufig den Vorwurf eingebracht, sie betrachte den Menschen als ein egoistisches Wesen, das ausschließlich am eigenen Nutzen interessiert sei. Dieser Kritik haben Kelley und Thibaut (1978) mit der Einführung des Konzepts der Motivationstransformation Rechnung getragen. Damit wird berücksichtigt, dass in Interaktionen nicht nur das unmittelbare Eigeninteresse von Personen, sondern auch andere (z. B. altruistische) Motive und langfristige Ziele verhaltenslenkend wirken können. Zugleich eröffnet diese Konzeption die Möglichkeit, die verhaltenslenkende Wirkung individueller Wertorientierungen, beziehungsspezifischer Motive sowie sozialer Normen innerhalb der Theorie zu erklären.

Vielversprechend erscheint die Einbeziehung von Kognitionen und Emotionen als proximale Determinanten der Motivationstransformation (Kelley, 1979; 1984a; Rusbult & Van Lange, 1996). Damit wird eine Verbindung zwischen strukturellen Merkmalen von Interdependenzsituationen und internalen Prozessen als verhaltensbestimmende Größen hergestellt. Zwar liegen diesbezüglich noch kaum gezielte Untersuchungen vor, doch könnte sich hier eine fruchtbare Verbindung zwischen der sozialpsychologischen Kognitions-, Emotions- sowie Interaktions- und Beziehungsforschung entwickeln.

Wenngleich kein unmittelbarer Bestandteil der Theorie, ist die Ergebnismatrix doch ein wichtiges Instrument zur Darstellung und Analyse von Interdependenzsituationen. Ihre Nützlichkeit ist jedoch in mehrfacher Hinsicht limitiert. Primär ist das Verfahren für Zwei-Personenbeziehungen geeignet. Mit steigender Anzahl der Interaktionspartner nimmt auch die Zahl der zu berücksichtigenden Dimensionen (pro Person eine Dimension!) und Handlungskombinationen zu. Dies macht die Ergebnismatrix für die Analyse von Interdependenzsituationen in größeren Gruppen sehr unhandlich. Besser geeignet ist die Matrixdarstellung, um die Inderdependenz zwischen einem Individuum und einer Gruppe wiederzugeben, oder jene zwischen zwei Gruppen. In beiden Fällen werden die Gruppen als Einheit aufgefasst, deren Handlungsalternativen und Präferenzen wie jene eines Individuums dargestellt werden können. Ein anderer Schwachpunkt ist der statische Charakter von Ergebnismatrizen. Wie erwähnt, geben sie stets nur das zu einem bestimmten Zeitpunkt bestehende Interdependenzmuster wieder und sind daher nicht geeignet, Interaktionsprozesse sowie Veränderungen in den Ergebniswerten und den verfügbaren Handlungsalternativen zu berücksichtigen. Zu diesem Zweck hat Kelley (1984b) die Verwendung so genannter Übergangslisten vorgeschlagen. Dabei werden die zeitlichen und sequentiellen Veränderungen in den verfügbaren Handlungsoptionen, den Ergebniswerten sowie dem Interdependenzmuster, die sich aus den Handlungen der Interaktionspartner ergeben können, in Form von «hintereinander angeführten» Ergebnismatrizen dargestellt. Diese Erweiterung ist zwar von der Idee her überzeugend, hat jedoch noch keinen Niederschlag in empirischen Untersuchungen gefunden.

Die Interdependenztheorie wurde lange Zeit in erster Linie zur Interpretation und Integration sozialpsychologischer Befunde herangezogen, während gezielte Untersuchungen zu einzelnen theoretischen Annahmen weitgehend fehlten. Hiefür waren vermutlich mehrere Gründe ausschlaggebend. Unter anderem waren die vergleichsweise hohen Anforderungen, die das grundlegende interdependenztheoretische Werk von Kelley und Thibaut (1978) an den Leser stellt, für die Popularität der Theorie zweifellos nicht gerade förderlich. Im Weiteren hat die Operationalisierung der zentralen theoretischen Konstrukte Schwierigkeiten bereitet. Dies gilt gleichermaßen für Konstrukte wie z. B. Ergebnisse, Vergleichsniveau, Abhängigkeit, Commitment etc. wie auch für die verschiedenen strukturellen Interdependenzmerkmale. In den letzten Jahren hat die gezielt zur Interdependenztheorie durchgeführte Forschung deutlich zugenommen. Wichtige Beiträge sind von Caryl Rusbult ausgegangen. Sie hat in ihren empirischen Untersuchungen zum Investitionsmodell Möglichkeiten der Operationalisierung der Konstrukte aufgezeigt und viele der Modellannahmen systematisch überprüft. Zugleich wurden die wichtigsten Postulate der Interdependenztheorie in einer leichter verständlichen Form präsentiert. Auch in der Forschung zu mixed-motive Situationen finden sich, wie im vorliegenden Kapitel illustriert, zunehmend mehr Untersuchungen, die unmittelbar auf interdependenztheoretischen Annahmen aufbauen.

Mit ihrem Fokus auf der wechselseitigen Abhängigkeit von Interaktionspartnern berücksichtigt die Interdependenztheorie den sozialen Charakter von Interaktionen und Beziehungen stärker als viele andere sozialpsychologische Theorien. Dennoch ist nicht zu übersehen, dass große Teile der empirischen Forschung stark individuumsbezogen geblieben sind. Erst neuerdings wurde damit begonnen, die Bedeutung von Interaktions- und Beziehungsmerkmalen für das Beziehungsgeschehen zu untersuchen, um damit dem sozialen Charakter und der wechselseitigen Abhängigkeit von Partnern in Interaktionen und Beziehungen besser gerecht zu werden.

Literatur

Agnew, C. R., Van Lange, P. A. M., Rusbult, C. E. & Langston, C. A. (1998). Cognitive interdependence: Commitment and the mental representation of close relationships. *Journal of Personality and Social Psychology, 74,* 939–954.

Argyle, M. & Furnham, A. (1983). Sources of satisfaction and conflict in long term relationships. *Journal of Marriage and the Family, 43,* 481–493.

Axelrod, R. (1984). *The evolution of cooperation.* New York: Basic Books.

Blau, P. M. (1964). *Exchange and power in social life.* New York: Wiley.

Bowlby, J. (1982). *Attachment and loss. Vol. 1 Attachment* (2nd ed.). New York: Basic Books.

Bui, K. T., Peplau, L. A. & Hill, C. T. (1996). Testing the Rusbult model of relationship commitment and stability in a 15-year study of heterosexual couples. *Personality and Social Psychology Bulletin, 22,* 1244–1257.

Burges, R. L. & Huston, T. (1979). *Social exchange in developing relationships.* London: Academic Press.

Buunk, B. P. & Van Yperen, N.W. (1991). Referential comparisons, relational comparisons, and exchange orientation: Their relation to marital satisfaction. *Personality and Social Psychology Bulletin, 17,* 709–717.

Chadwick-Jones, J. K. (1976). *Social exchange theory: Its structure and influence in social psychology.* New York: Academic Press.

Clark, M. S. & Grote, N. K. (1998). Why aren't indices of relationship costs always negatively related to indices of relationship quality? *Personality and Social Psychology Review, 2,* 2–17.

Clark, M. S. & Mills, J. (1979). Interpersonal attraction in exchange and communal relationships. *Journal of Personality and Social Psychology, 37,* 12–24.

Clark, M. S. & Reis, H. T. (1988). Interpersonal processes in close relationships. *Annual Review of Psychology, 39,* 609–672.

Cook, K. S. (1987). *Social exchange theory.* Newbury Park: Sage.

Dawes, R. (1980). Social Dilemmas. *Annual Review of Psychology, 31,* 169–193.

Dawes, R., McTavish, J. & Shaklee, H. (1977). Behavior, communication, and assumptions about other peoples' behavior in a common dilemma situation. *Journal of Personality and Social Psychology, 35,* 1–11.

De Dreu, C. K. W. & McCusker, C. (1997). Gain-loss frames and cooperation in two-person social dilemmas: A transformational analysis. *Journal of Personality and Social Psychology, 72,* 1093–1106.

De Dreu, C. K. W., Yzerbyt, V. Y. & Leyens, J.-P. (1995). Dilution of stereotype-based cooperation in mixed-motive interdependence. *Journal of Experimental Social Psychology, 31,* 575–593.

Duffy, S. & Rusbult, C.E. (1986). Satisfaction and commitment in homosexual and heterosexual relationships. *Journal of Homosexuality, 12,* 1–23.

Farrell, D. & Rusbult, C.E. (1981). Exchange variables as predictors of job satisfaction, job commitment, and turnover: The impact of rewards, costs, alternatives, and investments. *Organizational Behavior and Human Performance, 27,* 78–95.

Friedland, N., Arnold, S. E. & Thibaut, J. (1974). Motivational bases in mixed-motive interactions: The effects of comparison levels. *Journal of Experimental Social Psychology, 10,* 188–199.

Grau, I., Mikula, G. & Engel S. (2001). Skalen zum Investitionsmodell von Rusbult. *Zeitschrift für Sozialpsychologie, 32,* 29–44.

Hays, R. B. (1985). A longitudinal study of friendship development. *Journal of Personality and Social Psychology, 48,* 909–924.

Heath, A. (1976). *Rational choice and social exchange: A critique of exchange theory.* Cambridge: Cambridge University Press.

Homans, G. C. (1961). *Social behaviour: Its elementary forms.* New York: Harcourt, Brace &

World. (Deutsche Ausgabe (1968): *Elementarformen sozialen Verhaltens*. Köln: Westdeutscher Verlag).

Holmes, J. G. & Murray, S. L. (1996). Conflict in close relationships. In: E.T. Higgins & A.W. Kruglanski (Eds.), *Social psychology: Handbook of basic principles*. (S. 622–654). New York: Academic Press.

Holmes, J. G. & Rempel, J. K. (1989). Trust in close relationships. In: C. Hendrick (Ed.), *Review of personality and social psychology*. (Vol. 10, S. 187–220). Newbury Park: Sage.

Johnson, D. J. & Rusbult, C. E. (1989). Resisting temptation: Devaluation of alternative partners as a means of maintaining commitment in close relationships. *Journal of Personality and Social Psychology, 57,* 967–980.

Kahneman, D. & Tversky, J. (1979). Prospect theory: An analysis of decision making under risk. *Econometrica, 67,* 263–291.

Kelley, H. H. (1979). *Personal relationships: Their structures and processes*. Hillsdale: Erlbaum.

Kelley, H. H. (1984a). Affect in interpersonal relations. In: P. Shaver (Ed.), *Review of personality and social psychology* (Vol. 5, S. 89–115). Newbury Park: Sage.

Kelley, H. H. (1984b). The theoretical description of interdependence by means of transition lists. *Journal of Personality and Social Psychology, 47,* 956–982.

Kelley, H. H. & Thibaut, J. W. (1969). Group problem solving. In: G. Lindzey & E. Aronson (Eds.), *Handbook of social psychology* (Vol. 4, S. 1–101). Reading: Addison Wesley.

Kelley, H. H. & Thibaut, J. W. (1978). *Interpersonal relations: A theory of interdependence*. New York: Wiley.

Kirchgässner, G. (1991). *Homo oeconomicus. Das ökonomische Modell individuellen Verhaltens und seine Anwendung in den Wirtschafts- und Sozialwissenschaften*. Tübingen: Mohr (Paul Siebeck).

Komorita, S. S. & Parks, C. D. (1996). *Social Dilemmas*. Boulder: Westview Press.

Kramer, R., McClintock, C. G. & Messick, D. M. (1986). Social values and cooperation response to a simulated resource conservation crisis. *Journal of Personality, 54,* 101–117.

Kuhlman, D. M. & Marshello, A. (1975). Individual differences in game motivation as moderators of preprogrammed strategic effects in prisoner's dilemma. *Journal of Personality and Social Psychology, 32,* 922–931.

Liebrand, W. B. G., Messick, D. M. & Wilke, H. A. M. (1992). *Social Dilemmas: Theoretical issues and research findings*. Oxford: Pergamon Press.

Lydon, J. E., Meana, M., Sepinwall, D., Richards, N. & Mayman, S. (1999). The commitment calibration hypothesis: When do people devalue attractive alternatives? *Personality and Social Psychology Bulletin, 25,* 152–161.

Martz, J. M., Verette, J., Arriaga, X. B., Slovik, L. F., Cox, C. L. & Rusbult, C. E. (1998). Positive illusion in close relationships. *Personal Relationships, 5,* 159–181.

McClintock, C. G. & Liebrand, W. B. G. (1988). The role of interdependence structure, individual value orientation and other's strategy in social decision making: A transformational analysis. *Journal of Personality and Social Psychology, 55,* 396–409.

Messick, D. M. & McClintock, C. G. (1968). Motivational basis of choice in experimental games. *Journal of Experimental Social Psychology, 4,* 1–25.

Michaels, J. W., Edwards, J. N. & Acock, A. C. (1984). Satisfaction in intimate relationships as a function of inequality, inequity, and outcomes. *Social Psychology Quarterly, 47,* 347–357.

Mikula, G. (1985). Psychologische Theorien des sozialen Austausches. In: D. Frey & M. Irle (Hrsg.), *Theorien der Sozialpsychologie. Band II. Gruppen- und Lerntheorien*. (S. 273–305). Bern: Huber.

Mikula, G. (1992). Austausch und Gerechtigkeit in Freundschaft, Partnerschaft und Ehe: Ein Überblick über den aktuellen Forschungsstand. *Psychologische Rundschau, 43,* 69–82.

Miller, R. S. (1997). Inattentive and contented: Relationship commitment and attention to alternatives. *Journal of Personality and Social Psychology, 73,* 758–766.

Murray, S. L. & Holmes, J. G. (1997). A leap of faith? Positive illusions in romantic relationships. *Personality and Social Psychology Bulletin, 23,* 586–604.

Murray, S. L., Holmes, J. G. & Griffin, D.W . (1996). The benefits of positive illusions: Idealization and the construction of satisfaction in close relationships. *Journal of Personality and Social Psychology, 70,* 79–98.

Patchen, M. (1987). Strategies for eliciting cooperation from an adversary. *Journal of Conflict Resolution, 31,* 164–185.

Rusbult, C. E. (1980). Commitment and satisfaction in romantic associations: A test of the investment model. *Journal of Experimental Social Psychology, 16,* 172–186.

Rusbult, C. E. (1983). A longitudinal test of the investment model: The development (and deterioration) of satisfaction and commitment in heterosexual involvements. *Journal of Personality and Social Psychology, 45,* 101–117.

Rusbult, C. E. & Arriaga, X. B. (1997). Inderdependence theory. In: S. Duck (Ed.), *Handbook of personal relationships: Theory, research and interventions* (2nd ed., S. 221–250). Chichester: Wiley.

Rusbult, C. E. & Farrell, D. (1983). A longitudinal test of the investment model: The impact on job satisfaction, job commitment, and turnover of variations in rewards, costs, alternatives, and investments. *Journal of Applied Psychology, 68,* 429–438.

Rusbult, C. E. & Martz, J. (1995). Remaining in an abusive relationship: An investment model analysis of nonvoluntary commitment. *Personality and Social Psychology Bulletin, 21,* 558–571.

Rusbult, C. E., Martz, J. M. & Agnew, C. R. (1998). The investment model scale: Measuring commitment level, satisfaction level, quality of alternatives, and investment size. *Personal Relationships, 5,* 357–391.

Rusbult, C. E. & Van Lange, P. A. M. (1996). Interdependence Processes. In: E. T. Higgins & A. W. Kruglanski (Eds.), *Social psychology: Handbook of basic principles.* (S. 564–596). New York: Academic Press.

Rusbult, C. E., Verette, J., Whitney, G. A., Slovik, L. F. & Lipkus, I. (1991). Accommodation processes in close relationships: Theory and preliminary empirical evidence. *Journal of Personality and Social Psychology, 60,* 53–78.

Shaver, P., Schwartz, J., Kirson, D. & O'Connor, C. (1987). Emotion knowledge: Further exploration of a prototype approach. *Journal of Personality and Social Psychology, 52,* 1061–1086.

Shubik, M. (1964). *Game theory and related approaches to social behavior.* New York: Wiley. (Deutsche Ausgabe (1965): *Spieltheorie und Sozialwissenschaften.* Hamburg: Fischer.)

Simpson, J. A., Gangestad, S. W. & Lerma, M. (1990). Perception of physical attractiveness: Mechanisms involved in the maintenance of romantic relationships. *Journal of Personality and Social Psychology, 59,* 1192–1201.

Thibaut, J. W. & Faucheux, C. (1965). The development of contractual norms in a bargaining situation under two types of stress. *Journal of Experimental Social Psychology, 1,* 89–102.

Thibaut, J. W. & Kelley, H. H. (1959). *The social psychology of groups.* New York: Wiley.

Tversky, J. & Kahnemann, D. (1991). Loss aversion in riskless choice: A reference-dependent model. *Quarterly Journal of Economics, 106,* 1039–1061.

Van Lange, P. A. M. (1992). Rationality and morality in social dilemmas: The influence of social value orientations. In: W. Liebrand, D. Messick & H. Wilke (Eds.), *Social dilemmas: Theoretical issues and research findings.* (S. 133–146). Oxford: Pergamon Press.

Van Lange, P. A. M. (1994). Toward more locomotion in experimental games. In: U. Schulz, W. Albers & U. Mueller (Eds.), *Social dilemmas and cooperation.* (S. 25–43). Berlin: Springer.

Van Lange, P. A. M., Agnew, C. R., Harinck, F. & Steemers, G. (1997). From game theory to real life: How social value orientation affects willingness to sacrifice in ongoing close relationships? *Journal of Personality and Social Psychology, 73,* 1330–1344.

Van Lange, P. A. M., Liebrand, W. B. G., Messick, D. M. & Wilke, H. A. M. (1992). Introduction and literature review. In: W. Liebrand, D. Messick & H. Wilke (Eds.), *Social dilemmas: Theoretical issues and research findings.* (S. 3–28). Oxford: Pergamon Press.

Van Lange, P. A. M. & Messick, D. M. (1996). Psychological processes underlying cooperation in social dilemmas. In: W. Gasparski, M. Mlicki & B. Banathy (Eds.), *Social agency: Dilemmas and educational praxiology* (Vol. 5, S. 93–112). New Brunskwick: Transaction.

Van Lange, P. A. M. & Rusbult, C. E. (1995). My relationship is better than – and not as bad as – yours is: The perception of superiority in close relationships. *Personality and Social Psychology Bulletin, 21,* 32–44.

Van Lange, P. A. M., Rusbult, C. E., Drigotas, S. M., Arriaga, X. B., Witcher, B. S. & Cox, C. L. (1997). Willingness to sacrifice in close relationships. *Journal of Personality and Social Psychology, 72,* 1373–1395.

Van Vugt, M., Meertens, R. M. & Van Lange, P. A. M. (1994). Commuting by car or by public transportation? An interdependence theoretical approach. In: U. Schulz, W. Albers & U. Mueller (Eds.), *Social dilemmas and cooperation.* (S. 291–309). Berlin: Springer.

Yovetich, N. A. & Rusbult, C. E. (1994). Accommodative behavior in close relationships: Exploring transformation of motivation. *Journal of Experimental Social Psychology, 30,* 138–164.

Theorien zu intergruppalem und interpersonalem Verhalten

Theorien intergruppalen Verhaltens

Amélie Mummendey und Sabine Otten

1 Einleitung

11. Juni 2000 in Dessau: Drei junge Erwachsene prügeln und treten nachts in einem Park einen 35 Jahre alten Familienvater zu Tode. Das Opfer stammte aus Mosambik und war schwarz. Die Täter stammen aus Deutschland und sind weiß. Täter und Opfer kannten sich nicht vor der Tat. Es gab keine persönliche Vorgeschichte. Alberto Adriano wurde zum Opfer, weil er «undeutsch» aussah. Wir haben es hier mit einem Verbrechen zu tun, bei dem individuelle Besonderheiten keine Rolle gespielt haben. Ausschlaggebend waren vielmehr Hinweise auf die Zugehörigkeit des Opfers zu einer Gruppe, die von der Gruppe, der sich die Täter zugehörig fühlen, verschieden ist, deren Mitglieder entschieden abgelehnt und attackiert werden. Und so ist Herr Adriano nicht das einzige Opfer. Der Verfassungsschutzbericht 2000 der Bundesrepublik weist 998 Gewalttaten mit rechtsextremistischem Hintergrund aus. Die Opfer sind als Individuen austauschbar. Ihr individuelles Verhalten hatte keinen Einfluss auf das Verhalten der Täter. Sie haben lediglich ihre Gruppenzugehörigkeit «Nicht deutsch» bzw. «Ausländer» gemeinsam. Brutale physische Gewalt ist eine extreme Form des Verhaltens zwischen Angehörigen von unterschiedlichen Gruppen.

Es gibt mildere Formen negativen Verhaltens zwischen Gruppen wie soziale Ausgrenzung, Abwertung, Ablehnung oder ganz einfach die Berücksichtigung dieser Gruppenzugehörigkeiten bei Entscheidungen über den Zugang zu Ressourcen. Und Ausländer sind bei weitem nicht die einzige Gruppe, die von solchen Formen der Ungleichbehandlung betroffen ist. Die Behandlung anderer Menschen einzig und allein von ihrer Zugehörigkeit zu bestimmten natürlichen oder sozialen Kategorien abhängig zu machen bedeutet, sie sozial zu diskriminieren. Gordon W. Allport (1954, S. 51ff.) hat soziale Diskriminierung wie folgt definiert:

«Discrimination comes about only when we deny to individuals or groups of people equality of treatment which they may wish. ... Discrimination includes any conduct based on a distinction made on grounds of natural or social categories, which have no relation either to individual capacities or merits or to the concrete behaviour of the individual person»[1].

Zivilisierte und aufgeklärte Gesellschaften erachten soziale Diskriminierung als Verstoß gegen die Grundrechte ihrer Mitglieder. Dies macht z. B. das Grundgesetz der

Bundesrepublik Deutschland mit Artikel 3 (3) der Grundrechte ganz explizit: «Niemand darf wegen seines Geschlechtes, seiner Abstammung, seiner Rasse, seiner Sprache, seiner Heimat und Herkunft, seines Glaubens, seiner religiösen oder politischen Anschauungen benachteiligt oder bevorzugt werden».

Unterstellen wir einmal den oft zitierten Verfassungskonsens, so können wir fragen, woran es denn liegt, dass soziale Diskriminierung eindeutig und übereinstimmend abgelehnt, gleichzeitig aber täglich und in vielfältigen Kontexten ausgeübt wird. Was sind die Bedingungen für das Auftreten von Verhalten, dass allein auf der Zugehörigkeit zu unterschiedlichen Gruppen basiert? Was veranlasst Menschen, die Mitglieder der eigenen Gruppe vor denen anderer Gruppen zu bevorzugen bzw. die anderen, die nicht der eigenen Gruppe angehören, zu benachteiligen? Etwas weiter gefasst beschäftigen wir uns also mit der Frage nach den Determinanten, Prozessen und Konsequenzen des Verhaltens zwischen sozialen Gruppen.

2   Die Theorie des realistischen Gruppenkonflikts

Ein früher und bis heute wichtiger Meilenstein in der sozialpsychologischen Forschung und Theoriebildung zum intergruppalen Verhalten wurde von Muzafer Sherif und seinen Mitarbeitern gesetzt. Grundlage für seine theoretischen und empirischen Arbeiten sieht Sherif in der Notwendigkeit, klar zwischen individuellem und dem Verhalten zwischen sozialen Gruppen zu unterscheiden. Er schreibt 1966: «We cannot do justice to events by extrapolating uncritically from man's feelings, attitudes, and behavior when he is in a state of isolation to his behavior when acting as a member of a group. Being a member of a group and behaving as a member of a group have psychological consequences» (p. 8f.).[2] Wenn also zwischen interindividuellem und Intergruppenverhalten klar unterschieden werden muss, so ist festzulegen, was wir unter Intergruppenverhalten verstehen. «Whenever individuals belonging to one group interact, collectively or individually, with another group or its members in terms of their group identification, we have an instance of intergroup behavior» (Sherif, 1966, p. 12).[3]

Zentrale Annahme seiner Theorie des Intergruppenverhaltens ist nun die folgende: Es sind nicht die individuellen Einstellungen und Verhaltensweisen der Gruppenmit-

---

1 Diskriminierung liegt dann vor, wenn wir Individuen oder Gruppen die gleichberechtigte Behandlung verwehren, die sie sich wünschen. ... Diskriminierung sind alle solche Entscheidungen und Verhaltensweisen, bei denen Unterschiede zwischen natürlichen oder sozialen Kategorien gemacht werden, die keinen Bezug zu individuellen Fähigkeiten, Verdiensten, oder dem konkreten Verhalten von Einzelpersonen haben.

2 «Wir werden den Ereignissen nicht gerecht, wenn wir unkritisch von den Gefühlen, Einstellungen und Verhaltensweisen eines Menschen, die er im Zustande der Isolation äußert, auf Verhalten extrapolieren, das er als Mitglied einer Gruppe zeigt. Ein Gruppenmitglied zu sein und sich als ein Gruppenmitglied zu verhalten hat psychologische Konsequenzen.» (S. 8f.).

3 Wann immer Individuen, die zu einer Gruppe gehören, kollektiv oder individuell mit einer anderen Gruppe oder deren einzelnen Mitgliedern auf der Grundlage der Gruppenidentifikation miteinander interagieren, liegt ein Fall intergruppalen Verhaltens vor.

glieder gegenüber der eigenen und der anderen Gruppe, die das Verhältnis der Gruppen zueinander bestimmen, sondern genau umgekehrt: Die Beziehungen zwischen der eigenen und der anderen Gruppe bestimmen Einstellungen und Verhalten der Mitglieder zueinander. Die Beziehungen zwischen den Gruppen wiederum sind bestimmt durch die objektiven Interessen der eigenen Gruppe im Verhältnis zur anderen Gruppe: Wenn diese Interessen im Konflikt zueinander stehen, wenn also beide Gruppen zueinander in negativer Abhängigkeit stehen, dann wird das Verhältnis eher durch Wettbewerb zwischen den Gruppen bestimmt; abwertende Einstellungen sowie feindseliges Verhalten gegenüber den anderen, gleichzeitig aber besonders positive Einstellungen und erhöhter Zusammenhalt innerhalb der eigenen Gruppe sind die Folge. Wenn hingegen die Gruppen zur Erreichung ihrer Ziele voneinander abhängig sind, also in einem Verhältnis der positiven Interdependenz zueinander stehen, so ist es im Sinne der Erreichung der Ziele funktional, sich wechselseitig kooperativ, unterstützend und freundlich zu verhalten.

Sherif's theoretische Annahmen lassen sich gut an den Ergebnissen einer Reihe von Feldexperimenten mit Jungen in amerikanischen Ferienlagern verdeutlichen (Sherif, 1951; Sherif & Sherif, 1953; Sherif, White & Harvey, 1955; Sherif, Harvey, White, Hood & Sherif, 1961). In vier aufeinander folgenden Phasen wurde die Entstehung, Entwicklung und Lösung von Konflikten zwischen Gruppen erfasst: Zu Beginn wurden die Jungen in zwei Gruppen eingeteilt. Dabei wurden bewusst vorher bestehende persönliche Freundschaften der Jungen untereinander nicht berücksichtigt. Bei beiden Gruppen bildete sich während der zweiten Phase jeweils eine relativ stabile Struktur aus. Darauf folgte eine Phase von verschiedenen Wettkämpfen zwischen den Gruppen. In dieser Phase konnten Verhaltensbeobachtungen eindeutig die Zunahme von Diskriminierungen der Fremdgruppe und Feindseligkeiten zwischen eigener und Fremdgruppe zeigen. Auf die Phase der Wettkämpfe folgte dann die Phase der übergeordneten gemeinsamen Ziele (superordinate goals): Beide Gruppen wurden mit einem Problem konfrontiert, zu dessen Bewältigung sie aufeinander angewiesen waren. Im Verlauf dieser Phase kam es dementsprechend zu kooperativen Aktivitäten und gleichzeitig zur Verringerung der zuvor immer wieder geäußerten Feindseligkeiten und Angriffe.

Die Beziehungen zwischen den Individuen als Gruppenmitglieder und ihr Verhalten zueinander sind also primär durch die Funktion bestimmt, die die Beziehung zwischen den Gruppen für das Erreichen des eigenen Gruppenziels hat. Objektive oder realistische Interessenskonflikte bzw. inkompatible Ziele verursachen einen Konflikt zwischen den Gruppen, während gemeinsame gruppenübergreifende Ziele soziale Harmonie und Freundschaft bewirken. Dementsprechend bezeichnete Campbell (1965) diese Theorie als «Theorie des realistischen Gruppenkonflikts». Eine Reihe von folgenden Studien konnte die Ergebnisse der Ferienlagerexperimente bestätigen (Blake & Mouton, 1962; Kahn & Ryen, 1972; Brewer & Campbell, 1976).

Allerdings wurden auch einige Zweifel an den theoretischen und empirischen Grundlagen von Sherifs Ansatz deutlich, die seine Reichweite zur Erklärung von Intergruppenphänomenen einschränken (Turner, 1981). Es ist z. B. zu fragen, ob ein Interessenskonflikt zwischen Gruppen eine notwendige Bedingung für das Auftreten von

Fremdgruppen-Diskriminierung ist: In den Sherifschen Ferienlagerexperimenten gab es keine Kontrollgruppe (van Knippenberg, 1978). Nachfolgeuntersuchungen konnten dementsprechend zeigen, dass nicht nur unter Wettbewerbs-, sondern auch unter Kooperationsbedingungen die Eigengruppe gegenüber der Fremdgruppe favorisiert wurde (Ferguson & Kelley, 1964, Doise & Weinberger, 1973). Bereits in Sherifs eigenen Experimenten wurde die Beobachtung gemacht, dass die Jungen bereits vor der eigentlichen Wettbewerbsphase schon Interesse an Wettkämpfen mit der anderen Gruppe zeigten. Schließlich ist zu fragen, ob das Verhältnis der negativen Interdependenz zwischen den Gruppen sich unbedingt auf einen tatsächlichen objektiven Konflikt um konkrete Ressourcen beziehen muss. Vielmehr könnten es die von einer oder beiden beteiligten Gruppen subjektiv wahrgenommenen Interessenskonflikte sein, die zu den betreffenden Effekten auf das Verhalten zwischen Gruppen führen. Entgegen objektiv entgegengesetzter Sachlage halten sich solche wahrgenommenen Interessenskonflikte als robuste Bestandteile fremdenfeindlicher Überzeugungen: So weisen Arbeitsmarkt- und Beschäftigungsstatistiken eindeutig aus, dass in die Bundesrepublik eingewanderte oder nicht-deutsche Personen in großer Zahl solche Arbeitsplätze wahrnehmen, die von einheimischen Deutschen abgelehnt werden. Trotzdem ist als Begründung für die Ablehnung von Fremden oft die Äußerung zu hören, «Ausländer nehmen uns die Arbeitsplätze weg» (siehe auch Brown, 2000a).

3 Das Minimalgruppen-Paradigma

Angesichts der Unklarheiten hinsichtlich des Stellenwerts von Interessenskonflikten für das Auftreten von Eigengruppen-Bevorzugung und Fremdgruppen-Abwertung lag es nahe, gezielt zu prüfen, welche Bedingungen tatsächlich notwendig und hinreichend für das Auftreten von sozialer Diskriminierung zwischen Gruppen sind. Aufbauend auf vorangegangenen Studien von Rabbie und Horwitz (1969) wandten sich Tajfel, Billig, Bundy & Flament (1971) dieser Frage zu und etablierten das Minimalgruppen-Paradigma (minimal group paradigm, MGP). Tajfel et al. planten dieses experimentelle Paradigma mit dem Ziel, den Effekt reiner Kategorisierung auf das Verhalten zwischen Gruppen zu prüfen. Die Versuchsleiter teilten den am Versuch teilnehmenden Schuljungen mit, dass sie auf der Grundlage ihrer zuvor ermittelten Vorliebe für einen von zwei abstrakten Malern (Paul Klee oder Wassilij Kandinsky) in zwei Gruppen eingeteilt würden. Tatsächlich erfolgte die Zuordnung nach Zufall. Dabei erfuhren die Jungen nur, zu welcher Gruppe sie selbst zugeordnet wurden. Die anderen Mitglieder ihrer eigenen und der anderen Gruppe wurden nur mit Code-Nummern gekennzeichnet und blieben im Übrigen anonym. Dann wurden die Jungen gebeten, kleinere Geldbeträge jeweils zwei anderen Teilnehmern zuzuteilen, von denen nur deren Gruppenzugehörigkeit, entweder zur eigenen oder zu anderen Gruppe, mitgeteilt wurde. Die Versuchsteilnehmer konnten das Geld immer nur anderen, niemals aber sich selbst zuteilen.

Mit dieser Vorgehensweise wurden die Kriterien des MGP erfüllt: a) keine face-toface Interaktion der Versuchsteilnehmer, sei es innerhalb oder zwischen den Gruppen; b) Anonymität der Gruppenmitgliedschaft; c) Fehlen jeglicher instrumentellen oder rationalen Verknüpfung zwischen Art der Gruppeneinteilung und Art des Verhaltens zwischen den Gruppen; d) kein persönlicher Nutzen der geforderten Verhaltensweisen; e) die Verhaltensweisen stellten für die Versuchsteilnehmer reale und bedeutsame Entscheidungen dar. Das Paradigma sollte eine extrem reduzierte Intergruppensituation schaffen, von der dann durch sukzessive Anreicherung mit weiteren Faktoren schließlich der kritische Faktor identifiziert werden sollte, der zu sozialer Diskriminierung bzw. Favorisierung der eigenen und Abwertung der anderen Gruppe führt.

Mittels unterschiedlicher Aufteilungsmatrizen wurde gemessen, in welchem Ausmaß jeder einzelne Versuchsteilnehmer jeweils verschiedene Aufteilungsstrategien bevorzugte. So konnte jeder z. B. den gemeinsamen Gewinn von Eigengruppe und Fremdgruppe maximieren, zwischen Eigen- und Fremdgruppe gleich aufteilen oder einfach den Gewinn der Eigengruppe maximieren. Die Ergebnisse waren ebenso eindeutig wie überraschend: Neben deutlichen Tendenzen, zwischen Mitgliedern der eigenen und der anderen Gruppe fair, das heißt in diesem Fall gleich aufzuteilen, bevorzugten die Versuchsteilnehmer selbst unter diesen minimalen Bedingungen Mitglieder der eigenen Gruppe vor denen der Fremdgruppe; mehr noch, wichtiger als der absolute schien oft für die Versuchsteilnehmer der relative Gewinn für die Eigengruppe zu sein: Wenn eine Aufteilungsentscheidung entweder der Maximierung des Eigengruppengewinns oder aber der Maximierung der positiven Differenz zwischen Eigen- und Fremdgruppe dienen konnte, war letzteres das bedeutsamere Motiv.

Diskriminierung im MGP hat sich im Laufe der folgenden Forschung als bemerkenswert robuster Effekt erwiesen. Studien in verschiedenen Ländern mit unterschiedlichen Gruppen von Versuchsteilnehmern und variierten abhängigen Maßen zeigen immer wieder das grundlegende Ergebnis: Die einfache, ja triviale Kategorisierung in zwei soziale Gruppen reicht anscheinend aus, um diskriminierendes Verhalten gegenüber der Fremdgruppe hervorzurufen (entsprechend werden die Befunde im MGP häufig auch ›reiner Kategorisierungseffekt‹ genannt). Explizite Konflikte bzw. realistischer Wettbewerb zwischen Gruppen scheint nur indirekt zu wirken, indem er die Kategorisierung deutlicher bzw. bedeutsamer macht und damit das Ausmaß der Diskriminierung noch verstärkt (Brewer, 1979; Diehl, 1990; Mullen, Brown & Smith, 1992; Brewer & Brown, 1998).

4 Die Theorie der sozialen Identität

Die Befunde aus den Experimenten zum MGP forderten in zweierlei Hinsicht theoretische Erklärungen heraus: Erstens war zu erklären, warum beliebige und bedeutungslose Kategorisierungen in Eigen- und Fremdgruppe Personen veranlassen konnten, soziale Diskriminierung zugunsten der eigenen Gruppe zu zeigen. Wenn aber schon die eigene gegenüber der anderen Gruppe bevorzugt wird, so war zweitens zu fragen, warum anstelle einer deutlichen Maximierung des Gewinns für die eigene Gruppe statt dessen mehr Wert auf die Maximierung der Differenz zwischen eigener und fremder Gruppe, und zwar zugunsten der Ingroup gelegt wurde.

Zur Klärung dieser Fragen entwickelten Tajfel und Turner (1979, 1986) die Theorie der Sozialen Identität (Social Identity Theory, SIT). Ausgangspunkt ist die Feststellung, dass das Selbstkonzept nicht nur über solche Merkmale bestimmt ist, die das Individuum als einzigartig definieren und von anderen Individuen unterscheiden (personale Identität), sondern auch über Gruppenmitgliedschaften, also sozial geteilte Merkmale (soziale Identität). Abhängig von der Art der Situation werden sich Individuen eher über ihre personale oder eher über ihre soziale Identität definieren. In der Beziehung zwischen zwei langjährigen Nachbarn werden sich die Individuen in ihrer jeweiligen unverwechselbaren Einzigartigkeit begegnen. Beide wissen über ihre Vorlieben, ihre Familie, ihre Arbeit möglicherweise als Angehörige zweier unterschiedlicher Firmen. Wird nun aber beispielsweise eine Fusion der beiden Firmen in Aussicht gestellt, dann werden sich beide Nachbarn im Sinne ihrer sozialen Identität als Mitglieder der eigenen oder der anderen Firma begegnen. Auf diese Weise können identische Personen, die sich in der einen Situation im Sinne ihrer jeweiligen personalen Identität wahrnehmen und behandeln, in der anderen auf die Ebene ihrer sozialen Identität wechseln. Die individuellen Besonderheiten verlieren dann ihre Bedeutung. Ausschlaggebend wird dann allein die Zugehörigkeit zur eigenen oder fremden Gruppe, ungeachtet der vorhandenen interindividuellen Unterschiede auf beiden Seiten. Gegenstand der SIT ist nun der Bereich der sozialen Identität und der Wahrnehmung und des Verhaltens auf der Grundlage sozialer Identität.

Das Herzstück der SIT konzentriert sich in der folgenden Grundannahme: Soziale Vergleiche zwischen Gruppen, die für die Bewertung der sozialen Identität von Bedeutung sind, drängen in die Richtung auf eine Distinktheit der eigen Gruppe (im folgenden zumeist «Ingroup» genannt) von der anderen, fremden Gruppe (im folgenden zumeist «Outgroup» genannt) mit dem Ziel, eine positive Selbstbewertung im Sinne dieser sozialen Identität zu ermöglichen. Die SIT verknüpft also vier theoretische Konzepte soziale Kategorisierung, soziale Identität, sozialer Vergleich und soziale Distinktheit zu dem folgenden funktionalen Modell: Über den Prozess der sozialen Kategorisierung teilen Individuen ihre soziale Welt auf der Grundlage von Merkmals- und Wertdimensionen in soziale Kategorien oder Gruppen ein. So unterscheiden sie zwischen Kategorien, denen sie selbst angehören und solchen, denen sie nicht angehören, sie trennen zwischen Ingroup und Outgroup. Kategorisierung dient zur Orientierung in der sozialen Realität und über den eigenen Platz darin. Aus der Zugehörigkeit zu einer bestimmten sozialen Gruppe und aus der Art der Beziehungen dieser zu anderen Gruppen bestimmt sich die soziale Identität eines Individuums. Soziale Identität ist nach Tajfel «that part of an individual's self concept which derives from his knowledge of his membership of a social group (or groups) together with the value and emotional significance attached to that membership» (1978, p. 63). Informationen über die Charakteristika dieser sozialen Identität gewinnt das Individuum über Ergebnisse von sozialen Vergleichen zwischen der eigenen und anderen Gruppen. Diese können auf unterschiedlichen Vergleichsdimensionen stattfinden. Jedes Individuum ist bestrebt, eine positive soziale Identität zu besitzen. Positiv wird die soziale Identität, wenn soziale Vergleiche zwischen Ingroup und Outgroup positive Ergebnisse zugunsten der Ingroup ergeben. Es wird ein Bedürfnis nach positiver sozialer Identität angenommen, das mit dem Wunsch einhergeht, eine positiv bewertete Distinktheit der Ingroup im Vergleich zur Outgroup herzustellen, aufrechtzuerhalten oder zu vergrößern. Dieser Wunsch wird dann wirksam, wenn Individuen sich im Sinne ihrer Gruppenmitgliedschaft definieren und bewerten, d. h. mit ihrer Ingroup identifizieren.

Forschung, Kommentare und Kritik zur SIT reduzieren bis heute häufig deren Kern auf die Annahme eines reinen Kategorisierungseffektes auf soziale Diskriminierung bzw. einer einfachen positiven Korrelation zwischen Ingroup-Identifikation und Ingroup-Favorisierung bzw. Outgroup-Abwertung. Dabei wird übersehen, dass die Gründer schon in der ursprünglichen Formulierung ihrer Theorie diesen reinen Kategorisierungseffekt auf soziale Diskriminierung nur unter bestimmten spezifischen Bedingungen postuliert hatten (Turner, 1987, S. 30): a) die Identifikation mit der Ingroup (Mitgliedschaft in einer Gruppe impliziert nicht notwendigerweise auch die Identifikation mit dieser Gruppe); b) ein in der Situation verfügbarer Intergruppen-Vergleich auf relevanten Bewertungsdimensionen (nicht alle Unterschiede zwischen Gruppen sind von Bedeutung für die Bewertung der Gruppen); c) die Verfügbarkeit einer relevanten Vergleichsgruppe (der Druck auf positive Distinktheit der Ingroup sollte sich mit zunehmender Vergleichbarkeit der Outgroup erhöhen).

Der reine Kategorisierungseffekt auf soziale Diskriminierung scheint im MGP deshalb so robust aufweisbar zu sein, weil in dieser Experimentalsituation die oben genannten spezifischen Bedingungen gegeben sind (Turner & Bourhis, 1996).

Die SIT schränkt aber ihre Reichweite keineswegs auf die besondere Situation des MGP ein. Vielmehr erstreckt sie ihre Annahmen über psychologische Prozesse des Intergruppenverhaltens auf Bedingungen von Intergruppenbeziehungen in komplexen und differenzierten gesellschaftlichen Kontexten. Die Beziehungen zwischen sozialen Gruppen in natürlichen sozialen Kontexten sind durch die wahrgenommenen Statusbeziehungen der Gruppen zueinander bestimmt. Mitglieder können ihre Gruppe in statusgleicher, unterlegener oder überlegener Statusposition sehen. Diese Statusverhältnisse implizieren negative oder positive Vergleichsergebnisse zur Outgroup und dementsprechend zufrieden stellende oder nicht zufrieden stellende Informationen für die Bewertung der eigenen sozialen Identität. Für den Fall unzufriedenstellender Vergleichsinformationen wird erwartet, dass Gruppenmitglieder Strategien anwenden mit dem Ziel, die Bewertung der eigenen sozialen Identität wieder positiv werden zu lassen.

4.1 Strategien für die positive Distinktheit der eigenen Gruppe

Wenn die Bewertung der eigenen sozialen Identität Ergebnis eines bestimmten Vergleiches zwischen Ingroup und Outgroup auf einer für die Selbstdefinition bedeutsamen Bewertungsdimension ist, dann kann diese Bewertung durch die Veränderung der Parameter eben dieses Vergleichs wiederum verändert werden. Dementsprechend zielen die unterschiedlichen Strategien zur (Wieder-)Herstellung positiver sozialer Identität auf die Veränderung gerade dieser Parameter (vgl. Blanz, Mummendey, Mielke, & Klink, 1998 für eine datenbasierte systematische Taxonomie von Identitätsmanagement-Strategien).

Mitglieder einer statusinferioren Gruppe können entweder ihre Gruppe verlassen, zu einer statushöheren Gruppe aufsteigen und auf diese Weise individuell ihre Position verbessern, ohne dass sich etwas an der ursprünglichen Statusbeziehung der beiden Gruppen ändert. Oder sie können versuchen, durch direkten Wettbewerb mit der Outgroup um die überlegene Position auf der bestehenden Vergleichsdimension die Statusbeziehung zwischen Ingroup und Outgroup umzukehren und mit der Position ihrer Gruppe ihre soziale Identität kollektiv zu verbessern. In beiden Fällen, sowohl bei der individuellen Mobilität als auch beim kollektiven sozialen Wandel, handelt es sich um faktische Verhaltensweisen zur Verbesserung der sozialen Identität. Anstelle der tatsächlichen Veränderung der eigenen Position im spezifischen Statusvergleich besteht aber auch die Möglichkeit der kognitiven Umdeutung oder Veränderung der Vergleichsparameter:

So kann mit sozialer Kreativität durch Umdefinition eine neue und für die soziale Identität günstigere Vergleichssituation «erfunden» werden: a) eine neue Vergleichsdimension wird gefunden, auf der die Ingroup nun im Vergleich zur Outgroup positiv abschneiden kann («Westdeutsche sind zwar noch immer wirtschaftlich erfolgreicher als Ostdeutsche, aber weniger herzlich und kinderfreundlich als Ostdeutsche»); b) mit der Umkehrung ihrer Bewertungsrichtung wird eine Uminterpretation der ursprünglichen Vergleichsdimension vorgenommen; so werden ungünstige Vergleichsergebnisse zu günstigen (klassisches Beispiel ist das «Black is beautiful» im Zuge der amerikanischen Bürgerrechtsbewegung); c) nicht die Vergleichsdimension, sondern die Vergleichsgruppe wird verändert: Vergleiche mit der statushöheren Outgroup werden vermieden und gegen Vergleiche mit zur eigenen Gruppe statusniedrigeren Gruppen ausgetauscht (so können etwa Ostdeutsche ihren wirtschaftlichen Erfolg mit dem von Russen vergleichen).

Alle Strategien, seien es individuelle oder kollektive, seien es faktische Veränderungen oder kognitive Neuinterpretationen der Statusrelation, können aber nur dann Auswirkungen auf die soziale Identität von Mitgliedern einer Gruppe haben, wenn die resultierenden neuen Bewertungen sowohl von der Ingroup konsensual geteilt werden als auch zumindest längerfristig von der Outgroup angenommen werden. Diese Notwendigkeit der sozialen Konsensbildung zwischen den Gruppen macht die Dynamik der Konzepte «soziale Identität» und «soziale Distinktheit» deutlich. Das Grundmuster sozialen Verhaltens zwischen Gruppen ist zu jeder Zeit sozialer Wettbewerb um positive soziale Identität; sie wird nur auf Kosten der jeweiligen Outgroup erreicht; Verhalten zwischen sozialen Gruppen ist «Kampf um Anerkennung» (Brown & Ross, 1982).

4.2 Soziostrukturelle Charakteristika der Intergruppenbeziehungen

Verhalten zwischen sozialen Gruppen kann also verschiedene Formen annehmen. Die Analyse von Intergruppenverhalten bleibt aber nicht bei der einfachen Auflistung stehen, sondern fragt nach den Bedingungen, die unterschiedliche Formen wahrscheinlich machen. Diese findet die SIT in der Art und Weise, wie Mitglieder von Gruppen kollektiv die soziale Struktur der Beziehungen zwischen Ingroup und Outgroup definieren, wahrnehmen und interpretieren. Gruppen werden ganz unterschiedliche Strategien zur Unterstützung ihrer positiven sozialen Identität wählen, je nachdem, ob sie eine überlegene oder unterlegene Statusposition innehaben und welche Überzeugungen sie haben hinsichtlich der Stabilität oder Veränderbarkeit der Statusbeziehungen, deren Legitimität oder Illegitimität sowie der Wahrnehmung der Permeabilität (Durchlässigkeit) oder Impermeabilität (Undurchlässigkeit) der Gruppengrenzen. Abhängig von solchen Überzeugungen werden Gruppen entweder einer Ideologie der Individuellen Mobilität oder aber der Sozialen Veränderung anhängen. Die Ideologie der Individuellen Mobilität geht einher mit der Überzeugung, dass die Statusbeziehungen zwischen Ingroup und Outgroup fest gefügt und unveränderbar sowie gerechterweise bestehen, dass aber die Grenzen zwischen den Gruppen durchlässig und eine Verbesserung der sozialen Identität durch individuellen Wechsel der Gruppenmitgliedschaft möglich ist. Die Ideologie der sozialen Veränderung hingegen sieht das soziale System gekennzeichnet durch undurchlässige Gruppengrenzen. Allerdings werden mit der Wahrnehmung der Statusdifferenzen als instabil und illegitim Alternativen zum Status quo denkbar. Individuelle Verhaltensstrategien zur Verbesserung der sozialen Identität verbieten sich, Veränderungen der sozialen Situation werden nur durch kollektive Strategien auf der Grundlage der gemeinsamen Identifikation mit der Gruppe möglich. Die SIT postuliert also ein Kontinuum von Überzeugungen zwischen den Polen «individueller Mobilität» auf der einen und «sozialer Veränderung» auf der entgegengesetzten Seite. Analog dazu nimmt sie ein Kontinuum von interpersonalem versus intergruppalem Verhalten an. Interpersonales Verhalten wird unter Überzeugungen gesellschaftlich möglicher individueller Mobilität wahrscheinlich; unter Überzeugungen der sozialen Veränderung hingegen werden kollektive Verhaltensweisen, die Individuen als Gruppenmitglieder ausführen, vorherrschen.

Die SIT postuliert mit ihrer Diskontinuitäts-Hypothese qualitativ unterschiedliche Prozesse bei der Steuerung von interpersonellem versus intergruppalem Verhalten. Demnach ist es etwas grundlegend Verschiedenes, ob Individuen als einzelne, ja im Verhältnis zu anderen einzigartige Personen interagieren, oder ob sie kollektiv, lediglich bestimmt durch das Bewusstsein ihrer Gruppenidentifikation als austauschbare Mitglieder ihrer jeweiligen Gruppe mit Mitgliedern einer anderen Gruppe interagieren, ohne dass ihre jeweiligen persönlichen Besonderheiten eine Rolle spielten. Als Theorie des Intergruppenverhaltens beschränkt sich die SIT ausdrücklich auf Analysen von Interaktionen am intergruppalen Pol des Kontinuums. Basierend auf ihrer Diskontinuitätshypothese kritisiert sie Theorien interpersonalen Verhaltens, die Intergruppen-phänomene durch einfache Extrapolation von Prinzipien interindividuellen Verhaltens auf die Intergruppenebene zu erklären versuchen.

5   Die Theorie der Selbstkategorisierung

Wenn die klare Unterscheidung zwischen interpersonalem und intergruppalem Verhalten so bedeutsam ist, dann stellt sich natürlich sofort die Frage danach, was denn die Bewegung zwischen den Polen des postulierten Kontinuums steuert. Wie oben zitiert, nimmt Tajfel zwar an, dass soziale Identität die Aspekte des Selbstkonzeptes sind, die sich aus dem Bewusstsein der Mitgliedschaft in einer sozialen Gruppe ableiten. Was aber führt dazu, dass es die Gruppenmitgliedschaft ist, die in einer Situation die Identität eines Individuums bestimmt und nicht das Bewusstsein seiner absoluten Besonderheit und Unverwechselbarkeit mit jedem anderen Individuum? Wie oben ausgeführt, sieht die SIT eine Verknüpfung zwischen Gruppenidentifikation, sozialen Vergleichsergebnissen und den alternativen Überzeugungen bezüglich Veränderungs-möglichkeiten des sozialen Systems (gekennzeichnet über die Strukturmerkmale Stabilität, Permeabilität und Legitimität der intergruppalen Relation). Wie aber ist die Richtung des Kausalzusammenhangs festzulegen: Bestimmt die Ideologie (individuelle Mobilität versus soziale Veränderung) die Identität oder ist es umgekehrt? Neuere Untersuchungen in einem natürlichen Intergruppenkontext legen sogar nachdrücklich nahe, anstatt einer Kausalbeziehung zwischen sozialer Identität und Ingroup-Identifikation auf der einen und dem Überzeugungssystemen ‹individuelle Mobilität› versus ‹soziale Veränderung› auf der anderen Seite eher eine beide Konzepte integrierende Gruppenideologie anzunehmen. Demnach wäre es nicht angemessen anzunehmen, dass in jedem Fall Ausgangspunkt die Wahrnehmung der Beziehung zwischen eigener und fremder Gruppe ist, die dann eine mehr oder weniger hohe soziale Identifikation und schließlich entweder soziale Veränderung oder soziale Mobilität nach sich zieht. Vielmehr scheinen sich alle Faktoren in systematischer Weise zu einer konsistenten Gruppenideologie zusammenzufügen. Keiner der Faktoren wäre Ursache oder Wirkung, sondern die Veränderung eines der Faktoren würde jeweils die Anpassung der übrigen in Richtung auf die passende Ideologie bewirken. (Kessler & Mummendey, im Druck).

Was also steuert die Bildung von Gruppen, was veranlasst Individuen, den sozialen Kontext als Intergruppenkontext wahrzunehmen und sich als Gruppenmitglieder zu verhalten? Zur Beantwortung dieser Frage entwickelte Turner (1987) die Theorie der Selbstkategorisierung.

(Self-Categorization Theory, SCT). Die SIT nahm an, dass je mehr sich das Verhalten dem intergruppalen Pol des Kontinuums nähert, desto mehr wird die Selbstwahrnehmung kategorienbasiert und die soziale Identität wirksam werden. Die SCT kehrt diese Beziehung zwischen sozialer Identität und Intergruppenverhalten um: Nun ist es die Identität, entweder die personale oder die soziale, die determiniert, ob das Verhalten interpersonal oder intergruppal wird. Personale und soziale Identität sind als kognitive Repräsentationen jeweils Komponenten des Selbstkonzepts. Sie sind Selbstkategorisierungen, die sich hinsichtlich ihres Abstraktionsgrades unterscheiden. Personale Identität stützt sich auf Selbstkategorisierungen, die auf intrapersonalen Ähnlichkeiten und interpersonalen Unterschieden basieren (‹ich› versus ›andere‹). Soziale Identität stützt sich auf Selbstkategorisierungen, die auf sozialen Ähnlichkeiten und Unterschieden zwischen Personen, die man als Mitglieder bestimmter sozialer Kategorien und im Unterschied zu anderen definiert (‹wir› versus ‹die›). Die soziale Identität ist also im Vergleich zur personalen Identität eine inklusivere Kategorie, sie liegt auf einer übergeordneten Abstraktheitsebene. Bei Selbstkategorisierung auf der intergruppalen Ebene kommt es zur Akzentuierung sowohl der Interklassenunterschiede als auch der Intraklassenähnlichkeiten, das heißt, die wahrgenommene Heterogenität zwischen den Gruppen steigt, während sie innerhalb der Gruppe sinkt (der so genannte Ingroup-Homogenisierungseffekt). Zugleich werden diese Unterschiede und Ähnlichkeiten in Beziehung gesetzt zu Unterschieden bzw. Ähnlichkeiten auf Bewertungs- und Verhaltensdimensionen.

Obwohl grundsätzlich unendlich viele verschiedene Selbstkategorisierungen auf unterschiedlich hohen Abstraktionsebenen möglich sind, wird angenommen, dass drei Abstraktheits-Ebenen für die Selbstkategorisierung besonders bedeutsam sind: Die interpersonale (Selbst als Individuum), die intergruppale (Selbst als soziale Kategorie) und die interspecies (Selbst als menschliches Wesen). Diese verschiedenen Ebenen der Selbstkategorisierung unterschieden sich nicht im Hinblick auf bestimmte Eigenschaften, sondern allein durch den mit der Abstraktheitsebene vorgegebenen Vergleichsrahmen. Festzuhalten ist, dass die für die Selbstkategorisierung entscheidende theoretische Variable nicht soziale Kategorisierung per se ist, sondern vielmehr die von den Individuen gezeigte Akzeptanz und Internalisierung der sozialen Kategorisierung als Selbstdefinition, also die soziale Identifikation.

Die SCT nimmt folgendes an:
1. Die Ebene der Inklusion, auf der man sich selbst und andere als ähnlich oder unterschiedlich kategorisiert, variiert mit dem sozialen Kontext, innerhalb dessen der Vergleich stattfindet. Dabei folgt die Kategorisierung dem Prinzip des Meta-Kontrasts: Eine Anzahl von Elementen (oder Individuen) wird um so deutlicher zu einer gemeinsamen Kategorie zusammengefasst, je deutlicher die Unterschiede zwischen den Elementen innerhalb dieser Einheit als geringer wahrgenommen werden als die Unterschiede zwischen dieser Einheit und anderen Elementen innerhalb des Vergleichskontextes. Nehmen wir das Beispiel eines offiziellen Festaktes bei der Polizei: Im Festsaal sind Sitzreihen gestuft nach den einzelnen Dienstgraden reserviert. Auch wenn die teilnehmenden Individuen alle ganz unterschiedlich sind, so werden sie sich in der Wahrnehmung der Beteiligten gruppieren entsprechend der mittels Zeichen an den Uniformen zum Ausdruck kommenden Dienstgradunterschiede. Ein Angehöriger des gehobenen Dienstes wird die Unterschiede zwischen allen Angehörigen seines Dienstgrades als geringer wahrnehmen als die Unterschiede zwischen den Angehörigen des höheren und denen des gehobenen Dienstes.

2. Die Salienz der gemeinsamen sozialen Identität führt zu Depersonalisierung der Selbstwahrnehmung: Individuen sehen sich nicht mehr als einzigartige Individuen, sondern als (untereinander austauschbare) Gruppenmitglieder. Oakes (1987; Oakes et al. 1994) erklärt die Variation der Salienz unterschiedlicher Ebenen der Selbstkategorisierung als Funktion der Interaktion zwischen relativer Verfügbarkeit (accessibility) einer Selbstkategorie in einer bestimmten Situation und der Passung (fit) zwischen Besonderheiten der Kategorie und der Stimulussituation. Verfügbarkeit bezieht sich auf Gegebenheiten auf der Seite des Wahrnehmenden, z. B. seine Erfahrungen, Erwartungen, Motive oder Wertvorstellungen; Passung bezieht sich auf Gegebenheiten der Situation, z. B. einen hohen Metakontrast der Kategorisierung (komparativer Fit), der mit dem stereotypbasierten Inhalt der Kategorie konsistent ist (normativer Fit). Für einen Angehörigen der Polizei ist die Selbstkategorie «Dienstgrad» besonders verfügbar. Der Dienstgrad spielt in vielen Situationen eine wichtige Rolle, er bestimmt das Einkommen, die Verantwortungsbereiche, die Statusunterschiede im Bereich der Polizei. Bei unserem Beispiel des Festaktes wird durch die Reservierung der Sitzreihen eine perfekte Passung zwischen der Kategorie «Dienstgrad» und der Situation hergestellt. Komparativer Fit entsteht durch die nach Dienstgrad getrennte Sitzordnung, normativer dadurch, dass die höheren Dienstgrade bessere Plätze haben als die niedrigeren.

   Soziale Kategorien, die für uns chronisch (z. B. gedächtnisgestützt) oder auch nur in einer bestimmten Situation verfügbar sind, werden dann für die Selbstkategorisierung relevant, wenn das mit ihnen repräsentierte Verhältnis von Ähnlichkeiten und Unterschieden zwischen Individuen der Situation am meisten Sinn macht oder Bedeutung verleiht.

3. Depersonalisierung führt zu Gruppenverhalten. Dementsprechend ist Intergruppenverhalten eine Konsequenz von Selbstkategorisierungen, die ihrerseits abhängen von personalen und situationalen Faktoren, die Variationen der Salienz einer bestimmten Selbstkategorisierung bestimmen. Selbstkategorisierung ist ein stets relativer, dynamischer Prozess, dessen Variation hinsichtlich Inhalt und Abstraktionsebene abhängig vom Vergleichskontext ist.

   Für Angehörige der Polizei ist natürlich die Kategorisierung nach Dienstgraden nicht die einzige Ebene der Selbstkategorisierung. Eine Situation etwa der Konfrontation zwischen Demonstranten und der Polizei lässt die Kategorisierung in Polizei versus Demonstranten salient werden. In dieser Situation werden wir Gleichförmigkeiten des Verhaltens von Polizisten und natürlich auch von Demonstranten sowohl gegenüber der jeweils eigenen als auch gegenüber der anderen Gruppe erwarten. Auf interindividuelle Unterschiede nehmen die einzelnen Beteiligten keine Rücksicht. Was zählt ist die Zugehörigkeit zur eigenen oder fremden Gruppe.

Die Selbstkategorisierungstheorie steht in enger Beziehung zur Theorie der Sozialen Identität:

Die SIT wurde entwickelt, um Phänomene wie soziale Diskriminierung und deren notwendige Bedingungen zu erklären. In ihrem Zentrum stehen Annahmen über kognitiv-motivationale Prozesse, nämlich dass Individuen nach einer positiv bewerteten sozialen Identität streben und deshalb versuchen, sich positiv von anderen zu unterscheiden. Die SCT hingegen interessiert sich nicht für die Erklärung von spezifischem Intergruppenverhalten. Sie will vielmehr die Bedingungen und Prozesse aufklären, die Individuen überhaupt in die Lage versetzen, sich als Gruppe zu fühlen und als Gruppe zu handeln. Dementsprechend steht im Zentrum der SCT die Annahme über kognitive Prozesse der Entstehung von sozialer Identität als Wahrnehmung der eigenen Person und anderer Personen auf unterschiedlichen Ebenen der Abstraktion. Die SCT ist also die allgemeinere Theorie der Bildung von Gruppen. Die SIT kann als Teil der SCT bzw. als eine Ableitung aus der SCT aufgefasst werden.

Eine weitere, mit sowohl SIT als auch SCT Ähnlichkeiten aufweisende Theorie intergruppalen Verhaltens ist die von Brewer (1991, 1993) aufgestellte Theorie optimaler Distinktheit (Optimal Distinctiveness Theory, ODT). Hierin geht es um die Frage, warum sich eigentlich Menschen mit einer sozialen Kategorie identifizieren, bzw. wann sie mit einer sozialen Identität zufrieden sind. Laut Brewer ist eine soziale Identität dann optimal, wenn sie gleichermaßen das Bedürfnis nach Zugehörigkeit (need for inclusion) und das Bedürfnis nach Differenzierung (need for differentiation) befriedigt. Es geht also darum, sowohl eindeutig einer Gruppe zuzugehören als sich auch mit dieser Gruppe deutlich von anderen zu unterscheiden. Brewer und Mitarbeiter konnten zeigen, dass sowohl eine Bedrohung der Zugehörigkeit zur eigenen Gruppe (im Sinne eines Absprechens prototypischer Gruppenmerkmale) als auch eine Bedrohung der Abgrenzung zwischen Ingroup und Outgroup zu entsprechenden Ausgleichreaktionen führt, nämlich zu einer Erhöhung von Gruppenidentifikation und Eigengruppenpräferenz (Brewer, im Druck). Ein ähnliches Wechselspiel wird auch für das individuelle und das relationale (über interpersonale Beziehungen definierte) Selbst postuliert.[4] Auf der personalen Ebene der Selbstkategorisierung kontrastieren Brewer und Gardner (1996) das Bedürfnis nach Einzigartigkeit (Snyder & Fromkin, 1980) und ein Bedürfnis nach Ähnlichkeit, auf der relationalen Ebene ein Bedürfnis nach Autonomie versus ein Streben nach Interdependenz.

Anders als die SIT diskutiert Brewer die Bedürfnisse nach Zugehörigkeit und Differenzierung zunächst unabhängig von der Frage der Wertigkeit der so gekennzeichneten sozialen Identität. In ihrem Modell muss eine optimale soziale Identität nicht unbedingt maximal positive Distinktheit von der anderen Gruppe verheißen. Auffällig erscheint zugleich die Ähnlichkeit zur SCT, die ja annimmt, dass eine soziale Identität dann bedeutsam (salient) wird, wenn in der gegebenen Situation deutliche intergruppale, aber nur wenige intragruppale Unterschiede wahrgenommen werden (das Prinzip des Metakontrasts, s.o.). Entscheidender Unterschied ist aber, dass die SCT einen rein kognitiven, von der Auswertung von Situationsmerkmalen geprägten Prozess annimmt, während die ODT von eher stabilen Motiven (needs) ausgeht. Ein Faktor, der

---

4 Brewer und Gardner (1996) ersetzen die Unterscheidung von personaler und sozialer Identität durch ein dreigestuftes Modell, dem sogenannten «tripartite model of the self». Unterschieden werden darin das individuelle und relationale Selbst (ungefähr der personalen Identität entsprechend) sowie das kollektive Selbst (ungefähr der sozialen Identität entsprechend).

auf die Stärke dieser Bedürfnisse einwirkt, so konnten Brewer und Roccas (2001) kürzlich zeigen, sind soziale Werthaltungen wie Individualismus und Kollektivismus. Ein weiteres charakterisierendes Merkmal im Unterschied zu SIT und SCT ist, dass die ODT zwei Prozesse für das Auftreten von intergruppaler Differenzierung und Eigengruppenfavorisierung verantwortlich macht: nicht allein ein Streben nach positiver sozialer Distinktheit (SIT) oder das Prinzip des Metakontrasts (SCT), sondern die unabhängig voneinander manipulierbaren Bedürfnisse nach Zugehörigkeit und Andersartigkeit. Bislang stehen allerdings Studien noch aus, die gleichzeitig beide Determinanten optimaler sozialer Identitäten manipulieren. Dieserart Forschung scheint dringend geboten, um das Zusammenwirken der postulierten Motive genauer analysieren zu können.

6 Die Verbesserung von Beziehungen zwischen Gruppen

Folgt man den Grundannahmen von SIT und SCT, so basiert das Verhältnis zwischen sozialen Gruppen und das damit zusammenhängende Intergruppenverhalten auf dem Prozess sozialer Kategorisierung mit seinen Effekten der Akzentuierung von Ähnlichkeiten innerhalb und von Unterschieden zwischen verschiedenen Kategorien. Sobald Kategorisierungen das Selbst einschließen, wird die kategoriale Unterscheidung zur Differenzierung zwischen eigener und fremder Gruppe: Mit der Selbstrelevanz wird eine Kategorisierung bedeutsam für die differentielle Zuschreibung affektiver und bewertender Eigenschaften von Gegebenheiten der sozialen Realität.

Alle Mitglieder der Ingroup werden als der eigenen Person ähnlicher wahrgenommen als die Mitglieder der Outgroup. Geht man von einer grundsätzlich positiven Selbstbewertung aus, dann wird die Ingroup positiver bewertet und entsprechend besser behandelt als die Outgroup.

Entsprechend den Grundannahmen der SIT liefern positive Ergebnisse sozialer Vergleiche zwischen Ingroup und Outgroup auf relevanten Wertdimensionen die Basis für die angestrebte positive soziale Identität. Daraus ist abzuleiten, dass zwischen den Gruppen ein Konkurrenzverhältnis im Streben nach Überlegenheit der eigenen Position auf diesen Wertdimensionen besteht.

Voraussetzung für Formen des Intergruppenverhaltens wie etwa die Favorisierung der eigenen Gruppe oder die soziale Diskriminierung einer Fremdgruppe liefert demnach a) die Salienz einer sozialen Kategorisierung als kognitive Repräsentation der Realität, und b) das Streben nach Herstellung oder Aufrechterhaltung einer auf der salienten Kategorisierung gegründeten positiven sozialen Identität in einer gegebenen Situation. Folglich setzen Überlegungen zur Verbesserung von Intergruppenbeziehungen und zur positiveren Haltung gegenüber Fremdgruppen an diesen beiden Prozessen an, nämlich zum einen bei der Verringerung der Salienz der Kategorisierung in Ingroup und Outgroup und zum anderen bei der Ausweitung des Angebots an Bereichen für die Herstellung einer positiven sozialen Identität.

Aus SIT und SCT lassen sich drei verschiedene Möglichkeiten zur Verbesserung der Beziehungen zwischen Ingroup und Outgroup ableiten, nämlich 1. Dekategorisierung, 2. Rekategorisierung und 3. wechselseitige Differenzierung.

6.1 Dekategorisierung

Effekte der verringerten Kategorisierungssalienz wurden in einigen Untersuchungen durch experimentell induzierte Kreuzkategorisierungen geprüft (Doise, 1976, Deschamps & Doise, 1978). Die Kreuzkategorisierung führt dazu, dass sich Individuen entweder hinsichtlich des einen oder des anderen Kriteriums kategorisieren; in beiden Fällen bilden sich Gruppen, die hinsichtlich des restlichen Kriteriums gemischt sind. Nimmt man z. B. Religionszugehörigkeit und ethnische Zugehörigkeit als zwei Kategorisierungskriterien, so unterscheiden sich zwei Gruppen entweder nach ihrer Religion, sind aber hinsichtlich ihrer Herkunft gemischt, oder umgekehrt. Die Ergebnisse dieser Untersuchungen zeigen Tendenzen zur Verringerung der Outgroup-Differenzierung unter Bedingungen der gekreuzten im Vergleich zur eindeutigen Kategorisierung. In eine ähnliche Richtung zeigen Untersuchungen von Wilder (1978); um die Verringerung der wahrgenommenen Homogenität der Outgroup experimentell zu induzieren, informierte er Gruppenmitglieder über Meinungs- und Einstellungsunterschiede innerhalb der Outgroup. Verringerung von Fremdgruppen-Diskriminierung entsteht also hier durch Personalisierung der Outgroup.

Das Modell der Personalisierung begegnet den Kategorisierungseffekten mit dem Ziel der Aufweichung oder gar Auflösung der Kategorisierung (Brewer & Miller, 1984). Die Wahrnehmung der Gruppenmitglieder bewegt sich von der mittleren Gruppenebene herunter auf die Ebene der personalen Selbstkategorisierung. Zuvor gleichförmige und austauschbare Gruppenmitglieder werden zu jeweils unverwechselbaren Individuen. Dieser Prozess der Differenzierung ermöglicht Interaktionen nicht mehr zwischen Gruppen, sondern zwischen einzelnen Individuen mit ihren jeweiligen individuellen Besonderheiten. Stereotype und Vorurteile über Angehörige fremder Gruppen können auf diese Weise widerlegt werden. Die monolithische Vorstellung über die Outgroup, aber auch über die Ingroup wird aufgebrochen. Von der Übung im personalisierten Kontakt mit Outgroup-Mitgliedern verspricht man sich die langfristige Verbesserung der Haltung zur anderen Gruppe im allgemeinen.

Die Wirksamkeit von Personalisierungsprozessen für die Verbesserung von Intergruppenbeziehungen ist vielfach empirisch nachgewiesen worden. So zeigte eine umfangreiche Studie über mehrere Stichproben aus unterschiedlichen Ländern in Westeuropa, dass Personen mit persönlichen Freundschaftsbeziehungen zu einzelnen Mitgliedern einer Outgroup deutlich geringer ausgeprägte Vorurteile gegenüber der Outgroup allgemein äußerten (Pettigrew, 1998). Freilich sind solche Befunde nicht eindeutig hinsichtlich der Kausalrichtung der gefundenen Zusammenhänge. Reduzieren intergruppale Freundschaften Vorurteile gegenüber der anderen Gruppe, oder sind es Personen mit wenig Vorurteilen, die Freundschaften über Gruppengrenzen hinweg schließen? Hierzu zeigten Pfadanalysen (Pettigrew, 1997; 1998), dass die Einflussrichtung deutlicher von dem Vorhandensein von Freundschaften zur Vorurteilsausprägung als umgekehrt zu interpretieren war.

6.2   Rekategorisierung: Das common ingroup identity-model

Der zweite Ansatz zur Verbesserung von Intergruppenbeziehungen setzt ebenfalls bei der Salienz der Kategorisierung in Ingroup und Outgroup an. Im Gegensatz zur Personalisierung zielt er aber nicht auf die Auflösung von Kategorisierung, sondern auf eine neue Kategorisierung auf der nächst höheren Inklusionsebene (Gaertner & Dovidio, 2000). Beispielsweise könnten Individuen, die sich als Westdeutsche im Verhältnis zu Ostdeutschen sehen, ihre Sichtweise umstrukturieren und sich gemeinsam als Deutsche sehen. Westdeutsche und Ostdeutsche sind gleichermaßen in der Kategorie «Deutsche» eingeschlossen; sie teilen sich also auf dieser höheren Inklusionsebene eine gemeinsame Ingroup. Die Mitglieder, die zuvor einer Outgroup angehörten, werden nun zu Mitgliedern der neuen Ingroup und profitieren von der Eigengruppen-Favorisierung, nämlich der mit der Identifikation mit einer gemeinsamen Ingroup (common ingroup) einhergehenden positiven Beziehung. Interaktionen, die zuvor zwischen «uns» und «denen» verliefen, finden nun «unter uns» statt. Gaertner und Mitarbeiter konnten in Labor- und Feldstudien zeigen, dass die Repräsentation einer Situation als eine Gruppe im Unterschied zu der Situation als zwei Gruppen zu einer Verbesserung der Bewertung und einer positiveren Behandlung der Outgroupmitglieder führte (Gaertner, Mann, Dovidio, Murrell, and Pomare, 1990; Gaertner, Rust, Dovidio, Bachmann, & Anastasio, 1994, Gaertner, Dovidio, & Bachmann, 1996).

6.3   Das Modell der wechselseitigen Differenzierung

Die beiden ersten Modelle setzen auf Prozesse, die die gegebene Salienz einer sozialen Kategorisierung aufbrechen und auf diese Weise die für die Outgroup problematischen Effekte beseitigen. Allerdings setzt der Erfolg dieser beiden Wege voraus, dass Individuen bereitwillig ihre mit der ursprünglichen Kategorisierung verbundene soziale Identität aufgeben. Diese Forderung ist aber offensichtlich nicht für jeden Fall einer Intergruppenbeziehung konsensfähig. So erscheint es sicherlich für viele der Angehörigen beider Gruppen denkbar und sinnvoll, im Zuge der deutschen Vereinigung ihre ost- und westdeutsche Identitäten zugunsten der gemeinsamen Identität als Deutsche aufzugeben. Uneinheitlicher bzw. kontroverser erschiene hingegen die Forderung, Angehörige von Gruppen unterschiedlicher ethnischer Herkunft in Deutschland sollten ihre türkische oder vietnamesische zugunsten ihrer Identität als Deutsche aufgeben. Insbesondere die Wahrnehmung sozio-struktureller Eigenschaften der Beziehungen zwischen Gruppen wie die Impermeabilität der Gruppengrenzen, die Illegitimität und Instabilität der Statusunterschiede, aber auch das Verhältnis von Minorität zu Majorität mag die Bereitschaft zur Rekategorisierung oder Dekategorisierung beeinträchtigen.

Eine Alternative zur Verringerung der Kategorisierungssalienz liegt im Aufbrechen der negativen Interdependenz zwischen Ingroup und Outgroup beim Streben nach positiver sozialer Identität. Wie aber können beide Gruppen gleichermaßen ihre positive soziale Identität bewahren, wenn diese doch auf dem positiven Ergebnis eines Vergleichs mit der jeweils anderen Gruppe basiert? Wenn positive soziale Identität gleich bedeutend ist mit negativer Interdependenz zwischen Ingroup und Outgroup, wie kann die positive Identität bewahrt werden, wenn die negative Interdependenz beseitigt werden soll?

Ein Weg dazu führt über die Vergrößerung der Anzahl von Vergleichsdimensionen. So zeigten z. B. Mummendey & Schreiber (1983), dass im Mittel die Bewertung von Leistungen der Ingroup und Outgroup absolut paritätisch wurde, sobald die Vergleiche nicht auf für die beiden Gruppen identischen, sondern auf für diese jeweils spezifischen Dimensionen angestellt werden konnten. Jede Gruppe konnte so positive Distinktheit erreichen, allerdings nicht auf allen, sondern nur auf den für sie spezifischen Dimensionen. Insgesamt ist die eigene Gruppe im Vergleich zur Outgroup nicht besser, sondern anders. Das Modell der wechselseitigen Differenzierung (Hewstone & Brown, 1986) setzt diesen Gedanken fort. Es attackiert gerade nicht die Salienz der sozialen Kategorisierung, sondern hebt diese im Gegenteil noch hervor. Zugleich sucht dieses Modell die Lösung intergruppaler Konflikte in der Milderung des sozialen Wettbewerbs um Überlegenheit zur Stützung der eigenen positiven sozialen Identität. Hewstone und Brown sehen z. B. eine Möglichkeit in der Zuweisung komplementärer Rollen zu den beiden Gruppen bei der Kooperation zur Lösung von Aufgaben oder Bewältigung von Problemen. Ein Experiment von Brown und Wade (1987) unterstützt diese Annahme: Hier arbeiteten zwei Teams von Studenten verschiedener Studienfächer gemeinsam an der Aufgabe, einen zwei Seiten langen Zeitungsartikel zu produzieren. Wenn beiden Teams getrennte Rollen bei der Bearbeitung der gemeinsamen Aufgabe zugewiesen wurden (zum einen der Bereich Abbildungen und Layout, zum anderen der Bereich Text), dann war sowohl die Haltung gegenüber den Mitgliedern des jeweils anderen Teams als auch die Bewertung von dessen Leistung positiver als unter der Bedingung, dass keine separaten Rollen zugeschrieben wurden und die spezifischen Beiträge der beiden Gruppen nicht erkennbar und unterscheidbar waren.

Über den positiven Effekt auf die in der aktuellen Situation anwesenden Mitglieder der Outgroup hinaus erwarten Hewstone und Brown von der Interaktion zwischen Mitgliedern unterschiedlicher Gruppen unter forcierter wechselseitiger Differenzierung die besondere Erleichterung der Generalisierung der positiven Effekte auf das Intergruppen Verhältnis allgemein. Die Generalisierung sollte deshalb leichter fallen als bei Prozessen der Re- oder Dekategorisierung, weil die Ebene der Kategorisierung nicht gewechselt werden muss. Studien von Brown, Vivian und Hewstone (1999) und von Van Oudenhouven, Groenewoud und Hewstone (1996) unterstützen diese Annahme.

Der Vorteil einer im Vergleich zu den ersten beiden Modellen erleichterten Generalisierbarkeit von positiven Effekten auf das Intergruppenverhältnis allgemein ist leider nur eine Seite der Medaille. Die erhöhte Generalisierbarkeit macht natürlich bei positiven Effekten nicht Halt, sondern wirkt auch dann, wenn die Effekte der Interaktion zwischen Gruppenmitgliedern negativ waren. Wenn z. B. die Kooperation an einer gemeinsamen Aufgabe zum Misserfolg führen würde, so würde es dann nicht bei der Verschlechterung der Beziehung zwischen den tatsächlich Beteiligten bleiben. Vielmehr wäre die Wahrscheinlichkeit hoch, dass z. B. negative Einstellungen oder unterstellte negative Eigenschaften auf die Outgroup allgemein übertragen würden.

6.4   Weiterführende Überlegungen

Welche Antwort auf die Frage nach der Möglichkeit der Verbesserung von Intergruppenbeziehungen geben uns die oben beschriebenen Modelle? Jeder der einzeln angesprochenen Prozesse – sei es Dekategorisierung, Rekategorisierung oder wechselseitige Differenzierung – hat empirische Unterstützung erfahren. Aber es fragt sich, in welcher Weise diese drei Prozesse zusammenwirken, wenn es um die Verbesserung der Beziehungen zwischen Gruppen geht: Wirken sie gegeneinander, neutralisieren sie wechselseitig ihre Wirkung oder potenzieren sie sie sogar? Zur Beantwortung dieser Fragen kann zum jetzigen Zeitpunkt noch nicht viel gesagt werden. Allerdings ist in diesem Zusammenhang der Vorschlag von Pettigrew (1997, 1998) zu erwähnen. Er sieht die optimale Wirksamkeit der verschiedenen Prozesse zu unterschiedlichen Phasen in der *zeitlichen Sequenz* von Intergruppenkontakten: Am Anfang und zur Initiierung der Bereitschaft zu Kontakt zwischen Angehörigen verschiedener, möglicherweise verfeindeter Gruppen sollte der Prozess der Dekategorisierung und Personalisierung forciert werden und die Gruppenmitgliedschaft in den Hintergrund treten. Diese Phase sollte in den Prozess der wechselseitigen Differenzierung übergehen. Auf diese Weise wird die Generalisierbarkeit der zuvor erlangten positiven interindividuellen Beziehungen auf die Gruppen insgesamt unterstützt. Schließlich kann eine positive Beziehung zur jeweiligen Outgroup allmählich zur zunehmenden Wahrnehmung von Gemeinsamkeiten zwischen Ingroup und Outgroup und letztlich zur Rekategorisierung beider als einer gemeinsamen Ingroup führen. Gaertner, Dovidio, Banker, Houlette, Johnson und McGlynn (2000) nahmen hierzu eine sorgfältige Reanalyse der detaillierten Beschreibungen der Ferienlager-Experimente von Sherif et al. (1961) vor. Die Ergebnisse machen noch einmal deutlich, dass Verbesserung von Intergruppenbeziehungen in einer allmählichen Entwicklung verläuft, in der sich die drei verschiedenen Prozesse – De- und Rekategorisierung und wechselseitige Differenzierung – abwechseln.

Die drei Prozesse der Kategorisierung können in einer zeitlichen Sequenz aufeinander folgen oder sich abwechseln. Darüber hinaus ist aber auch denkbar, dass sie sich sozusagen überlagern: Individuen können im Zuge der Rekategorisierung beginnen, sich als eine gemeinsame Gruppe zu fühlen und einen ‹common ingroup identity› entwickeln. Dazu müssen sie aber nicht notwendigerweise ihre Identität auf der untergeordneten Gruppenebene aufgeben. Unter bestimmten Bedingungen mag auch die ‹dual *identity*› zur Verbesserung der Beziehung zur Outgroup führen (Gaertner, Dovidio, Nier, Ward, & Banker, 1999; Hornsey & Hogg, 2000). Diese besteht, wenn gleichzeitig die intergruppale und die übergeordnete Kategorisierungsebene ihre Bedeutung behalten («Ich fühle mich als Deutsche, aber es ist mir auch wichtig, in Ostdeutschland geboren zu sein»). Der Vorteil der *dual identity* gegenüber der einfachen *common ingroup identity* liegt darin, dass über die noch bestehende Salienz der Intergruppenbeziehung Generalisierungen auf die Outgroup allgemein erleichtert werden. In der Situation der *dual identity* können wir also die Vorteile von beiden Prozessen, dem der Rekategorisierung und dem der wechselseitigen Differenzierung, erwarten (Hewstone, 1996, Brewer & Gaertner, 2001).

6.5 Diskriminierung und Toleranz: Das Ingroup projection model

Die oben dargestellten Ansätze lassen die Perspektiven zur Verbesserung von Intergruppenbeziehungen insgesamt optimistisch erscheinen. Damit könnte das Kapitel eigentlich schließen, wenn nicht einige theoretische und empirische Überlegungen hier Einschränkungen verlangten, die den Optimismus zwar trüben, dafür aber zu einer differenzierteren und damit tragfähigeren Sichtweise beitragen.

Bereits die Wirksamkeit von wechselseitiger Differenzierung über die Verwendung von unterschiedlichen Vergleichsdimensionen kann nicht uneingeschränkt positiv bewertet werden. So zeigte sich in einer Studie von Mummendey & Schreiber (1983), dass Individuen zwar bei der Möglichkeit, Ingroup und Outgroup auf verschiedenen Dimensionen zu bewerten, ganz im Sinne wechselseitiger Distinktheit die Ingroup in ihrem Bereich, die Outgroup in einem davon abgehobenen Bereich jeweils positiv bewerten. Allerdings werden die für die Ingroup positiven Ergebnisse auf solchen Vergleichsdimensionen erzielt, die in der Aufgabensituation besonders wichtig waren. Die Outgroup schneidet nur auf zweitklassigen Dimensionen besser ab. Outgroup-Diskriminierung verschwindet von der Oberfläche und wird subtiler.

Aber auch die Hoffnungen, die an den Prozess der *dual identity* geknüpft werden, müssen etwas gebremst werden. Bei einer *dual identity* geht man davon aus, dass gleichzeitig die Identifikation auf der gruppalen und der übergeordneten inklusiven Ebene der Kategorisierung gegeben ist. Außer Acht gelassen wird dabei zunächst, in welcher vertikalen Beziehung denn Ingroup und Outgroup jeweils zur inklusiven Kategorie stehen. Im Sinne einer *dual identity* können Individuen sich zum Beispiel als Deutsche (Ingroup) im Unterschied zu Polen (Outgroup) sehen, sich aber gleichzeitig gemeinsam als Europäer fühlen. Die Betonung der Gemeinsamkeit als Europäer sollte die Beziehung der Deutschen zu Polen verbessern. Nun mag es aber gerade für das Verhältnis zur Outgroup von Bedeutung sein, in welchem Ausmaß die Ingroup und in welchem die Outgroup als «richtige» oder als «gute» Europäer wahrgenommen werden. Stimmen die Vorstellungen über die Eigenschaften von Europäern mit denen von uns Deutschen eher überein als mit denen von den Polen?

Zur genaueren Analyse der Effekte von doppelter Identifikation entwickelten Mummendey & Wenzel (1999) das *Modell der Eigengruppen-Projektion (Ingroup Projection Model, IPM)*. Ausgangspunkt ist die grundlegende Frage danach, was die Wahrnehmung von und die Reaktion auf Andersartigkeit bestimmt und entweder zu Toleranz oder gar Wertschätzung oder aber Diskriminierung oder gar Feindseligkeit führt. Das IPM nimmt an, dass doppelte Identifikation dann zu einer negativen Beziehung zur Outgroup führt, wenn zwei Bedingungen erfüllt sind, nämlich *Inklusion* und *Projektion*. Inklusion bedeutet, dass beide Gruppen vergleichbar werden, weil sie einer gemeinsamen inklusiven Kategorie angehören, die die relevanten Vergleichsdimensionen für den intergruppalen Vergleich liefert. Projektion bedeutet, dass Mitglieder die Ingroup als *pars pro toto* der inklusiven Kategorie sehen. Sie generalisieren bzw. projizieren die Eigenschaften ihrer Gruppe auf die gemeinsame inklusive Kategorie. Mit dieser *Eigengruppenprojektion* wird die Ingroup im Vergleich zur Outgroup prototypischer für die inklusive Kategorie. Wenn also beide Bedingungen – Inklusion und Projektion – erfüllt sind, dann wird der Prototyp der inklusiven Kategorie als ähnlicher zur Ingroup als zur Outgroup wahrgenommen. Das bedeutet, dass die Outgroup nicht nur auf der Gruppenebene anders ist als die Ingroup, sondern dass sie auch im Verhältnis zur Ingroup vom Prototypen der inklusiven Kategorie abweicht.

In Übereinstimmung mit der SCT wird ein positiver Zusammenhang zwischen Prototypikalität und Attraktivität angenommen: Je stärker die Eigengruppenprojektion, desto stärker die Abweichung der Outgroup und desto geringer deren Prototypikalität und entsprechend desto negativer die Bewertung der Outgroup. Auf unser europäisches Beispiel angewandt nehmen wir mit dem IPM an, dass Deutsche, die aus ihrer Sicht typische deutsche Eigenschaften auf den typischen Europäer übertragen, ein Bild von Europa entwickeln werden, das mehr mit Deutschland übereinstimmt als etwa mit Polen. Daraus folgt, dass ein solcher Deutscher, der in hohem Ausmaß Eigengruppenprojektion zeigt, gleichzeitig Polen als deutlich abweichend von dem positiven Europa-Prototypen wahrnimmt und dementsprechend Polen negativ bewertet. Das IPM postuliert also, dass unter der Bedingung der Inklusion von Ingroup und Outgroup in einer übergeordneten Kategorie die Eigengruppenprojektion den Einfluss von doppelter Identifikation auf die Bewertung der Outgroup mediert. Einige Studien unterstützen diese Annahme deutlich.

(Mummendey & Waldzus, 2001; Waldzus, Mummendey, Wenzel, & Weber, in press; Waldzus, Mummendey & Wenzel, 2001; Wenzel, Mummendey, Weber, & Waldzus, 2001). Anders als von Gaertner et al. angenommenen hat doppelte Identifikation nicht verbessernde, sondern verschlechternde Effekte auf die Intergruppenbeziehung, wenn Eigengruppenprojektion angeregt wird.

Zur weiteren Aufklärung der widersprüchlichen Effekte von doppelter Identifikation auf die Bewertung der Outgroup wird es notwendig sein, Faktoren zu identifizieren, die die Bereitschaft zur Eigengruppenprojektion und den Zusammenhang zwischen doppelter Identifikation und Eigengruppenprojektion beeinflussen.

7 Ausblick

Sowohl SCT als auch SIT sind sozialpsychologische Theorien im eigentlichen Sinne des Wortes. Ihre Analyseeinheit ist das Individuum, dessen Erleben, Bewerten und Verhalten als Ergebnis der Verknüpfung individueller und situationaler Aspekte untersucht werden. Beide Theorien zeigen, inwieweit soziale Kategorien als Bestandteil sozialer Realitäten sich auf das Individuum auswirken und dabei Umgang mit und Wahrnehmung und Bewertung von sowohl der eigenen Person wie auch deren sozialen Umfeld (insbesondere Ingroup und Outgroup) determinieren. Mit diesem Fokus auf der Verknüpfung von Individuum und sozialer Umwelt sind diese Theorien einerseits sozial*psychologisch*, denn sie beschreiben individuelles Verhalten und Denken, andererseits aber *sozial*psychologisch, indem sie individuelles Verhalten und Denken als soziale Phänomene thematisieren. Die interessierenden Phänomene sind kollektiver Art, etwa: Warum werden bestimmte Gruppen von anderen Gruppen diskriminiert? Wie kommt es zu kollektiven Bewegungen, wie zu kollektiver Gewalt? Warum sind bestimmte soziale Stereotypen so weit verbreitet? etc. – Bei der Analyse dieser Fragen geht es indes darum, wie *Individuen* dazu kommen, sozial geteilte Sicht- und Verhaltensweisen zu übernehmen, bzw. unter welchen Bedingungen sie davon abweichen.

Selbstkategorisierung, Depersonalisierung, soziale Identität, sozialer Vergleich oder soziale Distinktheit sind allesamt Konzeptualisierung der Schnittstellen zwischen Individuen und sozialen Kontexten. Sie erlauben die Vorhersage und Beschreibung von Gruppenbildung, von Beziehungen zwischen Gruppen und von Veränderungen von Gruppenstrukturen. Erfreulicherweise belegen nicht nur eine Fülle empirischer Befunde die Gültigkeit und Relevanz der hier vorgestellten Theorien per se (siehe etwa Brewer & Brown, 1998; Brown, 2000b). Vielmehr erlauben sie auch Ableitungen zur Verbesserung von Intergruppenbeziehungen, deren erfolgreiche empirische Überprüfung und Dokumentation nicht nur theoretische, sondern auch anwendungsbezogene Relevanz für sich beanspruchen können. Angesichts des seit der bahnbrechenden Arbeiten von Sherif und Tajfel ungebrochenen Interesses an der sozialpsychologischen Analyse besteht berechtigter Anlass zur Hoffnung, dass durch eine weitere Aufschlüsselung situationsrelevanter Faktoren und vor allem durch eine weitere Integration der vorliegenden Konzepte die Vorhersage intergruppaler Beziehungen zukünftig noch weiter optimiert werden kann. Ein interessanter Trend hierbei ist die Betrachtung des *Zusammenwirkens* von Prozessen auf verschiedenen Ebenen der Selbstkategorisierung (z. B. Otten, 2001; Spears, 2001; Simon & Kampmeier, 2001; Onorato & Turner, 2001). Ein wesentliches Verdienst der SIT ist, dass sie intergruppales Verhalten von interpersonalem Verhalten abgegrenzt und als bedeutsamen, eigenständigen sozialpsychologischen Forschungsgegenstand etabliert hat. Darauf aufbauend kann zukünftige Forschung die beiden Ebenen nunmehr wieder zusammenrücken und Verknüpfungen zwischen personaler und sozialer Identität analysieren.

Wie schon in einigen vorangegangenen Abschnitten verdeutlicht, spielt die Theorie der sozialen Identität (sowie ihre Weiterentwicklungen) eine zentrale Rolle für Konzepte zur Verbesserung intergruppaler Beziehungen und zum Abbau intergruppaler

Konflikte. Interventionen, die sich um einen Abbau von Fremdenfeindlichkeit und rassistisch motivierter Gewalt bemühen, verfolgen häufig das Ziel, kategoriale Differenzierungen aufzulösen oder zu modifizieren (z. B. Oskamp, 2001). Ebenso spielt das Konzept der sozialen Identität eine wichtige Rolle bei Fragen zu Migration, multikulturellen Gesellschaftsformen, oder der Debatte um interkulturelles Lernen (Dollase, 2001). Doch die Anwendungsrelevanz der SIT geht noch über diese Bereicht hinaus: So konnte etwa Terry (2001) die Theorie erfolgreich für die Analyse von Zusammenlegungen («Merger») von Firmen und Organisationen einsetzen (s.a. Gaertner, Bachman, Dovidio & Banker, 2001; van Knippenberg & van Leeuwen, 2001). Da solche Umstrukturierungen selten statusgleiche Partner betreffen, fürchten insbesondere die Mitarbeiter des schwächeren Unternehmens, in der neuen Organisation unterzugehen. Die neue Identität wird also subjektiv als negativ erlebt, mit entsprechenden Konsequenzen für Identifikation mit und Einsatzbereitschaft für die Organisation. Die hohe Anzahl von gescheiterten ›Mergers‹ stimmt mit solchen problematischen Prozessen auf individueller Ebene überein; entsprechend erscheint angezeigt, auch im Kontext wirtschaftlicher Organisationen sozialpsychologische Erkenntnisse zur Wirkweise und Modifizierbarkeit sozialer Kategorisierungen (etwa zum Umgang mit negativer sozialer Identität, zu «dualen Identitäten», oder zur Re-Kategorisierung) zu berücksichtigen.

Literatur

Allport, G. W. (1954). *The nature of prejudice.* Reading, MA: Addison-Wesley.

Blake, R. R., & Mouton, J. S. (1962). Overevaluation of own group´s product in intergroup competion. *Journal of Abnormal and Social Psychology, 64,* 237–8.

Blanz, M., Mummendey, A., Mielke, R., & Klink, A. (1998). Wechselseitige Differenzierung zwischen sozialen Gruppen: Ein Vorhersagemodell der Theorie der sozialen Identität. *Zeitschrift für Sozialpsychologie, 29,* 239–259.

Brewer, M. B. (1979). In-group bias in the minimal intergroup situation: A cognitive-motivational analysis. *Psychological Bulletin, 86,* 307–324.

Brewer, M. B. (1991). The social self: On being the same and different at the same time. *Personality and Social Psychology Bulletin, 17,* 475–482.

Brewer, M. B. (1993). The role of distinctiveness in social identity and group behaviour. In: M. A. Hogg & D. Abrams (Hrsg.), *Group motivation: Social psychological perspectives* (S. 1–16). London: Harvester Wheatsheaf.

Brewer, M. B. (in Druck). Inclusion and distinctiveness motives in interpersonal and collective identities. In: J. P. Forgas & K. D. Williams (Hrsg.), *The social self: Cognitive, interpersonal and intergroup perspectives.* Philadelphia: Psychology Press.

Brewer, M. B., & Brown, R. J. (1998). Intergroup relations. In: D. T. Gilbert, S. T. Fiske & G. Linzdey (Hrsg.), *The Handbook of Social Psychology* (vol. 2, S. 554–594). New York: McGraw-Hill.

Brewer, M. B., & Campbell, D. T. (1976). *Ethnocentrism and intergroup attitudes: East African evidence.* New York: Sage.

Brewer, M. B., & Gaertner, S. L. (2001). Toward reduction of prejudice: Intergroup contact and social categorization. In: R. Brown & S. Gaertner (Hrsg.), *Blackwell handbook of social psychology: Intergroup processes* (S. 451–474). Massachusetts: Blackwell.

Brewer, M. B. & Gardner, W. (1996). Who is this «we»? Levels of collective identity and self-presentations. *Journal of Personality and Social Psychology, 71,* 83–93.

Brewer, M. B., & Miller, N. (ed.). (1984). Beyond the contact hypothesis: Theoretical perspectives on desegregation. In: *Groups in contact: The psychology of desegregation.* New York: Academic Press.

Brewer, M. B. & Roccas, S. (2001). Individual values, social identity, and optimal distinctiveness. In: C. Sedikides & M. Brewer (Eds.) *Individual self, relational self, collective self* (pp. 219–237). Philadelphia: Psychology Press.

Brown, R. (2000a). *Group Processes: Dynamics in and between groups.* Oxford: Blackwell.

Brown, R. (2000b). Social identity theory: Past achievements, current problems and future challenges. *European Journal of Social Psychology, 30,* 745–778.

Brown, R. J., Vivian, J., & Hewstone, M. (1999). Changing attitudes through intergroup contract: The effects of group membership salience. *European Journal of Social Psychology, 29,* 741–764.

Brown, R. J., & Wade, G. S. (1987). Superordinate goals and intergroup behaviour: The effects of role ambiguity and status on intergroup attitudes and task performance. *European Journal of Social Psychology, 17,* 131–142.

Brown, R., & Ross, G. F. (1982). The battle for acceptance: An investigation into the dynamics of intergroup behaviour. In: H. Tajfel (Hrsg.), *Social identity and intergroup relations* (S. 155–178). Cambridge: Cambridge University Press.

Campbell, D. T. (1965). Ethnocentric and other altruistic motives. In: D. Levine (Hrsg.), *Nebraska Symposium on Motivation 1965* (S. 283–312). Lincoln: University of Nebraska Press.

Deschamps, J.-C., & Doise, W. (1978). Crossed category membership in intergroup relations. In: H. Tajfel (Hrsg.), *Differentiation between social groups: Studies in the social psychology of intergroup relations* (S. 141–158). London: Academic Press.

Diehl, M. (1990). The minimal group paradigm: Theoretical explanations and empirical findings. In: W. Stroebe & M. Hewstone (Hrsg.), *European Review of Social Psychology* (Bd. 1, S. 263–292). Chichester: Wiley.

Doise, W. (1976). Lárticulation psychosociologique et les relations entre groupes. In Brussels: A. de Boeck (Hrsg.), *English translation: Groups and individuals.* Cambridge: University Press.

Doise, W., & Weinberger, M. (1973). Représentations masculines dans différentes situations de rencontres mixtes. *Bulletin de Psychologie, 26,* 649–657.

Dollase, R. (2001). Die multikulturelle Schulklasse – oder : Wann ist der Ausländeranteil zu hoch? *Zeitschrift für Politische Psychologie, 9,* 113–126.

Ferguson, C. K., & Kelley, H. H. (1964). Significant factors in over-evaluation of own groups´ products. *Journal of Abnormal and Social Psychology, 69,* 223–228.

Gaertner, S. L., Bachman, B. A., Dovidio, J. F., & Banker, B. S. (2001). Corporate Mergers and stepfamily marriages: identity, harmony, and commitment. In: M. A. Hogg & D. J. Terry (Eds.) *Social identity processes in organizational contexts* (pp. 265–282). Philadelphia: Psychology Press.

Gaertner, S. L., & Dovidio, J. F. (2000). *Reducing intergroup bias: The common ingroup identity model.* Philadelphia: Taylor & Francis.

Gaertner, S. L., Dovidio, J. F., & Bachmann, B. A. (1996). Revisting the contact hypothesis: The induction of common ingroup identity. *International Journal of Intercultural Relations, 20,* 271–290.

Gaertner, S. L., Dovidio, J. F., Banker, B. S., Houlette, M., Johnson, K. M., McGlynn, E. A. (2000). Reducing intergroup conflict: From superordinate goals to decategorization, recategorization, and mutual differentiation. *Group Dynamics: Theory Research, and Practice, 4,* 98–114.

Gaertner, S. L., Dovidio, J. F., Nier, J. A., Ward, C. M., & Banker, B. S. (1999). Across cultural divides: The value of a superordinate identity. In: D. Prentice & D. Miller (Hrsg.), *Cultural divides: Understanding and overcoming group conflict* (S. 173–212). New York: Russell Sage Foundation.

Gaertner, S. L., Mann, J. A., Dovidio, J. F., Murrell, A. J., & Pomare, M. (1990). How does cooperation reduce intergroup bias? *Journal of Personality and Social Psychology, 59,* 692–704.

Gaertner, S. L., Rust, M. C., Dovidio, J. F., Bachman, B. A., & Anastasio, P. A. (1994). The contact hypothesis. The role of a common ingroup identity on reducing intergroup bias. *Small group research*, 25, 224–249.

Hewstone, M. (1996). Contact and categorization: Social psychological interventions to change intergroup relations. In: C. N. Macrae, C. Stangor & M. Hewstone (Hrsg.), *Stereotypes and stereotyping* (S. 323–368). New York: Guilford.

Hewstone, M., & Brown, R. (eds.). (1986). Contact is not enough: An intergroup perspective on the «Contact Hypothesis». In: M. Hewstone & R. Brown (Hrsg.), *Contact and conflict in intergroup encounters* (S. 1–44). Oxford: Basil Blackwell.

Hornsey, M. J., & Hogg, M. A. (2000). Subgroup relations: A comparison of mutual intergroup differenciation and common ingroup identity models of prejudice reduction. *Personality and Social Psychology Bulletin*, 26, 242–256.

Kahn, A., & Ryen, A. H. (1972). Factors influencing the bias towards one's own group. *International Journal of Group Tensions*, 2, 33–50.

Kessler, T., & Mummendey, A. (in Druck). Sequential or parallel processes? A longitudinal field study concerning determinants of identity management strategies. In: *Journal of Social Psychology*.

Mullen, B., Brown, R., & Smith, C. (1992). Ingroup bias as a function of salience, relevance and status: An integration. *European Journal of Social Psychology*, 22, 103–122.

Mummendey, A., & Schreiber, H. J. (1983). Better or different? Positive social identity by discrimination against or by differentiation from outgroups. *European Journal of Social Psychology*, 13, 389–397.

Mummendey, A., & Waldzus, S. (2001). National differences and European plurality: Discrimination or tolerance between European countries. *Paper presented on the IDNET Conference ‹Europeanization and Multiple Identities›*.

Mummendey, A., & Wenzel, M. (1999). Social discrimination and tolerance in intergroup relations: Reactions to intergroup difference. *Personality and Social Psychology Review*, 3, 158–174.

Oakes, P. J. (1987). The salience of social categories. In: J. C. Turner, M. A. Hogg, P. J. Oakes, S. D. Reicher, & M. S. Wetherell (Hrsg.), *Rediscovering the social group. A self-categorization theory* (S. 117–141). Oxford: Basil Blackwell.

Oakes, P. (1994). The effects of fit and novelty on the salience of social categories: A response to Biernat and Vescio (1993). *Journal of Experimental Social Psychology*, 30, 390–398.

Onorato, R. S., & Turner, J. C. (2001). The «I», the «Me», and the «Us». In: C. Sedikides & M. B. Brewer (Hrsg.), *Individual self, relational self, collective self* (S. 147–170). Philadelphia: Taylor & Francis.

Oskamp, S. (Ed.). *Reducing prejudice reduction in multicultural education*. Mahwah: Lawrence Erlbaum.

Otten, S. (2001). «Me and us» or «us and them»? – The self as heuristic for defining novel ingroups. *Manuscript submitted for publication*.

Pettigrew, T. F. (1997). Generalized intergroup contact effects on prejudice. *Personality and Social Psychology Bulletin*, 23, 173–185.

Pettigrew, T. F. (1998). Reactions toward the new minorities of western europe. *Annual Review of Sociology*, 24, 77–103.

Rabbie, J. M., & Horwitz, M. (1969). The arousal of ingroup-outgroup bias by a chance win or loss. *Journal of Personality and Social Psychology*, 69, 223–228.

Sherif, M. (1951). Introduction. In: J. H. Rohrer & M. Sherif (Hrsg.), *Social psycholgy at the crossroads*. New York: Harper.

Sherif, M. (1966). *Group conflict and co-operation: Their social psychology*. London: Routledge & Kegan Paul.

Sherif, M., Harvey, O. J., White, B. J., Hood, W. R. & Sherif, C. W. (1961). *Intergroup conflict and cooperation: The Robbers Cave experiment*. Norman, OK: The University Book Exchange.

Sherif, M., & Sherif, C. W. (1953). *Groups in harmony and tension: An integration of studies on intergroup relations.* New York: Octagon.

Sherif, M., White, B. J., & Harvey, O. J. (1955). Status in experimentally produced groups. *American Journal of Sociology, 60,* 370–379.

Simon, B., & Kampmeier, C. (2001). Revisiting the individual self: Toward a social psychological theory of the individual self and the collective self. In: C. Sedikides & M. B. Brewer (Hrsg.), *Individual self, rational self, collective self* (S. 199–218). Philadelphia: Taylor & Francis.

Snyder, C. R. & Fromkin, H. L. (1980). *Uniqueness: The human pursuit for difference.* New York: Plenum Press.

Spears, R. (2001). The interaction between the individual and the collective self: Self-categorization in context. In: C. Sedikides & M. B. Brewer (Hrsg.), *Individual self, relational self, collective self* (S. 171–198). Philadelphia: Taylor & Francis.

Tajfel, H. (1978). *Differentiation between Social Groups: Studies in the social psychology of intergroup relations.* London: Academic Press.

Tajfel, H., Billig, M. G., Bundy, R. P., & Flament, C. (1971). Social categorization and intergroup behaviour. *European Journal of Social Psychology, 1,* 149–178.

Tajfel, H., & Turner, J. C. (1979). An integrative theory of intergroup conflict. In: W. G. Austin, & S. Worchel (Hrsg.), *The social psychology of intergroup relations* (S. 33–47). Monterey: Brooks/Cole Publ.

Tajfel, H., & Turner, J. C. (1986). The social identity theory of intergroup behavior. In: S. Worchel & W. G. Austin (Hrsg.), *Psychology of intergroup relations* (S. 7–24). Chicago: Nelson-Hall Publishers.

Terry, D. J. (2001). Intergroup relations and organizational mergers. In: M. A. Hogg & D. J. Terry (Eds.) *Social identity processes in organizational contexts* (pp. 229–248). Philadelphia: Psychology Press.

Turner, J. C. (1981). The experimental social psychology of intergroup behaviour. In: J. C. Turner & H. Giles (Hrsg.), *Intergroup behaviour* (S. 66–101). Oxford, England: Blackwell.

Turner, J. C. (1987). The analysis of social influence. In: J. C. Turner, M. A. Hogg, P. J. Oakes, S. D. Reicher & M. S. Wetherell (Hrsg.), *Rediscovering the social group: A self-categorization theory.* Oxford: Blackwell.

Turner, J. C., & Bourhis, R. (1996). Social identiy, interdependence, and the social group. In: W. P. Robinson (Hrsg.), *Social groups and identities.* Oxford: Butterworth.

Van Knippenberg, A. F. (1978). *Perception and evaluation of intergroup differences.* Leiden: Universiteit Leiden.

Van Knippenberg, D. M. & Van Leeuwen, E. (2001). Organizational identity after a merger: Sense of continuity as a key to postmerger identification. In: M. A. Hogg & D. J. Terry (Eds.) *Social identity processes in organizational contexts* (pp. 249–264). Philadelphia: Psychology Press.Van Oudenhouven, J. P., Groenewoud, J. T., & Hewstone, M. (1996). Co-operation, ethnic salience and generalization of inter ethnic attitudes. *European Journal of Social Psychology, 26,* 646–662.

Waldzus, S., Mummendey, A., & Wenzel, M. (2001). When «different» means «worse»: Ingroup prototypicality in changing intergroup contexts. *Manuscript submitted for publication.*

Waldzus, S., Mummendey, A., Wenzel, M., & Weber, U. (in press). Towards tolerance: Representations of superordinate categories and perceived ingroup prototypicality. *Journal of Experimental Social Psychology.*

Wilder, D. A. (1978). Reduction of intergroup discrimination through individuation of the outgroup. *Journal of Personality and Social Psychology, 36,* 1361–1374.

Theoretische Modelle zu Kooperation, Kompetition und Verhandeln bei interpersonalen Konflikten

Elisabeth Frank und Dieter Frey[1]

1 Einführung

Ob beispielsweise Kinder sich um ein Spielzeug streiten, Ehepaare sich in heftigen, aber auch fruchtbaren Auseinandersetzungen über die Gestaltung ihrer Beziehung wiederfinden, oder ob Arbeitskollegen sich nicht über die Herangehensweise an eine Aufgabe einigen können: Konflikte scheinen in den meisten Kulturen unvermeidlicher Bestandteil zwischenmenschlicher Beziehungen jedweder Art zu sein. Aufgrund dieser Bedeutung sind sie eines der zentralen Themen in der Literatur allgemein und Forschungsgegenstand vieler verschiedener Disziplinen.

Grob gesprochen, verstehen wir unter Konflikten die *zukunftswirksame Gegensätzlichkeit von Interessen, Zielen, Handlungen, Meinungen oder Werten* («… opposing preferences with respect to future events …» Pruitt, 1998, S. 470). Eine solche Gegensätzlichkeit kann sich auf Personen-, Gruppen- und Organisationen-, oder gar Nationenebene ergeben und sich entweder innerhalb von (intra-) oder zwischen (inter-) Einheiten einer Ebene entwickeln. Entsprechend handelt es sich um intrapersonale (s. dazu das Kapitel über kognitive Dissonanztheorie von Frey & Gaska, Band 1), interpersonale, intragruppale oder intergruppale (s. dazu die Kapitel von Mummendey & Otten, Theorie der sozialen Identität; sowie von Erb & Bohner, Minderheiten/Mehrheiten-Einfluss; beide im vorliegenden Band), intranationale oder internationale Konflikte. Gegenstand des vorliegenden Kapitels sind – von wenigen Ausnahmen abgesehen – *interpersonale* Konflikte.

Selbst bei der Beschränkung des Themas auf interpersonale Konflikte stößt man allein innerhalb der Psychologie auf eine ganze Reihe verschiedener Forschungstraditionen und -paradigmen. Pruitt (1998) bemängelt entsprechend: «… there is still no hint of a grand theory in this field» (S. 479). Zur Orientierung lassen sich folgende For-

---

1 Folgenden Personen sei für ihre hilfreiche Rückmeldung zu früheren Versionen des Kapitels gedankt: Ursula Athenstaedt, Veronika Brandstätter, Roland Deutsch, Hans-Peter Erb, Regina Herzfeldt, Andrea Steinhauser-Pawlik.

schungsbereiche grob unterscheiden: Forschung auf der Basis spieltheoretischer Paradigmen, Forschung zum Thema Konflikt im allgemeinen sowie Forschung zu Konfliktlösungsansätzen. Das vorliegende Kapitel beginnt in Abschnitt 2 mit einer Darstellung spieltheoretisch basierter Forschungsparadigmen, auf die sich die in Abschnitt 3 referierten theoretischen Perspektiven größtenteils beziehen; Forschung zu Konflikten allgemein findet hier an einzelnen Stellen Erwähnung. Abschnitt 4 stellt ein Modell zur Konfliktlösung vor, Abschnitt 5 schließt das Kapitel mit einem Resümee ab. Zusätzlich zu den ausgewählten theoretischen Ansätzen werden immer auch empirische Ergebnisse berichtet, die sich nicht ohne weiteres in den entsprechenden Rahmen einordnen lassen, jedoch wichtiger Teil des Erkenntnisstandes in einem Gebiet sind.

Bevor wir uns der Darstellung experimenteller Paradigmen, theoretischer Konzeptionen und empirischer Arbeiten zuwenden, sollen zunächst einige allgemeinere begriffliche Ordnungsmerkmale von Konflikten eingeführt werden. Wir greifen dabei auf die später noch genauer zu diskutierende Kooperations/Kompetitionstheorie (s. Abschnitt 3.1) von Deutsch (1949; 1973) zurück.

Ein wichtiges Ordnungsmerkmal von Konflikten ist nach Deutsch (1973) der *Konfliktgegenstand*. Konflikte können sich an der Frage entzünden, wem wieviel Kontrolle über ein bestimmtes materielles oder immaterielles Gut zusteht (sog. «Verteilungskonflikte»). Anders ausgedrückt, wollen Personen in diesem Fall das Gleiche, müssen sich aber auf unterschiedliche Dinge einigen (wie im Falle der Auseinandersetzung über Landrechte u. ä., aber auch beispielsweise darüber, wer von zwei Fahrern den einzigen noch vorhandenen Parkplatz besetzen darf). Eine Konfliktursache mag aber auch darin begründet liegen, dass Vorlieben bzw. Abneigungen, Werte und Normen («was sein sollte»), Annahmen und Überzeugungen («was ist») oder eine Beziehung unterschiedlich bewertet werden (sog. «Bewertungskonflikte»). In diesem Falle wollen zwei Personen demnach unterschiedliches, müssen sich aber auf eine Sache einigen – wie beispielsweise das Ehepaar, das zwar gemeinsam in Urlaub fahren möchte, aber unterschiedliche Präferenzen hinsichtlich des Urlaubsortes hat.

Weiter bespricht Deutsch (1973, S. 4ff.) in seiner Konflikttheorie eine Reihe von bedeutsamen Variablen, die Konflikte und deren Verlauf beeinflussen sollen: (1) *Eigenschaften der Konfliktparteien* (Werte, Motive, Ziele, Ansprüche, Ressourcen, Annahmen, Einstellungen etc.), (2) Frühere *Beziehung der Konfliktparteien zueinander*, (3) *Konfliktgegenstand*, (4) *soziales Umfeld der Konfliktparteien* (soziale Normen und Bedingungen, die Konflikte aufrechterhalten oder verhindern können), (5) *Interessierte «Anhänger» der Konfliktparteien*, (6) *Strategien und Taktiken* der Konfliktparteien und (7) *Konsequenzen des Konflikts* für alle Beteiligten und andere interessierte Parteien. Alle diese Einflussfaktoren haben in der einen oder anderen Weise Eingang in Forschungsarbeiten gefunden. Bevor diese und andere Arbeiten besprochen werden, stellen wir zunächst die verschiedenen experimentellen Paradigmen vor, auf denen sie gründen.

2   Spieltheoretische Paradigmen mit gemischten Motiven: Soziale Dilemmata und Verhandlungsspiele

In den frühen Ansätzen zur Erforschung von sozialen Konflikten dominierten Untersuchungen zur Rolle von subjektiven Einstellungen zum Gegenüber (Stereotypen u. ä.) und Aggression. Im Laufe der Zeit wurde deutlich, dass diese Perspektive zu begrenzt war, da tatsächliche bzw. wahrgenommene Interessensgegensätze zwischen den Konfliktparteien vernachlässigt wurden (s. Pruitt & Kimmel, 1977). Dies verschob den Aufmerksamkeitsfokus von der Person in Richtung der Situation und damit wurde die (wechselseitige) Abhängigkeit oder «Interdependenz» von Personen zum Zentrum der Analysen. Interdependenz bezeichnet hierbei den Sachverhalt, dass die Handlungen von Akteuren bzw. ihre Handlungsergebnisse voneinander abhängig sind, d. h., dass das Verhalten des einen sich auf das Verhalten bzw. Ergebnis des anderen auswirkt und umgekehrt. Als Konsequenz dieses theoretischen Schwerpunktes ergab sich die Suche nach neuen Forschungsmethoden, anhand derer sich das Verhalten von interdependenten Akteuren beschreiben ließ. «Fündig» wurde man schließlich bei Paradigmen, die aus der Spieltheorie (Luce & Raiffa, 1957) – ein Zweig der Mathematik und der Ökonomie, der sich u. a. mit der strategischen Analyse von Interessenskonflikten beschäftigt – entlehnt waren und wechselseitige Interdependenz abzubilden vermochten. Im Gegensatz zur normativen Ausrichtung der Spieltheorie ging es in der psychologischen Forschung jedoch nicht darum zu analysieren, welches Verhalten in einer gegebenen Interdependenzsituation als «rational» und damit als Handlungsnorm zu betrachten ist; vielmehr interessierte man sich für den deskriptiven Aspekt und versuchte dementsprechend, Fragen wie etwa «was sind die situativen und/oder personalen Bedingungen für kooperatives oder nicht-kooperatives Verhalten in einer Situation wechselseitiger Abhängigkeit?» zu beantworten. Dadurch erhoffte man sich auch, die in spieltheoretischen Paradigmen häufig zu beobachtende Abweichung des realen Verhaltens von dem rational-ökonomisch zu erwartenden aufklären zu können.

Zumeist wurden für die entsprechenden Untersuchungen experimentelle Spielsituationen verwendet, die «gemischte Motive»[2] (Schelling, 1960) beinhalten (sog. «mixed motive interactions»), also Spielsituationen, in denen sowohl Anreize zur *Kooperation* (wenn die Interessen koinzidieren) als auch Anreize zum *Wettbewerb* (Kompetition, wenn die Interessen inkompatibel sind) bzw. zur Verweigerung von Kooperation bestehen (z. B. Komorita & Parks, 1995). Solche Experimentalspiele sind weiterhin dadurch gekennzeichnet, dass (a) jedes Individuum eine oder mehrere Entscheidungen treffen muss, die sowohl das eigene als auch das Wohlergehen des/der Mitspieler(s) betreffen und (b) die Ergebnisse dieser Entscheidungen nach einem vom Forscher zuvor festge-

---

2 Der Begriff «Motiv» bezieht sich in den Untersuchungen zu Konflikten nicht auf mehr oder weniger überdauernde Persönlichkeitsunterschiede; vielmehr wird der Begriff «Motiv» vielseitig verwendet, und verweist auf eine – auch situational hervorrufbare – Orientierung, Haltung, eine Intention oder ein Ziel.

legt Schema numerisch abgebildet, d. h. bewertet werden (Pruitt & Kimmel, 1977). Soziale Dilemmata und Verhandlungsspiele sind zwei Klassen von Spielen mit gemischten Motiven (z. B. Komorita & Parks, 1995; Pruitt & Kimmel, 1977). Im Folgenden werden zunächst die experimentellen Paradigmen näher beschrieben; ausgewählte empirische Ergebnisse finden sich jeweils am Ende der Abschnitte 2.1 und 2.2.

2.1 Gemeinsame Merkmale sozialer Dilemmata

Spieltheoretisch werden unter sozialen Dilemmata solche Situationen verstanden, in denen die Beteiligten eine Wahl treffen müssen zwischen einer Entscheidung, die das Eigeninteresse begünstigt und dabei gleichzeitig das Wohlergehen anderer beeinträchtigt oder einer Entscheidung, die das gemeinsame Interesse begünstigt und dabei gleichzeitig das eigene Wohlergehen gegenüber einer rein «egoistischen» Entscheidung reduziert (z. B. Komorita & Parks, 1995; Pruitt, 1998; Pruitt & Kimmel, 1977; Van Lange, Liebrand, Messick & Wilke, 1992). Entscheidungen der ersten Art werden in solchen Dilemmata als *nicht-kooperatives Verhalten* («defection»[3]) bezeichnet, Entscheidungen zugunsten des kollektiven Interesses hingegen als *Kooperation*. Das Dilemma resultiert aus zwei Eigenschaften (Dawes, 1980): (a) Jedes Individuum erzielt jeweils ein besseres Ergebnis für eine nicht-kooperative Wahl als für eine kooperative, egal, welche Entscheidung andere treffen; (b) wenn alle Individuen ihr eigenes Ergebnis zu maximieren suchen und nicht kooperieren, erzielen alle ein schlechteres Ergebnis, als wenn alle kooperiert hätten. Aus beiden Eigenschaften ergibt sich, dass jedes (eigennutzenmaximierende, rationale) Individuum zunächst versucht ist, sich nicht-kooperativ zu verhalten (sog. dominierende Strategie, z. B. Dawes, 1980)[4]. In einem kollektiven Sinne ist es hingegen rational, wenn sich alle für Kooperation entscheiden. Beispiele für soziale Dilemmata lassen sich vor allem im Bereich der Verwendung und Ausbeutung von Ressourcen finden (s. z. B. Messick & Brewer, 1983). Jede/r einzelne ist «besser dran», wenn er so viel Energie verbraucht, wie er/sie will; allerdings führt das in der Gesamtheit zum Problem der Ressourcenknappheit (und auch zu enormen Umweltbelastungen). Aber auch im kleineren Maßstab stößt man auf Probleme ähnlicher Struktur; beispielsweise in Wirtschaftsorganisationen, in denen die machtpolitische Selbstverwirklichung Weniger auf Kosten der Kreativität und Motivation Vieler geht; oder bei solchen Themen wie Schwarzfahren, Hilfe unter Freunden, Entrichtung der Fernsehgebühren usw.

---

3 In der Literatur findet man häufig den Ausdruck «competition». Da dieser Begriff im engen Sinne jedoch eine bestimmte motivationale Orientierung impliziert – nämlich die, die Differenz zwischen dem eigenen Ergebnis und dem des Gegenüber zu maximieren (siehe Deutsch, 1973; Messick & McClintock, 1968) – wurde im vorliegenden Text zumeist der Ausdruck «Nicht-Kooperation» (oder Kooperation verweigern) gewählt.

4 Dies gilt insbesondere bei einmaligen oder absehbar oft wiederholten Spielen; wenn die Anzahl der Wiederholungen hingegen nicht bekannt ist, wird Verweigern der Zusammenarbeit auch individuell betrachtet zunehmend irrational, d.h., der Anreiz zum Verweigern der Zusammenarbeit sinkt.

Die allgemeine Klasse der sozialen Dilemmata lässt sich in weitere Typen untergliedern (s. z. B. Dawes, 1980; Komorita & Parks, 1995; Messick & Brewer, 1983; Pruitt, 1998), zu diesen gehören u. a.: (a) das klassische «Gefangenendilemma», (b) das sog. «Ressourcendilemma» oder «commons dilemma» (Hardin, 1968) und (c) die Öffentliches-Gut-Problematik. Zentrale abhängige Variable in allen Dilemmata-Spielen ist die Häufigkeit oder der Anteil an kooperativen Spielzügen. Im folgenden werden die einzelnen Varianten kurz erläutert.

Das Gefangenendilemma

Stellen Sie sich zur Illustration folgende Situation vor (aus Hofstadter, 1985):

Sie haben zusammen mit einem Bekannten, für den Sie keine weiter gehende Sympathie empfinden, eine Straftat begangen. Dummerweise haben Sie sich beide erwischen lassen und sitzen nun im Gefängnis. Getrennte Zellen erlauben keine Kommunikation zwischen Ihnen und Ihrem Bekannten. Irgendwann kommt der Staatsanwalt zu Ihnen und schlägt Ihnen folgenden «Deal» vor: «Wir haben eine Menge Beweise gegen Sie beide vorliegen. Wenn Sie also beide die Straftat leugnen, wird Ihnen das nicht viel helfen, wir werden Sie beide auf jeden Fall für 2 Jahre hier festhalten. Aber es gibt eine Möglichkeit für Sie: wenn Sie die Tat gestehen und uns damit helfen, auch Ihren Komplizen zu überführen, dann lassen wir Sie frei. Um Rache müssen Sie sich keine Sorgen machen, wir werden Ihren Komplizen dann für 5 Jahre hinter Gitter bringen.» Sie fragen ängstlich nach, was denn passiert, wenn Sie beide gestehen. Daraufhin antwortet der Staatsanwalt: «Ich fürchte, in diesem Fall werden Sie beide 4 Jahre hier verbringen müssen.»

Da Sie sich nicht mit Ihrem Komplizen absprechen können und ihre Entscheidung unabhängig voneinander treffen müssen, sitzen Sie jetzt in der Klemme (daher auch der Name des Spiels: «Gefangenen-Dilemma»). Behaupten Sie Ihre Unschuld, während Ihr Partner gesteht, müssen Sie dafür mit 5 Jahren büßen. Es wäre in diesem Fall also besser, wenn auch Sie gestehen würden, denn dann bekämen Sie nur 4 Jahre. Wenn andererseits Ihr Partner seine Unschuld beteuert, wäre es für Sie das beste, wenn Sie gestehen würden – dann kämen Sie nämlich frei. Sie kommen also zu der Schlussfolgerung, dass es unabhängig von dem, was Ihr Komplize tut, offensichtlich besser für Sie ist, wenn Sie gestehen. Dummerweise nur wird Ihr Komplize aufgrund dieser Überlegungen wohl zu derselben Einschätzung kommen. Wenn Sie dann beide gestehen, sind Sie mit 4 Jahren Haft schlechter dran, als wenn Sie beide die Tat geleugnet hätten – das hätte Sie beide «nur» 2 Jahre Haft gekostet.

Was lässt sich an dieser Situation demonstrieren? Wenn Sie sich *beide nicht* entsprechend den Gesetzen der spieltheoretischen Logik verhielten – die ja eine Verweigerung der Zusammenarbeit «vorschreibt» –, sondern kooperierten, müssten Sie nur die Hälfte der Zeit absitzen! (Noch besser wäre es natürlich, Sie würden gestehen, Ihr Komplize jedoch nicht …).

Diese Situation lässt sich entsprechend Abbildung 1 formalisieren. Die Handlungsergebnisse (in unserem Beispiel die Strafdauer) für jede der beiden Parteien, die aus der

		Entscheidungsalternativen von Partei 2 (Komplize)	
		leugnen («kooperieren»)	gestehen («Kooperation verweigern»)
Entscheidungs alternativen von Partei 1 (Sie selbst)	leugnen («kooperieren»)	–2, –2 (B; B)	–5, 0 (P; V)
	gestehen («Kooperation verweigern»)	0, –5 (V; P)	–4, –4 (S; S)

Abbildung 1: Das Gefangenendilemma. Die negativen Zahlenwerte bilden das jeweilige Straf-maß in Jahren ab; in formalisierter Form steht B für Belohnung für beiderseitige Zusammenar-beit, V für Versuchung, Zusammenarbeit einseitig zu verweigern, P für «Pech des Betrogenen» («Sucker's payoff») und S = Strafe für beiderseitiges Verweigern der Zusammenarbeit.

Kombination des eigenen Verhaltens mit dem der anderen Partei resultieren, finden sich in den Zellen der Matrix, wobei die Ergebnisse der ersten Partei *vor*, die der zweiten Partei *nach* dem Komma abgebildet sind.

In abstrahierter, allgemeiner Form finden sich in Abbildung 1 auch die zu erfüllen-den Bedingungen, damit die Struktur eines Gefangenendilemmas (für andere Spiel-strukturen s. Kapitel von Mikula und Athenstaedt zur sozialen Interdependenztheorie in diesem Band) vorliegt (z. B. Pruitt, 1998): (1) Die Versuchung, nicht zu kooperieren (im Beispiel V), während es der andere tut, muss größer sein als die Belohnung für gegenseitige Kooperation (B). Letztere muss wiederum größer sein als die Strafe für beiderseitige Verweigerung (S), die ihrerseits wiederum größer sein muss als der «sucker's payoff» (P für das Pech des Betrogenen). Diese Rangreihe $V > B > S > P$ sagt aus, dass für jeden Einzelnen die Alternative der Verweigerung lohnender ist als die der Kooperation, unabhängig von dem, was der andere tut. (2) Einige Autoren (s. Dawes, 1980) fügen auch noch folgende Bedingung hinzu: $(V + P)/2 < B$. Dies bedeutet, dass der Anreiz zur gegenseitigen Kooperation größer sein muss als der, sich einfach gegen-seitig abzuwechseln, was Kooperieren vs. Nicht-Kooperieren angeht.

Das zwei-Personen-Gefangenendilemma unterscheidet sich von den beiden nachfol-gend zu besprechenden Formen sozialer Dilemmata insofern als: (a) der Schaden nicht-kooperativen Verhaltens nur eine und nicht mehrere Personen betrifft, (b) keine Anonymität gegeben ist, da immer eindeutig ist, wie sich der andere verhalten hat und (c) die Spieler keine gegenseitige Verhaltenskontrolle betreiben können.[5]

---

5 Aufgrund dieser Unterschiede wird das klassische Gefangenendilemma von manchen Autoren nicht als soziales Dilemma anerkannt (z.B. Dawes, 1980; Schroeder, 1995).

Das Ressourcendilemma

Beim Ressourcendilemma konkurrieren mehrere Personen um den Verbrauch einer gemeinsamen Ressource (sog. «take-some» – Spiel; Dawes, 1980; s. auch Van Lange et al., 1992) wie beispielsweise Weideland oder auch Energie (s. z. B. Dawes, 1980; Komorita & Parks, 1995; Messick & Brewer, 1983; Pruitt, 1998; Schroeder, 1995). Diese Form des sozialen Dilemma geht zurück auf die so genannte «tragedy of the commons» nach Hardin (1968), in der die Allmende (gemeinschaftlich genutztes Weideland) einer Gemeinde durch Überweidung dauerhaft vernichtet wird[6]. Auch hier handelt es sich wieder um eine Situation, in der Parteien zwischen Eigeninteresse und kollektivem Interesse wählen müssen. In der Experimentalsituation wird dies so abgebildet, dass die Parteien nach Belieben von einer gemeinsamen Ressource – meistens als Punktsumme dargestellt – verbrauchen können. In zuvor festgelegten Abständen wird die Ressource vom Experimentator proportional zu der Gesamtentnahme der Spieler wieder aufgefüllt. Wenn die Spieler allerdings zu viel entnehmen und die Ressource über ein bestimmtes Maximum hinaus ausgebeutet wird, kann die Ressource nicht erneuert werden. Demnach muss das Eigeninteresse gezügelt werden, um die Ressource zu erhalten. Im Unterschied zu einem N-Parteien-Gefangenendilemma sind beim Ressourcendilemma abgestufte Reaktionen möglich und die Ausgangslage – der Zustand der Ressource – verändert sich bei den einzelnen Spieldurchgängen in Abhängigkeit von der vorherigen Entnahme.

Die Öffentliches-Gut-Problematik

Während beim Ressourcendilemma die *Entnahme* aus einem gemeinsamen Topf den Gegenstand des Konflikts darstellt, ist es bei der Öffentlichen-Gut-Problematik die Frage, wie viel jeder einzelne zum Bestand eines öffentlichen Guts (beispielsweise öffentlich-rechtliches Fernsehen; Clubbeiträge u. ä.) *beitragen* soll, welches auch Personen zur Verfügung steht, die nichts beitragen (sog. «Trittbrettfahrer»). Eine bestimmte Anzahl von Personen muss einen Beitrag leisten, damit das Gut überhaupt erst bereitgestellt werden kann. Es handelt sich hier also um eine «give-some»-Entscheidung (Dawes, 1980; s. auch Van Lange et al., 1992). In der Experimentalsituation erhalten die Versuchspersonen in der Regel einen bestimmten Geldbetrag oder eine bestimmte Punktsumme, die sie nach Belieben entweder in einen gemeinsamen Topf einzahlen oder aber für sich selbst behalten können. Zahlen sie in den gemeinsamen Topf ein, wird ihr Beitrag um einen zuvor bestimmten Faktor vermehrt und kommt allen Mitspielern in gleichem Maße zugute. Eigeninteresse führt hier dazu, dass jedes Gruppenmitglied Einzahlungen vermeidet. Die Gruppe insgesamt leidet aber darunter, wenn alle Mitglieder sich so verhalten, da dann das öffentliche Gut nicht bereitgestellt werden

---

6 Beispiel: Das Weideland bleibt so lange erhalten, so lange jeder Bauer nur eine Kuh auf die Weide schickt. Einige schlaue Bauern schicken zwei Kühe auf die Weide und haben dadurch mehr Milch. Die anderen ziehen nach. Ein noch schlauerer Bauer schickt eine dritte Kuh hinaus, und die anderen folgen ihm wieder. Schließlich grasen so viele Kühe auf der Weide, dass sie durch die Überweidung dauerhaft vernichtet wird.

kann. Ein Beispiel ist Schwarzfahren bei öffentlichen Verkehrsmitteln. Jeder einzelne ist versucht, den Kauf der Fahrkarte zu umgehen. Würde allerdings jeder schwarzfahren, würden alle unter Einschränkungen beim Öffentlichen Nahverkehr leiden.[7]

Forschungsergebnisse zu sozialen Dilemmata

An dieser Stelle sollen besonders einflussreiche Faktoren für Verhalten in sozialen Dilemmata überblicksartig referiert werden (zsf. z. B. Komorita & Parks, 1995; Pruitt, 1998; Van Lange et al., 1992):

a. *(Monetäre) Anreizstrukturen*: Die Kooperationsrate steigt an, wenn entweder die Anreize zur Verweigerung der Kooperation minimiert oder jene für Kooperation erhöht werden. Ebenso steigt die Kooperationsrate an, wenn Bestrafung für Nicht-Kooperation bzw. Belohnung für Kooperation eingeführt wird[8] (z. B. Yamagishi, 1986).

b. *Kommunikation*: in der Regel führt die Möglichkeit zu Kommunikation unter den Spielern zu mehr Kooperation (s. z. B. Bohnet & Frey, 1995; Orbell, Van de Kragt & Dawes, 1988).

c. *Verhalten anderer und Erwartungen*: Die Kooperationsrate steigt mit der Erwartung (aufgrund sozialer Normen – z. B. Kerr, 1995; Pillutla & Chen, 1999 – oder aber aufgrund von Vertrauen) an, dass andere ebenfalls kooperieren (Personen nutzen die Kooperation anderer nicht zwingend aus, da sie erkennen, dass man mit wechselseitiger Kooperation einigen Gewinn erzielen kann, Dawes, 1980). Die tatsächliche Strategie anderer hat ebenfalls Einfluss; so erweist sich beispielsweise die «Wie-du-mir-so-ich-dir»-Strategie («tit-for-tat»)[9] als besonders erfolgreich, um Kooperation zu erzeugen (z. B. Axelrod, 1987; Komorita, Parks & Hulbert, 1992).

---

7 Von dieser Problematik können auch sog. «Lastgüter» betroffen sein, bei denen es darum geht, eine gemeinsame Last abzutragen. Beispielsweise hat es sich gezeigt, wie schwierig es ist, die Industriefirmen, die im zweiten Weltkrieg Zwangsarbeiter beschäftigt haben, nun zur Einzahlung in den gemeinsamen, kürzlich per Entschädigungsgesetz beschlossenen Entschädigungstopf zu bewegen.

8 Bei realen sozialen Dilemmata stellt sich hier das Problem, wer für die dabei anfallenden Kosten aufkommt. Wenn es die Beteiligten selbst sind, kann sich letzten Endes die unbefriedigende Situation ergeben, dass sich der Gewinn aus der Kooperation verringert (s. Dawes, 1980; zur Einführung eines entsprechenden Sanktionierungssystems s. auch Yamagishi, 1992)

9 Eine solche Strategie ist dadurch gekennzeichnet, dass sie mit einem kooperativen Zug beginnt und in der Folge bei jedem Zug n die jeweils vorhergehende Entscheidung der Gegenseite bei Zug n-1 kopiert (z.B. Axelrod, 1984). Die Eigenschaften von tit-for-tat (tft) lassen sich demnach als nett (der erste Zug ist kooperativ), «fair» und nicht nachtragend (außer der sofortigen Vergeltung für die Verweigerung der Zusammenarbeit erfolgt keine weitere Strafe, es kann sich also Vertrauen entwickeln), nicht-neidisch (es geht nicht darum, dem anderen gegenüber einen Vorteil zu erringen), allerdings «standhaft» bzw. provozierbar (sie lässt sich nicht ausbeuten) beschreiben (s. Axelrod, 1984). Durch diese Strategie lernt also die Gegenseite, dass der einzige Weg, die andere Seite zum Nachgeben zu bringen, der ist, selbst nachzugeben.

Schließlich scheint auch die Erwartung wiederholter Spielinteraktionen die Kooperation zu erhöhen (z. B. Murninghan & Roth, 1983).

d. *Individuelle Unterschiede*: Personen, die eine generelle kooperative Disposition oder Orientierung aufweisen, kooperieren auch eher als solche, die eine kompetitive oder individualistische Orientierung kennzeichnet (z. B. Kuhlman & Marshello, 1975; McClintock & Liebrand, 1988; s. aber Parks, 1994, für paradigmenabhängige Effekte; s. auch Abschnitt 3.2).

e. *Gruppengröße*: Mit steigender Gruppengröße nimmt die Kooperation ab (z. B. Yamagishi, 1992). Allerdings gibt es hier eine Art «Deckeneffekt»: ab einer Gruppengröße von ca. acht Personen hat ein weiteres Anwachsen der Gruppengröße keinen Einfluss mehr auf das Ausmaß an Kooperation (z. B. Kerr, 1989). Dieser Effekt ist vermutlich zum einen über die wahrgenommene *Effizienz* vermittelt, d. h. das Ausmaß, in dem Personen glauben, dass ihr Beitrag (bzw. jener ihrer Gruppe) notwendig ist oder hilft, ein gemeinsames Ziel zu erreichen (z. B. Kerr, 1992; Van de Kragt, Orbell & Dawes, 1983). Zum anderen spielt aber auch die *Identifizierbarkeit* der eigenen Entscheidung eine Rolle. So steigt das Ausmaß an Kooperation an, wenn Entscheidungen öffentlich und nicht anonym getroffen werden (z. B. Bohnet & Frey, 1995). Daran knüpft sich auch die Frage an, inwieweit sich Personen *verantwortlich fühlen*. Ähnlich wie in den Untersuchungen zu unterlassener Hilfeleistung (z. B. Latané & Darley, 1970) stellt sich auch in N-Personen-sozialen Dilemmata das Problem der kooperationsreduzierenden Verantwortungsdiffusion (z. B. Stroebe & Frey, 1982); allerdings kann dies beispielsweise durch die Betonung moralischer Aspekte reduziert werden (z. B. Dawes, 1980).

2.2   Verhandlungsspiele

Ob sich ein Paar darüber einig zu werden versucht, ob es lieber auf dem Land oder in der Stadt leben soll, ob Studierende in einer Arbeitsgruppe zu einer Übereinkunft in Bezug auf die Aufgabenverteilung bei der Erstellung eines Referates kommen müssen oder ob ein potenzieller neuer Mitarbeiter mit seinem Chef um die Bedingungen seines Arbeitsvertrages feilscht: Verhandeln ist auf vielfältige Weise Bestandteil des alltäglichen Lebens.

Verhandeln lässt sich in diesem Zusammenhang definieren als eine Diskussion zwischen mindestens zwei Parteien mit dem Ziel, zu einer Einigung zu kommen (z. B. Pruitt & Carnevale, 1993). Der Haupt-Unterschied zwischen sozialen Dilemmata und Verhandlungsspielen besteht darin, dass bei letzteren (a) Kommunikation zwischen den Parteien zum definitorischen Bestimmungsstück gehört und (b) ein Verhalten erst dann einen Effekt auf das Ergebnis der beiden Parteien hat, wenn sich *beide* Parteien auf eine Lösung einigen (so kann beispielsweise ein Auto erst dann verkauft werden, wenn sich Käufer und Verkäufer über den Preis einig sind), während in sozialen Dilemmata bereits das Verhalten des einzelnen beiderseitig wirksame Handlungskonsequenzen bewirkt.

Das dominante Forschungsparadigma

Im dominanten Forschungsparadigma zum Thema Verhandeln wird jeder beteiligten Partei eine andere Rolle zugewiesen (z. B. Käufer vs. Verkäufer), und es werden Ausprägungen eines Gegenstands auf mehreren Dimensionen verhandelt (z. B. Preis, Lieferzeit, Qualität eines Autos). Für jede Dimension stehen verschiedene Alternativen der Einigung zur Verfügung (beispielsweise unterschiedliche DM-Beträge für Preis). Jeder dieser Alternativen wurde zuvor ein bestimmter Punktwert zugewiesen, der der Versuchsperson in Form einer Punktetabelle vorliegt. Ziel ist es, bei jeder Dimension eine Einigung zu erzielen, die für einen selbst den höchsten Wert erbringt. Zwei Eigenschaften der Verhandlungsdimensionen sind dabei zentral:

a. Bei jeder Dimension können die Punktwerte für die Einigungsalternativen zwischen den beiden Parteien gegenläufig sein – die Interessen der beiden Parteien sind also *inkompatibel*, zum Beispiel wenn für den Käufer mit ansteigendem Preis die Punktezahl sinkt, während für den Verkäufer das Gegenteil der Fall ist (siehe Abbildung 2; alle möglichen Vereinbarungen für eine Dimension sind in diesem Fall auf einer Linie darstellbar). Sie können aber auch *kompatibel* sein und in die gleiche Richtung gehen («common value issue»).

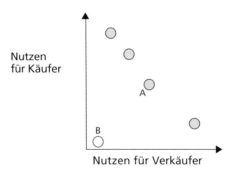

Abbildung 2: Gemeinsamer Nutzen-Raum für Preis am Beispiel Käufer/Verkäufer (nach Pruitt & Carnevale, 1993). Der Nutzen für den Verkäufer ist in der Horizontalen, der für den Käufer in der Vertikalen abgebildet. Die Punkte repräsentieren mögliche Einigungen mit jeweils unterschiedlichem Nutzen für die beiden Beteiligten; Alternative A repräsentiert einen Kompromiss, Alternative B keine Einigung.

b. Meist sind bei einer Verhandlung nicht alle Dimensionen gleich bedeutsam; in der Spielsituation äußert sich dies darin, dass sie unterschiedlich hohe Punktwerte erzielen (beispielsweise kann für eine Partei der Preis wichtiger sein als die Lieferzeit). Diese unterschiedlichen Prioritäten stellen die «Krux» bei Verhandlungsspielen dar, da sich hieraus Potenzial für eine so genannte «Win-Win-» oder integrative Lösung (Pruitt & Lewis, 1975) ergibt. Während man sich bei einem Kompromiss in der Mitte zwischen den Angeboten der Verhandlungsparteien trifft, impliziert eine integrative Lösung, die Bedürfnisse beider Parteien zufrieden zu stellen, indem hochwertige gegen geringer wertige Dimensionen «eingetauscht» werden («logrolling»): Man kommt der Gegenseite bei Dimensionen, die für diese besonders (für einen selbst jedoch weniger) wichtig sind, entgegen und erhält im Gegenzug Zugeständnisse bei Dimensionen, die für einen selbst hohe Priorität haben[10]. Situationen haben dann ein «integratives Potenzial» (bergen also die Möglichkeit, die Interessen beider Parteien zu befriedigen), wenn keiner in einen Kompromiss einwilligt und nur solche kreative – weil nicht auf Anhieb ersichtliche –Lösungen übrig bleiben (Carnevale & Pruitt 1992). Außerhalb des engen Experimentalparadigmas sind in realen Verhandlungen integrative Lösungen im übrigen auch auf der Basis anderer Taktiken erzielbar. Dazu gehören spezifische (auf der zur Verhandlung stehenden Dimension) und unspezifische (auf einer anderen als der verhandelten Dimension) Kompensation des Verlierers, Reduktion der für den Verlierer entstehenden Kosten, Vergrößerung der zur Verfügung stehenden Ressourcen («expanding the pie», d. h., es treten zusätzliche Items dazu, die vorher nicht Verhandlungsgegenstand waren, s. das Beispiel des Autokaufs) oder Schaffung neuer Optionen, die die Interessen beider Parteien vereinigen («bridging») (f. alle Taktiken s. z. B. Pruitt & Carnevale, 1993).

Als abhängige Variable wird bei Verhandlungsspielen erfasst, ob es zu einer Einigung kam oder nicht, die dafür benötigte Zeit, das Ergebnis der einzelnen Parteien sowie ihr gemeinsames Ergebnis. Neben diesen eher ökonomischen Variablen werden bei Verhandlungen häufig auch Strategien sowie genuin sozialpsychologische Maße erfasst (s. Thompson, 1990), wie beispielsweise die Kommunikation zwischen den Parteien, die Einstellung sowie die Wahrnehmung hinsichtlich der eigenen und der anderen Person sowie des Gegenstands und der Verhandlung selbst.

Im *motivational* begründeten Verhandlungs-Paradigma geht man davon aus, dass Bedingungen zum Zeitpunkt des Verhandelns sich auf den psychologischen Zustand (Motivation) der Verhandlungsparteien auswirken, welche wiederum – direkt oder vermittelt über unterschiedliche Strategien – die Verhandlungsergebnisse beeinflussen (siehe Abbildung 3).

Während also das motivationale Paradigma die Ursächlichkeit von Motivation betont, setzt das Modell der *kognitiven* Tradition (oder auch «behavioral decision perspective», s. Bazerman, Curhan, Moore & Valley, 2000; s. dazu auch Abschnitt 3.5) den Akzent auf kognitive Aspekte. Es nimmt an, dass die Ergebnisse einer Verhandlung vornehmlich durch die *Informationsverarbeitung* des Verhandelnden bestimmt werden (s. Carnevale & Pruitt, 1992). Diesem Ansatz lag lange Zeit die Annahme zugrunde, dass Entscheidungen durch den vereinfachenden Gebrauch von Heuristiken in systematischer Weise von Rationalität und Optimierung abweichen. Mittlerweile hat die Kritik an diesem Postulat, die unter anderem auf Forschungsergebnissen zu *positiven* Ver-

---

10 Beispiel: Anstatt sich bei einer Verkaufsverhandlung auf einen Preis in der Mitte zu einigen, wird ein höherer Preis vereinbart, dafür aber gibt der Verkäufer noch Extras (z.B. eine Sonderausstattung) dazu, die ihn weniger kosten als sie dem Käufer Nutzen bringen.

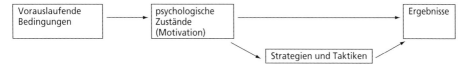

Abbildung 3: Das kausale Modell des motivationalen Paradigmas zum Verhandeln (nach Pruitt & Carnevale, 1993).

handlungseffekten von Heuristiken basiert, zu einer Öffnung des Ansatzes geführt (s. Bazerman et al., 2000).

Forschungsergebnisse zum Verhandeln
Folgende Strategien lassen sich nach dem *motivationalen* Ansatz in Verhandlungen unterscheiden (z. B. Carnevale & Pruitt, 1992; Pruitt, 1998):

1. *Zugeständnisse* machen oder Nachgeben; beides impliziert die Reduzierung der eigenen Ansprüche und Forderungen. Die Forschung zeigt hier, dass höhere anfängliche Forderungen und langsamere Zugeständnisse eine Einigung weniger wahrscheinlich und weniger schnell erreichbar machen. Niedrigere anfängliche Forderungen und schnellere Zugeständnisse führen andererseits aber zu schlechteren Ergebnissen der sie anwendenden Partei. Es besteht also eine umgekehrte U-Funktion zwischen dem Ausmaß der anfänglichen Forderung und dem schlussendlich erzielten Ergebnis (s. Pruitt, 1998).
2. *Kämpfen oder Durchsetzen* («contending», Carnevale & Pruitt, 1992) verweist auf alle Versuche, die andere Seite zum Nachgeben zu bringen, wozu beispielsweise Drohungen oder positionale Bekenntnisse («Hier stehe ich und kann nicht anders»), der Einsatz überzeugender Argumente, die Einführung von Zeitdruck, oder das Verhandeln mit nur einem Repräsentanten der anderen Seite gehören. Solche Druckmittel scheinen um so effektiver zu sein, je größer und je glaubwürdiger die Drohung ist, je höher der Status des Drohenden ist und je negativer die andere Seite wahrgenommen wird. Ein ungleicher Einsatz solcher Strategien führt zu einer Einigung, die für den Stärkeren vorteilhaft ist, dabei aber integrative Lösungen verhindert. Darüber hinaus begünstigen Drohungen zumeist Gegendrohungen, was zur Konflikteskalation führen kann.
3. *Problemlösen*; dies umfasst eine ganze Reihe unterschiedlichster Verhaltensweisen, die alle dem Ziel dienen, integrative Lösungen zu finden. Problemlösen involviert oft den Austausch von Informationen über Prioritäten, Werte, Ziele und zugrundeliegende Interessen, welcher die Entwicklung von win-win Lösungen begünstigt. Gegenseitiges Vertrauen ist eine der Voraussetzungen für diesen Austausch. Für Problemlösen scheint auch ein heuristisches Versuch-Irrtum-Vorgehen wichtig zu sein, sowie die Taktiken, die weiter oben im Hinblick auf die Erzielung von win-win-Lösungen bereits diskutiert wurden (s. auch Fisher, Ury & Patton, 1991). Voraussetzung für Problemlösen ist, dass beide Parteien standhaft und flexibel zugleich sind,

standhaft bezüglich der zugrundliegenden Interessen (hohe Ziele und Aufrechterhaltung dieser Ziele), und flexibel, was den Weg der Zielerreichung angeht.

Diese drei Strategien sind zwar zum Teil inkompatibel, werden vielfach aber alle benötigt, um zu einer Einigung zu kommen (s. z. B. Pruitt, 1998). Bei (realen) Verhandlungen werden sie auch häufig im Wechsel verwendet oder in Bezug auf verschiedene beteiligte Personen oder Themen. Oft nimmt ein Konfliktverlauf zwei Phasen an:
zunächst eine Kombination aus Zugeständnissen und Zwang, dann Problemlösung,
weil beide Parteien an ihren Grenzen angelangt sind und erkennen, dass Nachgeben
und Zwingen keine gangbaren Strategien mehr sind (Carnevale & Pruitt, 1992).

2.3   Kritik an den Experimentalspielparadigmen

Soziale Dilemmata erlauben es, auf einfache Weise wechselseitige Abhängigkeit zu ope-
rationalisieren, sie sind im Forschungs-Einsatz höchst ökonomisch, sie ermöglichen reale Verhaltensbeobachtungen und stellen damit präzise Maße für oft schwer fassbare
Konzepte wie «Kooperation» bereit (s. Pruitt & Kimmel, 1977). Trotz dieser Vorteile
wurden die entsprechenden Paradigmen – besonders das Gefangenendilemma – in verschiedener Hinsicht kritisiert (s. Pruitt & Kimmel, 1977). Ein wichtiger Kritikpunkt
früherer Jahre war, dass die häufig ausschließlich im Labor durchgeführten Studien die
Übertragbarkeit der Ergebnisse in Frage stellen. Nach Van Lange et al. (1992) ist diese
Kritik mittlerweile nicht mehr haltbar. Verhandlungsspiele waren dieser Kritik weniger
ausgesetzt; die meisten interpersonalen Konflikte (und besonders deren Lösung!) beinhalten letztendlich irgendeine Art von Verhandeln im Sinne der Kommunikation von
Angeboten und Gegenangeboten, Forderungen, Zugeständnissen und ähnlichem.
Menschen bilden außerdem auch im Alltag Rangreihen in Bezug auf die Wichtigkeit
verschiedener Dimensionen eines Verhandlungsgegenstandes.

3   Theoretische Perspektiven

Im folgenden Abschnitt werden fünf theoretische Perspektiven zu Kooperation/Kom-
petition vorgestellt. Die erste davon –die Kooperations/Kompetitionstheorie von
Deutsch (1973) – befasst sich mit Konflikten allgemein. Daran anknüpfend werden theoretische Ansätze zum Einfluss sozialer Motive auf Kooperation und Kompetition behandelt (Abschnitt 3.2). Ein Modell zur Einordnung verschiedener Befunde im Zusammenhang mit sozialen Dilemmata ist die Ziel/Erwartungs-Hypothese von Pruitt
und Kimmel (1977), die in Abschnitt 3.3 präsentiert wird. Speziell für Verhandeln
wurde das «dual-concern-model» von Pruitt und Rubin (1986) entwickelt (Abschnitt
3.4). Den Abschluss der theoretischen Perspektiven bildet ein Überblick über die kognitive Tradition in der Verhandlungsforschung (Abschnitt 3.5).

3.1 Die Kooperations/Kompetitionstheorie von Deutsch (1949, 1973)[11]

Morton Deutsch lieferte mit einer in seinem 1973 erschienenen Buch «The resolution of conflict» zusammenfassend dargestellten Konflikttheorie einen bedeutenden und folgenreichen Beitrag für die Konfliktforschung. Seine umfassende Theorie stimulierte viele Forschungsarbeiten, löste gleichzeitig aber auch zahlreiche Diskussionen aus.

Deutschs Interesse zielt auf die Frage, wie es zu einer kooperativen oder kompetitiven Beziehung zwischen Personen kommt, wenn sowohl vereinbare als auch unvereinbare Interessen vorliegen. Genauer betrachtet, sind vereinbare Interessen oder Ziele solche, bei denen die Ziele der Beteiligten in kooperativer Weise miteinander verknüpft sind: jeder kann sein Ziel nur erreichen, wenn der andere seines ebenfalls erreicht («promotive interdependence»). Bei einer kompetitiven Zielstruktur sind die Ziele der Beteiligten hingegen negativ miteinander verknüpft: die Zielerreichung der einen Seite beeinträchtigt die Zielerreichung der anderen Seite («contrient interdependence»); anders ausgedrückt, liegt ein so genanntes Nullsummenspiel vor (nur *ein* Bewerber kann einen bestimmten Posten besetzen; nur *eine* Mannschaft kann einen sportlichen Wettbewerb gewinnen etc.). Schließlich spricht Deutsch von «Noninterdependenz» oder einer individualistischen Struktur, wenn die Ziele zweier Parteien weder positiv noch negativ miteinander verbunden sind. Interessant sind die obigen Situationen gemischter Motive deshalb, weil die Konfliktparteien zu einer Vielzahl unterschiedlicher Ergebnisse gelangen können: wechselseitiger Verlust, Gewinn für die eine Seite, Verlust für die andere, oder auch Gewinn für beide Seiten.

Wovon hängt es ab, welches Ergebnis in einer Situation gemischter Motive erzielt wird? Zentral ist hierfür in Deutschs Theorie (1973; für eine Zusammenfassung s. auch Tjosvold, 1998), wie Personen die Interdependenz ihrer Ziele mit denen einer anderen Person *wahrnehmen*[12] (und nicht, wie sie in irgendeiner «objektiven» Weise womöglich gegeben sein mag; diese Ansicht findet sich in ähnlicher Weise in den Annahmen der sozialen Interdependenztheorie von Kelley & Thibaut, 1978, s. Kapitel von Mikula & Athenstaedt in diesem Band). Wird eine kooperative Situation wahrgenommen, ergibt sich ein kooperativer Prozess mit zahlreichen positiven Effekten; wird hingegen eine negative Interdependenz konstruiert, ergibt sich ein kompetitiver Prozess mit entsprechend nachteiligen Effekten. Die Wahrnehmung beeinflusst dabei sowohl die Dynamik (den Umgang der Akteure miteinander) als auch das Ergebnis der Interaktion. Die Prozesse der Kooperation und Kompetition verstärken sich dabei nach den Annahmen von Deutsch, was er in seinem berühmten «crude law of social relationships» entsprechend formulierte: Kooperation führt zu Kooperation, Kompetition zu Kompetition.

11 In der Literatur findet man sie zumeist unter dem Begriff «Kooperations/Kompetitionstheorie» (z.B. Tjosvold, 1998), manchmal unter «Kooperationstheorie» (De Dreu, Weingart & Kwon, 2000), unter «dynamische Konflikttheorie» (z.B. Pruitt & Olczak, 1995), oder auch unter «soziale Interdependenz-Theorie» (z.B. Stanne, Johnson & Johnson, 1999).

12 In diesem Zusammenhang lässt sich auch von einer Monopolhypothese im Sinne der Hypothesentheorie der Wahrnehmung sprechen (s. Lilly & Frey, Band 1).

	Kooperative Zielstruktur ⇩	Kompetitive Zielstruktur ⇩
Dynamik der Interaktion hinsichtlich …		
Kommuni-kation	konstruktive Kontroversen wechselseitiger Austausch Offenheit i. d. Kommunikation Persuasive Methoden	Vermeidung v. Diskussion absichtliche Fehlinformation «Closed-mindedness» Versuch d. Zwangausübung (Intrigen u.a.)
Wahrneh-mung	Betonung v. Gemeinsamkeiten Konvergenz von Ansichten	Betonung von Unterschieden; Schwarz-weiß-Wertungen («ich bin gut, du bist schlecht»); Unterstellung schlechter Absichten
Einstellung	freundlich vertrauensvoll hilfsbereit	feindselig misstrauisch ausbeutend
Aufgaben-bearbeitung	effiziente Arbeitsteilung ⇩	doppelte Ausführung von Aufgaben ⇩
Ergebnisse/Effekte hinsichtlich …		
Aufgabe	Qualitativ hochwertige Entscheidungen hohe Aufgabenproduktivität	Qualitativ minderwertige Entscheidungen geringe Produktivität
Beziehung	Bestätigung Zufriedenheit wechselseitiger Erfolg Vertrauen/Zuversicht	Frustration Feindseligkeit Rache Misstrauen

Abbildung 4: Konfliktdynamik bei Kooperation und Kompetition nach der Theorie von Deutsch (1973), modifiziert nach Tjosvold (1998).

Worin sollen sich nach der Theorie von Deutsch nun Kooperation und Kompetition in ihrer Dynamik und ihren Ergebnissen unterscheiden? Bei einer kooperativen Zielstruktur versucht prinzipiell jeder, neben der eigenen auch die Zielerreichung des anderen zu fördern. Deshalb sucht jeder nach einem Ergebnis, das allen nutzt, mit denen er/sie auf kooperative Weise verknüpft ist. Bei Kompetition hingegen muss jeder in seinem eigenen Interesse bestrebt sein zu verhindern, dass die Gegenseite ihr Ziel erreicht. Wird Noninterdependenz wahrgenommen, suchen Personen in diesem Fall nach einem Ergebnis, das ihnen selbst nützt; die Zielerreichungsbemühungen einer anderen Person werden als irrelevant betrachtet[13]. Die unterschiedliche Dynamik bei Kooperation und Kompetition lässt sich nach Deutsch (1973) auf den Dimensionen Kommunikation, Wahrnehmung, Einstellung und Aufgabenorientierung entsprechend anordnen: siehe dazu Abbildung 4. Dort finden sich auch die Ergebnisse, die aus Kooperation vs. Kompetition im Hinblick auf die Aufgabe und die Beziehung resultieren sollen.

13 Da Noninterdependenz bei Deutsch in seiner Arbeit von 1973 hinsichtlich der Effekte und Prozesse keine große Beachtung findet, wird diese auch hier nicht ausführlicher diskutiert.

Prüfung der Annahmen

Deutsch selbst führte eine Reihe von Studien zu seinen Annahmen durch (für eine Zusammenfassung s. Deutsch, 1973). Beispielhaft soll eine von Deutsch (1973) berichtete Felduntersuchung dargestellt werden. Im Rahmen einer Lehrveranstaltung bildete er verschiedene Seminargruppen, von denen er die eine Hälfte einem kooperativen Notensystem (jedes Gruppenmitglied bekommt die Note, die der Leistung seiner Gruppe entspricht; die beste Gruppe bekommt die beste Note) und die andere Hälfte einem kompetitiven Notensystem zuteilte (jedes Gruppenmitglied bekommt die Note, die seiner eigenen Leistung entspricht; die beste Note erhält derjenige mit der besten Leistung in einer Gruppe). Basierend auf Beobachtungen und Interviews zeigten kooperative Gruppen im Vergleich zu kompetitiven Gruppen mehr und effizientere Kommunikation innerhalb der Gruppe, mehr Freundlichkeit, Hilfsbereitschaft, weniger gegenseitige Behinderung, mehr Zufriedenheit, mehr Anstrengungskoordination, mehr Arbeitsteilung, mehr Aufgabenorientierung, höhere Produktivität, mehr Identität im Sinne von Übereinstimmung und Ähnlichkeit sowie mehr Zuversicht in die eigenen Ideen.

Bewertung der Befundlage und der Theorie

Nach einer kürzlich erschienenen Metaanalyse von De Dreu et al. (2000) zum Verhandeln erfährt das Postulat, wonach eine kooperative Orientierung zu einer höheren Problemorientierung, geringerer Verwendung von Druck und Zwang und letztendlich besseren (Verhandlungs-) Ergebnissen führt als eine individualistische[14] Haltung, zwar Unterstützung – aber nur, solange Personen beim Verhandeln nicht schnell nachgeben.

Andere Metaanalysen zum Effekt kooperativer vs. kompetitiver (und/oder individualistischer) Zielstrukturen beurteilen die Befundlage positiver. Stanne et al. (1999) schlussfolgern beispielsweise, dass Kooperation Kompetition im Hinblick auf Leistungsergebnisse bei motorischen Aufgaben generell überlegen ist und zusätzlich größere interpersonale Anziehung, mehr soziale Unterstützung und höheren Selbstwert bewirkt. Ein ähnliches Bild ergab die Meta-Analyse von Johnson, Maruyama, Johnson, Nelson und Skon (1981). Auch hier zeigte sich ein Vorteil von Kooperation im Hinblick auf Leistungsergebnisse, sowohl gegenüber kompetitiven als auch gegenüber individualistischen Zielstrukturen. Ähnlich positiv beurteilen Johnson und Johnson (1995) die Evidenz im Bereich Aus(-bildung) und Lernen.

Auch wenn die Theorie Deutschs nicht unkritisiert geblieben ist – wie beispielsweise in Bezug auf das Problem, dass bestehende Interdependenzen von den Beteiligten möglicherweise ganz unterschiedlich wahrgenommen werden (Rognes, 1998) – bleibt abschließend dennoch anzumerken, dass sie in vielen ihrer Aussagen bestätigt worden ist: Kooperative Prozesse führen in der Regel zu produktiveren Arbeitshaltungen, besseren persönlichen Beziehungen und einer gesünderen psychischen Verfassung (vgl. Johnson & Johnson, 1995). Schlussendlich scheint auch eine höhere Leistung zu resultieren (s. auch Tomer, 1987, für eine verhaltensökonomische Perspektive).

---

14 Die Autoren schlossen in ihrer Analyse Arbeiten zum kompetitiven Motiv aus.

3.2   Soziale Motive

Folgte man den Annahmen der Spieltheorie, ist die Verweigerung der Kooperation die einzig rationale Reaktion einer Person, die ihren eigenen Nutzen zu maximieren trachtet[15]. Tatsächlich kommt es in entsprechenden Untersuchungen dennoch immer wieder zu einem beachtlichen Anteil (um die 30%) an Personen, die einmal oder öfter kooperieren. Wie lässt sich dies erklären?

Wie wir bei Deutsch gesehen haben, kann die Wahrnehmung der Interdependenz ganz unterschiedlich ausfallen. Anders ausgedrückt, verfolgen Personen *unterschiedliche* soziale Motive[16] in ihren Interaktionen (z. B. Deutsch, 1973, 1982; Griesinger & Livingston, 1973; McClintock, 1978; Messick & McClintock, 1968). Im Falle eines (a) *kooperativen* Motivs steht die Maximierung des gemeinsamen Profits im Vordergrund, (b) bei einer *individualistischen* Orientierung dominiert die Maximierung des eigenen Ergebnisses ohne Berücksichtigung des Ergebnisses für den Partner und (c) die *kompetitive* Orientierung hat zum Ziel, den eigenen relativen Gewinn im Vergleich zu dem des Partners oder Gegners zu maximieren. Solche soziale Motive – oder gleich bedeutend: soziale Wertorientierungen, motivationale Orientierungen, siehe auch Fußnote 1 – können zum einen auf mehr oder weniger stabilen individuellen Unterschieden beruhen, sie können aber auch durch situative Merkmale hervorgerufen werden.

Dispositionelle Unterschiede. Messick und McClintock (1968; McClintock, 1978) haben in ihrer motivationalen Theorie zum Wahlverhalten in Experimentalspielen die o.g. Orientierungen[17] zum ersten Mal eingeführt (für die Basismotive s. auch Deutsch, 1973; für eine ähnliche Konzeption s. auch Griesinger & Livingston, 1973). Als zentrale Bestimmungsgröße dieser Theorie ist die «soziale Wert-Orientierung» definiert als stabile, individuelle, nicht strategisch motivierte Präferenz für bestimmte Ergebnisverteilungen für sich selbst und für andere (McClintock, 1978; Messick & McClintock, 1968). Die soziale Wertorientierung beeinflusst, wie die vom Experimentator festgelegte «gegebene» Ergebnismatrix subjektiv repräsentiert und in eine Matrix überführt wird, die die von einer Versuchsperson subjektiv wahrgenommenen Wertigkeiten enthält (sog. «effektive» Matrix, s. Kelley & Thibaut, 1978; McClintock & Liebrand, 1988; s. auch das Kapitel zu Interdependenztheorien von Mikula & Athenstaedt in diesem Band). Dies bedeutet, dass der einer Alternative operational zugewiesene Nutzen entsprechend der motivationalen Orientierung einer Person verändert wahrgenommen wird.

Die Autoren postulieren, dass in sozialen Dilemmata in Abhängigkeit von der sozialen Wertorientierung jeweils die Alternative gewählt wird, deren Ergebnis Personen

---

15 Streng genommen gilt dies natürlich nur in Situationen, die durch die zu Beginn des Kapitels dargestellte Ergebnismatrix gekennzeichnet sind.

16 Zum Motivbegriff s. Fußnote 1.

17 Außer den o.g. Orientierungen, die zu den am häufigsten untersuchten gehören, werden noch unterschieden: Altruismus, Masochismus, Märtyrertum, Sadomasochismus und Aggression/Sadismus.

Tabelle 1: Beispiel für ein zerlegtes Spiel.

	Wahl A	B	C
Vp erhält	50	40	40
Gegenüber erhält	20	40	5

subjektiv den höchsten Wert beimessen (McClintock, 1978). Man sieht hier: Die angenommene Rationalität des Entscheiders ist keineswegs verschwunden. Statt der Maximierung von Eigennutzen beinhaltet diese Auffassung von Rationalität jedoch, dass Menschen jeweils die Entscheidung treffen, die im Hinblick auf die Erreichung ihrer Interessen (und diese können auch kooperativer Natur sein!) am effizientesten ist (s. z. B. Van Lange, 1992).

Erfasst wird die soziale Orientierung einer Person meist anhand so genannter «zerlegter» Spiele («decomposed games», z. B. Messick & McClintock, 1968). Bei einem zerlegten Spiel wird den Versuchspersonen eine Reihe von Matrizen ähnlich der in Tabelle 1 abgebildeten dargeboten. Die Vp muss dann eine Wahl zwischen den drei Verteilungen treffen, von denen jede eine bestimmte Verteilungspräferenz (individualistisch, kooperativ, kompetitiv; im Beispiel entsprechend A, B, C) repräsentiert.

Wählt eine Person über eine größere Anzahl von Durchgängen hinweg mit einer bestimmten Häufigkeit konsistent jeweils eine Alternative (also in unserem Beispiel A, B oder C) stellvertretend für eine bestimmte soziale Orientierung, so wird sie entsprechend klassifiziert als individualistisch, kooperativ oder kompetitiv. Andere Methoden beruhen beispielsweise auf der Rangreihenbildung verschiedener Zuweisungen oder der abgestuften Einschätzung der Attraktivität unterschiedlicher Zuweisungen. Dispositionellen sozialen Motiven scheinen stabile, durch Erfahrungen in der Kindheit erworbene und in späterem Alter verfestigte Interaktionsmuster zugrunde zu liegen (van Lange, DeBruin, Otten & Joiremann, 1997; vgl. auch Van Lange & Liebrand, 1991).

Situational hervorgerufene motivationale Orientierungen. Die Instruktion, bei der Bearbeitung einer Aufgabe nur an die eigenen vs. auch an die Interessen des anderen zu denken (z. B. Pruitt & Lewis, 1975) oder die Aussicht, einen zusätzlichen Bonus als beste Einzelperson vs. als bestes Team zu erzielen (z. B. De Dreu, Giebels und Van de Vliert, 1998) rufen bereits ganz unterschiedliche motivationale Orientierungen hervor. Die Erwartung zukünftiger Interaktionen führt zu einer kooperativen Orientierung (z. B. Ben-Yoav & Pruitt, 1984b), ebenso wie ein nicht-ökonomischer im Vergleich zu einem ökonomischen Kontext (z. B. Pillutla & Chen, 1999) oder auch gute im Vergleich zu schlechter Stimmung (z. B. Carnevale & Isen, 1986; Forgas, 1998).

Effekte sozialer Motive auf Verhalten und Erwartungen

Soziale Motive im Sinne von Persönlichkeitsunterschieden wurden vor allem als Verhaltensdeterminanten im Zusammenhang mit Gefangenendilemmata und anderen sozialen Dilemmata untersucht. In einer mittlerweile als «klassisch» zu bezeichnenden Studie von Kuhlman und Marshello (1975) spielten als individualistisch, kooperativ oder kompetitiv identifizierte Versuchspersonen ein Gefangenendilemma gegen eine von drei vorprogrammierte Strategien, die als «echte Gegenspieler» getarnt waren. In der Bedingung «100%ige Kooperation» wählte der «Gegenspieler» in allen Spieldurchgängen die kooperative Option; bei «100%ige Verweigerung» verweigerte der fiktive Gegenspieler durchwegs die Kooperation; allein in der Bedingung tit-for-tat[18] variierten die Spielzüge des Programms entsprechend den zuvor gewählten Zügen der Vp. Es zeigte sich, dass Personen mit einer kooperativen Haltung häufiger kooperative Wahlen trafen als Personen mit einer individualistischen oder kompetitiven Orientierung. Ebenso ergab sich ein Effekt der Strategie dergestalt, dass sowohl tit-for-tat als auch 100%ige Kooperation zu mehr Kooperation führten als 100%ige Verweigerung der Zusammenarbeit. Im Zusammenspiel zwischen Strategie des «Partners» und der eignen motivationalen Orientierung traten darüber hinaus Interaktionseffekte auf. So wählten kooperative Personen dann nicht mehr häufiger Kooperation als die anderen Motivgruppen, sobald sie mit einem Gegenspieler aus der Bedingung «100%ige Verweigerung» konfrontiert waren. Kompetitiv orientierte Personen agierten dagegen unabhängig von der Strategie des Partners *immer* kompetitiv. Individualisten schließlich zeigten dann mehr Kooperation, wenn sie auf einen Partner trafen, der eine tit-for-tat Strategie verfolgte. Diese Studie verdeutlicht auch, dass kooperativ orientierte Personen nicht gewillt sind, sich ausnutzen zu lassen (in einem solchen Falle würde man eher von einer masochistischen Haltung sprechen müssen), und dass Anreize zur Kooperation in sozialen Dilemmata je nach sozialem Motiv ganz unterschiedlich gestaltet sein müssen.

In einer Vielzahl weiterer Untersuchungen konnte der Effekt motivationaler Orientierungen auf Verhalten in sozialen Dilemmata nachgewiesen werden (z. B. Joireman, Van Lange, Kuhlman, Van Vugt & Shelley, 1997; Van Vugt, Meertens, Van Lange, 1995; Van Vugt, Van Lange & Meertens, 1996). Allerdings scheint ihr Einfluss von der Art des verwendeten sozialen Dilemmas ebenso wie von der Methode bei der Erfassung individueller Unterschiede abhängig zu sein (s. Parks, 1994).

Soziale Orientierungen können Verhalten nicht nur in sozialen Dilemmata, sondern auch bei Verhandlungen beeinflussen (z. B. de Dreu & Van Lange, 1995; Deutsch, 1973)[19] und sich auf das Verhandlungsergebnis auswirken (s. Carnevale & Pruitt, 1992). Vergleicht man beispielsweise kooperativ orientierte Personen beim Verhandeln mit kompetitiv und individualistisch orientierten Personen, so zeigt sich, dass erstere mehr

---

18 zur Begriffsdefinition s. Fußnote 9.
19 Allerdings wird die Rolle von Persönlichkeitsunterschieden in sozialen Motiven beim Verhandeln kontrovers diskutiert. Während in der Metaanalyse von De Dreu et al. (2000) auch Arbeiten zu individuellen Unterschieden einen Effekt auf Verhandeln zeigen, sind beispielsweise laut Bazerman et al. (2000) oder Thompson (1990) die Effekte individueller Orientierungen zu schwach und in Abhängigkeit von der Situation ganz unterschiedlich.

kooperative Heuristiken (wie beispielsweise «Gleichaufteilung ist fair») als kompetitive Heuristiken («Dein Gewinn ist mein Verlust») wählen. Kompetitiv veranlagte Personen zeigen das gegenteilige Muster, während individualistische Personen nicht diskriminieren (De Dreu & Boles, 1998). Kooperativ orientierte Personen beginnen Verhandlungen mit niedrigeren Forderungen, zeigen ein größeres Maß an Nachgeben und schreiben der anderen Person mehr Rücksicht und Fairness zu als individualistisch und kompetitiv orientierte Personen (De Dreu & Van Lange, 1995). Insgesamt betrachtet, zeigt sich häufig ein positiver Effekt einer kooperativen Orientierung auf das gemeinsame Ergebnis in Verhandlungen (z. B. Pruitt & Lewis, 1975; Weingart, Bennet & Brett, 1993; f. gegenteilige Effekte s. aber z. B. O'Connor & Carnevale, 1997). Soziale Orientierungen könnten beim Verhandeln auch deshalb von Bedeutung sein, weil sie ganz unterschiedliche mentale Sets hervorrufen. In einer Studie von Carnevale und Probst (1998) hatte sich beispielsweise gezeigt, dass kompetitiv orientierte Personen eine geringere kognitive Flexibilität und Kreativität in ihrem Denken aufweisen als Personen mit einer kooperativen Orientierung. Diese Inflexibilität kompetitiv orientierter Personen könnte eine der Ursachen dafür sein, dass integrative Lösungen nicht gefunden werden.

Eine dispositionelle motivationale Orientierung beeinflusst aber nicht nur das (Wahl-) Verhalten, sondern auch die Erwartung bzgl. des Verhaltens der anderen Person (z. B. Kelley & Stahelski, 1970; Roch & Samuelson, 1997). Letzteres Ergebnis lässt sich vermutlich auf den «false consensus» Effekt (Ross, Greene & House, 1977) zurückführen, nach dem Personen von ihrer eigenen Haltung ausgehend annehmen, dass diese auch von der Mehrzahl der anderen Menschen geteilt wird. Dieser Effekt scheint bei dispositionell kompetitiven Personen sogar noch ausgeprägter zu sein: sie erwarten in stärkerem Ausmaß als kooperativ orientierte Personen die eigene Haltung auch bei ihren Gegenübern (die sog. «triangle»-Hypothese, Kelley & Stahelski, 1970; s. auch Iedema & Poppe, 1995; Kuhlman & Wimberley, 1976). Eine einfache Erklärung für diesen Unterschied besteht darin, dass – ganz im Sinne einer self-fulfilling prophecy (z.B Snyder & Swann, 1978, s. Kapitel zur Hypothesentheorie der Wahrnehmung von Lilly & Frey in Band 1) – kooperativ orientierte Personen in einer Interaktion mit einem kompetitivem Partner häufig zu Verweigerung der Zusammenarbeit wechseln, wohl um zu vermeiden, von letzterem ausgebeutet zu werden. Dadurch haben kompetitiv orientierte Personen ein weniger genaues Bild der tatsächlichen Verteilung der Orientierungen als kooperativ orientierte Personen (Kelley & Stahelski, 1970).

3.3 Die Ziel-Erwartungs-Hypothese (Pruitt & Kimmel, 1977) bei sozialen Dilemmata

Im Jahre 1977 prangerten Pruitt und Kimmel die allgemeine Theorielosigkeit im Bereich der Forschung zum Gefangenendilemma an. In ihrem Überblick zu verschiedensten Arbeiten mit diesem Paradigma kamen sie zu dem Schluss, dass zwar eine Vielzahl unterschiedlichster Arbeiten zum Gefangenendilemma vorläge, jedoch kein Erkenntnisgewinn entstanden sei, weil die Arbeiten entweder nicht theoriegeleitet seien oder aber ihren Ergebnissen die theoretische Interpretation fehle. Diesen Mangel versuchten die Autoren dadurch zu beheben, dass sie die unterschiedlichen Ergebnisse synthetisierten und eine eigene Hypothese entwarfen. Im Kern besagt ihre Ziel/Erwartungs-Hypothese, dass Menschen unter bestimmten Bedingungen das *Ziel* entwickeln, Kooperation zu zeigen – tatsächlich aber nur dann kooperieren, wenn sie gleichzeitig auch Kooperation vom Gegenüber *erwarten*.

Die Ziel/Erwartungs-Hypothese bezieht sich dabei auf das Gefangenendilemma mit zwei Personen (auf soziale Dilemmata mit mehr als zwei Parteien soll sie aber ebenso anwendbar sein), die sich in einer wiederholten Interaktion befinden und vom Ziel der Maximierung der eigenen Interessen geleitet sind – eine eigennutzenmaximierende «economic man»-Orientierung wird also vorausgesetzt. Eine kurzfristige Spielperspektive (beispielsweise bei einem angekündigten einmaligen Spiel) legt – unter der Annahme der Eigennutzenmaximierung des Entscheiders – das Verweigern der Kooperation zwingend nahe. Grundsätzlich kann es nach Ansicht der Autoren deshalb erst dann zu Kooperation kommen, wenn eine langfristige Perspektive vorherrscht. Sie ermöglicht es, das *Ziel der Kooperation* aufzubauen. Dieses Ziel entwickelt sich laut den Autoren auf der Basis von drei Wahrnehmungen: (1) der Wahrnehmung der Abhängigkeit vom anderen, d. h. der Bedeutung der Kooperation des anderen, (2) der Einschätzung, dass der andere nicht ausgebeutet werden kann und schließlich (3) der Einsicht, dass man mit dem anderen kooperieren muss, um dessen Kooperation zu erreichen. Der Theorie zufolge ist neben der Entwicklung dieses Ziels noch die *Erwartung*[20], dass sich der andere kooperativ verhalten wird, ausschlaggebend dafür, dass es zu Kooperation kommt. Die Ziel/Erwartungs-Hypothese impliziert dabei eine *multiplikative* Interaktion zwischen der eigenen Motivation (Ziel) und der Erwartung im Hinblick auf die Kooperation der anderen Partei (Pruitt, 1998). Je größer die eigene Bereitschaft zu Kooperation ist, desto mehr Kooperation wird man selbst dann auch bei erwarteter oder tatsächlicher Kooperation der Gegenseite zeigen. Das größte Ausmaß an Kooperation sollte dann zu beobachten sein, wenn Ziel und Erwartung zusammenkommen.

Pruitt und Kimmel (1977; s. auch Pruitt, 1998) referieren eine Reihe von Arbeiten, die sich im Lichte ihrer Theorie interpretieren lassen. Dazu identifizierten sie in den einschlägigen Arbeiten jene Faktoren, die das Ziel der Kooperation einerseits und die Erwartung im Hinblick auf die Kooperation der Gegenseite andererseits beeinflussen. Nach Pruitt und Kimmel aktivieren die folgenden Faktoren das *Ziel* zu kooperieren:

- Erfahrung mit der Spielsituation über die Zeit, besonders wenn darin auch Erfahrungen mit der wechselseitigen Verweigerung der Kooperation enthalten sind
- Zeit oder Anregungen zur Reflexion über solche Erfahrungen
- mit wechselseitiger Kooperation sind hohe Anreize verbunden; mit Ausbeutung und wechselseitiger Nicht-Kooperation sind geringe Anreize verbunden

---

20 Diese Erwartung ist übrigens bei anderen Autoren – beispielsweise bei Deutsch, 1973 – unter dem weiter gefassten Begriff des Vertrauens subsummiert.

- die eigenen Ansprüche sind so hoch, dass man offensichtlich die andere Partei braucht, um sie zu erfüllen
- wechselseitige Kooperation erzielt gleiche Ergebnisse («equal outcomes») für beide
- Entscheidungen können revidiert werden, solange jede Partei noch unzufrieden ist mit ihren Ergebnissen
- die andere Partei verwendet eine tit-for-tat-Strategie (s. dazu Fußnote 9)
- es gibt Kommunikation der Parteien untereinander
- man betrachtet sich selbst als schwächer als die andere Partei
- man antizipiert eine kontinuierliche Interaktion mit der anderen Partei.

Die *Erwartung*, dass die andere Partei künftig kooperieren wird, wird nach Pruitt und Kimmel (1977) durch folgende Determinanten beeinflusst:

- die andere Partei hat kürzlich mit einem selbst oder einer anderen Partei kooperiert
- der andere hat konsistent kooperiert
- man hat eine Botschaft gesendet oder empfangen, die Kooperation ankündigt oder erbittet
- man weiß, dass die Anreize des anderen Kooperation begünstigen
- der andere wird als abhängig von einem selbst betrachtet
- der andere verwendet eine tit-for-tat Strategie
- der andere wird einem selbst als ähnlich eingeschätzt oder ist ein Freund.

Die in der Hypothese postulierte Interaktion lässt sich in verschiedenen Studien finden (s. Pruitt, 1998; f. eine neuere Studie s. z. B. Joireman, Van Lange, Kuhlman, Van Vugt & Shelley, 1997). Aber auch die bereits erwähnten Ergebnisse der Studie von Kuhlman und Marshello (1975) lassen sich im Lichte dieser Hypothese interpretieren.

Aus der «Entstehungsgeschichte» der Hypothese ergibt sich die besondere Situation, dass diese Theorie kaum deduktiv geprüft wurde; statt dessen stellt sie eine plausible Post-hoc-Erklärung und ein Ordnungsschema einer Vielzahl von Ergebnissen dar. Genau darin liegt der Hauptverdienst dieser Hypothese. Problematisch erscheint allerdings ihre Übertragung auf größere Gruppen, da dort das Verhalten der einzelnen Mitglieder weniger voneinander abhängig ist als im Zwei-Personen-Fall; daraus ergibt sich, dass hier einseitige Kooperation ein viel größeres Risiko birgt (s. Yamagishi, 1986).

3.4 Das Dual-concern-model von Pruitt und Rubin (1986)

Darstellung der Theorie

Das Dual-concern-model von Pruitt und Rubin (1986; s. auch Carnevale & Pruitt, 1992; Pruitt, 1998; Pruitt & Carnevale, 1993) gehört zu den bedeutendsten Verhandlungstheorien der motivationalen Tradition und macht entsprechend Vorhersagen zu strategischen Wahlen (Carnevale & Pruitt, 1992). Ein wesentliches Merkmal der Theorie besteht darin, Eigeninteresse («self concern») und Interesse am Ergebnis des ande-

		Eigeninteresse («self-concern»)	
		niedrige oder flexible Ansprüche bzw. Ziele	hohe unflexible Ansprüche bzw. Ziele
Interesse am Ergebnis des anderen («other concern»)	niedrig	Passivität	Kämpfen/Durchsetzen
	hoch	Nachgeben/Zugeständnisse machen	Problemlöseverhalten

Abbildung 5: Das «Dual-concern-model» nach Pruitt und Rubin (1986).

ren («other concern») als zwei voneinander unabhängige Dimensionen zu betrachten, so dass eine Person auf beiden Dimensionen jeweils eine starke oder eine schwache Ausprägung haben kann. Hilfreich ist es, sich die beiden Dimensionen als Kooperationsdimension (Interesse am Ergebnis des anderen; wobei eine individualistische Orientierung mit geringem, eine kooperative Orientierung mit hohem Interesse am Ergebnis des anderen gleichzusetzen ist; s. DeDreu et al., 2000; Pruitt, 1998) und Selbstbehauptungsdimension (Eigeninteresse) vorzustellen. Das Eigeninteresse hängt mit der Höhe und der Flexibilität von eignen Ansprüchen und Zielen zusammen. Für jede der vier möglichen Kombinationen aus Eigeninteresse und Interesse am Ergebnis des anderen werden unterschiedliche Strategien in Verhandlungen vorhergesagt (siehe Abbildung 5).

Hohes Eigeninteresse kombiniert mit hohem Interesse am Ergebnis des anderen ergibt der Theorie nach Problemlösung, hohes Eigeninteresse und geringes Interesse am Ergebnis des anderen führt zu Kämpfen/Durchsetzen, geringes Eigeninteresse und hohes Interesse am Ergebnis des anderen mündet in Nachgeben, und wenn beides gering ausgeprägt ist, führt dies zu Passivität und dem Fehlen einer Strategie.

Drei Postulate lassen sich aus der Theorie ableiten (s. Pruitt, 1998):

1. Bedingungen, die hohes Eigeninteresse fördern, verhindern Nachgeben und Zugeständnisse machen. Dies bedeutet gleichzeitig, dass sich die Wahrscheinlichkeit, eine Einigung zu erzielen, reduziert – wenn es aber dennoch dazu kommt, ist sie von hohem Wert.
2. Bedingungen, die hohes Eigeninteresse fördern, führen entweder zu Kampf und Durchsetzung oder zu Problemlösen, in Abhängigkeit davon, wie das Interesse am Ergebnis des anderen ausgeprägt ist.
3. Bedingungen, die hohes Interesse am Ergebnis des anderen bewirken, vermindern den Einsatz von Kampf und Durchsetzung und den entsprechenden damit verknüpften Taktiken. Ob es zu Problemlösen oder Nachgeben kommt, hängt von der Ausprägung des Eigeninteresses ab.

Empirische Prüfung der Theorie

Nach Pruitt (1998) ist das *Eigeninteresse* um so höher, (a) je höher die Grenzen (oder Ziele) sind, bei deren Unterschreitung jemand die Verhandlung lieber verlässt als eine Einigung unterhalb dieser Grenze zu akzeptieren, (b) je deutlicher persönlich relevante Prinzipien und Werte in die Verhandlung involviert sind, (c) je eher die Verhandlung als Situation dargestellt wird, in der das Aufgeben der eigenen Position einen Verlust bedeutet, (d) je mehr Personen eine Gruppe repräsentieren und vor dieser für das Verhandlungsergebnis verantwortlich sind. Das *Interesse für die Ergebnisse* des anderen kann echt oder «strategisch» begründet sein und ist um so höher, (a) je enger die Beziehung zur anderen Person ist, (b) je eher Personen sich in guter Stimmung befinden oder (c) je eher man erkannt hat, dass man von der anderen Partei abhängig ist und auf diese einen guten Eindruck machen möchte.

Die Ergebnisse einer Studie von Pruitt und Lewis (1975) lassen sich als Bestätigung des ersten Postulats werten: Personen, die beim Verhandeln angewiesen worden waren, nur auf ihr eigenes Interesse zu achten, und die gleichzeitig hohe Ansprüche hatten, erzielten häufig keine Einigung, im Gegensatz zu Personen mit einer kooperativen Instruktion und/oder solchen mit niedrigen Ansprüchen. Wenn erstere jedoch zu einer Einigung kamen, erzielten sie ein besseres gemeinsames Ergebnis. In einer Studie von Ben-Yoav und Pruitt (1984b) ließ sich auch Postulat 2 bestätigen: Hohes Eigeninteresse (in diesem Fall über die Verantwortung als Vertreter einer Gruppe) führte dann zu Kampf/Durchsetzen und einem schlechteren gemeinsamen Ergebnis, wenn das Interesse am Ergebnis des anderen gering war; war es hingegen hoch ausgeprägt, folgte ein hohes gemeinsames Ergebnis. Ben-Yoav und Pruitt (1984a) konnten in einer weiteren Studie schließlich den Nachweis für die Gültigkeit von Postulat 3 erbringen. Es zeigte sich, dass bei hohem Interesse am Ergebnis des anderen geringe, flexible Ziele mit schnellerem Nachgeben und einem schlechteren gemeinsamen Ergebnis einhergehen, während hohe, unflexible Ziele den Einsatz problemlösender Verhaltensweisen begünstigten, jenen von Kampf und Durchsetzung verminderten und schlussendlich ein besseres gemeinsames Ergebnis bewirkten.

Bewertung des Modells

Insgesamt betrachtet, findet sich in der bereits erwähnten Meta-Analyse von DeDreu et al. (2000) gute Evidenz für das Modell (f. eine ähnliche Einschätzung s. auch Thompson, 1990): Großes im Gegensatz zu geringem Interesse für das Ergebnis des anderen, gepaart mit hohen, unflexiblen Ansprüchen – und damit mit hohem Eigeninteresse – führt zu reduziertem Einsatz von Kampf und Durchsetzung, zu mehr Problemlösen und schließlich auch den besten gemeinsamen Ergebnissen in Verhandlungen.

Das Modell wurde jedoch auch in etlichen Punkten kritisiert (z. B. Thompson, 1990). Einer der Kritikpunkte richtete sich darauf, dass es nicht das Phänomen erklären könne, dass einander nahe stehende Personen wie beispielsweise Paare (also Personen, die über ein hohes Fremdinteresse verfügen dürften) im Vergleich zu Fremden in Konflikten oft nachteiligere Lösungen erzielen (z. B. Fry, Firestone & Williams, 1983). Dieser Kritik kann allerdings insofern begegnet werden als anzunehmen ist, dass in nahen

Beziehungen oft das Eigeninteresse gering ausgeprägt ist (aus Furcht, der Konflikt könnte sich negativ auf die Beziehung auswirken). Konsequenz ist, dass zu schnell nachgegeben wird, was – wie gezeigt wurde – gerade die Entwicklung neuer bzw. integrativer Lösungen verhindert (z. B. Ben-Yoav und Pruitt, 1984a). Außerdem werden bei realen Verhandlungen oft Wechsel zwischen verschiedenen Strategien beobachtet, die aus dem Modell nicht ohne weiteres vorhergesagt werden können. Hieran wird zugleich deutlich, dass neben der Orientierung einer einzelnen Partei auch die Reaktion der Gegenpartei sowie die Situation miteinbezogen werden müssen, um valide Vorhersagen für den Verlauf und Ausgang eines Konflikts machen zu können (s. Thompson, 1990). Diese Kritik wurde in neueren Studien aufgegriffen. Dabei zeigte sich in der Tat, dass die Vorhersagen des Modells nur dann gelten, wenn bei beiden Verhandlungsparteien die gleiche Ausprägung hinsichtlich Eigen- und Fremdinteresse vorliegt; ist dies nicht der Fall, beeinflusst eher die Strategie des Verhandlungspartners das Verhalten einer Person als ihre eigene motivationale Orientierung (Rhoades & Carnevale, 1999).

3.5 Der kognitive Ansatz: Psychologische Barrieren der Konfliktlösung

Wie wir soeben gesehen haben, verhindert das Fehlen einer bestimmten Motivation – Interesse am Ergebnis des anderen – die Entwicklung wechselseitig vorteilhafter Lösungen. Über diesen motivationalen Aspekt hinaus existieren noch andere Einflussfaktoren, die eine (integrative) Einigung erschweren. Sie reflektieren den Einfluss kognitiver Prozesse, die die Art und Weise menschlicher Informationsverarbeitung, Risikoevaluation und Einschätzung von Gewinn oder Verlust bestimmen (Ross & Ward, 1995, 1996). Diese kognitiven Mechanismen waren besonders in den achtziger Jahren in einem als «behavioral decision research» bezeichneten Forschungsprogramm (s. Bazerman et al., 2000) Gegenstand der Untersuchung. Grundannahme in diesem Forschungsprogramm war dabei, dass menschliche Informationsverarbeitung durch die Verwendung von vereinfachenden Heuristiken gekennzeichnet ist, welche die Güte einer Verhandlung und deren Ergebnisse beeinträchtigen. Von der Fülle möglicher Barrieren werden an dieser Stelle einige besonders einflussreiche herausgegriffen und näher beleuchtet (s. dazu auch Bazerman et al., 2000; Ross & Ward, 1995; Rubin, Kim & Peretz, 1990).

a. Einer der wichtigsten Mechanismen für die Verzögerung oder das gänzliche Ausbleiben einer Einigung scheint *Dissonanzreduktion* bzw. -vermeidung aufgrund von früherem Verhalten zu sein (s. dazu das Kapitel zur Dissonanztheorie von Frey & Gaska, Band 1). Wenn mögliche Lösungen in der Vergangenheit abgelehnt wurden, könnten diese später nur unter Inkaufnahme kognitiver Dissonanz und Gesichtsverlust akzeptiert werden. Um dies zu vermeiden, ist es vielen Menschen fast unmöglich, einmal abgelehnte Lösungen später zu akzeptieren. Vielmehr wird die vergangene Ablehnung von Vorschlägen noch rationalisiert, was die psychischen und sozialen Kosten einer zukünftigen Akzeptanz der Lösung weiter erhöht (Ross & Ward, 1995). Interessanterweise ergibt sich allerdings auch eine positive Wirkung von Dissonanzprozessen bei einer Verhandlung, und zwar dann, wenn einmal eine (freiwillig getroffene) Einigung erzielt wurde. Dissonanz wirkt dann konstruktiv in dem Sinne, dass man sich an die Einigung gebunden fühlt und sie auch gegen «Angreifer» aus den eigenen Reihen verteidigt (beispielsweise im Falle von Gewerkschaftsvertretern, die sich mit Arbeitgebervertretern auf ein niedrigeres als das offiziell angestrebte Lohnniveau geeinigt haben, und diese Einigung dann gegenüber der Basis rechtfertigen).

b. «*Optimistic overconfidence*» ist eine Urteilsverzerrung und ein Beispiel für die generelle Tendenz des übermäßigen Vertrauens in das eigene Urteil. So werden beispielsweise die Aussichten, ohne Verhandlung in der eignen Sache zu gewinnen, typischer Weise übermäßig optimistisch eingeschätzt (z. B. Kramer, Newton & Pommerenke, 1993) – was einer konstruktiven Auseinandersetzung durch Verhandeln entgegenwirkt. Oft wird deshalb auch ein bindender Schiedsspruch durch eine dritte Partei eingeholt oder ein Gerichtsverfahren angestrebt, weil man der irrigen Auffassung ist, Recht zu haben und demzufolge auch Recht erhalten zu müssen (Carnevale & Pruitt, 1992). Diese optimistic overconfidence wiederum hat ihre Wurzeln in der asymmetrischen Verfügbarkeit von Informationen – man «sieht» nur seine eigene Sache und deren Rechtmäßigkeit. Verhandlung und Problemlösen sind erst dort möglich, wo man durch lange und harte Erfahrung gelernt hat, dass die Aussichten, dem Gegner den eigenen Willen aufzuzwingen, sehr gering sind.

c. Nach dem Konzept der *Verlustaversion* von Kahneman und Tverskys (1984) haben zukünftige Verluste größeren Einfluss auf eine Entscheidung als zukünftige Gewinne gleichen Ausmaßes. Verlustaversion macht Konfliktparteien widerwillig, Konzessionen auszutauschen – die eigene Konzession hält man nämlich für einen größeren Verlust als man die Konzession des Gegners entsprechend als Gewinn betrachtet – weshalb man lieber am Status quo festhält. Aus diesem Grund ist deshalb auch bedeutsam, ob eine Konfliktsituation im Sinne von Gewinn oder Verlust dargestellt wird (z. B. De Dreu & McCusker, 1997).

d. Informationen werden an individuelle *Schemata, Skripts oder mentale Modelle* angeglichen. Bei unterschiedlichen Personen kann dies zu gänzlich divergenten Interpretationen und Situationskonstruktionen führen, bei welchen die Perspektive der anderen Seite vernachlässigt wird (z. B. Carroll, Bazerman & Maury, 1988). Solche Verzerrungen können bei der Interpretation zukünftiger Einigungen auftreten («sie gewinnen mehr als wir») oder bei der Einschätzung, welche von zwei Parteien nun die größeren Zugeständnisse macht. Sie sind auch dafür verantwortlich, dass Konfliktparteien in den gleichen objektiven Fakten Bestätigung für die jeweils eigene Position sehen («selektive Wahrnehmung»).

In Zusammenhang damit ist auch die von Ross und Mitarbeitern als «*naiver Realismus*» bezeichnete mangelnde Fähigkeit zur Perspektivenübernahme bedeutsam (z. B. Ross & Ward, 1996; ähnliche Überlegungen finden sich auch in der Hypothesentheorie der Wahrnehmung, siehe das entsprechende Kapitel von Lilli & Frey in

Band 1). Naiver Realismus ist zentrale Quelle von Missverständnissen und Fehlattributionen und spiegelt sich in drei zentralen «Glaubenssätzen» wider: (a) Jedes Individuum geht davon aus, soziale Objekte in ihrer objektiven Realität wahrzunehmen, (b) andere, ebenso rationale Personen müssen demzufolge im Prinzip die eigenen Reaktionen, Verhaltensweisen usw. teilen (was sich beispielsweise im erwähnten «false consensus»-Effekt äußert) und (c) das «Versagen» anderer, die eigene Anschauung und Sicht der Dinge zu teilen, ist schließlich zwangsläufig darauf zurückzuführen, dass diese entweder nicht in der Lage sind, zu vernünftigen Schlussfolgerungen zu kommen, oder dass sie in irgendeiner Weise voreingenommen sind durch Ideologien, Eigeninteresse oder andere, in der Person begründete Verzerrungen der Realität. Paradoxerweise ergibt sich aus diesem letzten Glaubenssatz eine besonders einflussreiche Konfliktlösungsbarriere, nämlich die der «falschen Polarisierung», bei der es zu einer unangemessenen Vergrößerung der wahrgenommenen Unterschiedlichkeit der Ansichten zweier Parteien kommt. Wenn die andere Partei nicht mit dem eigenen Urteil übereinstimmt, muss sie ideologischen Einflüssen unterliegen, die der eigenen «objektiven» Einstellung ganz entgegengesetzt sind. Parteigänger bei ideologischen Auseinandersetzungen tendieren dementsprechend häufig dazu, das Ausmaß des Konflikts zu überschätzen, ebenso wie den Extremismus der Gegenpartei, deren Voreingenommenheit und politischen Motive. Dieser imaginierte Extremismus intensiviert soziale Konflikte (z. B. Keltner & Robinson, 1996, 1997; Robinson, Keltner, Ward & Ross, 1995).

Ein anderes problematisches Schema ist in der Erwartung vieler Personen zu sehen, dass es sich bei einer Verhandlung um ein Nullsummenspiel handelt bzw. dass es kein Potenzial für eine Vergrößerung der zur Verhandlung stehenden Ressourcen gibt («expanding the pie»). Die meisten Verhandlungspartner gehen davon aus, dass alle Beteiligten gleiche Prioritäten hinsichtlich der zu verhandelnden Dimensionen haben («fixed-sum-error»; im Autokauf-Beispiel könnte der Käufer fälschlicherweise annehmen, dass dem Verkäufer die Dimension Preis genauso wichtig ist wie ihm selber) und/oder dass der Wert einer Einigungsalternative für die beiden Verhandlungsparteien konträr zueinander steht («incompatibility assumption») (s. z. B. Thompson & Hastie, 1990).

e. *Reaktive Abwertung* (siehe dazu auch das Reaktanzkapitel von Dickenberger, Gniech & Grabitz, Band 1) bezeichnet die vielfach zu beobachtende Tatsache, dass allein der Akt des Anbietens eines bestimmten Vorschlags oder eines Zugeständnisses dessen Wert und Attraktivität in den Augen des Empfängers reduziert («Warum das? Warum mir? Warum jetzt?»; z. B. Ross & Stillinger, 1991). Der Vorschlag wird als informativ im Hinblick auf die Absichten der Gegenseite betrachtet («Sie hätten das nicht angeboten, wenn es nicht in ihrem Interesse wäre») und bezüglich des Werts für den Empfänger («Sie hätten es nicht angeboten, wenn es nicht ihre Position im Vergleich zu der unsrigen stärken würde»).

4 Ansätze zur Konfliktlösung

Welche Empfehlungen lassen sich aus den referierten Ansätzen und Forschungsarbeiten für die Lösung von realen Konflikten ableiten? Welche Erkenntnisse hat man auf der Basis der Forschungsarbeiten zur Beantwortung dieser Frage gewonnen?

Lösungsansätze für *soziale Dilemmata* sind bereits weiter oben angesprochen worden; Dawes (1980, S. 191) fasst die Forschung zu dieser Frage zusammen, indem er *Wissen* über die kollektive Schädlichkeit egoistischen Verhaltens, *Moral* (im Sinne einer kooperativen sozialen Orientierung o. ä.) und *Vertrauen* in die Kooperation anderer als die drei wichtigsten Voraussetzungen dafür bezeichnet, Kooperation in sozialen Dilemmata zu erhöhen. Zusätzlich scheint für diese Frage die Unterscheidung in Ansätze wichtig, die eine Veränderung des individuellen Wahlverhaltens (beispielsweise durch Kommunikation oder Stimmung u. ä.) implizieren und in solche, die strukturelle Lösungen vorschlagen. Letztere setzen an der Anreizsituation an, wie beispielsweise Yamagishi (1986, 1992) mit seiner strukturellen Erweiterung der in Abschnitt 3.3 dargestellten Ziel-Erwartungshypothese (s. auch Messick & Brewer, 1983) oder an den Entscheidungsverfahren, wie beispielsweise durch die Einführung einer Autorität, die über die Vergabe bzw. Entnahme in sozialen Dilemmata entscheidet (z. B. Samuelson & Messick, 1986; Van Vugt & de Cremer, 1999).

Verhandeln stellt bereits einen ersten Weg der Lösung von Konflikten dar. Was am Verhandlungstisch geschehen kann, wurde weiter oben bereits ausführlicher behandelt; für verwendete Verhandlungsstrategien und Lösungen sowie deren Determinanten und Effekte siehe den entsprechenden Abschnitt 3.4 zum «dual-concern-model». An dieser Stelle soll lediglich die übergreifende konfliktlösende Funktion von Verhandeln betont werden. Wie wir bereits in Abschnitt 2.2 gesehen hatten, involviert eine Verhandlung die beiden Konfliktparteien in eine Diskussion mit dem Ziel, eine Einigung über die divergierenden Interessen zu erzielen (Pruitt, 1998). Verhandlung ist damit im Grunde eine Art Kommunikation und umgekehrt. Bereits an den experimentellen spieltheoretischen Untersuchungen wurde deutlich, dass Kommunikation zu mehr kooperativen Wahlen führt. Auch in realen Konflikten steigt die Wahrscheinlichkeit der Implementierung wechselseitig akzeptabler Lösungen durch Kommunikation an (Carnevale & Pruitt, 1992). Verhandlung hat außerdem gegenüber einer einseitigen Durchsetzung mit Macht- und Druckmitteln den Vorteil, dass sie weniger kostspielig ist und die Beziehung zwischen den beiden Parteien nicht gefährdet. Ebenso ist es wahrscheinlicher, dass eine wechselseitig akzeptable Lösung gefunden werden und die Auseinandersetzung damit wirklich bereinigt werden kann (Carnevale & Pruitt, 1992). Dies ist auch ein Vorteil gegenüber einem teuren und riskanten Schiedsspruch. Für den an einem pragmatischen Ratgeber zu erfolgreichem Verhandeln interessierten Leser sei auf den Klassiker von Fisher, Ury und Patton (1991) verwiesen.

Mediation ist eine Variante von Verhandlung, bei der eine (unbeteiligte) dritte Partei herangezogen wird, die den beiden Konfliktparteien bei der Diskussion und Lösungsfindung helfen soll (z. B. Carnevale & Pruitt, 1992). Aus Platzgründen sei auf das Kapitel von Carnevale und Pruitt (1992) verwiesen.

Ein umfassender Konfliktlösungsansatz: Das MACBE-Modell (Pruitt & Olczak, 1995)

In jüngerer Zeit wurde von Pruitt und Olczak (1995) ein integrativer Ansatz zur Lösung (besonders hartnäckiger und schwieriger) Konflikte vorgestellt, der aufgrund seiner Multimodalität, Flexibilität und Vielzahl an Faktoren überzeugt. Pruitt und Olczak (1995) selbst bezeichnen ihren Ansatz als «technischen Eklektizismus» (S. 60), was betonen soll, dass für unterschiedliche Konflikte der Einsatz unterschiedlicher Strategien und Taktiken erforderlich ist. Der Ansatz baut auf den theoretischen Wurzeln der dynamischen Konflikttheorie von Deutsch (1973) auf.

Eine Grundannahme des Modells ist, dass jede Konfliktpartei ein Konglomerat oder System von fünf interdependenten Subsystemen oder Modulen darstellt, die Gegenstand einer «therapeutischen» Intervention sein können: Dazu zählen Motivation (M), Affekt (A), Kognition (cognition, C), Verhalten (behavior, B) und soziales Umfeld (social environment, E). Aus den Anfangsbuchstaben der Subsysteme ergibt sich dementsprechend das Modell-Akronym MACBE. Aufgrund der System-Konzeption beeinflusst jedes dieser Subsysteme andere Subsysteme und wird wiederum von diesen beeinflusst. Die Konfliktparteien selbst werden ebenfalls als Subsysteme eines übergeordneten Konfliktsystems verstanden.

Die Autoren führen eine Reihe von Strategien an, die an einem oder mehreren der o.g. Module ansetzen und in Abhängigkeit der Schwere des Konflikts einzeln oder in Kombination miteinander eingesetzt werden sollen. Diese Strategien entstammen zumeist der aktuellen Forschung, lassen sich aber auch in der Theorie von Deutsch (1973, s. Abschnitt 3.1) wiederfinden. Nach Pruitt und Olczak sollten diese Strategien in der folgenden Reihenfolge angewendet werden: (1) Der Einsatz von *Mediation und Verhandeln*, um integrative win-win-Lösungen zu entwickeln. Diese können aber erst dann eingesetzt werden, wenn auf beiden Seiten die (2) *Motivation* vorhanden ist, den Konflikt zu beenden. Diese Motivation resultiert beispielsweise aus der Wahrnehmung auf beiden Seiten, dass man sich in einer kostenintensiven und schmerzhaften Sackgasse befindet, aus der Erfahrung einer konfliktbezogenen (Beinah-) Katastrophe oder dem Druck dritter Parteien. Grundvoraussetzung für die Entstehung von Motivation ist (3) *Vertrauen*, dass die Gegenseite ebenfalls zur Beilegung des Konflikts bereit ist, oder genauer: dass die Gegenseite eigene Konzessionen erwidern wird (wie man sieht, finden sich hier die beiden Grundelemente «Motivation und Vertrauen» der in Abschnitt 3.3 behandelten, dort auf reine Laborforschung angewendeten Ziel/Erwartungshypothese wieder). Vertrauen wird von den Autoren als eine Kognition betrachtet, die man bei der Gegenseite hervorrufen kann, sofern drei Bedingungen erfüllt sind: (a) es muss ein unerwartetes Entgegenkommen oder Nachgeben stattfinden, welches die Gegenseite zum Nachdenken provoziert; (b) das Zugeständnis muss so gestaltet sein, dass es den Urheber schwächt oder ihm zumindest einiges abverlangt (damit keine reaktive Abwertung im bereits diskutierten Sinne stattfinden kann); (c) der Initiator des Zugeständnisses sollte gleichviel oder größere Macht als der Empfänger des Zugeständnisses haben. Aber Vertrauen hilft nach Pruitt und Olczak (1995) nicht weiter, solange man nicht (4) entsprechende Verhandlungs-*Fertigkeiten oder skills* hat, kreative Lösungen finden zu können: Zuhören, klare Kommunikation, Vermeidung von Schuldzuschreibungen, Aufgreifen von Themen, die die Interessen beider Parteien betreffen, produktive Rekonzeptualisierung dieser Themen (zum Beispiel als Interessen anstatt als Positionen), brainstorming und produktives Interagieren. Gleichzeitig ist es aber auch notwendig, die (5) zugrundeliegende kognitive, emotionale und motivationale *Konfliktdynamik zu analysieren*, da man sonst Gefahr läuft, nur kurzfristige Erfolge zu erzielen. Innerhalb einer solchen Analyse muss den Parteien die Rolle negativer Emotionen bei der Generierung von Konfliktverhalten deutlich werden; ebenso müssen die gegenseitige Wahrnehmung sowie die unterschiedlichen Kausalattributionen, Erwartungen und Motivationen exploriert werden. Da Konflikte oft dennoch nie ganz gelöst werden können, ist es (6) wichtig, die *Ansprüche* bei jenen Themen zu *reduzieren*, die nicht gelöst werden können. Dies stellt natürlich eine besonders hohe Herausforderung dar, weil es nicht nur einen realistischen Blick auf die aktuelle Situation erfordert, sondern auch Prognosen für zukünftige Entwicklungen. Jedenfalls sollte die Einsicht entwickelt und akzeptiert werden, dass es nicht immer nur win-win-Lösungen geben und man die Gegenseite nicht prinzipiell ändern kann. Dies alles funktioniert jedoch häufig nur, wenn (7) das *soziale Umfeld* miteinbezogen bzw. restrukturiert wird, damit ein Konflikt nicht durch «Anhänger» stabilisiert wird.

Positiv an dem Modell zu werten ist sein systemischer und ganzheitlicher Grundgedanke; besonders in echten Konflikten dürfte es sich als vorteilhaft erweisen, statt der Konzentration auf nur ein Subsystem mehrere mit einzubeziehen. Andererseits ist das Modell in seiner Fassung von 1995 noch zu wenig ausgereift und konkret, als dass sich unmittelbar anwendbare Handlungsempfehlungen daraus ableiten ließen. Hier ist eine anwenderorientierte Vertiefung des Modells mehr als wünschenswert.

5 Schlussfolgerung und Ausblick

In diesem Kapitel wurden eine Reihe unterschiedlicher Forschungsansätze und -paradigmen besprochen. Die präsentierten Ansätze beschäftigen sich jeweils mit unterschiedlichen Phänomenen, welche sie beschreiben, erklären und vorhersagen. Darüber hinaus lassen sich aus den einzelnen Ansätzen auch Präventionsmöglichkeiten ableiten, was ihre Anwendbarkeit auf reale Konflikte unterstreicht.

Bislang fehlt eine integrative Theorie zu sozialen Konflikten – was aufgrund des Facettenreichtums des Themas auch kaum realisierbar erscheint. Eine Theorie, die eine ganze Reihe unterschiedlicher theoretische Ansätze integrieren kann, muss von mindestens zwei Punkten ausgehen. Zum einen muss die Frage analysiert werden, welches die personellen und die situationalen (strukturelle wie momentane) Bedingungen für die Entstehung und für die Lösung von Konflikten sind. Zum anderen muss eine solche Theorie auch in Betracht ziehen, inwiefern die Entstehung und Lösung von Konflikten davon abhängig ist, ob es sich um interpersonale oder – hier nicht behandelte – intra- und intergruppale Konflikte handelt. Viele, aber nicht alle der jetzt nur für den interpersonalen Bereich gewonnenen Erkenntnisse lassen sich auch auf andere Konfliktebenen anwenden. Notwendig wäre in diesem Zusammenhang auch eine intensivere Zusammenarbeit zwischen Sozialpsychologen einerseits und Soziologen andererseits, da sich letztere viel stärker mit intra- und intergruppalen Konflikten beschäftigen (s. dazu das Kapitel von Mummendey & Otten zur Theorie der sozialen Identität von Tajfel).

Abschließend wollen wir uns der eher normativen Frage zuwenden, welchen Wert Konflikte haben und kurz das Spannungsfeld «Kooperation vs. Kompetition» diskutieren. In fast allen der dargestellten Ansätze wird Kompetition eher negativ betrachtet. Im Gegensatz dazu findet man im Alltag wie auch in zahlreichen Bereichen des Sports, der Wirtschaft etc. eine positive Beurteilung von Kompetition im Sinne einer unhinterfragbaren Verhaltensausrichtung auf Wettbewerb. Allerdings stellt sich auch hier die Frage der Bezugsebene: sicher kann beispielsweise beim Fußball nur eine Mannschaft gewinnen – das aber nur, wenn innerhalb des Teams alle Mitglieder miteinander *kooperieren*. Spielt jeder für sich, gelingt dies nicht. Ebenso kann nur eine Firma Marktführer sein – aber auch nur, wenn innerhalb und zwischen den einzelnen Abteilungen des Unternehmens kooperiert wird. Geschieht dies nicht, ergeben sich Reibungs- und Schnittstellenverluste, die sich womöglich erst nach einiger Zeit negativ bemerkbar machen.

Sicherlich sind sowohl Kooperation als auch Kompetition wichtig. Eine einseitige «Verherrlichung» des einen oder anderen Verhaltens wäre kurzsichtig und einseitig. Kooperation hilft dort weiter, wo es um die Meisterung einer gemeinsamen Aufgabe geht; Kompetition kann dort nicht ausbleiben, wo durch die Nullsummensituationen nichts anderes übrig bleibt. Hier muss in einem konstruktiven Wettbewerb bestimmt werden, wer der beste ist. Kompetition kann sich leistungssteigernd auswirken, darf aber nicht zu Lasten der Gemeinschaft gehen (z. B. Frey, 1999). Dazu ist es wichtig, dass bestimmte Fairness-Regeln eingehalten werden. Was letzten Endes gefordert ist, ist eine konstruktive Streit- und Konfliktkultur (s. Frey, 1998), ganz nach dem simplen Motto: «nicht der Konflikt ist entscheidend, sondern die Art und Weise, wie er ausgetragen wird».

Wann Kooperation Kompetition überlegen ist und wann nicht (s. z. B. Tjosvold, 1998, S. 302ff.), hängt nicht nur von der Situation und der zu bearbeitenden Aufgabe ab, sondern auch davon, welche Akteure im Mittelpunkt der Betrachtung stehen und wie deren Ergebnisse definiert sind. So können kompetitive Personen unter bestimmten Umständen besonders flexibel, kreativ und kooperativ sein (Carnevale & Probst, 1997); kooperative Zielstrukturen können in Unternehmen auch nachteilig sein (de Dreu und Van de Vliert, 1997); die Erzielung von win-win Ergebnissen stellt nicht immer einen guten Prädiktor für langfristigen Erfolg und Zufriedenheit dar (s. Pruitt, 1998); unfaires Verhalten muss nicht immer zu schlechten Ergebnissen führen (O'Connor und Carnevale, 1997); Kompetition zwischen Unternehmen kann nützlich sein, um Innovation zu stimulieren (s. Frey & Schnabel, 1999; Tjosvold, 1998); bei bestimmten Aufgaben kann Kompetition durchaus motivieren (vgl. die Meta-Analysen von Johnson et al. 1981; Stanne et al., 1999;). Dies lässt sich ganz simpel auch im sportlichen Alltag beobachten, wo sich viele Menschen freiwillig Wettbewerbssituationen aussetzen – und dabei Spaß erleben. Das reale Bild ist also viel komplexer als das, das wir bisher entworfen haben. Noch facettenreicher wird die Situation, wenn man zusätzlich die Unterscheidung in Intra- und Intergruppenkonflikte berücksichtigt. Intergruppenkonflikte können zwar einerseits konstruktive Auseinandersetzungen *zwischen* Gruppen reduzieren, gleichzeitig aber *innerhalb* einer Gruppe erhöhen (de Dreu, 1998).

Konflikte sind nicht nur unbestreitbar vorhanden, überall wo Menschen sind und waren – Konflikte sind auch sinnvoll. Konflikte sind ein Medium, durch das Probleme an die Oberfläche kommen, und haben – auf lange Sicht betrachtet – eine stabilisierende und integrative Funktion für eine Beziehung (Deutsch, 1973). Konflikte entfalten ihre identitätsstiftende Funktion, indem sie der Abgrenzung von anderen dienen, sei es auf persönlicher oder gruppaler Ebene. So begünstigt ein externer Konflikt oft die Kohäsion innerhalb einer Gruppe – ein Effekt, der tagtäglich in der Politik, der Wirtschaft, im Arbeits- und Privatleben zu beobachten ist und manchmal sogar gezielt eingesetzt wird. Konflikte bieten nicht zuletzt auch die Gelegenheit, die eigenen Fähigkeiten und Möglichkeiten zu erproben und stellen die Wurzel persönlicher und sozialer Änderung dar (Deutsch, 1973). Soziale Konflikte stimulieren so fruchtbare Kontroversen (Tjosvold, 1998) und sichern damit den Fortbestand einer Gesellschaft unter veränderten Bedingungen – völlige Harmonie ist aus dieser Sicht etwas, was man nicht will: Stagnation.

Literatur

Axelrod, R. A. (1984). *The evolution of cooperation*. New York: Basic Books.

Bazerman, M. H., Curhan, J. R., Moore, D. A. & Valley, K. L. (2000). Negotiation. *Annual Review of Psychology, 51,* 279–314.

Ben-Yoav, O. & Pruitt, D. G. (1984a). Resistance to yielding and the expectation of cooperative future interaction in negotiation. *Journal of Experimental Social Psychology, 20,* 323–335.

Ben-Yoav, O. & Pruitt, D. G. (1984b). Accountability to constituents: a two-edged sword. *Organizational Behavior and Human Performance, 34,* 283–295.

Bohnet, I. & Frey, B. S. (1995). Ist Reden Silber und Schweigen Gold? Eine ökonomische Analyse. *Zeitschrift für Wirtschafts-und Sozialwissenschaften, 115,* 169–209.

Carnevale, P. J. & Isen, A. M. (1986). The influence of positive affect and visual access on the discovery of integrative solutions in bilateral negotiation. *Organizational Behavior and Human Decision Processes, 37,* 1–13.

Carnevale, P. J. & Probst, T. M. (1997). Good news about competitive people. In: C. K. W. de Dreu & E. Van de Vliert (Eds.), *Using conflict in organizations* (pp. 129 146). London: Sage.

Carnevale, P. J. & Probst, T. M. (1998). Social values and social conflict in creative problem solving and categorization. *Journal of Personality and Social Psychology, 74,* 1300–1309.

Carnevale, P. J. & Pruit, D. G. (1992). Negotiation and mediation. *Annual Review of Psychology, 43,* 531–582.

Carroll, J. S., Bazerman, M. H. & Maury, R. (1988). Negotiator cognitions: A descriptive approach to negotiators' understanding of their opponents. *Organizational Behavior and Human Decision Processes, 41,* 352 370.

Dawes, R. M. (1980). Social dilemmas. *Annual Review of Psychology, 31,* 169–193.

De Dreu, C. K. W. (1998). How valid is cooperation theory in intergroup conflict? *Applied Psychology: An International Review, 47,* 321–323.

De Dreu, C. K. W. & Boles, T. L. (1998). Share and share alike or winner take all?: The influence of social value orientation upon choice and recall of negotiation heuristics. *Organizational Behavior and Human Decision Processes, 76,* 253 276.

De Dreu, C. K. W., Giebels, E. & Van de Vliert, E. (1998). Social motives and trust in integrative negotiation: The disruptive effects of punitive capability. *Journal of Applied Psychology, 83,* 408–422.

De Dreu, C. K. W. & McCusker, C. (1997). Gain loss frames and cooperation in two person social dilemmas: A transformational analysis. *Journal of Personality and Social Psychology, 72,* 1093 1106.

De Dreu, C. K. W. & Van de Vliert, E. (1997.). *Using conflict in organizations.* London: Sage.

De Dreu, C. K.W. & Van Lange, P. A. M. (1995). The impact of social value orientations on negotiator cognition and behavior. *Personality and Social Psychology Bulletin, 21,* 1178–1188.

De Dreu, C. K. W., Weingart, L. R. & Kwon, S. (2000). Influence of social motives on integrative negotiation: A meta-analytic review and test of two theories. *Journal of Personality and Social Psychology, 78,* 889–905.

Deutsch, M. (1949). A theory of cooperation and competition. *Human Relations, 2,* 199–231.

Deutsch, M. (1973). *The resolution of conflict.* New Haven: Yale University Press.

Deutsch, M. (1982). Interdependence and psychological orientation. In: V. J. Derlega & J. Grzelak (Eds.), *Cooperation and helping behavior – theories and research.* London: Academic Press.

Fisher, R. J., Ury, W. & Patton B. (1991). *Getting to YES: Negotiating agreement without giving in* (2. Aufl.). New York: Penguin.

Forgas, J. P. (1998). On feeling good and getting your way: mood effects on negotiator cognition and bargaining strategies. *Journal of Personality and Social Psychology, 74,* 565–577.

Frey, D. (1998). Center of Excellence – ein Weg zu Spitzenleistungen. In: P. Weber (Hrsg.), *Leistungsorientiertes Management: Leistungen steigern statt Kosten senken* (S. 199–233). Frankfurt: Campus.

Frey, D. (1999). Kultur des Wettbewerbs. *Unternehmenskultur* – Sonderdruck der Frankfurter Allgemeinen Zeitung. 54–55.

Frey, D. & Gaska, A. (1985). Die Theorie der kognitiven Dissonanz. In: D. Frey & M. Irle (Hrsg.), *Theorien der Sozialpsychologie. Band 1, kognitive Theorien.* Bern: Huber.

Frey, D., & Schnabel, A. (1999). Chance zur Veränderung: Der Wettbewerb aus psychologischer Sicht. *Forschung und Lehre, 6,* 294–297.

Fry, W. R., Firestone, I. J. & Williams, D. L. (1983). Negotiation process and outcome of stranger dyads and dating couples: do lovers lose? *Basic and Applied Social Psychology, 4,* 1–16.

Griesinger, D. W. & Livingston, J. W. (1973). Toward a model of interpersonal motivation in experimental games. *Behavioral Science, 18,* 73–78.

Hardin, G. (1968), The tragedy of the commons. *Science, 162,* 1243–1248.

Hofstadter, D. R. (1985). The prisoner's dilemma. Computer tournaments and the evolution of cooperation. In: D. R. Hofstadter (Ed.), *Metamagical themas: Questing for the essence of mind and pattern.* New York: Basic Books.

Iedema, J. & Poppe, M. (1995). Perceived consensus of one's social value orientation in different populations in public and private circumstances. *European Journal of Social Psychology, 25,* 497–507.

Johnson, D. W. Johnson, R. T. (1995). Social interdependence: cooperative learning in education. In: B. B. Bunker & J. Z. Rubin (Eds.), *Conflict, cooperation, and justice. Essays inspired by the work of Morton Deutsch* (pp. 205–252). San Francisco: Jossey Bass.

Johnson, D.W., Maruyama, G., Johnson, R., Nelson, D. & Skon, L. (1981). Effects of cooperative, competitive, and individualistic goal structures on achievement: A meta-analysis. *Psychological Bulletin, 89,* 47–62.

Joireman, J. A., Van Lange, P. A. M., Kuhlman, D. M., Van Vugt, M. & Shelley, G. P. (1997). An interdependence analysis of commuting decisions. *European Journal of Social Psychology, 27,* 441 463.

Kahneman, D. & Tversky, A. (1979). Choices, values, and frames. *American Psychologist, 39*, 341–350.

Kelley, H. H. & Stahelski, A. J. (1970). Social interaction basis of cooperators' and competitors' belief abour others. *Journal of Personality and Social Psychology, 16*, 66–91.

Kelley, H. H. & Thibaut, J. W.(1978). *Interpersonal relations: a theory of interdependence.* New York: Wiley.

Kerr, N. L. (1989). Illusions of efficacy: the effects of group size on perceived efficacy in social dilemmas. *Journal of Experimental Social Psychology, 25*, 287–313.

Kerr, N. L. (1992). Efficacy as a causal and moderating variable in social dilemma analysis.

Kerr, N. L. (1995). Norms in social dilemmas. In: D. A. Schroeder (Ed.), *Social Dilemmas: Perspectives on individuals and groups* (pp. 31–48). Westport, Connecticut: Praeger.

Komorita, S. S. & Parks, C. D. (1995). Interpersonal relations: Mixed-motive interaction. *Annual Review of Psychology, 46*, 183–207.

Komorita, S. S., Parks, C. D. & Hulbert, L. G. (1992). Reciprocity and the induction of cooperation in social dilemmas. *Journal of Personality and Social Psychology, 62*, 607–617.

Kramer, R. M., Newton, E. & Pommerenke, P. L. (1993). Self enhancement biases and negotiator judgment: Effects of self esteem and mood. *Organizational Behavior and Human Decision Processes, 56*, 110 133.

Kuhlmann, M. D. & Marshello, A. M. J. (1975). Individual differences in game motivation as moderators of preprogrammed strategy effects in prisoner's dilemma game. *Journal of Personality and Social Psychology, 32*, 912–931

Kuhlman, D. M. & Wimberley, D. L. (1976). Expectations of choice behavior held by cooperators, competitors, and individualists across four classes of experimental games. *Journal of Personality and Social Psychology, 34*, 69–81.

Latané, B. & Darley, J. M. (1970). *The unresponsive bystander: Why doesn't he help?* New York: Appleton-Century-Crofts.

Luce, R D. & Raiffa, H. (1957). *Games and decisions.* New York: Wiley.

McClintock, C. G. (1978). Social values: their definition, measurement and development. *Journal of Research and Development in Education, 12*, 121–137.

McClintock, C. G. & Liebrand, W. B. G. (1988). The role of interdependence structure, individual value orientation and other's strategy in social decision making: a transformational anaysis. *Journal of Personality and Social Psychology, 55*, 396–409.

Messick, D. M. & Brewer, M. B. (1983). Solving social dilemmas. In: L. Wheeler & P.R. Shaver (Eds.), *Review of Personality and Social Psychology* (Vol. 4, pp. 11–44). Beverly Hills: Sage.

Messick, D. M. & McClintock, C. G. (1968). Motivational bases of choice in experimental games. *Journal of Experimental Social Psychology, 4*, 1–25.

Murninghan, J. K. & Roth, A. E. (1983). Expecting continued play in prisoner's dilemma games: A test of several models. *Journal of Conflict Resolution, 27*, 279–300.

O'Connor, K. M. & Carnevale, P. J. (1997). A nasty but effective negotiation strategy: Misrepresentation of a common value issue. *Personality and Social Psychology Bulletin, 23*, 504–515.

Orbell, J. M., Van de Kragt, A. J. C. & Dawes, R. M. (1988). Explaining discussion-induced cooperation. *Journal of Personality and Social Psychology, 54*, 811–819.

Parks, C. D. (1994). The predictive ability of social values in resource dilemmas and public good games. *Personality and Social Psychology Bulletin, 20*, 431–438.

Pillutla, M. M. & Chen, X. (1999). Social norms and cooperation in social dilemmas: the effects of context and feedback. *Organizational Behavior and Human Decision Processes, 78*, 81–103.

Pruitt, D. G. (1998). Social conflict. In: D. T. Gilbert & S. T. Fiske (Eds.), *The handbook of social psychology* (pp. 470–503). Boston: McGraw Hill.

Pruitt, D. G. & Carnevale, P. J. (1993). *Negotiation in social conflict.* Buckingham: Open University Press.

Pruitt, D. G. & Kimmel, M. J. (1977). Twenty years of experimental gaming: Critique, synthesis, and suggestions for the future. *Annual Review of Psychology, 28*, 363–392.

Pruitt, D. G. & Lewis, S. A. (1975). Development of integrative solutions in bilateral negotiation. *Journal of Personality and Social Psychology*, 31, 621–633.

Pruitt, D. G. & Olczak, P. V. (1995). Beyond Hope. Approaches to resolving seemingly intractable conflict. In: B. B. Bunker & J. Z. Rubin (Eds.), *Conflict, cooperation, and justice: essays inspired by the work of Morton Deutsch* (pp. 59–92). San Francisco: Jossey-Bass.

Pruitt, D. G. & Rubin, Z. J. (1986). *Social conflict: Escalation, stalemate, and settlement.* New York: Random House.

Rhoades, J. A. & Carnevale, P. J. (1999). The behavioral context of strategic choice in negotiation: A test of the dual concern model. *Journal of Applied Social Psychology, 29*, 1777–1802.

Robinson, R. J., Keltner, D., Ward, A. & Ross, L. (1995). Actual versus assumed differences in construal: «Naive realism» in intergroup preception and conflict. *Journal of Personality and Social Psychology, 68*, 404–417.

Roch, S. G. & Samuelson, C. D. (1997). Effects of environmental uncertainty and social value orientation in resource dilemmas. *Organizational Behavior and Human Decision Processes, 70*, 221 235.

Rognes, J. (1998). Are cooperative goals necessary for constructive conflict processes? *Applied Psychology: An International Review, 47*, 331–335.

Ross, L. & Stillinger, C. (1991). Barriers to conflict resolution. *Negotiation Journal, 8*, 389–404.

Ross, L. & Ward, A. (1995). Psychological barriers to conflict resolution. In: M. Zanna (Ed.), *Advances in experimental social psychology* (Vol. 27, pp. 225–304). San Diego: Academic Press.

Ross, L. & Ward, A. (1996). Naive realism in everyday life: implications for social conflict and misunderstanding. In: T. Brown, E. Reed & E. Turiel (Eds.), *Values and knowledge* (pp. 103–135). Hillsdale: Erlbaum.

Ross, L., Greene, D. & House, P. (1977). The false consensus effect: An egocentric bias in social perception and attribution processes. *Journal of Experimental Social Psychology, 13*, 279 301.

Rubin, J. Z., Kim, S. H. & Peretz, N. M. (1990). Expectancy effects and negotiation. *Journal of Social Issues, 46*, 125–139.

Samuelson, C. D. & Messick, D. M. (1986). Alternative structural solutions to resource dilemmas. *Organizational Behavior and Human Decision Processes, 37*, 139 155.

Schelling, T. C. (1960). *The strategy of conflict.* Cambridge, Mass: Harvard University Press.

Schroeder, D. A. (1995). An introduction to social dilemmas. In: D. A. Schroeder (Ed.), *Social Dilemmas: Perspectives on individuals and groups* (pp.1–14). Westport, Connecticut: Praeger.

Snyder, M. & Swann, W. B. (1978). Hypothesis testing processes in social interaction. Journal of Personality and Social Psychology, 36, 1202 1212.

Stanne, M. B., Johnson, D. W. & Johnson, R. T. (1999). Does competition enhance or inhibit motor performance: a meta-analysis. *Psychological Bulletin, 125*, 133–154.

Stroebe, W. & Frey, B. S. (1982). Self-interest and collective action: the economics and psychology of public goods. *British Journal of Social Psychology, 21*, 121–137.

Thompson, L. (1990). Negotiation behavior and outcomes: Empirical evidence and theoretical issues. *Psychological Bulletin, 108*, 515–532.

Thompson, L. & Hastie, R. (1990). Social perception in negotiation. *Organizational Behavior and Human Decision Processes, 47*, 98 123.

Tjosvold, D. (1998). Cooperative and competitive goal approach to conflict: Accomplishments and challenges. *Applied Psychology: An International Review, 47*, 285–342.

Tomer, J. F. (1987). Productivity through intra-firm cooperation: a behavioral economic analysis. *Journal of Behavioral Economics, 16*, 83–95.

Van de Kragt, A. J. C., Orbell, J. M. & Dawes, R. M. (1983). The minimal contributing set as as solution to public goods problems. *American Political Science Review, 77*, 112–122.

Van Lange, P. A. M., De Bruin, E. M. N., Otten, W. & Joireman, J. A. (1997). Development of prosocial, individualistic, and competitive orientations: Theory and preliminary evidence. *Journal of Personality and Social-Psychology, 73*, 733–746.

Van Lange, P. A. M. & Liebrand, W. B. G. (1991). Social value orientation and intelligence: A test of the Goal Prescribes Rationality Principle. *European Journal of Social Psychology, 21*, 273–292.

Van Lange, P.A. M., Liebrand, W. B. G., Messick, D. M. & Wilke, H. A. M. (1992). Introduction and literature review. In: W. B. G. Liebrand, D. M. Messick & H. A. M Wilke (Eds.), *Social dilemmas: theoretical issues and research findings* (pp. 3–28). Oxford: Pergamon Press.

Van Vugt, M. & de Cremer, D. (1999). Leadership in social dilemmas: the effects of group identification on collective actions to provide public goods. *Journal of Personality and Social Psychology, 76*, 587–599.

Van Vugt, M., Meertens, R. M. & Van Lange, P. A. M. (1995). Car versus public transportation? The role of social value orientations in a real life social dilemma. *Journal of Applied Social Psychology, 25*, 258 278.

Van Vugt, M., Van Lange, P. A. M. & Meertens, R.-M. (1996). Commuting by car or public transportation? A social dilemma analysis of travel mode judgments. *European Journal of Social Psychology, 26*, 373–395.

Weingart, L. R., Bennett, R. J. & Brett, J. M. (1993). The impact of consideration of issues and motivational orientation on group negotiation process and outcome. *Journal of Applied Psychology, 78*, 504 517.

Yamagishi, T. (1986). The provision of a sanctioning system as a public good. *Journal of Personality and Social Psychology, 51*, 110–116.

Yamagishi, T. (1992). Group size and the provision of a sanctioning system in a social dilemma. In: W. B. G. Liebrand, D. M. Messick & H. A. M Wilke (Eds.), *Social dilemmas: theoretical issues and research findings* (pp. 267–287). Oxford: Pergamon Press.

Theorien interpersonaler Attraktion

Manfred Hassebrauck und Beate Küpper

1 Einführung

Warum finden wir manche Menschen sympathisch und schließen Freundschaft mit ihnen, welche Bedeutung hat Sympathie für auf Dauer angelegte enge, romantische Beziehungen wie Ehen oder eheähnliche Beziehungen und welche Rolle spielt die Evolution dabei? Diese und ähnliche Fragen beschäftigen nicht nur den sprichwörtlichen Mann oder die Frau auf der Straße, sondern Wissenschaftler so unterschiedlicher Disziplinen wie der Soziologie, Biologie, Ethologie und Psychologie, um nur einige zu nennen.

In den letzten 20 Jahren ist ein erheblich gesteigertes Interesse – nicht nur innerhalb der Sozialpsychologie – an der Thematik «interpersonale Attraktion und enge Beziehungen» zu beobachten, was sich u. a. in der Gründung von zwei wichtigen Fachzeitschriften (Journal of Social and Personal Relationships; Personal Relationships), der Gründung entsprechender wissenschaftlicher Vereinigungen und allgemein in einer Zunahme einschlägiger Publikationen zeigt. Dabei ist der Begriff «interpersonale Attraktion», wie schon Mikula (1975) kritisch anmerkt, in konzeptueller Hinsicht alles andere als klar und wird teils zur Bezeichnung einer emotional positiven Bewertung einer anderen Person, teils zur Kennzeichnung eines ganzen Forschungsfeldes verwandt. Wir wollen hier in einer traditionellen Sichtweise «interpersonale Attraktion» im Sinne einer positiven Einstellung einer anderen Person gegenüber verwenden, wobei man, wie bei Einstellungen üblich, zwischen einer kognitiven, einer affektiven und einer behavioralen Komponente interpersonaler Attraktion unterscheiden muss (vgl. Berscheid & Reis, 1998).

Die theoretische Entwicklung hat mit der Expansion dieses Forschungsfeldes nicht Schritt gehalten. Zahlreiche der auch heute noch relevanten Theorien stammen aus den fünfziger und sechziger Jahren, und die Forschung hat primär ältere Theorien und Konzepte verfeinert und weiter entwickelt. Neuere theoretische Entwicklungen sind u. a. die Berücksichtigung früher Sozialisationserfahrungen, die sich in Form von Bindungsstilen auf die Beziehung im Erwachsenenalter auswirken können, und evolutionäre Überlegungen, die vor allem die Partnerwahl und damit einhergehend zwischenmenschliche Anziehung vor dem Hintergrund ihrer Bedeutung für die stammesgeschichtliche Entwicklung der Menschen erklären.

2 Lerntheoretische Ansätze

Der bekannteste lerntheoretische Ansatz zur Erklärung interpersonaler Attraktion ist das «Reinforcement-Affect-Model» (RAM) (Clore & Byrne, 1974). Interpersonale Attraktion wird in diesem Modell unter Bezug auf das klassische Konditionieren erklärt. Ein als belohnend erlebter Reiz (positives Reinforcement) löst eine positive implizite affektive Reaktion aus, die ihrerseits zu evaluativen Responses (z. B. mag ich, gefällt mir) führt. Personen (aber auch andere diskriminative Reize), die räumlich-zeitlich mit dem belohnenden Reiz gekoppelt sind, können vergleichbare implizite affektive Reaktionen auslösen – und damit gemocht werden. Vereinfacht ausgedrückt heißt das, wir mögen die, die uns belohnen (was übrigens schon Aristoteles geschrieben hat). Das Ausmaß der Attraktion wird dabei als lineare Funktion der Summe der gewichteten positiven Reinforcements dividiert durch die Summe der positiven Reinforcements und der mit einer Person assoziierten negativen Konsequenzen betrachtet (Clore & Byrne, 1974, S. 152). Die Vorteile dieses Modells sind, dass einerseits unter dem Begriff der «positiven Reinforcements» so unterschiedliche Aspekte wie Geld, Status, Schönheit, Sex, Verständnis etc. subsumiert werden können, andererseits aber auch die Wirkung vielfältiger andere Gefühle auslösender Ereignisse wie Musik (May & Hamilton, 1980), Nachrichten (Veitch & Griffitt, 1976) oder Filme (Gouaux, 1971) erklärt werden kann.

Die Forschung zu diesem Modell hat sich allerdings überwiegend auf eine spezifische Klasse von interpersonalen Reinforcements beschränkt – die Ähnlichkeit von Einstellungen. Das zu Grunde liegende experimentelle Paradigma, das in den von Byrne und seinen Mitarbeitern durchgeführten Untersuchungen meist nur geringfügig modifiziert wurde, sieht vor, dass Versuchspersonen einen Einstellungsfragebogen zu unterschiedlichen allgemeinen Bereichen des Lebens (Wehrdienst, Religion, Gesundheit etc.) ausfüllen. Einige Zeit später wird ihnen im Rahmen eines Experiments zur Eindrucksbildung ein Fragebogen ausgehändigt, der angeblich von einer anderen, ihnen unbekannten Person ausgefüllt wurde. Tatsächlich aber wurde er auf der Basis des zuvor von der Versuchsperson selbst ausgefüllten Fragebogens so konstruiert, dass die fremde Person der Versuchsperson mehr oder weniger ähnlich erscheint. In Übereinstimmung mit den Vorhersagen des RAM ist die Attraktion, die die Versuchsperson für diese fremde Person empfindet, eine lineare Funktion des Ausmaßes von Einstellungsähnlichkeit; je größer der Anteil von Einstellungen, die der Fremde gemeinsam mit der Vp zu haben scheint, desto mehr wird er oder sie gemocht.

Die positiven Wirkungen von Einstellungsähnlichkeit sind dabei nicht auf das experimentelle Paradigma von Byrne beschränkt, sondern können ebenso in längerfristigen engen Beziehungen (Caspi, Ozer & Herbener, 1992) nachgewiesen werden und spielen auch bei der Sympathie zwischen Kindern und Jugendlichen eine Rolle (Tze Yeong Tan & Singh, 1995). Neimeyer und Mitchell (1988) weisen allerdings darauf hin, dass in engen Beziehungen Einstellungsähnlichkeit nur anfängliche Attraktion innerhalb der Paare vorhersagt, wohingegen spätere Attraktion durch die Ähnlichkeit kognitiver Konstrukte vorhergesagt werden kann.

2.1 Attraktion in aversiven Umgebungen – ein Problem für das RAM?

Es scheint zunächst im Widerspruch zu den Annahmen des RAM zu stehen, dass Personen in aversiven Situationen (z. B. wenn man Angst hat) mitunter sympathischer beurteilt werden als in eher neutralen Situationen (Dutton & Aron, 1974). Das gilt vor allem dann, wenn die zu beurteilende Person in der aversiven Bedingung tatsächlich anwesend ist und nicht nur fiktive Personen beurteilt werden (Kenrick & Johnson, 1979).

Über den Mechanismus der negativen Verstärkung – die anwesenden Personen erleichtern die unangenehme Situation, indem sie beispielsweise Furcht reduzieren – lassen sich auch solche Befunde in das RAM integrieren. Aus theoretischer Sicht weitreichender ist es jedoch, diese Befunde im Rahmen der Fehlattribution von Erregung (vgl. Zillmann, 1983) zu erklären. Romantische Liebe (als eine Facette interpersonaler Attraktion) ist Berscheid und Walster (1974) zufolge, wie andere emotionale Zustände auch, sowohl durch Kognitionen als auch durch physiologische Erregung gekennzeichnet. Erregung, die ursächlich auf andere situative Gegebenheiten wie das furchtauslösende Überqueren einer instabilen Hängebrücke (Dutton & Aron, 1974), Angst vor angedrohten Elektroschocks (Allen, Kenrick, Linder & McCall, 1989) oder ähnliches zurückgeht, kann in Abhängigkeit von der Salienz der Erregungsquelle auch irrtümlich anderen Quellen (etwa einer gut aussehenden Person) zugeschrieben werden, also fehlattribuiert werden und damit interpersonale Attraktion intensivieren.

Unterstützung erfährt diese Erklärung durch Arbeiten, die zeigen, dass auch in emotionaler Hinsicht neutrale Erregungszustände attraktionssteigernd wirken können. Baron (1987) machte sich den Umstand zu Nutze, dass negative Ionen in der Luft eine generelle Aktivierung des Organismus bewirken. Er ließ Vpn, die in der experimentellen Bedingung einer erhöhten Konzentration negativer Ionen in der Kontrollbedingung einer eher normalen Ionenkonzentration ausgesetzt waren, die Attraktivität von ihnen unbekannten Personen beurteilen, die ihnen aufgrund der experimentellen Manipulation als entweder unähnlich oder ähnlich erschienen. Unähnliche Personen wurden bei erhöhter Konzentration negativer Ionen negativer beurteilt als bei einer normalen Ionenkonzentration. Ähnliche Personen hingegen wurden bei erhöhter Ionenkonzentration positiver beurteilt.

Diese und ähnliche Ergebnisse lassen sich nicht mehr mit dem Konzept der negativen Verstärkung erklären und stellen insofern den allgemeinen lerntheoretischen Rahmen des RAM in Frage. Allen, Kenrick, Linder und McCall (1989) stellen allerdings auch die Fehlattributionserklärung in Frage und erklären die attraktionssteigernde Wirkung von Erregung im Rahmen der Triebtheorie von Hull (1943). Erregung erhöht nach dieser Theorie die Auftretenswahrscheinlichkeit dominanter Reaktionen, also von Verhaltensweisen, die gut geübt sind. Die Autoren nehmen ferner an, dass Sympathie eine dominante Reaktion in einer Situation ist, in der man mit einer gleichgeschlechtlichen Person eine unangenehme Erfahrung teilt, romantische Anziehung eine dominante Reaktion auf eine gut aussehende Person des anderen Geschlechts ist (sofern man heterosexuell orientiert ist), Aversion hingegen eine dominante Reaktion auf eine wenig attraktive Person ist. Akzeptiert man diese Prämissen, ist es leicht, die Wirkung verschiedener Erregungszustände im Kontext zwischenmenschlicher Beziehungen zu erklären. Problematisch erweist sich aber die a-priori-Bestimmung dessen, was eine dominante Reaktion in einer spezifischen Situation ist. Zudem erscheint uns die Annahme, Sympathie sei eine dominante Reaktion auf eine fremde Person des gleichen Geschlechts, alles andere als funktional und ist durchaus auch mit Risiken für den so reagierenden «Organismus» verbunden, indem auf diese Weise z. B. die Gefahr von Ausbeutung oder Betrug erhöht wird.

Wesentliches Unterscheidungsmerkmal zwischen einer Fehlattributionserklärung und der Reaktions-Erleichterungs-Erklärung von Allen et al. (1989) ist, dass im letzteren Fall die Erregungsquelle nicht unklar oder mehrdeutig sein muss. Beide Ansätze unterscheiden sich aber von der Erklärung durch negative Verstärkung dadurch, dass die Art der Erregung beliebig ist. Foster, Witcher, Campbell und Green (1998) führten eine Metaanalyse über Experimente, in denen Erregung manipuliert wurde, durch und stellten fest, dass extern verursachte Erregung interpersonale Attraktion oft auch dann beeinflusste, wenn die Quelle der Erregung verhältnismäßig eindeutig war. Allerdings müssen sie zugleich auch konstatieren, dass der Effekt von Erregung größer war, wenn deren Ursache nicht klar auf der Hand lag. Angesichts dieser Befunde lässt sich momentan keine eindeutige Entscheidung für oder gegen Reaktionserleichterung als Alternative zur Fehlattributionserklärung treffen.

3 Austauschtheoretische Ansätze

Auch austauschtheoretische Ansätze betonen die Bedeutung von Belohnungen für interpersonale Attraktion. Sie gehen jedoch in mehrerlei Hinsicht über die lerntheoretische Perspektive hinaus, indem sie (a) berücksichtigen, von welchen Faktoren der wahrgenommene Wert von Belohnungen (rewards) abhängt, (b) nicht nur das Entstehen von Sympathie und Attraktion erklären, sondern auch die Entwicklung von Beziehungen berücksichtigen, und (c) den dyadischen Charakter sozialer Interaktionen stärker berücksichtigen.

3.1 Die Interdependenztheorie von Thibaut und Kelley[1]

Wie andere Austauschtheoretiker (z. B. Homans, 1961) nutzen Thibaut und Kelley (1959) in ihrer Interdependenztheorie quasi-ökonomische Termini zur Charakterisierung sozialer Beziehungen und beschreiben sie als einen Austausch von Handlungen, die zu Belohungen führen können und mit Kosten einhergehen. Sie gehen davon aus,

---

1 Eine ausführliche Darstellung findet sich bei Athenstaedt, Freudenthaler und Mikula in diesem Band.

dass eine Beziehung um so zufrieden stellender ist, je mehr positive Konsequenzen (rewards) und je weniger negative Konsequenzen (costs) mit ihr verbunden sind. Die Ergebnisse sozialer Interaktionen (rewards minus costs) determinieren allerdings nicht allein die Zufriedenheit mit einer Beziehung, sondern sind zudem von spezifischen Erfahrungen und Erwartungen, die eine Person mit einer Beziehung verbindet, dem so genannten Vergleichsniveau (comparison level Cl) abhängig. Das Vergleichsniveau ist eine Art Maßstab, den Personen benutzen, um die Güte der Ergebnisse ihrer Beziehungen zu bewerten. Soziale Beziehungen sind um so attraktiver, je höher deren Ergebnisse *relativ* zum Vergleichsniveau sind. So kann diese Theorie leicht erklären, warum dieselben Charakteristika einer Beziehung für eine Person mit Zufriedenheit einhergehen, für eine andere aber völlig inakzeptabel sind. Thibaut und Kelley berücksichtigen aber noch einen weiteren Bewertungsmaßstab, das Vergleichsniveau für Alternativen (comparison level of alternatives, Cl_{alt}), das von der Güte der Ergebnisse der bestmöglichen Alternative zu der momentanen Beziehung abhängt. Solche Alternativen können andere Beziehungen sein, können aber auch darin bestehen, überhaupt keine Beziehung zu haben. Je weiter dieses Vergleichsniveau für Alternativen *über* den Ergebnissen der aktuellen Beziehung liegt, oder mit anderen Worten, je attraktiver eine Alternative zu der aktuellen Beziehung eingeschätzt wird, desto unabhängiger ist die Person von ihrer Beziehung und desto eher ist sie bereit, sie zu beenden (Berg & McQuinn, 1986). Wenn allerdings Personen nur wenig attraktive Alternativen zu ihrer Beziehung sehen (niedriges Vergleichsniveau für Alternativen), verbleiben sie in ihrer Beziehung auch dann, wenn sie wenig zufrieden stellende Ergebnisse liefert. Wichtig ist dabei, dass diese Vergleichsmaßstäbe subjektive Bewertungskriterien darstellen und zudem durch Erfahrungen und Informationen aus der sozialen Umwelt beeinflussbar sind. Wiederholt negative Erfahrungen mit früheren Beziehungen lassen das Vergleichsniveau sinken und können dazu führen, dass Personen Beziehungen eingehen, die ihnen früher wenig attraktiv erschienen.

Thibaut und Kelley's austauschtheoretische Perspektive hat zwar für die Beziehungsforschung eine nützliche Perspektive eröffnet, wurde jedoch von den Autoren nicht in diesem Kontext empirisch geprüft. Mehr Forschung hat das im Folgenden beschriebene Investitionsmodell auf sich gezogen.

3.2   Das Investitionsmodell von Rusbult

Rusbult (1980) hat in ihrem Investitionsmodell wesentliche Aspekte von Thibaut und Kelley aufgegriffen und weiterentwickelt. Ihr Modell hat vor allem in der Forschung über die Stabilität von engen Beziehungen eine große Bedeutung und berücksichtigt neben Belohnungen und Kosten, dem Vergleichsniveau und dem Vergleichsniveau für Alternativen zusätzlich noch die Investitionen in eine Beziehung, worunter die Faktoren verstanden werden, die mit dem Beenden einer Beziehung verloren gehen, wie «investierter» Stress beim Ausfechten von Konflikten oder Zeit und Energie, die man investiert hat. Diese Investitionen erhöhen die Bindung an eine Beziehung indem sie es –

ökonomisch ausgedrückt – kostspielig werden lassen, sie zu beenden. Am höchsten ist die Bindung an eine Beziehung nach diesem Modell dann, wenn die Zufriedenheit hoch, die Attraktivität von Alternativen niedrig ist und man viel in die Beziehung investiert hat. Dies lässt sich auf die Formel bringen: Bindung = Zufriedenheit – Vergleichsniveau für Alternativen + Investitionen.

Rusbults Investitionsmodell hat vergleichsweise viele empirische Prüfungen erfahren. Rusbult und Martz (1995) stellten in Übereinstimmung mit dem Modell fest, dass die Bindung von misshandelten Frauen aus niedrigen sozialen Schichten (mit entsprechend geringen ökonomischen Alternativen zu ihrer Beziehung), die zudem verheiratet waren (höhere Investitionen) insgesamt höher war als die Bindung von Frauen mit höherer Bildung und höherem Einkommen oder solchen, die unverheiratet waren. Eine interessante Variante der Aufrechterhaltung der Bindung an eine Beziehung berichtet Miller (1997). Er stellte fest, dass diejenigen Personen zufriedener mit ihrer Beziehung waren und sich stärker an sie gebunden fühlen, die *weniger* Aufmerksamkeit auf potentielle Alternativen richteten. Lydon, Meana, Sepinwall, Richards und Mayman (1999) können gar feststellen, dass die Attraktivität von Alternativen gezielt abgewertet wird, um die Stabilität einer Beziehung nicht zu gefährden. So haben beispielsweise Personen, die verheiratet waren und hohe Werte auf einer Skala zur Erfassung der Bindung an die eigene Beziehung aufwiesen, eine gut aussehende Person des anderen Geschlechts, die angeblich gut zu ihnen passen würde, abgewertet und deren physische Attraktivität niedriger eingeschätzt als Singles oder auch solche, die weniger stark an ihre Beziehung gebunden waren. (Diese Befunde lassen sich alternativ ebenso gut im Rahmen der Dissonanztheorie [vgl Frey & Gaska, 1993] erklären.)

Das Investitionsmodell ist im Hinblick auf die Vorhersage der Stabilität einer Beziehung präziser als die Interdependenztheorie von Thibaut und Kelley (1959). Mikula und Stroebe (1991) merken allerdings kritisch an, dass das Konzept des Vergleichsniveaus als wesentliche Determinante der Beziehungszufriedenheit in allen Untersuchungen zu diesem Modell unberücksichtigt geblieben ist. Oft wurden die Versuchsteilnehmer einfach direkt um eine Einschätzung ihrer Beziehungszufriedenheit gebeten (vgl. Rusbult, Martz & Agnew, 1998), sodass auf die gesonderte Erhebung des Vergleichsniveaus verzichtet werden konnte.

3.3 Die Equitytheorie

Hatfield (vormals Walster) und ihre Kollegen (Walster, Walster & Berscheid 1978; Sprecher, 1998) haben austausch- und gerechtigkeitstheoretische Überlegungen (vgl. Homans, 1961; Thibaut & Kelley, 1959) zu einer Theorie weiterentwickelt, die auf eine Vielzahl sozialer Beziehungen von Arbeitsbeziehungen bis zu engen Beziehungen anwendbar ist (vgl. Müller & Hassebrauck, 1993). Eine Grundannahme dieser Theorie wie auch anderer Austauschtheorien ist, dass Menschen bestrebt sind, die Ergebnisse sozialer Beziehungen zu maximieren. Da sich für jedes Gesellschaftssystem eine solche auf unmittelbare Gewinnmaximierung ausgerichtete Strategie langfristig als schädlich erweisen würde, versuchen Gesellschaften allerdings, den Egoismus des Einzelnen einzuschränken, indem sie allgemeine Regeln von Fairness entwickeln und den Einzelnen für deren Befolgen positiv, für deren Nichtbefolgen negativ sanktionieren. An die Stelle der individuellen Gewinnmaximierung tritt sozusagen eine kollektive Gewinnmaximierung.

Eine soziale Beziehung ist nach dieser Theorie dann ausgewogen (equitable), also fair, wenn die an den jeweiligen Beiträgen der Interaktionspartner relativierten Ergebnisse gleich sind. Davon ausgehend werden zwei Zustände von Inequity unterschieden, vorteilige Inequity, wenn man mehr erhält, als einem nach diesem Fairnessprinzip zusteht, und nachteilige Inequity, wenn man relativ zu einer Vergleichsperson zu wenig erhält. Beide Verletzungen des Prinzips führen zu unangenehmen emotionalen Konsequenzen (inequity distress) und motivieren das Individuum, durch kognitive Umbewertungen oder tatsächliche Veränderungen der Beiträge und/oder Ergebnisse einen Zustand von Ausgewogenheit (Equity) wieder herzustellen (Hassebrauck, 1987, 1991). Diese Berücksichtigung einer *sozialen* Vergleichsdimension ist ein wesentlicher Unterschied zu anderen austauschtheoretischen Konzepten wie der Interdependenztheorie oder dem Investitionsmodell. Während nämlich diese Theoretiker argumentieren, dass Menschen ihre Ergebnisse mit ihren Erwartungen vergleichen und um so zufriedener sind, je höher ihre Ergebnisse relativ zu ihren Erwartungen ausfallen, argumentieren Equity-Theoretiker, dass Fairness das zentrale Thema in Beziehungen ist. Für enge Beziehungen bedeutet das, dass man mit einer Beziehung umso zufriedener ist, je fairer und ausgewogener man sie wahrnimmt. Solchermaßen ausgewogene Beziehungen sollten zudem eine größere Stabilität aufweisen. Allerdings ist die Beurteilung der Ausgewogenheit einer Beziehung eine subjektive Angelegenheit, und es ist durchaus vorstellbar, dass z. B. in einer Ehe beide gleichermaßen meinen, sie würden relativ zum jeweiligen Partner zu viel in die Beziehung investieren und zu wenig davon profitieren.

Allerdings ist die Übertragung equitytheoretischer Überlegungen auf Liebesbeziehungen und andere enge Sozialbeziehungen nicht unproblematisch, da sich solche Beziehungen von eher oberflächlichen u. a. durch ihre Zeitperspektive und ihre charakteristischen Veränderungen im Laufe der Zeit unterscheiden. Zugleich ist es in engen Sozialbeziehungen ungleich schwerer, die Beiträge und Ergebnisse der Interaktionspartner festzustellen. Zudem ist es fragwürdig, ob Ressourcen jedweder Kategorie beliebig gegeneinander ausgetauscht werden können (etwa Liebe oder Sex gegen Geld oder Information), ohne dass damit zugleich auch eine Bestimmung der Art der Beziehung verbunden ist (Foa & Foa, 1980).

Trotz dieser Schwierigkeiten gibt es einige empirische Evidenz für die Gültigkeit dieser Theorie in engen Beziehungen. Utne, Hatfield, Traupmann und Greenberger (1984) konnten feststellen, dass Ehepartner, die ihre Beziehung als unausgewogen erlebten, auch weniger zufrieden mit ihr waren als Ehepartner, die ihre Beziehung als ausgewogen betrachteten. Zugleich schätzten letztere ihre Beziehung auch als stabiler ein. Sprecher (1986) befragte Männer und Frauen nach ihrer Paarbeziehung und erhob u. a. das Ausmaß der wahrgenommenen Unausgewogenheit sowie verschiedene positive und negative Emotionen, die in engen Sozialbeziehungen empfunden werden (z. B. sexuelle Erregung, Sympathie, Zufriedenheit, Liebe, Ärger, Hass, Angst, Schuld etc.). Multiple Regressionsanalysen mit dem Ausmaß von vorteiliger und nachteiliger Unausgewogenheit der Beziehung als Prädiktoren ergaben, dass beide Formen von Unausgewogenheit negativ mit positiven Emotionen und positiv mit negativen Emotionen korrelierten. Buunk und Mutsaers (1999) erfassten bei Personen, die nach einer Scheidung erneut verheiratet waren, die Wahrnehmung der globalen Ausgewogenheit in der momentanen und vorherigen Beziehung und konnten in Übereinstimmung mit der Equitytheorie feststellen, dass die Befragten mehr Unausgewogenheit in der vergangenen als in der aktuellen Beziehung wahrnahmen. In beiden Beziehungen korrelierte das Ausmaß von Ausgewogenheit mit der Beziehungszufriedenheit, wobei Frauen um so zufriedener waren, je ausgewogener die Beziehung war, Männer jedoch zufriedener waren, wenn die Beziehung zu ihren Gunsten vorteilig unausgewogen war.

Querschnittuntersuchungen tragen wenig zur Beantwortung der Frage bei, ob die Ausgewogenheit einer Beziehung die Zufriedenheit oder umgekehrt die empfundene Zufriedenheit die Beurteilung der Ausgewogenheit beeinflusst, und die wenigen Längsschnittuntersuchungen liefern weniger eindeutige Ergebnisse als die zahlreichen Querschnittuntersuchungen. Vanyperen und Buunk (1990) haben die Daten einer Längsschnittuntersuchung, in der zu zwei Zeitpunkten die Ausgewogenheit und die Beziehungszufriedenheit erhoben wurde, einer «cross-lagged» Panelanalyse (Kenny, 1975) unterzogen. Wenn die Wahrnehmung von Unausgewogenheit die eheliche Zufriedenheit beeinflusst, dann sollten nach diesem Modell die Korrelationen zwischen der zum ersten Zeitpunkt erhobenen Ausgewogenheit und der Zufriedenheit zum zweiten Zeitpunkt signifikant größer sein als umgekehrt die zwischen Zufriedenheit zum ersten Zeitpunkt und Ausgewogenheit zum zweiten Zeitpunkt, was allerdings nur für weibliche Versuchsteilnehmer zutraf. In Untersuchungen von Lujansky und Mikula (1983) sowie Felmlee, Sprecher und Bassin (1990) finden sich keine signifikanten Zusammenhänge zwischen wahrgenommener Ausgewogenheit und Beziehungsqualität und -stabilität, wobei andere Austauschvariablen (z. B. die absolute Höhe der positiven Ergebnisse, die mit einer Beziehung verbunden sind) durchaus zwischen aufrecht erhaltenen und abgebrochenen Beziehungen zu differenzieren vermochten.

Für die teilweise inkonsistenten Befunde können verschiedene Faktoren verantwortlich sein. Die Subjektivität der Beurteilung von Ergebnissen und Beiträgen kann dazu führen, dass Interaktionspartner in der Beurteilung der Ausgewogenheit ihrer Beziehung voneinander abweichen. Die Qualität einer Beziehung und mehr noch deren Stabilität hängen aber von der Ausgewogenheitsbeurteilung *beider* Partner ab. Was nutzt es, wenn etwa ein Mann seine Beziehung als ausgewogen betrachtet, seine Frau sich aber benachteiligt fühlt und sich mit Trennungsgedanken trägt. Vorhersagen sind nur bei Berücksichtigung der Sichtweisen beider Interaktionspartner möglich. In vielen Untersuchungen wurden aber die Analysen nur auf der individuellen, nicht aber auf der dyadischen Ebene vorgenommen. Personen unterscheiden sich auch in der Zeitperspektive bezüglich ihrer Beziehung. Bei einer weit reichenden Zeitperspektive ist man eher bereit, temporäre Unausgewogenheit zu ertragen in der Hoffnung, dass sich auf lange Sicht ein fairer Ausgleich einstellt. Temporäre Unausgewogenheiten müssen dann nicht zwangsläufig mit geringer Beziehungszufriedenheit verbunden sein. Sie unterscheiden sich auch in ihrer grundsätzlichen Austauschorientierung (Buunk, Doosje, Jans & Hopstaken, 1993; Murstein & Azar, 1986) und in ihrer Sensitivität gegenüber Ungerechtigkeit (Schmitt & Dorfel, 1999). Vor dem Hintergrund dieser vielfältigen Faktoren sind die teilweise inkonsistenten Befunde durchaus verständlich.

4 Theorien kognitiver Konsistenz

Die Annahme, die allen kognitiven Konsistenztheorien (oder Balancetheorien) zu Grunde liegt, ist, dass Menschen ein Bedürfnis nach Konsistenz oder Balance in ihrem kognitiven System haben (vgl Stahlberg & Frey, 1994). Konsistenz besteht dabei zwischen Einstellungen zu Personen oder Objekten, wie es treffend schon Aristoteles mit dem Satz: «Wir mögen die Freunde unserer Freunde» formulierte. Die verschiedenen Konsistenztheorien unterscheiden sich dahingehend, was sie als konsistente Beziehung definieren, stimmen jedoch überein, dass inkonsistente, unbalancierte Zustände als unangenehm erlebt werden und Menschen daher motiviert sind, sie in balancierte, konsistente Zustände zu überführen. Für die Attraktionsforschung besonders relevant sind die Konsistenztheorien von Heider (1958) und Newcomb (1961), die sich explizit mit Beziehungen zwischen Personen befassen.

4.1 Die Balancetheorie von Heider

Heider (1958) unterscheidet in seiner Theorie (die eigentlich eine Personenwahrnehmungstheorie ist) eine wahrnehmende Person P, eine wahrgenommene Person O (von «other») und ein weiteres Objekt X aus der sozialen Umwelt von P, zu dem P eine Einstellung besitzt (X kann auch eine weitere Person sein oder sich auf Aspekte des Selbst von P beziehen). Zwischen diesen Elementen können zwei Arten von Beziehungen bestehen: Gefühlsbeziehungen, die sich in positiven oder negativen Bewertungen von Personen oder Objekten äußern (P liebt, hasst eine andere Person, P spielt gern Tennis etc.), und Einheitsbeziehungen, die dann bestehen, wenn zwei dieser Elemente als zusammengehörig wahrgenommen werden (P hat X gekauft, hergestellt, ist für X verantwortlich etc.).

Solche P-O-X-Triaden können balanciert sein oder sich in einem unbalancierten Zustand befinden, wobei Heider davon ausgeht, dass unbalancierte Triaden weniger stabil als balancierte sind und zu Änderungen in Gleichgewichtszustände tendieren. Balanciert wäre eine Triade beispielsweise dann, wenn eine positive Beziehung zwischen P und O (z. B. P mag seinen Freund O), eine positive Beziehung zwischen P und X (P spielt gerne Tennis) und eine positive zwischen O und X (der Freund spielt auch gerne Tennis) bestünde. Unbalanciert wäre hingegen obige Triade, wenn beispielsweise zwischen O und X (der Freund hasst Tennis) eine negative Beziehung bestünde.

Beschreibt man die Gefühls- bzw. Einheitsbeziehungen durch ein positives oder negatives Vorzeichen, lassen sich die acht möglichen Kombinationen von P-O-X nach einem Vorschlag von Cartwright und Harari (1956) leicht als im Gleichgewicht befindlich (das Produkt der Vorzeichen ist positiv) oder im Ungleichgewicht befindlich (das Produkt der Vorzeichen ist negativ) erkennen.

Heider hat die Bedeutung von Balance im kognitiven System einer wahrnehmenden Person für die Entstehung und das Aufrechterhalten positiver zwischenmenschlicher Beziehungen plastisch dargestellt, dennoch haften seiner Theorie einige Probleme an, die deren empirische Prüfung und ihre Anwendung erschweren. Zunächst äußert sich Heider nicht dazu, welche der drei Beziehungen im Falle einer Inbalance geändert werden. Wenn einem Mann beispielsweise das neue Kleid seiner Frau nicht gefällt, lässt er sich dann scheiden? Vermutlich nicht. Sinnvoll wäre es, wie Irle (1975) nur allzu treffend anmerkt, die Änderungsresistenz der einzelnen Relationen mit in die Theorie aufzunehmen und dann ein Prinzip des geringsten Aufwands zu postulieren. Heider differenziert auch nicht zwischen verschieden starken unbalancierten Zuständen.

Trotz dieser Schwächen erfreut sich diese Theorie (wohl wegen ihrer Schlichtheit) immer noch einer gewissen Popularität, insbesonders bei fachfremden Anwendern psychologischen Wissens. Sie reflektiert zu einem großen Teil auch das Denken der «Menschen auf der Straße», wie eine Untersuchung von Chapdelaine, Kenny und La Fontana (1994) eindrucksvoll demonstriert. In diesem Experiment, in dem Versuchspersonen vorhersagen sollten, ob sich zwei Personen mögen werden oder nicht, zeigte sich zwar, dass die Versuchspersonen mit ihren Vorhersagen ziemlich falsch lagen, sich dabei aber ziemlich eng an Heider's Balancetheorie orientiert hatten, indem sie vermuteten, dass zwei Personen, die sie beide mochten, sich auch mögen werden, zwei sich dann nicht mögen werden, wenn die Versuchspersonen selbst eine von beiden anderen Personen nicht leiden konnten.

4.2 Die Balancetheorie von Newcomb

Im Gegensatz zu Heider geht Newcomb (1961) davon aus, dass sich unsere Einstellungen gegenüber Personen von Einstellungen zu Objekten unterscheiden. Die Einstellung von P zu O wird auch davon abhängen, wie P die Einstellung von O zu sich selbst sieht. Diese Zweiseitigkeit der Wahrnehmung trifft offensichtlich für Einstellungen gegenüber Objekten (X) nicht zu. Newcomb benutzt daher auch den Begriff «Attraktion» zur Kennzeichnung der Beziehung zwischen P und O und den Begriff «Einstellung» für die Beziehung zwischen P bzw. O und X. Ein weiterer Unterschied zu Heider besteht darin, dass Newcomb nicht nur die Valenz der Beziehungen (+ oder −) berücksichtigt, sondern diese auch in quantitativer Hinsicht differenziert.

Newcomb befasst sich in seiner Theorie vor allem mit der Einstellung zweier Personen (P und O)[2] im Hinblick auf ein physikalisches oder soziales Objekt. Balanciert ist

---

2 Newcomb verwendet die Buchstaben A und B. Im Sinne einer konsistenten Darstellung gebrauchen wir hier aber wie Heider P und O.

eine Beziehung dann, wenn P und O sich mögen und die gleichen Einstellungen gegenüber X haben. Da Newcomb zwischen Einstellungen und Attraktion unterscheidet, macht er unterschiedliche Vorhersagen über die Konsequenzen negativer Beziehungen zwischen Personen und einer negativen Einstellung zu einem Einstellungsobjekt. Wenn sich beispielsweise P und O nicht mögen und zudem unterschiedliche Einstellungen zu X haben, wäre das nach Heider ein balancierter Zustand. Für Heider spielt es keine Rolle, an welcher Position die Vorzeichen in einer Triade stehen. Für Newcomb hingegen ist dieser Zustand weder balanciert noch unbalanciert, er bezeichnet ihn als «nonbalanced». Balance kann in einer Triade mit zwei Minuszeichen nur existieren, wenn die negativen Beziehungen zwischen P und X sowie zwischen O und X bestehen.

Newcomb berücksichtigt ferner das Ausmaß von Inbalance. Bei einer positiven Beziehung zwischen P und O hängt das Ausmaß der Inbalance (und damit die Motivation zur Änderung) sowohl vom Ausmaß der Diskrepanz der Einstellung von P und O zu X als auch von der Wichtigkeit von X ab. Wenn ein Liebespaar nicht darin übereinstimmt, welchen Wein es seinen Gästen anbieten will, ist das üblicherweise weniger unangenehm, als wenn es nicht darüber übereinstimmt, ob es zusammenziehen soll oder nicht (es sei denn, es handelt sich um zwei Weinbauern). Und schließlich spezifiziert Newcomb (1959) sehr konkrete Möglichkeiten zur Wiederherstellung von Balance, die von einer Verringerung der Attraktion über die Verringerung der Relevanz des Einstellungsobjektes bis zu einer Veränderung der Wahrnehmung der Einstellung von O reichen. Gerade letzteres scheint eine nicht seltene Strategie zur Aufrechterhaltung der Balance in einer Beziehung zu sein. In existierenden Beziehungen weicht oft das Ausmaß wahrgenommener Ähnlichkeit von der tatsächlich bestehenden Ähnlichkeit ab (vgl. Grau & Bierhoff, 1998), wobei meist die wahrgenommene Ähnlichkeit stärker mit der Beziehungszufriedenheit korreliert als die tatsächliche (Hassebrauck, 1990, 1996).

Newcomb (1961) selbst hat seine Balancetheorie in einer mittlerweile klassischen Untersuchung getestet. 17 männliche Studenten der University of Michigan, die kostenlos für zwei Jahre in einem Haus wohnen durften und dafür als Gegenleistung regelmäßig an sozialwissenschaftlichen Untersuchungen teilnehmen mussten, füllten anfangs einen Einstellungsfragebogen, Persönlichkeitstests usw. aus. Zu verschiedenen Zeitpunkten während der Zweijahresperiode wurden sie gefragt, mit wem sie Freundschaft geschlossen hätten. Sie wurden zudem gebeten, die Einstellungen ihrer Mitbewohner und deren vermeintliche Freundschaften zu beurteilen. In Übereinstimmung mit seiner Theorie konnte Newcomb beobachten, dass die Studenten diejenigen Mitbewohner am meisten mochten, die ihre Einstellungen teilten und die dieselben Freunde hatten wie sie selbst, wobei anfänglich *wahrgenommene* Ähnlichkeit wichtiger war, später dann aber *tatsächliche* Ähnlichkeit ein Prädiktor von Sympathie wurde.

5 Entwicklungstheorien

Interpersonale Attraktion ist ein Prozess: Vom ersten Blick über das nähere Kennenlernen bis zu einer festen Bindung und manchmal auch bis hin zum Ende der zwischenmenschlichen Anziehung besteht ein Entwicklungsverlauf, der allerdings von den meisten Theorien interpersonaler Attraktion nur unzureichend (wenn überhaupt) berücksichtigt wird. Levinger (1983) beschreibt dyadische menschliche Beziehungen nach abgestuften Graden der Nähe und Enge der Lebensräume der Beziehungspartner, wobei er ein Modell von fünf Beziehungsstufen vorschlägt, das vor allem für Liebesbeziehungen, aber auch für Freundschaftsbeziehungen gelten soll. Dem ersten Kennenlernen (A = acquaintance) folgt der Aufbau (B = build up), der durch wechselhafte Erleichterung oder Hemmung der Interaktion gekennzeichnet sein kann. Dann folgt eine Phase der Konsolidierung (C = continuation) von unterschiedlicher Qualität und Intensität, die in eine Ehe münden kann, dann die Verschlechterung (D = deterioration), die ähnlich wie der Aufbau unmerklich ablaufen kann und schließlich das Ende (E = ending) durch unterschiedliche Arten der Trennung wie Tod oder Scheidung. Die Involviertheit der Partner in die Beziehung ändert sich mit zunehmender Länge der Beziehung, muss aber nicht für beide Partner parallel verlaufen. Dieses eher deskriptive Modell ist bisher nicht durch Langzeitstudien systematisch überprüft worden. Wenngleich es augenfällig gut nachvollziehbar ist, wird es hier nicht vertiefend dargestellt. Stattdessen werden wir ein von Murstein (1970) entwickeltes Stufenmodell, das mehr Beachtung gefunden hat, sowie bindungstheoretische Ansätze darstellen, die die Beziehungen Erwachsener unter Bezug auf frühkindliche Erfahrungen erklären.

5.1 Die Stimulus-Werthaltungs-Rollen-Theorie von Murstein

Murstein (1970, 1977) schlägt eine Stimulus-Werthaltungs-Rollen-Theorie (stimulus-value-role theory, SVR) vor, die die Beziehungsentwicklung aus austauschtheoretischer Perspektive beschreibt.

In der *Stimulusphase* bestimmt vor allem die physische Attraktivität (z. B. Figur, Stimme, Kleidungsstil) den Wert einer Person, wodurch der weitere Verlauf der Partnerwahl beeinflusst wird. Im «offenen Feld», in dem mehr oder weniger Fremde aufeinander treffen und potentiell jeder jeden kennen lernen kann, sind andere Informationen zunächst oft gar nicht zugänglich (wie beispielsweise Persönlichkeitseigenschaften oder Einstellungen); allerdings kann u. a. auch die Reputation einer Person deren Stimuluswert beeinflussen.

Empfindet ein neues Paar die eingebrachten Stimulus-Variablen als gleichwertig, können sie in die *Wertphase* übergehen. In dieser Phase des Wertvergleichs wird überprüft, inwieweit Einstellungen und Überzeugungen übereinstimmen; ähnliche Einstellungen wirken positiv auf Entwicklung und Bestand der Beziehung. Beide Interaktionspartner kennen sich noch nicht so gut, als dass sie sehr private oder intime Information austauschen, sie lernen sich jedoch über den Austausch von Meinungen zu politischen Themen, Einstellungen zu anderen Personen und Informationen über ihr Privatleben zunehmend besser kennen.

Bei überlebender Beziehung folgt die *Rollenphase*, in der die Partner ihre Rollenvorstellungen dahingehend überprüfen, ob sie zusammenpassen und wie gut sie miteinander auskommen. Dabei setzt sich nach Murstein die Vorstellung, wie eine Partnerin oder ein Partner sein sollte, aus kulturell vermittelten, aber auch aus individuell geprägten Ansichten zusammen und muss nicht mit den Vorstellungen des Partners, was diese Rolle beinhalten soll, übereinstimmen. Beide Partner bewerten die Rolle, die sie in der Beziehung einnehmen im Vergleich zu den Rollen, die sie für sich selbst und für einen Partner angestrebt haben. Die Feststellung der Kompatibilität von Rollen ist ein sehr komplexer und schwieriger Prozess, nicht zuletzt auch deshalb, weil sich die eigenen Erwartungen und die eigenen Rollen ändern können.

Murstein selbst stellte insgesamt 39 Hypothesen auf, anhand derer er die SVR Theorie überprüfen wollte. Er untersuchte studentische Paare, die sich bereits seit fast zwei Jahren kannten, sich also mindestens in der Wert-, wenn nicht sogar bereits in der Rollenphase befanden. Daher war die Überprüfung der Stimulusphase nur mittels Rückschlüssen möglich. Aus den Ergebnissen von Persönlichkeitstests, einem eigens zur Erfassung der Werthaltung und Rollencharakteristik entwickelten Tests (marriage expectation test) und einiger Interviews schloss Murstein, dass 19 seiner Hypothesen u. a. bezüglich der Attraktivitäts- und Einstellungsähnlichkeit in der Stimulus- und Werthaltungsphase bestätigt seien und damit auch seine Theorie genügend untermauert sei.

Einzelne Punkte der Theorie werden auch von anderen Untersuchungen aufgegriffen. So wird die Bedeutung der Attraktivität für den Beginn einer romantischen Beziehung u. a. von Walster, Aronson, Abrahams und Rottman (1966) betont. Lernen sich Personen kennen und werden Freunde, geben sie zunehmend auch mehr persönliche Informationen von sich preis (Altman & Taylor, 1973), wie Murstein es für die Wertphase annimmt. Reziprozität der Selbstenthüllung fördert dabei das Kennenlernen und den weiteren Beziehungsverlauf.

Rubin und Levinger (1974) werfen Murstein vor, dass aufgrund der mangelnden Datenbasis, wie fehlender Langzeitstudien, aber auch der Hypothesenbildung, kaum von Bestätigung der SVR Theorie gesprochen werden könne. Vor allem die Erwartung einer aufeinander aufbauenden Abfolge von Stimulus-, Werthaltungs- und Rollenphase sei nicht überprüft. Insgesamt muss bis heute der empirische Status dieser Theorie als dünn bezeichnet werden (Klein, 1991). Zudem werden andere für die Beziehungsentwicklung wichtige Faktoren nicht genügend in die Theorie integriert. Hahlweg (1986) sieht vor allem die Rolle der Kommunikation und der Kommunikationsfertigkeiten, der Sexualität und der romantischen oder leidenschaftlichen Liebe sowie der ökonomischen und sozialen Hindernisse unterrepräsentiert. Es ist zu hoffen, dass künftige Forschung diese Faktoren in die Theorie integriert.

5.1   Bindungstheoretische Ansätze[3]

Bowlby (1969) entwickelte eine Bindungstheorie, die sich zunächst auf die Beziehung zwischen dem Kleinkind und seiner engsten Bezugsperson (meist der Mutter) bezog. Danach lernt das Kind in der Interaktion mit der Mutter, wie es sich Bezugspersonen gegenüber verhalten muss, um sie zu erreichen, und wie diese reagieren. Daraus bauen sich Erwartungen an Bindungen (attachment) und Interaktionen auf, an denen sich auch das spätere Verhalten orientiert. Die frühe Bindungserfahrung wird nach Bowlby als «inneres Arbeitsmodell» gespeichert. Das Kind entwickelt aus seinen ersten Bindungserfahrungen ein Fremdbild über andere und auch ein Selbstbild über die eigene Liebenswürdigkeit und Kompetenz (Bowlby, 1973). Die Bindungstheorie postuliert eine recht hohe Stabilität des entwickelten inneren Arbeitsmodells, das im späteren Leben nur durch intensive neue Erfahrungen veränderbar ist.

Ainsworth, Blehar, Waters und Wall (1978) identifizierten drei Gruppen von Kindern mit unterschiedlichen Bindungsstilen, die sich in unterschiedlicher Reaktion auf die Trennung von der Mutter und ihre Rückkehr manifestierten: *sicher, unsicher-ambivalent* und *vermeidend* gebundene Kinder. Hazan und Shaver (1987) übertrugen das Konzept der Bindungsstile auf die Partnerbindung im Erwachsenenalter. Sie erhoben die Bindungsstile mittels einer Ein-Item-Messung, bei der sich die Probanden selbst nach ihrem eigenen Bindungsstil klassifizieren sollten. 56% der Befragten stuften sich selbst als sicher, 25% als vermeidend und 19% als ängstlich-ambivalent ein. Bartholomew und Horowitz (1991) folgerten in Anlehnung an Bowlbys Idee der inneren Arbeitsmodelle, dass, wenn ein Individuum ein sowohl positives oder negatives Selbstkonzept als auch ein positives oder negatives Fremdkonzept haben kann, *vier* prototypische Bindungsstile resultieren können (siehe Vier-Felder-Tafel in Abb. 1).

Sicher gebundene Personen verfügen danach über ein positives Selbst- und Fremdbild; sie empfinden Nähe und Intimität in einer Beziehung als angenehm, erleben wenig Angst in Bezug auf Trennung und erleben in ihrer Partnerschaft Akzeptanz, Einfühlsamkeit und Vertrauen. Ängstlich-ambivalente Personen haben ein negatives Selbst-, jedoch ein positives Fremdbild; sie fühlen sich hin und her gerissen zwischen der Angst, nicht genug geliebt oder verlassen zu werden, und dem gleichzeitig starken Wunsch nach Nähe, der vom Partner nicht erfüllt wird. Umgekehrt verfügen gleichgültig-vermeidende Personen zwar über ein positives Selbst-, aber negatives Fremdbild; sie haben kein sehr starkes Interesse an einer engen Beziehung, sondern betonen ihre Freiheit, Selbständigkeit und Zufriedenheit auch ohne feste Beziehung und reagieren auf Nähe mit Unbehagen. Ängstlich-vermeidende Personen schließlich haben sowohl ein negatives Selbst- als auch ein negatives Fremdbild; auch sie meiden Beziehungen, jedoch aus Angst vor schlechten Erfahrungen, und misstrauen sowohl sich selbst als auch dem Partner gefühlsmäßig. Grau (1999) entwickelte einen Fragebogen zur Erfassung der Bindungsstile Erwachsener, der auf den beiden grundlegenden Dimensionen der Bindung – Angst und Vermeidung – aufgebaut ist.

---

3 Vgl. Becker-Stoll und Grossmann in diesem Band

Selbstbild		
	positiv	negativ
Fremdbild positiv	sicher (secure)	ängstlich-ambivalent (preoccupied)
negativ	gleichgültig-vermeidend (dismissing)	ängstlich-vermeidend (fearful)

Abbildung 1: Die vier partnerbezogenen Bindungsstile in Abhängigkeit vom positiven oder negativen Selbst- bzw. Fremdbild.

Die empirische Überprüfung des Zusammenhangs von Bindungsstilen und Merkmalen der Paarbeziehung bestätigte, dass ein sicherer Bindungsstil mit Zufriedenheit und längerer Beziehungsdauer (Hazan & Shaver, 1987) sowie stärkerer gegenseitiger Abhängigkeit, Verbindlichkeit und Vertrauen zusammenhängt. Vermeidende Personen weisen u. a. eine höhere Rate von Trennungen auf (Hazan & Shaver, 1987), worunter sie weniger stark leiden als andere (Simpson, 1990). Ängstlich-ambivalent Gebundene streben sehr nach einer romantischen Beziehung und wünschen sich sehnlichst Intimität und Nähe (Kirkpatrick & Hazan, 1994), zugleich leiden sie unter starker Eifersucht (Hazan & Shaver, 1987). Ein ängstlich-vermeidender Bindungsstil ist zudem mit einem erhöhten Anteil negativer Emotionen und weniger positiver Emotionen verbunden (Simpson, 1990). Nicht bestätigt haben sich Annahmen, dass der Zusammenhang von Bindungsstilen und Beziehungszufriedenheit auf der partnerschaftlichen Kommunikation und der Wahrnehmungsgenauigkeit der vom Partner geäußerten Liebe beruht (Tucker & Anders, 1999).

Unklar ist, inwieweit Bindungsstile als situationsübergreifende stabile Persönlichkeitseigenschaften verstanden werden können. Die hohe Stabilität und weit gehende Unabhängigkeit des eigenen Bindungsstils vom Bindungsstil des Partners (Simpson, 1990) weist darauf hin, dass Bindungsstile nicht allein als situations- bzw. dyadenspezifische Interaktionsmerkmale aufgefasst werden können. Es deutet sich an, dass die Bindungsstile vor allem als innere Arbeitsmodelle in Liebesbeziehungen dienen, Erwartungen in anderen sozialen Beziehungen, wie zu Freunden oder Kollegen, jedoch weniger beeinflussen (Mikula & Leitner, 1998).

Implikationen der Bindungstheorie wurden inzwischen weit reichend analysiert und empirisch überprüft. Die Konzentration lag dabei auf dem Nachweis der Bindungsstile bei Kindern und Erwachsenen und der erfolgreichen Bestätigung von interindividuellen Unterschieden zwischen Personen mit unterschiedlichen Bindungsstilen in Bezug auf verschiedene Aspekte ihrer sozialen Welt. Erfolgreich überprüft wurde der Zusammenhang von Bindungsstilen mit Merkmalen der Beziehung wie Zufriedenheit und Dauer, mit Emotionen und Kognitionen wie Wahrnehmungsgenauigkeit, Eindrucksbildung und Einstellungen zur Beziehung sowie mit Persönlichkeitseigenschaften, wie Selbstbewusstsein, Neurotizismus, Offenheit etc. (Shaver & Brennan, 1992).

Der dynamische Aspekt der Bindungstheorie, der weit über die Annahme interindividueller Unterschiede hinausgeht, wurde jedoch weitgehend vernachlässigt (Carver, 1997). Weder konnte bislang ein überzeugender Nachweise der Stabilität der Bindungsstile allein im Erwachsenenalter geliefert werden, noch wurde gar eine umfangreichere Längsschnittuntersuchung über einen größeren Zeitraum (länger als 5 Jahre) durchgeführt, die nicht allein auf Ableitungen aus anderen Konstrukten oder Erinnerungsdaten beruht – somit ist der Zusammenhang von kindlichem und partnerbezogenem Bindungsstil unklar. Zudem ist auch die Konzeption der Bindungsstile als stabile, umfassende Persönlichkeitseigenschaften, die auch andere Beziehungen (zu Freunden oder Kollegen) bestimmen sollten, umstritten. Die Dynamik selbst, also wie sich die Bindung im Verlauf der Interaktion ändert, wurde bisher nicht im Detail untersucht; es haben sich erste Hinweise auf die Bedeutung von kritischen Lebensereignissen wie beispielsweise Trennung oder Heirat (Davila, Karney & Bradbury, 1999) ergeben. Zudem wurde vorgeschlagen, die Neigung zum Wechsel des eigenen Bindungsstils als interindividuell variierende Persönlichkeitseigenschaft aufzufassen (Davila, Burge & Hammen, 1997). Andere Autoren nehmen an, dass Bindung an sich überhaupt kein stabiles Konstrukt ist, sondern vielmehr die Tendenz zur Variabilität bereits interpersonal variiert (Baldwin, Keelan, Fehr, Enns & Koh-Rangarajoo, 1996).

6 Evolutionspsychologische Ansätze

Die zunehmend populärer werdenden evolutionspsychologischen Ansätze (zur Übersicht s. Buss, 1999; Buss & Kenrick, 1998) erklären interpersonale Attraktion vor dem Hintergrund der adaptiven Aufgaben, die Männer und Frauen in der stammesgeschichtlichen Entwicklung zu erfüllen hatten (und haben). Attraktiv ist nach dieser Sicht eine Person mit einem hohen Partnerwert, eine Person, die signalisiert, dass sie als Fortpflanzungspartner gut geeignet ist. Erfolgreiche Fortpflanzung stellt aber Männer und Frauen vor unterschiedliche Aufgaben. Die für erfolgreiche Fortpflanzung notwendigen minimalen elterlichen Investitionen sind für Frauen erheblich größer als für Männer. Sie müssen eine Schwangerschaft von neun Monaten und eine nicht ungefährliche Geburt ertragen, an die sich eine Phase des Stillens und des Versorgens des nicht allein lebensfähigen Neugeborenen anschließt. Für Männer reduzieren sich die Investitionen für die Fortpflanzung im Extrem auf einen kurzen sexuellen Kontakt mit einer Frau im fruchtbaren Alter. Diese unterschiedlichen elterlichen Investitionen beeinflussen die Partnerwahl von Männern und Frauen. Männer finden diejenigen Frauen am attraktivsten – so die Argumentation – die ein Maximum an Fortpflanzungserfolg erwarten lassen. Das sind Frauen, die gesund sind, die jung sind, die trotz ihrer Jugend aber sexuelle Reife ausdrücken – allesamt Merkmale, die sich im Aussehen niederschlagen.

Frauen hingegen müssen nicht nur einen gesunden fortpflanzungsfähigen Partner finden, sie müssen wegen ihrer ungleich größeren elterlichen Investitionen auch darauf achten, ob der potentielle Partner fähig und willens ist, sie und ihre Nachkommen zu versorgen. Frauen sollten demnach bei Männern solche Merkmale attraktiv finden, die Hinweise auf Dominanz, Verlässlichkeit und die Bereitschaft, sich langfristig zu binden, liefern. Das sind Merkmale, die sich nicht ohne weiteres «auf den ersten Blick» feststellen lassen. Das sollte dazu führen, dass Frauen im Vergleich zu Männern weniger auf körperliche Schönheit ihrer potentiellen Partner achten, stattdessen anderen Partnermerkmalen wie Zuverlässigkeit und sozialem Status mehr Bedeutung beimessen, und insgesamt erheblich wählerischer als Männer sind.

Zahlreiche, auch kulturvergleichende Studien, scheinen diese Argumentation zu stützen. So hat Buss (1989) in einer interkulturellen Studie, an der mehr als 10 000 Personen aus 37 Kulturen teilgenommen haben, festgestellt, dass in *allen* Kulturen Männer größeren Wert auf das gute Aussehen ihrer Partnerin legten als Frauen auf das ihres Partners. In 36 der Kulturen war Frauen eine gesicherte finanzielle Existenz bei einem Partner wichtiger als umgekehrt Männern das Einkommen einer Partnerin. In Übereinstimmung mit diesen Überlegungen wird zudem wiederholt festgestellt, dass Männer eine Präferenz für jüngere Partnerinnen und Frauen eine für ältere Partner haben (z. B. Kenrick & Keefe, 1992).

Aus der evolutionspsychologischen Perspektive sind die heute lebenden Menschen mit Mechanismen, die für ein Überleben in einer Jäger- und Sammlergesellschaft im Pleistozän optimiert waren, ausgestattet. Diese Sichtweise hat verständlicherweise zahlreiche Kritik auf sich gezogen. Von Vertretern der Theorie der strukturellen Machtlosigkeit (Howard, Blumstein & Schwartz, 1987; Caporael, 1989) wird eingewandt, dass die beobachtbaren geschlechtsspezifischen Unterschiede in den Partnerpräferenzen auf eine ungleiche Verteilung von Lebenschancen (Zugang zu Bildung, Arbeit etc.) zurückzuführen sind. Sie gehen davon aus, dass Männer und Frauen die gleichen Präferenzen haben, aber sozial-strukturelle Umstände Geschlechtsunterschiede produzieren (Caporael, 1989). Daraus folgt, dass Frauen nur dann Männer mit Merkmalen, die auf Macht und materielle Sicherheit hindeuten, präferieren, wenn sie selbst auf Grund struktureller Bedingungen keine Kontrolle über diese Ressourcen ausüben können und sie nur auf Umwegen über einen entsprechenden Partner erreichen können. Sie tauschen dann sozusagen ihre Schönheit und Jugend gegen Status und Sicherheit eines männlichen Partners. Diese einleuchtende konkurrierende Theorie hat allerdings einige Schwachpunkte. Theoretisch lässt sie die Fragen unbeantwortet, *warum* Männer Geld und Macht gegen Schönheit eintauschen. Der postulierte Austausch funktioniert nur, wenn Schönheit ein nachgefragtes Gut ist. Warum das so ist, darüber schweigt sich die Theorie aus. Empirisch spricht gegen die Theorie der strukturellen Machtlosigkeit zum einen, dass Frauen mit hoher Bildung und hohem Verdienst *mehr* auf Status und Ressourcen achten als weniger Gebildete und weniger Verdienende (Wiederman & Allgeier, 1992), zum anderen, dass homosexuelle Männer (für die dieses strukturelle Machtgefälle nicht zutrifft) sich in ihren Präferenzen nicht von heterosexuellen Männern unterscheiden (nur eben im Hinblick auf das Geschlecht der Partner). Sie legen gleichermaßen Wert auf Jugendlichkeit, gutes Aussehen etc. Homosexuelle Frauen hingegen äußern Partnerpräferenzen, die denen heterosexueller Frauen vergleichbar sind (Bailey, Gaulin, Agyei & Gladue, 1994).

Kasser und Sharma (1999) können allerdings in einer Reanalyse der Daten der 37-Kulturen-Studie von Buss (1989) zeigen, dass das *Ausmaß* der geschlechtsspezifischen Unterschiede in den Partnerpräferenzen damit zusammenhängt, inwieweit Frauen in einer Gesellschaft den Männern vergleichbare Bildungschancen haben und das Selbstbestimmungsrecht über ihre Reproduktivität besitzen. Kümmerling und Hassebrauck (2001) schließlich können zeigen, dass sich über die letzten 30 Jahre hinweg eine deutliche Angleichung der Partnerpräferenzen von Männern und Frauen ergeben hat. Ältere Frauen (obwohl nicht mehr im reproduktionsfähigen Alter) äußerten in dieser Studie eher typisch weibliche Präferenzen als jüngere Frauen dies taten. Solche Generationseffekte können vor dem Hintergrund einer evolutionären Theorie nicht ohne Zusatzannahmen erklärt werden.

7 Schlussbemerkungen

Wir haben uns bei der Darstellung von Theorien interpersonaler Attraktion darum bemüht, die Spannweite dieses expandierenden Forschungsfeldes und die unterschiedlichen Zugangswege aufzuzeigen. Spezifischere Theorien und Perspektiven, wie verschiedene Liebesstile (Lee, 1974) und Arten von Liebe (Berscheid & Walster, 1974; Sternberg, 1986), informationstheoretische Ansätze (Aronson & Linder, 1965) sowie eine aktuelle und vielversprechende Theorie von Baumeister und Bratslavsky (1999), die eine interessante Erklärung liefert, warum die Leidenschaft in einer Beziehung im Laufe der Zeit abnimmt, haben wir hier nicht dargestellt. Die vorstehende Darstellung versteht sich als Fundament, um diese und künftige Theorien einzuordnen und zu verstehen.

Künftige Forschung wird vermutlich auch verstärkt die Interdependenz in sozialen Beziehungen berücksichtigen und nicht mehr – wie bislang meist üblich – zwischenmenschliche Anziehung primär aus einer individuenzentrierten Perspektive analysieren. Die Entwicklung von Methoden, die den speziell dyadischen Charakter von Beziehungen einbeziehen, deutet in diese Richtung. Zudem werden auch kognitive Prozesse in engen Beziehungen und die Verarbeitung beziehungsrelevanter Informationen mehr Berücksichtigung finden. Die Beschäftigung mit den Ursachen und Konsequenzen von Sympathie, Freundschaft und Liebe hat bislang nichts von ihrer Attraktivität verloren, und die Thematik wird nach unserer Einschätzung noch lange zentral für die (nicht nur) sozialpsychologische Forschung bleiben.

Literatur

Ainsworth, M. D. S., Blehar, M. S., Waters, S., & Wall, S. (1978). *Patterns of attachment: A psychological study of the strange situation*. Hillsdale: Erlbaum.

Allen, J. B., Kenrick, D. T., Linder, D. E., & McCall, M. A. (1989). Arousal and attraction: A response-facilitation alternative to misattribution and negative reinforcement models. *Journal of Personality and Social Psychology, 57,* 261–270.

Altman, I., & Taylor, D. A. (1973). *Social penetration: The development of interpersonal relationships*. New York: Holt, Rinehart & Winston.

Aronson, E., & Linder, D. (1965). Gain and loss of esteem as determinants of interpersonal attractiveness. *Journal of Experimental Social Psychology, 1,* 156–171.

Bailey, J. M., Gaulin, S., Agyei, Y., & Gladue, B. (1994). Effects of gender and sexual orientation on evolutionary relevants of human mating psychology. *Journal of Personality and Social Psychology, 66,* 1081–1093.

Baldwin, M. W., Keelan, J. P. R., Fehr, B., Enns, V., & Koh-Rangarajoo, E. (1996). Social-cognitive conceptualization of attachment working models: Availability and accessibility effects. *Journal of Personality and Social Psychology, 71,* 94–109.

Baron, R. A. (1987). Effects of negative ions on cognitive performance. *Journal of Applied Psychology, 72,* 131–137.

Bartholomew, K., & Horowitz, L. M. (1991). Attachment styles among young adults: A test of a four-category model. *Journal of Personality and Social Psychology, 61,* 226–244.

Baumeister, R. F., & Bratslavsky, E. (1999). Passion, intimacy, and time: Passionate love as a function of change in intimacy. *Personality and Social Psychology Review, 3,* 49–67.

Berg, J. H., & McQuinn, R. D. (1986). Attraction and exchange in continuing and noncontinuing dating relationships. *Journal of Personality and Social Psychology, 50,* 942–952.

Berscheid, E., & Reis, H. T. (1998). Attraction and close relationships. In: D. T. Gilbert, S. T. Fiske & G. Lindzey (Eds.), *The handbook of social psychology* (Vol. 2, pp. 193–281). New York: McGraw-Hill.

Berscheid, E., & Walster, E. (1974). A little bit about love. In: T. L. Huston (Ed.), *Foundations of interpersonal attraction* (pp. 335–381). New York: Academic Press.

Bowlby, J. (1969). *Attachment and loss: Vol. 1. Attachment*. New York: Basic Books (dt. *Bindung*. Frankfurt: Fischer, 1975).

Bowlby, J. (1973). *Attachment and loss: Vol 2. Separation*. New York: Basic Books (dt. *Trennung*. Frankfurt: Fischer, 1976).

Buss, D. M. (1989). Sex differences in human mate preferences: Evolutionary hypotheses tested in 37 cultures. *Behavioral and Brain Sciences, 12,* 1–49.

Buss, D. M. (1999). *Evolutionary Psychology*. Boston: Allyn and Bacon

Buss, D. M., & Kenrick, D. T. (1998). Evolutionary social psychology. In: D. T. Gilbert, S. T. Fiske & G. Lindzey (Eds.), *The handbook of social psychology* (Vol. 2, pp. 982–1026). New York: McGraw-Hill.

Buunk, B. P., Doosje, B. J., Jans, L. G. J. M., & Hopstaken, L. E. M. (1993). Perceived reciprocity, social support, and stress at work: The role of exchange and communal orientation. *Journal of Personality and Social Psychology, 65,* 801–811.

Buunk, B. P., & Mutsaers, W. (1999). Equity perceptions and marital satisfaction in former and current marriage: A study among the remarried. *Journal of Social and Personal Relationships, 16,* 123–132.

Caporael, L. R. (1989). Mechanisms matter: The difference between sociobiology and evolutionary psychology. *Behavioral and Brain Sciences, 12,* 17–18.

Cartwright, D., & Harari, F. (1956). Structural balance: A generalization of Heider's theory. *Psychological Review, 63,* 277–293.

Carver, C. S. (1997). Adult attachment and personality: Converging evidence and a new measure. *Personality and Social Psychology Bulletin, 23,* 865–883.

Caspi, A., Ozer, D., & Herbener, E. S. (1992). Shared experiences and the similarity of personalities: A longitudinal study of married couples. *Journal of Personality and Social Psychology, 62,* 281–291.

Chapdelaine, A., Kenny, D. A., & La Fontana, K. M. (1994). Matchmaker, matchmaker, can you make me a match? Predicting liking between two unaquainted persons. *Journal of Personality and Social Psychology, 67,* 83–91.

Clore, G. L., & Byrne, D. (1974). A reinforcement-affect model of attraction. In: T. L. Huston (Ed.), *Foundations of interpersonal attraction* (pp. 143–170). New York: Academic Press.

Davila, J., Burge, D., & Hammen, C. (1997). Why does attachment style change? *Journal of Personality and Social Psychology, 73,* 826–838.

Davila, J., Karney, B. R., & Bradbury, T. N. (1999). Attachment change processes in the early years of marriage. *Journal of Personality and Social Psychology, 76,* 783–802.

Dutton, D. G., & Aron, A. P. (1974). Some evidence for heightened sexual attraction under conditions of high anxiety. *Journal of Personality and Social Psychology, 30,* 510–517.

Felmlee, D., Sprecher, S., & Bassin, E. (1990). The dissolution of intimate relationships: A hazard model. *Social Psychology Quarterly, 53,* 13–30.

Foa, E. B., & Foa, U. G. (1980). Resource Theory: Interpersonal behavior as exchange. In: K. J. Gergen, M. S. Greenberg & R. H. Willis (Eds.), *Social exchange: Advances in theory and research.* New York: Plenum.

Foster, C. A., Witcher, B. S., Campbell, W. K., & Green, J. D. (1998). Arousal and attraction: Evidence for automatic and controlled processes. *Journal of Personality and Social Psychology, 74,* 86–101.

Frey, D., & Gaska, A. (1993). Die Theorie der kognitiven Dissonanz. In: D. Frey & M. Irle (Eds.), *Theorien der Sozialpsychologie (Bd. I:Kognitive Theorien)* (pp. 275–324). Bern: Huber.

Gouaux, C. (1971). Induced affective states and interpersonal attraction. *Journal of Personality and Social Psychology, 20,* 37–43.

Grau, I. (1999). Skalen zur Erfassung von Bindungsrepräsentationen in Paarbeziehungen. *Zeitschrift für Differentielle und Diagnostische Psychologie, 20,* 142–152.

Grau, I., & Bierhoff, H. W. (1998). Tatsächliche und wahrgenommene Einstellungsähnlichkeit als Prädiktoren für die Beziehungsqualität. *Zeitschrift Fur Sozialpsychologie, 29,* 38–50.

Hahlweg, K. (1986). *Partnerschaftliche Interaktion. Empirische Untersuchung zur Analyse und Modifikation von Beziehungsstörungen.* München: Röttger.

Hassebrauck, M. (1987). The influence of misattributions on reactions to inequity: Towards a further understanding of inequity. *European Journal of Social Psychology, 17,* 295–305.

Hassebrauck, M. (1990). Über den Zusammenhang der Ähnlichkeit von Attitüden, Interessen und Persönlichkeitsmerkmalen und der Qualität heterosexueller Paarbeziehungen. *Zeitschrift für Sozialpsychologie, 21,* 265–273.

Hassebrauck, M. (1991). Emotionale Konsequenzen dyadischer Unausgewogenheit: Eine experimentelle Untersuchung zum Einfluß von Fehlattributionen. *Zeitschrift für Sozialpsychologie, 22,* 181–192.

Hassebrauck, M. (1996). Beziehungskonzepte und Beziehungszufriedenheit: Die Bedeutung tatsächlicher und wahrgenommener Konzeptähnlichkeit in Paarbeziehungen. *Zeitschrift für Sozialpsychologie, 27,* 183–192.

Hazan, C., & Shaver, P. (1987). Romantic love conceptualized as an attachment process. *Journal of Personality and Social Psychology, 52,* 511–524.

Heider, F. (1958). *The psychology of interpersonal relations.* New York: Wiley.

Homans, G. C. (1961). *Social behavior: Its elementary forms.* New York: Harcourt, Brace & World.

Howard, J. A., Blumstein, P., & Schwartz, P. (1987). Social or evolutionary theories? Some observations on preferences in human mate selection. *Journal of Personality and Social Psychology, 53,* 194–200.

Hull, C. L. (1943). *Principles of behavior.* New York: Appleton.

Irle, M. (1975). *Lehrbuch der Sozialpsychologie*. Göttingen: Hogrefe.

Kasser, T., & Sharma, Y. S. (1999). Reproductive freedom, educational equality, and females' preference for resource-acquisition characteristics in mates. *Psychological Science, 10*, 374–377.

Kenny, D. A. (1975). Cross-lagged panel correlation: A test for spuriousness. *Psychological Bulletin, 82*, 887–903.

Kenrick, D. T., & Johnson, G. A. (1979). Interpersonal attraction in aversive environments: A problem for the classical conditioning paradigm. *Journal of Personality and Social Psychology, 37*, 572–579.

Kenrick, D. T., & Keefe, R. C. (1992). Age preferences in mates reflect sex differences in human reproductive strategies. *Behavioral and Brain Sciences, 15*, 75–91.

Kirkpatrick, L. A., & Hazan, C. (1994). Attachment styles and close relationships: A four-year prospective study. *Personal Relationships, 1*, 123–142.

Klein, R. (1991). Modelle der Partnerwahl. In: M. Amelang, H. J. Ahrens & H. W. Bierhoff (Eds.), *Partnerwahl und Partnerschaft. Formen und Grundlagen partnerschaftlicher Beziehungen* (pp. 31–69). Göttingen: Hogrefe.

Kümmerling, A., & Hassebrauck, M. (2001). Schöner Mann und reiche Frau? Die Gesetze der Partnerwahl unter Berücksichtigung gesellschaftlichen Wandels. *Zeitschrift für Sozialpsychologie, 32*, 81–94.

Lee, J. A. (1974). The styles of loving. *Psychology Today, 8 (October)*, 44–51.

Levinger, G. (1983). Development and change. In: H. H. Kelley, E. Berscheid, A. Christensen, J. H. Harvey, T. L. Huston, G. Levinger, E. McClintock, L. A. Peplau, & D. R. Peterson (Eds.), *Close relationships* (pp. 315–359). San Francisco: Freeman.

Lujansky, H., & Mikula, G. (1983). Can equity theory explain the quality and the stability of romantic relationships? *British Journal of Social Psychology, 22*, 101–112.

Lydon, J. E., Meana, M., Sepinwall, D., Richards, N., & Mayman, S. (1999). The commitment calibration hypothesis: When do people devalue attractive alternatives? *Personality and Social Psychology Bulletin, 25*, 152–161.

May, J. L., & Hamilton, P. A. (1980). Effects of musically evoked affect on women's interpersonal attraction toward and perceptual judgment of physical attractiveness of men. *Motivation and Emotion, 4*, 217–228.

Mikula, G. (1975). Begriffliche und methodische Probleme der Attraktionsforschung. *Zeitschrift für Sozialpsychologie, 6*, 297–309.

Mikula, G., & Leitner, A. (1998). Partnerschaftsbezogene Bindungsstile und Verhaltenserwartungen an Liebespartner, Freunde und Kollegen. *Zeitschrift für Sozialpsychologie, 29*, 213–223.

Mikula, G., & Stroebe, W. (1991). Theorien und Determinanten zwischenmenschlicher Anziehung. In: M. Amelang, H. J. Ahrens & H. W. Bierhoff (Eds.), *Attraktion und Liebe. Formen und Grundlagen partnerschaftlicher Beziehungen* (pp. 61–104). Göttingen: Hogrefe.

Miller, R. S. (1997). Inattentive and contented: Relationship commitment and attention to alternatives. *Journal of Personality and Social Psychology, 73*, 758–766.

Müller, G. F., & Hassebrauck, M. (1993). Gerechtigkeitstheorien. In: D. Frey & M. Irle (Eds.), *Theorien der Sozialpsychologie (Bd. I:Kognitive Theorien)* (pp. 217–240). Bern: Huber.

Murstein, B. I. (1970). Stimulus-Value-Role: A theory of marital choice. *Journal of Marriage and the Family, 32*, 465–481.

Murstein, B. I. (1977). The stimulus-value-role (SVR) theory of dyadic relationships. In: S. Duck (Ed.), *Theory and practice in interpersonal attraction* (pp. 105–127). London: Academic Press.

Murstein, B. I., & Azar, J. (1986). The relationship of exchange orientation to friendship intensity, room-mate compatibility, anxiety, and friendship. *Small Group Behavior, 17*, 3–17.

Neimeyer, R. A., & Mitchell, K. A. (1988). Similarity and attraction: A longitudinal study. *Journal of Social and Personal Relationships, 5*, 131–148.

Newcomb, T. M. (1959). Individual systems of orientation. In: S. Koch (Ed.), *Psychology: A study of a science (Vol. 3: Formulations of the person and the social context)* (pp. 384–422). New York: McGraw-Hill.

Newcomb, T. M. (1961). *The acquaintance process*. New York: Holt, Rinehart and Winston.

Rubin, Z., & Levinger, G. (1974). Theory and data badly mated: A critique of Murstein's SVR and Lewis' PDF models of mate selection. *Journal of Marriage and the Family*, *36*, 226–231.

Rusbult, C. E. (1980). Commitment and satisfaction in romantic associations: A test of the investment model. *Journal of Experimental Social Psychology*, *16*, 172–186.

Rusbult, C. E., & Martz, J. M. (1995). Remaining in abusive relationships: An investment model analysis of nonvoluntary dependence. *Personality and Social Psychology Bulletin*, *21*, 558–571.

Rusbult, C. E., Martz, J. M., & Agnew, C. R. (1998). The Investment Model Scale: Measuring commitment level, satisfaction level, quality of alternatives, and investment size. *Personal Relationships*, *5*, 357–391.

Shaver, P. R., & Brennan, K. A. (1992). Attachment styles and the «Big Five» personality traits: Their connections with each other and with romantic relationship outcomes. *Personality and Social Psychology Bulletin*, *18*, 536–545.

Schmitt, M., & Dorfel, M. (1999). Procedural injustice at work, justice sensitivity, job satisfaction and psychosomatic well-being. *European Journal of Social Psychology*, *29*, 443–453.

Simpson, J. A. (1990). Influence of attachment styles on romantic relationships. *Journal of Personality and Social Psychology*, *59*, 971–980.

Sprecher, S. (1986). The relation between inequity and emotions in close relationships. *Social Psychology Quarterly*, *49*, 309–321.

Sprecher, S. (1998). Social exchange theories and sexuality. *Journal of Sex Research*, *35*, 32–43.

Stahlberg, D., & Frey, D. (1994). Konsistenztheorien. In: D. Frey & S. Greif (Hrsg.). *Sozialpsychologie. Ein Handbuch in Schlüsselbegriffen* (3. Auflage). Weinheim: PVU.

Sternberg, R. J. (1986). A triangular theory of love. *Psychological Review*, *93*, 119–135.

Thibaut, J., & Kelley, H. H. (1959). *The social psychology of groups*. New York: Wiley.

Tucker, J. S., & Anders, S. L. (1999). Attachment style, interpersonal perception accuracy, and relationship satisfaction in dating couples. *Personality and Social Psychology Bulletin*, *25*, 403–412.

Tze Yeong Tan, D., & Singh, R. (1995). Attitudes and attraction: A developmental study of the similarity-attraction and dissimilarity-repulsion hypotheses. *Personality and Social Psychology Bulletin*, *21*, 975–986.

Utne, M., Hatfield, E., Traupmann, J., & Greenberger, D. (1984). Equity, marital satisfaction, and stability. *Journal of Social and Personal Relationships*, *1*, 323–332.

Vanyperen, N. W. , & Buunk, B. P. (1990). A longitudinal study of equity and satisfaction in intimate relationships. *European Journal of Social Psychology*, *20*, 287–309.

Veitch, R., & Griffitt, W. (1976). Good news – bad news: Affective and interpersonal effects. *Journal of Applied Social Psychology*, *6*, 69–75.

Walster, E., Aronson, V., Abrahams, D., & Rottman, L. (1966). Importance of physical attractiveness in dating behavior. *Journal of Personality and Social Psychology*, *4* , 508–516.

Walster, E., Walster, G. W., & Berscheid, E. (1978). *Equity theory and research*. Boston: Allyn & Bacon.

Wiederman, M. W., & Allgeier, E. R. (1992). Gender differences in mate selection criteria: Sociobiological or socioeconomic explanation? *Ethology and Sociobiology*, *13*, 115–124.

Zillmann, D. (1983). Transfer of excitation in emotional behavior. In: J. T. Cacioppo & R. E. Petty (Eds.), *Social psychophysiology: A sourcebook* (pp. 215–240). New York: Guilford.

Theorien hilfreichen Verhaltens

Hans-Werner Bierhoff

Hilfreiches Verhalten scheint universell verbreitet zu sein und verbindet die Menschen vom Polarkreis bis zum Kap der Guten Hoffnung. Gleichzeitig ist festzustellen, dass unter Hilfeleistung eine Vielzahl von Handlungen zusammengefasst wird. Das deutet darauf hin, dass hilfreiches Verhalten auf ein Bündel von Faktoren zurückzuführen ist. Damit einher geht die Erkenntnis, dass sich hilfreiches Verhalten auf mehreren Ebenen der Analyse betrachten lässt und durch entsprechende Erklärungen plausibel gemacht werden kann. Dazu zählt die interpersonelle Ebene, die normative Ebene und die Persönlichkeitsebene. Dementsprechend werden im folgenden Theorien dargestellt, die sich diesen drei Ebenen zuordnen lassen. Dazu zählt die Empathie-Altruismus Hypothese (interpersonelle Ebene), die Theorie der sozialen Verantwortung (normative Ebene) und die Theorie der dispositionalen Empathie (Persönlichkeitsebene).

Im folgenden wird davon ausgegangen, dass prosoziales Verhalten ein einheitliches Phänomen ist, das sich in vielen unterschiedlichen Formen konkretisiert. Diese Annahme kommt in den folgenden Definitionen zum Ausdruck (vgl. Bierhoff, 1990, S. 9): *Altruistisches oder prosoziales Verhalten eines Akteurs ist dann gegeben, wenn er/sie die Absicht hat, einer konkreten Person eine Wohltat zu erweisen und wenn der Akteur freiwillig handelt (und nicht im Rahmen der Aufgaben, die sich durch dienstliche Rollenverpflichtungen ergeben).* Demgegenüber umfasst helfendes Verhalten zusätzlich, wenn Hilfe durch Personen geleistet wird, die ihren Beruf ausüben (z. B. Rettungsassistenten). *Von helfendem Verhalten wird also dann gesprochen, wenn die Absicht besteht, einer konkreten Person eine Wohltat zu erweisen.*

Ein zentrales Merkmal des prosozialen bzw. altruistischen Verhaltens ist die Freiwilligkeit. Es handelt sich um ein Handlungsmuster, das stärker intrinsisch als extrinsisch motiviert ist, wenn auch subjektive Einschätzungen von Kosten und Belohnungen eine Rolle spielen.

Schon auf den ersten Blick ist die Hilfeleistung, die im Wechseln von Kleingeld besteht, und die, die in der Rettung eines Ertrinkenden besteht, sehr unterschiedlich. Im einen Fall haben wir es mit einem nebensächlichen Ereignis im Alltagsstrom zu tun, während im anderen Fall eine schwerwiegende Entscheidung zugrunde liegt, die im individuellen Erleben von Helfer und Empfänger eine sehr große Bedeutung hat. Was sind die Gemeinsamkeiten und was sind die Unterschiede von beiden Formen der Hilfeleistung? Gemeinsam ist beiden, dass die individuellen Pläne der Helfer bei der

Ausführung der Hilfeleistung von untergeordneter Bedeutung sind. Vielmehr dominieren soziale Einflüsse aus der Situation heraus, die gewissermaßen der Person eine von ihr nicht geplante Handlungsweise aufzwingen.

Was die Unterschiede angeht, ist zunächst einmal darauf zu verweisen, dass die Hilfeleistung gegenüber einem Ertrinkenden mehr Einsatz, Kompetenz und Opferbereitschaft verlangt als die Hilfeleistung im alltäglichen Bereich. Hinzu kommt, dass der Aufforderungscharakter einer akuten Notsituation größer und stärker ist als der, der sich mit der Frage des Wechselgeldes verbindet.

Bisher haben wir nur über Beispiele von Hilfeleistung gesprochen, die ohne eigene Vorplanung zustande kommen. Ein gutes Beispiel für geplante Hilfe ist die Unterstützung eines Freundes während des Umzugs, nachdem dieser in der Vergangenheit ebenfalls bei gleicher Gelegenheit unterstützend tätig geworden ist. In diesem Fall haben wir ein Beispiel für ein Geben und Nehmen, wie es in dem Prinzip der Gegenseitigkeit zum Ausdruck kommt. Gegenseitigkeit könnte eine biologische Grundlage haben (Trivers, 1971), wenn man davon ausgeht, dass die Tat des Helfers geringe Kosten erzeugt, während die Belohnung für den Empfänger hoch ist. Im Ergebnis ist festzustellen, dass eine egoistische Gesellschaft, in der nur noch der Überlebenskampf jedes einzelnen stattfindet, auf kooperative Vorteile verzichtet, wie sie in jedem kooperativen sozialen System erzeugt werden, das durch Normen und Werte altruistische Handlungsbereitschaften nahe legt.

Ein anderer Fall von planvoller Hilfeleistung ist gegeben, wenn eine Person aus ihrem Gefühl der sozialen Verantwortung heraus anderen Menschen hilft, z. B. verfolgte Juden während der Naziherrschaft versteckt. In beiden Beispielen haben wir es mit normativ beeinflussten Handlungen zu tun, nur dass in dem einen Fall die Norm der Gegenseitigkeit der Handlung zugrunde gelegt wird, während in dem anderen Fall die Norm der sozialen Verantwortung zur Grundlage der Handlungsplanung wird.

1 Grundlegende Theorien der Hilfeleistung

1.1 Empathie-Altruismus Theorie

Empathie wird im Sozialisationsprozess erworben. Darauf aufbauend werden zwei Formen der Empathie unterschieden: Empathie als Erfahrung der Beobachter, die in einer gegebenen Situation durch das Leiden einer anderen Person ausgelöst wird, und Empathie als Persönlichkeitsmerkmal. Allen weiter oben genannten Beispielen ist die positive Zuwendung gegenüber anderen Menschen gemeinsam, wie sie im Begriff der Empathie zum Ausdruck kommt. Unter Empathie kann man das Begreifen und Nacherleben innerer Vorgänge anderer (Steins, 1998) verstehen. Generell kann man Empathie als eine stellvertretende Emotion auffassen, die erlebt wird, wenn andere in Not wahrgenommen werden (Eisenberg & Miller, 1987).

1.1.1 Empathie als Ergebnis der Sozialisation

Eine umfassende Analyse der bisher vorliegenden Ergebnisse zeigt, dass sich ein zwar geringer, aber doch systematischer Zusammenhang zwischen Empathie und prosozialem Verhalten nachweisen lässt. Das gilt schon im Fall von Kindern, die z. B. mit einem schreienden Baby konfrontiert werden (Eisenberg et al., 1993). Zwei Untersuchungsbeispiele aus der umfangreichen Forschung von Eisenberg und ihren Mitarbeitern zur Empathie bei Kindern werden in Box 1 dargestellt.

Box 1 Empathie und emotionale Regulierung bei Kindern

Eisenberg et al. (1993) untersuchten Kindergarten-Kinder und Schulkinder aus der dritten Klasse sowie deren Mütter. Da bei Kindern Selbstberichte wenig aussagekräftig sind, waren sie bestrebt, die Selbsteinschätzung der Empathie durch Beobachtungsmaße zu ergänzen. Das Experiment bestand aus mehreren Teilen, von denen in dieser Zusammenfassung zwei berücksichtigt werden. Im ersten Teil war die Versuchsleiterin anwesend. Über Lautsprecher wurde der Ton eines schreienden Kindes in den Versuchsraum eingespielt, das sich angeblich in einem Nachbarraum aufhielt. Die Versuchsleiterin gab an, dass sie für einen Freund ein Baby betreuen müsse, dass sich in einem anderen Raum in dem Gebäude befände, und versuchte, es zu beruhigen. Außerdem ermutigte sie das Kind, genauso zu verfahren. Darüber hinaus informierte sie das Kind, dass man den Lautsprecher abstellen kann, sodass man dem Baby nichts mehr hört. Nachdem die Versuchsleiterin den Raum verlassen hatte, trat das Babyschreien wieder auf. Während dessen wurde der Gesichtsausdruck der Kinder auf Video erfasst. Auf dieser Basis wurde durch neutrale Beurteiler das persönliche Unbehagen des Kindes in dieser Episode eingeschätzt. Außerdem beurteilten sie die Tonlage seiner Stimme auf einer Skala, die von unterstützend bis irritiert reichte. Als abhängige Variable der Hilfeleistung diente die Anzahl der Sekunden, in denen das Kind mit dem Baby sprach. Das Ausmaß des persönlichen Unbehagens war negativ mit diesem Maß der Hilfeleistung korreliert. Hingegen erwies sich die Tonlage der Stimme als unbedeutend für die Bereitschaft zu helfen.

Weitere Daten über die Fähigkeit, die Perspektive anderer zu übernehmen, wurden von den Müttern erhoben. Diese Fähigkeit der Mütter korrelierte negativ mit dem beobachteten persönlichen Unbehagen der Kinder während des Baby-Schreiens und positiv mit der unterstützenden Tonlage der Stimme. Diese Ergebnisse traten aber nur für Mädchen auf.

In einer weiteren Studie von Fabes et al. (1994) mit Kindergarten-Kindern und Schülern aus der zweiten Klasse wurde versucht, eine physiologische Grundlage für die emotionale Reaktion in der Babyschrei-Episode zu ermitteln. Dazu wurde die Variabilität der Herzrate herangezogen, die als Index der Emotionsregulation dienen kann. Je mehr Variabilität während der Babyschrei-Episode gegeben war, desto unterstützender war die Tonlage der Stimme bei Jungen und Mädchen. Daraus wurde geschlossen, dass die Variabilität der Herzrate als physiologische Kennung für empathische Reaktionen in Hilfesituationen bei Kindern dienen kann.

Obwohl die Ergebnisse in Box 1 z. T. durch Geschlechtsunterschiede gekennzeichnet sind, weisen sie doch darauf hin, dass Empathie mit physiologischen und Ausdrucksmerkmalen zusammenhängt und schon bei Kindern zu beobachten ist. Empathie lässt sich in diesem Zusammenhang als ein Ausdruck der Emotionsregulation auffassen. Eine stärkere Emotionsregulation der Kinder hängt mit bestimmten Aspekten des prosozialen Verhaltens positiv zusammen. Ergänzend ist anzumerken, dass in einer Untersuchung von Eisenberg et al. (1995) festgestellt wurde, dass das prosoziale

Verhalten von Schulkindern, das durch Einschätzungen ihrer Mitschüler erfasst wurde, mit der Beurteilung der Kinder durch ihre Lehrer im Hinblick auf ihre Emotionsregulation zusammenhing. Je positiver die Emotionsregulation beurteilt wurde, desto höher wurde die soziale Kompetenz der Kinder eingeschätzt.

1.1.2 Altruistisches Motivsystem

Während diese Untersuchungen Hinweise auf die emotionalen und physiologischen Grundlagen prosozialen Verhaltens von Kindern liefern, haben sich Batson und seine Mitarbeiter, ausgehend von dem empathischen Erleben, die Frage gestellt, ob es neben einem egoistischen ein altruistisches Motivsystem gibt, das in Hilfesituationen wirksam wird. Der Bezug zur Empathie besteht darin, dass das altruistische Motivsystem mit Empathie gleichgestellt wird, allerdings – wie wir noch sehen werden – mit einer besonderen Variante.

Die Frage nach den Motiven der Hilfeleistung hat zu vielfältigen Antworten geführt. Einerseits wurde auf offene oder versteckte Belohnungen verwiesen, die mit einer Hilfeleistung verbunden sein können. Dazu zählt soziale Billigung genauso wie die Möglichkeit, dass die helfende Person sich selbst gratuliert, weil sie sich angemessen verhalten hat. Eine andere Möglichkeit besteht darin, dass die Hilfeleistung zur Beendigung einer negativen emotionalen Erregung beiträgt. Es lässt sich gut begründen, dass Personen, die sich in die Lage eines Opfers hineinversetzen, in einen negativen Gefühlszustand kommen, der sich als persönliches Unbehagen bezeichnen lässt. Eine mögliche egoistische Erklärung für Hilfeleistung liegt darin, dass sich die Person dieser unangenehmen Emotion dadurch entledigt, dass sie dem Opfer hilft und damit ihr eigenes Mitleiden beendet. Wir hatten weiter oben schon gesehen, dass persönliches Unbehagen bei Kindern negativ mit Indikatoren der Empathie zusammenhängt (s. Box 1).

Diese Erklärung kann noch durch eine weitere ergänzt werden: Wenn es nämlich dem Opfer wieder gut geht, kann der Helfer eine stellvertretende Freude empfinden, die sein Verhalten positiv verstärkt. Daher ergibt sich die Hypothese, dass Hilfeleistung dann wahrscheinlich ist, wenn ein starkes zusätzliches Unbehagen über die Notlage gegeben ist und wenn durch die Beendigung der Notlage eine empathische Freude ausgelöst wird. Das persönliche Unbehagen und die empathische Freude sollen umso größer sein, je mehr sich die Person in die Notlage hineinversetzt hat. Daher kann man die Schlussfolgerung ziehen, dass sich ein Zusammenhang zwischen Empathie und Hilfeleistung erwarten lässt, der sich aber schon der Basis egoistischer Tendenzen erklärt.

Demgegenüber hat Batson (1995) ein Forschungsprogramm zur Empathie-Altruismus Hypothese entwickelt, das ein eigenständiges, altruistisches Motivsystem zugrunde legt. Der Ausgangspunkt ist folgender: wenn persönliches Unbehagen eine unangenehmen Emotion ist, die durch eine Hilfeleistung beendet werden kann, sollte auch ein Verlassen der Situation, in der sich das Opfer befindet, die negativen Rückwirkungen auf den Beobachter reduzieren. Daher ergibt sich die Hypothese, dass eine Person, die egoistisch motiviert ist, dann helfen wird, wenn sie keine Fluchtmöglichkeit besitzt. Wenn sie jedoch die Situation verlassen kann, sodass sie auf diese Weise ihre unangenehme emotionale Reaktion beenden kann, sollte ihre Hilfsbereitschaft verringert sein.

Demgegenüber sollte eine Person, die altruistisch motiviert ist und somit das Ziel verfolgt, das Notleiden einer anderen Person zu beenden, in der Fluchtmöglichkeit keine plausible Alternative für ihre Handlungsplanung sehen. Denn ihr empathisches Motiv ist darauf gerichtet, das Leiden des Opfers zu beenden. Für eine solche Person spielt es also zumindest in der Theorie keine Rolle, ob eine Fluchtmöglichkeit gegeben ist oder nicht. Denn sie sollte in beiden Fällen gleichermaßen sehr hilfsbereit sein.

Damit ergibt sich eine Versuchsanordnung, mit deren Hilfe Batson (1995) unter Beweis stellt, dass es neben einem egoistischen ein altruistisches (= empathisches) Motivsystem gibt. Er variiert zum einen die Leichtigkeit des Verlassens der Notsituation (leicht versus schwierig) und andererseits das Niveau der Empathie (niedrig versus hoch). Er nimmt an, dass hohe Empathie gleichbedeutend mit einer altruistischen Motivation ist. Dann ergibt sich die Vorhersage, dass in drei der vier Bedingungen dieses Versuchsplans eine hohe Hilfsbereitschaft eintreten wird, während bei niedriger Empathie und leichter Fluchtmöglichkeit die Hilfsbereitschaft verringert sein sollte. Diese 1:3 Hypothese wurde in verschiedenen Untersuchungen überprüft.

Bevor wir auf diese Untersuchungen im Einzelnen eingehen, kann noch angemerkt werden, dass sie nur teilweise die Frage der egoistischen Motivation klären können. Zwar berücksichtigen sie den Aspekt des persönlichen Unbehagens, das durch eine Fluchtmöglichkeit reduziert wird, aber der Aspekt der stellvertretenden Freude über die Überwindung der Notlage bleibt unberücksichtigt. Es könnte gut sein, dass diejenigen, die helfen, sich selbst für ihre gute Tat gratulieren und sich über die Beendigung der Notlage des Opfers freuen. Das bedeutet, dass der Versuchsplan von Batson nur einen Teil der egoistischen Annahmen widerlegen und dementsprechend auch nur bedingt seine Empathie-Altruismus Hypothese unterstützen kann (vgl. Batson et al., 1988; Cialdini et al., 1987).

Zwei Hypothesen lassen sich kontrastieren (Batson, 1995): eine auf der Grundlage von persönlichem Unbehagen und eine auf der Basis seiner Empathie-Altruismus Hypothese. Persönliches Unbehagen führt zu der Vorhersage, dass die Hilfeleistung niedrig ist, wenn es eine Fluchtmöglichkeit gibt. Hingegen wird bei schwieriger Fluchtmöglichkeit eine hohe Hilfeleistung vorhergesagt (s. Tabelle 1). Demgegenüber sagt die Empathie-Altruismus-Hypothese voraus, dass bei hoher Empathie und leichter Fluchtmöglichkeit eine hohe Hilfsbereitschaft auftreten wird. Insofern ist diese Versuchsbedingung die entscheidende, um zwischen den beiden alternativen Hypothesen zu unterscheiden. Denn für die drei anderen Bedingungen sind die Vorhersagen identisch (s. Tabelle 1): niedrige Hilfeleistung bei niedriger Empathie und leichter Fluchtmöglichkeit und hohe Hilfeleistung bei schwierigen Fluchtmöglichkeiten, unabhängig von dem Ausmaß der Empathie.

Fassen wir noch einmal die Annahmen von Batson (1995) zusammen: Er unterscheidet zwischen egoistisch motivierter Hilfe, die auf das Ziel der Steigerung des eigenen Wohlergehens des Helfers gerichtet ist, und altruistische motivierte Hilfe, die auf das Ziel der Steigerung des Wohlergehens der anderen gerichtet ist. Weiterhin nimmt er an, dass

Tabelle 1: Vorhersagen der Hilfeleistung in dem Batson-Versuchsplan nach zwei Hypothesen (nach Batson, 1995, S. 358).

1. Reduktion Persönlichen Unbehagens

	Niedrige Empathie	hohe Empathie
Leichte Fluchtmöglichkeit	Niedrig	Niedrig
Schwierige Fluchtmöglichkeit	Hoch	Hoch/sehr hoch

2. Empathie-Altruismus-Hypothese

	Niedrige Empathie	hohe Empathie
Leichte Fluchtmöglichkeit	Niedrig	Hoch
Schwierige Fluchtmöglichkeit	Hoch	Hoch

Box 2 Studien zum wahren Altruismus

Ein gutes Beispiel für die Studien zum Empathie-vermittelten Altruismus ist das Experiment von Batson et al. (1981), in dem eine Studentin namens Elaine angeblich Elektroschocks erhält, die aber nur simuliert sind, ohne dass die Beobachter das erkennen können. Die Versuchspersonen, die das Leiden von Elaine beobachten, erfahren, dass sie zehn aversive Durchgänge überstehen muss. Bei leichter Fluchtmöglichkeit soll die Versuchsperson nur zwei Durchgänge beobachten, während sie bei schwieriger Fluchtmöglichkeit alle zehn Durchgänge beobachten soll. Nach zwei Durchgängen unterbricht Elaine den Versuch und bekennt gegenüber dem Versuchsleiter, dass sie, was Stromstöße angeht, belastet ist, da sie einen Unfall an einem Elektrozaun hatte, der sich für sie traumatisch ausgewirkt hat. Darauf hin fragt der Versuchsleiter die Versuchsperson, ob sie für Elaine einspringen will. Er fügt hinzu, dass Elaine ansonsten bereit ist, mit dem Versuch weiterzumachen.

In dieser Versuchssituation wurde das Ausmaß der Empathie über Ähnlichkeit manipuliert, also mit einem Verfahren, das schon in anderen Empathie-Studien (z. B. Krebs, 1975) eingesetzt wurde und das auf dem Gedanken beruht, dass hohe Ähnlichkeit Empathie anregt. Zur Auslösung von hoher Empathie wurde der Eindruck vermittelt, dass Elaine und die Versuchsperson sich in ihren Einstellungen sehr ähnlich sind. Bei geringer Empathie wurde der Eindruck vermittelt, dass sich Elaine und die Versuchsperson in ihren Einstellungen sehr unähnlich sind. Als Maß der Hilfeleistung diente die Bereitschaft, für Elaine einzuspringen. Diese Bildung der abhängigen Variablen ist zweifelsohne eine Stärke der Versuchsreihe, die von Batson berichtet wird, da sie verhaltensorientiert und einfach zu interpretieren ist.

Die Ergebnisse unterstützen die Empathie-Altruismus-Hypothese, da bei leichter Fluchtmöglichkeit und gegebener Unähnlichkeit mit einem Wert von 18% Bereitschaft eine besonders niedrige Hilfeleistung auftritt, während bei hoher Ähnlichkeit generell eine hohe Hilfsbereitschaft (91% bei leichter Fluchtmöglichkeit und 82% bei schwerer Fluchtmöglichkeit) beobachtet wurde. Bei Unähnlichkeit und erschwerter Fluchtmöglichkeit fand sich eine mittlere Hilfsbereitschaft von 64%, die im Sinne der 1:3-Erwartung als hoch interpretiert wird.

In einem zweiten Experiment von Batson und seinen Mitarbeitern (1981) wurde eine andere Manipulation der Empathie gewählt. Dazu wurde eine Fehlattribution verwendet. Den Versuchspersonen wurde eine Placebo-Tablette gereicht, von der behauptet wurde, dass sie bestimmte Nebeneffekte auslösen würde. In der empathischen Bedingung wurde gesagt, dass die Tablette Unwohlsein und Unbehagen auslöst. Auf diese Weise wurde mögliches Unbehagen bei der Beobachtung der Notsituation von Elaine auf die Tablette zurückgeführt, sodass die wahrgenommene Empathie intensiviert werden sollte. In der zweiten Bedingung wurde angekündigt, dass die Tablette als Nebeneffekt Wärme und Sensibilität auslösen würde, sodass in dieser Bedingung Begleiterscheinungen der Empathie rationalisiert wurden. Als Folge davon sollte das persönliche Unbehagen dominieren, also eine egoistische Motivation.

In diesem Experiment wurde erneut die Fluchtmöglichkeit als leicht oder schwer variiert. Das Ergebnismuster war wieder im Sinne der 1:3-Hypothese. Niedrige Hilfeleistung trat bei Dominanz des persönlichen Unbehagens kombiniert mit leichter Fluchtmöglichkeit auf (33% Bereitschaft). Hingegen fand sich eine höhere Hilfsbereitschaft bei persönlichem Unbehagen, kombiniert mit schwerer Fluchtmöglichkeit (75%), bei Dominanz der empathischen Empfindungen und leichter Fluchtmöglichkeit (83%) und bei Dominanz der empathischen Beteiligung und schwerer Fluchtmöglichkeit (58%). Daher kommen Batson und seine Mitarbeiter zu dem Schluss, dass empathische Motivation wahrhaft altruistisch ist.

Eine Variante dieser Versuchsanordnung wurde von Toi und Batson (1982) verwendet. Erneut wurde die Fluchtmöglichkeit als leicht oder schwer variiert. Die Empathie wurde diesmal variiert, indem die Versuchsteilnehmer instruiert wurden, das Opfer zu beobachten (niedrige Empathie) oder sich in das Opfer hineinzuversetzen (hohe Empathie). In dieser Untersuchung wurde eine neue Notlage verwendet, die darauf zurückgeführt wurde, dass das Opfer Carol nach einem Autounfall ihr Studium wegen eines Krankenhausaufenthaltes nicht fortsetzen kann. Sie hat einen Brief an ihren Professor geschrieben mit der Bitte, ob ein Student, der dieselbe Veranstaltung besucht, bereit ist, ihr zu helfen. Bei leichter Fluchtmöglichkeit wurde mitgeteilt, dass das Opfer zu Hause an den Rollstuhl gefesselt sei. Bei schwieriger Fluchtmöglichkeit wurde mitgeteilt, dass das Opfer in der nächsten Woche in die Klasse zurückkehren werde. Erneut fand sich das erwartete 1:3-Ergebnismuster mit geringer Hilfeleistung bei leichter Fluchtmöglichkeit, kombiniert mit der Instruktion, das Opfer zu beobachten.

In diesem Experiment wurde eine weitere interessante Variation des 1:3-Themas durchgeführt. Die Versuchspersonen beantworteten einen Fragebogen, der Adjektive enthielt, die ihr persönliches Unbehagen und ihr Mitgefühl erfassen sollten. Persönliches Unbehagen wurde durch Eigenschaften wie gekränkt, aufgebracht und ärgerlich erfasst. Mitgefühl wurde durch Eigenschaften wie sympathisch, gerührt und gesellig gemessen. Zwischen diesen beiden Skalen wurde die Differenz berechnet, die als ein Maß der selbsteingeschätzten relativen Empathie benutzt wurde. Wenn persönliches Unbehagen überwog, war diese selbsteingeschätzte Empathie niedrig. Wenn das Mitgefühl überwog, war sie hoch.

Die Versuchspersonen wurden nun danach gruppiert, ob sie eher niedrige oder hohe selbsteingeschätzte relative Empathie aufwiesen. Bei denen, bei denen persönliches Unbehagen überwog, fand sich wie üblich eine geringe Hilfsbereitschaft, wenn eine leichte Fluchtmöglichkeit gegeben war, und eine hohe Hilfsbereitschaft bei schwerer Fluchtmöglichkeit. Demgegenüber zeigten die relativ empathischen Versuchsteilnehmer in beiden Bedingungen eine hohe Hilfsbereitschaft.

An diesem Versuch lässt sich die anfangs genannte Kritik verdeutlichen. Bei einer hohen Empathie kann eine Flucht sinnlos sein, da eine hohe Belohnung aufgrund der Freude über die Beendigung des Leidens des Opfers zustande kommen kann. Bei niedriger Empathie kann eine Flucht sinnvoll sein, wenn die stellvertretenden Belohnung gering ausfällt und insofern nichts zu gewinnen ist, wenn man von einem egoistischen Standpunkt ausgeht. Diese Analyse weist darauf hin, dass das 1:3-Muster auch auf der Basis einer rein egoistischen Interpretation abgeleitet werden kann. Es ist kein eindeutiger Beweis für die Empathie-Altruismus-Hypothese, obwohl sie damit in guter Übereinstimmung steht.

die Verbesserung des Wohlergehens einer anderen Person hinreichend und notwendig für die Erreichung eines altruistischen Zielzustands ist. Wenn zusätzliche persönliche Gewinne auftreten, dann wird das als ein Nebeneffekt bezeichnet, der nicht intendiert ist. Die egoistische Hilfsbereitschaft wird auf das Motiv der Reduzierung eines persönlichen Unbehagens zurückgeführt. Das persönliche Unbehagen kann entweder durch Hilfeleistung oder durch Verlassen der Opfersituation reduziert werden. Hingegen kann das altruistische Motivsystem nur durch Hilfeleistung zu einer Zielerreichung führen.

Wie sehen die Experimente zur Prüfung dieser Hypothese aus und wie sind die Ergebnisse ausgefallen? Eine Antwort auf diese Frage findet sich in Box 2.

Batson (1995) ist sich der Tatsache bewusst, dass seine Untersuchungen zu dem 1:3-Muster die Kontroverse um eine altruistische Motivation nicht endgültig beenden kann. Daher versuchte er in weiteren Experimenten, Belege dafür zu finden, dass Personen auf einer empathischen Basis helfen, die unabhängig von sozialen Verstärkungen ist. Ein Beispiel ist die Untersuchung von Fultz et al. (1986), in der hohe oder niedrige soziale Billigung der hohen oder niedrigen Ausprägung von empathischen Mitgefühl gegenübergestellt wurde. Es zeigte sich, dass die soziale Bewertung ohne Effekt blieb. Hingegen wurde generell mehr geholfen, wenn empathisches Mitgefühl vorhanden war, als wenn es nicht vorhanden war.

1.1.3   Dispositionale Empathie als Erklärung hilfreichen Verhaltens

Der situativen Empathie lässt sich die dispositionale Empathie gegenüberstellen. Sie stellt ein allgemeines Persönlichkeitsmerkmal dar, das durch Anlagefaktoren kombiniert mit Sozialisationseinflüssen bestimmt wird. Empathie als Persönlichkeitsmerkmal wird in dem Fragebogen von Davis (1983) gemessen. Beispielitems sind: «Ich tagträume und fantasiere mit einiger Regelmäßigkeit über Dinge, die in meinem Leben geschehen könnten.» «Ich habe oft liebevolle, besorgte Gefühle für Leute, die weniger glücklich sind als ich.» «Ich finde es manchmal schwierig, Dinge aus der Perspektive anderer Leute zu sehen (Umpolen).»

Die dispositionale Empathie korreliert signifikant mit der Hilfeleistung. Für die situative Empathie lässt sich das gleiche Ergebnis feststellen, das aber nicht über die dispositionale Empathie vermittelt ist (Fultz et al., 1986). Situative und dispositionale Empathie wirken sich also unabhängig voneinander aus. Hingegen hängt das persönliche Unbehagen nur geringfügig mit der Hilfeleistung zusammen. Situatives und dispositionales Mitgefühl korrelieren etwa mit $r = .30$.

Der Begriff der Empathie hat somit zwei unterschiedliche Bedeutungen: einmal als situative Empfindung, die eine Person in einer Notlage einer anderen Person hat, und einmal als allgemeine Persönlichkeitsorientierung, die auch in einer neutralen Situation abgefragt werden kann.

1.2 Normative Theorien

Während die bisherigen Ansätze zur Erklärung der Hilfeleistung die empathische Reaktionsweise in den Vordergrund rücken, wird auf der Ebene der normativen Erklärung davon ausgegangen, dass soziale Werte und Normen prosoziales Verhalten beeinflussen. Dabei spielt die Norm der sozialen Verantwortung eine hervorgehobene Rolle. Das hängt damit zusammen, dass mit sozialer Verantwortung Gefühle der persönlichen Verpflichtung einhergehen, sich für Personen in Not einzusetzen.

Der Begriff der sozialen Verantwortung verweist auf ein ethisch-moralisches Bezugssystem (Auhagen, 1999). Verantwortung setzt interpersonelle Beziehungen voraus. Es geht um die Handlung eines Verantwortungssubjekts gegenüber einem Adressaten vor einer Instanz, die ein normatives Kriterium zugrunde legt (Lenk & Maring, 1995, S. 247). So kann die Fürsorge eines Vaters für seinen Sohn durch das Jugendamt nach den Kriterien angemessener Versorgung beurteilt werden.

Soziale Verantwortung ist für viele Lebensbereiche bedeutsam (Reichle & Schmitt, 1998). Ein wichtiger Verantwortungsbereich liegt im Beruf. Erfolgreiche Organisationen bauen auf sozialverantwortliches Verhalten ihrer Mitarbeiter und Mitarbeiterinnen (Witt, 2001). Weiterhin geht es um die Verantwortung für die Umwelt bzw. die Natur. Die Zuschreibung der Verantwortung auf sich selbst ist der stärkste Prädiktor von persönlichen Verhaltensbereitschaften zum Schutz der Natur (z. B. Einschränkung des persönlichen Wasserverbrauchs; Kals, Schumacher & Montada, 1998).

Das soziale Verantwortungsbewusstsein entwickelt sich im Sozialisationsprozess. Personen, die hoch auf diesem Merkmal liegen, sind durch eine aktive Zugangsweise zum sozialen Leben, Verlässlichkeit bei der Erfüllung sozialer Pflichten und Bereitschaft zum persönlichen Engagement gekennzeichnet (Berkowitz & Daniels, 1964). Generell lassen sich zwei Dimensionen des Verantwortungsbewusstseins unterscheiden, die mit Erfüllung von berechtigten Erwartungen anderer und Befolgung von sozialen Spielregeln bezeichnet werden (Bierhoff, 2000). Bei der Erfüllung der berechtigten Erwartungen anderer geht es darum, dass eine Person sich im sozialen Leben konsistent und zuverlässig verhält. Hingegen geht es bei der Befolgung der sozialen Spielregeln darum, dass die sozialen Normen in einem gegebenen Kontext eingehalten werden.

Handeln im Sinne der Norm der sozialen Verantwortung setzt Eigeninitiative voraus. Heckhausen (1989) geht soweit, dass er internale Kontrollüberzeugungen als eine generalisierte Form der sozialen Verantwortung bezeichnet. Demgegenüber sind Ängste, Empfindlichkeiten und Unsicherheiten, die sich auf die Einschätzung der eigenen sozialen Fertigkeiten beziehen, negative Prädiktoren der Bereitschaft zur Verantwortungsübernahme (Bierhoff, Klein & Kramp, 1991).

Die Befolgung der Norm der sozialer Verantwortung hängt mit Empathie zusammen (Penner & Finkelstein, 1998). Darüber hinaus zeigte sich, dass soziale Verantwortung mit dem freiwilligen Arbeitsengagement in Unternehmen verbunden ist (vgl. Bierhoff & Herner, 1999). Damit wird erneut hervorgehoben, dass soziale Verantwortung etwas mit Selbstbestimmung des Verhaltens zu tun hat, denn das freiwillige Arbeitsengagement lässt sich als ein selbstbestimmtes Engagement kennzeichnen, das unabhängig von betrieblichen Vorgaben stattfindet und auf der persönlichen Einsatzbereitschaft der Mitarbeiter beruht. Weiter unten wird das Thema des freiwilligen Arbeitsengagements in einem eigenen Abschnitt behandelt.

Während Empathie und Norm der sozialen Verantwortung prosoziales Verhalten fördern, gibt es auch Theorien, die sich mit der Hemmung der Hilfsbereitschaft befassen. Diese werden im folgenden ausführlicher dargestellt.

1.3 Theorien der Hemmung der Hilfsbereitschaft: Diffusion der Verantwortung, pluralistische Ignoranz und Bewertungsangst

1964 wurde die New Yorkerin Kitty Genovese von einem Mann ermordet. 38 Nachbarn waren Zeugen, als sie auf ihrem Parkplatz überfallen wurde. Die Ausübung des Verbrechens dauerte über eine halbe Stunde. Als die Polizei schließlich verständigt wurde und daraufhin sehr schnell am Tatort erschien, konnte sie nur noch den Tod des Opfers feststellen, das schließlich von dem Angreifer erstochen worden war. Dieser Vorfall hat eine Diskussion über die Ursachen von unterlassener Hilfeleistung ausgelöst.

Drei theoretische Ansätze dienen speziell der Erklärung von unterlassener Hilfeleistung: die Theorie der Diffusion der Verantwortung unter mehreren Zuschauern, die Theorie der pluralistischen Ignoranz aufgrund von negativen Modelleffekten und die Theorie der Bewertungsangst in öffentlichen Situationen. Diese Erklärungen für passives Verhalten, die im folgenden besprochen werden, ergänzen sich gegenseitig.

In der Forschung zu hilfreichem Verhalten standen lange Zeit experimentelle Untersuchungen im Vordergrund. Ein Beispiel sind die bekannten Versuchen von Latané und Darley (1970), in denen verschiedene Unfälle simuliert wurden. Zum Beispiel wurde bei den Versuchspersonen der Eindruck erweckt, dass ein Zimmerbrand ausgebrochen sei. Oder, eine Frau war scheinbar von einem Stuhl auf den Boden gestürzt. In anderen Versuchen, die von Schwartz und Clausen (1970) durchgeführt wurden, ging es um einen plötzlich auftretenden epileptischen Anfall oder auch darum, dass eine Person überfallen und ausgeraubt wurde. Der Vorteil dieser experimentellen Versuche besteht darin, dass die Prozesse, die zum Eingreifen führen, genau differenziert werden können.

1.3.1 Theorie der Diffusion der Verantwortung

Mit Diffusion der Verantwortung ist gemeint, dass mehrere Zeugen eines Unglücks sich die Verantwortung teilen, sodass jeder einzelne weniger Verantwortung empfindet einzugreifen als in einer Alleinbedingung, in der die Verantwortung allein auf dem einzigen Zeugen lastet. Die Diffusion der Verantwortung kann noch gestärkt werden, wenn in der Gruppe der Zeugen ein erkennbarer Mediziner anwesend ist, auf den die anderen Zeugen ihre Verantwortung zum Eingreifen abwälzen können. Das mag der Grund sein, warum mir einer meiner Ärzte einmal erzählt hat, als er davon erfuhr, dass ich hilfreiches Verhalten untersuche, dass er sich nie als Mediziner zu erkennen gibt, wenn er sich einer Unfallsituation nähert. Es ist klar, dass es sehr unangenehm sein kann, wenn die Verantwortung zum Eingreifen auf einer Person liegt, die durch ihre besondere Kompetenz gegenüber den anderen Zuschauern als Verantwortungsträger hervorgehoben worden ist. Diese kleine Anekdote veranschaulicht, dass die Verantwortung vielfach gerne auf andere abgeschoben wird, da ein Eingreifen als belastend und bedrohlich erlebt wird. Das ist insbesondere dann der Fall, wenn die Hilfeleistung Kenntnisse und persönliches Engagement verlangt.

Eine Möglichkeit besteht darin, die Diffusion der Verantwortung allein als Ausdruck einer kognitiven Verteilung der Gesamtverantwortung unter mehreren Zeugen zu interpretieren, also gewissermaßen als Rechenexempel. Diese Sichtweise ist aber offensichtlich nur teilweise angemessen, da zusätzliche motivationale Faktoren eine Rolle spielen. Es ist eben sehr verlockend, die Verantwortung auf andere abzuwälzen, da dadurch der Stress, der auf einem potentiellen Helfer lastet, vermindert wird. Diese Überlegung lässt sich in dem Gedanken zusammenfassen, dass Situationen, in denen der Helfer im Menschen angesprochen wird, potentiell aversiv sind. Dieser Gedanke wurde schon von Pancer et al. (1979) formuliert, die davon ausgehen, dass eine Tendenz besteht, Situationen zu vermeiden, in denen Hilfe angemessen sein könnte. Diese Hypothese wurde dadurch belegt, dass bei Sammelaktionen (z. B. für UNICEF) erfasst wurde, in welchem Abstand die Personen an dem Sammeltisch vorbeigingen. Diese Distanz wurde mit dem Abstand verglichen, der zu dem Tisch eingehalten wurde, wenn keine Sammlung durchgeführt wurde. Die Ergebnisse sind in mehreren Studien eindeutig. Wenn eine Sammlung stattfindet, wird ein größerer Bogen um die Sammelstelle gemacht. Die Passanten vermeiden es, in die Nähe der Sammlung zu kommen. Diese Ergebnisse kann man wie folgt zusammenfassen: Wenn keine Person anwesend ist und keine Sammlung stattfindet, wird ein geringer Abstand zu der Tischposition eingehalten. Ein größerer Bogen ist zu beobachten, wenn eine Person an dem Tisch sitzt; vermutlich, weil der persönliche Raum dieser Person respektiert wird. Schließlich findet sich eine weitere Vergrößerung des Abstands, wenn an dem Tisch eine Sammlung stattfindet; vermutlich, weil die Sammlung auf die Passanten aversiv wirkt. Diese innere Zurückhaltung gegenüber Hilfeleistung stellt vermutlich den motivationalen Motor dar, der eine Diffusion der Verantwortung erzeugt.

1.3.2   Theorie der pluralistischen Ignoranz

Neben der Diffusion der Verantwortung trägt auch das passive Beispiel anderer Zeugen zur Hemmung der Hilfeleistung in Gruppen von Zuschauern bei. Die typische Reaktion auf eine Unfallsituation besteht darin, dass die Beobachter überrascht und entsetzt reagieren. Wenn diese Reaktion unmittelbar sichtbar wird, findet sich auch ein hohes Maß der Hilfsbereitschaft. In diesem Fall kommt es nicht zu einer Fehlinterpretation, da die Schreckreaktion anzeigt, dass ein Unfall stattgefunden hat. Wenn hingegen die Beobachter ihre Reaktion auf den Unfall unterdrücken und mit Zurückhaltung reagieren, entsteht der negative Vorbildeffekt, der auch als pluralistische Ignoranz bezeichnet wird. Dieser Begriff, der ursprünglich von Allport (1924) geprägt wurde, bezeichnet die Fehlinterpretation des Verhaltens anderer Menschen, die ihre wahre Meinung nicht zum Ausdruck bringen und so zu Irrtümern und Fehlverhalten beitragen. Es handelt sich deshalb um eine pluralistische Ignoranz, weil gleichzeitig jeder der Zuschauer gleichermaßen denkt, dass ein Unfall eingetreten ist. Durch die passive Reaktion wird aber den anderen Zuschauern signalisiert, dass nichts Besonderes vorgefallen und dass kein Eingreifen erforderlich ist. Dadurch entsteht eine Bereitschaft, die Notlage der Opfer zu ignorieren. Pluralistische Ignoranz ist ein weit verbreitetes Phänomen, was immer dann auftritt, wenn Menschen ihre wahre Meinung unterdrücken und «sich ihren Teil denken». Als Folge davon kommt es zu Fehlinterpretationen, die üblicherweise dahin gehen, dass der Status quo gebilligt wird. Denn aus der Tatsache, dass niemand eingreift, schließt der einzelne Beobachter, dass ein Eingreifen nicht erforderlich ist.

1.3.3   Theorie der Bewertungsangst

Schließlich hat die Forschung auch gezeigt, dass die Bereitschaft zum Eingreifen reduziert wird, wenn die potentiellen Helfer glauben, sie könnten sich durch ein Eingreifen lächerlich machen. Das ist in vielen Notsituationen eine nahe liegende Überlegung, da die potentiellen Helfer keine Vorerfahrung haben und nur selten mit entsprechenden Situationen konfrontiert werden. Häufig ist es das erste Mal, dass eine Person Zeuge eines schweren Unfalls wird. Daher ist sie sich unsicher, ob sie richtig und erfolgreich eingreifen kann, sodass Ängste entstehen sich zu blamieren. Damit werden die Kosten des Helfens deutlich erhöht und die Bereitschaft zum Eingreifen sinkt entsprechend. Denn viele Untersuchungen zeigen, dass die Hilfsbereitschaft mit den Kosten der Hilfe zusammenhängt. Bei hohen Kosten wird viel seltener geholfen als bei geringen Kosten der Hilfe (Piliavin et al., 1981).

In diesem Umfeld schlechter Nachrichten gibt es auch eine gute Nachricht: Die bisher geschilderten Untersuchungen beinhalteten alle, dass die Notsituation räumlich von den potentiellen Helfern getrennt ist. Wie verhält es sich aber, wenn der Notfall unmittelbar neben den Passanten stattfindet? Dieser Frage ging Piliavin zusammen mit ihren Mitarbeitern (1969) nach. Ihre Untersuchung zeigt, dass in solchen Fällen eine impulsive, d. h. unmittelbare und nicht weiter reflektierte Hilfeleistung auftritt, die oft einen Wert von 100% erreicht. Das wurde in Untersuchungen in der New Yorker U-Bahn demonstriert, in denen ein Opfer unmittelbar vor den Augen anderer Fahrgäste zusammenbrach. In solchen Situationen konnte festgestellt werden, dass manchmal das Opfer noch aufgefangen wurde, während es hinfiel. Solche spontanen Reaktionen auf konkrete Notlagen in der unmittelbaren Umgebung einer Person werden als impulsiv bezeichnet, weil sie vermutlich quasi automatisch ausgeführt werden.

2   Prosoziales Verhalten unter natürlichen Bedingungen

Die genannten Untersuchungen, die durch den Mordfall Kitty Genovese angeregt wurden, beinhalten alle eine experimentelle Versuchssituation. Allerdings sind die zuletzt genannten Experimente in der New Yorker U-Bahn schon dadurch gekennzeichnet,

Box 3 Hilfeleistung unter natürlichen Bedingungen

Wie unterscheiden sich Helfer, die Juden in der Nazi-Zeit gerettet haben, von Nicht-Helfern? Zur Beantwortung dieser Frage wurden retrospektive Interviews von Oliner und Oliner (1988) durchgeführt, in denen das Thema der Judenrettung angesprochen wurde. Da in Israel ein Archiv erwiesener Judenretter geführt wird, konnte die Gruppe der Judenhelfer eindeutig identifiziert werden. Allerdings wurde die Untersuchung 40 Jahre nach dem Grauen der Nazi-Zeit durchgeführt, sodass sie nur bedingt die aktuellen Einstellungen und Persönlichkeitsmerkmale, die mit Hilfeleistung zusammenhängen, erfassen kann. In vielen Merkmalen unterscheiden sich Retter nicht von Nicht-Rettern. So waren die Risikofaktoren, wie sie sich im Nachhinein einschätzen lassen, in etwa gleich. Auch die Hilfsmöglichkeiten waren vergleichbar. Weiterhin kann konstatiert werden, dass Helfer und Nicht-Helfer den Nazis gleichermaßen ablehnend gegenüberstanden. Region und Patriotismus spielten ebenfalls eine untergeordnete Rolle. Allerdings unterschieden sich Retter von der Vergleichsgruppe dadurch, dass sie mehr das Wohlwollen und Entgegenkommen gegenüber bedrohten Menschen betonten, die universelle Anforderungen ethischer Regeln einforderten und persönliche Verantwortung und Verpflichtungsgefühle zum Ausdruck brachten. Daher kann gesagt werden, dass ihre Hilfe Ausdruck ethischer Prinzipien war, die als allgemein gültig verstanden wurden und durch zusätzliche Überlegungen über Gerechtigkeit und deren Bedrohung durch die Verfolgung der Juden ergänzt wurde. Damit in Übereinstimmung steht das Ergebnis, dass Retter höhere Werte auf der Skala der sozialen Verantwortung von Berkowitz und Luttermann (1968) aufwiesen als Nicht-Helfer. Außerdem ergab sich, dass Helfer eine höhere Internale Kontrollüberzeugung zum Ausdruck brachten.

Diese Gegenüberstellung soll nicht überdecken, dass unter den Helfern selbst unterschiedliche Gruppen zu unterscheiden sind (z. B. solche, die enge Kontakte mit Juden hatten, solche, die durch eine persönliche Verantwortung gekennzeichnet waren, und solche, die Gerechtigkeit und Gleichheit der Menschen betonen). Größer sind aber die Unterschiede zwischen Rettern und Nicht-Rettern, die darauf hinweisen, dass sich eine prosoziale Persönlichkeit feststellen lässt. Das steht im übrigen in Übereinstimmung mit Ergebnissen aus einer experimentellen Untersuchung von Staub (1974).

Ein Problem der Befragung von Oliner und Oliner besteht darin, dass sie über 40 Jahre retrospektiv erfolgte. Daher liegt es nahe, nach vergleichbarer Evidenz zu suchen, die nicht durch entsprechende Gedächtniseffekte verzerrt werden kann. Dazu liegt eine Untersuchung zu Ersthelfern bei Verkehrsunfällen vor, die unmittelbar am Unfallort durch den Rettungsdienst angesprochen und gebeten wurden, Fragen zu ihrer Person auf einem Fragebogen anonym auszufüllen (Bierhoff, Kramp & Klein, 1991). In dieser Studie wurden erwiesene Ersthelfer bei Verkehrsunfällen mit Personen verglichen, die in einem Fragebogen angaben, dass sie Verkehrsopfern nicht geholfen haben.

Die Ergebnisse der 43 Ersthelfer weichen deutlich von denen der Kontrollgruppe, die nach Geschlecht, Alter und sozialem Status angeglichen wurden, ab. Die soziale Verantwortung (nach Bierhoff, 2000) und die dispositionale Empathie (nach Schmitt, 1982), die untereinander positiv korreliert sind, sind in der Gruppe der Ersthelfer höher ausgeprägt als in der Kontrollgruppe. Außerdem weisen die Ersthelfer eine höhere internale Kontrollüberzeugung (nach Krampen, 1981) auf, was auf ihre größere intrinsische Motivation hinweist. Die Übereinstimmung der Ergebnisse zwischen der Befragung von Judenrettern und der Befragung von Helfern bei Verkehrsunfällen ist überraschend hoch und deutet darauf hin, dass die Ergebnisse von Oliner und Oliner nicht aufgrund von Erinnerungseffekten verzerrt sind.

Die Rolle der sozialen Verantwortung wurde in einer weiteren Analyse überprüft (Bierhoff, 2000). Dazu wurden der Gruppe der Ersthelfer sieben andere Gruppen gegenübergestellt. Dazu zählen drei Stichproben, die sich heterogen aus der Bevölkerung zusammensetzten (Vergleich 1–3), sowie vier Stichproben, die aus Studierenden bestehen (Vergleich 4–7).

Die Ergebnisse, die in der Abbildung dargestellt sind, zeigen, dass die Gruppe der Ersthelfer gegenüber allen anderen Vergleichsgruppen durch ihre größere soziale Verantwortung auffällt. Das ist ein weiterer Beleg dafür, dass die Befolgung der Norm der sozialen Verantwortung und prosoziales Verhalten zusammenhängen.

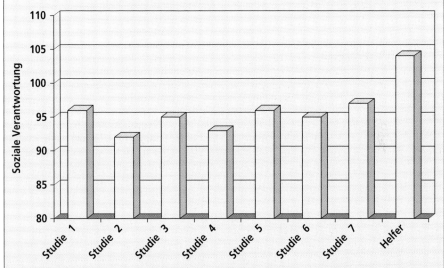

Befolgung der Norm der sozialen Verantwortung bei Ersthelfern und sieben Vergleichsgruppen (modifiziert nach Bierhoff, 2000).

Wenn man nun die beiden Unterskalen der sozialen Verantwortung betrachtet, ergibt sich ein interessantes Ergebnis: Während die Erfüllung der berechtigten Erwartungen anderer nur tendenziell die Ersthelfer von den Vergleichsgruppen unterscheidet, finden sich ausgeprägte Unterschiede zugunsten der Gruppe der Ersthelfer in der Befolgung der sozialen Spielregeln. Hier ist es also die Normorientierung, die den Hauptunterschied zwischen erwiesenen Ersthelfern und Vergleichsgruppen erzeugt.

dass das Experiment in eine alltägliche Situation verlegt wird. Ähnliches kann von der Untersuchung zur räumlichen Distanz gegenüber Sammelstellen gesagt werden. Ein weiterer Schritt besteht nun darin, die Determinanten der Hilfeleistung zu untersuchen, die unabhängig von experimentellen Manipulationen auftreten. Denn wir werden vielfach Zeugen von altruistischen Handlungen, deren Auftreten in der alltäglichen Umwelt genauer analysiert werden kann. In Box 3 werden zwei Beispiele von Untersuchungen dargestellt, in denen diese alltägliche Hilfeleistung in den Mittelpunkt gerückt wird. Sie zeigen, dass die Faktoren, die weiter oben als Ursachen prosozialen Verhaltens genannt wurden, in Alltagssituationen ihre Wirksamkeit entfalten.

3   Anwendungsgebiete

Abschließend sollen drei Anwendungsgebiete der Forschung zum prosozialen Verhalten behandelt werden: Zivilcourage, freiwilliges Arbeitsengagement und prosoziales Verhalten in der Schule.

3.1   Zivilcourage

Prosoziales Verhalten überschneidet sich mit dem Thema der Zivilcourage, die nach dem Fremdwörterduden als «mutiges Verhalten, mit dem jemand seinen Unmut über etwas ohne Rücksicht auf mögliche Nachteile gegenüber Obrigkeiten, Vorgesetzten oder ähnlichen zum Ausdruck bringt» definiert ist. Zivilcourage ist ein selbstgesteuertes Verhalten, das nicht durch Anweisungen veranlasst wird. Daher ist zu vermuten, das sie mit einer höheren internalen Kontrollüberzeugung zusammenfällt. Außerdem ist anzunehmen, dass Zivilcourage mit sozialer Verantwortung positiv zusammenhängt (Meyer & Hermann, 1999).

Über die Entstehung von Zivilcourage wissen wir mehr, weil es eine Studie von Bürgerrechtsaktivisten aus den USA gibt, die in den sechziger Jahren für das Wahlrecht der Schwarzen und ihre Berechtigung gekämpft haben (Rosenhan, 1970). Ihre Befragung ergab, dass Aktivisten von ihren Eltern berichteten, dass sie ebenfalls liberale Einstellungen hatten und sich gleichfalls aktiv für deren Verwirklichung eingesetzt hatten. Sie waren also dadurch charakterisiert, dass ihre Eltern eine Übereinstimmung von Worten und Taten erkennen ließen. Demgegenüber waren gelegentliche Aktivisten dadurch gekennzeichnet, dass eine Glaubwürdigkeitslücke in der Sozialisation auftrat, da die Eltern zwar liberale Einstellungen vertreten hatten, aber nicht entsprechend gehandelt hatten. In diesem Zusammenhang kann man von einer Krise der Heuchelei sprechen, die Zivilcourage eher unwahrscheinlich macht.

Spätere Ergebnisse von Clary und Miller (1986) bestätigen diese Ergebnisse in Bezug auf ehrenamtliche Tätigkeit. Das konsistente Vorbild der Eltern wirkte sich positiv auf die Bindung an die Hilfsorganisation aus, was besonders dann deutlich wurde, wenn die Gruppe der Helfer einen niedrigen Zusammenhalt aufwies. Hingegen trug ein hoher Gruppenzusammenhalt dazu bei, dass Helfer, deren Eltern sich wenig konsistent verhalten hatten, ebenfalls ein kontinuierliches Engagement entwickelten.

3.2   Theorie der intrinsischen Motivation und freiwilliges Arbeitsengagement

Das Thema des freiwilligen Arbeitsengagements wurde schon im Zusammenhang mit sozialer Verantwortung angesprochen. Es bezieht sich auf prosoziales Verhalten in Unternehmen, das für die Kooperation unter den Mitarbeitern von Bedeutung ist. Freiwilliges Arbeitsengagement kann nicht von oben verordnet oder durch Anreize und Belohnungen gefördert werden. Denn das Besondere an dem freiwilligen Arbeitsengagement liegt darin, dass es auf einer selbstbestimmten Eigenmotivation beruht (Rohmann, Bierhoff & Müller, 2000). In Übereinstimmung mit dieser Analyse konnte festgestellt werden, dass das freiwillige Arbeitsengagement bei denjenigen Mitarbeitern höher ausgeprägt ist, die über eine größere intrinsische Arbeitsmotivation verfügen (Bierhoff, Müller & Küpper, 2000). Diese umfasst das Gefühl, dass die Arbeit interessant ist und dass sie eine Herausforderung darstellt.

An dieser Stelle kann nur das allgemeine Bezugssystem des freiwilligen Arbeitsengagements dargestellt werden (vgl. George und Brief, 1992, Organ und Ryan, 1995, und Schnake, 1991). Danach sind hohe Zufriedenheit, hohe Fairness und positive Stimmung am Arbeitsplatz Faktoren, die positiv mit freiwilligem Arbeitsengagement zusammenhängen. Hinzu kommen Faktoren wie höhere Bildung, Vorbildwirkung durch prosoziales Verhalten der Vorgesetzten und deren prosoziale Kommunikation sowie unterstützendes Führungsverhalten. Im Zusammenhang mit der Führung lässt sich feststellen, dass ein Führungsstil, der den Mitarbeitern mehr Entscheidungsspielraum lässt und mitarbeiterorientiert ist, sich günstig auf freiwilliges Arbeitsengagement auswirkt (Bierhoff & Müller, 1999; Bierhoff + Spanke, im Druck).

Ein solcher Führungsstil wird in dem Prinzipienmodell der Führung dargestellt, das verschiedene Prinzipien enthält, deren Verwirklichung zur Steigerung des Engagements der Mitarbeiter beitragen kann (Frey, Brodbeck & Schulz-Hardt, 1999). Ein wichtiger Punkt ist in diesem Zusammenhang das Prinzip der Autonomie und Partizipation. Die Förderung der intrinsischen Motivation durch Schaffung von Autonomiespielräumen der Mitarbeiter und durch deren Mitsprache ist eine wichtige Zielsetzung einer erfolgreichen Führung.

3.3 Attributionstheorie und prosoziales Verhalten in der Schule

Die Rolle der Attributionstheorie für hilfreiches Verhalten wurde schon frühzeitig erkannt (Weiner, 1980). Nehmen wir den Fall, dass ein Studierender Vorlesungsaufzeichnungen dringend braucht, die er versäumt hat anzufertigen, und nun Mitstudierende um ihre Aufzeichnungen bittet. Wenn die Entstehung dieser Notlage mit Fehlverhalten erklärt wird (z. B. weil der Studierende sich ein schönes Leben gemacht hat), ist die Hilfsbereitschaft geringer als wenn der Studierende unverschuldet in seine Notlage gekommen ist (z. B. durch Krankheit). Es wird angenommen, dass im ersten Fall die Ursache für die Notlage als kontrollierbar angesehen wird und dass als Folge Ärger ausgelöst wird, während im zweiten Fall die Ursache als unkontrollierbar eingestuft wird und Sympathie mit dem Opfer hervorgerufen wird. Nur im zweiten Fall entsteht eine Bereitschaft zur Hilfeleistung. In einer Metaanalyse, die 3700 Personen einbezieht, zeigt sich, dass die ursprünglich gefundenen Ergebnisse sehr stabil sind (Weiner, 2001): Wahrgenommene Kontrollierbarkeit bestimmt die Emotionen, die ihrerseits die Hilfeleistung beeinflussen.

Attribution spielt aber noch eine umfassendere Rolle, wie sich anhand der Sozialisation von Hilfeleistung in der Schule zeigen lässt (vgl. Bierhoff, 1998). Ähnlich wie im Hinblick auf das freiwillige Arbeitsengagement kann festgestellt werden, dass sich das prosoziale Verhalten in der Schule nur bedingt durch Belohnungspläne, die auf positive Verstärkung der Hilfsbereitschaft hinauslaufen, fördern lässt. Das Problem solcher Belohnungspläne besteht darin, dass sie nicht zu allen relevanten Ereignissen und Zeitpunkten verwirklicht werden, sodass das prosoziale Verhalten damit von der Belohnungserwartung abhängig gemacht wird. In Situationen, wo die Schüler keine Belohnungen erwarten, wird vermutlich auch weniger prosoziales Verhalten auftreten.

Aus diesen Überlegungen heraus liegt es nahe, eine Betonung auf selbstgesteuerte Prozesse prosozialen Verhaltens zu legen. Den Schülern kann z. B. durch entsprechende Attributionen der Eindruck vermittelt werden, dass sie einen prosozialen Charakter besitzen, der eine kontinuierliche Bereitschaft zum prosozialen Verhalten mit sich bringt. Solche Attributionsstrategien können bei Kindern die Hilfsbereitschaft erhöhen und stabilisieren (Grusec & Redler, 1980). Aber auch im Erwachsenenalter kann gezeigt werden, dass die Attribution prosozialer Eigenschaften und die Entwicklung einer entsprechenden sozialen Identität zu einer Erhöhung der Hilfsbereitschaft führt (Piliavin & Callero, 1991). Wichtig ist, dass Kinder und Jugendliche die soziale Identität einer hilfsbereiten Person erwerben, die sich als sozial kompetent und kooperativ in der Schulklasse erlebt.

4   Fazit

Wie lässt sich der gegenwärtige Stand der Theorienbildung zum hilfreichen Verhalten beurteilen? Wo liegen die Stärken und Schwächen? Positiv ist zu vermerken, dass die altruistischen Faktoren Empathie und soziale Verantwortung umfassend untersucht wurden und dass die Apathie von Zuschauern durch Theorien, die sich mit der Unterlassung von Hilfeleistung befassen, weitgehend erklärt werden kann. Weiterhin erweist sich, dass die Ergebnisse eine bedeutsame Anwendungsperspektive aufweisen, die speziell den schulischen und den beruflichen Bereich betrifft, darüber hinaus aber auch für die Zivilgesellschaft im Sinne einer Gesellschaft engagierter Individuen (Beck, 2000) unmittelbar relevant ist.

Kritisch ist zu registrieren, dass die theoretische Auseinandersetzung um die Frage, ob es ein eigenständiges altruistisches Motivsystem neben dem egoistischen Motivsystem gibt, in eine Sackgasse geführt hat, da eine abschließende Antwort nicht zu erwarten ist (vgl. Batson et al., 1997; Neuberg et al., 1997). Gleichzeitig wird deutlich, dass prosoziales Verhalten häufig unterlassen wird, weil die Kosten der Hilfe als hoch eingeschätzt werden, etwa wenn man fürchtet, sich aufgrund mangelnder Kompetenz vor anderen zu blamieren. In der Regel sind sowohl egoistische als auch altruistische Faktoren wirksam, wenn hilfreiches Verhalten zur Diskussion steht. Während Empathie, Norm der sozialen Verantwortung und intrinsische Motivation in Richtung des altruistischen Pols liegen, sind soziale Anerkennung/Missbilligung, Erwartung persönlicher Vorteile und erwartete Belohnungen/Kosten dem egoistischen Pol zugeordnet.

Am Beispiel des ehrenamtlichen Engagements lässt sich demonstrieren, dass Motive, die jedem der beiden Pole zugeordnet sind, das Engagement fördern können (Bierhoff, 2001): Einige engagieren sich vorwiegend aus persönlichen Verpflichtungsgefühlen, während für andere die Gemeinschaft mit Gleichgesinnten und die Förderung der eigenen Berufschancen wichtig ist. Zukünftige Forschung kann sich verstärkt der Frage des Zusammenspiels egoistischer und altruistischer Motive und ihrer Veränderung über die Zeit zuwenden.

Literatur

Allport, F.H. (1924). *Social psychology*. Boston: Houghton Mifflin.

Auhagen, A. E. (1999). *Die Realität der Verantwortung*. Göttingen: Hogrefe.

Batson, D. (1995). Prosocial motivation: Why do we help others? In: A. Tesser (Hrsg.), *Advanced social psychology* (pp. 333–381). New York: McGraw-Hill.

Batson, C. D., Duncan, B. D., Ackerman, P., Buckley, T. & Birch, K. (1981). Is empathic emotion a source of altruistic motivation? *Journal of Personality and Social Psychology, 40*, 290–302.

Batson, C. D., Dyck, J. L., Brandt, J. R., &, J. G., Powell, A. L., McMaster, M. R. & Griffitt, C. (1988). Five studies testing two new egoistic alternatives to the empathy-altruism hypothesis. *Journal of Personality and Social Psychology, 55*, 52–77.

Batson, C.D., Sager, K., Garst, E., Kang, M., Rubchinsky, K. & Dawson, K. (1997). Is empathy-induced helping due to self-other merging? *Journal of Personality and Social Psychology, 73*, 495–509.

Beck, U. (2000). Mehr Zivilcourage bitte. *Die Zeit, Nr.22* (p. 11).

Berkowitz, L. & Daniels, L.R. (1964). Affecting the salience of the social responsibility norm: Effects of past help on the response to dependency relationships. *Journal of Abnormal and Social Psychology, 68*, 275–281.

Berkowitz, L. & Lutterman, K.G. (1968). The traditional socially responsible personality. *Public Opinion Quarterly, 32*, 169–187.

Bierhoff, H.W. (1990). *Psychologie hilfreichen Verhaltens*. Stuttgart: Kohlhammer.

Bierhoff, H.W. (1998). Prosoziales Verhalten in der Schule. In: D.H. Rost (Hrsg.), *Handwörterbuch Pädagogische Psychologie* (pp. 410–414). Weinheim: Beltz.

Bierhoff, H.W. (2000). Skala der sozialen Verantwortung nach Berkowitz & Daniels: Entwicklung und Validierung. *Diagnostica, 46, 18–28.

Bierhoff, H.W. (2001). Responsibility and altruism: The role of volunteerism. In: A.E. Auhagen & H.W. Bierhoff (Hrsg.), *Responsibility: The many faces of a social phenomenon* (pp. 149–166). London: Routledge.

Bierhoff, H. W. & Herner, M. J. (1999). Arbeitsengagement aus freien Stücken: Zur Rolle der Führung. In: G. Schreyögg & J. Sydow (Hrsg.), *Managementforschung – Führung neu gesehen* (pp. 55–87). Berlin: de Gruyter.

Bierhoff, H.W., Klein, R. &Kramp, P. (1991). Evidence for the altruistic personality from data on accident research. *Journal of Personality, 59*, 263–280.

Bierhoff, H.W. & Müller, G. F. (1999). Positive feelings and cooperative support in project groups. *Swiss Journal of Psychology, 58*, 180–190.

Bierhoff, H.W., Müller, G. F. & Küpper, B. (2000). Prosoziales Arbeitsverhalten: Entwicklung und Überprüfung eines Meßinstruments zur Erfassung des freiwilligen Arbeitsengagements. *Gruppendynamik, 31*, 141–153.

Bierhoff, H.W. & Spanke, C. (im Druck). Altruistisches Verhalten am Arbeitsplatz und Führung. Zeitschrift für Arbeits- und Organisationspsychologie, 46.

Cialdini, R. B., Schaller, M. , Houlihan, D., Arps, K., Fultz, J. & Beaman, A. L.(1987). Empathy-based helping: Is it selflessly or selfishly motivated? *Journal of Personality and Social Psychology, 52,* 749–758.

Clary, E. G. & Miller, J. (1986). Socialization and situational influences on sustained altruism. *Child Development 57,* 1358–1369.

Davis, M. H. (1983). Measuring individual differences in empathy: Evidence for a multidimensional approach. *Journal of Personality and Social Psychology, 44,* 113–126.

Eisenberg, N. & Miller, P. A. (1987). The relation of empathy to prosocial and related behaviors. *Psychological Bulletin, 101,* 91–119.

Eisenberg, N., Fabes, R.A., Carlo, G., Speer, A.L., Switzer, G., Karbon, M. & Troyer, D. (1993). The relations of empathy-related emotions and maternal practices to children's comforting behavior. *Journal of Experimental Child Psychology, 55,* 131–150.

Eisenberg, N., Fabes, R.A., Murphy, B., Maszk, P., Smith, M. & Karbon, M. (1995). The role of emotionality and regulation in children's social functioning: A longitudinal study. *Child Development, 66,* 1360–1384.

Fabes, R. A., Eisenberg, N., Karbon, M., Troyer, D. & Switzer, G. (1994). The relations of children's emotion regulation to their vicarious emotional responses and comforting behaviors. *Child Development, 65,* 1678–1693.

Frey, D., Brodbeck, F.C. & Schulz-Hardt, S. (1999). Ideenfindung und Innovation. In: D. Frey & C.G. Hoyos (Hrsg.), *Arbeits- und Organisationspsychologie* (pp. 122–136). Weinheim: Beltz.

Fultz, J., &, C. D., Fortenbach, V. A., McCarthy, P. M. and Varney, L. L. (1986). Social evaluation and the empathy-altruism hypothesis. *Journal of Personality and Social Psychology, 50,* 761–769.

George, J. M. & Brief, A. P. (1992). Feeling good – doing good: A conceptual analysis of the mood at work-organizational spontaneity relationship. *Psychological Bulletin, 112,* 310–329.

Grusec, J. E. & Redler, E. (1980). Attribution, reinforcement and altruism: A developmental analysis. *Developmental Psychology, 16,* 525–534.

Heckhausen, H. (1989). *Motivation und Handeln* (2. Aufl.). Berlin: Springer.

Kals, E., Schumacher, D. & Montada, L. (1998). Naturerfahrungen, Verbundenheit mit der Natur und ökologische Verantwortung als Determinanten naturschützenden Verhaltens. *Zeitschrift für Sozialpsychologie, 29,* 5–19.

Krampen, G. (1981). *IPC-Fragebogen zu Kontrollüberzeugungen.* Göttingen: Hogrefe.

Krebs, D. (1975). Empathy and altruism. *Journal of Personality and Social Psychology 32,* 1134–1146.

Latané, B. and Darley, J. M. (1970). *The unresponsive bystander. Why doesn't he help.* New York: Appleton-Century-Crofts.

Lenk, H. & Maring, M. (1995). Wer soll Verantwortung tragen? In: K. Bayertz (Hrsg.), *Verantwortung: Prinzip oder Problem* (pp. 241–286). Darmstadt: Wissenschaftliche Buchgesellschaft.

Meyer, G. & Hermann, A. (1999). *Normalerweise hätt´ da schon jemand eingreifen müssen. Zivilcourgae im Alltag von Berufsschüler/-innen.* Schwalbach/Ts.: Wochen-Schau Verlag.

Neuberg, S.L., Cialdini, R.B., Brown, S.L., Luce, C., Sagarin, B.J. & Lewis, B.P. (1997). Does empathy lead to anything more than superficial helping? Comment on Batson et al. (1997). *Journal of Personality and Social Psychology, 73,* 510–516.

Oliner, S. P. & Oliner, P. M.(1988). *The altruistic personality. Rescuers of Jews in Nazi Europe.* New York: Free Press.

Organ, D.W. & Ryan, K. (1995). A meta-analytic review of attitudinal and dispositional predictors of organizational citizenship behaviour. *Personnel Psychology, 48,* 775–802.

Pancer, S.M., McMullen, M., Kabatoff, R.A., Johnson, K.G. & Pond, C.A. (1979). Conflict and avoidance in the helping situation. *Journal of Personality and Social Psychology, 37,* 1406–1411.

Penner, L. A. & Finkelstein, M. A. (1998). Dispositional and structural determinants of volunteerism. *Journal of Personality and Social Psychology, 74,* 525–537.

Piliavin, I. M., Rodin, J. & Pilivian, J. A. (1969). Good samaritanism: An underground phenomenon? *Journal of Personality and Social Psychology, 13*, 289–299.y

Piliavin, J. A. & Callero, P. (1991). *Giving blood: The development of an altruistic identity*. Baltimore: Johns Hopkins University Press.

Piliavin, J. A., Dovidio, J. F., Gaertner, S. L. & Clark, R. D. (1981). *Emergency intervention*. New York: Academic Press.

Reichle, B. & Schmitt, M. (Hrsg.) (1998). *Verantwortung, Gerechtigkeit und Moral*. Weinheim: Juventa.

Rohmann, E., Bierhoff, H.W. & Müller, G.F. (2000). Förderung freiwilligen Arbeitsengagements in Organisationen. *Gruppendynamik, 31*, 213–224

Rosenhan, D. (1970). The national socialization of altruistic autonmy. In: J. Macauley & L. Berkowitz (Hrsg.), *Altruism and helping behavior* (pp. 251–268). New York: Academic Press.

Schmitt, M. (1982). Empathie. Konzepte, Entwicklung, Quantifizierung. *Berichte aus dem psychologischen Institut der Universität Trier*.

Schnake, M. (1991). Organizational citizenship: A review, proposed model, and research agenda. *Human Relations, 44*, 735–759.

Schwartz, S. H. & Clausen, G. T. (1970). Responsibility, norms, and helping in an emergency. *Journal of Personality and Social Psychology, 16*, 299–310.

Staub, E. (1974). Helping a distressed person: Social, personality and stimulus determinants. In: L. Berkowitz (Hrsg.), *Advances in Experimental Social Psychology* (Vol. 7, pp. 293–341). New York: Academic Press.

Steins, G. (1998). Diagnostik von Empathie und Perspektivenübernahme: Eine Überprüfung des Zusammenhangs beider Konstrukte und Implikationen für die Messung. *Diagnostica, 44*, 117–129.

Toi, M. & Batson, C. D. (1982). More evidence that empathy is a source of altruistic motivation. *Journal of Personality and Social Psychology, 43*, 281–293

Trivers, R.L. (1971). The evolution of reciprocal altruism. *Quarterly Review of Biology, 46*, 35–57.

Weiner, B. (1980). A cognitive (attribution) – emotion – action model of motivated behavior: An analysis of judgements of help-giving. *Journal of Personality and Social Psychology, 39*, 186–200.

Weiner, B. (2001). An attributional approach to perceived responsibility for transgressions: Extensions to child abuse, punishment goals and political ideology. In: A.E. Auhagen & H.W. Bierhoff (Hrsg.), *Responsibility: The many faces of a social phenomenon* (pp. 49–59). London: Routledge.

Witt, L. A. (2001). Responsibility in work organizations. In: A. E. Auhagen & H. W. Bierhoff (Hrsg.), *Responsibility: The many faces of a social phenomenon* (pp. 139–147). London: Routledge.

Sozialpsychologische Theorien aggressiven Verhaltens

Sabine Otten und Amélie Mummendey

Die Auseinandersetzung mit aggressivem Verhalten gehört zweifelsohne zu den klassischen Themen der Sozialpsychologie. Die tägliche Medienberichterstattung veranschaulicht nachdrücklich die immer während Aktualität dieses Forschungsbereichs. Aggression und Gewalt gehören zum Alltag und werden vor allem – oder nur noch – dann hinterfragt, wenn sie unseren persönlichen Lebensbereich treffen, oder besonders massiv und brutal ausfallen.

Während also die Frage nach dem ‹Warum Aggression?› nicht neu ist, so hat sich doch der Schwerpunkt der sozialpsychologischen Analyse dieses Phänomens verschoben. In klassischen Theorien aggressiven Verhaltens, insbesondere in trieb- und instinkttheoretischen Modellen (z. B., Freud, 1920; Eibl-Eibesfeld, 1970; Lorenz, 1963) und in der ursprünglichen Fassung der Frustrations-Aggressions-Hypothese (Dollard et al., 1939) standen intrapsychische Prozesse auf seiten des Täters im Vordergrund: seine aktuelle trieb- oder instinktgebundene Energie oder der durch eine vorausgegangene Frustration ausgelöste Ärger, die sich in aggressivem Verhalten ein Ventil suchen. In einer solchen psychodynamischen Analyse spielen die angestrebten und tatsächlichen Konsequenzen aggressiven Verhaltens, der soziale Kontext, die Relation zwischen Akteuren und Rezipienten und deren wechselseitige Wahrnehmung und Beeinflussung eine eher untergeordnete Rolle.

Im Zuge des allgemeinen Strebens nach einer ‹sozialeren Sozialpsychologie' (etwa McGuire, 1997; Tajfel, 1972, 1982) haben sich jedoch einige Aggressionstheorien entwickelt, die eine Analyse von aggressivem Verhalten als soziale Interaktion betonen und damit Aspekten der Interaktion, der Funktionalität, und der perspektiven- und kontextspezifischen Determination aggressiven Verhaltens einen höheren Stellenwert beimessen (siehe Mummendey, Bornewasser, Löschper & Linneweber, 1982).

Das vorliegende Kapitel wird sich auf diese im engeren Sinne sozialpsychologischen Ansätze beschränken und neben den psychodynamischen auch die differentialpsychologischen und die evolutionstheoretischen Ansätze zum aggressiven Verhalten vernachlässigen (für Überblicke, siehe etwa Baron & Richardson, 1994; Geen, 1998; Krahé, 2001). Im folgenden soll zunächst das Phänomen aggressives Verhalten definiert werden. Danach wird das Aggressionsmodell von Berkowitz (z. B. 1989; 1990; 1993), eine Weiterentwicklung der ursprünglichen Ideen zum Zusammenhang zwischen Frustration und Aggression (Dollard et al., 1939), vorgestellt. Es folgt die wesentlich auf Bandura (z. B., 1973; 1977; 1991) zurückgehende Theorie zum sozialen Lernen aggressiven Verhaltens. Aspekte beider Ansätze bilden schließlich einen integralen Bestandteil in der sozial-interaktionistischen Theorie aggressiven Verhaltens von Tedeschi und Felson (1994), die vor allem auf die Funktionalität von Aggression eingeht und diskutiert, unter welchen Bedingungen das Ausüben von Macht und Zwang gegenüber nicht-aggressiven Verhaltensalternativen vorgezogen wird. Abschließend sollen Ansätze vorgestellt werden, die sich mit der Veränderung von Auftretenswahrscheinlichkeit und Qualität aggressiven Verhaltens im Kontext sozialer Gruppen beschäftigen. Dabei soll unter anderem das von Staub (1989, 1996; 1999) vorgeschlagene Modell zur Genese extremer Formen von Aggression, bis hin zu Massenmord und Genozid, vorgestellt werden. In diesem Ansatz wird in besonderem Maße auf die Rolle gesellschaftlicher Faktoren, die sequentielle Veränderung von Normen und auf die Rolle von passiven Zuschauern aggressiver Handlungen verwiesen.

1 Definition aggressiven Verhaltens

Das Etikett «Aggression», so wird bei genauerem Hinsehen schnell klar, beschreibt keine fest definierte Klasse von Verhaltensweisen. Die Beobachtung, dass eine Person einer anderen Schmerzen zufügt oder ihr Eigentum beschädigt, erlaubt keine klare Definition des Handelns als «aggressiv». So wird typischerweise dem Zahnarzt, der eine schmerzhafte Behandlung durchführt, ebenso wenig aggressives Verhalten unterstellt wie dem Polizisten, der eine Autoscheibe einschlägt, um den Fahrer zu bergen. Beide Handlungen sollen dazu dienen, schlimmeren Schaden abzuwenden; entsprechend werden sie eher als Hilfeleistung denn als Aggression angesehen. Für beide Beispiele gilt zudem, dass explizit oder implizit von einem Einverständnis des Betroffenen ausgegangen werden kann. Diesem Aspekt trägt die Definition aggressiven Verhaltens nach Baron (1977) deutlich Rechnung: «Aggression is any form of behavior directed toward the goal of harming another living being who is motivated to avoid this treatment» (S. 7; s.a. Baron & Richardson, 1994). Neben dem Erleiden von Schmerz und Schaden sind somit die Schädigungsabsicht sowie die situative Angemessenheit des Verhaltens für dessen Klassifikation als Aggression entscheidend. So kann etwa eine rüde Anrede in einer Kneipe voller Jugendlicher alles ‹cooler› Scherz aufgefasst werden, dagegen in einem anderen Kontext (z. B. Familienfeier) als verbale Aggression gelten, die den dieserart Angeredeten verletzen sollte. Weil die Festlegung aller Bestimmungsgrößen von Aggression – Intention, Normabweichung und Schadenshöhe – Ergebnis subjektiver Wahrnehmung und Interpretation ist, betonen Mummendey und Mitarbeiter, dass «aggressiv» ein Beurteilungsprädikat ist, welches in Abhängigkeit von Perspektive und Kontext einem gegebenen Verhalten zugeschrieben wird (z. B., Mummendey et al., 1982; Mummendey, Linneweber & Löschper, 1984; Otten & Mummendey, 1999).

Die Erscheinungsformen aggressiven Verhaltens sind mannigfach, und entsprechend werden in der Literatur eine Reihe von sich teilweise überschneidende Klassifikationen vorgeschlagen. Aggressives Verhalten kann direkt oder indirekt, physisch oder verbal, aktiv oder passiv sein (Buss, 1961). Neben diesen eher deskriptiven Unterscheidungen spielt vor allem eine Rolle, ob der Schaden des Opfers primär angestrebt oder eher eine Sekundärfolge bei der Erreichung eines vom Akteur positiv bewerteten Ziels ist. Dieser Aspekt geht in die Abgrenzung von feindseliger versus instrumenteller Aggression ein (Buss, 1971; Feshbach, 1970). Ähnliche Unterscheidungen sind die von Ärger- versus Anreiz-induzierter (Zillmann, 1979) bzw. von reaktiver versus proaktiver Aggression (Dodge & Coie, 1987). Weitere Klassifikationen stellen den interaktiven Kontext aggressiven Verhaltens in den Vordergrund und unterscheiden defensive versus offensive oder unprovozierte versus provozierte Aggression (Zillmann, 1979).

2 Theorien aggressiven Verhaltens

Im folgenden sollen einige einflussreiche sozialpsychologische Theorien aggressiven Verhaltens vorgestellt werden. Während alle im folgenden dargestellten Ansätze der Bedeutung des sozialen Kontextes aggressiven Verhaltens Rechnung tragen, so unterscheiden sie sich doch hinsichtlich der Gewichtung dieser Variablen sowie hinsichtlich der Berücksichtigung der Rolle und des Rezipienten und dessen Relation zum Akteur.

2.1 Der kognitiv-neoassoziationistische Ansatz von Berkowitz

Der kognitive Neo-Assoziationismus (zur Vereinfachung im folgenden KNA genannt) wurde von Leonard Berkowitz (1989, 1990, 1993) auf der Grundlage der ursprünglichen Frustrations-Aggressions-Annahme (Dollard et al., 1939) entwickelt. Die Frustrations-Aggressions-Hypothese postulierte in ihrer ursprünglichen Form, dass Frustration, definiert als die Blockierung eines Individuums bei der Erreichung von Zielen, eine Motivation auslöst, aggressiv zu handeln. Die Reaktion auf eine Frustration kann sich sowohl gegen die Quelle der Frustration als auch gegen andere Objekte richten; außerdem kann die aggressive Verhaltenstendenz durch anderes Verhalten, das die durch den Ärger ausgelöste Energie abführt, ersetzt werden.

Das von Berkowitz formulierte Aggressionsmodell weicht vor allem in drei Punkten wesentlich von der ursprünglichen Frustrations-Aggressions-Hypothese ab: Zum einen wird betont, dass Frustration nicht unmittelbar zu dem Bedürfnis führt, einem anderen Organismus Schaden zuzufügen, sondern dass dieser Prozess durch den emotionalen Zustand des Ärgers vermittelt wird. Des weiteren nimmt Berkowitz an, dass nicht nur Frustration, sondern auch andere Formen aversiver Stimulation Ärger (bzw. allgemeiner: negativen Affekt) und damit auch Aggression auslösen können. Schließlich postuliert der KNA keine Sequenz von Frustration über Ärger hin zu Aggression, sondern das *parallele* Auftreten des Gefühls von Ärger und der Bereitschaft zu aggressivem Verhalten.

Hintergrund dieser Annahmen ist ein assoziatives Netzwerkmodell des menschlichen Gedächtnisses: Gleichzeitig mit der aversiven Stimulation werden bestimmte Gedanken (ängstlicher oder feindseliger Natur), Gefühle von Furcht oder Ärger und motorische Reaktionen im Sinne von entweder Flucht oder Aggression aktiviert. Die Aktivierung dieser kognitiven, affektiven und motorischen Reaktionen nach einer aversiven Erfahrung erfolgt zunächst automatisch und bedarf keiner dazwischengeschalteten aufwändigeren Informationsverarbeitung. Zugleich impliziert die Idee des assoziativen Netzwerkes, dass das Aktivieren jeder einzelnen dieser drei Komponenten auch die Aktivierung der beiden anderen Komponenten hervorrufen kann. So können unabhängig voneinander feindselige Gedanken und die Ausübung aggressiven Verhaltens das Erleben von Ärger steigern, und umgekehrt (siehe Berkowitz & Heimer, 1989). Zugleich folgt aus einem solchen Modell, dass das Gefühl von Ärger keine notwendige Bedingung aggressiven Verhaltens ist. Andere Ansätze, etwa zum «Excitation Transfer» (Zillmann, 1988) sehen dagegen Ärger als einen zentralen Mediator zwischen dem Erleben einer aversiven Stimulation und aggressivem Handeln. Danach kann nur dann, wenn – vermittelt durch Ärger – aggressives Verhalten in einer Situation bereits die dominante Reaktionstendenz ist, Erregung aus anderer unangenehmer Stimulation (etwa Enge, Lärm, Stress, Erschöpfung) zusätzlich die Bereitschaft zu aggressiven Verhalten steigern.

Ob eine aversive Stimulation und der dadurch hervorgerufene negative Affekt zu entweder Vermeidungs- oder aber aggressivem Verhalten führt, hängt nach Berkowitz von drei Komponenten ab: a) von stabilen Eigenschaften der Person, b) von ihren vorherigen Lernerfahrungen und c) von ihrer Wahrnehmung situativer Aspekte, die entweder Aggression hemmen oder aber fördern. Mit dem letztgenannten Aspekt knüpft der KNA an Berkowitz' vorausgegangene Arbeiten über *aggressive Hinweisreize* an (z. B. 1969; 1974). In den Experimenten zum so genannten Waffeneffekt konnte gezeigt werden, dass Versuchsteilnehmer auf eine Provokation durch einen Konföderierten aggressiver reagierten, wenn sich im Versuchsraum eine Waffe (Pistole) befand, als wenn an derselben Stelle ein Tennisschläger lag (siehe Berkowitz & LePage, 1967).

Berkowitz (1990) nimmt an, dass die Konsequenzen einer aversiven Stimulation – die entweder in einer Frustration, aber auch in unangenehmen Bedingungen wie Hitze, Kälte, Lärm, Schmerz bestehen kann – zunächst durch einen automatisch ablaufenden kognitiven Prozess reguliert werden. Diese einfachen Reaktionsmuster unterliegen dann in einem zweiten Schritt einer genaueren kognitiven Analyse, die eine weitere Kontrolle aggressiver Verhaltenstendenzen erlaubt. So konnten Berkowitz und Troccoli (1990) zeigen, dass Personen, die sich bewusst auf ihre negativen Gefühle konzentrieren, diese in geringerem Masse in Urteile und Entscheidungen auf anderen Dimensionen einfließen lassen.

Der KNA wird weit mehr Formen aggressiven Verhaltens gerecht als die Frustrations-Aggressions-Hypothese in ihrer ursprünglichen Formulierung. Nicht nur ersetzt er das Konzept der Frustration durch den wesentlich weiter gefassten Begriff der aversiven Stimulation, sondern er schließt auch Prozesse der kognitiven Bewertung und situative Faktoren explizit mit ein. Indem das Modell parallele, voneinander unabhängige Prozesse der Verknüpfung von feindseligen Gedanken und aggressivem Verhalten einerseits und negativem Affekt und aggressivem Verhalten andererseits zulässt, kann es sowohl spontan aggressives, als auch abwägend geplantes aggressives Verhalten erklären. Neben den auf assoziativen Verknüpfungen basierenden, spontan und weitgehend automatisch ablaufenden unmittelbaren Reaktionen auf aversive Stimulation werden daneben kognitive Prozesse zweiter Ordnung postuliert, in deren Verlauf Attributionsprozesse, normative Abwägungen etc. ablaufen und aggressive Verhaltenstendenzen überformen können. Kritisch lässt sich zu diesem Ansatz anmerken, dass er zwar eine Fülle von Konzepten einführt, deren relative Bedeutung und mögliche wechselseitige Beeinflussung aber weitgehend offen lässt. So erlaubt das assoziative Netzwerkmodell sowohl die unabhängige Verschaltung einzelner seiner Komponenten als auch allgemeine Effekte der Aktivierung. Haben die gleichzeitige oder aber unabhängige Aktivierung von feindseligem Affekt, feindseligen Gedanken und motorischen Reaktionen unterschiedliche Effekte auf die Wahrscheinlichkeit, Form und Intensität aggressiven Verhaltens? Ebenfalls offen bleibt die Frage, an welcher Stelle und unter welchen Bedingungen der Wechsel von automatischen Aktivierungsmustern auf komplexere kognitive Prozesse erfolgt, und ob diese zwangsläufig aggressivem Verhalten zuwiderlaufen oder dieses sogar intensivieren können.

2.2   Das lerntheoretische Modell von Bandura

Im KNA wird bereits der Aspekt des Lernens angesprochen, nämlich als eine von drei Determinanten für die Auslösung von entweder einer Flucht- oder aber einer Angriffsreaktion als Folge aversiver Stimulation (siehe oben). Im Modell des sozialen Lernens (Bandura, 1973) steht dieser Aspekt im Mittelpunkt der wissenschaftlichen Analyse. Zugleich wird in diesem Ansatz nicht allein die Dichotomie Flucht versus Angriff betrachtet, sondern weitaus allgemeiner gefragt, wie spezifische Formen aggressiven Verhaltens erlernt werden können, und unter welchen Bedingungen sie alternativen, nicht-aggressiven Verhaltensmöglichkeiten (also nicht allein Flucht) vorgezogen werden.

Lerntheoretische Modelle gehen davon aus, dass der Erwerb und die Ausführung aggressiver Verhaltensweisen kein Spezialfall ist, sondern den grundsätzlichen Gesetzen menschlichen Lernens folgt. Das Verhalten, das – basierend auf eigener Erfahrung, auf Beobachtung oder auf assoziativen Verknüpfungen – positive Konsequenzen verspricht, wird eher ausgeübt als ein solches, von dem negative Folgen erwartet werden. Die individuelle Lerngeschichte kann sowohl wichtige Informationen über das ‹Wie?›, also die spezifische Form, als auch über das ‹Wie oft?› und «Wann?» aggressiven Verhaltens geben. Aggressives Verhalten kann über positive und negative Verstärkung erlernt werden, indem es entweder Zugang zu Belohnungen und zu sozialer Unterstützung verschafft, oder indem es hilft, negative Erfahrungen (Schmerz, Verlust) zu vermeiden (z. B. Walters & Brown, 1963; Patterson, Littman & Bricker, 1967). Auch soziale Gruppen und soziale Normen können Quellen von Verstärkern sein (siehe etwa Buss, 1971).

In der Theorie sozialen Lernens (Bandura, 1973) wird angenommen, dass die Aneignung auch von komplexem Verhalten nicht notwendig individuelle eigene Erfahrungen mit positiven oder negativen Verhaltenskonsequenzen voraussetzt, sondern auch allein auf der Basis von *Beobachtung* der entsprechenden Handlungen und seiner Konsequenzen möglich ist. Die wohl bekanntesten Experimente zum Modellernen hatten unmittelbar aggressives Verhalten und Vandalismus zum Gegenstand (z. B. Bandura, Ross & Ross, 1961, 1963). In der Experimentalgruppe beobachteten Kinder einen Erwachsenen bei höchst ungewöhnlichem Verhalten, nämlich dabei, wie er eine große Puppe («Bobo doll») malträtierte, etwa mit einem Gummihammer schlug, trat, und beschimpfte. In einer Kontrollgruppe sahen die Kinder dagegen lediglich, wie ein Erwachsener sich ruhig mit dem Spielzeug beschäftigte. Die zweite Variation war, das die Modellperson entweder vom Experimentator belohnt wurde, oder aber keine sichtbaren Verhaltenskonsequenzen erfuhr. Anschließend hatten die Kinder selbst Gelegenheit, mit «Bobo» zu spielen. Dabei zeigte sich, dass die Kinder, die ein aggressives Modell *und* dessen Belohnung gesehen hatten, weit mehr aggressive Verhaltensweisen zeigten, als die Kinder in den drei anderen Versuchsbedingungen.

Die Experimente mit «Bobo» sind vielfach repliziert worden, wobei die reale Verhaltensbeobachtung auch durch Videofilme und das menschliche Modell durch eine Comicfigur ersetzt werden konnte. Laut Bandura (1986) erwirbt das Kind im Verlaufe seines sozialen Lernens mentale Repräsentationen, die seine Erwartungen an die Konsequenzen und den Nutzen zukünftigen aggressiven Verhaltens formen. Je häufiger ein Kind erfährt, dass aggressives Verhalten in einer gegebenen Situation mehr Nutzen als Kosten verursacht, um so eher wird es dieses Verhalten zukünftig unter ähnlichen situativen Bedingungen wiederholen. Im Zuge dieses Lernprozesses verändern sich nicht nur die Erwartungen über die Konsequenzen aggressiven Verhaltens, sondern auch darüber, ob das Individuum in der Lage ist, das entsprechende Verhalten wirksam auszuführen («self-efficacy», siehe Bandura, 1986).

Während es beim sozialen Modellernen zunächst wesentlich um den Erwerb spezifischer, komplexer Verhaltensweisen geht, wird außerdem langfristig der Erwerb so genannter kognitiver «scripts» angenommen, die aggressives Verhalten steuern können. Mit zunehmender eigener oder beobachteter Erfahrung mit aggressivem Verhalten und seinen Konsequenzen entsteht ein elaboriertes, überdauerndes System von kognitiven Strukturen, die im Gedächtnis verankert sind. Diese «scripts» steuern die Auswahl und Bewertung von aggressiven oder nicht-aggressiven Verhaltensalternativen (Abelson, 1981; Huesmann, 1988; Huesmann & Eron, 1984; Krahé, 2000). Je ähnlicher eine Situation einer früheren Situation ist, in der das Individuum das entsprechende Skript erworben hat, um so wahrscheinlicher ist es, dass sein aktuelles Verhalten diesem Skript folgen wird. Gegenstand dieser kognitiven Gedächtnisstrukturen ist nicht nur das Wissen über Verhaltensmöglichkeiten und deren Wirksamkeit, sondern auch normative Überzeugungen über deren Angemessenheit.

Während die Analyse individueller Lerngeschichten den lerntheoretischen Zugang zu aggressivem Verhalten sehr nah an differentialpsychologische Analysen rückt, steht dagegen die Untersuchung überindividueller und durch soziale Kontexte vermittelte Gleichförmigkeit im Verhalten im Mittelpunkt der Diskussion um *Medienwirkung auf Aggression*. Bei Diskussionen um die steigende Gewaltbereitschaft insbesondere unter

Kindern und Jugendlichen wird von Laien wie Wissenschaftlern den Medien ein Teil der Verantwortung zugeschrieben. Die Annahme, dass die Fülle von Gewaltdarstellungen insbesondere im Fernsehen, aber auch in Videos und im Kino, zum einen die allgemeine Akzeptanz von Gewalt erhöht und moralische Hemmschwellen gegen Gewalt verschiebt (‹moral disengagement›; siehe Bandura, 1999) und zum anderen Modelle für aggressives Verhalten bietet, ist mittlerweile empirisch gut belegt (z. B. Geen & Thomas, 1986; Huesmann & Miller, 1994; Wood, Wong & Cachere, 1991).

Als Determinanten einer aggressionssteigernden Wirkung von Mediengewalt nennen Comstock und Paik (1991) als Resultat einer aufwendigen Meta-Analyse (1) die *Wirksamkeit* des in den Medien präsentierten Verhaltens (Zieht es positive oder negative Konsequenzen nach sich?), (2) die unterstellte normative *Angemessenheit* (etwa Gewalt durch legale Vertreter des Guten, etwa in Gestalt eines rüpelhaften Kommissars), (3) die *Ähnlichkeit* zwischen Zuschauer und dessen Lebenssituation mit dem Protagonisten und dem Szenario auf dem Bildschirm, und (4) die *emotionale Beteiligung* des Zuschauers, die einer kritischen Analyse des Gesehenen entgegensteht.

Wie die Meta-Analyse von Comstock und Paik (1991) außerdem zeigt, erzeugt Gewalt in den Medien in deutlichem Maße *kurzfristige* aggressionssteigernde Effekte, während die langfristigen Effekte schwächer, aber doch in der erwarteten Richtung (mehr ‹Konsum› von Gewalt in den Medien = mehr eigene Gewaltbereitschaft) sind. Die Tatsache, dass die Enge des Zusammenhanges zwischen Mediengewalt und Zuschauergewalt mit zunehmendem Zeitintervall schwächer wird, verdeutlicht zugleich einen wichtigen Aspekt: Der Faktor ‹Gewalt in den Medien› kann nicht hinreichen, das Auftreten von Aggression zu erklären; weit größere Bedeutung sollte nach wie vor anderen sozialen Umwelten, wie etwa Familie, Peers, Schule, zugemessen werden (siehe Durkin, 1995). Nicht zuletzt muss berücksichtigt werden, dass es nicht zufällig ist, wer wieviel Gewalt in den Medien konsumiert. Inwieweit sich bei Kontrolle der hierfür relevanten Variablen, wie etwa Familienkonstellation, soziale Isolation, Leistungsmotivation, Schulerfolg, sozio-ökonomisches Umfeld, etc. noch starke Zusammenhänge zwischen Mediengewalt und Aggression zeigen lassen, steht noch zu prüfen.

2.3 Funktionen und Motive aggressiven Verhaltens: Das Modell von Tedeschi und Felson

Im Modell sozialen Lernens wird betont, dass der Erwerb und die Ausführung aggressiven Verhaltens von den selbst oder stellvertretend erlebten Verhaltenskonsequenzen abhängt. Dieser Aspekt, also die Funktionalität aggressiven Verhaltens und seine Ausführung als Ergebnis einer Kosten-Nutzen-Abwägung, ist wesentlicher Bestandteil der «Social Interactionist Theory of Coercive Action» (SITCA) von Tedeschi und Felson (1994). Ausgangspunkt dieser Theorie ist die Annahme, dass aggressives Verhalten, ebenso wie andere Verhaltensformen, bestimmten positiv bewerteten Funktionen dient. Ob ein Ziel mittels sozial akzeptierter, positiver Verhaltensformen oder aber mittels der Ausübung von Macht, Zwang und Gewalt verfolgt wird, hängt vom individuellen Verhaltensrepertoire, vom *Wert* des angestrebten Zieles und der *Erwartung* ab, dieses Ziel mit dem gegebenen Verhalten erreichen zu können. In die Kosten-Nutzen-Abwägung gehen außerdem individuelle moralische und normative Orientierungen ebenso wie situative Faktoren (etwa Präsenz von Bestrafungsinstanzen) mit ein.

Insgesamt drei Motive sehen Tedeschi und Felson (1994) als zentral für die Entscheidung zu aggressivem Verhalten an: Zum einen das Streben nach Macht und Kontrolle, zum anderen das Streben nach Gerechtigkeit und schließlich das Streben nach einer positiven Identität. Für jedes dieser Motive sind unterschiedliche Aspekte dafür entscheidend, ob aggressive oder andere Verhaltensmöglichkeiten zur Zielerreichung gewählt werden.

Soziale Kontrolle: Ob Macht und Zwang oder aber positive Verhaltensalternativen eingesetzt werden, um soziale Kontrolle zu erhalten oder herzustellen, hängt zum einen davon ab, wie wichtig der angestrebte Einflussversuch ist, ob die Akteure zuvor nicht-aggressives Verhalten als effizient erlebt haben oder nicht. Eine weitere wichtige Frage ist, welche Verhaltensmöglichkeiten dem Akteur überhaupt zur Verfügung stehen. Bildung und Redegewandtheit erlauben die Beeinflussung anderer Personen durch verbale Überzeugungsversuche. Menschen, denen diese Fertigkeiten fehlen und die gleichzeitig nicht mit einer sozialen Macht ausgestattet sind, die ihnen *per se* Gehör und Wirkung verschafft, werden eher annehmen, dass sie am besten durch Zwang und Gewalt einen Einfluss haben können.

Gerechtigkeit: Aggressives Verhalten wird vor allem dann als Mittel zum Herstellen und Sichern von Gerechtigkeit eingesetzt, wenn (1) das Individuum der Ansicht ist, eine schwere Provokation und Ungerechtigkeit erlebt zu haben, wenn (2) es glaubt, eindeutig Schuld zuweisen zu können, und (3) zugleich annimmt, dass es keine wirksamen externen Bestrafungsinstanzen gibt (man denke an Bürgermilizen in Krisengebieten). Neben diesen Faktoren entscheidet außerdem das Verhältnis zwischen den am Konflikt Beteiligten über die Verhaltenswahl. Bei engen, familiären oder freundschaftlichen Beziehungen werden eher nicht-aggressive Formen der Wiederherstellung von Gerechtigkeit versucht (Aushandeln von Wiedergutmachung, Entschuldigungen, Perspektivenübernahme und geänderte Wahrnehmung der ‹Ungerechtigkeit›, etc.).

Positive Selbstdarstellung: Wie schon bei der Frage, über welches Verhalten nach sozialer Kontrolle gestrebt wird, so sind auch für das Motiv, eine positive Identität zu schaffen oder zu wahren, das individuelle Repertoire und die subjektiven Erfahrungen mit Verhaltensalternativen entscheidend. Welche Möglichkeiten, sich Anerkennung zu verschaffen, sieht das Individuum? – Hier spielt sozialer Druck in Richtung auf assertives, dominantes, machtvolles Verhalten eine zentrale Rolle. Erfolgreicher Einsatz von Macht und Zwang gilt nicht selten, vor allem in jugendlichen Sub-Kulturen, als Indikator für Macht und Männlichkeit und wird entsprechend positiv bewertet und anerkannt. Wie weiter unten noch ausführlicher dargelegt wird, kann auf diesem Wege aggressives Verhalten nicht nur der Sicherung der individuellen, personalen Identität, sondern auch der sozialen Identität, also der positiven Abgrenzung und Hervorhebung der eigenen Gruppe gegenüber anderen sozialen Gruppen dienen (z. B. Tajfel, 1978; s. a. Mummendey & Otten, in diesem Band).

Das Motiv, eine positive Identität zu sichern oder wiederherzustellen, setzt voraus, dass das Individuum sich in seiner positiven Selbstdarstellung bedroht oder herabgesetzt fühlt. Während im Alltagsverständnis eher davon ausgegangen wird, dass niedriger Selbstwert die Wahrscheinlichkeit aggressiven Verhaltens erhöht, sprechen empirische Befunde eher für *hohen Selbstwert* als aggressionsfördernde Bedingung. Baumeister, Smart und Boden (1996) konnten zeigen, dass Personen, die sich für überlegen halten, zugleich eine höhere Wahrscheinlichkeit haben, dieses positiv abgehobene Selbstbild als bedroht anzusehen, und es durch Anwendung von Macht und Zwang zu sichern versuchen.

Tedeschi und Felson beschäftigen sich in ihrem Modell ausdrücklich mit problematischem Verhalten, nämlich der Ausübung von sozialem Druck, Zwang und Gewalt. Man kann jedoch hinterfragen, ob die Mechanismen, die in diesem Modell beschrieben werden, auf diesen Bereich beschränkt werden müssen. Vielmehr scheint es ebenso sinnvoll, die Komponenten des Modells, nämlich erfahrungs- und situationsspezifische Kosten-Nutzen-Abwägungen und soziale, interaktionsbezogene Motive (Kontrolle, Gerechtigkeit, Selbstdarstellung) auch für die Vorhersage anderer Verhaltensformen (z. B. prosoziales Verhalten) zu nutzen.

2.4 Soziale Informationsverarbeitung und Aggressionsbereitschaft

So, wie für die Definition aggressiven Verhaltens gilt, dass Prozesse der subjektiven Wahrnehmung und Interpretation eine große Rolle spielen, so gilt dies auch für die Auslösung der beiden Motive, Gerechtigkeit wiederherzustellen und die positive Identität zu sichern. Sowohl das Erleben von Ungerechtigkeit als auch das Erleben von Selbstwertbedrohung setzen voraus, dass eine vorausgegangene Handlung einer anderen Person als unangemessen und als Provokation erlebt worden ist. So konnten Mummendey und Otten (1989) zeigen, dass sich die an einem aggressiven Konflikt Beteiligten systematisch dahingehend unterschieden, wie sie den Beginn der Auseinandersetzung wahrnehmen: Der Betroffene nimmt das Verhalten des Akteurs gleichsam als ‹aus heiterem Himmel kommend› oder zumindest als völlig unbegründet, überzogen und entsprechend als Provokation wahr, die ihn legitimiert, aggressiv zu *rea*gieren. Der Akteur dagegen verweist auf eine Vorgeschichte, in der entweder eine Provokation seitens des späteren Betroffenen oder andere Momente enthalten sind, die sein Verhalten als angemessen erscheinen lassen. Beide nehmen also in Anspruch, *Rea*kteur und nicht einfach Akteur zu sein; ihr Verhalten ist aus subjektiver Sicht durch widrige Umstände entschuldbar, wenn nicht gar durch legitimiert durch das Verhalten des Gegenübers: «Aggressiv sind immer die anderen» (siehe Mummendey et al., 1982). Indem wechselseitig die Norm der Reziprozität (Gouldner, 1960) in Anspruch genommen wird, wird eine Fortsetzung oder gar Eskalation des Konflikts wahrscheinlich (s. Mummendey & Otten, 1989); jede(r) beansprucht, das zurückzugeben, das ihr oder ihm zuvor zugemutet wurde. Während es gesellschaftlich sanktioniert wird, aggressive Auseinandersetzungen zu initiieren, gibt es gleichzeitig einen normativen Druck zur Retaliation.

Diese perspektivenspezifischen Muster in der Wahrnehmung und Beurteilung aggressiver Konflikte sind, so zeigen Dodge und Mitarbeiter (Dodge, 1986; Crick & Dodge, 1994), auch durch individuelle Unterschiede in der sozialen Wahrnehmung geprägt. In ihrem *Modell sozialer Informationsverarbeitung* zeigen sie auf, wie durch Defizite in der Bewertung sozialer Hinweisreize die Wahrscheinlichkeit aggressiven Verhaltens steigt. Das Modell beschreibt insgesamt sechs Stufen:

1. Zunächst geht es darum, die potenzielle Provokation überhaupt wahrzunehmen und ihr Aufmerksamkeit zu schenken (z. B.: Kai sieht, wie sein Bruder Frank ein Spielzeug nimmt).
2. Im nächsten Schritt wird diese Beobachtung interpretiert (z. B. Kai meint, Frank will ihm das Spielzeug stehlen).
3. Die eigenen Ziele werden definiert (Kai will das Spielzeug wiederhaben; Kai will Ärger mit seinem Bruder vermeiden, etc.).
4. Die eigenen Reaktionsmöglichkeiten werden geprüft (Kai könnte dem Bruder das Spielzeug entreißen; er könnte ihn zur Rede stellen; er könnte die Mutter als Vermittlerin einschalten, etc.).
5. Eine Verhaltensauswahl wird getroffen (abhängig vom zur Verfügung stehenden Verhaltensrepertoire und antizipierten Konsequenzen).
6. Das gewählte Verhalten wird ausgeführt.

Dodge und Mitarbeiter haben in einem eindrucksvollen empirischen Forschungsprogramm eine Fülle empirischer Belege gesammelt, die zeigen, dass dieses Modell sowohl den Ablauf aggressiver Konflikte als auch die Entwicklung und Stabilisierung individueller Unterschiede in der Aggressionsbereitschaft treffend beschreiben und vorhersagen kann (siehe Dodge, 1986; Crick & Dodge, 1994). Ein auch für den klinischen Bereich interessanter Befund ist hier der so genannte «hostile attribution bias», der die Ebene der Enkodierung und Interpretation sozialer Situationen (siehe Stufen 1 und 2 im Modell) betrifft. Dodge (1980) bzw. Dodge und Somberg (1987) konnten zeigen, dass Schüler, die von Gleichaltrigen und von ihren Lehrern als überdurchschnittlich aggressiv eingestuft wurden, auch besonders dazu neigten, eine ihnen zugefügte Frustration als Ergebnis feindseliger Intentionen zu interpretieren. Genau dieser Aspekt wird auch in psychotherapeutisch bewährten Trainings hyper-aggressiver Kinder berücksichtigt, in denen durch Rollenspieltechniken und Perspektivenübernahme die Interpretation von Situationen als Provokation hinterfragt wird (z. B. Petermann & Petermann, 1988).

Wichtig ist, Aggressionsmodelle, die auf die Rolle von Prozessen der kognitiven Informationsverarbeitung verweisen, nicht dahingehend misszuverstehen, dass sie eine prinzipielle rationale und bewusste Verhaltensauswahl unterstellen. Gerade die Befunde von Dodge und Mitarbeitern zu feindseligen Attributionstendenzen zeigen, dass Informationsselektion und -gewichtung einfachen Heuristiken folgen und habituell ablaufen können. Entsprechend gilt auch für den Bereich aggressiven Verhaltens, dass die große Bedeutung automatischer, nicht bewusst intendierter kognitiver Prozesse in Rechnung gestellt werden muss (siehe etwa Bargh, 1997).

2.5 Theorien zu aggressivem Verhalten in Gruppenkontexten

Im Vorausgegangenen wurde an verschiedenen Stellen bereits implizit oder explizit auf die Rolle des sozialen Kontextes für die Auftretenswahrscheinlichkeit aggressiven Verhaltens verwiesen. Im Rahmen des Modells zur sozialen Informationsverarbeitung beeinflusst er die Stufen der Wahrnehmung, Interpretation und Verhaltensauswahl, im Rahmen der SITCA (Tedeschi & Felson, 1994) an verschiedenen Stellen die Komponenten der Kosten-Nutzen-Kalkulation, im Rahmen des kognitiven Neo-Assoziationismus beeinflusst er die Auswahl von entweder Flucht- oder Angriffsverhalten als Folge aversiver Stimulation.

Bei der Betrachtung von Effekten des sozialen Kontextes ist die Unterscheidung von interpersonalen und gruppalen Situationen (z. B. Brown & Turner, 1981) von zentraler Bedeutung. Die Tatsache, ob jemand als Person («Ich»), im Bewusstsein ihrer einzigartigen Merkmale, oder aber als Gruppenmitglied («Wir»), im Bewusstsein der mit anderen Gruppenmitgliedern gemeinsamen Merkmale handelt, hat erheblichen Einfluss auf das Verhalten. Dies zeigen insbesondere Forschungsergebnisse im Kontext der Theorie sozialer Identität («Social Identity Theory»; Tajfel & Turner, 1986; siehe auch Mummendey & Otten in diesem Band). Gruppenmitgliedschaften können festlegen, welche Aspekte von Identität als relevant und – auch mit aggressiven Mitteln – verteidigungswürdig gelten, und ob normative und moralische Bedenken gegenüber der Ausübung von Macht und Zwang bestehen. Neben diesen auf intragruppaler Ebene wirkenden Einflüssen gibt es auch solche auf intergruppaler Ebene. Aus den Theorien zum intergruppalen Verhalten (siehe Mummendey & Otten, in diesem Band) lässt sich ableiten, dass dem Mitglied einer anderen Gruppe eher als einem Mitglied der eigenen Gruppe feindselige Intentionen unterstellt und eine negative Behandlung zugemutet werden (für empirische Belege siehe z. B. Islam & Hewstone, 1993; Mullen, 1986; Otten, Mummendey & Wenzel, 1995; Jaffe & Yinon, 1983).

Die Annahme, die kurz gefasst besagt, dass Gruppenmitglieder aggressiver sind als Individuen, hat ein lange Tradition in der (Sozial-)Psychologie. In der so genannten Massenpsychologie, wie sie von LeBon (1895), Sighele (1891) oder Tarde (1895) postuliert wurde, galt das Verhalten von Menschen in großen Gruppen als grundsätzlich verändert. Indem der Mensch Teil einer großen Gruppe wird, etwa an einer Demonstration teilnimmt oder sich mit vielen anderen Fußballfans in ein Stadion begibt, verliert er – so diese Ansätze – seine Vernunft, Moral, Verantwortung oder, anders gesagt, den Zugriff auf die ihn als Mensch von anderen Organismen auszeichnenden Fähigkeiten. Entsprechend agiert die Masse ohne Maß, Vorausschau und frei normativer Restriktionen (für eine kritische Würdigung der Massenpsychologie siehe Reicher, 1996).

Während die globale Idee von der Entmenschlichung in der Gruppe in der moderneren Sozialpsychologie keinen Bestand haben konnte, so finden sich zugleich Teile einer solchen Perspektive in den Arbeiten insbesondere von Zimbardo (1969) zur *Deindividuation* wieder. Deindividuation wird als ein Zustand definiert, der sich durch eine geschwächte Verhaltenskontrolle, verringerte Bewertungsangst und Bewertungserwartung auszeichnet (Diener, 1980, ergänzt den Aspekt der verringerten Selbstaufmerksamkeit). Als Konsequenz steigt unter anderem auch die Wahrscheinlichkeit aggressiven Verhaltens. Die Faktoren, die den Zustand der Deindividuation fördern, nämlich Anonymität und Verantwortungsdiffusion, so kann man annehmen, sind eher in intra- und intergruppalen als in interpersonalen Interaktionen gegeben. Tatsächlich nennt Zimbardo (1969) als weiteren Faktor, der mit Deindividuation positiv korreliert, die Gruppengröße. Diese Annahme konnte von Mullen (1986) in einer Analyse von Zeitungsberichten über aggressive Ereignisse deutlich bestätigen. Dennoch sind die experimentellen Befunde zu der Hypothese, dass Gruppenmitglieder aggressiver als Einzelpersonen, nicht eindeutig. Rabbie und Mitarbeitern zeigen stattdessen, dass das Verhalten von Gruppenmitgliedern an der in einer Gruppe dominanten Norm ausgerichtet wird. Entsprechend kann in einem Gruppenkontext im Vergleich zu einer interpersonalen Interaktionssituation sowohl die Wahrscheinlichkeit aggressiven als auch nicht aggressiven Verhaltens ansteigen (siehe etwa Rabbie & Horwitz, 1982; Rabbie & Lodewijjkx, 1983).

Ein intergruppaler Kontext transportiert, wie andere situative Kontexte auch, Informationen über die Angemessenheit bestimmten Verhaltens. Bei Identifikation mit der eigenen Gruppe ist zu erwarten, dass diese eher als eine fremde Gruppe als normativer Standard herangezogen wird. Der angenommene oder erlebte Konsens mit den anderen Gruppenmitgliedern kann die Entscheidung zu aggressivem Verhalten erleichtern (Mummendey & Otten, 1993). Entsprechend nimmt das «Social Identity Model of Deindividuation» (SIDE; Reicher, Spears & Postmes, 1995) an, dass Deindividuation von Gruppenmitgliedern besser als Depersonalisierung im Sinne der Selbstkategorisierungstheorie (Turner, Hogg, Oakes, Reicher & Wetherell, 1987) zu verstehen ist: Die Gruppenmitglieder erleiden nicht etwa einen Verlust ihrer Rationalität, sondern orientieren ihre Selbstdefinition und ihr Verhalten an der Gruppe und den von ihr transportierten Normen (Postmes & Spears, 1998).

Extreme Formen kollektiver Gewalt: In jüngster Zeit hat sich die Analyse von Aggression zunehmend auch extremen Formen von Gewalt zugewendet (siehe Miller, 1999). Dabei ist Gewalt gegen Gruppen, insbesondere Massenmord und Genozid ein zentrales Thema. Hierbei sind vor allem die Arbeiten von Staub (1989, 1990, 1999) zu den «Roots of Evil», den Wurzeln des Bösen, von herausragender Bedeutung.

Staub (1999) nennt folgende Elemente, die ‹Böses› von ‹normaler›, alltäglicher Gewalt unterscheiden: 1) ein extremer Schaden auf Opferseite; 2) das Fehlen einer unmittelbaren Auslösung oder Provokation durch die Opfer (s.a. Darley, 1992); 3) die

Wiederholung und das lange Andauern des Zufügens extremen Schadens. Wichtig ist allerdings, dass trotz dieser definitorischen Unterscheidung angenommen wird, dass Böses als das Ergebnis des Zusammentreffens ‹normaler› psychologischer Prozesse auf Ebene von Gruppen (und Individuen) zu verstehen ist, nämlich «… the frustration of basic human needs, scapegoating and ideologies that serve to fulfil these needs, harming others and the evolution that follows from this.» (Staub, 1999, S. 183). In Staubs Analyse von verschiedenen Beispielen für Massenmord und Genozid spielen historische, gesellschaftliche und gruppale Prozesse eine hervorgehobene Rolle. Ein weiterer zentraler Aspekt ist der *sequentielle Verlauf* – die Entwicklung zum Bösen ist ein fortschreitender Prozess, innerhalb dessen sich die gegen die Opfergruppe gerichtete Gewalt graduell verschlimmert und extremere Formen annimmt.

Ausgangspunkt für extreme Gewalt gegen Gruppen anderer Ethnie, Religion, oder politischer Ausrichtung sind häufig schwierige Lebensbedingungen – Armut, Hunger, politische Instabilität, sozialer Umbruch – die zum einen als bedrohlich und unangenehm, zum anderen als durch individuellen Einsatz nicht veränderbar angesehen werden. Solche Lebensbedingungen, in denen basale menschliche Bedürfnisse (nach Sicherheit, Kontrolle, positiver Identität) bedroht sind, bieten einen idealen Nährboden für einfache Ideologien, die schnelle Lösungen versprechen und den Selbstwert stärken. Ein trauriges historisches Beispiel einer solchen Sündenbock-Ideologie, das auch Staub (1989) anführt, lieferte die Propaganda des deutschen Nationalsozialismus, die den Juden Schuld an wirtschaftlichen Problemen im Deutschland nach dem 1. Weltkrieg zuwies und diese Gruppe gleichzeitig als «Untermenschen» von den «wahren Deutschen» abgrenzte.

Neben schwierigen Lebensbedingungen und den daraus abgeleiteten Ideologien nennt Staub (1999) als weiteren wichtigen Aspekt die Veränderung von Individuen und Gruppen als Ergebnis ihres eigenen Handelns. Erste Handlungen, bei denen einer anderen Gruppe Schaden zugefügt wird, legen den Grundstein für darauf aufbauende, weitere und extreme Formen der Gewaltanwendung.

Die Abwertung und Ausgrenzung der Opfer erlaubt eine Verschiebung dessen, was ihnen gegenüber als normativ angemessen gilt; ihre Behandlung unterliegt zunehmend anderen, weniger strengen moralischen Restriktionen (siehe Opotow, 1990, zur «moral exclusion»). Den Aspekt der Dehumanisierung, eines Absprechens der Menschenwürde, nennt auch Bandura (1999) als eine von vier Bedingungen für einen fortschreitenden Verlust moralischer Bedenken gegen Gewalt gegenüber bestimmten Zielpersonen und Gruppen. Eine weitere Komponente eines «*moral disengagement*» sind das Abstreiten einer moralischen Verfehlung, etwa dahingehend, dass die Gewalt wichtigen höheren, nicht-aggressiven Zielen dient (z. B. die NS-Propaganda «Ein Volk braucht Raum») oder dass sie das geringere von vielen möglichen Übeln ist (wie etwa die von den Nationalsozialisten beschworene Gefahr der «bolschewistischen Unterwanderung»). Ein anderer Aspekt ist das Abstreiten von Verantwortung (etwa über Verweis auf Autoritätsgehorsam) und das Ignorieren oder Verharmlosen der negativen Konsequenzen für die Opfer.

Ein weiterer wichtiger Aspekt in Staubs Analyse extremer kollektiver Gewalt ist die

Rolle von passiven Zuschauern. Diesen kommt in seinem Modell eine hohe Bedeutung zu. Durch ihre Zustimmung oder zumindest ihre Inaktivität, die das Ausbleiben von Sanktionen signalisiert, erlauben sie die Verschiebung moralischer Hemmschwellen und die Entwicklung immer extremerer Formen von Gewalt. Zudem unterstützen außenstehende Beobachter, auch wenn sie sich nicht aktiv an der Ausübung von Gewalt beteiligen, die Tätergruppe häufig über kommerzielle, kulturelle oder andere Kontakte. Entsprechend folgert Staub (1999): «Although passivity is different from action, … the kind of passivity and complicity I discuss here is comparable in its effects to the actions that may be called evil» (S. 186).

3 Abschließende Bemerkungen

Die Theorien aggressiven Verhaltens, die in diesem Kapitel vorgestellt wurden, können und wollen nicht beanspruchen, diesen Forschungsbereich vollständig abzudecken. Die dargestellten Ansätze räumen, wenngleich in unterschiedlicher Deutlichkeit, Effekten des sozialen Kontextes und Aspekten der Relation zwischen Betroffenen und Akteuren aggressiver Konflikte einen bedeutenden Stellenwert ein, den sie zu explizieren und zu hinterfragen suchen. Dispositionale Erklärungen fokussieren dagegen auf individuelle, eher stabile Merkmale von Tätern oder – ein eher neuerer Trend – auf spezifische Charakteristika von Opfern. Die Deskription und Erforschung beider Aspekte spielt zum Beispiel eine große Rolle in der aktuellen Forschung zu Gewalt und Aggression an Schule und Arbeitsplatz (siehe etwa Olweus, 1994; Schäfer, 1997; Schuster, 1996).

Welche Implikationen hat eine sozialpsychologische, die Rolle sozialer Kontexte und wechselseitiger Beeinflussung betonende Perspektive auf aggressives Verhalten? Zum einen eröffnet sie vielfältige Ansatzpunkte zur Intervention bei aggressiven Konflikten (siehe etwa Goldstein & Glick, 1987; Hudley & Graham, 1993; Olweus, 1994; Petermann & Petermann, 1988). Zum anderen impliziert sie, dass aggressives Verhalten nicht allein das Problem einiger identifizierbarer, durch dispositionale oder erfahrungsbedingte Besonderheiten geprägte, jenseits der üblichen Normen und moralischen Bindungen stehender Individuen ist. Eine sozialpsychologische Perspektive selbst auf extreme Formen von Gewalt, wie sie etwa Staub (s.o.) anbietet, ist aus zwei Gründen beunruhigend, 1) weil sie impliziert, dass es ein hohes Potenzial gibt, unter den ‹richtigen› Bedingungen selbst zum Täter zu werden, und 2) weil sie die Frage aufwirft, ob eine Analyse von Gewalt als Ergebnis des Zusammenwirkens alltäglicher psychologischer Mechanismen nicht einem Freispruch der Täter gleichkommt. Tatsächlich berichten Miller, Gordon und Buddie (1999) empirische Evidenz dafür, dass dispositionale Erklärungen von Aggression mit deutlicherer Schuldzuweisung und Verurteilung des Verhaltens verbunden werden als sozialpsychologische, auf situative Aspekte verweisende Ansätze. Dennoch – so unterstreicht Baumeister (1997) – sind das (wissenschaftliche) Verstehen aggressiver, gewalttätiger Interaktionen und seine moralische Verurteilung zwei voneinander unabhängige Prozesse, die einander nicht behindern sollen und dürfen: «It is a mistake to let moral condemnation interfere with trying to understand – but it would be a bigger mistake to let understanding, once it has been attained, interfere with moral condemnation (S. 387).

Literatur

Abelson, R. P. (1981). The psychological status of the script concept. *American Psychologist, 36*, 715–729.

Bandura, A. (ed.). (1973). *Aggression: A social learning analysis.* Englewood Cliffs: Prentice Hall.

Bandura, A. (1986). *Social foundations of thought and action: A social cognitive theory.* Englewood Cliffs, NJ: Prentice Hall.

Bandura, A. (1999). Moral disengagement in the perpetration of inhumanities. *Personality and Social Psychology Review, 3*, 193–209.

Bandura, A., Ross, D., & Ross, S. A. (1961). Transmission of aggression through imitation of aggressive models. *Journal of Abnormal and Social Psychology, 63*, 575–582.

Bandura, A., Ross, D., & Ross, S. A. (1963). Imitation of film-mediated aggressive models. *Journal of Abnormal and Social Psychology, 66*, 3–11.

Baron, R. A. (ed.). (1977). *Human aggression.* New York: Plenum Press.

Bargh, J. A. (1997). The automaticity of everyday life. In: R. S. Wyer, Jr. (Ed.). *Advances in social cognition* (Vol. 10, pp 1–61). Mahwah, NJ, Erlbaum.

Baron, R. A., & Richardson, D. R. (eds.). (1994). *Human aggression (2nd ed.).* New York: Plenum.

Baumeister, R. F. (1997). The self and society: Changes, problems, and opportunities. In: R. D. Ashmore & L. Jussim (Hrsg.), *Self and identity: Fundamental issues* (S. 191–216). New York: Oxford University Press.

Baumeister, R. F., Smart L., & Boden, J. M. (1996). Relation of threatened egotism to violence and aggression: The dark side of high self-esteem. *Psychological Review, 103*, 5–33.

Berkowitz, L. (1989). Frustration-aggression hypothesis: Examination and reformulation. *Psychological Bulletin, 119*, 422–447.

Berkowitz, L. (1989). The frustration-aggression hypothesis: An examination and reformulation. *Psychological Bulletin, 106*, 59–73.

Berkowitz, L. (1990). On the formation and regulation of anger and aggression – A cognitive-neoassociationistic analysis. *American Psychologist, 45*, 494–503.

Berkowitz, L. (1993). *Aggression: Its causes, consequences, and control.* New York: McGraw-Hill.

Berkowitz, L. (1993). Pain and aggression: Some findings and implications. *Motivation and Emotion, 17*, 277–293.

Berkowitz, L., & Heimer, K. (1989). On the construction of the anger experience: Aversive events and negative priming in the formation of feelings. In: L. Berkowitz (Hrsg.), *Advances in experimental social psychology* (Bd. 22, S. 1–37). San Diego: Academic Press.

Berkowitz, L., & LePage, A. (1967). Weapons as aggression-eliciting stimuli. *Journal of Personality and Social Psychology, 7*, 202–207.

Berkowitz, L., & Troccoli, B. T. (1990). Feelings, direction of attention, and expressed evaluations of others. *Cognition and Emotion, 4*, 305–325.

Brown, R. J. (2000). *Group Processes (2nd Edition).* Oxford: Blackwell.

Brown, R. J., & Turner, J. C. (1981). Interpersonal and intergroup behaviour. In: J. C. Turner & H. Giles (Hrsg.), *Intergroup behaviour.* Oxford: Basil Blackwell.

Buss, A. H. (ed.). (1961). *The psychology of aggression.* New York: Wiley.

Buss, A. H. (1971). Aggression pays. In: J. L. Singer (Hrsg.), *The control of aggression and violence* (S. 112–130). New York: Academic Press.

Comstock, G., & Paik, H. (1991). *Television and the american child.* San Diego: Academic Press.

Crick, N. R., & Dodge, K. A. (1994). A review and reformulation of social information-processing mechanisms in children's social adjustment. *Psychological Bulletin, 115*, 74–101.

Darley, J. M. (1992). Social organization for the production of evil. *Psychological Inquiry, 3*, 199–218.

Diener, E. (1980). The absence of self-awareness and self-regulation in group members. In: P. Paulus (Hrsg.), *The psychology of group influence* (S. 209–242). Hillsdale: Erlbaum.

Dodge, K. A. (1980). Social cognition and children's aggressive behavior. *Child Development, 54*, 1386–1399.

Dodge, K. A. (1986). A social information processing model of social competence in children. In: M. Perlmutter (Hrsg.), *Eighteenth Annual Minnesota Symposium on Child Psychology* (S. 77–125). Hillsdale: Erlbaum.

Dodge, K. A., & Coie, J. D. (1987). Social-information-processing factors in reactive and proactive aggression in children's peer groups. *Journal of Personality and Social Psychology, 53*, 1146–1158.

Dodge, K. A., & Somberg, D. R. (1987). Hostile attributional biases among aggressive boys are exacerbated under conditions of threat to the self. *Child Development, 58*, 213–224.

Durkin, K. (1995). *Developmental social psychology. From infancy to old age.* Oxford: Blackwell.

Eibl-Eibesfeld, I. (1970). *Liebe und Haß. Zur Naturgeschichte elementarer Verhaltensweisen.* München: Piper.

Feshbach, S. (1970). Aggression. In: P. H. Mussen (Hrsg.), *Carmichaels's manual of child psychology* (S. 159–259). New York: Wiley.

Freud, S. (1920). *A general introduction to psycho-analysis.* New York: Boni & Liveright.

Geen, R. G. (1998). Aggression and antisocial behavior. In: D. T. Gilbert, S. T. Fiske & G. Lindzey (Hrsg.), *The handbook of social psychology* (Bd. 2, S. 317–356). Boston: McGraw-Hill.

Geen, R. G. ,& Thomas, S. L. (1986). The immediate effects of media violence on behavior. *Journal of Social Issues, 42*, 7–28.

Goldstein, A.P. & Glick, B. (1987). *Aggression replacement training.* Champain, IL: Research Press.

Hudley, C., & Graham, S. (1993). An attributional intervention to reduce peer-directed aggression among African-American boys. *Child Development, 64*, 124–138.

Huesmann, L. R. (1988). An information processing model for the development of aggression. *Aggressive Behavior, 14*, 13–24.

Huesmann, L. R., & Eron, L. D. (1984). Cognitive processes and the persistence of aggressive behavior. *Aggressive Behavior, 10*, 243–251.

Huesmann, L. R., & Miller, L. S. (1994). Longterm effects of repeated exposure to media violence in childhood. In: L. R. Huesmann (Hrsg.), *Aggressive behavior: Current perspectives* (S. 153–187). New York: Plenum Press.

Islam, M. R., & Hewstone, M. (1993). Intergroup attributions and affective consequences in majority and minority groups. *Journal of Personality and Social Psychology, 64*, 936–950.

Jaffe, Y., & Yinon, Y. (1983). Collective aggression: The group individual paradigm in the study of collective antisocial behavior. In: H. H. Blumberg, A. P. Hare, V. Kent & M. Davies (Hrsg.), *Small groups and social interaction* (vol. 1). New York: Wiley.

Krahé, B. (2000). Sexual scripts and heterosexual aggression. In: T. Eckes & H. M. Trautner (Hrsg.), *The developmental social psychology of gender* (S. 273–278). Mahwah, NJ: L. Erlbaum.

Krahé, B. (2001). *The social psychology of aggression.* Philadelphia, PA, US: Psychology Press Taylor and Francis.

LeBon, G. (1895). *Psychologie des foules.* Paris: Alcan.

Lorenz, K. (1963). *Das sogenannte Böse.* Wien: Borotha-Schoeler.

McGuire, W. J. (1997). Going beyond the banalities of bubbapsychology: A perspectivist social psychology. In: C. McGarty & S. A. Haslam (Hrsg.), *The message of social psychology: Perspectives on minds in society* (S. 221–235). Oxford: Blackwell.

Miller, A. G. (1999). Harming other people: Perspectives on evil and violence. *Personality and Social Psychology Review, 3*, 176–178.

Miller, A. G., Gordon, A. K., & Buddie, A. M. (1999). Accounting for evil and cruelty: Is to explain to condone? *Personality and Social Psychology Review, 3*, 254–268.

Mullen, B. (1986). Atrocity as a function of lynch mob composition: A self-attention perspective. *Journal of Personality and Social Psychology.*

Mullen, B. (1986). Stuttering, audience size, and the other total ratio: A self-attention perspective. *Journal of Applied Social Psychology, 16*, 141–151.

Mummendey, A., Bornewasser, M., Löschper, G., & Linneweber, V. (1982). Aggressiv sind immer die anderen: Plädoyer für eine sozialpsychologische Perspektive in der Aggressionsforschung. *Zeitschrift für Sozialpsychologie, 13*, 177–193.

Mummendey, A., & Otten, S. (1989). Perspective-specific differences in the segmentation and evaluation of aggressive interaction sequences. *European Journal of Social Psychology, 19*, 23–40.

Mummendey, A., & Otten, S. (1993). Aggression: Interaction between individuals and social groups. In: R. B. Felson & J. T. Tedeschi (Hrsg.), *Aggression and violence. Social interactionist perspectives* (S. 145–167). Washington, DC: American Psychological Association.

Olweus, D. (1994). Annotation: Bullying at school: Basicfacts and effects of a school based intervention program. *Journal of Child Psychology and Psychiatry and Allied Disciplines, 35*, 1171–1190.

Olweus, D. (1994). Bullying at school: Long-term outcomes for the victims and on effective school-based intervention program. In: L. R. Huesman (Hrsg.), *Aggressive behavior. Current perspectives* (S. 97–130). New York: Plenum.

Opotow, S. (1990). Moral exclusion and infustice: An introduction. *Journal of Social Issues, 46*, 1–20.

Otten, S. & Mummendey, A. (1999a). Aggressive Interaktionen und soziale Diskriminierung: Zum Einfluß perspektiven- und kontextspezifischer Legitimationsprozesse. *Zeitschrift für Sozialpsychologie, 30*, 126–138.

Otten, S., Mummendey, A., & Wenzel, M. (1995). Evaluations of aggressive interactions in interpersonal and intergroup contexts. *Aggressive Behavior, 21*, 205–224.

Patterson, G. R., Littman, R. A., & Bricker, W. (1967). Assertive behavior in children: A step toward a theory of aggression. *Monographs of the Society for Research in Child Development, 113.*

Petermann, F., & Petermann, U. (1988). *Training mit aggressiven Kindern.* Weinheim: Psychologie-Verlags-Union.

Postmes, T., & Spears, R. (1998). Deindividuation and anti-normative behavior: A meta-analysis. *Psychological Bulletin, 123*, 1–21.

Rabbie, J. M., & Horwitz, M. (1982). Conflict and aggression among individuals and groups. In: H. Hiebsch, H. Brandstaetter & H. H. Kelley (Hrsg.), *Social psychology. Proceedings of the XXII International Congress of Psychology.* Leipzig: Deutscher Verlag der Wissenschaften.

Rabbie, J. M., & Lodewijkx, H. (1983). *Aggressive reactions to the abuse of power by individuals and groups.* Zeist, The Netherlands: Paper presented at the Second European ISRA Conference on 26–30 September 1983.

Reicher, S. D. (1996). ‹The Crowd› century: Reconciling practical success with theoretical failure. *British Journal of Social Psychology, 24*, 511–524.

Reicher, S. D., Spears, R., & Postmes, T. (1995). A social identity model of deindividuation phenomena. In: W. Stroebe & M. Hewstone (Hrsg.), *European Review of Social Psychology* (Bd. 6, S. 161–198). Chichester: John Wiley & Sons.

Schäfer, M. (1997). *Aggression unter Schülern (Bullying): Ausmaß, Arten und Prozesse der Stabilisierung. Ein Überblick.* Paper 1997/15, Max-Plank-Institut für Psychologische Forschung, München.

Schuster, B. (1996). Rejection, exclusion, and harassment at work and in schools. *European Psychologist, 1*, 278–292.

Sighele, S. (1891). *La folla delinquente.* Torino: Fratelli Bocca.

Staub, E. (1989). *The roots of evil. The origins of genocide and other group violence.* Cambridge: Cambridge University Press.

Staub, E. (1990). Moral exclusion, personal goal thoery and extreme destructiveness. *Journal of Social Issues, 46,* 47–65.

Staub, E. (1996). Cultural-societal roots of violence: The examples of genocidal violence anf of contamporary youth violence in the United States. *American Psychologist, 51,* 117–132.

Staub, E. (1999). The roots of evil: Social conditions, culture, personality, and basic human needs. *Personality and Social Psychology Review, 3,* 179–192.

Tajfel, H. (1972). Experiments in a vacuum. In: J. Israel & H. Tajfel (Hrsg.), *The context of social psychology: A critical assessment* (S. 69–119). London: Academic Press.

Tajfel, H. (ed.). (1978). *Differentiation between social groups.* London: Academic Press.

Tajfel, H. (ed.). (1978). *Differentiation between Social Groups: studies in the social psychology of intergroup relations.* London: Academic Press.

Tajfel, H. (ed.). (1978). *The social psychology of minorities.* London: Minority Rights Group (No. 7).

Tajfel, H. (ed.). (1982). *Gruppenkonflikt und Vorurteil (Entstehung und Funktion sozialer Stereotypen).* Bern: Huber.

Tajfel, H. (ed.). (1982). *Social identity and intergroup relations.* Cambridge: Cambridge University Press.

Tajfel, H. (1982). Social psychology of intergroup relations. *Annual Review of Psychology, 33,* 1–39.

Tajfel, H., & Turner, J. C. (1986). The social identity theory of intergroup behavior. In: S. Worchel & W. G. Austin (Hrsg.), *Psychology of intergroup relations* (S. 7–24). Chicago: Nelson-Hall Publishers.

Tarde, G. (1895). *Essais et mélange sociologiques.* Lyon: Storck.

Tedeschi, J. T., & Felson, R. B. (eds.). (1994). *Aggression and coercive action: A social interactionist perspective.* Washington, DC: American Psychological Association.

Tedeschi, J. T., & Felson, R. B. (eds.). (1994). Coercive actions and aggression. In: J. T. Tedeschi, & R. B. Felson (Hrsg.), *Violence, aggression and coersive actions* (S. 159–176). Washigton, DC: American Psychological Association.

Tedeschi, J. T., & Felson, R. B. (eds.). (1994). Decision making and coercion. In: J. T. Tedeschi, & R. B. Felson (Hrsg.), *Violence, aggression and coersive actions* (S. 177–212). Washigton, DC: American Psychological Association.

Tedeschi, J. T., & Felson, R. B. (eds.). (1994). Frustration, aversiveness, and aggression. In: J. T. Tedeschi, & R. B. Felson (Hrsg.), *Violence, aggression and coersive actions* (S. 37–67). Washigton, DC: American Psychological Association.

Tedeschi, J. T., & Felson, R. B. (eds.). (1994). Learning theory and aggression. In: J. T. Tedeschi, & R. B. Felson (Hrsg.), *Violence, aggression and coersive actions* (S. 93–111). Washigton, DC: American Psychological Association.

Tedeschi, J. T., & Felson, R. B. (eds.). (1994). Parents and children. In: J. T. Tedeschi, & R. B. Felson (Hrsg.), *Violence, aggression and coersive actions* (S. 287–306). Washigton, DC: American Psychological Association.

Tedeschi, J. T., & Felson, R. B. (eds.). (1994). Physiological arousal and aggression. In: J. T. Tedeschi, & R. B. Felson (Hrsg.), *Violence, aggression and coersive actions* (S. 71–92). Washigton, DC: American Psychological Association.

Tedeschi, J. T., & Felson, R. B. (eds.). (1994). Sexual coercion. In: J. T. Tedeschi, & R. B. Felson (Hrsg.), *Violence, aggression and coersive actions* (S. 307–343). Washigton, DC: American Psychological Association.

Tedeschi, J. T., & Felson, R. B. (eds.). (1994). Two applications of social-interactionist theory. In: J. T. Tedeschi, & R. B. Felson (Hrsg.), *Violence, aggression and coersive actions* (S. ok). Washigton, DC: American Psychological Association.

Turner, J. C., Hogg, M. A., Oakes, P. J., Reicher, S. D., & Wetherell, M. S. (1987). *Rediscovering the social group. A self-categorization theory.* Oxford: Basil Blackwell.

Walters, R. H., & Brown, M. (1963). Studies of reinforcement of aggression: III. Transfer of responses to an interpersonal situation. *Child Development, 34,* 536–571.

Wood, J., Wong, F. Y., & Cachere. (1991). Effects of media violence on viewers' aggression in unconstrained social situations: Effects of an aggressive model on the behavior of college students and prisoner observers. *Psychonomic Science, 24,* 193–194.

Zillmann, D. (ed.). (1979). *Hostility and aggression.* Hillsdale: Erlbaum.

Zillmann, D. (1988). Cognitive-excitation interdependencies in aggressive behavoir. *Aggressive Behavior, 14,* 51–64.

Zimbardo, P. (1969). The human choice: Individuation, reason, and order versus de-individuation, impulse, and chaos. In: D. Levine (Hrsg.), *Nebraska symposium on motivation* (S. 237–307). Lincoln: University of Nebraska Press.

Theorien zur sozialen Macht[1]

Erich H. Witte

1 Vorbemerkung

Das Thema *Macht* ist sicherlich unerschöpflich. Wir alle haben damit Erfahrungen. Es ist davon auszugehen, dass es sich um eine psychologische Universalie handelt (vgl. Lonner, 1980). Bereits im Tierreich sind vielfältige Machtstrukturen zu erkennen, wie uns die Soziobiologie lehrt (Wilson, 1975), sodass eine evolutionstheoretische Basis für Formen der Über-/Unterordnung existieren mag.

Gleichzeitig ist dieser Begriff[2] emotionsgeladen, vor allem auch deshalb, weil wir den Zustand der Ohnmacht und Erniedrigung kennen und die physische Bedrohung durch «overkill»-Potentiale militärischer Macht. Gleichzeitig kann «Macht» auch eine positive Einflussnahme beinhalten, die wichtige Verhaltensanpassungen ermöglicht, Lerninhalte auswählt, Schutz darstellt etc.

Mit einer solchen Ausgangslage sind *zwei Gefahren* verbunden:

(1) Man kann sich sehr leicht in die verschiedenen Ansätze über Macht verlieren und braucht deshalb eine Struktur, nach der man die zu behandelnden Ansätze auswählt, und (2) man wird zu einer wertenden Stellungnahme verführt, ohne die funktionalen Beziehungen hinter der Oberfläche ausreichend analysiert zu haben.

Die *Konsequenzen*, die aus den beiden Gefahrenquellen für diese Arbeit gezogen worden sind, bestehen einerseits aus dem Versuch, eine durchschaubare Systematisierung der Auswahl theoretischer Ansätze vorzunehmen, und andererseits in dem Bemü-

---

1 Ich danke Herrn H.-D. Schneider für einen allgemeinen Kommentar und Herrn D. Frey für Hinweise zu einem vorläufigen Manuskript sowie ganz besonders Herrn G. Mikula und Frau D. Stahlberg für zahlreiche, sehr nützliche Bemerkungen, die diese komprimierte Darstellung lesbarer gemacht haben. Frau Stahlberg hat darüber hinaus eine detaillierte Analyse des ursprünglichen Textes vorgenommen, dass gezielt auf zahlreiche Mängel eingegangen werden konnte. Eine solche Rezension vor einer Publikation kann sich jeder Autor nur wünschen. Verbliebene Unklarheiten und Unstimmigkeiten sind allein dem Autor anzulasten, wobei sich das Thema «soziale Macht» insgesamt als sehr wenig prägnant in der Literatur erwiesen hat.
2 Schon bei der Begriffsbildung wird sich erweisen, dass manche Alltagsvorstellungen, die man mit diesem Begriff verbindet, korrigiert werden müssen. Das Ergebnis wird dann schließlich ein sehr vager Begriff von Macht sein, der unterschiedliche Formen der Einflussnahme beinhaltet. Das Spezifische der Einflussnahme, wodurch diese Macht erkennbar wird, ergibt sich aus den jeweiligen theoretischen Annahmen und ist kaum allgemein zu fassen.

Tabelle 1: Darstellung einer systematischen Auswahl von machttheoretischen Ansätzen.[3]

Subsysteme	Individualsystem	Mikrosystem	Systemumfänge Mesosystem	Makrosystem
affektiv	Motivansätze sozialer Macht und Kontrolle	Sozial-emotionale Aspekte	Macht-Distanz-Reduktions-theorie	Imperiale Motiv-konstellation
kognitiv	Ansätze zu Mitteln potentieller Macht	Macht durch Gestaltung der Mitteilung	Intraorganisatorische Beeinflussungsmittel	Kommunikationstheorie der Macht
konativ	Handlungsfähigkeiten zur Ausübung sozialer Macht (Machiavellismus)	Formen der direkten Beeinflussung	Führungsverhalten und Situation	Typen gesellschaftlichen Einflusses

hen, darauf zu achten, eher abstrakte Formulierungen zu wählen, um eine stärker reflexive Position bei diesem Thema beibehalten zu können.

2 Ein Rahmen zur Einordnung der unterschiedlichen Konzepte der Macht

Es kann hier natürlich nicht im einzelnen ein Rahmenkonzept sozialer Prozesse entwickelt werden (vgl. Witte, 1994). Für den vorliegenden Zweck reicht auch bereits die äußere Struktur des Rahmenschemas aus.

Ausgangspunkt ist die Idee des Systems, die die besonders enge Wechselwirkung zwischen Elementen betont, die ihrerseits nach außen eine Abgrenzung ermöglicht und nach innen ein gemeinsames Steuerungsziel aufrecht erhält.

Systeme kann man dabei nach ihrem *Umfang* differenzieren in Individual- und Mikro-, Meso- und Makrosysteme, sowie nach ihrer *Qualität*, die interne menschliche Eigenschaften erfasst: affektives, kognitives und konatives Subsystem (siehe Tab. 1). Bei dieser Dreiteilung erkennt man den klassischen Ansatz aus der Einstellungsforschung. Man kann nun beide Systemkategorien kombinieren und erhält dann Aussagen darüber, welche Perspektive ein machttheoretischer Ansatz im Schwerpunkt gewählt hat.

---

3 Bei diesem Einteilungsschema sind zwar die beiden Dimensionen (Umfänge und Subsysteme) getrennt worden, aber die Unterteilung auf diesen beiden Dimensionen darf nur als Schwerpunktbildung der einzelnen Ansätze betrachtet werden, da sowohl immer alle Subsysteme zusammenwirken als auch die Systemumfänge gemeinsam Einfluss nehmen auf Machthandeln. Trotzdem haben sich bei den einzelnen Forschungsansätzen Schwerpunkte herausgebildet, die hier als Einteilungsgesichtspunkte herangezogen werden. Die Folge ist dann aber, dass die einzelnen Ansätze nicht völlig eindeutig einer Zelle zugeordnet werden können. Trotzdem hilft die Akzentuierung bei der Einordnung der theoretischen Konzepte nach ihrem Schwerpunkt, die Hauptrichtung ihrer Erklärungskraft herauszuarbeiten.

Versucht man nämlich, die Schwerpunkte der einzelnen Ansätze herauszuarbeiten, dann stellt man fest, dass die zu behandelnden Ansätze ihre jeweils spezifische Sichtweise haben. Von daher ist ihre Vielzahl auch nicht verwunderlich.

Um das Verständnis für die Kombination von Qualität und Quantität bei den Systemen zu erhöhen, soll kurz die jeweilige Bedeutung erläutert werden:

(1) Individualsystem = Einzelperson mit der engen Wechselwirkung der drei Subsysteme: affektiv, kognitiv, konativ

(2) Mikrosystem = eine kleine überschaubare Einheit mit direktem Kontakt der Individuen (Kleingruppen)

(3) Mesosystem = eine mittlere Institution, z. B. eine Schule, die konkret abgrenzbar ist und bei der auch indirekte Kontakte über allgemeine Anweisungen beobachtbar sind

(4) Makrosystem = eine nicht mehr konkret abgrenzbare Organisation, z. B. der Bereich der Rechtsprechung, der Bildung etc., die Einfluss nimmt. Hierunter soll auch die Gesamtgesellschaft als das Staatssystem verstanden werden.

Bei der qualitativen Differenzierung kann man sich auf die übliche Unterscheidung beziehen:

affektiv = gefühlsbezogen, bewertend

kognitiv = wahrnehmend, schlussfolgernd

konativ = bezogen auf das Handlungsspektrum, über das das Individuum verfügt.

Wichtig ist, bei der Differenzierung in die drei Subsysteme folgendes zu beachten:

1. Es gilt immer, die Wechselwirkung zwischen den drei Subsystemen zu erkennen, wobei schwerpunktmäßig durch die Hervorhebung eines spezifischen Subsystems die Ansätze sich unterscheiden lassen.

2. Sofern die Subsysteme mit Umfängen gekoppelt sind, die oberhalb des Individualsystems liegen, dann ist damit gemeint, dass die Wirkungsweise in abstrakter Form für «Durchschnittsindividuen» gilt. In diesem Falle wird die Wirkungsweise eines der Subsysteme – unabhängig von der konkreten individuellen Ausprägung – so hervorgehoben, dass für die Einzelpersonen in ihrer Gesamtheit ähnliche Einflüsse angenommen werden.

3. Mit dem Begriff «konativ» ist hier das Handlungspotential gemeint, das einem Individuum zur Verfügung steht. In einer konkreten Situation wird dieses Handlungsspektrum dann durch kognitive (Situationsinterpretation) und affektive (Gefühlszustände, Motive) Einflüsse eingegrenzt. Die konkrete Handlung ist dann das Resultat eines Auswahlprozesses aus dem Handlungspotential. Vereinigt man nun beide Differenzierungsformen vom System, so gewinnt man eine Systematik für die Auswahl theoretischer Ansätze.

Wenn man die in der Tabelle 1 angedeuteten Ansätze betrachtet, so kann es hier nur unsere Aufgabe sein, die wesentlichen theoretischen Kernaussagen darzulegen. Auf eine ausführliche Diskussion der einzelnen Ansätze muss aus Platzgründen verzichtet werden[4]. Außerdem sind austauschtheoretische Machtkonzepte vernachlässigt worden, weil sie bereits bei den Austauschtheorien behandelt wurden[5].

Im Prinzip haben wir auch bereits eine Gliederung des nachfolgenden Textes, indem nämlich auf die einzelnen Zellen der Tabelle 1 eingegangen wird, die selbst natürlich nur Beispiele sind für Ansätze aus der entsprechenden Zelle. Es ließen sich weitere wichtige Theorienkonzepte behandeln. Die Hauptaufgabe sieht der Autor jedoch darin, eher die *Breite* der Ansätze darzulegen, was bei der beschränkten Seitenzahl zu Lasten der Tiefe geht. Bevor das aber geschieht, soll der Terminus «Macht» expliziert werden, um dann bei den spezifischen Ansätzen, die jeweils ihre eigene Explikation verwenden, auch die Ausschnitthaftigkeit zu erkennen.

3   Zur Begriffsexplikation

Es gibt mehrere sozialpsychologische «Klassiker» zum Thema «Macht», z. B. Weber (1956) sowie Cartwright (1959). Ein ebenfalls sehr bekannter Aufsatz zur Macht ist von Dahl (1957) geschrieben worden. Er gibt dort folgende Begriffsbestimmung, die eng an den Alltagsgebrauch anknüpft und sich auf Einzelpersonen bezieht (S. 201): «A hat in dem Ausmaß Macht über B, als er B dazu veranlassen kann, etwas zu tun, was B sonst nicht tun würde.»

Damit ist der Machtbegriff auf das konative Subsystem abgestellt. Die Zuordnung zum Systemumfang dagegen ist nicht eindeutig, weil man sich einerseits auf die Person A allein beziehen kann, oder aber andererseits auf beide beziehen muss. Im ersten Fall wäre der Ansatz dem Individualsystem zuzurechnen, im zweiten dem Mikrosystem, wobei aber jeweils Einzelpersonen betrachtet werden. Eine Erweiterung sowohl im Umfang als auch in der Qualität des Systems nimmt nun Schneider vor (1977, S. 35):

---

4 Als weiterführende Literatur sind gemeinsam folgende Bücher zu empfehlen: Boulding; K.: Three Faces of Power (1989) – Henderson, A.H.: Social psychological models and theories (1981) – Sandner, K.: Prozesse der Macht (1990) – Schneider, H.-D.: Sozialpsychologie der Machtbeziehungen (1977) – Zegler, J.: Konzepte zur Messung der Macht (1975) – Sie ergänzen sich gegenseitig und weisen durch ihr Erscheinungsjahr auf die geringe Aktualität dieses Themas im Forschungsprozess hin.

5 Diese austauschtheoretischen Konzepte setzen vor allem im Bereich des Mikro-Systems an und geben häufig Austauschbeziehungen in Form von Matrix-Spielen vor. In diesen Matrizen stehen Werte, die die Ausgänge gemeinsamen Verhaltens zweier Personen erfassen. Als Erklärungsgrundlage wird einerseits eine kognitiv-orientierte Theorie gewählt, die Rationalität des Handelns erfasst also z.B. Maximierung subjektiv erwarteten Nutzens oder Pareto-Optimalität, andererseits wird ein Motivkatalog (Deutsch, 1973) angenommen, der dann entsprechend über affektive Inhalte das Handeln steuert. Die Macht-Komponente selbst ergibt sich aus den Werten in der Matrix, indem z.B. der Ausgang eines Spiels für eine Person nur dann günstig ist, wenn die andere eine bestimmte Handlungsalternative zeigt.

«Unter sozialer Macht verstehen wir daher nach diesen Vorüberlegungen die *aufgrund ihrer Verfügungsgewalt über Ressourcen von den Partnern zugeschriebene Fähigkeit von Personen oder Gruppen, auf kognitive oder Verhaltensaspekte dieser Partner einzuwirken.*» Damit ist die Erweiterung der Machtdefinition auf kognitive und konative Qualitäten sowie auf das Individual- und Mikrosystem (Personen oder Gruppen) vorgenommen worden, auch was die Machtausübung angeht. Um nun nicht alle einzelnen Erweiterungen verfolgen zu müssen, wenden wir uns einer der komplexesten Explikationen von Macht zu, die von Zegler (1975, S. 31) stammt: «Die Person x (Machthaber) hat über die Person y (den Beherrschten) Macht (M) in Bezug auf die Handlungen, Entscheidungen oder Meinungen z (Machtbereich), die y mit der Wahrscheinlichkeit p ausführt (Machtfülle), wenn x die Mittel q anwendet (Machtmittel), wobei für x die Kosten r entstehen (Machtkosten) und x s Reserven zur Verfügung hat (Machtgrundlage)».

Hier ist die Explikation wieder auf Einzelpersonen im Mikrosystem beschränkt, aber es werden detaillierter die zu differenzierenden Prozesse angegeben. Formalisierter ergibt sich:

(1) M_{xyz} $= P_y(z)$ Reduktion auf die Wahrscheinlichkeit beobachtbaren Verhaltens von y

(2) $P_y(z)$ $\leftarrow {}_x(q)$ Voraussetzung auf der Seite von x

(3) $m_x(q)$ $\leftarrow R_x(s) - K_x(r)$ Konsequenzen auf der Seite von x

M_{xyz} Die Macht von x über y im Bereich z

$p_y(z)$ Die Wahrscheinlichkeit, dass y im Bereich z die gewünschte Handlung ausführt

$m_x(q)$ Machtmittel von x in der Form q

$R_x(s)$ Ressourcen von x in dem Ausmaß (s)

$K_x(r)$ Kosten von x in dem Ausmaß (r)

Interessant ist an dieser Formalisierung, dass auf der Seite von y Macht durch $p_y(z)$ – der Wahrscheinlichkeit, eine Handlung zu zeigen – ersetzt werden kann, und auf der Seite von x durch Ressourcen und Kosten. Dieses Ergebnis macht bereits auf ein zentrales Problem aufmerksam, nämlich die Frage, wieweit überhaupt der Machtbegriff in der empirischen Forschung sinnvoll einsetzbar ist (siehe Abschnitt 6).

Bemerkenswert an dieser Explikation ist, dass sie nicht unterscheidet zwischen einem freiwilligen Verhalten z von y, das u. U. sogar positiv für y sein kann, und einem unfreiwilligen, das y negativ bewertet. Das entspricht dem Unterschied zwischen einem eingeholten Ratschlag, den man befolgt, und einer Anweisung, der man sich fügt.

In diesem Zusammenhang wurde auch vorgeschlagen, zwischen Macht und Einfluss zu differenzieren (Scholl, 1991; Buschmeier, 1995), wobei als Oberbegriff dann die Bezeichnung «soziale Einwirkung» vorgeschlagen worden ist. Die Grundlage für die Unterscheidung kann festgemacht werden an so genannten harten oder weichen Taktiken (Buschmeier, 1995) oder aus der Sicht des «Opfers», ob es als Unterstützung oder Behinderung gesehen wird. Generell bleiben bei dieser Mikrosystem-Perspektive drei

Sichtweisen, die möglich sind, wie es beim prosozialen und altruistischen Handeln ebenfalls möglich ist (s. Witte, 1994, S. 94f.), nämlich die Sichtweise des Akteurs, des Rezipienten («Opfers») und eines unabhängigen Beobachters. Interessanterweise gibt es jetzt die Situationen, in der diese drei Sichtweisen nicht konvergieren. Man kann eine harte Taktik wie Zwang anwenden in der Hoffnung, dass jemand das Gegenteil tut und sich durch diese Gegenwehr Informationen verschafft, die ihn überzeugen (paradoxe Intervention). Man kann etwas als altruistisch halten, was bei Rezipienten als Belohungsmacht interpretiert wird. Selbst wenn Agent und Rezipient den Einfluss gleich positiv interpretieren, kann ein unabhängiger Beobachter zu anderen Schlüssen kommen (versteckte Aggressionen). Deshalb schlage ich vor, den Machtbegriff strukturell und funktional aus der Position des unabhängigen Beobachters und des Agenten gemeinsam einzuführen, wobei die Sichtweise des Rezipienten als differenzierendes Merkmal *nachträglich* eingeführt werden kann. Macht ist eine gezielte und intendierte Einflussnahme auf einen Rezipienten, die von einem unabhängigen Beobachter als solche interpretiert wird. Diese Begriffsbestimmung ist vergleichbar mit der für das altruistische Handeln (Witte, 1994, S. 95), wobei genau die beiden Perspektiven des Akteurs und des unabhängigen Beobachters verknüpft werden. Die Ausklammerung der Rezipientensicht entspricht den Annahmen von asymmetrischen Beziehungen beim Machtbegriff.

Vorerst werden wir verschiedene *Hintergrundannahmen* formulieren, auf deren Basis eine Machttheorie explizierbar wird.[6]

(1) Macht ist ein relationaler Begriff, der mindestens zwei Systeme auch unterschiedlichen Umfangs verbindet: A und B. Dabei ist weder der Umfang des Machtausübens, noch der des Machtempfängers festgelegt. So kann ein Individuum auf eine Gruppe Macht ausüben und umgekehrt. Auch die Form der Machtausübung ist nicht spezifiziert.

(2) Macht äußert sich als Einflussnahme eines Systems auf ein anderes, was zur Voraussetzung hat, dass keine vollständige Abgrenzung zwischen beiden Systemen möglich ist. Die Art des Kontaktes von Systemen wird sozial geregelt. Die Voraussetzung der Einflussnahme ist also eine Kontaktaufnahme. Hier taucht das Problem des indirekten Kontaktes auf, z. B. vom Autor über Artikel auf Leser oder noch weniger direkt von verstorbenen Urgroßeltern über Großeltern, Eltern auf die Kinder. Das ist die zeitliche Dimension des Kontaktes, die berücksichtigt werden muss. Ebenso muss auch eine qualitative Perspektive herangezogen werden, die sich aus sozialen Regeln ergibt. Wenn ein Lehrer seinen Schülern das Lesen beibringt, übt er dann Macht aus? Wenn derselbe Lehrer seine politische Einstellung durchzusetzen versucht, ist das etwas anderes? Man kann sich vorstellen, dass im ersten Fall der Machtbegriff überzogen ist, weil hier eine sozial geregelte Einflussnahme vorliegt, auf die man sich geeinigt hat. Letzteres Vorgehen dagegen ist eine von der sozialen Regel abweichende Indoktrination.

6 Diese Grundannahmen stammen letztlich aus den vier Schwesterdisziplinen der Sozialpsychologie: Anthropologie, Soziologie, Psychologie und «Sozialarbeit» (Witte, 1994). Man mag eine solche Begriffsanalyse für überflüssig halten, wobei die empirische Forschung zu prägnanteren Ergebnissen kommen kann, als es das untersuchte Konzept selber ist (Brandstätter, 1982).

(3) Die Einflussnahme bewirkt eine Veränderung der Stärke eines Zustandes oder seines Wertes. Bei dieser Grundannahme wird die Auswirkung der Einflussnahme zerlegt in zwei Komponenten, eben eine Intensitäts- und eine Zustandsgröße. Z. B. kann man sich vorstellen, dass durch Indoktrination konkret eine andere Sicht über Ausländer erzeugt (Zustandsänderung) oder dieselbe Sicht (kognitives Subsystem) verstärkt wird. Folglich ist Einflussnahme durch Machtmittel nicht notwendig in der qualitativen *Veränderung* zu erkennen, sondern kann auch in der quantitativen Verschiebung sichtbar werden.

(4) Die Änderung in Stärke oder Wert des Zustandes kann in drei Qualitäten des Subsystems erfolgen und ist nicht notwendigerweise sofort als *Handlungseffekt* beobachtbar. Wichtig ist die Tatsache, dass Macht sich nicht direkt am gezeigten Handeln bemerkbar machen muss. Sie kann vorerst auch verborgen bleiben und nur über Äußerungen von Personen bezüglich affektiver Zustände, kognitiver Strukturen oder ihrer Handlungsspielräume erkennbar werden. Da alle drei Subsysteme zusammenwirken bei einer konkreten Handlung, kann die Veränderung in einem Subsystem noch nicht als beobachtbare Verhaltensweise aufscheinen.

(5) Die Änderungen werden durch spezifische Machtmittel herbeigeführt, die sich nach ihrem Einfluss auf die verschiedenen Qualitäten der Subsysteme unterscheiden lassen.

Es gibt also Machtmittel, die vor allem auf das kognitive Subsystem wirken, z. B. Argumente, oder auf das affektive Subsystem, z. B. emotionale Abhängigkeit, oder aber auf das konative Subsystem, z. B. Verbote mit Sanktionen.

(6) Aus dem spezifischen Einsatz der Machtmittel lassen sich die verfolgten Ziele ableiten, wobei die Ziele als gerichtete Veränderung in einem oder mehreren Subsystemen charakterisierbar sind. Man kann z. B. jemanden überzeugen wollen (kognitives Subsystem), man kann jemanden beeinflussen wollen auch ohne Überzeugung (affektives Subsystem) oder man kann jemanden zwingen wollen (konatives Subsystem). Das sind unterschiedliche Qualitäten von Zielen, die letztlich auch einer sozialen Bewertung unterliegen.

(7) Das Ausmaß des Einflusses lässt sich an der erzielten Änderung im Vergleich zur angestrebten messen.

Hier wird das Problem der Messbarkeit von gezielten Veränderungen angesprochen. Sie lassen sich *nicht* absolut messen, weil der Einsatz der Machtmittel von dem intendierten Ziel abhängig ist, sodass die Wirksamkeit der Machtmittel nur relativ zum gesteckten Ziel gemessen werden kann. Dabei muss zusätzlich gemäß den Grundannahmen (3) unterschieden werden in Veränderung der Stärke eines Zustandes oder in der Veränderung des Zustandes selber, auch natürlich getrennt nach den drei Subsystemen.

(8) Jeder Einsatz von Machtmitteln erfordert einen Aufwand. Immer ist der Machtausübende gezwungen, sich auf seine «Opfer» einzustellen. Das Ausmaß des zur Zielerreichung notwendigen Aufwandes hängt vom Widerstand des «Opfers» ab.

(9) Jeder Aufwand hat bei verbundenen Systemen einen vielleicht auch nur internen Effekt und verbraucht Ressourcen.

(10) Systeme unterscheiden sich in dem Ausmaß an Aufwand, den sie für den Einsatz von Machtmitteln verwenden, d. h. sind unterschiedlich machtorientiert. Das gilt für alle Systemumfänge.

(11) Systeme unterscheiden sich in dem Ausmaß an Aufwand, den sie für ihre Stabilität aufwenden, d. h. sie setzten ein unterschiedliches Ausmaß an Widerstand gegen Machteinflüsse ein.

(12) Macht ist nicht nur einseitig zu betrachten, wobei die Rückkoppelung auch zeitlich verzögert sein kann, d. h. der Einsatz der Machtmittel erfordert vom Machtausübenden Anpassung, die ihn selbst Opfer seiner Machtausübung werden lässt. Das löst zwar nicht die asymmetrische Beziehung bezüglich eines Ziels zwischen Machthaber und «Opfer» auf, aber aus einer systemischen Perspektive heraus erkennt man weitere Abhängigkeiten, die in einem anderen Bereich das Verhältnis umkehren. (Z. B. ist die Identifikation (affektives Subsystem) mit einem Schlageridol nur aufrechtzuerhalten, wenn das Idol seine Merkmale nicht ändert, über die die Identifikation erfolgte, was zu einer erheblichen Anpassungsleistung des Idols selber führt.)

Wie man den zwölf Hintergrundannahmen entnehmen kann, ist der Begriff «Macht» äußerst komplex. Sicherlich kann man ihn noch weiter differenzieren. Trotzdem scheinen mir wesentliche Aspekte hervorgehoben zu sein.

Postulate einer *allgemeinen Theorie der Machtausübung*:
1. Wenn ein soziales System X eine gezielte und intendierte, qualitative oder quantitative Veränderung bei einem sozialen System Y herbeigeführt hat, die von unabhängigen Beobachtern dementsprechend genauso interpretiert wird, dann hat X über Y Macht ausgeübt.
2. Wenn intendierte und gezielte Veränderungen von einem System X herbeigeführt werden, dann hat X Machtmittel eingesetzt, die von Y nicht abgewehrt werden konnten oder wollten.
3. Wenn intendierte und gezielte Veränderungen von einem System X herbeigeführt werden, dann verfügt X über ein Wissen von Wirkmechanismen der Machtmittel.
4. Wenn intendierte und gezielte Veränderungen von einem System X herbeigeführt werden, dann hat X ausreichend Ressourcen bei den Machtmitteln eingesetzt, sodass die Abwehr des Systems Y überwunden wurde.
5. Wenn intendierte und gezielte Veränderungen von einem System X herbeigeführt werden, dann diagnostiziert X den Veränderungsprozess bei Y richtig.

Bei den Postulaten haben wir Veränderungen ins Zentrum gesetzt. Man kann sich fragen, ob Kontrolle als Stabilisierung von Prozessen etwas mit den Veränderungen zu tun hat. Sicherlich ist die Perspektive eine andere, aber man kann diese Stabilisierung als quantitative Veränderung bei qualitativer Konstanz verstehen. Folglich ist das Konzept der Kontrolle und die quantitative Ausweitung der Kontrolle auf weitere Systeme (Frey & Schulz-Hardt, 1999) eng verwandt mit der Machtkonzeption, die hier verwendet wird, wobei die Systeme, die unter die Kontrolle geraten, sich auch qualitativ verändert haben.

4 Spezielle theoretische Ansätze zur sozialen Macht

4.1 Ansätze auf dem Individualsystem-Niveau

4.1.1 Motivansätze sozialer Macht

Einen guten Überblick über diese theoretischen Ansätze gibt Heckhausen (1989, S. 295ff.). Der Ausgangspunkt ist jeweils, dass sich Individuen nach Stärke ihres Motivs, andere Personen beeinflussen zu wollen, differenzieren lassen.

Winter (1973) hat z. B. einen Inhaltsschlüssel unter folgendem Ausgangspunkt entwickelt: «… social power is the ability or capacity of O to produce … intended effects on the behavior or the emotions of another person P.» (p. 5).[7]

In dieser Begriffsbestimmung wird das affektive Subsystem explizit hervorgehoben, was sonst selten passiert.

Die Ursache der Machtausübung wird also als eine individuelle Disposition betrachtet, die entsprechend ihrer Ausprägung Machthandeln bei einzelnen Personen nach sich zieht. Diese individuellen Handlungen können auf die konativen und affektiven Qualitäten und durch die Bildung von abstrakten Durchschnittsindividuen auf verschiedene Systemumfänge einwirken. Ein Beispiel ist die Untersuchung von Donley & Winter (1970). In ihr werden die Machtmotive von Präsidenten der USA anhand ihrer Antrittsreden mit dem Inhaltsschlüssel von Winter analysiert. Es zeigt sich, dass die Handlungen des Präsidenten gegenüber einem Mikrosystem, dem Kabinett, als auch das Eintreten in einen Krieg (Makrosystemniveau) durch dessen Machmotivation bestimmt waren. Bei einer deutschen Bearbeitung des Inhaltsschlüssels von Winter durch Schnackers & Kleinbeck (1975) konnte das Verhalten von Vpn (Individualsystem) in einem komplexen «Gauner»-Spiel (Mikrosystem) vorhergesagt werden, an dem drei Spieler teilnehmen. Es zeigt sich, dass hoch Machtmotivierte andere Personen so beeinflussen können, dass sie selbst eher gewinnen. Ferner zeigte sich in einem Verteilungsspiel, dass Personen mit großem Egoismus durch äußere Informationen kaum beeinflussbar sind (Cason & Mui, 1998).

Insgesamt gibt es also Hinweise, dass durch individuelle Antriebe Machthandeln (intendierte und gezielte Veränderungen) mit gewünschtem Effekt herbeigeführt wird.

4.1.2 Mittelsätze sozialer Macht

Obwohl Personen sich in ihren Motiven, Macht ausüben zu wollen, unterscheiden, müssen sie Vorstellungen darüber haben, welche Mittel sie überhaupt einsetzen können, um ihre Motive in angemessenen Handlungen umzusetzen. Es bedarf dafür eines kognitiven Rasters, um die unterschiedlichen Machtmittel überhaupt einsetzen zu können.

---

7 Aus der Forschung geht dabei hervor, dass zwar der Machtausübende O immer eine Einzelperson ist, aber das «Opfer» P auch ein aggregiertes Durchschnittsindividuum sein kann, wie z. B. eine Gruppe oder eine ganze Nation, wie es die unten erwähnte Arbeit von Donley & Winter (1975) zeigt.

Mit der Frage nach den Mitteln sozialer Machtanwendung haben sich insbesondere French & Raven (1968) sowie Raven (1992, 1993) beschäftigt. Sie nennen folgende Mittel, die Personen differenzieren können, um andere zu beeinflussen:

(a) *Macht durch Belohnung:* Sie beruht auf der Fähigkeit von O, eine andere Person mit «wertvollen Gaben» zu versehen oder negative Dinge fern zu halten.

(b) *Macht durch Zwang:* Sie ergibt sich aus der Möglichkeit, dass O negative Sanktionen gegenüber P verfügen kann.

(c) *Legitime Macht:* Voraussetzung für dieses Machtmittel ist das Recht, das O zugeschrieben wird, P zu beeinflussen. Dieses Recht kann unterschiedliche Ursprünge haben: formale, z. B. juristische, oder informelle, z. B. Anweisungen eines Mannschaftsführers.

(d) *Identifikationsmacht:* Sie beruht auf der Stellung von O und der ihr entgegen gebrachten Wertschätzung bzw. dem Bedürfnis von P, so sein zu wollen wie O. Es sind also die herausragenden Eigenschaften von O und deren Wertschätzung durch P, die diese Macht konstituieren.

(e) *Expertenmacht:* Dieses Machtmittel kann dann eingesetzt werden, wenn die Kenntnisse von O denen von P überlegen sind, was sich fast immer auf einen spezifischen Inhalt bezieht.

(f) *Informationsmacht:* Wenn O über einen Informationsvorsprung gegenüber P verfügt, dann kann O durch Auswahl oder Verfälschung auf P einen gezielten Einfluss nehmen.

Diese Einflussmöglichkeiten sind analytisch gewonnen worden. Sie sind bei ihrem spezifischen Einsatz in einer bestimmten Situation sicherlich nicht unabhängig, z. B. kann ein Vorgesetzter O seinen Mitarbeiter P gleichzeitig aufgrund folgender Machtmittel beeinflussen, ohne dass diese Mittel in der direkten Interaktion sichtbar werden: Belohnungsmacht, Zwangsmacht, legitime Macht, Informationsmacht. Um diese Machtmittel einsetzen zu können, braucht er nur eine Anweisung zu geben. Die *Wirksamkeit* dieser Anweisung ist dabei abhängig von der *kognitiven* Repräsentation dieser Mittel bei O und P, d. h. Wissen um ihren Besitz und ihre Wirkung beim Einsatz der Mittel. Dazu muss O nicht wirklich Zwang ausüben usw. Es reicht, dass P weiß, O könnte Zwang ausüben usw. Außerdem geht es den beiden Autoren eher um ein Differenzierungsschema als um die Vorhersage ihres Effektes in einer konkreten Situation. Es wird vor allem eine Differenzierung der Machtmittel angestrebt.

Dieses Wissen um die Differenzierung der Machtmittel kann vom Machtausübenden genutzt werden, um gezielt seinen Einfluss geltend zu machen. Im wesentlichen wird dieser Aspekt hier betont.

Als nächstes kann man sich fragen, ob gewisse Kombinationen von Machtmitteln in enger kognitiver Verbindung stehen. Das ist eine empirische Frage über die Art der kognitiven Repräsentation. Hierzu haben Marwell & Schmitt (1967) eine Untersuchung durchgeführt, indem sie Vpn vier Situationen und 16 Machtmittel vorgegeben haben. Die Vpn hatten anzugeben, für wie wahrscheinlich sie den Einsatz unterschiedlicher Machtmittel in unterschiedlichen Situationen einschätzten. Analysiert wurden dann leider nur die Summenwerte über die vier Situationen. Als Ergebnis wird eine Faktorenanalyse von Machtmitteln berichtet. Der *erste* Faktor erfasst die *Belohungs-macht*, der *zweite* die *Zwangsmacht* und der *dritte* die *Expertenmacht*. Der *vierte* Faktor steht über die Belohnung von Gefühlen in enger Verbindung zur *Identifikationsmacht* und schließlich sind die moralischen Argumente des *fünften* Faktors auf die *Legitimation* abgestellt.

Bis auf die Informationsmacht, die auch nicht explizit im Reizmaterial vorhanden war, kann man davon ausgehen, dass die oben beschriebenen analytischen Einheiten mit empirischen Faktoren korrespondieren. Da aber eine oblique Faktoren-Rotation gewählt wurde, sind die empirischen Einheiten abhängig. Eine Faktorenanalyse zweiter Ordnung differenziert dann zwischen Belohnungs-, Experten- und Identifikations-macht einerseits und Zwangs- sowie Legitimationsmacht andererseits.[8]

Dabei zeigt eine attributionstheoretische Betrachtung aus der Sicht des Machtempf-fängers, dass Belohnungs- und Identifikationsmacht als internal und kontrollierbar be-trachtet wird; legitime, Experten- und Zwangsmacht dagegen als external und nicht kontrollierbar angegeben wird, wenn man diesen Einflüssen nachgibt (Rodrigues & Lloyd, 1998).

4.1.3 Ansätze sozialer Macht bezogen auf die Vorgehensweise

Wenn wir unsere Alltagsbeobachtungen heranziehen, so gibt es Menschen, die sich häufig so verhalten, dass sie sich oder ihre Meinung gegenüber anderen durchsetzen können. Die Frage ist dabei, wodurch ihr Verhaltensspektrum, das sie zeigen, charakte-risiert ist. Der Ausgangspunkt für eine *machiavellistische* Persönlichkeit, wie man solche Menschen bezeichnen kann, ist dabei folgender (Christie & Geis, 1970, S. 3f.):

1. Relativ geringe affektive Beteiligung bei interpersonellen Beziehungen, d.h. kaum Steuerung durch das affektive Subsystem.
2. Relativ geringe Bindung an Konventionen und Moral, d.h. großes Handlungsspek-trum in vielen Situationen.
3. Eine differenzierte Anpassung an die realen Gegebenheiten, d.h. Auswahl der Hand-lungen, die zum Erfolg führen, wobei diese Handlungsoptimierung nicht gezielt kog-nitiv gesteuert ist (Delia & O'Keefe, 1976).

Ausgehend von diesem Standpunkt fassen die Autoren nach mehreren empirischen Untersuchungen ihre Ergebnisse über machiavellistische Persönlichkeiten wie folgt zu-sammen (Christie & Geis, 1970, S. 350): «The high Mach's salient characteristic is vie-wed as coolness and detachment. In pursuit of largeley selfdefined goals, he disregards

---

8 Diese beiden Faktoren zweiter Ordnung differenzieren offensichtlich auch auf einer Ebene so-zialer Bewertung, wobei der erste Faktor positiv und der zweite negativ bewertete Machtmittel umfasst. Das hat natürlich auch Auswirkungen auf die Akzeptanz und den Widerstand solcher Einflussquellen (Buschmeier, 1995).

both his own and others' affective states and therefore attacks the problem with all the logical ability that he possesses. He reads the situation in terms of perceived possibilities and then proceeds to act on the basis of what action will lead to what results».

Die Auffälligkeit seines Verhaltens ist dabei so groß, dass er allein durch non-verbale Hinweisreize als machiavellistische Persönlichkeit identifizierbar ist (Cherulnik et al., 1981).

Eine solche Person ist weder machthungrig im Sinne des Machtmotivs, noch ist sie nur auf die Möglichkeit des Einsatzes von Machtmitteln konzentriert, sie *handelt* einfach in der Weise, dass es ihr zum Vorteil gereicht. Wichtig ist dabei das Ergebnis, dass hoch Machtmotivierte im Sinne Winters (1973) und hoch Machiavellistische in dem o.g. Gaunerspiel gut abschneiden, aber beide Messwerte nicht korrelieren. Danach ist es ein zu einfaches Modell, dass machiavellistische Personen auch notwendig machtmotiviert sind (Christie & Geis, 1970). Möglicherweise haben sich bei hoch machiavellistischen Persönlichkeiten gewisse Handlungsstrategien verselbständigt, die diese «quasi-automatisch» zeigen. Die Entstehung solcher Handlungsweisen ist weitgehend unbekannt.

Im deutschsprachigen Raum ist eine sorgfältige Konstruktion einer Machiavellismus-Skala vorgenommen worden (Henning & Six, 1977). Die Endform der Skala erfasst vor allem Items, die Handlungsstrategien beschreiben («Man sollte nur dann den wahren Grund seiner Absichten zeigen, wenn es einem nützt») und die unmoralische Haltung («Es ist nicht so wichtig, wie man gewinnt, sondern dass man gewinnt») charakterisieren. Durch letzteres wird das Handlungsspektrum (konative Subsystem) erweitert[9], sodass man eher zum Erfolg kommen kann. Welche Handlungen aber konkret ausgeführt werden, wird nicht erfasst, was auch bei der Vielzahl der Handlungsalternativen nicht möglich ist.

Nach dieser kurzen Darstellung dreier Schwerpunkte des Machtkonzeptes, die sich auf jeweils schwerpunktmäßig andere Subsysteme bezogen haben, kann man bereits die Unterschiedlichkeit beim theoretischen Ausgangspunkt erkennen.

4.2   Ansätze auf dem Mikrosystem-Niveau

Bei dem vorigen Abschnitt ging es um Macht, die von einem Individuum ohne Berücksichtigung anderer Personen ausging. Jetzt gehen wir davon aus, dass sich mehrere Personen in einer Kleingruppe (Mikrosystem) befinden und in dieser Gruppensituation Macht ausgeübt wird. Die Grundlage für das Ausüben der Macht kann nun wieder bei den verschiedenen Qualitäten der Subsysteme angesiedelt sein. Dabei ist wichtig, die gegenseitige Abhängigkeit der Mitglieder in einem Mikrosystem zu sehen.

---

9 Sicherlich ist es richtig, dass immer die drei Subsysteme: kognitiv, affektiv und konativ zusammenwirken, aber der Schwerpunkt der Erklärung ist unterschiedlich. Der Autor sieht wegen der Unabhängigkeit der Machtmotive und der geringeren kognitiven Komplexität bei hoch-machiavellistischen Persönlichkeiten den Schwerpunkt beim konativen Subsystem.

4.2.1 Sozial-emotionale Aspekte der Macht

Die besondere Bedeutung der positiven emotionalen Beziehungen zwischen Personen für die Einflussnahme ist aus der Erziehung und Therapie bekannt (z. B. Tausch & Tausch, 1997). Die experimentelle Variation der sozial-emotionalen Einflüsse bei Kleingruppen hat Brandstätter (1978) in einer Serie von Arbeiten untersucht. Zusammenfassend und teilweise verkürzend kann man festhalten, dass ein Partner, der freundlich ist und deshalb auch geschätzt wird, einflussreicher ist als ein neutrales oder abgelehntes Gruppenmitglied. Aus der Konformitätsforschung ist außerdem bekannt, dass die Konformitätstendenz mit der Kohäsion zwischen den Mitgliedern wächst (Witte, 1983).

Bezogen auf das Mikro-System Therapeut-Klient schreiben Grawe & Dziewas (1978, S. 45) im Rahmen ihrer *interaktionellen* Verhaltenstherapie bei der Analyse von Misserfolgen: «Das Vorhandensein einer guten Therapeut-Patient-Beziehung garantiert zwar noch keinen Therapieerfolg, aber ihr Fehlen macht ein Scheitern der Therapie sehr wahrscheinlich.»

Auf die Bedeutsamkeit dieser emotionalen Prozesse hat bereits Freud (1914) in seinem Konzept der Übertragung und Gegenübertragung hingewiesen. Seine Idee war, dass der Widerstand des Klienten gegen Einsicht und Veränderung nur auf diesem Wege der Übertragung überwunden werden kann, d. h. der Einfluss des Therapeuten auf den Klienten setzt die Bindung des Klienten zum Therapeuten voraus.

Die Theorie besagt dann in unserer allgemeinen Terminologie, dass das Empfinden einer Wertschätzung von Person O gegenüber einer anderen Person P die Grenzziehung gegenüber dieser verringert und folglich die Beeinflussungsmöglichkeit von P durch O zunimmt. Die enge affektive Bindung zwischen O und P, wobei die Wertschätzung auf Dauer gegenseitig sein muss (Gegenübertragung), ermöglicht erst die Bildung eines Mikrosystems, in dem dann auch Macht ausgeübt werden kann, z. B. in der Therapie. (In diesem Zusammenhang ist interessant, dass Lehrer, Psychologen und Geistliche, die rollenmäßig eine affektive Bindung zu anderen herstellen, im Vergleich zu Berufsgruppen wie Medizinern, Verwaltungsbeamten und Juristen eine *hohe* Machtmotivation aufweisen (Winter, 1973), die dann im Mikrosystem befriedigt werden kann, sofern es eine stärkere Abhängigkeit auf Seiten der Klienten gibt, die gleichzeitig aber auch sehr belastend ist.)

4.2.2 Macht durch Gestaltung der Mitteilung

Wenn Personen in einem Mikrosystem (z. B. einer experimentellen Kleingruppe) interagieren, so werden Informationen ausgetauscht. Aus einer machttheoretischen Perspektive heraus, kann man nun untersuchen, welche Eigenschaften diese Mitteilungen haben müssen, damit sie besonders wirksam sind (Hinsz, Tindale & Vollrath, 1997).

Im Rahmen der Erforschung des Polarisationseffektes in Kleingruppen hat sich zum einen herausgestellt, dass Argumente dann wirksam sind, wenn sie sich auf eine sozial akzeptierte Sichtweise stützen können (Witte, 1979; Witte & Lutz, 1982). Sie beinhalten weniger neue Perspektiven als vielmehr die Wiederholung bekannter Ansichten. Der Effekt aber ist eine Erhöhung der individuellen Sicherheit in die «richtige» Handlungsmöglichkeit (Veränderung der Stärke eines Standpunktes und *nicht* Veränderung des Standpunktes selber). Das Ergebnis ist schließlich eine Polarisation der Handlungsabsicht in Richtung auf den sozial erwünschten Pol hin. Hier üben die Gruppenmitglieder eigentlich gegenseitige Macht aus, indem sie sich gleichzeitig überzeugen und überzeugen lassen, was eine angemessene Handlungsabsicht ist. Ebenfalls nimmt die Referenzgruppe (ein Makrosystem) Einfluss auf die individuellen Standpunkte, indem in einem Mikrosystem entsprechend der sozialen Wertung der Referenzgruppe spezifische Mitteilungen ausgewählt werden, ein Hinweis auf die Verbindung der Systemumfänge.

Dieser Effekt größerer Konformität durch den Austausch sozial erwünschter Mitteilungen muss noch ergänzt werden durch einen Einfluss, der von einer abweichenden Minorität ausgeübt werden kann. Der entscheidende Punkt bei der Gestaltung der Mitteilungen scheint die Konsistenz zu sein, d. h. die Hervorhebung und die Wiederholung eines bestimmten inhaltlichen Aspektes in den Mitteilungen (Moscovici, 1979; Moscovici & Doise, 1994). In einem solchen Fall kann auch auf eine Majorität Macht ausgeübt werden, indem diese sich in Richtung der Minorität verändert (Witte, 1994a).

4.2.3 Beeinflussungstechnik

Wir haben bereits unter dem Machiavellismus-Konzept Verhaltensstile einer Person behandelt, die besonders wirksam bei der Durchsetzung ihrer Interessen sind. Betrachten wir nun die Beschreibung von Techniken, die sich auf die Interaktion zwischen mindestens zwei Personen beziehen.

Hierzu liegt ein Modell von Kelman (1961) vor. Dieser Ansatz geht davon aus, dass folgende drei Eigenschaften des Beeinflussers (O) bezogen auf die zu beeinflussenden Personen (P) günstig sind, damit er eine Veränderung erreichen kann:

1. Seine *Glaubwürdigkeit*, die eine andere Person (P) davon überzeugen kann, dass der vertretene Standpunkt von O der richtige ist. Den Prozess der Änderung auf dieser Voraussetzung bezeichnet Kelman als *Internalisation*.
2. Seine *Attraktivität*, die bewirkt, dass andere Personen ihm ähnlich sein wollen. Die Änderung wird dann durch *Identifikation* hervorgerufen.
3. Seine *Macht*, die ihm Mittel des Zwanges und der Belohnung in die Hand gibt, um bei P eine Änderung herbeizuführen. Dieser Änderungsvorgang beruht dann auf dem als *Nachgiebigkeit* bezeichneten Prozess.

Der hier behandelte Ansatz von Kelman (1961) ist deshalb dem konativen Subsystem des Mikrobereichs zugeordnet worden, weil diese Beeinflussungsformen als Effekt von Handlungsformen des Beeinflussers (O) auf den Beeinflussten (P) angesehen werden können. Will nun eine Person entsprechend Macht ausüben, so ist es förderlich, wenn sie eine differenzierte kognitive Struktur über die Machtmittel besitzt, sodass sich hier eine Verbindung zum Individualsystem mit seinem kognitiven Anteil ergeben sollte.

Dabei lassen sich die *Machtmittel* sensu French & Raven mit den Beeinflussungstechniken sensu Kelman in Beziehung setzen[10]:

Glaubwürdigkeit	Attraktivität	Macht
Expertenmacht	Identifikationsmacht	Macht durch Belohnung
Informationsmacht		Macht durch Zwang
		Legitime Macht

Aber nicht nur zum Ansatz von French & Raven aus dem Individualsystem-Niveau lässt sich eine Beziehung zu Kelman herstellen, auch das Verhaltensstilkonzept des Machiavellismus weist eine Verbindung zu Kelman auf.

So können z. B. hoch-machiavellistische Personen glaubwürdiger (Geis & Moon, 1981) erscheinen und werden attraktiver eingeschätzt (Cherulnik et al., 1981). Außerdem können sie Belohnungen und Bestrafungen gezielter einsetzen (Christie & Geis, 1970).

Wenn man die Handlungen im Mikrosystem – das Kelman-Modell – auch weiter als Integrationsquelle heranzieht, so wird in dem Bereich der sozio-emotionalen Aspekte im Mikro-Bereich wesentlich die Attraktivität zwischen Partnern zum Thema gemacht.

Schließlich ist die Gestaltung einer Mitteilung im Mikrosystem eine wesentliche Komponente der Glaubwürdigkeit.

Damit erweist sich das Modell von Kelman auf analytischer Ebene als ein integrierender Ansatz. Das ist auch nicht sehr verwunderlich, wenn man die Verbindung zu den Systemqualitäten herstellt und berücksichtigt, dass notwendigerweise Wechselwirkungen zwischen den Subsystemen und den beiden Systemumfängen bei konkreten Machthandlungen auftreten müssen:

Attraktivität von O bei P	→ affektives Subsystem als Schwerpunkt
Glaubwürdigkeit von O bei P	→ kognitives Subsystem als Schwerpunkt
Macht von O über P	→ konatives Subsystem als Schwerpunkt

Damit erweist sich der Ansatz von Kelman als ein integrierendes Konzept zwischen Individual- und Mikrosystem. Unberücksichtigt geblieben ist jedoch noch der Motiv-Ansatz, der nach unserer Terminologie dem affektiven Subsystem zugerechnet wird. Diese gefühlsmäßige Besetzung des Machtthemas kann nun dazu führen, dass diese Personen eine differenzierte kognitive Struktur über Machtmittel entwickeln und außerdem die entsprechenden Verhaltensweisen zeigen, die ihren Einfluss geltend machen können. Damit ist der Motiv-Ansatz im ursprünglichen Sinne den anderen Ansätzen vorgeordnet. Doch wäre das eine wenig systemische Anschauungsweise. Es besteht häufig auf empirischer Ebene eine Wechselwirkung zwischen den Subsystemen und den Systemumfängen. So scheint z. B. Macht im Sinne Kelmans auch zu erhöhter Machtmotivation

---

10 In beiden Fällen handelt es sich um eine analytische Differenzierung, die aber ihre enge Verbindung erkennen lässt.

zu führen, wie man dem Gefängnis-Experiment von Haney, Banks & Zimbardo (1973) entnehmen kann. Aber auch alle anderen Wechselwirkungen sind zu berücksichtigen. Jedoch bleibt auf der analytischen Ebene ein Motiv-Ansatz den übrigen Konzepten vorgeordnet, sodass ein direkter Übergang zwischen den beiden Systemumfängen nicht gegeben ist. Ein Motiv muss zuerst in kognitive und/oder konative Elemente transformiert werden, ehe es «Gestalt» annehmen kann. Nur in der Ausgestaltung ist dann ein Übergang zwischen den Systemumfängen möglich, sodass der Kelman-Ansatz nicht direkt den Motiv-Ansatz integrieren kann.

4.3   Ansätze auf dem Meso-System-Niveau

Häufig befinden wir uns in Situationen, in denen eine konkrete Interaktion eingebettet ist in einen größeren Zusammenhang, den man mit berücksichtigen muss. Der Umgang von Vorgesetzten und Mitarbeitern ist durch das Meso-System «Firma» mitgeprägt, wenn man an mehrere Abteilungen z. B. denkt. Auch die Interaktion von Eltern und Lehrern muss auf dem Hintergrund des Meso-Systems Schule gesehen werden. Wir werden uns jetzt diesen Ansätzen zuwenden, die die umgebende Institution mit thematisieren.

4.2.1   Die Theorie der Macht-Distanz-Reduktion

Dieser theoretische Ansatz ist von Mulder (1977) zusammenfassend dargestellt worden. Sein wesentlicher Hintergrund zur Behandlung dieses Themas ist ein motivationspsychologischer Ansatz (Streben nach Macht) in Verbindung mit der Idee, dass eine Person O in einer Hierarchie steht, die Personen mit mehr und mit weniger Macht als O umfasst. Deshalb ist dieses Konzept dem affektiven Subsystem und dem Meso-System-Umfang zugeordnet worden. Das theoretische Modell lässt sich auf 15 Postulate zurückführen (Mulder, 1977, S. 92f.):

1. Das bloße Ausüben von Macht gibt Befriedigung.
2. Die mächtigere Person bemüht sich um die Erhaltung oder Vergrößerung der Machtdistanz zur weniger mächtigen Person.
3. Je größer die Distanz zur weniger mächtigen Person ist, desto stärker ist das Bemühen um Vergrößerung der Distanz.
4. Personen bemühen sich, die Machtdistanz zwischen sich und den Mächtigeren zu reduzieren.
5. Je geringer die Distanz zur weniger mächtigen Person, desto größer die Tendenz, sie zu verkleinern.
6. Die Tendenz zur Reduktion der Machtdistanz tritt unabhängig von einer gerade erfahrenen Machtzunahme oder einer wohl verdienten Beförderung auf.
7. Die erwarteten Kosten steigen schneller als die realen Gewinne bei der Machtdistanz-Reduktion.
8. Die größere Beteiligung bei Entscheidungen reduziert nicht, sondern vergrößert eine große Macht-Distanz.

9. Die Machtausprägung, d. h. die Machtdistanz, ist entscheidender als die Form der Machtausübung (ihr angemessener oder unangemessener Gebrauch).
10. In Krisensituationen bedarf ein soziales System der Führerschaft, die mit großem Selbstvertrauen Macht ausüben kann.
11. Wenn Führer ihre Macht mit Stärke ausüben, werden diese mit großem Selbstvertrauen ausgestattet angesehen.
12. Personen mit großem Selbstvertrauen und hoher Machtmotivation zeigen eine größere Tendenz zur Machtdistanz-Reduktion.
13. Wenn Personen mit weniger Macht meinen, dass sie mehr Selbstvertrauen besitzen als der Mächtigere, dann zeigen sie eine starke Tendenz zur Machtdistanz-Reduktion.
14. Wenn eine Person in einer umgekehrten Y-Hierarchie steckt und sich in der Mitte zwischen den Mächtigen und Machtlosen glaubt, auch dann wird er eine Tendenz zur Machtdistanz-Reduktion zeigen.
15. Gleichstellung ist ein menschliches Bemühen, nicht nur auf die Machtdimension beschränkt: Individuen streben nach Gleichheit auch unabhängig von der Macht-Dimension: Sie neigen zu freundlichem oder aggressivem Verhalten entsprechend der Wahrnehmung.

Dieses Netzwerk von Hypothesen lässt sich teilweise über ein Konzept der Kontakttendenzen darstellen, wie es Schneider (1977, S. 68f.) vorgeschlagen hat.

Danach suchen wir Kontakt zu Personen mit größerer Macht und vermeiden den Kontakt zu Personen mit geringerer Macht. Die Motivation zur Kontaktaufnahme nimmt mit wachsender Machtkompetenz erst zu, um dann nach einem Maximum wieder abzunehmen, wenn man nur den Kontaktwunsch zu Personen mit höherer Macht betrachtet. Relativ gut bestätigt ist das Bemühen um Machtdistanzreduktion gegenüber mächtigen Personen, die gegenläufige Tendenz dagegen ist empirisch nicht ausreichend bestätigt.

Dieses Netzwerk von Hypothesen ist deshalb besprochen worden, weil teilweise überraschende Annahmen formuliert werden, die erst durch Beispiele und weitere Erläuterungen erkennbar werden. So ergibt sich z. B. aus den Hypothesen, dass Meso-Systeme nur dann stabil sind, wenn es eine feiner abgestufte Machtstruktur gibt, die das Auftreten von zwei Gruppen – Mächtige und Machtlose – verhindert. Ferner ist nach diesem Konzept damit zu rechnen, dass gerade bei zwei Personen mit ähnlicher Machtfülle in einer Organisation diejenige mit leicht geringer Macht besonders *stark* die Tendenz verfolgt, die Machtdistanz zu reduzieren. Sind dagegen die Unterschiede größer, so nimmt auch diese Tendenz zur Macht-Distanz-Reduktion ab. Zur empirischen Prüfung seines theoretischen Konzeptes legt Mulder (1977, p. 26–67) zahlreiche Ergebnisse aus Experimenten, Befragungen und Beobachtungen vor. Nachfolgende Experimente können die Vorhersagen teilweise bestätigen (Bruins & Wilke, 1992, 1993).

4.3.2   Intraorganisatorische Beeinflussungsmittel

Als nächstes wird wiederum die Frage nach den Beeinflussungsmitteln gestellt (Kipnis, Schmidt & Wilkenson, 1980) Dabei wird jetzt gezielt bezug genommen auf unterschiedliche *Positionen* (Vorgesetzte, Kollegen, Untergebene) und auf verschiedene *Ziele*, die man erreichen möchte: (1) Hilfe bei der eigene Arbeit, (2) Weitergabe von Arbeit, (3) Vergünstigungen erlangen, (4) die Leistungsqualität erhöhen, (5) Veränderungen herbeiführen. Die Studie ist so angelegt, dass sie die *Einschätzungen* der Machtmittel (kognitives Subsystem), aber nicht ihren konkreten Einsatz (konatives Subsystem) zum Gegenstand hat. Als Vpn haben 754 Manager teilgenommen, die durch Kurse im Management-Training an der Universität gewonnen wurden.

Die erste Problemstellung bezieht sich auf die Dimensionalität der Machtmittel insgesamt. Hierzu wird eine Faktorenanalyse pro Position und über alle Ziele gerechnet. Aus der *Gesamtanalyse* lassen sich vier Faktoren ermitteln, die allgemeine Vorstellungen über Machtmittel beschreiben:

1. *Assertiveness:* Forderungen stellen und Anordnungen geben
2. *Ingratiation:* Jemanden loben, jemanden als wichtig fühlen lassen
3. *Rationality:* Einen Plan erarbeiten, die Gründe erklären
4. *Sanctions:* Lohnerhöhungen vorenthalten, mit Entlassung drohen.

Zusätzlich zu diesen vier Faktoren lassen sich noch *drei* spezifische Fakten finden, die sich aus der Analyse von Vorstellungen über Machtmittel gegenüber *Vorgesetzten* ergeben:

5. *Exchange of benefits:* Einen Ausgleich anbieten, zusätzliche Leistungen anbieten.
6. *Umward Appeal:* Eine Bitte an höhere Positionen richten, informelle Unterstützung von höheren Stellen einholen.
7. *Blocking:* Arbeitstempo verringern, Mitarbeit verweigern.

Schließlich gibt es noch einen spezifischen Faktor bei der Anwendung von Machtmitteln gegenüber *Untergebenen:*

8. *Coalitions:* Die Unterstützung für Anforderungen bei Mitarbeitern suchen, Unterstützung bei anderen Untergebenen suchen.

Betrachtet man die ersten vier Faktoren unter dem Aspekt der Machtmittel von French & Raven (1968), so lässt sich der Faktor «Assertiveness» im Rahmen einer Organisation als legitime Macht, der Faktor «Ingratiation» als Identifikationsmacht, der Faktor «Rationality» als Macht durch Sachkenntnis und der Faktor «Sanctions» als Macht durch Zwang einordnen[11].

---

11 Bei dieser Parallelisierung wird bezug genommen auf den kognitiv repräsentierten abstrakten Ablauf in einer Organisation, bei dem formale Führer auch berechtigt sind, Forderungen zu stellen und Anordnungen zu geben. Der Effekt dieser Maßnahme ist aber von der konkreten Situation abhängig. Ferner ist bei dem Faktor «Ingratiation» bei weiterer Zerlegung auch eine Belohnungskomponente zu entdecken, aber die Strategie ist vorerst affektiv orientiert.

Betrachtet man nun auch noch die übrigen Faktoren unter der Perspektive der Machtmittel, so lassen sich folgende Beziehungen zur Belohnungsmacht, der Faktor «Upward Appeal» zur legitimen Macht, die man gegenüber seinem eigenen Vorgesetzten über die Mitwirkung höherer Positionen ausüben will, und der Faktor «Blocking» entspricht der Zwangsmacht gegenüber einem Vorgesetzten.

Schließlich erweist sich der Faktor «Coalitions als eine subtile Form der Zwangsmacht durch Erhöhung des Konformitätsdruckes. Bis auf die Informationsmacht, die nicht in den Items enthalten war, sind damit alle bekannten Machtmittel differenziert worden. Die spezifische *Form* der Machtmittel ergibt sich dabei aus dem Bereich, in dem sie eingesetzt werden sollen (Meso-System).

Eine wesentliche Erweiterung erfahren die bisher behandelten Ansätze dadurch, dass der Einsatz bestimmter Machtmittel in Beziehung zu konkreten Zielsetzungen *und* Positionen der beteiligten Personen betrachtet wird. Das Ergebnis lässt sich am besten in Tabelle 2 erkennen.

Das Ergebnis der Tabelle 3 entspricht der Erwartung: Man setzt Macht im Sinne von Kelman in direkter Form gegenüber Untergebenen ein, gegenüber Vorgesetzten aber vertraut man auf Glaubwürdigkeit («Rationality») oder indirekte Macht.[12] Mitarbeitern gegenüber vertraut man am ehesten auf die persönliche Beziehung (Ingratiation) hin.

Die sozialen Regeln für den Einsatz spezieller Machtmittel bestimmen die Häufigkeit und letztlich die Zulässigkeit ihres Einsatzes gegenüber den unterschiedlichen Positionen, wobei die Ausnahmen von den üblichen Machthandlungsmöglichkeiten durch die Ziele bestimmt werden, wie die Regressionsanalysen zur Erreichung spezieller Ziele gezeigt haben. (siehe Tab. 2).

In dieser Tabelle sind diejenigen Machtmittel ausgeführt, deren eingeschätzte Auftretungshäufigkeit mit der Wichtigkeit der Zielerreichung korrelieren, d. h. je wichtiger die Ziele eingeschätzt werden, desto häufiger werden die spezifisch aufgeführten Machtmittel zu deren Erreichung eingesetzt. Die in der Tabelle 2 genannten Mittel ergeben sich bei einer stufenweisen Regressionsanalyse. Insgesamt liegen die Korrelationen um 0.35. Bei dieser Analyse wird die von den Managern eingeschätzte *Leistungsfähigkeit* der Machtmittel bei einem spezifischen Ziel gegenüber einer speziellen Position ermittelt. Man kann sich aber nun unabhängig von Zielen und deren Wichtigkeit fragen, welche Machtmittel gegenüber unterschiedlichen Positionen allgemein besonders häufig eingesetzt werden (siehe Tab. 3).

Die bisher geschilderten Ergebnisse beruhen auf empirischen Resultaten, ohne letztlich eine theoretische Aufarbeitung erfahren zu haben.

Wir werden jetzt versuchen, einige theoretische Aussagen zu dieser Arbeit zu formulieren und sie in Verbindung zu bringen zu dem Modell von Kelman. Ein wichtiger

---

12 Als indirekte Macht sollen hier die drei spezifischen Faktoren aus der Analyse der Machtmittel gegenüber Vorgesetzten bezeichnet werden: (1) Exchange of benefits, (2) Blocking und (3) Upward appeal. Bei den ersten beiden nutzt man die Abhängigkeit des Vorgesetzten vom Mitarbeiter aus und beim dritten die Abhängigkeit des Vorgesetzten von seinem eigenen Vorgesetzten. (s.a. Raven, 1992).

Tabelle 2: Der Einsatz von Machtmitteln für unterschiedliche Ziele bei verschiedenen Positionen.

Position	Ziele				
	Hilfe bei der eigene-Arbeit	Weitergabe von Arbeit	Vergünstigungen erlangen	Leistungsqualität erhöhen	Veränderungen herbeiführen
Vorgesetzter	Ingratiation	Assertiveness	Exchange of benefits Ingratiation	Assertiveness Blocking Rationality	Rationality Coalition Ingratiation Exchange of benefits
Kollege	Ingratiation	Assertiveness	Exchange of benefits Blocking Ingratiation	Assertiveness Exchange of benefits Coalitions Rationality	Rationality Coalitions Exchange of benefits
Untergebener	Assertiveness Ingratiation	Assertiveness	Assertiveness Coalitions	Assertiveness Rationality	Assertiveness Rationality

Zusatz zu den üblichen Machtmitteln scheint die Vorstellung über den Einsatz von *indirekter* Macht zu sein, die vor allem dann möglich ist, wenn es eine Organisation (Meso-System) gibt, die unterschiedliche Hierarchiestufen aufweist. Diese Art von Machtmitteln sind «Upward Appeal», «Blocking» und «Exchange».

Die erste Form ist nur möglich, wenn der Vorgesetzte noch einen Vorgesetzten oder ähnliches besitzt. Das «Blocking» funktioniert bei Vorgesetzten (1) als indirekte Gegenmacht auf der Mikro-Ebene zwischen Vorgesetzten und Mitarbeitern und (2) wenn man damit rechnen kann, dass die Vorgesetzten eine negative Bewertung erfahren durch ihre eigenen Vorgesetzten, falls die Arbeitsqualität oder -quantität sinkt (Meso-System-Ebene). Beim Untergebenen wiederum ist dieses Machtmittel ebenfalls wirksam (siehe Tab. 3), weil Vorgesetzte Veränderungen im allgemeinen zustimmen müssen. Damit bedeutet «Blocking» nach oben, gegen Maßnahmen sich zur Wehr zu setzen, und «Blocking» nach unten, sich gegen Veränderungswünsche zur Wehr zu setzen. Man kann dann «Blocking» nach oben als indirekte Zwangsmacht und «Blocking» nach unten als indirekte legitime Macht kennzeichnen.

Schließlich ist bei «Exchange» das konkrete Angebot von Gegenleistungen daran gebunden, dass man selbst für den Vorgesetzten wertvolle Elemente besitzt. Ein solches Machtmittel ist bereits eine Handlungsform, die Machiavellisten gelernt haben einzusetzen, wie Christie & Geis (1970) beim «Gauner»-Spiel gefunden haben.

Diese indirekten Machtmittel kann man nun versuchen, wieder auf die Beeinflussungstechniken und Veränderungsprozesse sensu Kelman zu beziehen. Man könnte dann vermuten, dass durch den «Upward appeal» die legitime Macht wächst, d. h. der

Tabelle 3: Der Zusammenhang zwischen dem Einsatz von Macht-Mitteln und der Position des Partners beurteilt nach der Häufigkeit des Auftretens. Angegeben sind nur die signifikanten Unterschiede* in Form von verschiedenen Rangwerten.

Machtmittel	Position des Partners		
	Untergebener	Mitarbeiter	Vorgesetzter
Ingratiation	1	1	2
Rationality	2	2	1
Assertiveness	1	2	3
Sanctions	1	2	2
Exchange	2	2	1
Upward appeal	2	2	1
Blocking	1	2	1
Coalitions	keine Unterschiede		

* Die Zahlen geben die Reihenfolge in der Häufigkeit pro Zeile an. Geringere Rangplätze bedeuten signifikant größere Häufigkeit.

eigene Vorgesetzte wird durch Macht von oben im eigenen Sinne beeinflusst. «Blocking» nach unten und oben ist Zwangsmacht bzw. legitime Macht und damit auch Macht im Sinne Kelmans.

Bei der «Exchange»-Bedingung haben wir eine Machtform, bei der Belohnungen eingesetzt werden, also Belohnungsmacht im Sinne von French & Raven, die ebenfalls dem Macht-Konzept von Kelman unterzuordnen ist (s.o.).

Bisher unberücksichtigt geblieben ist die Koalisationsbildung («Coalitions»), weil sie nicht zwischen den Positionen (nach den Vorstellungen der Manager) unterschiedlich häufig eingesetzt worden ist (siehe Tab. 3). Trotzdem darf man diese wichtige indirekte Machtform nicht unberücksichtigt lassen. Sie geht eigentlich über die bisher besprochenen Formen hinaus, indem Zwang durch Anzahl erzeugt wird. Man sucht also die Hilfe bei anderen Personen, um einen Einfluss ausüben zu können. Man bildet also ein Mikrosystem, das als Einheit diese Macht einsetzt.

Diese eben als *indirekte* Machtfaktoren bezeichneten Aspekte sind auch bereits in der Faktorenanalyse nur unter spezifischen Positionen hervorgetreten. Diese eher indirekte Form der Macht wird erst sichtbar, wenn man besondere Bedingungen genauer (getrennte Faktorenanalyse für Vorgesetzte bzw. Untergebene) betrachtet. Der nächste Schritt bei der Herstellung einer Verbindung kann nur darin bestehen, Parallelen zwischen French & Raven; Kelman sowie Kipnis et al. zu spezifizieren.

Neben dieser *strukturellen* Verbindung zwischen den drei Ansätzen scheint es ebenfalls sinnvoll, Postulate über *funktionale* Beziehungen zwischen dem Einsatz von Machtmitteln und dem verfolgten Ziel aufzustellen. Diese Überlegungen sollen in Anlehnung an Tabelle 2 ausgeführt werden.

Für die Ausübung von Macht in Organisationen (Meso-Systeme) lässt sich folgendes theoretische Konzept anhand von Postulaten formulieren:

Tabelle 4: Die Verbindung zwischen den Machtmitteln von French & Raven mit den Faktoren von Kipnis et al. auf der Basis des erweiterten Schemas von Kelman.

Glaubwürdigkeit (Internalisation)	Attraktivität (Identifikation)	direkte Macht (Nachgiebigkeit)	indirekte Macht (Nachgiebigkeit)
Rationality (Expertenmacht)	Ingratiation (Identifikations-macht)	Assertiveness (legitime Macht) (Belohnungs-macht)*	Upward appeal (indirekte legitime Macht) Exchange of benefits (indirekte Beloh-nungsmacht)
		Sanctions (Zwangsmacht)	Blocking (indirekte Zwangsmacht) Coalitions (indirekte Zwangsmacht)

* Die bei Kipnis et al. (1980) gefundenen Faktoren haben als Belohungsmacht eher die sozial-affektive Komponente hervortreten lassen. Formen direkter Belohung durch Geld, Freizeit oder konkrete Privilegien (variabler Arbeitsbeginn) bleiben unerwähnt. Aus analytischen Gründen ist hier eine Ergänzung vorzunehmen.

1. Wenn man ein Ziel verfolgt, bei dem man auf das Wohlwollen von anderen Personen angewiesen ist (Hilfe bei der eigenen Arbeit), dann setzt man als Machtmittel – unabhängig von der Position des Helfenden – eine affektive Strategie ein (Ingratiation). Bei Untergebenen verwendet man zusätzlich noch direkte legitime Macht, aber auch gekoppelt mit einer emotional positiven Zuwendung.
2. Wenn man ein Ziel verfolgt, zu dem man berechtigt scheint (Weitergabe von Arbeit), dann wird unabhängig von der Position diese Berechtigung (legitime Macht – assertiveness) entsprechend eingesetzt.
3. Wenn man ein Ziel verfolgt, das einem Vorteile bringen soll (Vergünstigungen erlangen), dann kombiniert man bei Vorgesetzten emotionale und indirekte Mittel (Ingratiation und Exchange of benefits), bei Kollegen zusätzlich noch indirekte Zwangsmacht (Blocking). Nur bei Untergebenen verzichtet man auf den emotionalen Anteil und zieht sich auf die legitime Stellung sowie Zwangsmacht durch Anzahl (Coalitions) zurück.
4. Wenn ein Ziel verfolgt wird, das dem gesamten Meso-System zugute kommt, dann wendet man – unabhängig von der Position – Überzeugungskraft durch rationale Argumente (Rationality) und seine erreichte Position (Assertiveness) an. Bei Vorgesetzten kommt noch indirekte Zwangsmacht (Blocking) hinzu. Bei Kollegen wird die indirekte Zwangsmacht ersetzt durch indirekte Belohnungsmacht und eine andere Form der indirekten Zwangsmacht (Coalitions). Bei Untergebenen verzichtet man gänzlich auf indirekte Methoden und emotionale Anteile.
5. Wenn man ein Ziel verfolgt, das eine größere Umstrukturierung des Meso-Systems

bedeutet (Veränderungen herbeiführen), dann setzt man generell eine kognitive Strategie ein (Rationality). Bei Vorgesetzten ist man vorsichtig und wendet direkt emotionale Einflüsse (Ingratiation) sowie indirekte Methoden an (Coalition, Exchange of benefits). Bei Kollegen verzichtet man auf den emotionalen Anteil und bei Untergebenen wird wieder mit den klassischen Mitteln vorgegangen (Assertiveness, Rationality).

Nach diesen Postulaten und den Ergebnissen in der Tabelle 2 sind die Strategien – abhängig von der Zielverfolgung – unterschiedlich komplex. Besonders einfach macht man es sich generell gegenüber Untergebenen, zumindest in den *Vorstellungen* der Manager. Dass hier aber auch Verbindungen zum *Handeln* herzustellen sind, zeigt die Führungsforschung mit ihrer Analyse konkreter Verhaltensweisen.

4.3.3 Führungsverhalten

Ein Hauptforschungsgebiet zur Erfassung von Macht im Meso-System ist die Führungsforschung. Detaillierter kann sie an anderer Stelle (in diesem Band) nachgelesen werden. Ein komplexes Model zum Verständnis der unterschiedlichen Aspekte der Führung hat Barrow (1980) vorgelegt. Wir konzentrieren uns dabei auf die Führerverhaltens-Kategorien und vernachlässigen die anderen wesentlichen Aspekte der Führung. Das Ergebnis ist eine dreikategoriale Struktur:

1. *sachaufgabenorientiertes Verhalten*: spezifische Aufgaben zuweisen, Mitarbeiter instruieren, wie sie ihre Aufgaben erledigen sollen.
2. *autokratisch-restriktives Verhalten*: strenge Kontrolle, Mitarbeiter bestrafen.
3. *Mitarbeiter-orientiertes Verhalten*: belobigen, wertvolle Vorschläge der Mitarbeiter berücksichtigen, Informationen über arbeitsbezogene Probleme geben.

Versucht man, auch hier wieder die nach Tabelle 4 hergestellte Struktur als Integrationsklammer heranzuziehen, so ist die *Sachaufgabenorientierung* mit der *Glaubwürdigkeit* und dem *Prozess der Überzeugung* inhaltlich zu verbinden. Wichtig ist, dass man die Einbettung dieser Verhaltensweisen in Meso-System berücksichtigt, um die allgemeine Formulierung von Kelman mit dem konkreten Führungsverhalten zu sehen.

Als nächstes kann man eine inhaltliche Beziehung zwischen dem *autokratisch-restriktiven Verhalten* und der *Kelmanschen Macht* herstellen, die auf *Nachgiebigkeit* basiert.

Schließlich kann man das *mitarbeiter-orientierte Verhalten* mit der *Attraktivität und dem Identifikationsprozess* in Beziehung setzen.

Man erkennt an der Bildung dieser Parallelen, dass die Verbindungen zu den Beeinflussungstechniken recht groß sind. Folglich ist aus der Perspektive des konativen Subsystems – eingebettet in ein Meso-System – keine prinzipielle neue Sicht hinzugekommen. Obwohl man nach der obigen Studie von Kipnis et al. (1980) davon ausgehen kann, dass auch Formen der indirekten Macht eine Rolle spielen, werden sie als Führungsverhalten nicht diskutiert (siehe aber Jesuino, 1996, mit einer allgemeinen Diskussion).

4.4   Ansätze auf dem Makro-System-Niveau

Im Bereich des Umfanges von Systemen werden wir jetzt zu der Gesamtgesellschaft als dem größten Makro-System in einem Staat übergehen.

4.4.1   Die motivationale Basis für Kriege

Eine der offensichtlichsten Formen der Machtausübung von Gesellschaften besteht darin, Kriege zu führen. Aus diesem Grunde hat McClelland (1961, 1975) versucht, diese in der Geschichte klar definierten Handlungen aus Motivkonstellationen zu erklären. Die Indizes für die Motive erhält er aus zeitgenössischen Texten von großer Verbreitung, z. B. Kinderlesebücher, Romane, Kirchenlieder usw. Er misst mit speziellen inhaltsanalytischen Methoden das Machtmotiv, das Anschlussmotiv und das Leistungsmotiv zu einem bestimmten Zeitpunkt. Wenn nun das Machtmotiv stärker ausgeprägt ist als das Anschlussmotiv, dann wird in dem darauf folgenden Zeitraum eine kriegerische Auseinandersetzung wahrscheinlich, wie McClelland (1975, S. 336) an der amerikanischen Geschichte zu zeigen versucht hat.

Das Leistungsmotiv spielt für diesen Zusammenhang nur eine indirekte Rolle. Die Überlegung ist dabei folgende:

a. Wenn sich ein hohes Leistungsmotiv in einer Gesellschaft entwickelt, dann wächst ihre wirtschaftliche Stärke.
b. Wenn die wirtschaftliche Stärke wächst, dann nimmt das Machtmotiv zu.
c. Wenn das Machtmotiv zunimmt, gibt es einen Konflikt mit dem Anschlussmotiv.
d. Wenn beide Motive gleich stark sind, dann ist der Zustand instabil.
e. Wenn der Zustand instabil ist, dann folgt meist zuerst eine Abnahme des Anschlussmotivs.
f. Wenn das Machtmotiv größer ist als das Anschlussmotiv, dann gibt es kriegerische Auseinandersetzungen.
g. Wenn die kriegerischen Auseinandersetzungen beendet sind, dann nimmt das Anschlussmotiv schneller zu, weil auch die wirtschaftliche Lage schlecht und man auf den anderen angewiesen ist.

Bleibt nun das Leistungsmotiv hoch oder wird entsprechend aufgebaut, dann beginnt der Zyklus von vorn. Der hier von McClelland unternommene Versuch, die affektive Seite einer vorherrschenden Ideologie der Macht zu erfassen, ist sehr verdienstvoll. Die empirische Stützung der Theorie wurde durch mehrere Untersuchungen vorgenommen und zeigte eine Bestätigung der Theorie (Winter, 1993).

4.4.2   Die Kommunikationstheorie der Macht

Wir konzentrieren uns bei diesem Ansatz, der die kognitive Seite des Makrosystems erfassen soll, auf die Arbeit von Luhmann (1975) zur Macht. Hier kann nicht auf seine Gesellschaftstheorie eingegangen werden, die einige interessante Überlegungen beinhaltet (Luhmann, 1974, 1971). Komplexe Gesellschaften müssen das Problem ihrer

Ausdifferenzierung lösen und benötigen deshalb Möglichkeiten, um die Variation von Handlungen einzuschränken. Diese Beschränkung im Handlungsspielraum ist nicht mehr an Personen gebunden, sondern in einem gesellschaftlichen Sinne an Symbole. Solche Symbole sind z. B. das Alter, das Geschlecht, die Berufsstellung, der Besitz usw. Nimmt man das Alter, so sind gewisse Handlungen von Kindern gegenüber Erwachsenen unangemessen, die Erwachsene untereinander aber zeigen können. Ebenso haben solche Symbole die Wirkung, dass man z. B. nur jemandem vertraut, der bereits ein gewisses Mindestalter erreicht hat. Ein Beispiel ist die Erwartung an einen Psychotherapeuten, der ein gut ausgebildeter Experte mittleren Alters sein soll (Witte, 1982). Man akzeptiert also eine Person, die eine gewisse Macht auf einen ausüben kann, wenn sie gewisse Merkmale besitzt.

Dabei ist das Alter nicht etwa ein einseitiges Symbol der Macht. So können Kinder Handlungen zeigen, die nicht mit derselben Konsequenz geahndet werden wie bei Erwachsenen, wenn man z. B. die Rechtsprechung betrachtet. Macht, die als Einschränkung des Handlungsspektrums bestimmter Personengruppen dient, ist danach an Symbole gebunden, die interpretiert werden müssen. Diese Interpretationsleistungen der Symbole durch die Mitglieder der Gesellschaft sind von dem sozial vermittelten Bedeutungsgehalt abhängig, der kulturspezifisch ist.

Luhmann selbst beschränkt sich dabei als Grundlage für Macht auf die Zwangsmacht mit ihren negativen Sanktionen. Das ist sicherlich zu wenig differenziert. Trotz dieser Einseitigkeit aber bleibt die Idee der symbolisch in der Gesellschaft repräsentierten Macht (kognitives Subsystem) eine wichtige und nicht immer durchschaubare Form de Einflusses auf das Handlungsspektrum auch über die Zwangsmacht hinaus. Eine umfassendere Theorie der Macht liegt damit nicht vor. Sie wird von Luhmann nur soweit ausgebaut, wie sie für seine Gesellschaftstheorie nützlich ist. Eine gewisse Erweiterung in Richtung auf eine systemtheoretische Steuerungstheorie nimmt Willke (1995) vor. Er unterscheidet Macht im engeren Sinne, Geld und Wissen als Steuerungsmedien.

4.4.3 Typen gesellschaftlichen Einflusses

An dieser Stelle werden wir uns mit den Einflusshandlungen beschäftigen, wie sie von Parsons (1963) differenziert wurden. Auch bei diesem Autor liegt eine Gesellschaftstheorie zugrunde, auf deren Hintergrund das Thema Macht behandelt wird (Parsons, 1951)[13]. Konzentrieren wir uns nur auf das konative Subsystem mit seinem Handlungsspielraum, so formuliert Parsons (1963) vier Typen, durch die gesellschaftliche Macht ausgeübt wird über allgemeine Rollenträger:

1. *Der politische Einfluss*: Wird vor allem durch Informationen ausgeübt. Kann aber auch durch Handlungsformen der Verführung, Drohung oder Verpflichtung herbeigeführt werden.

---

13 Die Beschränkung auf Parsons (1963) geschieht deshalb, weil hier gezielt Einflussmechanismen behandelt werden, die dem konativen Subsystem zuzuordnen sind.

2. *Der Einfluss durch Appell an unterschiedliche Loyalitäten*: Hier werden Verpflichtungen von Personen und den Einfluss unterstützende Normen eingesetzt.
3. *Der Einfluss durch Verfügungsgewalt*: Diese Beeinflussungsform ist abhängig von den Ressourcen, über die man verfügt. Dabei basiert der Einfluss auch auf Normen und der Mithilfe anderer Personen. Die Einflussmöglichkeiten eines Aufsichtsratsvorsitzenden als Funktionsträger ergeben sich aus rechtlichen, personellen und finanziellen Ressourcen.
4. *Der Einfluss hinsichtlich der Interpretation von Normen*: Hierbei kann man allgemein anerkannte Normen einer Gesellschaft für seine Ziele einsetzen.

Auch diese vier Einflusstypen kann man mit denen von Kelman in Verbindung bringen:

a. Der politische Einfluss lässt sich auf die Glaubwürdigkeit beziehen,
b. der Loyalitätseinfluss hat eine affektive Komponente und ist deshalb mit der Attraktivität zu verknüpfen.
c. Schließlich ist die Verfügungsgewalt dem Kelmanschen Macht-Faktor sehr ähnlich.

Jetzt bleibt noch der Normen-Einfluss. Hierbei handelt es sich um indirekte Macht, wie wir es bereits diskutiert haben, wo man nicht selbst auf jemanden einwirkt, sondern eine allgemein akzeptierte Norm bei der Beeinflussung wirksam wird. Der angenommene Prozess der Umsetzung ist nach Kelman die Nachgiebigkeit.

Bei diesen vier Typen geht es nicht um konkrete Personen, die Einfluss ausüben, sondern um Rollenträger, die eine Funktion innerhalb der Gesellschaft erfüllen. Folglich darf man das Mikro-Niveau bei Kelman nicht mit dem Makro-Niveau bei Parsons verwechseln, was die konkreten Prozesse angeht. Aber die Ähnlichkeit zwischen den beiden Ansätzen unter Berücksichtigung des unterschiedlichen Abstraktionsniveaus sind überraschend.

5 Ein Versuch der integrativen Betrachtung

Wenn wir von einem globalen systemischen Ansatz bei der Integration ausgehen, dann beinhaltet «Macht» zweierlei: (a) die Abgrenzung gegenüber der Einflussnahme eines anderen Systems (Abwehr des Einflusses) *und* (b) der bewusste Versuch, das andere System unter den Einfluss eigener Steuerungsziele zu bringen.

Auf dem Niveau des *Individualsystems* gibt es das Motiv zur Beeinflussung eines anderen Systems (Winter, 1973). Theoretisch verbirgt sich dahinter vor allem die Aussage, dass es interindividuelle Unterschiede gibt, Macht ausüben zu wollen (*wer*). *Wie* man nun Einfluss durchsetzen kann, wird durch die *Machtmittel* beschrieben. *Was* schließlich Personen tun, um andere unter ihr eigenes Handlungsziel zu subsumieren, wird durch das Machiavellismus-Konzept erfasst. Es beschreibt das Handlungsspektrum von Personen, die es gelernt haben, Macht auszuüben. Auch hier gibt es interindividuelle Unterschiede. Dabei zeichnen sich Machiavellisten durch den «geschickten» Einsatz der Machtmittel aus, der weder durch moralische Bewertung, noch durch gefühlsmäßige Bindungen behindert wird.

Auf dem Niveau des *Mikrosystems* kommen bereits über-individuelle Anteile zum Tragen.

Vergleicht man diese beiden Perspektiven, so steht beim Individualsystem-Niveau eine abstrakte Person im Vordergrund, dagegen führt beim Mikrosystem die Wechselbeziehung zwischen Personen zu anderen Betrachtungen. Das kognitive Subsystem repräsentiert nun nicht mehr Fähigkeiten allein, sondern den Austausch von Informationen in Gruppensituationen. Das affektive Subsystem erfasst jetzt nicht mehr nur Motive, sondern emotionale Beziehungen *zwischen* Personen.

Schließlich ist das konative Subsystem nicht mehr eine individuelle Disposition, sondern eine Beschreibung von Machthandlungen in Bezug auf andere Personen.

Die Verbindung zwischen diesen beiden Ansätzen wird durch die *individuellen* Kategorien des kognitiven Subsystems (French & Raven, 1968; Raven, 1992, 1993) auf der einen Seite und die Handlungsbeschreibungen (Kelman, 1961) auf der anderen hergestellt.

Das Ausüben von Macht in einem Mikrosystem hat Konsequenzen für das Weiterbestehen von Gruppen (Bales, 1970) oder z. B. für das Glück einer Paarbeziehung, weil das Mikrosystem sonst von den Gruppenmitgliedern aufgelöst wird. Der Aspekt der Macht ist insgesamt nur eine Determinante von vielen zur Erhaltung des Mikrosystems. Bei großer Komplexität scheint eine Ausgewogenheit der Machtverhältnisse für das Bestehen des Mikrosystems notwendig (Leavitt, 1951) zu sein. Daraus ergibt sich, dass sich die Eigenschaften von Individuen bei der Zusammenwirkung in einem Mikrosystem für das System positiv oder negativ auswirken können, abhängig von der Zielsetzung und der Kombination individueller Merkmale (Wilke, 1996).

Hier haben wir noch zusätzlich die Einbettung von Mikrosystemen in ein Mesosystem zu berücksichtigen. Das führt zu der Form der *indirekten Macht.*

Als nächste Stufe ist das *Meso-System-Niveau* zu betrachten.

Bei dem Übergang vom Meso- zum Makrosystem kommen in Zusammenhang mit dem kognitiven Subsystem weitere Möglichkeiten indirekter sozialer Macht bzw. Ohnmacht durch Symbole hinzu, die das Handlungsspektrum festlegen (Wottawa & Gluminski, 1995, S. 130ff).

Die hier zusammenfassend behandelten Konzepte der Macht lassen sich wie folgt integrieren:

Ausgangspunkt ist eine unterschiedlich komplexe Situation, die verschiedene Umfänge auf dem System-Niveau beschreibt. Diese Situation wird im kognitiven und affektiven Subsystem gespeichert und führt dann zu einem Handlungsspektrum, aus dem schließlich eine konkrete Handlung ausgewählt wird. Die ausgeführte Handlung selber erzeugt eine neue Situation, die dann wiederum kognitiv-affektiv beurteilt wird, sodass alle drei Subsysteme in Wechselwirkung stehen.

Insgesamt haben wir theoretische Ansätze wiedergegeben, die vor allem im strukturellen Bereich differenzieren, aber selten die Wechselwirkungen in ihren funktionellen Beziehungen erfassen.

6 Resümee

Die Darstellung der theoretischen Ansätze haben einerseits dazu geführt, gewisse Strukturen besser zu erkennen, andererseits aber sind wesentliche Momente notwendigerweise unbehandelt geblieben. So stellt sich die Frage, wie sehr erzeugt Machthandeln Abhängigkeit, und zwar bei demjenigen, der die Macht ausübt. So scheint Macht selbst zu korrumpieren, wie es in dem Gefängnis-Experiment von Zimbardo demonstriert worden ist (Haney et al., 1973). Ebenso werden Probleme des Widerstandes nicht berücksichtigt. Die theoretischen Ansätze wären sicherlich verschieden von den hier vorgetragenen, wenn man «Widerstandsforschung» betrieben hätte im Gegensatz zu Machtforschung.

Wenn Macht allgegenwärtig ist, dann stellt sich die Frage, wann Macht nicht ausgeübt wird, um überhaupt eine Abgrenzung zu finden. Hierzu muss man Machthandeln als gezielte und intendierte qualitative oder quantitative Veränderung eingrenzen, die auch als solche erkennbar ist. Das dann weitere Fähigkeiten voraussetzt. Nur unter dieser Eingrenzung ist Macht als empirisches Phänomen zu untersuchen. Ansonsten wäre Macht eine abstrakte analytische Kategorie, die ihre Bedeutung in den empirischen Sozialwissenschaften als empirische Größe verliert, weil sie nicht von anderen Prozessen isolierbar ist, aber eine wichtige meta-theoretische Perspektive darstellt. Eine ähnliche Vorstellung hat bereits Russell (1938) entwickelt, der das Machtkonzept aus den Sozialwissenschaften mit dem Energie-Konzept der klassischen Physik vergleicht.

Literatur

Bales, R. F.: *Personality and interpersonal behavior*. New York: Holt 1970.

Barrow, J. C.: *Basale Aspekte partizipativer Führung*. In: Grundwald, W., Lilge, H.-G.(Hrsg.); *Partizipative Führung*. Bern: Haupt 1980.

Boulding, K.: *Three faces of power*. Newbury: Sage, 1989

Brandstädter, J.: *Apriorische Elemente in psychologischen Forschungsprogrammen*. Zeitschrift für Sozialpsychologie, 1982, *13*, 267–277

Brandstätter, H.: *Social emotions in discussion groups*. In: Brandstätter, H.: Davis, J. H., Schuler, H. (Ed.): *Dynamics of Group Decisions*. Beverly Hills: Sage 1978.

Bruins, J. J. & Wilke, H. A. M.: *Cognitions and behavior in a hierarchy: Mulder's power theory revisited*. European Journal of Social Psychology, 1992, *22*, 21–39

Bruins, J. J. & Wilke, H. A. M.: *Upward power tendencis in a hierarchy: Power distance theory versus bureaucratic rule*. European Journal of Social Psychology, 1993, *23*, 239–254.

Buschmeier, U.: *Macht und Einfluss in Organisationen*. Göttingen: Cuviller, 1995.

Cherulnik, P. D. et al: *Impressions of high and low Machiavellian men*. Journal of Personality, 1981, *49*, 388–400.

Christie, R., Geis, F. L. (Eds.): *Studies in Machiavellism*. New York: Academic Press 1970.

Crott, H.: *Soziale Interaktion und Gruppenprozesse*. Stuttgart: Kohlhammer 1979.

Dahl, P. A.: *The concepts of power*. Behavioral Science, 1957, *2*, 201–215.

Delia, J., O'Keefe, B. J.: *The interpersonal constructs of Machiavellism*. British Journal of Social and Clinical Psychology, 1976, *15*, 435–436.

Donley, R. E., Winter, D. G.: *Measuring the motives of public officials at a distance: An exploratory study of American presidents*. Behavioral Science, 1970, *15*, 227–236.

French, J. R. P., Raven, B.: *The bases of social power*. In: Cartwright, D., Zander, A. Group Dynamics. New York: Harper & Row 1968.

Freud, S.: *Zur Geschichte der psychoanalytischen Bewegung*. G. W. Bd. 10. 1914.

Frey, D. & Schulz-Hardt, S.: *Extension: Ein Modell zur Erklärung und Vorhersage* der Ausdehnungsbestrebungen von Individuen, Gruppen und größeren sozialen Systemen. Bericht über den 41. Kongress der DGfPs (s. 216–228) Lengerich: Pabst, 1999.

Geis, F. L., Moon, T. H.: *Machiavellianism and Deception*. Journal of Personality and Social Psychology, 1981, *41*, 766–775.

Grawe; K., Dziewas, H.: *Interaktionelle Verhaltenstherapie*. In: DGVT (Hrsg.) Fortschritte in der Verhaltenstherapie. Kongressbericht Berlin 1977, Sonderheft 1 (1978).

Haney, C., Banks, C., Zimbardo, P. G.: *Interpersonal dynamics in a simulated prison*. International Journal of Criminology and Penelogy, 1973, *1*, 69–97.

Heckhausen, H.: *Motivation und Handeln*. Berlin: Springer 1989.

Henderson, A. H.: *Social Power: Social psychological models and theories*. New York: Praeger 1981.

Henning, H. J., Six, B.: *Konstruktion einer Machiavellismus-Skala*. Zeitschrift für Sozialpsychologie, 1977, *8*, 185–198.

Holm, K.: *Zum Begriff der Macht*. Kölner Zeitschrift für Soziologie und Sozialpsychologie, 1961, *21*, 269–288.

Kelman, H. C.: *Processes of opinion change*. Public opinion quaterly, 1961, *25*, 57–78.

Kipnis, D., Schmidt, S. M., Wilkenson, J.: *Intraorganizational influence tactics: Explorations in getting one's way*. Journal of Applied Psychology, 1980, *65*, 440–452.

Leavitt, H. J.; *Some effects of certain communication pattern on group performance*. Journal of abnormal and social psychology, 1951, *46*, 38–50.

Lonner, W. J.: *The search for psychological universals*. In: Triandis, H. C., Lambert; W. W. (Eds.), Handbook of Cross-Cultural Psychology. Vol. 1. Boston: Allyn & Bacon 1980.

Luhmann, N.: *Moderne Systemtheorien als Form gesamtgesellschaftlicher Analyse*. In: Habermas, J., Luhmann, N. *Theorie der Gesellschaft oder Sozialtechnologie*. Frankfurt/M.: Suhrkamp 1971.

Luhmann, N.: *Soziologische Aufklärung 1*. Opladen: Westdeutscher Verlag, 1974.

Luhmann, N.: *Macht*. Stuttgart: Enke 1975.

Marwell, G., Schmitt, D. R.: *Dimensions of compliance-gaining behavior: an empirical analysis,*. Sociometry, 1968, *31*, 350–364.

McClelland, D.: *The achieving society*. Princeton: Van Nostrand 1961.

McClelland, D. C.: *Power*. New York: Irvington 1975. Deutsch: Macht als Motiv. Stuttgart: Klett-Cotta 1978.

Moscovici, S.: *Sozialer Wandel durch Minoritäten*. München: Urban & Schwarzenberg 1979.

Mulder, M.: *The daily power game*. Leiden: Stenfert Kroeze 1977.

NG, S. H.: *The social psychology of power*. London: Academic Press 1980.

Parson, T.: *The social system*. Glencoe: Free Press 1951.

Parson, T.: *On the concept of influence*. Public Opinion Quaterkym 1963, *27*, 37–62.

Raven, B. H.: *A power/interaction model of interpersonal influence: French and Raven thirty years later*. Journal of social Behavior and Personality, 1992, *7*, 217–244.

Raven, B. H.: *The bases of power: Origins and recent developments*. Journal of Social Issues, 1993, *49*, 227–251.

Raven, B. H., Kruglanski, A. W.: *Conflict and power*. In: Swingle, P. (Ed.) The structure of conflict. New York: Academic Press 1970.

Russell, B.: *Power*. London: Allen & Unzin 1938.

Sandner, K.: *Prozesse der Macht*. Berlin: Springer, 1990.

Schnackers, U., Kleinbeck, U.: *Machtmotiv und machtthematisches Verhalten in einem Verhandlungsspiel*. Archiv für Psychologie, 1975, *127*, 300–319.

Schneider, H.-D.: *Sozialpsychologie der Machtbeziehungen*. Stuttgart: Enke 1977.

Scholl; W.: *Soziale Interaktion – Ein interdisziplinärer Bezugsrahmen.* Göttingen: 20. Bericht aus dem Institut für Wirtschafts- und Sozialpsychologie, 1991.

Schopler, J.: *Social Power.* In: Berkowitz, L. (ed.) Advances in experimental Social Psychology, 1965, Vol. 2.

Stroebe, W.: *Grundlagen der Sozialpsychologie I.* Stuttgart: Klett 1980.

Tausch, R., Tausch, A.-M.: *Gesprächspsychotherapie.* Göttingen: Hogrefe 19797.

Veroff, J.: *Development and validation of a projective measure of power motivation.* Journal of abnormal and social psychology, 1957, *54*, 1–8.

Weber, M.: *Wirtschaft und Gesellschaft.* Tübingen: Mohr, 1956

Wilke, H. A. M.: *Status congruence in small groups.* In: Witte, E.H. & Davis, J.H. (Eds.). Understanding groups behavior. Small group processes and interpersonal relations. Makulah: Erlbaum, 1996.

Willke, H.: *Systemtheorie III: Steuerungstheorie.* Stuttgart: Fischer, 1995.

Wilson, E. O.: *Sociobiology.* Cambridge, Mass.: Belknap Press 1975.

Winter, D.G.: *The power motive.* New York: The Free Press 1973.

Winter, D. G.: *Power, affiliation, and war: Three tests of a motivational model.* Journal of Personality and Social Psychology, 1993, *65*, 5532–545.

Witte, E. H.: *Zur Integration psychotherapeutischer Maßnahmen auf der Basis sozialpsychologischer Konzepte.* Integrative Therapie, 1980, *6*, 281–301.

Witte, E. H.: *Sozialpsychologische Grundlagen der Psychotherapie.* In: Bastine, R. et al. (Hrsg.) Grundbegriffe der Psychotherapie. Weinheim: Edition Psychologie 1982.

Witte, E. H.: *Konformität.* In: Frey, D., Greif, S. (Hrsg.) Schlüsselbegriffe der Sozialpsychologie. München: Urban & Schwarzenberg,1983.

Witte, E. H.: *Minority influences and innovations: The Search for an integrated explanation of psychological and sociological models.* In: Moscovici, S., Muchi-Faina, A., Maass, A. (Eds.) Minority influence. Chicago: Nelson-Hall (1994, a).

Witte, E. H.: *Lehrbuch Sozialpsychologie.* Weinheim: PVU (1994).

Witte, E. H. & Lehmann, W.: *Ein Funktionsmodell von Ehe und Partnerschaft, Gruppendynamik,* 1992, *23*, 59–76.

Witte, E. H., Lutz, D. H.: *Choiceshift as a cognitive change?* In: Brandstätter, H. et al. Group-Decision-Making. London: Academic Press 1982.

Wottawa, H. & Gluminiski, I.: *Psychologische Theorien für Unternehmen.* Göttingen: Verlag für Angewandte Psychologie, 1995.

Zegler, J.: *Konzepte zur Messung der Macht.* Berlin: Duncker & Humblot, 1975.

Bindungstheorie und Bindungsforschung

Fabienne Becker-Stoll und Klaus E. Grossmann

1   Einleitung

Während sich die Sozialpsychologie in ihren verschiedenen Theorien mit dem Erleben und Handeln von Individuen im sozialen Kontext allgemein befasst (Fischer und Wiswede, 1997), versucht die Bindungstheorie, die menschliche Neigung, enge emotionale Beziehungen zu anderen zu entwickeln, in ein Konzept zu bringen und zu erklären, wie frühe Erfahrungen in den ersten Bindungsbeziehungen sich auf die weitere sozio-emotionale Anpassung im Lebenslauf auswirken (Grossmann & Grossmann, 1991). Im Unterschied zur Sozialpsychologie ist die Bindungstheorie in der Ethologie verankert, die sich mit der Frage befasst, welchen Nutzen bestimmte Verhaltenssysteme sowohl für die Anpassung des Individuums an seine Umwelt als auch für das Überleben der ganzen Art mit sich bringen. Zwei weitere Aspekte unterscheiden die Bindungstheorie ebenfalls von den meisten sozialpsychologischen Theorien: 1. Die Bindungstheorie ist eine entwicklungspsychologische Theorie, die den Entwicklungsverlauf von Geburt an über die gesamte Lebensspanne verfolgt, auch wenn der Hauptfokus zunächst auf der frühen Kindheit liegt. Auf diesem Hintergrund vertritt die Bindungsforschung einen qualitativen Ansatz längsschnittlicher Forschung, um prospektiv die Auswirkungen früher Erfahrungen auf die aktuelle psychische Gesundheit von Individuen zu erfassen. 2. Die Bindungsforschung ist eine differentielle Forschung, die sich mit der Entstehung und den Auswirkungen von qualitativen Unterschieden im sozialen Verhalten von Individuen beschäftigt.

Die Bindungstheorie wurde von anderen theoretischen Ansätzen wie z. B. der Entwicklungspsychopathologie (Rutter, 1990) aber auch von der Motivationstheorie von Ryan und Deci (Ryan, Kuhl & Deci, 1997; vgl. auch Bles in diesem Band) aufgegriffen. Bevor die Bindungstheorie mit anderen Theorien verglichen wird, sollen zunächst ihre Entstehung und ihre Grundzüge dargestellt werden.

Der englische Kinderpsychiater und Psychoanalytiker John Bowlby formulierte in den 60ger Jahren die Grundzüge der Bindungstheorie auf der Grundlage von Konzepten aus der Ethologie, Kybernetik und Psychoanalyse (Bowlby 1969, 1973, 1980, 1987, 1988). Als Kliniker beschäftigte er sich intensiv mit den Auswirkungen früher Eltern-Kind-Trennungen und mit der Besonderheit der Mutter-Kind-Beziehung. Bis zu dieser Zeit war das Verständnis von zwischenmenschlichen Beziehungen vor allem von der

Psychoanalyse und der Lernpsychologie geprägt. Beide Theorien sahen als Ursache für die Entstehung von engen zwischenmenschlichen Beziehungen primär die physiologische Bedürfnisbefriedigung des Säuglings wie Nahrung, Körperpflege usw. Die Beobachtungen des Psychoanalytikers und Kinderarztes Spitz zum Hospitalismus (Spitz, 1945) legten nahe, dass die Befriedigung körperlicher Bedürfnisse alleine für eine gesunde Entwicklung nicht ausreicht, sondern dass besondere psychologische Prozesse in der «Liebe» zwischen Mutter und Kind für die seelisch gesunde Entwicklung unerlässlich sind. Ethologen, wie beispielsweise Konrad Lorenz (1978), zeigten, dass es bei Tieren angeborene autonome Verhaltenssysteme gibt, die zu einer prägungsartigen Bindung zwischen Jungtier und Muttertier führen. Harlow (1961) wies nach, dass junge Rhesus-Affen eine weiche Mutterattrappe einer nahrungsgebenden Drahtattrappe vorziehen und in Gefahrensituationen, also gänzlich ohne Belohnung durch Nahrung, bei einer weichen «Mutter-Attrappe» Schutz suchen. Er spricht von einem primären «affectionate system». Bowlby griff diese neuen Erkenntnisse in seiner Bindungstheorie auf.

Die Grundgedanken der Bindungstheorie wurden von Mary Ainsworth, die drei Jahre lang Bowlbys Mitarbeiterin war, in die Forschung umgesetzt. Zunächst in Uganda (Ainsworth, 1967), später in Baltimore (Ainsworth, Blehar, Water & Wall, 1978), führten Ainsworth und ihre Mitarbeiterinnen gezielte Beobachtungen auf der Grundlage von Bowlbys theoretischen Vorstellungen durch. Die wichtigsten Arbeiten von Ainsworth betrafen die «Entwicklung der besonderen Beziehung zwischen Mutter und Kind» im ersten Lebensjahr (siehe Abschnitt 2.1). Eingang in die Entwicklungspsychologie fand die Bindungsforschung allerdings erst, als zur unabhängigen Überprüfung der Folgen unterschiedlicher Bindungsbeziehungen im ersten Lebensjahr für das Kind die «Fremde Situation» entwickelt wurde (Abschnitt 2.2). Dies hat in den vergangenen 30 Jahren zu zahlreichen empirischen Untersuchungen geführt. Bowlby bedauerte zunächst, dass die Bindungstheorie zwar von Entwicklungspsychologen aufgegriffen wurde (1988; 1995), nicht aber von Klinikern. Seine theoretischen Überlegungen enthalten wichtige Anweisungen für die klinische Umsetzung und Anwendung (1979, 1988). Das klinische Interesse an der Bindungstheorie und -forschung ist erst in den letzten Jahren angestiegen (z. B. Goldberg, Muir & Kerr, 1995; Journal of clinical & consulting psychology, 1996; Cassidy & Shaver, 1999; Strauß, Buchheim, Kächele, im Druck).

Bindungstheorie und Bindungsforschung lassen sich als zwei Seiten einer Medaille verstehen, die sich in wichtigen Punkten unterscheiden. Während die ethologisch fundierten Grundgedanken der Bindungstheorie entwicklungstheoretisch durch ein evolutionsbiologisch endogenes, normatives Entwicklungsverständnis geprägt sind, zeichnet sich die Bindungsforschung durch einen exogenen, differentiellen Ansatz aus. Es besteht also ein phylogenetisches Grundbedürfnis nach Bindung, das aber ontogenetisch qualitativ unterschiedlich ausgebildet wird. In Bowlbys Worten ist Bindung umweltstabil, während die Bindungsqualität umweltlabil ist.

Die Bindungsforschung bewegt sich zwischen den Polen ethologische und experimentelle Grundlagenforschung und (klinische) Entwicklungspsychologie. Die Integration der Bindungsforschung in die Entwicklungspsychopathologie brachte wissenschaftliche Untersuchungen zu Fragestellungen hervor, die bei Klinikern Interesse an den Konzepten der Bindungsforschung weckten. Die wichtigste Rolle dabei hat sicherlich die allmähliche Ausweitung der zunächst mit Grundlegungen im Kleinkindalter befassten Bindungsforschung gespielt. Sie wurde durch das von George & Main (1984) entwickelte und von Main, Kaplan & Cassidy (1985) erfolgreich erprobte Bindungsinterview für Erwachsene (Adult Attachment Interview, AAI) in die Wege geleitet. Der vorliegende Beitrag folgt dieser Entwicklung. Zunächst werden die entwicklungspsychologischen Grundlagen dargestellt (Abschnitt 2), gefolgt von der Erfassung internaler Arbeitsmodelle auf der Verhaltens- und auf der sprachlichen Ebene (Abschnitte 3, 4). Der Zusammenhang von sicherer Bindung und psychologischer Anpassung wird in Abschnitt 5 dargestellt. Abschnitt 6 befasst sich mit dem Zusammenhang von Bindungsqualität und dem entwicklungspsychopathologischen Konzept von Schutz- und Risikofaktoren. Abschnitt 7 schließlich befasst sich mit der Bedeutung der Bindungstheorie für die Entwicklungspsychologie und für die Entwicklungspsychopathologie. Schließlich wird im Abschnitt 8 die Bindungstheorie mit sozialpsychologischen Theorien verglichen und ein Ausblick gegeben.

Folgende Grundbegriffe sind für das weitere Verständnis von Bedeutung (in Anlehnung an Spangler & Zimmermann, 1999, S. 171)

1 Grundlagen der Bindungstheorie

Die Bindungstheorie geht davon aus, dass der Eltern-Kind-Bindung phylogenetisch angelegte Verhaltenssysteme zugrunde liegen, die der Arterhaltung dienen, indem sie die Nähe zwischen Mutter und Kind sichern. Folgende konzeptuelle Merkmale liegen der Bindungstheorie zugrunde (Bowlby, 1969, 1987):

1. Besonderheit: Das Bindungsverhalten richtet sich auf ein oder wenige besondere Individuen, die in einer klaren Bevorzugungshierarchie stehen. Gelernt wird nicht Bindungsverhalten, sondern die individuelle Ausgestaltung der Bindungsbeziehung.
2. Dauer: Bindungen sind von langer Dauer, auch wenn sie verändert und durch weitere Bindungen ergänzt oder abgelöst werden können.
3. Bedeutung von Gefühlen: Viele wesentliche Gefühle wie Sich-Verlieben, Liebe, Freude, Trauer, Ärger, Wut usw. begleiten die Entstehung, den Erhalt und den Verlust von Bindungsbeziehungen.
4. Ontogenese: Die meisten Kinder entwickeln Bindungen in den ersten neun Lebensmonaten gegenüber Personen, die sich dauerhaft um das Kind kümmern. Bindung entwickelt sich in 4 Phasen: Phase 1 (0–3 Monate): Orientierung und Signale ohne Unterscheidung der Person; Phase 2 (3–6 Monate): Orientierung und Signale, die sich auf eine oder mehrere besondere Person(en) richten; Phase 3 (6 Monate bis 3. Jahr): Aufrechterhaltung der Nähe zu besonderer Person durch Fortbewegung, Signale und Kommunikation; Phase 4 (ab 3. Lebensjahr) Bildung einer ziel-korrigierten Partnerschaft, d. h. die Fähigkeit, Motive und Wünsche der Bindungsperson zu berücksichtigen.

Bindungsverhaltenssystem	Motivationaler, zielorientierter Steuerungsmechanismus für die Verhaltensweisen, die Nähe und Sicherheit vermitteln.
Bindungsperson(en)	Primäre Bezugsperson(en), Person mit der das Kind die meiste soziale Interaktion hat.
Bindungsverhalten	Verhalten mit dem Ziel, Nähe und Sicherheit herzustellen und das Gefühl von Sicherheit zu erlangen. Dazu gehören Kommunikationsverhalten, das die Bindungsperson in die Nähe bringt oder Kontakt herstellt (Schreien oder Rufen). Verhalten, das die Bindungsperson in der Nähe hält (Festhalten, Anklammern) und direktes Nähesuchen (Nachfolgen, Suchen)
Bindungsorganisation	Spezifische Art und Abfolge, in der Bindungs- und Explorationsverhaltensweisen gezeigt werden: Unterschiede ergeben sich sowohl interindividuell als intraindividuell gegenüber verschiedenen Bindungspersonen und in verschiedenen Situationen in Abhängigkeit von spezifischen Erfahrungen mit der jeweiligen Bindungsperson (z. B. Feinfühligkeit)
Internale Arbeitsmodelle	Wissen, Vorstellungen, Gefühle über und Erwartungen an die Bindungspersonen und die eigene Person. Konstrukt zur Erklärung der Steuerung a) des Bindungsverhaltenssystems und b) von Verhalten, Kognition und Emotion in emotional belastenden Situationen.
Bindungsqualität	Beziehungsspezifische, klare Bindungsverhaltensorganisation gegenüber einer Bezugsperson, die sich in spezifischen Verhaltensstrategien manifestiert. *Bindungsdesorganisation*: Fehlen bzw. Unterbrechung einer eindeutigen Organisation des Bindungsverhaltens.
Bindungsrepräsentation	Organisation bindungsrelevanter Erinnerungen und Bewertungen der Erfahrungen mit den Bezugspersonen. Wichtiges Kriterium: Kohärenz der sprachlichen Darstellung, erfasst in Bindungsinterviews (z. B. Adult Attachment Interview)

Abbildung 1: Grundbegriffe der Bindungsforschung (in Anlehnung an Spangler & Zimmermann, 1999, S. 171).

5. Lernen: Beim Entstehen von Bindungen spielt das Lernen der Unterscheidung von Vertrauten und Fremden eine Schlüsselrolle. Lernen aufgrund von Strafe und Belohnung ist hingegen weniger bedeutend, da Kinder auch zu strafenden oder sogar misshandelnden Eltern (wenn auch qualitativ unterschiedliche, unsichere) Bindungen entwickeln.

6. Organisation von Verhalten: In den ersten Lebensmonaten zeigen Säuglinge einfach strukturierte Antwortmuster wie Weinen, Nähe-Suchen und Anklammern. Im Laufe des ersten Lebensjahres wird Bindungsverhalten zunehmend komplexer. Das dem Bindungsverhalten zugrunde liegende Bindungssystem wird durch Bedingungen wie Fremdheit, Unwohlsein oder Angst ausgelöst und die Erregung wird durch Wahrnehmung der Bindungsperson, besonders durch Nähe und liebevollen Körperkontakt zu ihr und Interaktion mit ihr beendet. Neben dem Bindungsverhaltenssystem postuliert Bowlby ein komplementäres Explorationsverhaltenssystem, das

Grundlage für die Erkundung der Bindungspersonen und der Umwelt ist. Ist das Bindungsverhalten deaktiviert, so kann das Kind seine Umgebung in psychischer Sicherheit erkunden.

7. Biologische Funktion: Bindungsverhalten tritt bei praktisch allen jungen Säugetieren auf und dient dazu, die Nähe zur Mutter zu erhalten. Die ultimate Funktion von Bindungsverhalten ist Schutz durch Nähe. Bei den Eltern besteht komplementär zum Bindungsverhalten des Kindes das Fürsorge- oder Pflegeverhalten mit zahlreichen sprachlichen (Be-)Deutungen (Grossmann, K. E. & Grossmann, K., 2001b).

Unterschiede im elterlichen Umgang mit Bindungsbedürfnissen und Verunsicherungen beim Explorieren wurden als Ursache für die Entwicklung sicherer oder unsicherer Bindungsqualitäten nachgewiesen (Cassidy, 1999). Bowlby geht davon aus, dass die Erfahrungen, die ein Kind mit seinen Eltern macht, einen starken Einfluss auf dessen spätere Fähigkeit, affektive Bindungen einzugehen, ausübt. Die empirische Überprüfung dieser Aussage war zunächst das primäre Ziel der Bindungsforschung.

Bowlby (1987) legt großen Wert auf die Unterscheidung von Bindung und Abhängigkeit. Eine sichere Bindung ist die Voraussetzung dafür, dass ein Kind zunehmend unabhängiges Explorationsverhalten nach außen zeigen und damit Autonomie entwickeln kann. Bindungsverhalten ist damit das Gegenteil von Abhängigkeit (Grossmann, Grossmann & Zimmermann, 1999; Grossmann, 2000a, S. 231f.). Durch selbst gesteuerte Exploration in psychischer Sicherheit werden neue Ereignisse vertraut und verlieren damit ihre potentielle Verunsicherung und Erregung des Bindungssystems (Grossmann, K. E. & Grossmann, K., 2001a).

2 Die Anfänge der Bindungsforschung: Feinfühligkeit, Bindungsqualität und Sicherheit der Exploration

2.1 Feinfühligkeit

Die empirische Bindungsforschung wurde von Mary Ainsworth begründet, die zunächst das Konzept der Feinfühligkeit von Bindungspersonen gegenüber den Signalen des Kindes entwickelte (Ainsworth, 1977), welches beinhaltet, sich in die Lage des Kindes versetzen zu können. Feinfühliges Verhalten gegenüber einem Kleinkind ist ein zentrales Konzept und beinhaltet a) die Signale des Kindes wahrzunehmen, b) sie richtig zu interpretieren und c) prompt und d) angemessen darauf zu reagieren. Feinfühliges Verhalten bedeutet auch, die Autonomie des Kindes, d. h. sein Bedürfnis nach Selbstregulation und Selbstbestimmung zu respektieren (Bretherton, 1987). Bei ihren Verhaltensbeobachtungen in Uganda und später in Baltimore stellte Ainsworth fest, dass Mütter sich in der Feinfühligkeit gegenüber ihren Kindern unterscheiden und dies sich wiederum auf das Verhalten der Kinder auswirkt. Feinfühligkeit ist von Ainsworth et al. (1978) 15-mal jeweils mehrere Stunden lang während des ersten Lebensjahres beobachtet worden. Die bislang versuchten Replikationen werden diesem Anspruch nicht gerecht und beschränken sich auf Spielbeobachtungen, in denen Bindungsverhalten eher selten auftritt. Dies schmälert die statistischen Zusammenhänge. Die von der Mutter vokal und sprachlich geäußerten Mitteilungen, dass sie sich in ihr Kind hineinversetzen und die Dinge aus seiner Sicht sehen kann, wird von Meins, Fernyhough, Russel und Clark-Carter (1998) «mind-mindedness» genannt und erhöht den statistischen Zusammenhang zwischen Feinfühligkeit und Bindungsqualität beträchtlich (vgl. Abschnitt 4).

2.2   Die Fremde Situation

Ausgehend von dem Konzept der sicheren Basis, wonach eine feinfühlige Bezugsperson für das Kind eine sichere Basis darstellt, von der aus es seine Umwelt erkunden und bei Angst oder Unwohlsein zu ihr zurückkehren kann, entwickelten Ainsworth und Mitarbeiter (Ainsworth et al., 1978) eine standardisierte Laborsituation, in der die Balance zwischen Bindungs- und Explorationsverhalten von einjährigen Kindern beobachtet werden kann. Die Hausbeobachtungen mütterlicher Feinfühligkeit gegenüber den Kommunikationen ihrer Kinder wurden daran validiert.

In der sog. «Fremden Situation» werden Bindungsperson und Kind in einen mit Spielsachen ansprechend eingerichteten Raum gebracht. In zwei kurzen Trennungen, bei der auch eine Fremde Person den Raum betritt, wird das interaktive Verhalten des Kindes erfasst. Dabei wird darauf geachtet, ob das Kind die Bindungsperson als sichere Basis nutzen kann, von der aus es den fremden Raum und die Spielsachen erkunden kann, wie das Kind auf die fremde Person reagiert und vor allem, wie es sich während der kurzen Trennungen verhält und ob es die zurückkommende Bindungsperson als «sichere Basis» verwenden kann. Ainsworth unterschied die drei Bindungsverhaltensstrategien «sicher» (B), «unsicher-vermeidend» (A) und «unsicher-ambivalent» (C). Kinder mit einer «sicheren» Strategie (Muster B), zeigen in der Fremden Situation eine ausgewogene Balance zwischen Bindungs- und Erkundungsverhalten, nutzen ihre Bindungsperson als sichere Basis und erkunden von ihr aus die neue Umgebung. Bei Trennungen reagieren sie mit deutlichem Bindungsverhalten und suchen aktiv die Nähe der zurückkommenden Bindungsperson, bei der sie angemessen und prompt Beruhigung und Trost erfahren, sodass sie unmittelbar anschließend wieder explorieren. Das Muster A steht für die «unsicher-vermeidende» Strategie. Sie ist gekennzeichnet durch ein ausgeprägtes Explorationsverhalten während der gesamten Situation, in der aber kaum Bindungsverhalten auftritt. Die Trennungen von der Bezugsperson werden von den Kindern mit diesem Verhaltensmuster scheinbar kaum wahrgenommen, und auf die Rückkehr der Bezugsperson reagieren sie mit Ignorieren und deutlichem Vermeiden von Nähe. Kinder mit einer «unsicher-ambivalenten» Strategie (Muster C) zeigen im Gegensatz zum Muster A starkes Bindungsverhalten, aber kaum Explorationsverhalten. Schon die Anwesenheit einer Fremden Person beunruhigt sie sehr und die Trennung von der Bindungsperson stellt eine starke Belastung für sie dar. Obwohl sie inten-

Sicher (B)	Unsicher-vermeidend (A)	Unsicher-ambivalent(C)	Unsicher-desorganisiert/desorientiert (D)
– Ausgewogene Balance zwischen Bindungs- und Explorationsverhalten. – Offene Kommunikation auch negativer Gefühle gegenüber der Bindungsperson. – Sicherheitsgewinn aus der Nähe zur Bindungsperson. Das Kind findet genügend Sicherheit um wieder explorieren zu können.	– Überwiegen des Explorationsverhaltens auf Kosten des Bindungsverhaltens. – Verbergen oder Unterdrücken negativer Gefühle gegenüber der Bindungsperson. – Distanz zur Bindungsperson bei Leid aus Furcht vor Zurückweisung. – Der Sicherheitsgewinn aus der Nähe zur Bindungsperson wird über Umwege erreicht.	– Überwiegen des Bindungsverhaltens auf Kosten des Explorationsverhaltens. – Unbeherrschte Mischung aus Angst und Ärger, weil das Kind die Zuwendung der Bindungsperson nicht steuern kann – Untröstbare Verzweiflung bei Trennung, aber auch kaum Beruhigung und kein Sicherheitsgewinn durch Wiedervereinigung	– bestehende Bindungsstrategien werden durch bizarre Verhaltensweisen unterbrochen und/oder überlagert, z.B. durch – widersprüchliche Verhaltensweisen (Nähe suchen und gleichzeitig vermeiden) – Anzeichen von Angst vor der Bindungsperson – Erstarren, Einfrieren von Bewegungen – Anzeichen von Desorganisation (zielloses Umherwandern) – Stereotypien (hin und her schaukeln)

Abbildung 2: Beschreibung der Bindungsqualitäten bei Kleinkindern (10–20 Monate) in der Fremden Situation

sives Bindungsverhalten zeigen, können sie aus der Nähe zur Bindungsperson keine Sicherheit gewinnen, sodass ihr Explorationsverhalten nicht wieder aktiviert wird.

Es gibt Kinder, die keine klare Verhaltensstrategie, sondern Zeichen von Desorientierung und Desorganisation zeigen. Sie werden als desorganisiert/desorientiert bezeichnet und einer eigenen Gruppe zugeordnet (Main & Solomon, 1990). Kinder mit solchen «D»-Merkmalen unterscheiden sich von den Kindern der übrigen Bindungsgruppen in ihrem Verhalten und auch in der Organisation ihrer Aufmerksamkeit. Für dieses Verhalten sind bedeutsame Zusammenhänge zu ungelöster Trauer und Gewalt in Beziehungen gefunden worden (Lyons-Ruth & Jacobvitz, 1999).

Auch auf physiologischer Ebene konnten Unterschiede zwischen den vier Bindungskategorien gefunden werden. So zeigen insbesondere Kinder aus den Gruppen A und D während der Fremden Situation einen Anstieg des Cortisolspiegels, was darauf hinweist, dass auch die ruhig scheinenden, vermeidenden Kinder die Fremde Situation als belastend erleben und dass sowohl die von ihnen gezeigte vermeidende Verhaltensstrategie als auch das Fehlen einer Strategie eine Bewältigung der stressvollen Situation verhindern (Spangler & Grossmann, K. E., 1993; Spangler & Grossmann, K. 1999).

Das Verhalten der Kinder in der Fremden Situation steht im Zusammenhang mit dem Verhalten der Mütter (Ainsworth et al. 1978; Grossmann, Grossmann, Spangler, Süß & Unzner, 1985). Mütter von sicher gebundenen Kindern zeigen die höchste Feinfühligkeit, sodass diese Kinder vorwiegend die Erfahrung machen konnten, dass auf ihre Signale prompt und angemessen reagiert wird, und sie bei Kummer oder Angst Trost und Beruhigung von ihrer Mutter erwarten können. Im Gegensatz dazu haben Kinder, die in der Fremden Situation eine vermeidende Bindungsstrategie zeigen, eher Mütter, deren Verhalten weniger feinfühlig ist und die vor allem auf die negativen Gefühlsäußerungen ihrer Kinder mit Zurückweisung reagieren. Kinder mit unsicher-vermeidendem Verhalten haben gelernt, ihre negativen Gefühle nicht zu zeigen, um so die Nähe zur Bindungsperson nicht durch eine mögliche Zurückweisung zu gefährden. Die Mütter von Kindern mit unsicher-ambivalenter Bindungsstrategie sind in ihrer Feinfühligkeit inkonsistent. Diese Kinder haben die Erfahrung gemacht, dass ihre Bindungsperson für sie nur unvorhersehbar verfügbar ist und sie sich nicht darauf verlassen können, dass ihre Signale wahrgenommen werden.

Für das desorganisierte oder desorientierte Verhalten gibt es mehrere Erklärungsansätze. Main & Hesse (1990) gehen davon aus, dass bei den Müttern der Kinder aus dieser Gruppe ein unverarbeitetes Trauma dazu führt, dass diese Mütter sich ihren Kindern gegenüber in einer ängstigenden oder verängstigten Weise verhalten, sodass sie zugleich angstauslösender Reiz und Zufluchtsort sind, wodurch sie das Kind in eine unlösbare Situation bringen. In einer Untersuchung von Ainsworth und Eichberg (1991) wurde z. B. eine hohe Konkordanz zwischen unverarbeiteten Traumata auf Seiten der Mütter und Desorganisation im Verhalten des Kindes gefunden. Andererseits zeigt eine Untersuchung von Spangler, Fremmer-Bombik und Grossmann (1996) und Spangler & Grossmann, K. (1999), dass sich Mütter von Kindern der desorganisierten Gruppe in ihrer Feinfühligkeit nicht von den anderen Müttern unterscheiden, dass aber Kinder, die in der Fremden Situation Desorganisation zeigen, schon als Neugeborene signifikant geringere Orientierungsfähigkeit und emotionale Regulationsfähigkeit aufweisen als Kinder, die später kein desorganisiertes oder desorientiertes Verhalten zeigen. In eigenen Untersuchungen hatten Mütter, die in Erwachsenen-Bindungsinterviews den frühen Verlust bedeutsamer Bindungspersonen angaben, signifikant mehr Kinder der Kategorie «D» als Mütter ohne solche Angaben (Schild, 1998; Grossmann K. E., 2000b). Diese unterschiedlichen Befunde weisen darauf hin, dass Bindungsdesorganisation mehrere Ursachen haben kann, die sich gegenseitig auch nicht ausschließen müssen.

2.3 Bindung, Exploration und Autonomie

Für Väter zeigten sich seltener vergleichbare Zusammenhänge als für Mütter, und sie waren meist weniger deutlich und oft statistisch nicht signifikant. Neuere Untersuchungen zur Rolle des Vaters und zur väterlichen Feinfühligkeit legen nahe, dass die väterliche Feinfühligkeit für eine sichere Exploration für das Kind eine ebenso bedeutende Rolle spielt, wie die mütterliche Feinfühligkeit für eine sichere Bindungsorganisation (Grossmann K., Grossmann, K. E., Fremmer-Bombik, E., Kindler, H., Scheuerer-Englisch, H. & Zimmermann, P., im Druck a). Karin Grossmanns Konzept der «feinfühligen Herausforderung im Spiel» geht davon aus, dass der erwachsene Spielpartner in seiner Interaktion mit dem Kind nicht nur feinfühlig auf die Bindungsbedürfnisse des Kindes eingeht, sondern ebenso feinfühlig die Neugier, die Exploration und die Tüchtigkeit des Kindes unterstützt und fördert. Bei feinfühliger Herausforderung lässt das Kind den Beobachter deutlich erkennen, dass es das Werk selbst gemacht und so gewollt hat. Grossmann und ihre Mitarbeiter wiesen nach, dass die Qualität feinfühliger Herausforderung der Väter gegenüber ihren zweijährigen Kindern in einer Spielsituation deutlichere Zusammenhänge zu längsschnittlichen Befunden aufwies, als die Bindungsqualität des Kindes zum Vater in der Fremden Situation. Feinfühliges Herausfordern der Väter hing statistisch bedeutsam nicht nur mit ihrem Engagement in der Erziehung im ersten Lebensjahr zusammen, sondern auch mit ihrer 6 Jahre später erhobenen Bindungsrepräsentation. Für die Kinder sagte es eine bessere emotionale Regulation im Alter von 10 Jahren und eine sicherere Bindungsrepräsentation im Jugendalter vorher (Grossmann K., Grossmann K. E., Fremmer-Bombik, E., Kindler, H., Scheuerer-Englisch, H., Winter M. & Zimmermann, P., im Druck b). Grossmann K. E. et al. (1999) sprechen von Sicherheit der Exploration als notwendige Ergänzung zur Sicherheit der Bindung für eine sichere Entwicklung über den Lebenslauf.

An dieser Stelle zeigt sich die Überschneidung zwischen der Bindungsforschung und der Autonomieforschung besonders deutlich. Auch nach Ryan, Deci und Grolnick (1995) besteht neben dem Grundbedürfnis nach Bindung ein Bedürfnis nach Autonomie und Kompetenz, also nach Selbstregulation und Selbstwirksamkeit. Voraussetzung für Sicherheit der Exploration ist somit, dass Eltern sowohl die Bedürfnisse des Kindes nach Bindung als auch nach Autonomieentwicklung erkennen und fördern (Ryan & Solky, 1996). Mit Autonomie ist eine autonome Verhaltensregulation gemeint, bei der das Individuum sich als selbstbestimmt und selbstwirksam erlebt und sein Verhalten in Einklang mit inneren Zielen und Werten bringen kann (Ryan, Deci & Grolnick, 1995; Ryan, Kuhl & Deci, 1997).

Feinfühliges Verhalten, das neben Bindung und Exploration zunehmend die kindlichen Autonomiebedürfnisse des anderen respektiert, wird über die gesamte Lebensspanne als wichtige Voraussetzung für Autonomieentwicklung und damit für gelungene Anpassung verstanden (Ryan & Solky, 1996).

Ebenso wie Bindung von Abhängigkeit muss auch Autonomie von Unabhängigkeit unterschieden werden. Bindung ist nicht Abhängigkeit, weil eine sichere Bindung Voraussetzung für sichere Exploration ist (Grossmann, K. E., 2000a). Autonomie ist nicht

Loslösung von anderen, sondern selbstreguliertes Verhalten im Einklang mit eigenen Zielen. Autonomes Verhalten schließt, bindungstheoretisch gesehen, auch die Fähigkeit ein, sich auf andere zu verlassen und in der Lage zu sein, bei anderen Hilfe und Unterstützung zu suchen. Autonomie kann sich am besten im Kontext unterstützender und vertrauenswürdiger Beziehungen entwickeln und steht somit im Gegensatz zu Loslösung oder Unabhängigkeit (Ryan & Lynch, 1989).

3   Internale Arbeitsmodelle von Bindung: von der Verhaltensbeobachtung zur Repräsentation

Welchen Einfluss hat unterschiedliches Verhalten von Bindungspersonen im Umgang mit kindlichen Bindungsbedürfnissen auf die weitere Entwicklung? Die Bindungstheorie geht davon aus, dass schon kleine Kinder internale Arbeitsmodelle von ihren Bindungsfiguren und von sich selbst aufbauen (Bowlby, 1969; Main, Kaplan & Cassidy, 1985; Bretherton, 1990; 1999; Fremmer-Bombik, 1995). Internale Arbeitsmodelle entwickeln sich aus den Bindungserfahrungen, die das Kind mit seinen Bezugspersonen macht. Ihre wichtigste Funktion ist es, das Verhalten eines Partners voraussehen und das eigene Verhalten in einer Beziehung vorausschauend planen zu können (Bowlby, 1969). Je genauer die inneren Arbeitsmodelle der externen Realität entsprechen und je weniger Verzerrungen sie aufweisen, desto besser kann das Individuum sein Verhalten an die gegebenen Anforderungen anpassen (Fremmer-Bombik, 1995).

Zur Erfassung wesentlicher Aspekte von internalen Arbeitsmodellen von Bindung entwickelten George, Kaplan & Main (1985, 2001) einen klinischen Leitfaden (Adult Attachment Interview), mit dem Erwachsene nach ihren Kindheitserinnerungen, Bindungserfahrungen und insbesondere ihren Beurteilung dieser Erfahrungen für ihre weitere Entwicklung, befragt werden. Wichtig dabei ist das Überraschungsmoment, «surprising the unconscious», damit keine vorgefertigten Sprachschablonen verwendet werden. Traditionelle Fragebögen haben sich wahrscheinlich aus diesem Grunde als weniger brauchbar erwiesen (siehe Grossmann K. E. & Grossmann K., in Druck a). Erwachsene, die sich leicht an konkrete Erfahrungen erinnern können und die sowohl positive als auch negative Erinnerungen in ein kohärentes Gesamtbild integrieren und die Bindungen wertschätzen, werden als sicher/autonom in ihrer Bindungsrepräsentation klassifiziert. Erwachsenen, die ihre Kindheit idealisieren und sich kaum an konkrete Erfahrungen erinnern können oder nur an solche, die im Widerspruch zu der allgemeinen Beschreibung ihrer Kindheit stehen und die Bindungserfahrungen abwerten, wird eine vermeidende Bindungsrepräsentation zugeordnet. Das dritte Muster ist die verstrickte Bindungsrepräsentation. Sie ist gekennzeichnet durch inkohärente, sehr detaillierte Schilderungen der Kindheitserfahrungen, aus denen deutlich wird, dass selbst der Erwachsene noch heute konflikthaft in die Beziehung zu seinen Eltern verstrickt ist.

Sicher-autonom	Unsicher-vermeidend	Unsicher-verwickelt	Unsicher-ungelöst traumatisiert
– Offenes Berichten über eigene Kindheit. – Leichter Zugang zu Erinnerungen und den dazugehörigen Gefühlen. – Antworten sind in sich stimmig und weder zu knapp noch zu ausführlich – Hohe sprachliche und gedankliche Kohärenz – Wertschätzung von Bindungsbeziehungen	– Mangelnde Antwortbereitschaft. – Geringe Erinnerungsfähigkeit an die eigene Kindheit. – Widersprüche zwischen den berichteten Tatsachen und deren Bewertung. – Geringe Kohärenz. – Abwertung von Bindungsbeziehungen.	– Sehr ausführliche Antworten. – Häufiges Abkommen vom Thema. – Aktuelle Verstrickung mit den Bindungspersonen. – Wenig objektive, ungeordnete Schilderung und Bewertung von Bindungsbeziehungen. – Sehr geringe Kohärenz.	– die bestehende Bindungsrepräsentation wird überlagert durch sprachliche oder gedankliche Auffälligkeiten in Zusammenhang mit erlebten Traumata (z.B. Verlust der Bindungsperson durch Tod, Suizid etc., Erfahrungen von Missbrauch, Misshandlung)

Abbildung 3: Merkmale der Bindungsrepräsentation bei Erwachsenen erhoben mit dem Adult Attachment Interview.

In mehreren Studien konnte ein deutlicher Zusammenhang zwischen Bindungsrepräsentation, Feinfühligkeit der Eltern und Bindungsqualität des Kindes nachgewiesen werden. Erwachsene mit sicherer Bindungsrepräsentation zeigen mehr Feinfühligkeit ihren Kindern gegenüber und diese sind wiederum weitaus häufiger sicher als unsicher an sie gebunden (Grossmann, Fremmer-Bombik, Rudolph & Grossmann, 1988). Dieser Zusammenhang konnte auch in umgekehrter Richtung nachgewiesen werden, wobei die elterliche Bindungsrepräsentation bereits während der Schwangerschaft erhoben wurde (Fonagy, Steele & Steele, 1991).

Die mütterliche Feinfühligkeit spielt auch beim Entstehen sprachlicher Repräsentationen eine wichtige Rolle. Dies wird im Folgenden dargestellt.

4 Sprache als Mediator zwischen innerer Repräsentation und äußerer Wirklichkeit

Auf der Grundlage seiner Arbeit mit Patienten beschrieb Bowlby (1983), welche problematischen Folgen entstehen können, wenn die erlebte Wirklichkeit des Kindes, insbesondere die gravierender negativer Erfahrungen, von den Eltern nicht in entsprechende Worte gefasst wird, sondern durch Leugnen, Verschweigen, Abwiegeln oder

Drohen ungeschehen gemacht oder umgedeutet werden soll. Die Integration der kindlichen Welt der Gefühle in ein sprachlich bewusstes internales Arbeitsmodell ist ein hoch sensibler Prozess. Vor der Entwicklung der kognitiven Funktionen, also während der sogenannten frühkindlichen Amnesie sind Gefühle die intensivsten und wesentlichsten internalen Repräsentationen im Zusammenhang mit Bindungserfahrungen. Sternbergs (1997) Definition von Intelligenz als Entwicklung «internaler Kohärenz und externaler Korrespondenz» zum Zwecke psychologischer Adaption verdeutlicht diesen Zusammenhang. Jede Inkohärenz, die entsteht, wenn tatsächliche Erfahrungen nicht in einen kohärenten Bedeutungszusammenhang integriert werden können, ist geeignet, den Aufbau kohärenter internaler Repräsentationen tatsächlicher Erfahrungen zu verhindern. Die Gefühle bleiben ohne «Bedeutung», ohne Einordnung in einen sprachlich darstellbaren, kommunizierbaren und vom Hörer nachvollziehbaren Zusammenhang. Gefühle bleiben dann ohne Verbindung zu solchen Ereignissen, die sie bewirkt haben. Eine solche Bedeutung sprachlicher Mitteilung ist vor allem dann gegeben, wenn die starken Gefühle, die Bowlby mit der Entstehung, dem Erhalt, der Trennung und dem Verlust von Bindungsbeziehungen in all ihren Ausprägungen bis hin zu Vernachlässigung, Missbrauch, Tod usw. in Verbindung bringt, in die Zeit frühkindlicher Amnesie fallen, wo keinerlei primäre Erinnerungen an tatsächliches Geschehen bestehen. Solche Erinnerungen können überhaupt nur über den sprachlichen Diskurs zustande kommen (Grossmann K. E. und Grossmann K., im Druck b).

Fonagy (1998) hat das Ausmaß selbstreflexiver Beobachtungen eigener und fremder mentaler Befindlichkeiten («Selfreflective Functioning») eingeschätzt. Bei Vätern wie bei Müttern mit hohen Werten in der Selbstreflexivität liegt in seiner Untersuchung (Fonagy, 1998, S. 358) die Wahrscheinlichkeit einer sicheren Bindung der Kinder drei- bis viermal höher als bei Eltern mit geringer Selbstreflexivität.

Meins (1997) und Meins und Fernyhough (1998) wiesen Folgendes nach: Mütter unterschieden sich deutlich darin, inwieweit sie den inneren mentalen Vorgängen ihres Kindes sprachlich Ausdruck verleihen, indem sie dessen vermeintliche Gedanken, Absichten, Wissen, Vorlieben oder Wünsche kommentieren. Mütter, die bei ihren 6 Monate alten Kindern häufiger auf deren innere mentale Vorgänge reagierten, sich also besser in die innere Gedankenwelt des Kindes einfühlen konnten, hatten signifikant häufiger Kinder, die eine sichere Bindungsqualität im Alter von 12 Monaten zu ihnen aufwiesen. Kinder, die als sicher gebunden eingestuft worden waren, besaßen mit 20 Monaten einen größeren Wortschatz, gebrauchten mehr referentielle und weniger expressive Worte und konnten flexibler damit umgehen, im Gegensatz zu Kindern mit unsicherer Bindungsqualität, die weniger Worte eher klischeehaft («frozen, canned») verwendeten. Außerdem berichteten Mütter unsicher gebundener Kinder über einen größeren Anteil unverständlicher Vokalisation ihrer Kinder, als Mütter von sicher gebundenen Kindern.

Feinfühlige Mütter scheinen der inneren Vorstellungswelt ihrer Kinder Bedeutung zu verleihen, indem sie sprachlich darauf reagieren. Auch wenn die vorsprachlichen Kinder den semantischen Inhalt des Gesagten noch nicht verstehen können, beeinflusst mütterliches Sprechen im Zusammenhang mit kindlichen Bindungsbedürfnissen das spätere sprachliche Verständnis ihrer Kinder und damit auch die Entwicklung ihrer Fähigkeit, innere Repräsentationen sprachlich auszudrücken und zu denken. Dieser beginnende Diskurs bildet die Grundlage dafür, den Zusammenhang von internalen Kohärenzen und externalen Korrespondenzen fest in der sich entwickelnden Persönlichkeit zu verankern.

In der bindungstheoretisch orientierten Autonomieforschung spielt das Konzept der inneren Kohärenz ebenfalls eine bedeutsame Rolle (Grolnick, Deci & Ryan, 1997). Innere Kohärenz ist dann gegeben, wenn das eigene Verhalten als selbstbestimmt erlebt wird und in Einklang mit den eigenen Werten und Zielen steht. Inkohärenz ist gegeben, wenn Wertvorstellungen und Ziele oder Handlungsabsichten nicht wirklich integriert sind, d. h. entweder von außen aufgezwungen werden oder als übernommene Werte im Individuum bestehen, ohne integriert worden zu sein. Autonomie basiert auf der Integration zunächst externaler Werte oder Ziele auf der Grundlage von Bindungssicherheit (Allen & Land, 1999; Ryan, Sheldon, Kasser & Deci, 1996).

5 Sichere Bindung als günstige Voraussetzung für gelungene psychologische Anpassung?

Die aufgezeigten Zusammenhänge zwischen früher Bindungsentwicklung und späterem sprachlichen Ausdruck bilden die Grundlagen aktueller Bindungsforschung. Die bisherigen Ergebnisse zeigen: Eine sichere Bindungsqualität in der Kindheit und eine sichere Bindungsrepräsentation im Jugend- und Erwachsenenalter gehen eher mit gelingender Anpassung in der sozio-emotionalen Entwicklung einher, u. a. deshalb, weil der Spielraum zwischen psychischer Sicherheit durch Nähe und Exploration in psychischer Sicherheit größer ist als bei unsicheren Bindungen. Dennoch ist es wichtig, unsichere Bindungsorganisationen nicht mit pathologischer Entwicklung gleichzusetzen, da sie vielmehr Ergebnisse einer Adaptation an nicht optimale Bedingungen darstellen, und für sich genommen nicht pathogen sind, aber im Zusammenhang mit anderen Einflussfaktoren ein Risiko durch gegebene psychische Einschränkungen für die weitere Entwicklung darstellen können (vgl. Abschnitt 6).

5.1 Bindung und Anpassung in der frühen Kindheit

Schon in der frühen Kindheit zeigen sich bei Kindern mit sicherer Mutterbindung höhere soziale Kompetenzen als bei Kindern mit unsicherer Mutterbindung. Solche Kinder haben sich schon früh in ihrem sozialen Verhalten, das einen offenen emotionalen Ausdruck vor allem negativer Gefühle, was Zuwendung oder Trost durch die Bindungsperson herbeiführt, als effektiv erlebt. Bereits am Ende des ersten Lebensjahres zeichnen sich sicher gebundene Kinder durch subtilere und vielfältige Kommunikationsfähigkeiten aus (Ainsworth & Bell, 1974, vgl. Grossmann & Grossmann, 1991). Im Alter von zwei Jahren sind diese Kinder in Problemlösesituationen eher in der Lage, auf soziale Ressourcen, z. B. die Unterstützung durch die Mutter, zurückzugreifen (Matas, Arendt & Sroufe., 1978; Schieche, 1996).

5.2   Bindung und Anpassung in der mittleren Kindheit

Im Kindergarten wurde bei sicher gebundenen Kindern weniger aggressives bzw. feindseliges Verhalten gegenüber anderen Kindern und weniger emotionale Isolation und Abhängigkeit von den Erzieherinnen beobachtet. Sicher gebundene Kinder zeigten mehr Kompetenz im Umgang mit anderen Kindern und eine positivere Wahrnehmung von sozialen Konfliktsituationen und waren konzentrierter beim Spiel (Sroufe, 1983; Suess, Grossmann, & Sroufe, 1992). Auch im Schul- bzw. Jugendalter zeichnen sich sicher gebundene Kinder durch positive soziale Wahrnehmung, hohe soziale Kompetenz, beziehungsorientiertes Verhalten, bessere Freundschaftsbeziehungen mit Gleichaltrigen und Vertrauens- oder Liebesbeziehungen aus (z. B. Elicker, Englund & Sroufe, 1992; Grossmann & Grossmann, 1991; Zimmermann, 1995; Scheuerer-Englisch, 1989).

Den Unterschieden in der Bindungsqualität liegen unterschiedliche Strukturen internaler Arbeitsmodelle zugrunde (Fremmer-Bombik, 1995). Sie zeigen sich auch im Selbstbild bzw. in spezifischen Persönlichkeitsmerkmalen (Bowlby 1988a; Spangler & Zimmermann, 1999). Sicher gebundene Kinder zeigen häufiger ein hohes Selbstwertgefühl und großes Selbstvertrauen (Sroufe, 1983). Das Selbstbild scheint bei sicher gebundenen Kindern eher in einer realistischen Einschätzung von sich als liebenswert und von anderen als hilfsbereit begründet zu sein, während bei unsicher gebundenen Kindern entweder ein stark idealisiertes oder ein sehr negatives Selbstbild zu beobachten ist (Main, Kaplan, & Cassidy, 1985). Sicher gebundene Kinder verfügen über eine höhere Ich-Flexibilität (Sroufe, 1983, 1989); sie sind eher in der Lage, die Kontrolle und Modulation von Impulsen, Bedürfnissen und Gefühlen dynamisch an situative Erfordernisse anzupassen (Urban, Carlson, Egeland & Sroufe, 1991; Spangler & Zimmermann, 1999).

5.3   Bindung und Anpassung im Jugendalter

Jugendliche mit unsicherer Bindungsrepräsentation zeigten weniger Ich-Flexibilität und ein negatives Selbstkonzept, darüber hinaus mehr Hilflosigkeit, Ängstlichkeit und Feindseligkeit. Damit zeigt sich auch im Jugendalter ein Zusammenhang zwischen unsicherer Bindungsorganisation und mangelnder Emotionsregulierung (Kobak & Sceery, 1988; Zimmermann, Gliwitzky & Becker-Stoll, 1996; Zimmermann & Grossmann, 1997). Die Bindungstheorie bietet einen Rahmen um Emotionsregulierungsprozesse auch im Jugendalter zu beschreiben (Zimmermann, 1999). Dabei steht die Bedeutung von Beziehungen für die Emotionsregulation des Individuums im Vordergrund, weil zum einen gerade in engen Beziehungen intensive Gefühle entstehen

(Bowlby, 1979) und zum anderen sichere Beziehungen auch interaktiver Emotionsregulation dienen können. Während für Kinder meist die Eltern als externe interpsychische Organisatoren der Emotionsregulation dienen, nimmt im Jugendalter die Suche nach elterlicher Unterstützung in belastenden Situationen ab, auch wenn nach Seiffge-Krenke (1995) Jugendliche neben dem Aufsuchen von Freunden das Hilfesuchen bei den Eltern als zweithäufigste Copingstrategie angeben. Im Jugendalter ist jedoch die Fähigkeit zur Emotionsregulation nicht nur durch die aktuelle Beziehungsqualität und die momentan erfahrene Unterstützung durch die Bezugspersonen beeinflusst, sondern auch durch frühere Erfahrungen, die sich in den inneren Arbeitsmodellen von Bindung niederschlagen. Mit dem Konzept der inneren Arbeitsmodelle lassen sich nach Zimmermann (1999) die Unterschiede im Umgang mit Belastung erklären. So zeigen Jugendliche mit sicherer Bindungsrepräsentation eine flexible, realistische Bewertung der Situation und eine angemessene Reaktion bzw. Handlungsaktivierung, die sie im Nachhinein kohärent bewerten und in bisherige Erfahrungen integrieren können. Jugendliche mit einem unsicheren Modell zeigen hingegen häufiger eine rigide, schematische oder widersprüchliche Bewertung der Situation, wechseln zwischen Emotionslosigkeit und intensivem negativen Gefühl und zeigen entweder eine geringe Aktiviertheit mit unflexiblen Handlungsweisen oder starke Aktiviertheit ohne Realitätsorientierung, die sie anschließend auch nicht kohärent bewerten oder integrieren können.

Wie Jugendliche ihre Gefühle in der Interaktion mit ihren Eltern regulieren und äußern, wurde im Rahmen der Regensburger Längsschnittuntersuchung (Becker-Stoll, 1997; Becker-Stoll & Grossmann, in Vorb.) erfasst. Hier wurde die Bindungsrepräsentation 16-jähriger Jugendlicher mit Hilfe des Bindungsinterviews für Erwachsene und ihr Interaktionsverhalten mit der Bindungsperson in einer Urlaubsplanungssituation und in einem Streitgespräch erfasst. Das Interaktionsverhalten der Jugendlichen wurde nach Autonomie und Verbundenheit förderndes oder -verhinderndes Verhalten nach Allan & Hauser (1996) ausgewertet. Die Balance von Autonomie und Verbundenheit in der Beziehung der Jugendlichen zu ihren Eltern ist konzeptuell vergleichbar mit der Balance von Bindung und Exploration in der Kindheit. In der frühen Kindheit befähigt eine sichere Bindungsbeziehung zu den Eltern das Kind dazu, sowohl das Bindungs- als auch das Explorationsverhaltenssystem situationsangemessen zu aktivieren und von der sicheren Basis der Bezugsperson aus seine Umwelt zu erkunden, also die gesamte Bandbreite der Verhaltensmöglichkeiten zu nutzen (Grossmann, Grossmann & Zimmermann, 1999). Vergleichbar ist eine sichere Bindungsbeziehung zwischen dem Jugendlichen und seinen Eltern dadurch gekennzeichnet, dass er auf der Grundlage emotionaler Verbundenheit eigene Wertvorstellungen und Meinungen entwickelt und sicher gegenüber den Eltern vertritt. Jugendliche mit sicherer Bindungsrepräsentation zeigten in der vorher genannten Untersuchung in der Tat signifikant mehr Autonomie und Verbundenheit förderndes Verhalten als Jugendliche mit unsicher-distanzierter Bindungsrepräsentation. Jugendliche mit sicherer Bindungsrepräsentation zeigten in einer Sekundenanalyse ihres nonverbalen Emotionsausdrucks ihre Gefühle offener, wandten sich dabei mehr der Mutter zu und zeigten insgesamt einen expressiveren Gesichtsausdruck als Jugendliche mit unsicherer Bindungsrepräsentation (Becker-Stoll, Delius & Scheitenberger, in Vorb.).

Unsichere Bindungsorganisation in der frühen und mittleren Kindheit hängt signifikant mit Autonomie und Verbundenheit verhindernden Verhaltensweisen im Jugendalter zusammen, und die frühe Bindungsqualität des Kindes zur Mutter sagt ihr Autonomie förderndes Verhalten gegenüber dem Jugendlichen vorher (Becker-Stoll, 1997).

5.4   Bindung und Anpassung im Erwachsenenalter

Sichere Bindungsorganisation von der frühen Kindheit bis zur Adoleszenz geht deutlich mit gelungener sozio-emotionaler Anpassung einher. Im Erwachsenenalter belegen Zusammenhänge zwischen elterlicher Bindungsrepräsentation, mütterlicher Feinfühligkeit, väterlicher Spielfeinfühligkeit, Selbstreflexivität und kohärentem sprachlichen Diskurs und der damit zusammenhängenden Bindungsqualität des eigenen Kindes auch eine transgenerationale Weitergabe der Organisation von Bindung, Exploration und Autonomie.

Jenseits der transgenerationalen Weitergabe von Bindung beschäftigt sich die Bindungsforschung zunehmend mit Bindungen zwischen Erwachsenen, insbesondere mit Partnerschaftsbeziehungen (vgl. Feeney, 1999; Berlin & Cassidy, 1999). Während frühe Bindungen an die Eltern im Dienste der Entwicklung psychischer Sicherheit stehen, beruhen intime Beziehungen Erwachsener idealerweise auf Gegenseitigkeit, sodass beide Partner sich gegenseitig eine sichere Basis und damit Quelle der Sicherheit für die emotionalen Bedürfnisse des anderen sind (Winter & Grossmann, im Druck). Inwiefern frühere Bindungserfahrungen und die daraus resultierenden internalen Arbeitsmodelle Erwartungen im Hinblick auf Partnerschaftsbeziehungen beeinflussen, wurde erstmals im Rahmen der Bielefelder Längsschnittstudie untersucht (Grossmann, Grossmann, Winter, & Zimmermann, 2002). Die inzwischen 22-jährigen jungen Erwachsenen wurden in einem Interview u. a. über ihre Repräsentation intimer Partnerschaften befragt. Dabei zeigte sich eine prognostische Bedeutung sowohl mütterlicher als auch väterlicher Verhaltensweisen gegenüber den kindlichen Bindungssignalen in den ersten beiden Lebensjahren im sechsten, zehnten und 16. Lebensjahr. Wurde von den Bindungspersonen feinfühlig auf die Bindungsbedürfnisse und die explorativen spielerischen Bedürfnisse ihrer Kinder reagiert, so waren die jungen Erwachsenen besser in der Lage, Partnerschaften als Quelle emotionaler Sicherheit zu nutzen und selbst adäquat auf die Bedürfnisse ihrer Partner einzugehen.

Diese Ergebnisse zeigen deutlich, dass Bindungsstreben über das ganze Leben hindurch besteht, auch wenn es bei Jugendlichen und Erwachsenen weniger stark ausgeprägt ist als in der Kindheit und auch über andere Bindungsverhaltensweisen vermittelt wird. Gleichzeitig wird die Qualität der Bindungen im Erwachsenenalter durch frühe Bindungserfahrungen beeinflusst.

6   Bindung als Schutz- oder Risikofaktor

Die Konzepte der Bindungsforschung lassen sich mit neueren Konzepten der Entwicklungspsychopathologie verbinden. Die Entwicklungspsychopathologie untersucht ausgehend von der normalen Entwicklung verschiedene Pfade und Faktoren in ihrer gegenseitigen Wechselwirkung, die zu abweichenden Entwicklungen führen, bzw. solchen, die eine Abweichung von der Normalität verhindern. Die Bindungsforschung geht ähnlich vor. Auch hier wird zunächst die normale Entwicklung beschrieben und anschließend werden die Folgen unterschiedlicher Bindungsqualitäten für die weitere Entwicklung differentiell untersucht.

Entwicklungspsychopathologische Untersuchungen zeigen, dass sich Risiko- und Schutzfaktoren in unterschiedliche Bereiche einteilen lassen (Rutter, 1990). Neben persönlichen Ressourcen wie Intelligenz, Selbstwert, Selbstwirksamkeit und der sozialen Unterstützung durch Freundeskreis und Zugehörigkeitsgefühl zu einer Gemeinde erwies sich familiäre Unterstützung – und hier insbesondere das Vorhandensein zumindest einer stabilen Betreuungsperson in der frühen Kindheit – als ein wesentlicher Schutzfaktor für die weitere Entwicklung bis ins Erwachsenenalter (Werner, 1989; Werner & Smith, 1992, 2001).

Spangler und Zimmermann (1999) schlagen drei Mechanismen vor, nach denen eine sichere Bindungsorganisation als Schutzfaktor wirksam werden kann.

1. Sichere Bindung als Ausgangspunkt eines Entwicklungspfades zu Kompetenz: Nach Sroufe (1989) gibt es für jede Altersstufe der Kindheit spezifische Entwicklungsthematiken, die alterstypische Anpassungsleistungen darstellen. Die erfolgreiche Lösung einer Entwicklungsthematik begünstigt die erfolgreiche Lösung der nächsten Thematik. Damit gibt die Entwicklung einer sicheren Bindung im ersten Lebensjahr eine erste Richtung der Entwicklung von weiteren Kompetenzen vor, auch weil sie die Entwicklung von Selbstregulation und Selbstwirksamkeit ermöglicht.
2. Sichere Bindungsorganisation als Risikopuffer: Eine sichere Bindungsqualität kann helfen, eine kritische und belastende Lebenssituation besser zu bewältigen und damit eine mögliche Verhaltensabweichung verhindern. Dies wird durch eine gut entwickelte Autonomie und damit einhergehendem Kompetenz- und Selbstwertgefühl und durch die Fähigkeit des Individuums, beim Umgang mit Lebensaufgaben auf unterstützende Bezugspersonen zurückzugreifen zu können, möglich.
3. Sichere Bindungsorganisation als Einflussfaktor auf Therapie und Intervention: Aus entwicklungspsychopathologischer Sicht wird Resilienz nicht als Unverwundbarkeit verstanden, sondern zeigt sich vielmehr in der Fähigkeit zur raschen adaptiven Veränderung bei Störungen oder Verhaltensabweichungen (Werner, 2000; Anthony, 1987). Eine sichere Bindungsorganisation kann im therapeutischen Prozess ein Prognosefaktor für den Therapieerfolg sein, weil er von der Fähigkeit sichere Beziehungen aufzubauen und Hilfsangebote zu nutzen, wesentlich abhängt.

7 Bedeutung der Bindungstheorie für die klinische Praxis

Die Bindungstheorie und -forschung bieten auf mehreren Ebenen Möglichkeiten der Intervention (Becker-Stoll & Zimmermann, 1998). Zum einen hat Bowlby selbst Konzepte der Bindungstheorie als konkrete Aufgaben für den Therapeuten formuliert (Bowlby, 1988b). Zum anderen wurden Methoden der Bindungsforschung direkt für Interventionen eingesetzt. Schließlich erweist sich bindungstheoretisches Wissen als nützliche Voraussetzung um z. B. in Bereichen der Erziehungsberatung oder der Fremdunterbringung von Kindern arbeiten zu können (Zimmermann, Suess, Scheuerer-Englisch & Grossmann, 1999).

Nach Bowlby (1988b) können aus bindungstheoretischen Konzepten mehrere Aufgaben für den Therapeuten abgeleitet werden. Neben seiner Rolle als sichere Basis besteht seine Aufgabe darin, es dem Ratsuchenden zu ermöglichen, vertrauensvoll die eigene Situation erkunden zu können, und alte und unpassende Bindungsmodelle aufzuspüren. Ratsuchende werden auch in der therapeutischen Beziehung durch ihre Erwartungshaltung und durch die Qualität ihres Gefühlsausdrucks dem Therapeuten Einblick in ihre Bindungsorganisation geben. In der therapeutischen Situation kann dann gezielt die adaptive Qualität solcher Gefühls- und Erwartungshaltungen im Hinblick auf eine gegebene Realität geprüft werden. Meist wird es erforderlich sein, neue Wahrnehmungs-, Interpretations- und Verhaltensmuster, die vorher nicht verfügbar waren, in der therapeutischen Beziehung zu explorieren und zu erarbeiten (vgl. Grossmann & Grossmann, 1995). Damit hilft der Therapeut dem Patienten, die für eine sichere/autonome Bindungsrepräsentation charakteristische Autonomie und Freiheit in der Bewertung und Integration früherer Bindungserfahrungen zu erlangen. Die Aufgaben, die Bowlby für den bindungstheoretisch orientierten Therapeuten definiert hat, entsprechen in vielem den vier therapeutischen Bereichen mit hohem Wirkungsgrad, die Klaus Grawe (1995) erarbeitet hat: Aktivierung von Ressourcen, Aktivierung von Problemen, aktive Hilfe beim Lösen von Problemen und Klärung von Motiven.

Betrachtet man die Bedeutung bindungstheoretischer Konzepte für die Psychotherapie insgesamt, so zeigt sich diese nicht in einer spezifischen Form einer psychologischen Therapie, sondern vielmehr im Verständnis des Therapeuten für die Natur, die Entwicklung und die Auswirkungen von Bindungsbeziehungen, was sich sowohl konkret als auch theoretisch auf sein Vorgehen und sein klinisches Denken auswirkt (Slade, 1999).

Besonders deutlich zeigt sich der Einfluss der Bindungstheorie im Bereich der therapeutischen Intervention bei Kindern. Bereits die von Fraiberg ins Leben gerufene Eltern-Kind-Psychotherapie (Fraiberg, Adelson & Shapiro, 1975) beruhte auf Konzepten der Bindungsforschung, wie z. B. der Bindungsneigung als angeborenem Verhaltenssystem beim Kind, der Beobachtung der tatsächlichen Mutter-Kind Interaktion während der Therapie und der Berücksichtigung des Einflusses elterlicher Kindheitserfahrungen auf deren Verhalten gegenüber ihrem Kind (Fraiberg, 1980). In den USA gibt es inzwischen zahlreiche Eltern-Kind Interventionsprogramme, in denen bindungstheoretische Überlegungen eine zentrale Rolle spielen (Liebermann & Zeanah, 1999). Ziel der verschiedenen Programme ist es, gefährdete Mutter-Kind Bindungen zu stabilisieren oder dem Kind bei drohender Bindungslosigkeit eine verlässliche Bindungsperson zukommen zu lassen. Zwar liegen bisher noch keine Ergebnisse über die Wirksamkeit dieser Interventionsprogramme vor (Liebermann & Zeanah, 1999), doch gibt es inzwischen bereits einige wissenschaftliche Untersuchungen, in denen durch Intervention in Risiko-Stichproben die Bindungsqualität des Kindes am Ende des ersten Lebensjahres beeinflusst wurde. Eine der eindrücklichsten dieser Untersuchungen ist die von van den Boom (1994). Sie hat die Feinfühligkeit von Müttern von sehr irritierbaren Säuglingen durch Intervention trainiert und dadurch eine Verdoppelung der Anzahl sicherer Bindungsbeziehungen in der Interventionsgruppe im Vergleich zu einer Kontrollgruppe erreicht.

Das Wissen um die Bedeutung von Bindungsbeziehungen und die wesentlichen Prozesse der Bindungsentwicklung findet in Deutschland zunehmend auch Eingang in die Konzepte zur Gestaltung von Intervention im Rahmen der Jugendhilfe, z. B. bei der Fremdunterbringung in Heim oder Pflegefamilie (Scheuerer-Englisch, 1998a), bei der Gestaltung der Heimerziehung (Unzner, 1995) bei der Berücksichtigung frühkindlicher Traumata und deren Auswirkungen auf das Bindungs- und Beziehungsverhalten der Kinder (Greenberg, 1999; Lyons-Ruth & Jacobvitz, 1999) oder auch bei Sorgerechtsentscheidungen (Zimmermann, Suess, Scheuerer-Englisch & Grossmann, 1999)

8 Vergleich der Bindungstheorie mit anderen sozialpsychologischen Theorien und Ausblick

8.1 Die Bindungstheorie im Vergleich mit kognitiven Theorien, Gruppen- und Lerntheorien und Informationsverarbeitungstheorien aus der Sozialpsychologie

Wie eingangs festgestellt wurde, befasst sich die Sozialpsychologie allgemein mit dem Erleben und Handeln von Individuen im sozialen Kontext, während sich die Bindungstheorie mit der Entstehung und Entwicklung von engen emotionalen Beziehungen beschäftigt, und daher spezifische Aussagen zur Eltern-Kind Beziehung, ihrer Entwicklung und ihrer Auswirkungen auf die weitere Entwicklung des Individuums macht. Damit sind die möglichen Überschneidungen zwischen allgemeinen sozialpsychologischen Theorien und der Bindungstheorie eingeschränkt, lassen sich aber z. T. dennoch finden, wie im Folgenden an einigen bekannten sozialpsychologischen Theorien beispielhaft dargestellt wird.

Verbindungen zwischen Konzepten der Bindungstheorie und einigen kognitiven Theorien der Sozialpsychologie können sich z. B. bei der *Hypothesentheorie der sozialen Wahrnehmung* finden lassen, die davon ausgeht, dass jeder Wahrnehmungsprozess mit einer Hypothese, d. h. einer Vermutung, Erwartung oder Antizipation beginnt. Die Bindungstheorie nimmt ebenfalls an, dass innere Arbeitsmodelle von Bindungserfahrungen die Wahrnehmung von sozialen Situationen und Interaktionspartnern beeinflussen können. Das Konzept des inneren Arbeitsmodells ermöglicht darüber hinaus eine differentielle Vorhersage für den Wahrnehmungsprozess, in Abhängigkeit der zugrundeliegenden Bindungsrepräsentation.

Die *Theorie der ausgleichenden Gerechtigkeit* hingegen hat eine unterschiedliche Auffassung bezüglich der Motivation für soziale Interaktionsbeziehungen. Aus bindungstheoretischer Sicht unterliegt zumindest die Eltern-Kind-Beziehung einem Motivationssystem, das anhand angeborener Verhaltenssysteme auf beiden Seiten das Überleben des Kindes sichert und nicht primär durch einen Austausch oder bestimmte Interaktionsergebnisse geprägt ist. Nach bindungstheoretischer Auffassung spielen die Erfahrungen in den primären Bindungsbeziehungen eine entscheidende Rolle bei der Entstehung neuer naher Beziehungen (Freundschaften, Partnerschaften). Ungeklärt ist bisher, ob es einen Einfluss von Bindungsrepräsentationen auf nicht nahe Beziehungen in anderen sozialen Kontexten gibt.

Zwischen der *Theorie der kognitiven Dissonanz* und der Bindungstheorie gibt es eine mögliche Berührung über das Konzept der inneren Arbeitsmodelle und der Operationalisierung im Adult Attachment Interview. Hier könnten die Widersprüche, wie sie bei Personen mit unsicher-vermeidender Bindungsrepräsentation gefunden werden, zwischen der semantischen Ebene (die gesamte Bewertung der eigenen Kindheit wird idealisiert) und der episodischen Ebene (konkrete Erinnerungen sind negativ und stehen in eklatantem Widerspruch zur pauschal positiven Bewertung) auch als kognitive Dissonanzen verstanden werden, die einen Druck in Richtung auf Dissonanzreduktion erzeugen, sodass diese Probanden versuchen z. B. bestimmte Fragen zu umgehen, deren Bedeutung zu relativieren oder das Interview abzubrechen.

Im Unterschied zur *kognitiv-physiologischen Theorie der Emotion* von Schachter (1959) versteht die Bindungstheorie die Entstehung und Bedeutung von Emotionen sowie den Umgang mit Emotionen im Kontext von engen zwischenmenschlichen Beziehungen (Grossmann & Grossmann, 1991).

Auch geht die Bindungstheorie weit über das Verständnis der *Theorie des sozialen Anschluss*es hinaus. Sie postuliert, dass es phylogenetisch angelegte Verhaltenssysteme gibt, die dazu führen, dass Neugeborene zu ihrem eigenen Schutz im Laufe des ersten Lebensjahres Bindungen zu ihren primären Bezugspersonen entwickeln und weiterhin, dass die Neigung enge emotionale Beziehungen zu anderen zu knüpfen über den Lebenslauf erhalten bleibt. Kinder suchen die Nähe der Bindungsperson bei Angst, Müdigkeit oder sonstigem Unwohlsein. Heranwachsende und Erwachsene suchen vor allem dann die Nähe einer bestimmten, emotional verbundenen Person, wenn ihre eigenen Ressourcen erschöpft sind, sie krank oder sonst belastet sind. Damit erklärt die Bindungstheorie nicht nur die Entstehung oder die Ursache für zwischenmenschliche Bindungen, sondern versucht auch die Entwicklung unterschiedlicher Qualitäten in engen Beziehungen aufzuzeigen. Wichtig ist, dass Bindungen auch dann entstehen, wenn sie im Sinne der *Theorie des sozialen Austausches* nicht belohnend sind. Kinder entwickeln auch zu strafenden oder misshandelnden Eltern (unsichere) Bindungen, wenn diese die primären Interaktionspartner des Kindes sind. Nur unter sehr extremen

Bedingungen der Vernachlässigung, wie z. T. in rumänischen Kinderheimen beobachtet werden konnte, kommt es vor, dass Kinder massive Bindungsstörungen oder gar keine Bindung entwickeln (Main, 1999).

8.2 Vergleich der Bindungstheorie mit der Motivationstheorie von Ryan und Deci (Ryan et al. 1997)

Wiederholt wurde bereits die Bindungstheorie mit der Motivations- bzw. Autonomie-Theorie (Ryan et al., 1997) verglichen. In der Autonomieforschung wird Bindung als eines von drei Grundbedürfnissen neben Kompetenz und Autonomie verstanden, wobei Ryan und Deci explizit auf die bestehende Forschung zu diesen drei Konzepten zurückgreifen (Ryan et al., 1997).

Sowohl die Bindungsforschung als auch die Autonomieforschung untersuchen die Anpassung über den Lebenslauf. Wie bereits gezeigt wurde, stellt eine sichere Bindungsorganisation eine wichtige Voraussetzung für gelungene Anpassung an Entwicklungsaufgaben in unterschiedlichen Altersstufen dar. Parallel dazu zeigen die Ergebnisse der Autonomieforschung, dass Autonomie förderndes Verhalten nicht nur mit größerer Kompetenz und Ausdauer beim Problemlösen in der frühen Kindheit (Ryan & Connell, 1989) und schulischem Erfolg, sowie besserem Selbstvertrauen und Selbstwertgefühl (Ryan & Stiller, 1991) und gelungener Anpassung im Jugendalter (Ryan & Lynch, 1989) einher geht, sondern auch im Erwachsenenalter größere Zufriedenheit in Partnerschaften bewirkt (Blais, Sabourin, Boucher & Vallerand, 1990) und insgesamt psychisches Wohlbefinden und psychische Gesundheit bis ins hohe Alter fördert (Ryan, Sheldon, Kasser & Deci, 1996).

Damit betont die Autonomieforschung die Bedeutung von feinfühligem Verhalten nicht nur in der Mutter-Kind Beziehung, sondern in allen bedeutsamen zwischenmenschlichen Beziehungen über die Lebensspanne hinweg. In der Bindungstheorie wurde feinfühliges und explorationsförderndes Verhalten im Wesentlichen nur in den ersten Kindheitsjahren beobachtet und Auswirkungen auf die weitere Entwicklung untersucht. Hier könnte die Bindungsforschung eine wichtige Erweiterung erfahren. Feinfühligkeit, die in ihrer Definition auch die Förderung der Autonomiebedürfnisse des anderen beinhaltet (Bretherton, 1987), sollte nicht nur in der frühen Kindheit und nicht nur in der Mutter-Kind Beziehung und in der spielerischen Exploration, sondern auch in späteren Lebensphasen und in anderen Beziehungen zur adaptiven Entwicklung in Zusammenhang gebracht werden.

Um eine gesunde Entwicklung zu gewährleisten, müssen sowohl Bindungsbedürfnisse als auch Autonomiebedürfnisse erfüllt werden. Dies geschieht im sozialen Kontext naher zwischenmenschlicher Beziehungen, erst in der Eltern-Kind Beziehung, später in Partnerschaften. Am förderlichsten für die weitere Entwicklung sind Beziehungen, die eine sichere Basis im Sinne einer sicheren Bindung bieten und gleichzeitig die Autonomieentwicklung fördern. Bindung an sich ist kein Selbstzweck, sondern bietet neben Sicherheit und Schutz die psychische Grundlage, auf der Autonomie entwickelt werden kann. Eine ausgeglichene Balance von Bindung und Autonomie bildet die förderlichste Grundlage für eine adaptive Entwicklung über die Lebensspanne.

8.3 Abschließende Bewertung der Bindungstheorie und Ausblick

Die gegenseitige Beeinflussung von Bindungstheorie und Bindungsforschung, die damit einher gehende prospektive und empirische Prüfung von bindungstheoretischen Thesen hat dazu geführt, dass Konzepte der Bindungstheorie vertieft und differenziert werden. So wurde z. B. das Verständnis innerer Arbeitsmodelle durch die Erfassung der Bindungsrepräsentation im Erwachsenenalter verändert (Main et al., 1985). Ebenso haben Ergebnisse aus den verschiedenen Längsschnittstudien die Auffassung von Kontinuität der Bindungsorganisation von der frühen Kindheit bis zum Jugend- oder Erwachsenenalter verändert (Zimmermann, Becker-Stoll, Scheuerer-Englisch, Wartner & Grossmann, 2000).

In ihrem Epilog zum *Handbook of Attachment* (Cassidy & Shaver, 1999) entwirft Mary Main Perspektiven für zukünftige Forschungsaufgaben der Bindungstheorie (Main, 1999). Eine ihrer Vorschläge bezieht sich auf eine vielseitigere Verwendung des Adult Attachment Interviews, z. B. in Partnerschaften und in Kombination mit anderen Verfahren, wie z. B. Fragebögen, Interaktionsbeobachtungen, etc. Dies geschieht bereits. Ein paralleles Interview für die Repräsentation von Partnerschaften wurde z. B. von Crowell und Owens (1996) entwickelt. Andere Möglichkeiten für zukünftige Forschung sieht Main in der Verbindung von Bindungsforschung mit Neuropsychologie und Gehirnphysiologie, insbesondere mit der Erforschung von Unterschieden in spezifischen Strukturen der Amygdala und des frontalen Cortex bei unterschiedlichen Bindungserfahrungen.

In jüngster Zeit werden Konzepte und Methoden der Bindungstheorie und -forschung vermehrt von der klinischen Psychologie und der Kinder- und Jugendpsychiatrie übernommen (Strauß, Buchheim, Kächele, im Druck). Dies setzt eine sorgfältige Prüfung der Übertragbarkeit voraus. Bisher ist ungeklärt, inwiefern die Forschungsmethoden, die zunächst an nicht klinischen Stichproben entwickelt wurden auch in klinischen Populationen anwendbar und valide und damit aussagekräftig sind. Bindungstheorie und -forschung bieten mit ihrem heutigen Stand eine fundierte Grundlage für das Verständnis von gelungener oder abweichender Anpassung und Persönlichkeitsentwicklung. Sie bieten Methoden und Grundlagen für eine bindungsbezogene Diagnostik und die Möglichkeit, daraus Prognosen bzw. Interventionen abzuleiten (George & Solomon, 1999; Crowel, Fraley & Shaver, 1999). Das zunehmende Interesse der Sozialpsychologie und der klinischen Psychologie für die Konzepte und Methoden der Bindungstheorie zeigt, dass sie zu einem empirisch fundierten Ansatz sowohl für das Verständnis der Entwicklung zwischenmenschlicher Beziehungen als auch für Fehlentwicklungen geworden ist (Grossmann, K. & Grossmann, K. E., im Druck).

Literatur

Ainsworth, M. D. S. & Bell, S. M. (1974). Mother-infant interaction and the development of competence. In: K. J. Connolly & J. Bruner (Eds.), *The growth of competence*. London & New York: Academic Press, 131–164.

Ainsworth, M. D. S. & Eichberg, C. G. (1991). Effects on infant-mother attachment of mother's unresolved loss of an attachment figure, or other traumatic experience. In: C. M. Parkes, J. Stevenson-Hinde & P. Marris (Eds.), *Attachment across the life cycle*. London/New York: Tavistock/Routledge, 160–183.

Ainsworth, M. D. S. (1967). *Infancy in Uganda: Infant care and the growth of love*. Baltimore: Johns Hopkins University Press.

Ainsworth, M. D. S. (1977). Skalen zur Erfassung mütterlichen Verhaltens: Feinfühligkeit versus Unempfindlichkeit gegenüber den Signalen des Babys. In: K. E. Grossmann (Ed.), *Entwicklung der Lernfähigkeit*. München: Kindler, 96–107.

Ainsworth, M. D. S., Blehar, M.C., Waters, E. & Wall, S. (1978). *Patterns of attachment. A psychological study of the strange situation*. Hillsdale: Lawrence Erlbaum Associates.

Allen, J. P. & Hauser, T. H. (1996). Autonomy and relatedness in adolescent-family interactions as predictors of young adults' states of mind regarding attachment. *Development and Psychopathology, 8*, 793–809.

Allen, J. P. & Land, D. (1999). Attachment in adolescence. In: J. Cassidy & P. R. Shaver (Eds.). *Handbook of Attachment*. New York: Guilford, 319–335.

Anthony, J. (1987). Risk, vulnerability and resilience: An overview. In: J. Anthony & B. Cohler (Eds.), *The vulnerable child* (pp 3–48). New York: Guilford.

Becker-Stoll, F. & Grossmann, K. E. (in Vorb.). *Attachment at age one, six and sixteen: Continuity at the level of behavior and representation*. Paper submitted for publication.

Becker-Stoll, F. & Zimmermann, P. (1998). Die Bedeutung der Bindungstheorie für die klinische Praxis. *Newsletter Entwicklungspsychologie, 2/98*, 10–13.

Becker-Stoll, F. (1997). *Interaktionsverhalten zwischen Jugendlichen und Müttern im Kontext längsschnittlicher Bindungsentwicklung*. Unveröffentlichte Dissertation. Universität Regensburg.

Becker-Stoll, F. Delius, A. & Scheitenberger, S. (submitted). Adolescents' nonverbal emotional expressions during interaction with mother – an attachment approach. *International Journal of Behavior and Development*.

Berlin, L. J. & Cassidy, J. (1999). Relations among Relationships: Contributions from Attachment Theory and Research. In: J. Cassidy & P. Shaver. *Handbook of Attachment*. New York: Guilford. Chapter 30, pp. 688–712.

Bowlby, J. (1969). Attachment and loss. Vol. 1: *Attachment*. London: Hogarth Press and Institute of Psycho-Analysis (deutsch: Bindung. München: Kindler, 1975).

Bowlby, J. (1973). Attachment and loss. Vol. 2: *Separation: Anxiety and anger*. New York: Basic Books (deutsch: Trennung. München: Kindler, 1976).

Bowlby, J. (1979). *The making and breaking of affectional bonds*. London: Tavistock Publications (deutsch: Das Glück und die Trauer. Stuttgart: Klett-Cotta).

Bowlby, J. (1980). Attachment and loss. Vol. 3: *Loss: Sadness and depression*. New York: Basic Books (deutsch: Verlust. Frankfurt: Fischer, 1983).

Bowlby, J. (1983). *Verlust*. München: Kindler (Orig.: Loss, 1980).

Bowlby, J. (1987). *Attachment*. In: R. L. Gregory (Ed.), The Oxford Companion to the Mind. Oxford: Oxford University Press, 57–58.

Bowlby, J. (1988). *A secure base. Clinical applications of attachment theory*. London: Travistock/Routledge.

Bowlby, J. (1988a). Developmental psychiatry comes of age. *American Journal of Psychiatry, 145*, 1–10.

Bowlby, J. (1988b). Attachment, communication, and the therapeutic process. In: J. Bowlby, *A secure base*, 137–157

Bowlby, J. (1995). *Elternbindung und Persönlichkeitsentwicklung*. Heidelberg, Dexter.

Bretherton, I. (1987). New perspectives on attachment relations: Security, communication, and internal working models. In: J. D. Osofsky (Ed.), *Handbook of Infant Development*. New York: Wiley, 1061–1100.

Bretherton, I. (1990). Open communication and internal working models: their role in the development of attachment relationships. In: R. A. Thompson (Ed.) *Socio-emotional development*. Nebraska Symposium on Motivation, 1988. Lincoln, University of Nebraska Press, 57–113.

Bretherton, I., & Munholland, K. A. (1999). Internal working models in attachment relationships: A construct revisited. In: J. Cassidy & P. R. Shaver (Eds.). *Handbook of attachment theory and research* (pp. 89–114). New York: Guilford.

Cassidy J. (1999). The Nature of the Child's Ties. In: J. Cassidy & P. R. Shaver (Eds.) *Handbook of Attachment: Theory, Research, and Clinical Applications* (pp. 3–20). New York: Guilford.

Cassidy, J. & Shaver, P.R. (Eds.) (1999). *Handbook of Attachment: Theory, Research, and Clinical Applications*. New York: Guilford.

Crowell, J. A. & Owens, G. (1996). *Current Relationship Interview and scoring system*. Unpublished manuscript, State University of New York at Stony Brook.

Crowell, J. A., Fraley, R. C. & Shaver, R. P. (1999). Measurement of Individual Differences in Adolescent and Adult Attachment. In: J. Cassidy & P. R. Shaver (Eds.) *Handbook of Attachment: Theory, Research, and Clinical Applications* (pp. 434–468). New York: Guilford.

Elicker, J., Englund M., & Sroufe, L. A. (1992). Predicting peer competence and peer relationships in childhoold from early parent-child relationships. In: R. Parke & G. Ladd (Eds). *Family-peer relationships: Modes of linkage*. 71–106. Hillsdale: Erlbaum.

Feeney, J. A. (1999). Adult Romantic Attachment and Couple Relationship. In:J. Cassidy & P. Shaver. *Handbook of Attachment*. New York: Gilford. Chapter 14, pp 287–318.

Fischer, L. & Wiswede, G. (1997). *Grundlagen der Sozialpsychologie*. München: Oldenbourg.

Fonagy, P. (1998). Die Bedeutung der Entwicklung metakognitiver Kontrolle der mentalen Repraesentanzen fuer die Betreuung und das Wachstum des Kindes *Psyche*, *52* (4), 349–368. (Bereits in englischer Sprache erschienen in: Journal of Clinical Psychoanalysis 1996, 5, 67–86)

Fonagy, P., Steele, H. & Steele, M. (1991). Maternal Representations of Attachment during Pregnancy Predict the Organization of Infant-Mother Attachment at One Year of Age. *Child Development*, *62*, pp. 891–905.

Fraiberg, S. (1980). *Clinical studies in infant mental health: The fist year of life*. New York: Basic Books.

Fraiberg, S., Adelson, E., & Shapiro, V. (1975) Ghosts in the nrusery: A psychoanalytic approach to impaired infant-mother relationships. *Journal of the American Adademy of Child Psychiatry*, *14*, 1387–1422.

Fremmer-Bombik, E. (1995). Innere Arbeitsmodelle von Bindung. In: G. Spangler & P. Zimmermann. *Die Bindungstheorie: Grundlagen, Forschung und Anwendung*. Stuttgart, Klett-Cotta.

George, C., Kaplan, N. & Main, M. (1984). *Adult Attachment Interview Protocol*. Unpublished manuscript. University of California at Berkeley.

George, C., Kaplan, N. & Main, M. (1985). *Adult Attachment Interview Protocol* (2nd ed.). Unpublished manuscript. University of California at Berkeley.

George, C., Kaplan, N. & Main. M. (2001). Adult Attachment Interview. In: G. Gloger-Tippelt (Hrsg.). *Bindung im Erwachsenenalter*. Bern: Huber, S. 364–387.

George, C. & Solomon, J. (1999). Attachment and Caregiving: The Caregiving Behavioral System. In: J. Cassidy & P. R. Shaver (Eds.) *Handbook of Attachment: Theory, Research, and Clinical Applications* (pp. 649–670). New York: Guilford.

Goldberg, S., Muir R. & Kerr, J. (Eds.), (1995) *Attachment theory: Social, Developmental and clinical perspectives*. Hillsdale, N.J., The Analytic Press.

Grawe, K. (1995). Grundriss einer allgemeinen Psychotherapie (Outline of a general psychotherapy). *Psychotherapeut, 40*, 130–145.

Greenberg, M. T. (1999). Attachment and Psychopathology in Childhood. In: J. Cassidy & P. R. Shaver (Eds.) *Handbook of Attachment: Theory, Research, and Clinical Applications* (pp. 469–498). New York: Guilford.

Grolnick, W.S., Deci, E. L., & Ryan, R. M. (1997). Internalization within the Family: The Self-Determination Theory Perspective. In: J. E. Grusec & L. Kuczynski (Eds.). *Parenting and children's internalization of values.* (pp 135–161). New York: Jon Wiley & Sons, Inc.

Grossmann, K. & Grossmann, K. E. (im Druck). Elternbindung und Entwicklung des Kindes in Beziehungen. In: Herpertz-Dahlmann, B., Resch, F., Schulte-Markwort, M, Warnke, A. (Hrsg.). *Entwicklungspsychiatrie*. Stuttgart: Schattauer.

Grossmann, K., Grossmann, K.E., Fremmer-Bombik, E., Kindler, H., Scheuerer-Englisch, H. & Zimmermann, P. (im Druck a). The uniqueness of the child-father attachment relationship: Fathers' sensitive and challenging play as the pivotal variable in a 16-year longitudinal study. *Social Development.*

Grossmann, K., Grossmann, K. E., Fremmer-Bombik, E., Kindler, H., Scheuerer-Englisch, H., Winter, M. & Zimmermann, P. (im Druck b). Väter und ihre Kinder – Die «andere» Bindung und ihre längsschnittliche Bedeutung für die Bindungsentwicklung, das Selbstvertrauen und die soziale Entwicklung des Kindes. In: Kornelia Steinhardt, Katharina Ereky u. a. (Hrsg.). *Die Bedeutung des Vaters in der frühen Kindheit*. Gießen: Psychosozial-Verlag.

Grossmann, K., Fremmer-Bombik, E., Rudolph, J. & Grossmann, K. E. (1988). Maternal attachment representations as related to patterns of infant-mother attachment and maternal care during the first year. In: R. A. Hinde & J. Stevenson-Hinde (Eds.), *Relationships within families*. Oxford: Oxford Science Publications, 241–260.

Grossmann, K., Grossmann, K. E., Spangler, G., Suess, G. & Unzner, L. (1985). Maternal sensitivity and newborns' orientation responses as related to quality of attachment in northern Germany. In: I. Bretherton & E. Waters (Eds.), *Growing points in attachment theory and research. Monographs of the Society for Research in Child Development, 50*, 233–256.

Grossmann, K. E. (2000 a). Bindungsforschung im deutschsprachigen Raum und der Stand bindungstheoretischen Denkens. *Psychologie in Erziehung und Unterricht, 47*, 221–237.

Grossmann, K. E. (2000 b). Verstrickung, Vermeidung, Desorganisation: Psychische Inkohärenzen als Folge von Trennung und Verlust. In: L. Opher-Cohn, J. Pfäfflin, B. Sonntag, B. Klose & P. Pogany-Wnendt (Hrsg.). *Das Ende der Sprachlosigkeit?* Auswirkungen traumatischer Holocaust-Erfahrungen über mehrere Generationen. Gießen: Psychosozial-Verlag, S. 85–111.

Grossmann, K. E. (1999). Old and new internal working models of attachment: The organization of feelings and language. *Attachment and Humen Development, 1*, No. 3, 253–269

Grossmann, K. E. & Grossmann, K. (2001a). Bindungsqualität und Bindungsrepräsentation über den Lebenslauf. In: Röper, G., von Hagen, C. und Noam, G. (Hrsg.). *Entwicklung und Risiko*. Perspektiven einer Klinischen Entwicklungspsychologie. Stuttgart: Kohlhammer. S. 143–168

Grossmann, K. E. & Grossmann, K. (2001 b). Die Bedeutung sprachlicher Diskurse für die Entwicklung internaler Arbeitsmodelle von Bindung. In: G. Gloger-Tippelt (Hrsg.). *Bindung im Erwachsenenalter*. Bern Huber. S. 75–101

Grossmann, K. E. & Grossmann, K. (1995) Frühkindliche Bindung und Entwicklung individueller Psychodynamik über den Lebenslauf. *Familiendynamik, 20*, 171–192.

Grossmann, K. E. & Grossmann, K. (1991). Attachment quality as an organizer of emotional and behavioral responses in a longitudinal perspective. In: C. M. Parkes, J. Stevenson-Hinde & P. Marris (Eds.), *Attachment across the life cycle*. London/New York: Tavistock/Routledge, 93–114.

Grossmann, K. E. & Grossmann, K. (im Druck). Epilog: Klinische Bindungsforschung aus der Sicht der Entwicklungspsychologie. In: B. Strauß, A. Buchheim & H. Kaechele (Hrsg.). *Klinische Bindungsforschung – Methoden und Konzepte*. Stuttgart: Schattauer.

Grossmann, K. E., Grossmann, K. & Zimmermann, P. (1999). A Wider View of Attachment and Exploration: Stability and Change During the Years of Immaturity. In: J. Cassidy & P. R. Shaver (Eds.) *Handbook of Attachment: Theory, Research, and Clinical Applications* (pp. 760–786). New York: Guilford.

Grossmann, K. E., Grossmann, K., Winter, M. & Zimmermann, P. (2002). Bindungsbeziehungen und Bewertung von Partnerschaft. Von früher Erfahrung feinfühliger Unterstützung zu späterer Partnerschaftsrepräsentation. In: Brisch, K.H., Grossmann, K., Grossmann, K.E. & Köhler, L. (Hrsg.). *Bindung und seelische Entwicklungswege*. Vorbeugung, Interventionen und klinische Praxis. Stuttgart: Klett-Cotta.

Harlow, H. F. (1961). The development of affectional patterns in infant monkeys. In: Foss, B. M. (Ed.). *Determinants of infant behavior*, Vol. 1 (75–97). New York: Wiley.

Journal of Consulting and Clinical Psychology (1996). *Special Section: Attachment and Psychopathology*. Part 1: Vol. 64 (1) 5–73; Part 2: Vol. 64 (2), 237–294.

Kobak, R. & Sceery, A. (1988). Attachment in late adolescence: Working models, affect regulation, and representations of self and others. *Child Development, 59*(1), 135–146.

Liebermann, A. F. & Zeanah, C. H. (1999). Contributions of Attachment Theory to Infant-Parent Psychotherapy and Other Interventions with Infants and young Children. In: J. Cassidy & P. R. Shaver (Eds.) *Handbook of Attachment*: Theory, Research, and Clinical Applications (pp. 555–574). New York: Guilford.

Lorenz, K. (1978). *Vergleichende Verhaltensforschung*. Grundlagen der Ethologie (Comparative behavioral research. Foundations of ethology). Wien, New York. Springer Verlag.

Lyan-Ruth, K. & Jakobvitz, D. (1999). Attachment Disorganization: Unresolved Loss, Relational Violence, and Lapses in Behavioral and Attentional Strategies. In: J. Cassidy & P. R. Shaver (Eds.) *Handbook of Attachment: Theory, Research, and Clinical Applications* (pp. 520–554). New York: Guilford.

Main, M. & Hesse, E. (1990). Parents' unresolved traumatic experiences are related to infant disorganized attachment status: Is frightened and/or frightening parental behavior the linking mechanism? In: M. T. Greenberg, D. Cicchetti & E. M. Cummings (Eds.), *Attachment in the preschool years*. Chicago: University of Chicago Press, 161–182.

Main, M. & Solomon, J. (1990). Procedures for identifying infants as disorganized/disoriented during Ainsworth Strange Situation. In: M. T. Greenberg, D. Cicchetti & E. M. Cummings (Eds.), *Attachment in the preschool years* (pp. 121–160). Chicago: University of Chicago Press.

Main, M. (1999). Epilogue: Attachment Theory – Eighteen Points with Suggestions for Future Studies. In: J. Cassidy & P. R. Shaver (Eds.) *Handbook of Attachment: Theory, Research, and Clinical Applications*. Chapter 30, pp. 845–887. New York: Guilford.

Main, M., Kaplan, N. & Cassidy, J. (1985). Security in infancy, childhood, and adulthood: A move to the level of representation. In: I. Bretherton & E. Waters (Eds.), Growing points in attachment theory and research. Monographs of the Society for Research in *Child Development, 50*, 66–106.

Matas, L., Arend, R. & Sroufe, L.A. (1978). Continuity of adaptation in the second year: The relationship between quality of attachment and later competence. *Child Development, 49*, 547–556.

Meins, E. (1997). *Security of attachment and social development of cognition*. Hove: Psychology Press.

Meins, E.; Fernyhough, Ch.; Russel, J. & Clark-Carter, D. (1998). Security of Attachment as a Predictor of Symbolic and Mentalising Abilities: A Longitudinal Study. *Social Development, 7*(1), 1–24.

Rutter, M. (1990). Psychosocial resilience and protective mechanisms. In: J. Rolf, A. S. Masten, D.

Cicchetti, K. N. Nuechterlein, & S. Weintraub (Eds.), *Risk and protective factors in the development of psychopathology.* Cambridge, Cambridge University Press, 181–214.

Ryan R. M., Sheldon, K. M., Kasser, T., & Deci, E. L. (1996). An organismic perspective on the nature of goals and their regulation. In: P. M. Gollwitzer & J. A. Bargh. *The psychology of action.* New York: Guilford. 7–27.

Ryan, R. M., & Lynch, J. (1989). Emotional autonomy versus detachment: Revisiting the vicissitudes of adolescence and young adulthood. *Child Development, 60,* 340–356.

Ryan, R. M., Deci, E. L. & Grolnick, W. S. (1995). Autonomy, relatedness, and the self: Their relation to development and psychopathology. In: D. Cicchetti, D. & D. Cohen (Ed.). *Developmental psychopathology,* Vol. 1: Theory and methods. New York: John Wiley & Sons, 618–655.

Ryan, R. M., Kuhl, J., & Deci, E. L. (1997). Nature and autonomy: An organizational view of social and neurobiological aspects of self-regulation in behavior and development. *Devolopment and Psychopathology, 9,* 701–7228.

Ryan, R. M. & Solky, J. A. (1996). What is supportive about social support? On the psychological needs for autonomy and relatedness. In: G. R. Pierce, B. R. Saroson & J. G. Sarason. *Handbook of social support and the family,* 249–246.

Scheuerer-Englisch, H. (1989). *Das Bild der Vertrauensbeziehung bei zehnjährigen Kindern und ihren Eltern: Bindungsbeziehungen in längsschnittlicher und aktueller Sicht.* Unveröffentlichte Dissertation, Universität Regensburg.

Scheuerer-Englisch, H. (1998a). Kinder – getrennt und doch gebunden. Entwicklungspsychologische Erkenntnisse und der Beitrag der Erziehungsberatung bei Fremdunterbringungen In: A. Hundsalz, K. Menne & H. Cremer (Hrsg.). *Jahrbuch für Erziehungsberatung,* Weinheim: Juventa.

Schieche, M. (1996). *Exploration und physiologische Reaktionen bei zweijährigen Kindern mit unterschiedlichen Bindungserfahrungen.* Unveröffentlichte Dissertation. Universität Regensburg.

Schild, B. (1998). *Erklären berichtete traumatische Erfahrungen von Müttern desorganisiertes Verhalten bei einjährigen Kindern?* Unveröffentlichte Dissertation, Universität Regensburg.

Seiffge-Krenke, I. (1995). *Stress, oping, and relationships in adolescence.* Mahwah, NJ: Lawrence Erlbaum.

Slade, A. (1999). Attachment Theory and Research: Implications for the Theory and Practice of Individual Psychotherapy with Adults. In: J. Cassidy & P. R. Shaver (Eds.) *Handbook of Attachment: Theory, Research, and Clinical Applications* (pp. 575–574). New York: Guilford.

Spangler, G. & Grossmann, K. (1999). Individual and physiological correlates of attachment disorganization in infancy. In: Solomon, J. and George, C. (Eds.). *Attachment disorganization* (pp. 95–124). New York: Guilford.

Spangler, G. & Grossmann, K.E. (1993). Biobehavioral organization in securely and insecurely attached infants. *Child Development, 64,* 1439–1450.

Spangler, G. & Zimmermann, P. (1999). Bindung und Anpassung im Lebenslauf: Erklärungsansätze und empirische Grundlagen für Entwicklungsprognosen. In: R. Oerter, G. Röper & C. von Hagen (Hrsg.). *Lehrbuch der klinischen Entwicklungspsychologie.*

Spangler, G., Fremmer-Bombik, E. & Grossmann, K. (1996). Social and individual determinants of attachment security and disorganization during the first year. *Infant Mental Health Journal, 17,* 127–139.

Spitz, R.A. (1945). Hospitalism. *Psychoanalytic Study of the Child, 1,* 53–74.

Sroufe, L. A. (1983). Infant-caregiver attachment and patterns of adaptation in preschool: The roots of maladaptation and competence. In: M. Perlmutter (Eds.), *Minnesota Symposium in Child Psychology* (Vol. 16, 41–81). Hillsdale, N. J.: Erlbaum.

Sroufe, L.A. (1989). Relationships, self, and individual adaptation. In: A. J. Sameroff & R. N. Emde (Eds.), *Relationship disturbances in early childhood. A developmental approach.* New York: Basic Books, 70–94.

Sternberg, Robert J. (1997). The concept of intelligence and its role in lifelong learning and success. *American Psychologist, 52*(10), 1030–1037.

Strauß, Bernhard, Anna Buchheim & Horst Kaechele (Hrsg., im Druck). *Klinische Bindungsforschung – Methoden und Konzepte.* Stuttgart: Schattauer.

Suess, G., Grossmann, K.E. & Sroufe, L. A. (1992). Effects of infant attachment to mother and father on quality of adaptation in preschool: From dyadic to individual organization of self. International *Journal of Behavioral Development, 15*, 43–65.

Unzner, L. (1995). Der Beitrag von Bindungtheorie und Bindungsforschung zur Heimerziehung. In: G. Spangler & P. Zimmermann (Hrsg.), *Die Bindungstheorie: Grundlagen, Forschung und Anwendung* (S. 335–350). Stuttgart: Klett-Cotta.

Urban, J., Carlson, E., Egeland, B., & Sroufe, L (1991). Patterns of individual adaptation across childhood. *Development and Psychopathology, 3*, 445–560.

Van den Boom, Dymphna, C. (1994). The influence of temperament and mothering on attachment and exploration: an experimental manipulation of sensitive responsiveness among lower-class mothers with irritable infants. *Child Development, 65*, 1457–1477.

van IJzendoorn, M. (1995). Adult attachment representations, parental responsiveness, and infant attachment. A meta-analysis on the predictive value of the Adult Attachment Interview. *Psychological Bulletin.117*, 387–403.

Werner, E. E. & Smith, R. S. (1992). *Overcoming the odds: High risk children from birth to adulthood.* Ithaca, NY: Cornell University Press.

Werner, E. E. (1989). High risk children in young adulthood: A longitudinal study from birth to 32 years. *American Journal of Orthopsychiatry, 59*(1), 72–81.

Werner, Emmy E. (2000). Protective Factors and Individual Resilience. In: Jack P. Shonkoff & Samuel J. Meisels (Eds.). *Handbook of Early Childhood Intervention.* Cambridge University Press, S. 115–132

Werner, Emmy, E. & Smith, Ruth S. (2001). *Journeys from Childhood to Midlife. Risk, Resilience, and Recovery.* New York, Cornell University.

Winter, M. & Grossmann, K. E. (in Vorb.) Der Einfluss der Qualität des elterlichen Umgangs mit den Bindungs- und Explorationsbedürfnissen ihrer Kinder auf die Repräsentation romantischer Beziehungen im jungen Erwachsenenalter. In: T. Fuchs (Hrsg.). *Affekt und affektive Störungen.* Paderborn: Schöning.

Zimmermann, P. & Grossmann, K.E. (1997). Attachment and adaptation in adolescence. In: W. Koops, J. B. Hoeksam & D. C. van den Boom (Eds.) *Development of interaction and attachment: traditional and non-traditional approaches* (p. 281–282). Amsterdam: North-Holland.

Zimmermann, P. (1995). Bindungsentwicklung von der frühen Kindheit bis zum Jugendalter und ihre Bedeutung für den Umgang mit Freundschaftsbeziehungen. In: Spangler, G. & Zimmermann, P. (Hrsg.). *Die Bindungstheorie. Grundlagen, Forschung und Anwendung.* Stuttgart, Klett-Cotta, 203–231.

Zimmermann, P. (1999). Structure and functioning of internal working models and their role during emotional regulation. *Attachment and Human Development, 1*, 50–75.

Zimmermann, P. Becker-Stoll, F., Grossmann, K., Grossmann, K. E., Scheuerer-Englisch, H. & Wartner, U. (2000). Längsschnittliche Bindungsentwicklung von der frühen Kindheit bis zum Jugendalter. *Kindheit und Entwicklung, 47*, 99–117.

Zimmermann, P. Gliwitzky, J. & Becker-Stoll, F. (1996). Bindung und Freundschaftsbeziehungen im Jugendalter. *Psychologie in Erziehung und Unterricht, 43*, 141–154.

Zimmermann, P., Suess, G. J., Scheuerer-Englisch, H. & Grossmann, K. E. (1999). Bindung und Anpassung von der frühen Kindheit bis zum Jugendalter: Ergebnisse der Bielefelder und Regensburger Längsschnittstudie. *Kindheit und Entwicklung, 8*(1), 36–48. Göttingen: Hogrefe.

Lern- und Handlungstheorien

Die sozial-kognitive Theorie von Bandura

Klaus Jonas und Philip Brömer

Die folgende Darstellung der sozial-kognitiven Theorie bezieht sich im wesentlichen auf Banduras Beiträge zum *Modelllernen* und zur w*ahrgenommenen Selbstwirksamkeit* (siehe vor allem Bandura, 1986, 1997). Banduras (1969, 1977a, 1986, 1997) Theorie hat seit ihren Anfängen (Bandura, 1962) eine Reihe grundlegender Modifikationen und Erweiterungen erfahren. Ihre Darstellung in diesem Kapitel berücksichtigt diese Entwicklung insofern, als der historisch früher anzusiedelnde Beitrag Banduras zum Verhaltenserwerb und seine Abgrenzung von anderen Lerntheorien an erster Stelle abgehandelt wird (siehe Abschnitt 1) und der zweite Abschnitt dem später entwickelten Konzept der wahrgenommenen Selbstwirksamkeit gewidmet ist. Diese Trennung mag den nicht gänzlich falschen Eindruck erwecken, dass es zwischen Modelllernen und wahrgenommener Selbstwirksamkeit wenig Berührungspunkte gibt. Sofern es diese jedoch gibt, werden sie bereits in Abschnitt 1 erhellt.

Von Bandura selbst und den Rezipienten seiner Theorie wurde der Ansatz früher als *soziale Lerntheorie* bezeichnet (social learning theory; siehe z. B. Bandura, 1977a). Heute wählt Bandura die Bezeichnung *sozial-kognitive Theorie* (social cognitive theory; z. B. Bandura, 1986, 1997). Damit soll eine Abgrenzung von anderen, älteren sozialen Lerntheorien (z. B. Miller & Dollard, 1941; Rotter, 1954) vorgenommen werden, die mehr oder minder stark dem Prinzip der operanten Konditionierung verhaftet sind. Die Bezeichnung als sozial-kognitive Theorie soll Banduras Auffassung zum Ausdruck bringen, wonach sich Verhalten, Umwelteinflüsse sowie kognitive, biologische bzw. andere intraindividuelle Faktoren gegenseitig beeinflussen und miteinander in Wechselwirkung treten (Bandura, 1991b). Dieses Postulat Banduras kommt im so genannten *triadischen reziproken Determinismus* (triadic reciprocal determinism; vgl. z. B. Bandura, 1986, 1997; Abbildung 1) zum Ausdruck. Durch diese Grundannahme unterscheidet sich Bandura beispielsweise sowohl von einseitig umweltzentrierten Ansätzen wie dem Behaviorismus Watson'scher (1913) Prägung als auch von Ansätzen, die zumindest aus sozialpsychologischer Sicht Einflüsse der sozialen Umwelt vernachlässigen wie beispielsweise die klassische Psychoanalyse (Freud, 1941; vgl. z. B. Baron & Richardson, 1994).

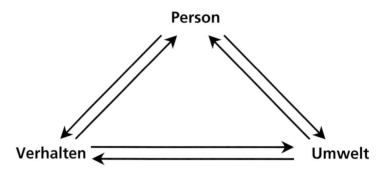

Abbildung 1: Schematische Darstellung triadisch reziproker Verursachung.

Bandura (1986, 1994) hebt hervor, dass Menschen zur *Symbolisierung*, zum *vorausschauenden Denken* und zur *Selbstreflexion* in der Lage sind. Diese Prozesse wiederum befähigen sie zu *selbst-reguliertem* Handeln und zum Modelllernen (Bandura, 1994). Mit *Symbolisierung* sind die kognitiven bzw. sprachlichen Repräsentationen externer Ereignisse gemeint. Von diesen Repräsentationen hängt es ab, welche Bedeutung Individuen dem Erlebten geben, solche Repräsentationen ermöglichen die Erzeugung von Ideen, die über das unmittelbar Erlebte hinausgehen, sie machen ein (kausales) Verständnis des Erlebten möglich und ermöglichen interpersonelle Kommunikation, oft unter Überwindung zeitlich-räumlicher Distanzen. Im *vorausschauenden Denken* werden insbesondere künftige Zielzustände des eigenen Handelns kognitiv repräsentiert und wahrscheinliche Konsequenzen der einen oder anderen Handlungsalternative antizipiert. Vorausschauendes Denken wäre nicht möglich ohne die Fähigkeit zur Symbolisierung.

Mit *Selbstreflexion* meint Bandura die Fähigkeit, über die Realitätsangemessenheit der eigenen Gedanken und das Ausmaß der Kontrolle über das eigene Verhalten nachdenken zu können. So ist es für Individuen bedeutsam bzw. in manchen Fällen sogar für das Überleben entscheidend, einschätzen zu können, ob die eigenen Meinungen mit der physikalischen bzw. sozialen Realität übereinstimmen (Bandura, 1994). Insbesondere hat sich Bandura (1977b, 1997) mit den individuellen Urteilen über die eigene *wahrgenommene Selbstwirksamkeit* (perceived self-efficacy) befasst, d. h. mit der subjektiven Überzeugung eines Individuums, ein bestimmtes Verhalten ausüben zu können. Von der wahrgenommenen Selbstwirksamkeit hängt es ab, für welche Verhaltensweisen sich Individuen entscheiden, wie viel Anstrengung sie in die betreffende Verhaltensweise investieren, wie viel Ausdauer sie angesichts von Hindernissen und Misserfolgen zeigen, ob während der Verhaltensausübung verhaltensförderliche oder -hinderliche Kognitionen ablaufen, welches Ausmaß an Stress sie erleben und wie sie mit Rückschlägen fertig werden (siehe dazu Abschnitt 2).

Der Begriff der *Selbstregulation* bezieht sich auf die Steuerung von Motivation, Emotion und Handeln durch die Individuen selbst. Diese Selbstregulation erfolgt auf der Grundlage interner Standards und bewertender Selbst-Reaktionen auf das eigene

Verhalten. So erzeugt das Erreichen eines Ziels ein Gefühl der Befriedigung, während das Nichterreichen als Quelle der Unzufriedenheit wirkt. Allerdings funktionieren Menschen nach Bandura (1986, 1994) keineswegs allein nach dem Prinzip der Reduktion solcher Diskrepanzen (*reaktive Kontrolle*). Während das Prinzip der reaktiven Kontrolle in der Kontrolltheorie (z. B. Carver & Scheier, 1998) einen zentralen Platz einnimmt, betont Bandura, dass Menschen von sich aus höhere Ziele abstecken und sich damit selbst, quasi über selbsterzeugte Diskrepanzen, motivieren (*proaktive Kontrolle*).

1 Modelllernen

Ein wichtiges Charakteristikum der menschlichen Natur besteht nach Bandura (1986) in der Fähigkeit des Menschen, Wissen und Fertigkeiten auf der Basis von *Modelllernen* (modeling) zu erwerben. Modelllernen ist ein weit gefasster Sammelbegriff, unter den ganz unterschiedliche Phänomene der Beeinflussung von Beobachtern durch Modelle fallen. Inhaltlich bezieht sich der Begriff nicht nur auf die Vermittlung von Verhaltensweisen, sondern z. B. auch auf die Übertragung kognitiver Kompetenzen oder das Lernen allgemeiner Regeln. Anstelle des Begriffs des Modelllernens verwendet Bandura (1994) häufig den umfassenderen Begriff der *symbolischen Modellierung* (symbolic modeling). Dieser Begriff schließt zusätzlich zum Lernen durch Beobachtung des Verhaltens anderer auch die Beeinflussung durch verbale oder bildhafte Präsentation ein. Modellierung kann beispielsweise direkt erfolgen, in Form der Beobachtung eines Verhaltens eines direkt anwesenden Modells oder indirekt, in Form eines Modells in einem Massenmedium oder in Form verbaler Modellierung, wenn ein Modell kein Verhalten vorführt, sondern verbal Instruktionen zur Ausführung eines bestimmten Verhaltens gibt. Welcher Modus effektiver ist, hängt von der geistig-kognitiven Entwicklungsstufe ab, in der sich das betreffende Individuum befindet. Je stärker sprachliche Kompetenz und kognitive Fertigkeiten ausgebildet sind, desto eher kann verbale Modellierung zum Einsatz kommen (vgl. Bandura, 1986). Zu berücksichtigen ist dabei allerdings, dass mit zunehmender Komplexität der modellierten Aktivitäten die verbale Modellierung weniger erfolgversprechend ist.

Bandura (1986, 1994) unterscheidet sieben unterschiedliche Typen des Modelllernens:

1. *Beobachtungslernen* (observational learning)
2. *Hemmung* (inhibition) bzw.
3. *Enthemmung* (disinhibition)
4. *soziale Veranlassung* (social prompting)
5. *Reaktionsauslösung* (response facilitation)
6. *Übertragung emotionaler Erregung* (emotional arousal)
7. *Beeinflussung von Auffassungen über die Realität* (shaping of values and conceptions of reality) sowie *Aufmerksamkeitslenkung* (environmental enhancement effects).

Tabelle 1: Typen des Modelllernens nach Bandura.

A. Bisher nicht im Repertoire enthalten	
1. Beobachtungslernen	Verstärkung ist für Aneignung und Ausführung zwar nicht notwendig, begünstigt aber diese Prozesse
B. Bereits im Repertoire enthalten	
2. Hemmung	Antizipation negativer (sozialer) Konsequenzen
3. Enthemmung	Wegfall negativer (sozialer) Konsequenzen
4. Soziale Veranlassung	Antizipation positiver (sozialer) Konsequenzen
5. Reaktionsauslösung	Konsequenzen/Anreize spielen keine Rolle
C. Ohne direkten Verhaltensbezug	
6. Übertragung emotionaler Erregung	
7. Beeinflussung von Auffassungen über die Realität	

Die Aufmerksamkeitslenkung wird an dieser Stelle jedoch ausgeklammert, da sie später als eigenständiger Teilprozess bei der Ausführung modellierten Verhaltens besprochen wird (siehe Abbildung 2). Da Bandura dem Beobachtungslernen in seiner Forschung besondere Aufmerksamkeit geschenkt hat, wird es erst nach den verbleibenden Typen des Modelllernens dargestellt. Beobachtungslernen liegt vor, wenn Individuen infolge der Beobachtung eines Modells kognitive Fertigkeiten, Regeln oder Verhaltensmuster erwerben, die zuvor nicht Bestandteil ihres Repertoires waren. Wie aus Tabelle 1 erkennbar ist, besteht ein wesentlicher Unterschied zwischen den verschiedenen Typen darin, ob das zu Erlernende bereits im Repertoire einer Person enthalten ist oder nicht. Daneben gibt es auch Lernprozesse, die keinen direkten Verhaltensbezug haben. Es sei an dieser Stelle darauf hingewiesen, dass abweichend von Banduras Sprachgebrauch andere Autoren die Begriffe «Beobachtungslernen» und «Modelllernen» teilweise synonym verwenden (z. B. Baron & Byrne, 1997).

Von *Hemmung* bzw. *Enthemmung* spricht Bandura (1986), wenn das betreffende Verhalten bereits zum Repertoire des Beobachters gehört, das Verhalten jedoch infolge der Modellierung künftig häufiger (Enthemmung) bzw. seltener (Hemmung) gezeigt wird, weil durch die Beobachtung Informationen über die Ausführbarkeit und soziale Konsequenzen des Verhaltens (z. B. Kritik, Sanktionen) vermittelt werden bzw. weil der Einfluss moralischer Normen abgeschwächt oder verstärkt wird. Hemmung und Enthemmung werden im wesentlichen von drei Faktoren bestimmt: Von dem subjektiven Urteil der Beobachter über ihre eigene Fähigkeit, das modellierte Verhalten ausführen zu können (wahrgenommene Selbstwirksamkeit), von ihrer Einschätzung, dass das Modellverhalten belohnende oder bestrafende Konsequenzen für das Modell nach sich zieht und von ihrer Schlussfolgerung, dass für sie selbst bei Ausführung des Verhaltens ähnliche oder anders geartete Konsequenzen zu erwarten sind. Hat das betreffende Verhalten negative Konsequenzen für das Modell, so sollte es zu Hemmung kommen. Dagegen sollte Enthemmung die Folge sein, wenn der Beobachter erlebt, dass ein sozial unerwünschtes Verhalten für das Modell keine negativen Folgen hat.

Die Phänomene der Hemmung und Enthemmung wurden häufig im Zusammenhang mit aggressivem Verhalten untersucht (vgl. Bandura, 1994). Entsprechende Mediendarstellungen können nach Banduras Auffassung beispielsweise die Furcht vor sozialer Missbilligung senken bzw. moralische Standards deaktivieren. Aggressives Verhalten sollte demnach wahrscheinlicher werden, wenn in filmischen Darstellungen aggressives Verhalten keine negativen Konsequenzen für den Akteur hat, es moralisch gerechtfertigt erscheint, die betreffenden Opfer als minderwertig dargestellt werden oder das aggressive Verhalten dadurch gerechtfertigt erscheint, dass es durch das Opfer selbst provoziert wurde. Von *sozialer Veranlassung* spricht Bandura (1994) in Fällen, in denen das Verhalten ähnlich wie im Fall von Enthemmung bereits im Repertoire des Individuums vorhanden war, in denen aber anders als bei der Enthemmung keine sozialen Sanktionen oder negativen selbstbezogenen Reaktionen wie z. B. ein schlechtes Gewissen infolge der Verletzung einer eigenen moralischen Norm drohen, sondern positive Konsequenzen erwartet werden. Ein Beispiel für soziale Veranlassung ist Produktwerbung, die beim Rezipienten den Eindruck hinterlässt, dass die eigene Verwendung des Produkts positive Konsequenzen wie z. B. einen bestimmten Status, ein besseres Aussehen oder ein Mehr an Gesundheit einbringen wird.

Der Begriff der *Reaktionsauslösung* meint Modelleinflüsse, in denen es zu einer Verhaltensausführung nicht infolge eines neu erworbenen Verhaltensmusters oder infolge der Lockerung einer bisher bestehenden Hemmung bzw. der Antizipation positiver Konsequenzen kommt, sondern infolge der kurzfristigen Aktivierung einer Verhaltenstendenz. Als Beispiel kann ein Individuum gelten, das eine Gruppe von Personen in den Himmel schauen sieht und daher ebenfalls hochschaut.

Ein Modelleinfluss kann auch in der *Übertragung emotionaler Erregung* bestehen. Dieser Einfluss besteht darin, dass die Beobachtung emotionaler Reaktionen beim Modell ähnliche Reaktionen beim Beobachter auslösen kann. Wenn ein Beobachter wiederholt beobachtet, dass Modelle in Gegenwart bestimmter Stimuli entsprechende emotionale Reaktionen zeigen, kann es beim Beobachter zu emotionalen Reaktionen angesichts dieser Stimuli kommen.

Schließlich kann es bei Rezipienten in manchen Fällen zur Beeinflussung von *Auffassungen über die Realität* kommen. Mediendarstellungen können beispielsweise Meinungen über Minderheitengruppen sowie Stereotype über Geschlechtsrollen bzw. ältere Menschen oder geschätzte Kriminalitätsraten beeinflussen (z. B. Rule & Ferguson, 1986). Solche Auffassungen können sich mehr oder minder stark von der Realität entfernen, wenn die entsprechenden Darstellungen verzerrt sind, beispielsweise, indem sie die Bedrohung durch Kriminalität als höher erscheinen lassen als es tatsächlich der Fall ist. Der zugrunde liegende Mechanismus dürfte hier in der durch den Medienkonsum erhöhten kognitiven Verfügbarkeit von «Exemplaren» liegen, die dem Stereotyp bzw. der verzerrten Darstellung entsprechen (zur Verfügbarkeitsheuristik siehe Tversky & Kahneman, 1974; vgl. auch Kunda, 1999).

Bandura spricht von *Beobachtungslernen*, wenn Individuen durch Beobachtung eines Modells kognitive Fertigkeiten, Regeln oder Verhaltensmuster erwerben, die zuvor nicht Bestandteil ihres Repertoires waren. Voraussetzung für die Ausführung eines modellierten Verhaltens durch Beobachter sind nach Banduras Auffassung (1986, 1994) vier Teilprozesse: Aufmerksamkeit, Behalten, motorische Kontrolle sowie Motivation. Abbildung 2 stellt diese Prozesse in ihrer Abfolge dar. Die Trennung zwischen der Aneignung (acquisition) und der Ausführung (performance) eines Verhaltens ist für Bandura (1965, 1986) von zentraler Bedeutung. Nicht alle erlernten Verhaltensweisen werden tatsächlich auch ausgeführt. Zu den noch zu besprechenden Prozessen Aufmerksamkeit, Behalten und motorische Kontrolle muss insofern noch die Motivation zur Ausführung hinzukommen. Untersuchungen, in denen das Ausmaß des Beobachtungslernens aus den spontan gezeigten imitativen Reaktionen erschlossen wird, unterschätzen häufig das Ausmaß des Gelernten. Am ehesten lässt sich das Gelernte durch explizite Ermutigungen erfassen, das Gelernte zu zeigen (maximizing enactment tests; z. B. Bandura, 1965). Die Schere zwischen Aneignung und Ausführung ist besonders deutlich in Fällen, in denen das Verhalten für den Beobachter keinen besonderen funktionalen Wert besitzt oder mit einem Bestrafungsrisiko verbunden ist.

Von der *Aufmerksamkeit* hängt es ab, ob Individuen tatsächlich das modellierte Verhalten bzw. seine relevanten Aspekte korrekt wahrnehmen. Für die Aufmerksamkeitssteuerung spielen neben Aspekten des modellierten Verhaltens wie z. B. seiner Salienz oder Funktionalität für den Beobachter vor allem Merkmale des Beobachters eine Rolle wie z. B. dessen kognitive Fertigkeiten oder Vorkenntnisse. *Behaltensprozesse* beziehen sich auf die kognitive Repräsentation des Erlebten. Das Behalten wird durch Prozesse der gedanklichen Wiederholung (rehearsal) des Wahrgenommenen verbessert.

Die *motorische Kontrolle* über das gelernte Verhalten hängt wesentlich von der Art der kognitiven Repräsentation des Gelernten ab. Auf der Basis einer abstrakten kognitiven Repräsentation bzw. Idee werden die entsprechenden Verhaltensweisen vom Beobachter umgesetzt. In dieser symbolischen Form ist das modellierte Verhalten im wesentlichen bereits vor der ersten Ausführung durch den Beobachter gelernt (Bandura, 1986). Diese Auffassung steht in Kontrast zu älteren lerntheoretischen Auffassungen, wonach der Beobachter die zu lernenden Verhaltensweisen bzw. Komponenten davon zunächst selbst ausführen muss, wodurch diese dann verstärkt und damit Teil des Verhaltensrepertoires werden (Miller & Dollard, 1941; Skinner, 1953).

Eine fehlerhafte Wiedergabe modellierten Verhaltens durch den Beobachter kann auf einer fehlerhaften kognitiven Repräsentation beruhen. Das wiederholte Praktizieren des Verhaltens hilft dabei, solche Aspekte des Verhaltens zu identifizieren, die bei der Beobachtung nicht adäquat registriert wurden. Ein weiterer Grund für eine fehlerhafte Ausführung kann darin liegen, dass einige der für die Ausführung erforderlichen Fertigkeiten fehlen oder hinsichtlich biologischer Faktoren Einschränkungen bestehen (z. B. Körpergröße, Kraft oder Beweglichkeit). Schwierigkeiten bei der erfolgreichen Ausführung beobachteten Verhaltens durch den Beobachter selbst können auch daraus resultieren, dass die notwendigen Fertigkeiten selbst nicht beobachtet werden können, beispielsweise beim Singen (vgl. Bandura, 1986), oder das Verhalten sehr komplex ist.

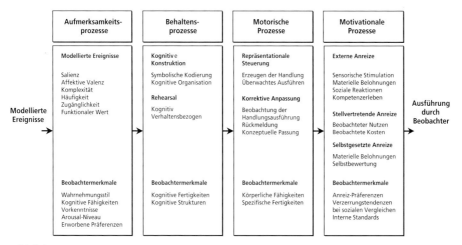

Abbildung 2: Vier bestimmende Funktionen des Beobachtungslernens (Bandura, 1986, 1997).

Besonders in diesen Fällen ist es wichtig, die Adäquatheit des eigenen Verhaltens aus den Ergebnissen rückzuschließen bzw. von anderen Personen eine Rückmeldung (feedback) zu erhalten. Der Nutzen von Feedback hängt dabei von dessen Spezifität bzw. Informativität ab. Ein Feedback über die eigene Ausführung des Verhaltens ohne Hinweise zur Verbesserung der Ausführung kann demotivierend wirken, d. h. als Verringerung der wahrgenommenen Selbstwirksamkeit (vgl. Abschnitt 2). Insofern sollten Personen, die dem Lernenden Feedback geben, neben der Verbesserung der Fertigkeit auch die Effekte des Feedbacks auf die Selbstwirksamkeit im Auge behalten.

In Bezug auf die Motivation nimmt Bandura (1986, 1994) an, dass die Verhaltensausführung durch drei Quellen von Anreizen beeinflusst wird: *direkte (externe), stellvertretende* und *selbstgesetzte Anreize*. Generell steigt die Wahrscheinlichkeit für die Ausführung modellierten Verhaltens, wenn dieses positiv bewertete Konsequenzen hat anstelle neutraler oder negativer Konsequenzen. Zu den externen Konsequenzen zählen materielle Belohnungen oder Bestrafungen, angenehme oder unangenehme sensorische Stimulation, positive oder negative soziale Reaktionen oder die Belohnung, die darin zum Ausdruck kommt, dass man mit den erworbenen Fertigkeiten nun Kontrolle über die betreffenden Ereignisse ausübt. In ähnlicher Weise wird die Ausführung durch die Beobachtung stellvertretender Konsequenzen beeinflusst, d. h. dass Beobachter es vorziehen, solche modellierten Verhaltensweisen auszuführen, für die andere belohnt wurden. Schließlich besteht auch eine Motivationsquelle in persönlichen Standards der Verhaltensregulierung, d. h. erworbenes Verhalten wird eher ausgeübt, wenn es den eigenen Standards entspricht bzw. unterlassen, wenn es sie verletzt.

Nach Auffassung der behavioristischen Lerntheorien (z. B. Skinner, 1953) kann es ein Lernen neuer Verhaltensweisen nur geben, wenn sie vom Lernenden ausgeführt und sodann verstärkt werden. Verstärkung ist nach dieser Sichtweise also eine notwendige Voraussetzung für das Lernen. Diese Auffassung wird von Bandura (1986) nicht gänzlich geteilt. Er verweist auf Fälle, in denen Beobachter imitatives Verhalten nicht in derselben Umgebung ausführen wie in der, in der sie es beobachtet haben, auf Fälle, in denen weder das Modell noch der Beobachter verstärkt wurden bzw. auf Fälle, in denen das erworbene Verhalten erst Tage, Wochen oder Monate später ausgeführt wurde. Anreize können allerdings nach Banduras Ansicht eine bedeutende Rolle beim Verhaltenserwerb spielen, wenn sie beispielsweise die Aufmerksamkeit wecken. Zu wissen, dass das Verhalten eines bestimmten Modells im allgemeinen positiv bewertete Konsequenzen hervorbringt bzw. negativ bewertete abwendet, erhöht die Aufmerksamkeit gegenüber diesen Modellen und verbessert das Erinnern an das Beobachtete. Anreize sind aber dennoch keine notwendige Bedingung, da die Aufmerksamkeit auch von anderen Faktoren als den antizipierten Konsequenzen beeinflusst werden kann.

Banduras Hypothese, wonach es zur Aneignung eines Verhaltens kommen kann, ohne dass eine Verstärkung erfolgt, wurde in einer Studie von Bandura (1965) belegt. In dieser Studie bekamen sechsundsechzig Jungen und Mädchen im Alter von 42 bis 71 Monaten einen kurzen Film gezeigt, in dem ein Modell gegenüber einer lebensgroßen Plastikpuppe vier deutlich abgegrenzte aggressive Verhaltensweisen ausführte. Beispielsweise bewarf das Modell die Puppe mit Gummibällen, wobei jeder Wurf von dem Ruf «Bang» begleitet wurde. Ein anderes Beispiel für aggressives Modellverhalten bestand darin, dass das Modell die Puppe mit Fußtritten im Raum umherkickte und dabei ausrief «Flieg weg». Diese aggressiven Verhaltensweisen waren nicht bereits Teil des Verhaltensrepertoires der Kinder.

Das beschriebene Vorgehen wurde durch drei experimentelle Bedingungen variiert: Die in die erste Bedingung platzierten Kinder erlebten, wie das Film-Modell von einem zweiten Erwachsenen für sein aggressives Verhalten verbal sowie mit Softdrinks, Schokolade und anderen Süßigkeiten verstärkt wurde («model-rewarded»). Die Kinder der zweiten Bedingung bekamen einen Film vorgeführt, in dem das Modell von der anderen Person wegen des aggressiven Verhaltens verbal kritisiert und körperlich attackiert wurde («model-punished»). Kinder der dritten Bedingung («no-consequences») erlebten die aggressive Sequenz des Modells ohne einen Nachspann mit einer Reaktion durch eine zweite Person. Um die Unterscheidung zwischen Aneignung und Ausführung zu belegen, wurden nach der Filmsequenz zwei Maße erhoben: (1) Unmittelbar anschließend ließ man die Kinder für kurze Zeit in einem Raum allein, der neben anderen Utensilien auch die Plastikpuppe und die Gerätschaften enthielt, mit denen das Modell die Puppe malträtiert hatte. Durch einen Einwegspiegel wurde die Anzahl spontaner imitativer Verhaltensweisen registriert (Maß für Ausführung). (2) Anschließend ermunterte die Versuchsleiterin die Kinder, wiederzugeben, was das Modell gesagt und getan habe. Dabei wurden Anreize in Form von Limonade und Ansteckbildern gegeben. Erneut wurde die Anzahl imitativer Verhaltensweisen registriert (Maß für Aneignung).

Nicht überraschend zeigte sich für das Maß für Ausführung signifikant weniger imitatives aggressives Verhalten in der «model-punished»-Bedingung als in den beiden anderen Bedingungen. Für das Maß für Aneignung zeigte sich jedoch kein signifikanter Unterschied zwischen den Bedingungen hinsichtlich imitativer Aggressivität. Diese Ergebnisse stehen in Einklang mit Banduras Hypothesen (und gleichzeitig im Widerspruch zur behavioristischen Position) und belegen, dass es bei den Kindern zur Aneignung der aggressiven Akte kam ohne dass es einer Verstärkung des Modells oder der Beobachter bedurfte.

2 Selbstwirksamkeit

Die wahrgenommene Selbstwirksamkeit, also die subjektive Überzeugung einer Person, ein bestimmtes Verhalten erfolgreich ausführen zu können, ist nach Ansicht von Bandura eine wesentliche Bestimmungsgröße der Verhaltensausführung. Mittlerweile ist die Bandbreite psychologischer Funktionsbereiche, in denen wahrgenommene Selbstwirksamkeit untersucht wurde, sehr groß. Bandura und Mitarbeiter haben sich in den früheren Arbeiten fast ausschließlich mit *dysfunktionalem* Verhalten befasst, beispielsweise emotionalen Störungen, Panikattacken oder Phobien (Bandura, 1977b; Bandura, 1982; Bandura & Adams, 1977; Bandura, Reese & Adams, 1982). Es konnte beispielsweise gezeigt werden, dass die physiologische Stressreaktion bei hoher wahrgenommener Selbstwirksamkeit schwächer ausfällt und dass Personen mit hoher wahrgenommener Selbstwirksamkeit eher bewältigendes Verhalten zeigen als Personen mit niedriger wahrgenommener Selbstwirksamkeit.

Diese Forschung wurde zusehends auf andere Verhaltensbereiche ausgedehnt. Untersucht wurde beispielsweise die Rolle der Selbstwirksamkeit bezüglich Leistungen in Mathematik bei Kindern mit defizitären Lernfertigkeiten (Bandura & Schunk, 1981), bezüglich akademischer Leistungen (Bandura, 1989; Multon, Brown & Lent, 1991; Wood & Locke, 1987; Zimmermann, 1990), körperlicher Aktivität (Feltz & Landers, 1983; Terry & O'Leary, 1995), Arbeitsleistung (Bandura & Jourden, 1991; Wood & Bandura, 1989), sowie im Bereich Risiko- und Gesundheitsverhalten (DeVries, Dijkstra & Kuhlman, 1988; O'Leary, 1992). Dabei wurden Belege dafür gefunden, dass die Höhe der Selbstwirksamkeit das Ausmaß an Anstrengung, die Ausdauer, die Art der eingesetzten Strategien und die Leistungsgüte beeinflusst. Das Zusammenspiel von wahrgenommener Selbstwirksamkeit, regulierenden Prozessen und Rückwirkungen der Verhaltensausführung auf die Selbsteinschätzung wird in Abbildung 5 verdeutlicht. Zuvor wird noch auf die Messung der Selbstwirksamkeit und die Grundlagen der wahrgenommenen Selbstwirksamkeit eingegangen.

Von der wahrgenommenen Selbstwirksamkeit ist nach Bandura (1977b, 1982, 1986, 1997) eine zweite, ebenfalls subjektive Einschätzung abzugrenzen: Die so genannte *Ergebniserwartung* (outcome expectancy) spiegelt nach Bandura die Erwartung einer Person wider, dass ein gezeigtes Verhalten zu angestrebten Ergebnissen führen wird. Wahrgenommene Selbstwirksamkeit und Ergebniserwartung sind konzeptuell streng voneinander zu trennen, weil Personen zwar einerseits davon überzeugt sein können, dass ein Verhalten zu bestimmten Ergebnissen führt, sie aber andererseits das Verhalten nicht ausführen werden, wenn sie an ihrer Selbstwirksamkeit zweifeln (Bandura, 1977b, 1986). Die unterschiedliche Rolle dieser beiden Überzeugungen wird in

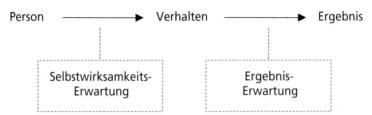

Abbildung 3: Schematische Unterscheidung von Selbstwirksamkeits- und Ergebniserwartung nach Bandura (1977b).

Abbildung 3 verdeutlicht. Bandura (1977b, 1982, 1986) betont, dass wahrgenommene Selbstwirksamkeit kongruent zu spezifischen Verhaltensweisen erfasst werden sollte, damit Verhalten möglichst gut vorhergesagt werden kann. Beispielsweise erfassten Wood und Locke (1987) die wahrgenommene Selbstwirksamkeit im Hinblick auf spezifische akademische Leistungen (z. B. eine gute Abschlussklausur zu schreiben, gute mündliche Beiträge liefern). Eine verhaltensspezifische Messung von Selbstwirksamkeitserwartungen sollte zu besseren Vorhersagen in Bezug auf ein bestimmtes Verhalten führen als eine globale oder generelle Messung der wahrgenommenen Selbstwirksamkeit (vgl. das Korrespondenzprinzip in der Einstellungs-Verhaltens-Forschung, Ajzen & Fishbein, 1977).

Bei der Messung der wahrgenommenen Selbstwirksamkeit unterscheidet Bandura (1977b) bezüglich eines bestimmten Verhaltens drei Aspekte. Erstens ihre *Höhe* bezüglich verschiedener Schwierigkeitsgrade eines Verhaltens (magnitude), zweitens die subjektive *Stärke* der Überzeugung, bestimmte Grade an Verhaltensgüte erfolgreich ausführen zu können (strength) und drittens den Grad, zu dem eine verhaltensspezifische Selbstwirksamkeitserwartung auf andere, ähnliche Verhaltensbereiche *generalisiert* (generality). Um die Höhe der wahrgenommenen Selbstwirksamkeit zu erfassen, soll zu jedem Schwierigkeitsgrad angegeben werden, ob man sich selbst in der Lage sieht, dieses Verhalten erfolgreich ausführen zu können. Beispielsweise erfassten Locke, Frederick, Lee und Bobko (1984) die Höhe der wahrgenommenen Selbstwirksamkeit bezüglich des Lösens verbaler Kreativitätsaufgaben, indem die Versuchsteilnehmer jeweils mit Ja oder Nein angeben sollten, ob sie in der Lage seien, in einer bestimmten Zeit 2, 4, 6, 8, 10, 12, oder 16 Verwendungszwecke für bestimmte Gegenstände zu nennen. Die Summe der Ja-Antworten diente als Maß für die Höhe der Selbstwirksamkeit. Die Stärke der Überzeugung wurde separat für jede Schwierigkeitsstufe mittels 11-stufiger Ratingskalen erfasst. Lee und Bobko (1994) konnten empirisch belegen, dass ein kombiniertes Maß aus der Höhe und der Stärke der Überzeugung die beste Verhaltensvorhersage lieferte.

Es gibt eine Reihe von Belegen dafür, dass eine verhaltensspezifische Selbstwirksamkeit auf andere Verhaltensweisen generalisieren kann. Beispielsweise führten Williams, Kinney und Falbo (1989) mit agoraphobischen Klienten ein Bewältigungstraining für bestimmte Phobien durch, wobei Agoraphobie ausgeklammert wurde. In dieser

	stimmt nicht	stimmt kaum	stimmt eher	stimmt genau
Schwierigkeiten sehe ich gelassen entgegen, weil ich mich immer auf meine Fähigkeiten verlassen kann.	1	2	3	4

Abbildung 4: Beispielfrage der generalisierten Kompetenzerwartung nach Schwarzer (1994).

Untersuchung zeigte sich, dass die infolge des Trainings erhöhte Selbstwirksamkeit auch Verbesserungen bezüglich Agoraphobie bewirkte. Smith (1989) führte mit testängstlichen Personen ein Bewältigungstraining durch und konnte zeigen, dass die dadurch erhöhte spezifische Selbstwirksamkeit bezüglich des Copings bei Test-Angst die generelle Selbstwirksamkeit bezüglich akademischer Leistungen erhöhte. Aus der theoretischen Annahme der Generalisierbarkeit heraus haben einige Autoren Skalen entwickelt, die die *generelle* Selbstwirksamkeit erfassen sollen (Schwarzer, 1994; Sherer, Maddux, Mercandante, Prentice-Dunn, Jacob & Rogers, 1982; Tipton & Worthington, 1984). Diese generelle Selbstwirksamkeit repräsentiert die subjektive Überzeugung, sich in verschiedenen Verhaltensbereichen kompetent verhalten zu können. Abbildung 4 zeigt eine Beispielfrage aus der Skala von Schwarzer (1994).

Die generelle, wahrgenommene Selbstwirksamkeit ist als abstrakte und stabile Persönlichkeitsdisposition zu betrachten, ähnlich wie das generelle Selbstwertgefühl («general self-esteem»; Rosenberg, 1965) oder die Kontrollüberzeugung («locus of control of reinforcement»; Rotter, 1966). Bandura (1991a) nimmt an, dass eine geringe wahrgenommene Selbstwirksamkeit in emotionaler Hinsicht mit einem geringen Selbstwertgefühl verbunden ist. Im Unterschied zur wahrgenommenen Selbstwirksamkeit bezieht sich die Kontrollüberzeugung auf die subjektive Überzeugung, dass bestimmte Ereignisse (i.e., Belohnungen und Bestrafungen) eher durch die Person selbst (internal) oder durch andere Personen oder äußere Umstände wie Schicksal oder Glück (external) kontrolliert werden. Kontrollüberzeugung (internal vs. external) und wahrgenommene Selbstwirksamkeit sind also konzeptuell verschieden (Bandura, 1997). Dementsprechend zeigte sich in einer Untersuchung von Phillips und Gully (1997) nur ein schwach positiver Zusammenhang von internaler Kontrollüberzeugung und wahrgenommener Selbstwirksamkeit bezüglich Prüfungsleistungen und kein Zusammenhang zwischen genereller Selbstwirksamkeit und Kontrollüberzeugung in einer Untersuchung von Smith (1989). Zudem ließ sich beispielsweise für gesundheitsbezogenes Verhalten zeigen, dass die wahrgenommene Selbstwirksamkeit Verhalten vorhersagt, während dies auf die Kontrollüberzeugung nicht zutrifft (Sallis, Pinski, Grossman, Patterson & Nader, 1988).

2.1   Grundlagen der Selbstwirksamkeitswahrnehmung

Wahrgenommene Selbstwirksamkeit ist das Ergebnis eines komplexen Schlussfolgerungsprozesses. Die handelnde Person muss neben der persönlichen Verursachung des Verhaltens auch die relativen Beiträge sozialer und situativer Einflüsse auf das Verhalten einschätzen (Bandura, 1986, 1997). Selbstwirksamkeitseinschätzungen sind deshalb nicht unveränderlich, sondern können sich jederzeit verändern, je nachdem, welche Informationen verfügbar sind und wie sie in die bestehenden Überzeugungen über die eigene Person einbezogen werden. Bandura (1977b, 1986, 1997) unterscheidet vier verschiedene Informationsgrundlagen der Selbstwirksamkeit.

1. *Bewältigungserfahrungen* (enactive mastery experiences). Aus der konkreten Verhaltensausführung erfährt eine Person direkt, ob sie erfolgreich war oder nicht. Das erfolgreiche Bewältigen einer Aufgabe erhöht die Selbstwirksamkeit, während ein Misserfolg sie verringert. Beispielsweise sollten sich in einer Untersuchung von Bandura et al. (1982) Personen mit Schlangen- oder Spinnenphobie schrittweise dem phobischen Objekt nähern. Eine erfolgreiche Bewältigung dieser Handlungen führte zu einer erhöhten Selbstwirksamkeit. Sanna und Pusecker (1994) ließen ihre Versuchspersonen entweder leichte oder schwierige verbale Kreativitätsaufgaben lösen. In der Bedingung mit schwierigen Aufgaben wurden weniger Aufgaben gelöst als in der Bedingung mit leichten Aufgaben. Entsprechend gaben Personen, die leichte Aufgaben lösen sollten, eine höhere wahrgenommene Selbstwirksamkeit an als Personen, die schwierige Aufgaben zu lösen hatten. Bandura (1997) betont, dass die Verhaltensausführung *diagnostisch* für die eigenen Fähigkeiten sein muss, damit die erfolgreiche Verhaltensausführung eine Wirkung auf die Selbstwirksamkeit hat. Die subjektive Einschätzung der eigenen Selbstwirksamkeit wird durch Erfolg oder Misserfolg kaum berührt, wenn die Verhaltensausführung entweder zu einfach oder zu schwer ist (Bandura, 1977b, 1982).

   Wenn man mit einem bestimmten Verhalten keine Erfahrung hat, kann die anfängliche Erfahrung leicht zu einer Unter- oder Überschätzung der eigenen Selbstwirksamkeit führen. Stone (1994) ist der Frage nachgegangen, welche Rolle es spielt, ob Selbstwirksamkeitseinschätzungen realistisch sind. Stone (1994) konnte zeigen, dass eine unrealistisch hohe wahrgenommene Selbstwirksamkeit bei einer nachfolgenden Entscheidungsaufgabe zu schlechterer Leistung führte als eine realistische Selbstwirksamkeit mittlerer Ausprägung. Selbstwirksamkeit ist allerdings nicht nur eine Konsequenz gemachter Erfahrungen, sondern sie beeinflusst auch, wie Erfahrungen kognitiv verarbeitet und erinnert werden. Selbstwirksamkeitswahrnehmung und Attribution hängen deshalb eng zusammen und beeinflussen sich wechselseitig (Bandura, 1986; Schunk, 1994; Silver, Mitchell & Gist, 1995). Silver et al. (1995) konnten zeigen, dass Personen mit hoher wahrgenommener Selbstwirksamkeit Misserfolge eher auf äußere Umstände und mangelnde Anstrengung attribuieren, während Personen mit niedriger Selbstwirksamkeit Misserfolge eher auf mangelnde Fähigkeiten attribuieren. In einem zweiten Experiment konnten sie zudem belegen, dass sich eine internale Attribution von Erfolgen positiv auf die Selbstwirksamkeit auswirkt, während sich eine interne Attribution von Misserfolgen negativ auf die Selbstwirksamkeit auswirkt.

2. *Stellvertretende Erfahrung* (vicarious experiences). In Verhaltensbereichen, in denen man bisher keine Erfahrungen gesammelt hat oder bei Verhaltensweisen, bei denen unklar ist, was unter einer adäquaten Ausführung zu verstehen ist, spielt die Beobachtung anderer Personen eine wichtige Rolle (vgl. Abschnitt 1). Der eigene Erfolg wird dann oftmals durch soziale Vergleiche mit anderen Personen erschlossen (Bandura, 1986; Bandura & Jourden, 1991). Bandura et al. (1982) konnten bei phobischen Klienten zeigen, dass sich erfolgreiches Modellverhalten anderer Personen günstig auf die wahrgenommene Selbstwirksamkeit auswirkt, sich dem Objekt nähern und mit ihm umzugehen zu können. Bevorzugt werden bei solchen Vergleichen Personen, die einem selbst ähnlich sind und die ähnliche Voraussetzungen haben, weil nur dann deren Abschneiden diagnostisch für die eigenen Fähigkeiten ist (Bandura, 1997). In einer Untersuchung von Eden und Kinnar (1991) wurde die Art der Informationsvermittlung manipuliert. In der Bedingung, in der Ausbilder ihre persönlichen Bewältigungserfahrungen mitteilten, fiel die wahrgenommene Selbstwirksamkeit in Bezug auf berufliches Fortkommen höher aus als in der Bedingung, in der formal über bevorstehende Schwierigkeiten einer beruflichen Laufbahn informiert wurde. Die Ausbilder machten dabei glaubhaft, dass sie mit vergleichbaren Voraussetzungen angetreten waren.

3. *Verbale Informationsvermittlung* (verbal persuasion). Ist für eine Person selbst nicht oder nur schwer erkennbar, wie gut ihre Verhaltensausführung ist, kann ihre Selbstwirksamkeit durch Feedback beeinflusst werden, das sich auf objektive oder soziale Vergleichsstandards beziehen kann. In einer Untersuchung von Bouffard-Bouchard (1990) sollten die Versuchsteilnehmer verbale Kreativitätsaufgaben lösen. Im Anschluss daran wurde ihnen in der Bedingung mit niedriger Selbstwirksamkeit gesagt, dass ihre Leistung schlechter sei als die ihrer sozialen Bezugsgruppe, während ihnen in der Bedingung mit hoher Selbstwirksamkeit gesagt wurde, ihre Leistung sei besser als die ihrer sozialen Bezugsgruppe. Bei einer nachfolgenden Aufgabe zeigten Personen in der Bedingung mit positivem Feedback bessere Leistung als Personen in der Bedingung mit negativem Feedback. In einer Untersuchung zur Schmerztoleranz konnte Litt (1988) zeigen, dass Selbstwirksamkeit durch fingierte Rückmeldung beeinflusst werden kann, die entweder auf soziale oder objektive Vergleichsinformation zurückgreift.

Die Aussagen anderer Personen über unsere Fähigkeiten, Erfolge oder Misserfolge können beispielsweise bei fehlenden sozialen Vergleichsmöglichkeiten ersatzweise eine Informationsquelle für die wahrgenommene Selbstwirksamkeit darstellen (Bandura 1982, 1986, 1997). Bandura postuliert, dass verbal vermittelte Informationen die wahrgenommene Selbstwirksamkeit um so eher beeinflussen, je glaubwürdiger, informierter und objektiver die Person ist, die Einschätzungen über die Fähigkeiten anderer vornimmt. Eine genaue Kenntnis der Anforderungen und möglichen Hindernisse für eine erfolgreiche Handlungsausführung ist also von Vorteil. Wenn die verbal suggerierten Fähigkeiten allerdings zu weit von den selbst eingeschätzten Fähigkeiten abweichen, wird die Person nicht als glaubwürdig betrachtet (Bandura, 1997).

Eine Rückmeldung der eigenen Fähigkeiten durch andere Personen ist aber nicht nur im Zusammenhang mit der Güte der Verhaltensausführung wichtig, sondern auch im Hinblick darauf, welche Auffassung eine Person über die eigenen Fähigkeiten an sich entwickelt. Dweck und Leggett (1988) postulieren, dass kognitive und emotionale Reaktionen auf Misserfolge davon beeinflusst werden, ob die eigenen Fähigkeiten als unveränderbar gegeben oder als dynamisch, d. h. veränderbar und entwicklungsfähig betrachtet werden. Im ersten Fall führen Misserfolge oder unerwartete Schwierigkeiten bei der Verhaltensausführung zu einer negativen Selbsteinschätzung und die Angst vor einer negativen Selbsteinschätzung führt langfristig dazu, dass schwierige Aufgaben vermieden werden. Werden die eigenen Fähigkeiten jedoch als veränderbar betrachtet, so sind Misserfolge oder nicht erreichte Ziele keineswegs mit einer negativen Selbsteinschätzung verbunden. Personen mit dieser Auffassung steigern nach Misserfolgen eher ihre Anstrengung und nicht die absolute Leistung sondern der persönliche Fortschritt ist dann ausschlaggebend für die Zufriedenheit.

4. *Physiologische und affektive Zustände* (physiological and affective states). Da physiologische Erregung oftmals komplex oder diffus ist, hängt deren subjektive, emotionale Tönung zumindest teilweise von der kognitiven Interpretation ab (Dutton & Aron, 1974; Mandler, 1975; Reisenzein, 1994; Schachter & Singer, 1962). Vor allem in stressreichen Situationen werden physiologische Zustände oftmals als Zeichen der eigenen Vulnerabilität interpretiert. Ein hohes Maß an autonomer Erregung kann nach Ansicht von Bandura (1977b, 1982) Zweifel an der eigenen Kompetenz aufkommen lassen und deshalb die Verhaltensausführung stören. Neben autonomer Erregung können auch körperliche Signale wie Müdigkeit oder Kurzatmigkeit zu einer niedrigen wahrgenommenen Selbstwirksamkeit beitragen (Bandura, 1982). Umgekehrt spielt die wahrgenommene Selbstwirksamkeit bezüglich eigenen Copingverhaltens nach Bandura (1977b, 1986) eine entscheidende Rolle bei subjektivem Stresserleben. Bandura et al. (1982) konnten zeigen, dass bei Personen mit niedriger Selbstwirksamkeit in stressreichen Situationen eine höhere autonome Erregung auftritt als bei Personen mit hoher Selbstwirksamkeit.

Dadurch, dass Erfolgs- oder Misserfolgserlebnisse zusammen mit den entsprechenden Affekten im Gedächtnis gespeichert werden (Bower, 1981), können Stimmungen die wahrgenommene Selbstwirksamkeit beeinflussen. Positive Stimmungen sind eher mit Erinnerungen an Erfolge und negative Stimmungen eher mit Erinnerungen an Misserfolge verknüpft. Kavanagh und Bower (1985) manipulierten die Stimmung ihrer Versuchsteilnehmer und erfassten anschließend die wahrgenommene Selbstwirksamkeit. Die wahrgenommene Selbstwirksamkeit fiel in der Bedingung mit positiver Stimmung höher aus als in der Bedingung mit negativer Stimmung. Die stimmungskongruente Aktivierung von Gedächtnisinhalten und deren Einfluss auf die Selbstwahrnehmung kann außerhalb des Bewusstseins vonstatten gehen (Bandura, 1997).

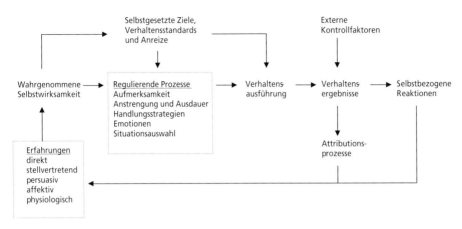

Abbildung 5: Determinanten und Effekte der Selbstwirksamkeit.

2.2 Zusammenhang zwischen wahrgenommener Selbstwirksamkeit und verhaltensregulierenden Prozessen

Abbildung 5 soll die Annahme Banduras (1977b, 1986, 1997) verdeutlichen, wonach die Selbstregulation von Motivation und Verhalten als dynamisches Zusammenspiel von selbstbezogenen Kognitionen, Handlungen, und emotionalen Reaktionen zu verstehen ist. Nach Ansicht von Bandura spielt die wahrgenommene Selbstwirksamkeit dabei eine zentrale Rolle. Bandura spricht in diesem Zusammenhang von einem Prozess der *Selbstmotivierung*, der im wesentlichen auf einem internen Vergleich der Güte eines gezeigten Verhaltens mit einem persönlichen Standard und einer damit zusammenhängenden Selbstbewertung beruht (Bandura, 1977b, 1982, 1986). Abbildung 5 soll diese Zusammenhänge verdeutlichen. In Bezug auf ihre motivationalen Annahmen macht die sozial-kognitive Theorie Anleihen bei verschiedenen anderen Theorien zu Attributionsprozessen, Ergebniserwartungen oder Zielsetzungen. Bandura (1977b, 1986, 1997) unterscheidet bezüglich der Selbstregulation von Motivation und Verhalten verschiedene intervenierende Faktoren, die sich in vier Bereiche unterteilen lassen.

1. *Kognitive Prozesse.* Kognitive Konstruktionen erfolgreichen Handelns einschließlich dessen möglicher Ursachen und Folgen sind charakteristisch für planendes Denken. Die wahrgenommene Selbstwirksamkeit als kontinuierlich angepasste Einschätzung der eigenen Fähigkeiten hat nach Ansicht von Bandura einen bestimmenden Einfluss auf diese kognitiven Prozesse. Wenn beispielsweise Rückschläge, Fehler oder schlechte Leistungen darauf zurückgeführt werden, dass die eigenen Fähigkeiten unzureichend sind, wird eine pessimistische Erwartung und eine negative Selbstbewertung resultieren (Bandura & Jourden, 1991). Aufgrund bestehender Ungewissheiten bleibt stets ein Interpretationsspielraum für das Zustandekommen misslungener oder erfolgreicher Verhaltensausführung. Personen mit hoher wahrgenommener

Selbstwirksamkeit formulieren nicht nur anspruchsvollere Vorhaben, sondern schreiben Misserfolge auch eher einer zu geringen Anstrengung oder externen Hindernissen zu (Silver et al., 1995; Wood & Bandura, 1989). Bezeichnenderweise verstärken Personen mit hoher Selbstwirksamkeit nach Misserfolgen ihre Anstrengungen (Bandura & Cervone, 1983). Auf die reziproke Beziehung von Attribution und wahrgenommener Selbstwirksamkeit wurde weiter vorne bereits eingegangen.

2. *Motivation.* Ähnlich wie die Wert-Erwartungs-Ansätze (z. B. Ajzen & Fishbein, 1980; Atkinson, 1964; Vroom, 1964) geht Bandura (1986) davon aus, dass antizipierte Konsequenzen des Verhaltens und deren Wertschätzung bestimmen, welches Verhalten mit welcher Intensität gezeigt wird. Bandura (1986, 1997) betont aber zugleich, dass Erwartungen im Hinblick auf mögliche Verhaltensergebnisse dann keinen bedeutsamen Einfluss auf das gezeigte Verhalten haben sollten, wenn die erwarteten Ergebnisse primär von der Qualität der Verhaltensausführung abhängig sind. In diesem Fall gibt allein die wahrgenommene Selbstwirksamkeit den Ausschlag, d. h. ob und mit welcher Intensität ein Verhalten gezeigt wird, hängt dann im wesentlichen von der Einschätzung der eigenen Fähigkeiten ab. Die Ergebniserwartung gewinnt jedoch an Einfluss, wenn bestimmte Ergebnisse (z. B. eine Belohnung) nicht oder nur in geringem Maße mit dem erfolgreichen Ausführen eines Verhaltens verbunden sind, beispielsweise, wenn andere Personen (z. B. Führungskräfte) die Ergebnisse willkürlich kontrollieren können (Bandura, 1977b, 1986).

In einer Vielzahl empirischer Untersuchungen konnte belegt werden, dass wahrgenommene Selbstwirksamkeit mannigfaltig mit Zielsetzung verknüpft ist. Die Zielsetzungstheorie (Locke & Latham, 1990) postuliert, dass Motivation eine Funktion von Anreizen und Belohnungen ist, wenn diese an das Erreichen von Zielen geknüpft werden. Ziele stehen dabei für einen bestimmten Grad der Verhaltensgüte, egal ob es sich um Lernziele (z. B. Wissenserwerb), Leistungsziele (z. B. Hürdenlauf) oder Veränderungsziele (z. B. weniger Rauchen) handelt. Je spezifischer ein Ziel ist, desto eher dient es der Ausrichtung des Verhaltens und je schwieriger ein Ziel ist, desto höher wird die Anstrengung ausfallen, es zu erreichen. Darüber hinaus werden selbstbezogene Reaktionen an das Erreichen von Zielen geknüpft. Zielerreichung löst Zufriedenheit und Zielverfehlung Unzufriedenheit aus (Locke & Latham, 1990). Untersuchungen haben gezeigt, dass sich Personen mit hoher Selbstwirksamkeit schwierigere Ziele setzen und eher bereit sind, von außen vorgegebene Ziele als persönliche Ziele zu akzeptieren (Locke et al., 1984; Locke, Latham & Erez, 1988; Phillips & Gully, 1997; Wood & Locke, 1987). Bandura postuliert, dass man sich trotz auftretender Hindernisse eher bemüht ein Ziel zu erreichen, je höher die wahrgenommene Selbstwirksamkeit ist (Bandura & Cervone, 1983, 1986). Anstrengung, Ausdauer und Zielbindung hängen also im wesentlichen von der wahrgenommenen Selbstwirksamkeit ab. Im Hinblick auf gute Leistungen müssen übergeordnete Ziele in erreichbare Unterziele zerlegt werden, vor allem dann, wenn es an Erfahrungen mangelt und die Aufgaben komplex und unstrukturiert erscheinen (Bandura & Jourden, 1991; Wood & Bandura, 1989). In Lernphasen dient Zielsetzung somit der Entwicklung der Selbstwirksamkeit, während in späteren Phasen der Selbstregulation von Motivation und

Verhalten die wahrgenommene Selbstwirksamkeit die Zielsetzung determiniert (Bandura & Schunk, 1981; Earley & Lituchy, 1991; Schunk, 1981).

3. *Affektive Prozesse.* Die Überzeugung, potentiell bedrohliche Ereignisse und Situationen nicht bewältigen zu können, bestimmt nach Bandura (1977b, 1986) wesentlich das Angst- und Stresserleben. Untersuchungen haben gezeigt, dass hohe Selbstwirksamkeit bezüglich effektiven Copings die erlebte Angst, sowie subjektive und autonome Stressreaktionen verringert (Bandura & Adams, 1977; Bandura, Cioffi, Taylor & Brouillard, 1988; Ozer & Bandura, 1990). Beeinträchtigungen der Verhaltensausführung und Vermeidungstendenzen sind oftmals eine Folge niedriger wahrgenommener Selbstwirksamkeit. Bei der Verhaltenskontrolle führen Personen Verhaltensweisen aus, die aversiven Ereignissen vorbeugen, sie modifizieren, abschwächen oder beenden. Sie tun dies um so eher, je kompetenter sie sich wahrnehmen. Durch kognitive Kontrolle gewinnen sie die Überzeugung, bedrohliche Ereignisse bewältigen zu können. Bandura (1982) betont, dass in Abhängigkeit von der wahrgenommenen Selbstwirksamkeit und dem sozialen Umfeld verschiedene affektive Reaktionen resultieren können. So sollte beispielsweise die fehlende Bereitschaft anderer Personen, auf ein Verhalten positiv zu reagieren, bei Personen mit niedriger Selbstwirksamkeit zumindest langfristig zu Apathie oder gelernter Hilflosigkeit (Abramson, Seligman & Teasdale, 1978) führen, während sich Personen mit hoher Selbstwirksamkeit eher gegen eine solche Haltung auflehnen sollten.

4. *Auswahl von Situationen.* Subjektive Einschätzungen der eigenen Selbstwirksamkeit beeinflussen unabhängig davon, ob sie zutreffend oder unrealistisch sind, die Auswahl von Verhaltensweisen und von Situationen, in denen bestimmte Anreize, Einschränkungen und Kontrollmechanismen wirksam sind. Personen mit hoher wahrgenommener Selbstwirksamkeit wirken eher aktiv auf ihre soziale Umwelt ein und suchen sich neue soziale Lebensräume als Personen mit niedriger Selbstwirksamkeit (Bandura, 1982; Jerusalem & Mittag, 1995). Personen mit hoher wahrgenommener Selbstwirksamkeit bemühen sich aktiv, ihre Umgebung nach ihren Vorstellungen zu gestalten. Sie suchen bewusst Situationen auf, die sie als ihren Fähigkeiten angemessen erachten und in denen sie ihre Ziele realisieren können. Ein langfristiger Einfluss der Selbstwirksamkeit konnte beispielsweise für die Berufswahl nachgewiesen werden (Betz & Hackett, 1981; Hackett & Betz, 1995; Wheeler, 1983). Personen mit hoher wahrgenommener Selbstwirksamkeit ziehen mehr Berufsoptionen in Betracht und sind entscheidungsfreudiger als Personen mit niedriger wahrgenommener Selbstwirksamkeit.

3 Bewertung der sozial-kognitiven Theorie

Eine pauschale Bewertung der sozial-kognitiven Theorie von Bandura verbietet sich angesichts des Umfangs der mittlerweile dazu vorliegenden Forschungsarbeiten aus ganz unterschiedlichen inhaltlichen Gebieten (siehe beispielsweise Bandura, 1995; Schwarzer, 1992). Der Ansatz besitzt wünschenswerte Merkmale einer Theorie (vgl.

z. B. Asendorpf, 1996; Schneewind, 1982): einen weiten inhaltlichen Geltungsbereich, explizit definierte Konstrukte, Widerspruchsfreiheit, Überprüfbarkeit, Sparsamkeit und Brauchbarkeit.

Die praktische Bedeutung des Modelllernens bzw. der symbolischen Modellierung liegt in der damit erreichbaren multiplikativen Wirkung (Bandura, 1994): Während das einfache Lernen durch Versuch und Irrtum lediglich bei dem einzelnen lernenden Individuum zu einer Verhaltensänderung führt, können symbolische Modelle in Massenmedien gleichzeitig viele andere Individuen an ganz verschiedenen Orten erreichen und langfristig beeinflussen. Nach Banduras (1994) Auffassung unterschätzen die meisten Lerntheorien (vgl. z. B. Hilgard & Bower, 1981) die enorme Bedeutung symbolischer Modellierung für das individuelle Lernen. Aus theoretischer Sicht kann jedoch kritisiert werden, dass Bandura im Unterschied zu anderen Lerntheorien die Funktionsweise der von ihm postulierten kognitiven Prozesse des Modelllernens nicht im Detail spezifiziert, sondern sich mit einer anderen Analyseebene befasst, d. h. sich auf die «Makrobedingungen des Lernens» beschränkt (vgl. Stalder, 1985, S. 241). Hinzu kommt, dass einige Annahmen zu den verschiedenen Typen des Modelllernens bisher empirisch nicht ausreichend überprüft wurden, beispielsweise zu den Folgen einer Aktivierung oder Deaktivierung bestimmter Standards.

Insgesamt betrachtet, liegt ein stärkeres Gewicht auf der Forschung zur wahrgenommenen Selbstwirksamkeit, in der die wesentlichen Annahmen Banduras bestätigt werden konnten. So bestätigen beispielsweise Untersuchungen, in denen die wahrgenommene Selbstwirksamkeit experimentell manipuliert wurde, einen kausalen Einfluss der wahrgenommenen Selbstwirksamkeit auf das individuelle Verhalten. Personen mit hoher Selbstwirksamkeit zeigen dabei eine bessere Leistung als Personen mit niedriger Selbstwirksamkeit (z. B. Bouffard-Bouchard, 1990; Litt, 1988; Sanna & Pusecker, 1994; Whitney, 1994). Es konnte außerdem gezeigt werden, dass Selbstwirksamkeit auch dann noch zur Verhaltensvorhersage beiträgt, wenn die Güte des bisherigen Verhaltens und die Fähigkeit statistisch kontrolliert werden (Litt, 1988; Phillips & Gully, 1997). In längsschnittlichen Untersuchungen konnte gezeigt werden, dass die Selbstwirksamkeit zumindest dann ein besserer Prädiktor für Verhalten als das bisher gezeigte Verhalten ist, wenn ein bestimmtes Ausmaß an Erfahrungen in dem Verhaltensbereich vorliegt (Prussia & Kinicki, 1996; Wood & Bandura, 1989). Außerdem gibt es Belege dafür, dass Personen mit hoher wahrgenommener Selbstwirksamkeit Verhaltensweisen zeigen, die sie nie zuvor ausgeführt haben (Bandura & Adams, 1977).

Andere Autoren (z. B. Carver & Scheier, 1998) kritisieren allerdings, dass Bandura die externe Verursachung positiver Ereignisse vernachlässigt und damit eine Illusion der Kontrollierbarkeit heraufbeschwört. Ihrer Meinung nach gibt es eine Reihe von Situationen, in denen die subjektive Überzeugung im Vergleich zu externen Einflüssen eine untergeordnete Rolle spielt. In gewisser Hinsicht kann auch in Bezug auf die wahrgenommene Selbstwirksamkeit kritisiert werden, dass Bandura bestimmte prozessuale Zusammenhänge recht grob skizziert, die in anderen Theorien differenzierter beschrieben werden. Beispielsweise gibt es zwischen Banduras Konzept der wahrgenommenen Selbstwirksamkeit und dem Handlungsphasen-Modell (Gollwitzer, 1990, 1996) einige

Berührungspunkte, ohne dass sich diese beiden Modelle gegenseitig ersetzen könnten. Das Handlungsphasen-Modell befasst sich primär damit, wie bestimmte Vorhaben oder Wünsche zu konkreten Zielintentionen umgeformt werden und unter welchen Bedingungen solche Zielintentionen tatsächlich realisierbar werden. Es werden vier Phasen unterschieden, von denen zwei motivationaler und zwei volitionaler Natur sind. In zeitlicher Ordnung müssen für eine erfolgreiche Umsetzung von Zielintentionen zunächst Präferenzen gesetzt (predecisional phase), zielgerichtete Verhaltensweisen geplant (preactional phase), effektiv ausgeführt (actional phase) und abschließend deren Resultate neu bewertet werden (postactional phase). Die Phasen vor (preactional) und während (actional) der Handlungsausführung haben volitionalen Charakter. In der ersten Phase sind die Kriterien der Machbarkeit und der Wünschbarkeit entscheidend und die erfolgreiche Handlungsausführung wird durch so genannte Implementierungsintentionen gefördert. Durch Implementierungsintentionen oder Vorsätze werden bestimmte situative Begebenheiten mit konkreten Verhaltensweisen in Verbindung gebracht.

Die Annahme im Handlungsphasen-Modell, dass in der ersten Phase Präferenzen festgelegt werden, passt in gewisser Hinsicht zu der Annahme Banduras, dass die wahrgenommene Selbstwirksamkeit die Auswahl von Situationen mitbestimmt. In der Planungsphase werden konkrete Handlungsschritte in mehr oder weniger komplexen, spezifischen und flexiblen Plänen repräsentiert. In ähnlicher Weise nimmt Bandura an, dass die wahrgenommene Selbstwirksamkeit kognitive Prozesse anregt, die vor und während der Handlungsausführung die Güte der Handlungsausführung bestimmen. Ähnlich wie Bandura nimmt Gollwitzer an, dass die Anstrengungen intensiviert werden, wenn in der Phase der Handlungsausführung Hindernisse auftreten sollten. Selbstbewertende Reaktionen, die bei Bandura eine entscheidende motivationale Rolle spielen, stellen auch im Handlungsphasen-Modell einen wichtigen Aspekt dar. Insgesamt liegt die Betonung im Handlungsphasen-Modell jedoch eher auf der Auswahl und Festlegung von Zielintentionen, während Bandura besonders die Rolle der wahrgenommenen Selbstwirksamkeit bei der Handlungsausführung hervorhebt.

Bandura erweckt teilweise den Eindruck, als würde eine hoch selbstwirksame Person ad infinitum ihre Motivation steigern und ihre Zufriedenheit mit Leistungsergebnissen an immer höhere Standards knüpfen. Dieser kritischen Sichtweise stellt Bandura entgegen, dass «People do not necessarily expect to surpass each past attainment in an ever rising series of triumphs. Lofty accomplishments achieved through sustained extraordinary effort are not easily repeated or excelled» (Bandura, 1997, p. 130). Darüber hinaus betont Bandura, dass der wahrgenommenen Selbstwirksamkeit durch die tatsächlichen Fähigkeiten einer Person Grenzen gesetzt sind, eine hohe Selbstwirksamkeit in der Regel zu positiveren Resultaten führt als eine niedrige Selbstwirksamkeit (z. B. bezüglich Depression, Angst oder Stress) und dass eine maximale Selbstwirksamkeit in vielen Bereichen wünschenswert ist (z. B. bezüglich Gesundheitsverhalten). Nach Ansicht von Bandura (1997) darf ebenfalls nicht außer Acht gelassen werden, dass es adaptiv ist, die Einschätzung der eigenen Selbstwirksamkeit im Laufe des Lebens gegebenenfalls nach unten zu korrigieren.

Literatur

Abramson, L. Y., Seligman, M. E. P. & Teasdale, J. D. (1978). Learned helplessness in humans: Critique and reformulation. *Journal of Abnormal Psychology, 87,* 49–74.

Ajzen, I. & Fishbein, M. (1977). Attitude-behavior relations: A theoretical analysis and review of empirical research. *Psychological Bulletin, 84,* 888–918.

Ajzen, I. & Fishbein, M. (1980). *Understanding attitudes and predicting social behavior.* Englewood Cliff, NJ: Prentice-Hall.

Asendorpf, J. B. (1996). *Psychologie der Persönlichkeit.* Berlin: Springer.

Atkinson, J. W. (1964). *An introduction to motivation.* Princeton, NJ: Van Nostrand.

Bandura, A. (1962). Social learning through imitation. In: M. R. Jones (Ed.), *Nebraska Symposium on Motivation, 1962* (pp. 211–269). Lincoln, NE: University of Nebraska Press.

Bandura, A. (1965). Influence of models' reinforcement contingencies on the acquisition of imitative responses. *Journal of Personality and Social Psychology, 6,* 589–595.

Bandura, A. (1969). *Principles of behavior modification.* London: Holt, Rinehart & Winston.

Bandura, A. (1977a). *Social learning theory.* Englewood Cliffs, NJ: Prentice-Hall.

Bandura, A. (1977b). Self-efficacy: Toward a unifying theory of behavioral change. *Psychological Review, 84,* 191–215.

Bandura, A. (1982). Self-efficacy mechanism in human agency. *American Psychologist, 37,* 122–147.

Bandura, A. (1986). *Social foundations of thought and action. A social cognitive theory.* Englewood Cliffs, NJ: Prentice Hall.

Bandura, A. (1989). Regulation of cognitive processes through perceived self-efficacy. *Developmental Psychology, 25,* 729–735.

Bandura, A. (1991a). Self-efficacy conception of anxiety. In: R. Schwarzer & R. A. Wicklund (Eds.), *Anxiety and self-focused attention* (pp. 89–110). New York: Harwood.

Bandura, A. (1991b). Social cognitive theory of self-regulation. *Organizational Behavior and Human Decision Processes, 50,* 248–287.

Bandura, A. (1994). Social cognitive theory of mass communication. In: J. Bryant & D. Zillmann (Eds.), *Media effects: Advances in theory and research* (pp. 61–90). Hillsdale: Erlbaum.

Bandura, A. (Ed.). (1995). *Self-efficacy in changing societies.* New York, NY: Cambridge University Press.

Bandura, A. (1997). *Self-efficacy: The excercise of control.* NY: Freeman.

Bandura, A. & Adams, N. E. (1977). Analysis of self-efficacy theory of behavioral change. *Cognitive Therapy and Research, 1,* 287–308.

Bandura, A. & Cervone, D. (1983). Self-evaluative and self-efficacy mechanisms governing the motivational effects of goal systems. *Journal of Personality and Social Psychology, 45,* 1017–1028.

Bandura, A. & Cervone, D. (1986). Differential engagement of self-reactive influences in cognitive motivation. *Organizational Behavior and Human Decision Processes, 38,* 92–113.

Bandura, A., Cioffi, D., Taylor, C. B. & Brouillard, M. E. (1988). Perceived self-efficacy in coping with cognitive stressors and opioid activation. *Journal of Personality and Social Psychology, 55,* 479–488.

Bandura, A. & Jourden, F. J. (1991). Self-regulatory mechanisms governing the impact of social comparison on complex decision making. *Journal of Personality and Social Psychology, 60,* 941–951.

Bandura, A., Reese, L. & Adams, N. E. (1982). Microanalysis of action and fear as a function of differential levels of perceived self-efficacy. *Journal of Personality and Social Psychology, 43,* 5–21.

Bandura, A. & Schunk, D. H. (1981). Cultivating competence, self-efficacy, and intrinsic interest through proximal self-motivation. *Journal of Personality and Social Psychology, 41,* 586–598.

Baron, R. A. & Byrne, D. (1997). *Social psychology* (8th ed.). Boston: Allyn and Bacon.

Baron, R. A. & Richardson, D. R. (1994). *Human aggression* (2nd ed.). NY: Plenum.

Betz, N. E. & Hackett, G. (1981). The relationship of career-related self-efficacy expectations to perceived career options in college women and men. *Journal of Counseling Psychology, 28,* 399–410.

Bouffard-Bouchard, T. (1990). Influence of self-efficacy on performance in a cognitive task. *Journal of Social Psychology, 130,* 353–363.

Bower, G. H. (1981). Mood and memory. *American Psychologist, 36,* 129–148.

Carver, C. S. & Scheier, M. F. (1998). *On the self-regulation of behavior.* New York: Cambridge University Press.

DeVries, H., Dijkstra, M. & Kuhlman, P. (1988). Self-efficacy: The third factor besides attitude and subjective norm as a predictor of behavioral intentions. *Health Education Research, 3,* 273–282.

Dweck, C. S. & Leggett, E. L. (1988). A social-cognitive approach to motivation and personality. *Psychological Review, 95,* 256–273.

Dutton, D. G. & Aron, A. P. (1974). Some evidence for heightened sexual attraction under conditions of high anxiety. *Journal of Personality and Social Psychology, 30,* 510–517.

Earley, P. C. & Lituchy, T. R. (1991). Delineating goal and efficacy effects: A test of three models. *Journal of Applied Psychology, 76,* 81–98.

Eden, D. & Kinnar, J. (1991). Modeling Galatea: Boosting self-efficacy to increase volunteering. *Journal of Applied Psychology, 76,* 770–780.

Feltz, D. L. & Landers, D. M. (1983). Effects of mental practice on motor skill learning and performance: A meta-analysis. *Journal of Sport Psychology, 5,* 25–57.

Freud, S. (1941). *Abriß der Psychoanalyse. Gesammelte Werke, 17. Band* (S. 63–138). London: Imago.

Gollwitzer, P. M. (1990). Action phases and mind-sets. In: E. T. Higgins & R. M. Sorrentino (Eds.), *Handbook of motivation and cognition: Foundations of social behavior* (Vol. 2, pp. 53–92). New York: Guilford.

Gollwitzer, P. M. (1996). The volitional benefits of planning. In: P. M. Gollwitzer & J. T. Bargh (Eds.), *The psychology of action* (pp. 287–312). New York: Guilford.

Hackett, G. & Betz, N. (1995). Self-efficacy and career choice and development. In: J. E. Maddux (Ed.), *Self-efficacy, adaption, and adjustment: Theory, research, and application* (pp. 249–280). New York, NY: Plenum Press.

Hilgard, E. R. & Bower, G. H. (1981). *Theories of learning* (5th ed.). Englewood Cliffs, NJ: Prentice-Hall.

Jerusalem, M. & Mittag, W. (1995). Self-efficacy in stressful life transitions. In: Bandura (Ed.), *Self-efficacy in changing societies* (pp. 177–201). New York, NY: Cambridge University Press.

Kavanagh, D. J. & Bower, G. H. (1985). Mood and self-efficacy: Impact of joy and sadness on perceived capabilities. *Cognitive Therapy and Research, 9,* 507–525.

Kunda, Z. (1999). *Social cognition: Making sense of people.* Cambridge, MA: MIT Press.

Lee, C. & Bobko, P. (1994). Self-efficacy beliefs: Comparison of five measures. *Journal of Applied Psychology, 79,* 363–369.

Litt, M. D. (1988). Self-efficacy and perceived control: Cognitive mediators of pain tolerance. *Journal of Personality and Social Psychology, 54,* 149–160.

Locke, E. A., Frederick, E., Lee, C. & Bobko, P. (1984). Effect of self-efficacy, goals, and task strategies on task performance. *Journal of Applied Psychology, 69,* 241–251.

Locke, E. A. & Latham, G. P. (1990). *A theory of goal setting and task performance.* Englewood Cliffs, NJ: Prentice Hall.

Locke, E. A., Latham, G. P. & Erez, M. (1988). The determinants of goal commitment. *Academy of Management Review, 13,* 23–39.

Mandler, G. (1975). *Mind and emotion.* New York, NY: Wiley.

Miller, N. E. & Dollard, J. (1941). *Social learning and imitation.* New Haven: Yale University Press.

Multon, K. D., Brown, S. D. & Lent, R. W. (1991). Relation of self-efficacy beliefs to academic outcomes: A meta-analytic investigation. *Journal of Counseling Psychology, 1,* 30–38.

O'Leary, A. (1992). Self-efficacy and health: Behavioral and stress-physiological mediation. *Cognitive Therapy and Research, 16,* 229–245.

Ozer, E. M. & Bandura, A. (1990). Mechanisms governing empowerment effects: A self-efficacy analysis. *Journal of Personality and Social Psychology, 58,* 472–486.

Phillips, J. M. & Gully, S. M. (1997). Role of goal orientation, ability, need for achievement, and locus of control in the self-efficacy and goal-setting process. *Journal of Applied Psychology, 82,* 792–802.

Prussia, G. E. & Kinicki, A. J. (1996). A motivational investigation of group effectiveness using social-cognitive theory. *Journal of Applied Psychology, 81,* 187–198.

Reisenzein, R. (1994). Pleasure-arousal theory and the intensity of emotions. *Journal of Personality and Social Psychology, 67,* 525–539.

Rosenberg, M. (1965). *Society and the adolescent self-image.* Princeton: Princeton University Press.

Rotter, J. B. (1954). *Social learning and clinical psychology.* Englewood Cliffs, NJ: Prentice-Hall.

Rotter, J. B. (1966). Generalized expectancies for internal versus external control of reinforcement. *Psychological Monographs, 80,* Whole No. 609.

Rule, B. G. & Ferguson, T. J. (1986). The effects of media violence on attitudes, emotions, and cognitions. *Journal of Social Issues, 42,* 29–50.

Sallis, J. F., Pinski, R. B., Grossman, R. M., Patterson, T. L. & Nader, P. R. (1988). The development of self-efficacy scales for health-related diet and exercise behaviors. *Health Education Research, 3,* 283–292.

Sanna, L. J. & Pusecker, P. A. (1994). Self-efficacy, valence of self-evaluation, and performance. *Personality and Social Psychology Bulletin, 20,* 82–92.

Schachter, S. & Singer, J. E. (1962). Cognitive, social, and physiological determinants of emotional state. *Psychological Review, 69,* 379–399.

Schunk, D. H. (1981). Goal setting and self-efficacy during self-regulated learning. *Educational Psychologist, 25,* 71–86.

Schunk, D. H. (1994). Self-regulation of self-efficacy and attributions in academic settings. In: D. H. Schunk & B. J. Zimmerman (Eds.), *Self-regulation of learning and performance: Issues and educational applications* (pp. 75–99). Hillsdale: Lawrence Erlbaum.

Schneewind, K. A. (1982). *Persönlichkeitstheorien I: Alltagspsychologie und mechanistische Ansätze.* Darmstadt: Wissenschaftliche Buchgesellschaft.

Schwarzer, R. (Ed.). (1992). *Self-efficacy: Thought control of action* (pp. 217–242). Washington, DC: Hemisphere.

Schwarzer, R. (1994). Optimistische Kompetenzerwartung: Zur Erfassung einer personellen Bewältigungsressource. *Diagnostica, 40,* 105–123.

Sherer, M., Maddux, J. E., Mercandante, B., Prentice-Dunn, S., Jacob, B. & Rogers, R. W. (1982). The self-efficacy scale: Construction and validation. *Psychological Reports, 51,* 663–671.

Silver, W. S., Mitchell, T. R. & Gist, M. E. (1995). Responses to successful and unsuccessful performance: The moderating effect of self-efficacy on the relationship between performance and attributions. *Organizational Behavior and Human Decision Processes, 62,* 286–299.

Skinner, B. F. (1953). *Science and human behavior.* NY: Macmillan.

Smith, R. E. (1989). Effects of coping skills training on generalized self-efficacy and locus of control. *Journal of Personality and Social Psychology, 56,* 228–233.

Stalder, J. (1985). *Die soziale Lerntheorie von Bandura.* In: D. Frey & M. Irle (Hrsg.), *Theorien der Sozialpsychologie, Band II: Gruppen- und Lerntheorien* (S. 241–271). Bern: Huber.

Stone, D. N. (1994). Overconfidence in initial self-efficacy judgments: Effects on decision processes and performance. *Organizational Behavior and Human Decision Processes, 59,* 452–474.

Terry, D. J. & O'Leary, J. E. (1995). The theory of planned behavior: The effects of perceived behavioral control and self-efficacy. *British Journal of Social Psychology, 34*, 199–220.

Tipton, R. M. & Worthington, E. L. (1984). The measurement of generalized self-efficacy: A study of construct validity. *Journal of Personality Assessment, 48*, 545–548.

Tversky, A. & Kahneman, D. (1974). Judgment under uncertainty: Heuristics and biases. *Science, 185*, 1124–1131.

Vroom, V. H. (1964). *Work and motivation*. NY: Wiley.

Watson, J. B. (1913). Psychology as the behaviorist sees it. *Psychological Review, 20*, 158–177.

Wheeler, K. G. (1983). Comparisons of self-efficacy and expectancy models of occupational preferences for college males and females. *Journal of Occupational Psychology, 56*, 73–78.

Whitney, K. (1994). Improving group task performance: The role of group goals and group efficacy. *Human Performance, 7*, 55–78.

Williams, S. L., Kinney, P. J. & Falbo, J. (1989). Generalization of therapeutic changes in agoraphobia: The role of perceived self-efficacy. *Journal of Consulting and Clinical Psychology, 57*, 436–442.

Wood, R. E. & Bandura, A (1989). Impact of conceptions of ability on self-regulatory mechanisms and complex decision making. *Journal of Personality and Social Psychology, 56*, 407–415.

Wood, R. E. & Locke, E. A. (1987). The relation of self-efficacy and grade goals to academic performance. *Educational and Psychological Measurement, 47*, 1013–1024.

Zimmermann, B. J. (1990). Self-regulated learning and academic achievement: An overview. *Educational Psychologist, 25*, 3–17.

Handlungstheorien

Werner Greve

Wenn man die einschlägigen Lehr- und Handbücher zur Sozialpsychologie überblickt, dann behandeln die meisten Kapitel entweder *intrapersonale Phänomene* wie soziale Wahrnehmung und Kognitionen, soziale Urteilsprozesse, Einstellungen und Emotionen, oder sie behandeln *soziale Situationen oder Kontexte*, in denen sich die Person aktiv oder reaktiv verhält, z. B. Hilfehandeln und kooperatives Verhalten, soziale Bindung, Aggression, kriminelles Verhalten und die sozialen Reaktionen darauf, Gesundheitsverhalten oder Interaktionen in Gruppen. «Menschliche Handlung» ist hier das verbindende Konzept; dementsprechend haben Handlungstheorien den Anspruch, Person und Situation miteinander zu verbinden, und dabei insbesondere die kausale Bedeutung von psychischen Phänomenen (Kognitionen, Emotionen) für das sichtbare Verhalten zu klären (Gollwitzer & Bargh, 1996). Das, was Menschen in spezifischen (sozialen) Situationen tun, soll mit Verweis auf ihre Situationswahrnehmung, ihre Überzeugungen, Erwartungen, Ziele, Normen und Präferenzen und die daraus resultierenden Absichten erklärt werden. Fast könnte man sagen, dass erst diese Verbindung die Relevanz der beiden Themenbereiche für die Sozialpsychologie etabliert. Denn soziale Kognitionen, soziale Urteilsprozesse, Emotionen und selbstbezogenen Kognitionen sind ja in der Sozialpsychologie eben deswegen interessant, weil sie handlungswirksam sind, d. h. sich im Verhalten der Person niederschlagen. Umgekehrt ist soziales Handeln, ist aggressives, kooperatives oder unterstützendes Verhalten und erst recht das Verhalten in komplexeren sozialen Konstellationen offenbar nicht zu verstehen, ohne auf intrapsychische Prozesse der beteiligten Personen, ihre Wahrnehmung, ihre Urteile, ihre Präferenzen oder ihre Normen Bezug zu nehmen (Fiedler, 1996).

Handlungstheoretische Überlegungen sind jedoch nicht exklusiv der Sozialpsychologie zuordnen. Sie stehen im Zentrum motivationspsychologischer (Heckhausen, 1989; Kuhl & Heckhausen, 1996) und kognitionspsychologischer (Gollwitzer & Bargh, 1996) Ansätze, berühren aber beispielsweise auch zentrale Aspekte der Entwicklungspsychologie (Brandtstädter, 2001) oder der Persönlichkeitspsychologie (Krampen, 2000). Ebenso sind aber auch Anwendungsperspektiven der Psychologie von handlungstheoretischen Argumenten vielfach beeinflusst worden, vor allem die Arbeitspsychologie (Frese & Zapf, 1994; Hacker, 1998). Leider haben sich die verschiedenen Forschungstraditionen weitgehend separat entwickelt, und außerdisziplinäre Perspektiven auf die Erklärung menschlicher Handlungen sind auch nur selten systematisch integriert worden. Trotz zahlreicher Anknüpfungspunkte für die Sozialpsychologie ist etwa die differenzierte Diskussion in der Soziologie, etwa in der Tradition von Max Weber (1975), der Soziologie explizit als Wissenschaft definierte, die soziales Handeln «deutend verstehen» und «ursächlich erklären» wolle (S. 1), in psychologischen Ansätzen kaum berücksichtigt worden. Vielfältige Berührungspunkte gäbe es hier insbesondere zum «rational choice»-Ansatz (z. B. Coleman, 1990; Coleman & Fararo, 1992; Esser, 1993), dessen theoretische Struktur und empirische Überprüfung viele Gemeinsamkeiten mit der erwartungs-wert-theoretischen Perspektive (Krampen, 2000) hat. Weitere Beispiele (etwa in der Ökonomie; Becker, 1968/1982) ließen sich leicht finden. Das vorliegende Kapitel kann daher keinen vollständigen und detaillierten Überblick über sozialpsychologisch relevante Handlungstheorien liefern (vgl. dazu z. B. Brandtstädter, 1985, 1998; Dunckel, 1986; Kuhl & Waldmann, 1985; Six & Höcke-Pörzgen, 1983; Werbik, 1978).

Allen handlungstheoretischen Ansätzen gemeinsam ist jedoch eine sozialpsychologische Perspektive. Menschliches Handeln ist schon konzeptuell eine soziale Aktivität, denn es wird durch soziale Umstände, aber auch Regeln und Normen beeinflusst, geprägt, und konstitutiv gestaltet (Greve, 1994a), und es hat in aller Regel Folgen für die handelnde Person und für Andere. Von dieser Voraussetzung ausgehend wird im folgenden Abschnitt zunächst eine genauere Bestimmung des Begriffes ›Handlung‹ versucht, der eine spezifische Teilmenge menschlichen Verhaltens bezeichnet. Im zweiten Schritt soll dann die psychologische Erklärung menschlichen Handelns anhand einer funktionalen Taxonomie der zentralen Elemente einer Handlungserklärung dargestellt und jeweils durch exemplarische Handlungstheorien illustriert werden. Im dritten Schritt werden ausgewählte Forschungsgebiete skizziert, um Nutzen und Grenzen eines handlungstheoretischen Zuganges in der Sozialpsychologie zu illustrieren. Im vierten Schritt sollen kurz einige zentrale theoretische Schwierigkeiten psychologischer Handlungstheorien diskutiert werden, bevor abschließend ein kurzes Fazit gezogen wird.

1 Konzeptuelle Vorüberlegungen: Wovon handeln Handlungstheorien?

Angesichts der Vielfalt und Heterogenität handlungstheoretischer Ansätze könnte man sich fragen, ob sie tatsächlich alle denselben Gegenstand thematisieren (vgl. Rausch, 1998, und die anschließende Debatte). Was ist eine menschliche Handlung, worin unterscheidet sie sich von anderen menschlichen Verhaltensweisen? Handlungen sind, darauf werden sich auch sehr heterogene Ansätze einigen können, eine durch besondere Attribute gekennzeichnete Teilmenge menschlichen Verhaltens. Offenbar müssen mehrere Bedingungen erfüllt sein, damit wir das Verhalten einer Person als Handlung bezeichnen. Einige dieser Bedingungen sind innerpsychische, viele aber sind soziale. Die seltsam anmutende Bewegungssequenz jener älteren Dame vor dem knienden Herren ist nur dann ein Ritterschlag durch die Queen, wenn sie beabsichtigt, gewollt, kontrolliert, gezielt, innerhalb eines bestimmten sozialen Kontextes (zu dem insbesondere der soziale Status dieser Dame gehört) und regelrecht ausgeführt wurde (Lenk, 1978). Als zentrale Bestimmungselemente dessen, was wir eine menschliche Handlung nennen, erscheinen damit, dass es eine handelnde Person gibt, die das beobachtbare Verhalten beabsichtigt, die es hätte lassen können, dies zu tun, die es begründen kann (weiß), warum sie dies und nicht etwas anderes (oder nichts) statt dessen getan hat, die eine gewisse Kontrolle über die Bewegungsabläufe hat und deren Handlung Regeln folgt, die sie erst zu dem machen, was sie sind: *diese* Handlungen (Brandtstädter 1984; Greve, 1994a). Ein beobachteter Bewegungsablauf ist nur dann eine Handlung, wenn wenigstens diese Bedingungen erfüllt sind; man kann dies eine «konstituententheoretische» Konzeption nennen (Lenk, 1978). Viele Handlungstheorien haben über die genannten Konstituenten hinaus – oft auch anstatt ihrer – explizit nur die Bedingung formuliert, dass menschliche Handlungen zielgerichtet seien (z. B. Carver & Scheier, 1998; Frese & Zapf, 1994; Hacker, 1998). Diese Bestimmung ist jedoch, wie noch deutlicher werden soll, zu weit und zu eng zugleich, denn es gibt Handlungen, die kein Ziel verfolgen (sondern ihr eigener Zweck sind; z. B. Klavierspielen), und es gibt zielgerichtete Aktivitäten, die keine Handlung sind (z. B. die automatische Steuerung einer Rakete in einer vorgegebenes Ziel). Aus diesem Grund erscheint die Absichtlichkeit als das treffendere, trennscharfe Kriterium.

Aus sozialpsychologischer Perspektive ist erwähnenswert, dass der konstituententheoretische Ansatz verschiedentlich um einen folgenreichen Punkt erweitert worden ist. Wenn ein Verhalten erst dann eine Handlung ist, wenn wir einer Bewegung Absichtlichkeit, Zielgerichtetheit oder Kontrolliertheit *zuschreiben*, dann, so hat vor allem Lenk (1978) argumentiert, sei eine menschliche Handlung nicht ein objektiver Gegenstand, sondern ein subjektives «Interpretationskonstrukt» (vgl. auch Straub, 1999). Verschiedene Autoren in sozialpsychologischen Argumentationskontexten haben sich explizit auf Lenks Position berufen (z. B. Charlton, 1987; Groeben, 1991). Jedoch sprechen gewichtige Gründe gegen eine überzogene interpretationistische oder konstruktivistische Auffassung. Denn auch wenn Interpretationsprozesse bei der individuellen Wahrnehmung von und Reaktion auf Handlungen anderer Personen eine wichtige Rolle spielen, wird dadurch die Handlung selbst nicht zum «Interpretationskonstrukt», denn individuelle Interpretationen können fehlgehen und infolgedessen auch Reaktionen unangemessen sein. Insbesondere unterschlägt die Auffassung von «Handlung als Interpretationskonstrukt» die wesentliche Differenz zwischen der Interpretation anderer und dem Wissen um die eigenen Handlungen (Greve, 1994a).

In Bezug auf den für Forschung relevanten Fall der Einordnung und des Verständnisses der Handlungen anderer entstehen freilich methodische Schwierigkeiten dadurch, dass die Verlässlichkeit von Selbstauskünften (Warum habe ich dies getan? Warum habe ich jenes gewollt? Was habe ich damit bezweckt?) problematisch ist und der Versuch ihrer validierenden Absicherung durch Beobachtungsdaten daher methodisch unerlässlich bleibt. Andererseits folgt aus den oben skizzierten Überlegungen, dass sich Handlungen nicht ohne zusätzliche Annahmen und Voraussetzungen einfach beobachten lassen, denn zu ihnen gehört Unbeobachtbares. Insbesondere erscheint die Beschränkung auf beobachtbare Bewegungen (z. B. Hacker, 1998, S. 581) zu eng, denn manche Handlungen bestehen gerade darin, sich nicht zu bewegen (warten, lauern, festhalten), oder darin, bestimmte Bewegungen zu unterlassen (unterlassene Hilfeleistung). Ein möglicher Ausweg besteht, wie sich im folgenden Abschnitt zeigen soll, darin, intrapsychische Prozesse beim aktualgenetischen Zusammenspiel von Überzeugungen und Bewertungen mit den Methoden der sozialen Kognitionsforschung zu erfassen und dabei sie ebenso wie die Selbstauskünfte der Person nicht einfach nur abzusichern (oder zu relativieren), sondern auch ihrerseits ihr Zustandekommen sozialpsychologisch zu erklären.

Handlungserklärungen müssen demnach wenigstens die folgenden Aspekte thematisieren bzw. berücksichtigen. Das fragliche Verhalten ist nur dann eine Handlung (und also nur dann handlungstheoretisch rekonstruierbar), wenn es absichtlich (meist zielgerichtet), kontrolliert und in einem spezifischen sozialen Kontext ausgeführt wurde. Dementsprechend fokussieren sozialpsychologische Handlungstheorien eine oder mehrere dieser Facetten.

2 Psychologische Handlungstheorien: Von der Intention zur Regulation

Die psychologische Erklärung menschlicher Handlungen muss vier Fragebereiche beantworten; dementsprechend können psychologische Handlungstheorien grob vier systematischen Gruppen zugeordnet werden. Eine erste Gruppe fokussiert vor allem die Frage, wie sich Menschen für eine konkrete Handlung entscheiden: wie entsteht eine Absicht, eine Entscheidung, wie wählen wir aus der Vielzahl möglicher Alternativen das aus, was wir tatsächlich tun (wollen)? Die so genannten «Erwartungs-Wert–Theorien» («expectancy-value») versuchen, diesen Aspekt zu klären, indem sie die das Verhalten aus subjektiven Erwartungen und den Bewertungen des Erwarteten vorhersagen (zum Überblick z. B. Krampen, 2000; Heckhausen, 1989). In der Sozialpsychologie ist hier die prominenteste und meistangewendete Theorie die Theorie geplanten Verhaltens («theory of planned behavior»; Ajzen, 1991, 1996a; ausführlicher dazu Frey, Stahlberg & Gollwitzer, 1993); die Untersuchungen im Rahmen dieses Ansatzes haben typischerweise einen sehr starken Anwendungsbezug. Eine zweite Gruppe von Handlungstheorien untersucht detaillierter die Realisierung dieser Absichten bzw. Entscheidungen: welche Prozesse stellen sicher, dass wir unsere Entschlüsse und Absichten auch wirklich in die Tat umsetzen, und wodurch kann dies behindert oder gestört werden? Exemplarisch für diese Theoriegruppe soll hier das Rubikonmodell menschlichen Handelns (Heckhausen, 1989; Gollwitzer, 1991, 1996b) vorgestellt werden, das wegen seines stärkeren Grundlagenbezuges zugleich auch zeigt, wie aus handlungspsychologischer Perspektive experimentell gearbeitet werden kann. Eine dritte Gruppe konzentriert sich auf die Ausführung der Handlung selbst: wie werden unsere konkreten Handlungen reguliert und gesteuert? Diese «kybernetischen» Handlungstheorien (Hacker, 1998; Volpert, 1992) zeigen vor allem in Bezug auf arbeitspsychologische Probleme und Themen die Anwendbarkeit eines handlungstheoretischen Ansatzes auch für Interventionen. Ein letzter, mit dem dritten in Zusammenhang stehender Aspekt betrifft die Frage, wie und inwieweit wir kontrollieren können, was wir wollen und was wir tun. Da dieser Punkt sowohl Gegenstand eigener Ansätze (etwa die «Selbstwirksamkeitstheorie» von Bandura, 1977) als auch zentrales Element umfassenderer Theorien ist (z. B. die Theorie geplanten Verhaltens), soll der Kontrollaspekt nicht in einem eigenen Abschnitt behandelt, sondern in jedem der drei folgenden Abschnitte jeweils mitangesprochen werden.

Es ist wichtig, vorab darauf hinzuweisen, dass nahezu alle genannten Theorien einen umfassenderen Anspruch erheben. Die Theorie geplanten Verhaltens soll letztlich das tatsächliche Verhalten erklären, nicht nur die Verhaltensintentionen, im Rubikonmodell ist, wie sich zeigen wird, die Absichtsbildung ein zentrales Element der theoretischen Erklärung, Kontrolltheorien beziehen sich sowohl auf die Absichtsbildung als auch auf die Handlungsregulation, und in den kybernetischen Ansätzen soll nicht zuletzt auch die Zielselektion theoretisch modelliert werden. Alle Theorien sind daher auch bemüht, Kerngedanken der anderen zu integrieren (z. B. das Rubikonmodell in die Regulationstheorie; vgl. Hacker, 1998, S. 53).

2.1   Die Erklärung der Absicht: Erwartungs-Wert Theorien

Im Jahr 1974 veröffentlichten Fischbein und Ajzen erstmals die «Theorie vernünftigen Handelns» («theory of reasoned action»; Fishbein & Ajzen, 1974; Ajzen & Fishbein, 1977). Ihre Grundannahme, die zugleich für alle Erwartungs-Wert-Theorien kennzeichnend ist, ist ebenso einfach wie überzeugend: Vorausgesetzt, Personen haben Zeit genug zu überlegen, dann wird ihre Absicht der beste Prädiktor für ihr Verhalten sein. Die Absicht wiederum hängt vor allem von zwei Komponenten ab: zum einen von der Einstellung («attitude») der Person zu der fraglichen Handlung, zum anderen von ihren subjektiven Normen. Die Einstellung wiederum setzt sich aus einer kognitiven und einer evaluativen Komponente zusammen: Was erwartet die Person für Folgen aus dem fraglichen Verhalten und wie bewertet sie diese? Tatsächlich wird diese Theorie in Lehrbüchern typischerweise auch im Zusammenhang mit der Darstellung des sozialpsychologischen Forschungsthemas ›Einstellungen‹ diskutiert (Eagly & Chaiken, 1998; Frey, Stahlberg & Gollwitzer, 1993). Die subjektiven Normen, die zweite Komponente dieser Theorie, setzen sich zusammen aus den von der Person wahrgenommenen sozialen Normen in ihrem sozialen Kontext und ihrer Bereitschaft und Motivation («commitment»), diesen Normen zu folgen.

Die Theorie vernünftigen Verhaltens war in vieler Hinsicht eine sehr erfolgreiche Theorie (Manstead, 1996). Jedoch ist schnell erkennbar, dass ihr wenigstens ein wesentliches Element noch fehlt. Vieles von dem, was wir wollen, tun wir faktisch dennoch nicht, weil wir tun können müssen, was wir meinen tun zu sollen. Offensichtlich muss der Handelnde selbst der Überzeugung sein, das, was er meint tun zu sollen, auch ausführen und dabei kontrollieren zu können; ist er dies nicht, wird er nicht handeln, selbst wenn er (objektiv betrachtet) gekonnt hätte. Die um diesen Aspekt der Kontrolle erweiterte Theorie wird als «Theorie geplanten Verhaltens» bezeichnet («theory of planned behavior»; Ajzen, 1991, 1996a; vgl. Frey, Stahlberg & Gollwitzer, 1993; Jonas & Doll, 1996). Genau genommen hat Verhaltenskontrolle hier sogar eine doppelte Bedeutung: zum einen geht es um die subjektiv wahrgenommene Kontrolle als Prädiktor der Intention, zum anderen um die tatsächliche Kontrolle (geschätzt über die subjektive Kontrolle) als Prädiktor des tatsächlichen Verhaltens. Diese Aspekte der Kontrolle, oftmals noch weiter differenziert, stehen entsprechend ihrer Schlüsselrolle im Zentrum vieler handlungstheoretischer Erklärungsansätze (z. B. Brandtstädter, 1992; Kuhl, 1983; Krampen, 2000). Bekannt geworden ist hier vor allem die Theorie der «Selbstwirksamkeit» («self-efficacy») von Bandura (1977, 1986), deren Grundgedanken dem oben skizzierten Prinzip der Theorie geplanten Verhaltens strukturell sehr ähnlich ist.

Die Theorie geplanten Verhalten war Anlass und Grundlage einer Vielzahl von Untersuchungen (Frey, Stahlberg & Gollwitzer, 1993). Generell haben diese Studien das theoretische Modell meist bestätigt (Ajzen, 1996a; Sheppard, Hartwick, & Warshaw; 1988), auch wenn die Konsistenz zwischen Einstellung und Norm einerseits und Verhalten andererseits vor allem bei längsschnittlichen Untersuchungen unbefriedigend bleibt (Randall & Wolff, 1994). Das dürfte neben den obligatorischen Validitäts- und Reliabilitätsschwierigkeiten bei der Erfassung vor allem an zwei Faktoren liegen.

Zum einen sind Intentionen und ihre Komponenten nicht immer stabil; gerade bei Prozessen der Handlungskontrolle und der Abschirmung von Intentionen gegen konkurrierende Ziele und Präferenzen oder Tendenzen gibt es zahlreiche situationale und personale Einfluss- und Störquellen (wie auch der nächste Abschnitt zeigen soll). Es erscheint daher plausibel, dass bei größeren zeitlichen Abständen zwischen Absichtserfassung und Verhaltensregistrierung die Prognosegenauigkeit von Intentionsbedingungen für das tatsächliche Verhalten abnimmt. Zum anderen konnten mehrfach empirische Verbesserungen der Verhaltensvorhersage durch Erweiterungen der Theorie erreicht werden (Eagly & Chaiken, 1998; Frey, Stahlberg & Gollwitzer, 1993). Generell können bislang drei Gruppen von Modifikationen unterschieden werden.

Zum ersten hängt der Zusammenhang zwischen Absicht und Verhalten offenbar vom untersuchten Verhaltenstyp ab (Randall & Wolff, 1994). Inhaltlich weist dies meist auf Variation der Kontrollierbarkeit des fraglichen Verhaltens hin: beispielsweise lässt sich Alkoholkonsum (Norman, Bennett & Lewis, 1998) und anderes Suchtverhalten insbesondere im Längsschnitt schlechter durch Intention vorhersagen als etwa Karriereverhalten (Vincent, Peplau & Hill, 1998). Dazu passt der Befund, dass Gewohnheit («habit», z. B. definiert über die Frequenz des zuvor gezeigten entsprechenden Verhaltens) oft ein wichtiger Verhaltensprädiktor ist (Quellette & Wood, 1998; Verplanken, Aarts, van Knippenberg, & Moonen, 1998).

Zum zweiten sind inhaltliche Ergänzungen des Modells vorgeschlagen worden, insbesondere die Bedeutung des Verhaltens für die Identität der Person (Charng, Pilliavin & Callero, 1988; Sparks & Guthrie, 1998) oder persönliche Normen (Parker, Manstead, & Stradling, 1995; Trafimow & Finlay, 1996). Dies weist darauf hin, dass die kognitiven Prozesse, die zur Entscheidung und Absicht führen, auch für den Bewertungsaspekt auf eine Vielzahl von Quellen zugreifen.

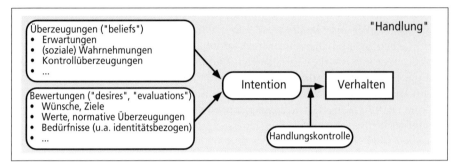

Abbildung 1A: Erwartungs-Wert-theoretische Handlungserklärung («praktischer Syllogismus»).

Drittens wird auf teilweise substantielle inhaltliche Unterschiede (bzw. Ungenauigkeiten) bei der Operationalisierung und Erfassung der Intention (und ihrer Bedingungen) hingewiesen. Wichtig ist etwa der Unterschied zwischen Intention und subjektiver Wahrscheinlichkeit (Warshaw & Davis, 1985; Randall & Wolff, 1994).

Es scheint, als würde der Erwartungs-Wert-Ansatz durch diese Vielzahl von Erweiterungen, zu denen noch zahlreiche Differenzierungen im Detail kommen (etwa verschiedene Formen von Erwartungen; Krampen, 2000), unübersichtlich und kaum mehr empirisch handhabbar. Tatsächlich aber ist die Grundstruktur immer noch sehr einfach (vgl. Abb. 1/A).

Die Handlungsabsicht – und damit die Handlung selbst – wird aus zwei Quellen gespeist. Zum einen sind dies die Überzeugungen («beliefs») der Person. Sie betreffen vor allem ihre Erwartungen, welche Folgen eine bestimmtes Verhalten (oder Unterlassen) haben wird, aber auch ihre Überzeugungen, was die soziale Umgebung erwartet oder fordert («percieved norm»), oder ihre Überzeugung, das erforderliche Verhalten auch ausführen zu können («self-efficacy»). Die andere Kategorie von Handlungsvoraussetzungen sind Bewertungen und die aus ihnen resultierenden Begehrlichkeiten («evaluations/desires») der Person, vor allem die Bewertung der jeweils erwarteten Folgen («value»), aber auch die Bewertung der wahrgenommenen sozialen Normen («commitment») oder die Bewertung einer Handlung im Hinblick auf die eigene Person («identity»). So verstanden sind Erwartungs-Wert-Theorien eigentlich Absichtstheorien und keine Handlungstheorien (Greve, 2001). Alle ihre Varianten basieren auf dem skizzierten einfachen Erklärungsschema, das seit Aristoteles als «praktischer Syllogismus» bezeichnet wird (v. Wright, 1974); alle genannten Ergänzungen füllen sozusagen die in jedem Einzelfall sehr großen und heterogenen Sammelkategorien der Überzeugungen und Bewertungen mit konkreten Inhalten.

Damit das auf dieser Basis intendierte Verhalten auch tatsächlich ausgeführt wird, muss es dann auch tatsächlich in der Macht oder Kontrolle der handelnden Person liegen, dies zu tun («control»); eben deswegen tragen z. B. Gewohnheiten oder Abhängigkeiten, die man nicht ohne weiteres überwinden kann, zur Vorhersage von Verhalten oft mehr bei als aktuell (aufrichtig) geäußerte Absichten. Ein entscheidendes Merkmal menschlicher Handlungen ist der Umstand, dass sie von der ausführenden Person nicht nur gewählt und initiiert, sondern auch supervidiert und kontrolliert werden. Diese reflexive Selbstregulation menschlichen Handelns ist prototypisch in der sozial-kognitiven Theorie von Bandura (1986) modelliert worden. In Abgrenzung gegen einseitig deterministische Verhaltenstheorien postuliert Bandura eine «triadische Reziprozität» zwischen intrapersonalen Prozessen (Kognitionen, Emotionen), Anforderungen und Reaktionen der sozialen Umwelt und dem Verhalten der Person. Durch «Subprozesse» der Selbstbeobachtung und Beurteilungen des jeweils erreichten Status vor dem Hintergrund persönlicher Standards und Referenznormen kontrolliert (im Sinne von «überwacht») der Akteur sein Handeln permanent und kann ggf., sofern er Kontrolle (im Sinne von «Einflussmöglichkeit») über sein Verhalten hat, korrigierend oder optimierend «eingreifen» (vgl. Bandura, 1986, bes. S. 335ff.). Dabei gehört die metakognitive Einschätzung über das Ausmaß der persönlich jeweils verfügbaren Kontrolle («Einflussmöglichkeit») selbst zu einer der wichtigen Selbstbeobachtungs- und -beurteilungsaufgaben beim Handeln; eben dies ist mit Selbstwirksamkeit gemeint (Bandura, 1977; 1986, S. 390ff.). Diese Überlegung schließt zugleich an entwicklungs- und persönlichkeitspsychologische Perspektive an, die über eine rein aktualgenetische Betrachtung (wie entstehen aktuell die jeweils dominanten Erwartungen und Bewertungen?) die Bedeutung interindividueller Unterschiede und deren intraindividueller Entwicklung untersucht. Nicht zuletzt spiegelt die Einschätzung eigener Einfluss- und Kontrollmöglichkeiten wesentlich soziale Lernerfahrungen mit früheren eigenen und anderen Handlungen wider (Krampen, 2000; Rotter, 1982).

2.2 Die Realisierung der Absicht: Kognitionspsychologische Handlungstheorien

Obwohl die Erwartungs-Wert-Theorien eigentlich Absichtstheorien sind, ist es vermutlich fair zu sagen, dass das Konzept der Intention selbst theoretisch unterentwickelt geblieben ist (Eagly & Chaiken, 1998); es reicht von einem vagen Vorsatz bis zu einer konkreten und festumrissenen Absicht. Der genaue psychologische (Wirk-)Zusammenhang zwischen der Intention und der Handlung selbst bleibt daher meist unklar. Warum aber tun wir tatsächlich, was wir wollen, und warum realisieren wir Pläne manchmal auch nicht? An diesem Punkt schließt das Rubikon-Modell menschlichen Handelns an (Heckhausen, 1989; Heckhausen, Gollwitzer & Weinert, 1987; Gollwitzer, 1993; 1996; Gollwitzer & Malzacher, 1996; zusammenfassend auch Frey, Stahlberg & Gollwitzer, 1993), in dem vier sequentielle Handlungsphasen unterschieden werden (vgl. Abb. 1/B).

In der Vor-Entscheidungsphase («prädezisional») muss zwischen den verschiedenen Optionen, die eine Person für sich wahrnimmt, abgewogen werden. Sobald eine Präferenz klar ist, liegt ein Ziel («goal intention») vor. Dies jetzt in eine konkrete und aktualisierte Handlungsabsicht («implementation intention») zu überführen ist Funktion der zweiten («präaktionalen») Phase (die auf die erste nicht notwendig folgen

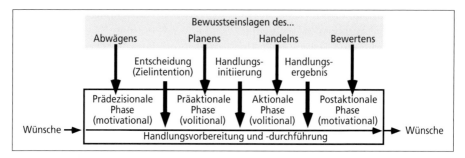

Abbildung 1B: Das Rubikonmodell der Handlungsphasen.

muss: Manche Vorhaben bleiben ewig unausgeführt). Ist die Absicht «implementiert», d. h. ist ein generelles Ziel («ich möchte meiner Frau Blumen schenken») in eine konkrete Absicht überführt («ich will heute nach Feierabend am Blumenladen an der Ecke vorbeigehen und drei Rosen kaufen»), tritt die Person in die aktionale Phase ein: sie reagiert dann unmittelbar auf die Wahrnehmung von Gelegenheiten und Hinweisreizen, d. h. sie handelt, sobald es möglich ist. Nach der Handlung («postaktionale» Phase) schließlich wird das Ergebnis bewertet, was Konsequenzen für zukünftige Handlungen hat. Die theoretische Pointe des Modells besteht darin, dass insbesondere in der Handlungsvorbereitung jeder Phase spezifische Bewusstseinslagen («mind sets») zugeordnet sind, in denen jeweils andere kognitive Funktionen dominieren (Gollwitzer, 1996). In der abwägenden Bewusstseinslage sind Personen offener für verschiedene, auch kritische Informationen, die zu einer Veränderung oder Revision früherer Präferenzen und Entscheidungen führen können. In der planenden Bewusstseinslage werden dagegen optimistische Wahrnehmungen und Attributionen wahrscheinlicher, die Person bewertet die positiven Argumente höher, nimmt Gelegenheiten und günstige Bedingungen für die intendierte Handlung bevorzugt wahr und schätzt Realisierungs- und Erfolgschancen im Zweifelsfall günstiger ein. Empirisch ist auch dieses Modell mittlerweile gut untersucht; insbesondere ließen sich die unterschiedlichen Prozesse der Informationsverarbeitung in den verschiedenen Bewusstseinslagen der beiden handlungsvorbereitenden Phasen deutlich zeigen (Gollwitzer, 1996, Gollwitzer & Malzacher, 1996).

Ein zentrales Problem bei der Entscheidung für ein Ziel ist die Konkurrenz verschiedener ähnlich starker Präferenzen und Attraktionen. Ebenso muss ein einmal gewähltes Ziel bei der Verfolgung gegen Alternativziele gewissermaßen abgeschirmt werden. Die Theorie der Handlungskontrolle (Kuhl, 1983, 1996a) unterscheidet hier zwischen einer Reihe verschiedener Kontrollmechanismen, die sich auf verschiedene handlungsrelevante Aspekte der Person (z. B. ihre Aufmerksamkeit, ihre Emotionen) und der Umwelt richten. Eine Pointe dieser Theorie besteht darin, dass die Wirksamkeit dieser Kontrollmechanismen wiederum vom aktuellen motivational-emotionalen Modus der Person abhängt: Eine «handlungsorientierte» Person kann diese Kontrollmechanismen kompetent und effizient einsetzen und ist daher handlungsfähig, eine «lageorientierte» Person dagegen kann sich von der Abwägung zwischen verschiedenen Zielen nicht lösen. Dieser Modus kann dabei situational wie auch dispositional bedingt sein.

Handlungstheorien dieses Typs (Rubikonmodell, Handlungskontrolle) zeichnen sich strukturell dadurch aus, dass sie eine personale begriffliche Ebene gewissermaßen unterschreiten. Während in Erwartungs-Wert-Theorien mentale Phänomene (Erwartungen, Überzeugungen, Bewertungen, Wünsche, Absichten) die zentralen Konzepte bilden, die der Person, die sie «hat», im Prinzip bewusst sind, werden hier auch kognitive Prozesse systematisch integriert (vgl. auch Goschke, 1996), die «subpersonal» operieren und damit der Person selbst nicht zugänglich sind. Dies greift den im ersten Abschnitt angesprochenen Einwand auf, dass Selbstauskünfte über Absichten und Einstellungen oft unverlässlich zu sein scheinen und insbesondere bei der Handlungsvorhersage oft nicht erfolgreich sind. Offensichtlich sind die in der konkreten Handlungssituation wirksamen Prozesse für die tatsächlich ausgeführte Handlung von entscheidender Bedeutung, und weder ihre Inhalte noch ihre Wirkungsweise sind der Selbstbeobachtung direkt zugänglich. Dies betrifft sowohl die Prozesse, die die Auswahl von Zielen und Absichten steuern, als auch die Kontroll- und Steuerungsprozesse, die ihre Aufrechterhaltung und Durchsetzung überwachen und lenken. Allen Ansätzen dieser Perspektive ist der Gedanke gemeinsamen, dass personalen Handlungen, d. h. Handlungen, die von einer Person gewählt, gewollt und ausgeführt werden, subpersonale (insbesondere kognitive) Prozesse zugrundeliegen, die von der Person selbst nicht einmal gewusst, geschweige denn gezielt gesteuert oder kontrolliert werden können (Brandtstädter & Greve, 1999). Ob diese reduktionistische Perspektive freilich eine vollständige Handlungserklärung liefern kann, ist eine schwierige Frage, die auch fundamentale erkenntnis- und wissenschaftstheoretische Probleme berührt; die theoretischen Schwierigkeiten, die sich mit dieser «Naturalisierung» von Intention und Kontrolle verbinden («from the ghost to the machine»; Wegener & Bargh, 1998, p. 449), sind bislang freilich nur partiell gelöst (Brandtstädter & Greve, 1999; Westermann & Heise, 1996; siehe auch Abschnitt 4).

2.3 Die Regulation des Verhaltens: Kybernetische Handlungstheorien

Zudem beantworten auch sequentielle Handlungstheorien die Frage noch nicht, wie die ausgewählte (gewollte) und auch tatsächlich in Gang gesetzte Handlung dann konkret umgesetzt, d. h. auch: in eine konkrete Sequenz von Teilhandlungen und einzelnen Operationen übersetzt wird. Genau daran aber werden sich im konkreten Handeln in Alltags- oder Arbeitszusammenhängen die Schwierigkeiten und Auffälligkeiten zeigen, die unsere Erklärungen – jenseits eines allgemeinen Grundlageninteresses – erst herausfordern. Denn unsere konkreten Operationen müssen sich den jeweils akuten Bedingungen flexibel und adaptiv anpassen, können also im Detail nicht Gegenstand des

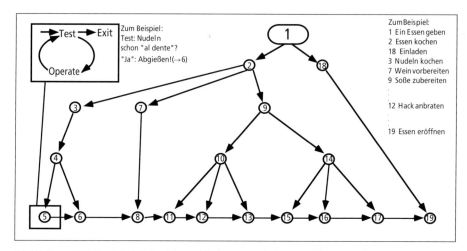

Abbildung 1C: Das Modell der hierarchisch-sequentiellen Handlungsregulation.

Planes, der Absicht, der Intention sein. Die Grundidee kybernetischer Handlungstheorien hierzu ist die hierarchisch sequentielle Regulation von Handlungen (z. B. Carver & Scheier, 1998; Hacker, 1998; Volpert, 1992). Menschliches Handeln kann nach dieser Vorstellung als flexible, nicht starr-mechanische Interaktion von (Teil-)Systemen rekonstruiert werden, die je nach Komplexität des jeweiligen Verhaltens vielfach hierarchisch verschachtelt sind, und die selbst ebenso wie ihre Interaktion durch sequentiell ablaufende Rückkopplungsschleifen gesteuert werden (vgl. Abb. 1/C).

Das Kernelement derartiger Schleifen ist die so genannte T-O-T-E-Einheit («Test-Operate-Test-Exit»; Miller, Galanter & Pribram, 1960). Ein solche TOTE-Sequenz prüft zunächst, ob ein aktueller Ist-Zustand von einem vorgegebenem Soll-Zustand abweicht («Test»). Falls dies (in ausreichendem Maße) der Fall ist, wird ein Verhalten («Operation») des Systems initiiert, das diese Diskrepanz verringern soll. Danach wird erneut getestet; falls die Diskrepanz weiterhin zu groß ist, wird das Verhalten wiederholt, andernfalls wird die Schleife verlassen («Exit»; vgl. Abb. 1/C, kleines Bild). In Schleifen dieser Art, mehr oder weniger tief hierarchisch gestaffelt, können buchstäblich alle Verhaltensweisen rekonstruiert werden, «vom Einschlagen eines Nagels bis zum Gewinn eines Nobelpreises» (Wegner & Bargh, 1998, p. 451). Eine substantielle Voraussetzung eines solchen Modells ist ein Monitor («comparator»; Carver & Scheier, 1998), der den «Test» durchführt. Eine zweite Voraussetzung ist, dass ein kriterialer («Soll») Wert gesetzt ist, an dem der aktuelle Zustand («Ist») des Systems gemessen wird.

In der Tat können kybernetische Ansätze, die den Aspekt der hierarchischen Organisation menschlicher Handlungen sehr klar herausgearbeitet haben, zielgerichtetes Verhalten auf diese Weise detailgenau rekonstruieren. Praktisch ist dies vor allem in der Arbeitspsychologie vielfach gezeigt worden (Frese & Zapf, 1994; Hacker, 1998). Kybernetische Ansätze tragen insbesondere dem Umstand Rechnung, dass Ziele typischerweise in viele Unter- und Zwischenziele aufgeteilt werden müssen, deren Regulation Bestandteil der Erreichung des Oberzieles ist. Das hat, wie Hacker (1998) an vielen Beispielen von Arbeitstätigkeiten und -handlungen zeigt, oft einen erheblichen praktischen Nutzen für Interventionen, etwa wenn sequentielle Arbeitsabläufe durch diese Transparenz verbessert werden, sodass Fehler verringert und Effektivität gesteigert werden kann (Frese & Zapf, 1994, S. 288ff.). Ein anschauliches Beispiel ist die Anordnungen von Bedienungselementen auf einer Schalttafel (vgl. etwa Hacker, 1998, z. B. S. 502f.), die weniger fehlerträchtig ist, wenn sie den tatsächlichen Ober- und Unterziel- bzw. Prüfsequenzen regulativ und räumlich entspricht.

Die kybernetische Erklärung menschlicher Handlungen bleibt jedoch in bestimmter Hinsicht unterbestimmt, denn menschliche Handlungen teilen die Eigenschaft rekursiver Steuerung mit zahlreichen anderen Phänomenen, die sicher keine Handlung sind (z. B. Reflexen). Man kann dies auch so formulieren, dass kybernetische Handlungstheorien, wenn sie nur die Zielregulation als Bestimmungsmerkmal zugrundelegen, einen Handlungsbegriff anvisieren, der für sozialpsychologische Zwecke zu weit ist. Auch ein Kolibri, der eine Blüte anzielt, wird dies in einer Weise regulieren, die mit einem TOTE-Prinzip rekonstruiert werden kann, ebenso wird auch ein automatisches Zielsystem einer Langstreckenrakete von einem Programm gesteuert, das auf TOTE-Prinzipien aufbaut, und auch die Kontraktion einer Muskelfaser wird durch chemische Prozesse bewirkt, deren Regulation auf diese Weise beschrieben werden kann. Die Folge ist, dass sich kybernetische Definitionen menschlicher Handlungen weder kategorial (z. B. gegen die Steuerung von Ameisen, Thermostaten und Raketen) noch prozessual (gegen die Steuerung der chemisch-physikalischen Prozesse in einer Muskelfaser, oder gegen die dynamische Steuerung von Gruppenprozessen) theoretisch abgrenzen können, geschweige denn innerhalb menschlicher Verhaltensweisen kategorial trennen («I see virtually all behavior as goal directed»; Carver, 1996, p. 645). Anders formuliert: die hierarchisch-sequentielle Regulation ist zwar typisch für menschliches Handeln, aber nicht exklusiv, und daher ungeachtet seiner praktischen Bedeutung kein Identifikationskriterium. Die hierarchisch-regulative Perspektive klärt das «Wie» menschlicher Handlungen, aber erklärt nicht das «Warum». Daher lässt sich innerhalb dieser theoretischen Perspektive nicht mehr begründen, worin sich menschliche Handlungen von Raketenflügen, Temperaturregulationen, Gruppenprozessen und Muskelkontraktionen unterscheiden. Zwar wenden einschlägige Ansätze diese Überlegung meist nur auf menschliche Handlungen an, aber dies wird nur affirmativ begründet (z. B. «movement control is outside our focus», Carver & Scheier, 1998, p. 1; detaillierter: Hacker, 1998, S. 68).

Vermutlich besteht der Ausweg aus diesem Problem unter anderem darin, sich engagierter darum zu bemühen, kybernetische Ansätze mit den zuvor genannten Theorien zu verbinden. Zwar ist dies von beiden Seiten gelegentlich versucht worden (Kuhl, 1983; Hacker, 1998), aber erst die konkrete Aufklärung der psychischen Prozesse (z. B. relevanter Bewusstseinslagen), die bei der Zielsteuerung auf verschiedenen Ebenen wirksam sind, die steuern, auf welcher hierarchischen Ebene die Aufmerksamkeit jeweils fokussiert (Vallacher & Wegener, 1987), wie die Ziele (Soll-Werte) der Regulation gesetzt werden, bietet die Aussicht, sowohl detailliert den faktische Ablauf von Handlungen vorherzusagen als auch die praktische Intervention etwa zur Fehlerverringerung zu verbessern.

3 Empirische Anwendungen sozialpsychologischer Handlungstheorien

Handlungstheorien sind nicht nur Ausgangspunkt und Rahmen zahlreicher empirische Studien gewesen, sie haben gerade im sozialpsychologischen Kontext auch anwendungsnähere Untersuchungen nach sich gezogen. Drei Beispielsbereiche dafür sollen im folgenden kurz skizziert werden.

Beispiel 1: Gesundheitshandeln. Ein vor allem aus erwartungs-wert-theoretischer Sicht vieluntersuchter Bereich ist das Risiko- und Gesundheitsverhalten (Conner & Sparks, 1996; Salovey, Rothman & Rodin, 1998). Nicht zuletzt der Umstand, dass es hier bereits Übersichtsarbeiten zu einzelnen Verhaltensbereichen gibt (z. B. Trainings- und Übungsverhalten: Hausenblas, Carron, & Mack, 1997), zeigt den hohen Verbreitungsgrad der Theorie sehr deutlich. Dabei findet sich empirisch, dass die entsprechend der Theorie geplanten Verhaltens gemessenen Einstellungen, Normen und Intentionen etwa das Einhalten einer Diät (Armitage & Conner, 1999), Selbstuntersuchung in Bezug auf Früherkennung von Karzinomen (Moore, Barling & Hood, 1998) oder Aids- und Schwangerschaftsverhütung durch Kondomgebrauch vorhersagen (Plies & Schmidt, 1996).

Am Beispiel des Gesundheitsverhaltens lässt sich die Reichweite eines handlungstheoretischen Ansatzes nochmals deutlich machen. Es geht nicht um jedes faktisch gesundheitsrelevante Verhalten, sondern nur darum, gesundheitsbezogenes Handeln zu erklären. Der Spaziergang etwa in einer chemikalisch stark verunreinigtem Umgebung mag faktisch – ohne dass ich das weiß, geschweige denn beabsichtige – für meine Gesundheit von höchster Bedeutung sein. Er ist dennoch von gesundheitsbezogenem Handeln im engeren Sinne zu unterscheiden, das mittelbar (z. B. ein Arztbesuch) oder unmittelbar (z. B. das Einhalten einer Diät) direkt durch eine gesundheitsbezogene Absicht gesteuert wird. Das schließt die Bereiche des Gesundheits- und Risikoverhaltens ein, die eher in Form von gelernten Gewohnheiten oder Automatismen überwiegend routinemäßig und nicht reflektiert ablaufen (Zähneputzen oder Rauchen). Zwar sind für solche Gewohnheiten aktuelle Intentionen weniger bedeutsam, jedoch wurden auch sie als zunächst intentional gesteuerte Handlungen erlernt und erst im Laufe der Zeit zu Automatismen.

Zahlreiche Studien deuten darauf hin, dass vor allem die Verhaltenskontrolle bedeutsam für Gesundheitshandeln ist, denn die Absicht, der eigenen Gesundheit nicht zuwider zu handeln, dürfte zwischen Personen nur wenig variieren (zusammenfassend Greve & Krampen, 1991). Die aus den oben geschilderten Theorien ableitbaren Zusammenhänge finden sich empirisch auch auf einer dispositionellen Ebene. So zeigt sich etwa, dass Personen, die allgemein glauben, ihr Handeln selbst kontrollieren zu können, weniger rauchen oder es leichter aufgeben können, leichter abnehmen bzw. weniger wiegen, mehr auf Empfängnisverhütung achten und sich im Schwangerschaftsfall aktiver auf die Geburt vorbereiten (Haisch & Zeidler, 1991). Der positive Einfluss von Kontrollierbarkeit auf psychische und physische Gesundheit wirkt jedoch nicht nur über absichtsvolles Handeln. Die wahrgenommene Möglichkeit zur Kontrolle hat auch dann einen Effekt, wenn sie sich auf alltägliche Entscheidungen, beispielsweise hinsichtlich der Wahl des Fernsehprogramms (Langer & Rodin, 1976; vgl. hierzu auch Krampen, 1982; Wallston & Wallston, 1982).

Beispiel 2: Arbeitshandeln. Aus der Perspektive kybernetischer Handlungstheorien ist vermutlich der Bereich des Arbeitshandelns am intensivsten untersucht worden (Hacker, 1998); Frese und Zapf (1994, S. 293) bezeichnen ‹Arbeit› geradezu als «Prototyp» von Handlung. Empirisch zeigt sich insbesondere, dass Fehler in Handlungsabläufen genauer lokalisierbar (und damit vermeidbar) werden, wenn die hierarchische Verschachtelung von Zielen genauer beachtet wird. Dies hat, wie bereits angesprochen, zugleich unmittelbare Konsequenzen für das Design von Arbeitsplätzen oder Maschinen, deren Funktionalität wesentlich von der Passung zu den notwendigen menschlichen Handlungsvollzügen an und mit ihnen abhängt. Beides zusammen wiederum hat unmittelbare Implikationen für die Gestaltung und Inhalte von Trainingsmaßnahmen, die typischerweise nicht bis zur Routinisierung und Automatisierung von Handlungs- und Verhaltensabläufen reichen, sondern sich meist auf der Ebene von bewusst zielgerichteten und kontrollierten Handlungen bewegen, deren regelmäßige, möglichst fehlerfreie Wiederholung zur Routinisierung erst führt.

Beispiel 3: Kriminelles Handeln. Handlungstheoretische Ansätze machen, wie gerade in arbeitspsychologischen Arbeiten immer wieder betont wurde (z. B. Frese & Zapf, 1994, S. 325), zahlreiche Menschenbildannahmen, etwa die Annahme der aktiven (Mit-)Gestaltung seines Lebens und sozialen Umgebung, der Kontrollierbarkeit und reflexiven Steuerbarkeit dieser Aktivitäten, der individuellen Wählbarkeit (einiger) seiner Ziele etc. Zugleich freilich erheben psychologische Handlungstheorien – gleich welcher Prägung – den Anspruch, dieses Handeln wissenschaftlich, d. h. empirisch erklären zu wollen und zu können. Die hierin liegende Spannung – inwiefern sind frei gewählte Handlungen psychologisch erklärbar? – hat vor allem im Zusammenhang der sozialen Reaktion auf deviantes und kriminelles Handeln eine eminente praktische Bedeutung (Greve, 1996b). Kriminalität ist schon deshalb einer der Testfälle für die Forderung an die Sozialpsychologie, menschliches Handeln zu erklären (Lösel, 1983), weil hier das Interventionsbedürfnis der sozialen Gemeinschaft im allgemeinen erheblich ist. Vorauszusetzen ist, dass Kriminalität generell kein Versehen oder Widerfahrnis ist; vielmehr ist, auch de jure, für die Beschuldigung eines Täters die Unterstellung von Kontrolle, Absicht und Wahlfreiheit, kurz: der Handlungscharakter der zur Debatte stehenden Tat konstitutiv. Falls dies nicht der Fall ist (und auch keine vorwerfbare Fahrlässigkeit vorliegt), entschuldigt und damit «entkriminalisiert» eben dies zugleich das fragliche Verhalten (Roxin, 1997; Greve, 1996b). Gleichwohl sind handlungstheoretische Analysen in der Kriminologie und Kriminalpsychologie zwar häufiger angemahnt (z. B. Lösel, 1983, S. 17; Werbik, 1983), aber seltener elaboriert worden. Wichtigste Ausnahme im Kontext der Kriminologie bildet der «rational choice»-Ansatz (Cornish & Clarke, 1986), der in Vielem den oben dargestellten Erwartungs-Wert-Theorien entspricht, aber die psychologischen Theorien und Befunde nur ausnahmsweise angemessen berücksichtigt (Karstedt & Greve, 1996).

Eine handlungstheoretische Perspektive auf Kriminalität ist aber deswegen erforderlich, weil soziologische Theorien, wie sie in der Kriminologie immer noch dominieren (Lamnek, 1993) zur Erklärung individuellen kriminellen Handelns prinzipiell nicht ausreichen (vgl. bereits Lösel, 1983). So sind beispielsweise soziale Risikofaktoren wie «Armut» oder «soziale Desintegration» als Ansatzpunkt für kriminalpolitische Intervention gewiss ernst zu nehmen, aber ebenso sicher keine zureichende Erklärung für kriminelles Handeln, denn es gibt Personen, die unter entsprechenden Umständen nicht kriminell handeln. Die aktuellen sozialen Umstände, so wird man aus handlungstheoretischer Perspektive sagen, steuern (teils als wahrgenommene Restriktionen, teils als Restriktionen der Wahrnehmung) die in die individuellen Handlungsentscheidungen eingehenden Prämissen, setzen in diesem Sinne den Handlungsrahmen, aber sie erklären die aktuelle, konkrete Handlung selbst nicht. Auch innerhalb des durch personale und situationale Randbedingungen gezogenen Rahmens bleibt offenbar ein Handlungsspielraum, insbesondere die im Falle kriminellen Handelns essentielle Möglichkeit der Unterlassung. Leider sind die empirischen und theoretischen Argumente der intentions- und volitionspsychologischen Forschung (etwa im Rahmen des Rubikonmodells) in der kriminalpsychologischen Diskussion bislang kaum aufgegriffen worden, obwohl sich etwa bei der Erklärung von Rückfallkriminalität genau die Frage stellt, warum Personen trotz bester Vorsätze wiederholt tun, was sie eigentlich nicht hatten tun wollen und sollen. Dies führt zugleich zu einem der brisantesten Berührungspunkte zwischen handlungstheoretischen Schwierigkeiten und praktischen Erfordernissen, denn kriminelles Handeln wird, wenn es hinreichend zweifelsfrei eines war, bestraft (Gabriel & Greve, 1996).

4   Wissenschaftstheoretische Probleme psychologischer Handlungstheorien

Gerade der letztgenannte Anwendungsbereich berührt eine grundlegende theoretische Schwierigkeit psychologischer Handlungstheorien, auf die in diesem Abschnitt kurz eingegangen werden soll. Einige Argumente sprechen dafür, dass menschliche Handlungen als Erkenntnisgegenstand empirischer Wissenschaft einige spezifische Schwierigkeiten aufweisen, die zu Fragen führen, die für das Verständnis des Faches grundsätzlich von Bedeutung sind (Greve, 2001). In der Vorbemerkung zu ihrem wissenschaftstheoretischen Einführungskapitel des ersten Bandes haben Frey und Irle (1993, S. 12) die Aufgabe der vorliegenden Trilogie zu den Theorien der Sozialpsychologie auch darin gesehen, über die Wissensvermittlung hinaus das aktive und wissenschaftskritische Mit-Denken, Be-Denken und Weiter-Denken der vorgestellten Theorien anzuregen. Die grundlegende Bedeutung wissenschaftstheoretischer und philosophischer Fragen für die wissenschaftliche Psychologie (Greve, 1994b) lässt sich kaum deutlicher veranschaulichen als am Beispiel sozialpsychologischer Handlungstheorien. Denn die hier fokussierte Konzeption menschlicher Handlungen hat begriffliche und erkenntnistheoretische Implikationen, die die theoretische Kohärenz traditioneller empirischer Handlungserklärungen möglicherweise infrage stellen. Jedoch werden diese besonderen metatheoretischen Schwierigkeiten, die sich bei einer empirischen Untersuchung menschlicher Handlungen ergeben, in der Sozialpsychologie nur selten diskutiert, und die zahlreichen Untersuchungen dieser Probleme im Rahmen der analytischen Philosophie sind kaum aufgegriffen worden (Greve, 1994a).

Das theoretische Problem, das hier angesprochen ist, lässt sich kurz in drei Argumentationsschritten skizzieren. Grundsätzlich werden menschliche Handlungen im allgemeinen durch Verweis auf die sie leitenden Absichten erklärt, die sich auf die Erreichung bestimmter Ziele oder Zwecke richten. P tat, was sie tat, weil sie Z wollte und glaubte, dies durch diese ihre Handlung erreichen zu können; nur wenn diese Rekonstruktion möglich ist, kann kohärent von einer Handlung gesprochen werden. Neben den zahlreichen Problemen im Detail, die im zweiten Kapitel angesprochen wurden, ergibt sich hier jedoch das grundsätzliche Problem, dass die Absicht bereits zur Identifikation des Explanandums notwendig ist: Handlungen sind absichtliche Bewegungen, denn dieselbe Bewegung, in anderer Absicht ausgeführt, wäre eine andere Handlung. Um das Explanandum der Handlungserklärung (diese Handlung) zu identifizieren, muss ich auf die für sie konstitutive Absicht bereits Bezug nehmen. Dies aber schließt eine kausale Verbindung zwischen Handlung und Absicht ebenso aus wie zwischen ‹Junggeselle› und ‹unverheiratet›. Wenn Handlungen also beabsichtigte Verhaltensweisen sind, dann ist ihre kausale Erklärung unter Rekurs auf ebendiese Absicht schlicht eine Kategorienverwechslung (Greve, 2001).

Diesem «Logische-Beziehungs-Argument» kann man im Grundsatz auf zwei Wegen begegnen. Zum einen kann entgegnet werden, es gehe ja nicht um die Erklärungen von Handlungen im eingangs bestimmten Sinne, sondern um die Erklärung sichtbaren Verhaltens (physischer Bewegungen) durch Absichten; mit «Handlung» sei das beobachtbare Verhalten gemeint, das eben, was die Person tatsächlich tue. Dieses könne man aber (z. B. durch Beobachtung) ganz unabhängig von der Absicht erfassen (vgl. etwa Kuhl, 1996b, S. 214). Zwei ungelöste Probleme belasten diese Argumentation. Zum einen untersuchen psychologische Studien praktisch, vielleicht sogar notwendigerweise immer mehr als nur physikalisch beschreibbares Verhalten. Psychologisch interessant ist eben nicht nur eine bestimmte Muskelkontraktion, sondern ein zielgerichtetes, bedeutungsvolles, kurz: ein intendiertes Verhalten, dessen valide Erfassung nicht von der exakten physischen Beschreibung abhängt (im Gegenteil diesbezüglich durch eine Vielzahl von Variationen realisiert werden könnte): Interessant ist, warum Paul Maria grüßt (wo sie gestern noch Streit hatten), und nicht, warum sich sein Arm in diesem Winkel mit dieser Geschwindigkeit bewegt (man kann auf viele motorische

Arten «grüßen»; Greve, 1994a). Zum zweiten ergibt sich das prinzipielle Problem, dass alle Handlungstheorien irgendwie einen kausalen Zusammenhang herstellen zwischen geistigen («mentalen») Phänomenen (Absichten, Motive, kognitive Prozesse etc.) einerseits und physischen Phänomenen andererseits (physikalisch-chemische Prozesse in der Muskulatur etc.). Die Erklärung dieses Zusammenhanges muss aber unabgeschlossen bleiben, solange nicht geklärt ist, wie dieses konzeptuell und theoretisch überhaupt kohärent formulierbar ist. Dies prinzipielle Problem, das in der Philosophie unter dem Stichwort «Leib-Seele-Problem» eine lange Diskussionstradition hat (z. B. Kim, 1996), ist in der Psychologie jedoch nur sehr selten explizit thematisiert worden (z. B. Brandtstädter, 1991; Prinz, 1997b).

Zum anderen kann dem «Logischen-Beziehungs-Argument» entgegnet werden, gerade die prototypischen sozialpsychologischen Handlungstheorien wie die Theorie geplanten Verhaltens untersuche grundsätzlich eher die Aktual- und Ontogenese der handlungsbestimmenden Absichten (in diesem Sinne wurden im zweiten Abschnitt die Erwartungs-Wert-Theorien als Intentionstheorien bezeichnet; Ajzen, 1996b). Die Annahme, dass die Absicht im Regelfall ein guter Prädiktor des Handelns selbst sei, sei ja erstens schwerlich zu bestreiten, und werde zweitens durch eine Vielzahl von differenzierenden Argumenten (Verhaltensmoderatoren) ergänzt. Auch im Rubikonmodell geht es in vielen einschlägigen Arbeiten (Gollwitzer, 1993, 1996) genau genommen eher um die Mikrophysik der Intention als um die Erklärung von konkreten Handlungsvollzügen. Überdies ist bei einer Intentionspsychologie kein begriffslogisches Problem zu erkennen, das einer psychologischen Erklärung der Absicht im Wege stehen könnte. Die Schwierigkeit dabei jedoch ist, wie bereits angedeutet, diese: Wenn die Absichtsgenese einschließlich der konkreten Entschlussbildung empirisch-kausal erklärbar wäre, scheint dies mit der freien Wählbarkeit menschlichen Handelns unvereinbar zu sein, die wir in vielen praktischen Kontexten offenbar unterstellen (Stichworte: Verantwortung, Schuld). Auch wenn natürlich zu konstatieren ist, dass sich menschliche Handlungen nur innerhalb eines Optionskorridors bewegen können, der teils durch logische und Naturgesetze, teils aber auch faktische Unkenntnis oder Unvermögen und tendenziell auch durch soziale Normierungen begrenzt wird (Brandtstädter, 1998), ist es offenbar für unsere Vorstellung von menschlichen Handlungen konstitutiv, dass es in einem relevantem Sinne auf uns ankommt, ob und wie wir sie ausführen. Dem aber scheint der Universalitätsanspruch empirisch-kausaler Erklärbarkeit menschlichen Verhaltens und insbesondere menschlicher Entschluss- und Intentionsbildung direkt zu widersprechen. Auch dieses fundamentale Problem jeder Handlungstheorie ist in der sozialpsychologischen Forschung lange kaum beachtet worden (zu Ausnahmen vgl. etwa Brandtstädter, 1984, Groeben, 1986). Erst in jüngerer Zeit hat die sozialpsychologische Diskussion wieder an Leben gewonnen (von Cranach, 1991; von Cranach & Foppa, 1996; Greve, 1996; Kuhl, 1996a). Es fehlt hier weniger an entschiedenen Plädoyers (vgl. z. B. Wegener & Bargh, 1998), als an detaillierten Diskussionen. Dabei ist völlig unbestritten, dass es bei der aktualgenetischen Entwicklungsdynamik von Intentionen etwas empirisch zu klären gibt, und dass dies in das Herz der Frage nach der Erklärung menschlicher Handlungen zielt (Brandtstädter & Greve, 1999).

5 Perspektiven für Theorienentwicklung und Theorienintegration

Das Integrationspotential und die Anwendungsimplikationen handlungstheoretischer Ansätze in der Sozialpsychologie könnten und sollten weit besser genutzt werden als bislang. Nicht nur können, wie der vorangegangene Abschnitt veranschaulichen sollte, sehr unterschiedliche Themen- und Lebensbereiche aus handlungstheoretischer Perspektive als strukturell vergleichbar rekonstruiert werden. Dies dürfte einer der wichtigsten Gründe für den großen Erfolg der Theorie geplanten Verhaltens in der angewandten Sozialpsychologie sein. Darüber hinaus können aus handlungstheoretischer Sicht auch verschiedene Facetten sozialkognitiver Forschungsbemühungen mit verhaltensorientierten Ansätzen verbunden und beides auf konkrete Lebensbereich angewendet werden. Die vielleicht aussichtsreichste Perspektive für eine theoretische Integration handlungstheoretischer Ansätze in der Sozialpsychologie mit klassischen Forschungsbereichen ist die an vielen Punkten erkennbare Konvergenz zur Sozialpsychologie des Selbst. Eine Voraussetzung jeder Handlung ist in allen Handlungstheorien die handelnde Person. Sie bringt ein Voraussetzungsprofil aus Kompetenzen und Eigenschaften, Wahrnehmungsgewohnheiten und -tendenzen, Wünschen und Neigungen in die je konkrete Situation ein, die Voraussetzung und Rahmen für ihre Handlungen sind. Dabei werden aus handlungstheoretischer Perspektive nicht nur die gewissermaßen «objektiv» bestehenden personenseitigen Handlungsvoraussetzungen und -restriktionen, sondern gerade auch ihre subjektive Rekonstruktion und Bewertung ins Zentrum der Betrachtung gerückt. Die handelnde Person hat von ihren Handlungsvoraussetzungen – mithin von sich selbst – ein Bild, auf dessen Grundlage sie entscheidet, plant und handelt. Nur Verhaltensweisen, die auch in Ansehung der eigenen Personen, ihren Fähigkeiten und Kompetenzen, aber auch ihren Begrenzungen und Unzulänglichkeiten, gewählt und geplant wurden (mögen diese subjektiven Voraussetzungen zutreffend sein oder nicht), sind Handlungen im hier diskutierten engeren Sinne. Überdies bilden selbst-bezogene Motive dabei wiederum eine wichtige Quelle für Handlungsziele; dies gilt sowohl für aktuelle Situationskonstellationen, auf die etwa im Sinne der Sicherung von Selbstwertempfinden und Selbstbildkonsistenz re-«agiert» wird als auch für weiterreichende Entwicklungs- und Identitätsziele (Brandtstädter, 1998). Die «Psychologie des Selbst» (Greve, 2000) erweist sich damit gewissermaßen als ein Herzstück der «Psychologie der Handlung». Dementsprechend berücksichtigen handlungstheoretische Diskussionen vielfach Überlegungen und Befunde zum «Selbst» an zentraler Stelle (z. B. Geen, 1995; Gollwitzer & Bargh, 1996). Tatsächlich kann man, noch einen Schritt weiter gehend, vielleicht sogar sagen, dass einige Ansätze, die sich selbst als handlungstheoretisch deklarieren, eher Selbst-Regulationsansätze sind; konsequent ordnet etwa Higgins (1996, etwa p. 1070) den Ansatz von Carver und Scheier (s.o.) in eine Linie mit selbst-regulatorischen Ansätzen ein. Umgekehrt hat kürzlich Baumeister (2000) ein Forschungsprogramm vorgestellt, das willenspsychologische Fragestellungen aus der Perspektive des Selbstpsychologie untersucht. Konkret geht es dabei um die Frage, in welchem Sinne das Selbst als das motivationale und «energetische» Zentrum von Entscheidungen angesehen werden kann.

Zugleich lässt die Untersuchung des Selbst auch die theoretischen und empirischen Grenzen einer handlungstheoretischen Psychologie deutlich werden, eben weil die Mehrzahl sowohl der bei der Identitätsentwicklung als auch bei der Absichtsbildung wirksamen Prozesse und Dynamiken ihrerseits nicht mehr in einem handlungstheoretischen Format analysierbar sind: Dynamiken der Identitätsstabilisierung oder der aktuellen Intentionsbildung sind in aller Regel keine Handlung. Zwar sind alle diese Vorgänge handlungsrelevant: Absichten lenken, Personen wählen, ihre Gefühle bestimmen oder beeinflussen, ihre Wahrnehmungen kanalisieren und ihre Überlegungen steuern Handlungen. Aber es ist gleichwohl klar, dass einer handlungstheoretischen Perspektive der Psychologie Grenzen gezogen sind, weil menschlichen Handlungen Grenzen gezogen sind. Zudem operieren Handlungen immer in einem sozialen Kontext, der sich der individuellen Kontrolle vielfach entzieht (das angesprochene Beispiel kriminellen Handelns macht dies deutlich). Eine aktionale Perspektive, die diese Aspekte gänzlich unberücksichtigt ließe, wird daher substantiell unabgeschlossen bleiben müssen (Brandtstädter & Greve, 1999). Die theoretische Aufgabe, die sich damit für die Sozialpsychologie menschlicher Handlungen stellt, ist eine Integration der vielen verschiedenen Theorien, die sie derzeit ausmachen.

Literatur

Abell, P. (Ed.) (1991). *Rational choice theory*. Cambridge: Cambridge University Press.

Ajzen, I. (1985). From Intentions to actions: A theory of planned behavior. In: J. Kuhl & J. Beckmann (Eds.), *Action control: From cognition to behavior* (pp. 11–39). Berlin: Springer.

Ajzen, I. (1988). *Attitudes, personality, and behavior*. Milton Keynes: Open Unversity Press.

Ajzen, I. (1991). The theory of planned behavior. *Organizational Behavior and Human Decision Processes, 50*, 179–211.

Ajzen, I. (1996). The direct influence of attitudes on behavior. In: P. M. Gollwitzer & J. A. Bargh (Eds.), *The psychology of action. Linking cognition and motivation to behavior* (pp. 385–403). New York: Guilford.

Ajzen, I. (1996b). The social psychology of decision making. In: E. T. Higgins & A. W. Kruglansi (Eds.), *Social psychology. Handbook of basic principles* (pp. 297–325). New York: Guilford.

Ajzen, I. & Fishbein, M. (1977). Attitude-behavior relations: A theoretical analysis and review of empirical research. *Psychological Bulletin, 84*, 888–918.

Ajzen, I. & Fishbein, M. (1980). *Understanding attitudes and predicting social behavior*. Englewood Cliffs: Prentice-Hall.

Ansfield, M. E. & Wegner, D. M. (1996). The feeling of doing. In: P. M. Gollwitzer & J. A. Bargh (Eds.), *The psychology of action. Linking cognition and motivation to behavior* (pp. 482–506). New York: Guilford.

Armitage, C. J. & Conner, M. (1999). Distinguishing perceptions of control from self-efficacy: Predicting consumption of a low-fat diet using the theory of planned behavior. *Journal of Applied Social Psychology, 29*, 72–90.

Arntz, A. & Schmidt, A. J. M. (1989). Perceived control and the experience of pain. In: A. Steptoe & A. Appels (Eds.), *Stress, personal control and health* (pp. 131–162). Chichester: Wiley.

Aronson, E., Wilson, T. D. & Akert, R. M. (1999). *Social psychology* (3rd Ed.). New York: Longman.

Atkinson, J. W. & Birch, D. (1970). *The dynamics of action*. New York: Wiley.

Bagozzi, R. P. (1992). The self-regulation of attitudes, intentions, and behavior. *Social Psychology Quarterly, 55*, 178–204

Bandura, A. (1977). Self-efficacy: Toward a unifying theory of behavioral change. *Psychological Review, 84*, 191–215.

Bandura, A. (1978). On distinguishing between logical and empirical verification. A comment on Smedslund. *Scandinavian Journal of Psychology, 19*, 97–99.

Bandura (A. (1986). *Social foundations of thought and action*. Englewood Cliffs: Prentice-Hall.

Barker, R. G. & Wright, H. F. (1971/1955). *Midwest and its children*. Hamden: Archon Books.

Baumeister, R.F. (2000). Ego depletion and the self's executive function. In: A. Tesser, R. B. Felson & J.M. Suls (Eds.), *Psychological perspectives on self and identity* (pp. 9–33). Washington: APA.

Becker, G. S. (1982; orig. 1968). *Der ökonomische Ansatz zur Erklärung menschlichen Verhaltens*. Tübingen: Mohr.

Blue, C. L. (1995). The predictive capacity of the theory of reasoned action and the theory of planned behavior in exercise research: An integrated literature review. *Research in Nursing & Health, 18*, 105–121.

Brandtstädter, J. (1984). Entwicklung in Handlungskontexten: Aussichten für die entwicklungspsychologische Theorienbildung und Anwendung In: H. Lenk (Hrsg.), *Handlungstheorien interdisziplinär* (Bd. 3, II; S. 848–878). München: Fink.

Brandtstädter, J. (1985). Individual development in social action contexts: Problems of explanation. In: J. R. Nesselroade & A. v. Eye (Eds.), *Individual development and social change: Explanatory analysis* (pp. 243–264). New York: Academic Press.

Brandtstädter, J. (1990). Entwicklung im Lebensablauf. Ansätze und Probleme der Lebensspannen-Entwicklungspsychologie. *Kölner Zeitschrift für Soziologie und Sozialpsychologie, 31* (Sonderheft), 351–373.

Brandtstädter, J. (1991). Psychologie zwischen Leib und Seele: Einige Aspekte des Bewusstseinsproblems. *Psychologische Rundschau, 42*, 66–75.

Brandtstädter, J. (1992). Personal control over development: Some developmental implications of self-efficacy. In: R. Schwarzer (Ed.), *Self-efficacy: Thought control of action* (pp. 127–145). Washington: Hemisphere.

Brandtstädter, J. (1993). Strukturelle Implikationen und empirische Hypothesen in handlungs-, emotions- und moralpsychologischen Forschungsprogrammen: Wechselbeziehungen und Verwechslungen. In: L. Eckensberger & U. Gähde (Hrsg.), *Ethische Norm und empirische Hypothese* (S. 244–267). Frankfurt a.M.: Suhrkamp.

Brandtstädter, J. (1998). Action perspectives on human development. In: R. M. Lerner (Ed.) *Theoretical models of human development* (Handbook of child psychology, 5th Ed., Vol. I, pp. 807–863). New York: Wiley.

Brandtstädter, J. (2001). *Entwicklung – Intention – Handeln*. Stuttgart: Kohlhammer.

Brandtstädter, J. & Greve, W. (1994). Entwicklung im Lebenslauf als Kulturprodukt und Handlungsergebnis: Aspekte der Konstruktion und Kritik. In: K.A. Schneewind (Hrsg.), *Psychologie der Erziehung und Sozialisation. Pädagogische Psychologie* (Enzyklopädie der Psychologie, Bd.1, S. 41–71). Göttingen: Hogrefe.

Brandtstädter, J. & Greve, W. (1999). Intentionale und nichtintentionale Aspekte des Handelns. In: J. Straub & H. Werbik (Hrsg.), *Handlungstheorie. Begriff und Erklärung des Handelns im interdisziplinären Diskurs* (S. 185–212). Frankfurt: Campus.

Brandtstädter, J. & Lerner, R. M. (Eds.) (1999). *Action and self development: Theory and research through the life-span*. Thousand Oaks, CA: Sage.

Brehm, S. S., Kassin, S.M. & Fein, S. (1999). *Social Psychology* (4th Ed.). Boston: Houghton.

Carver, C. S. (1996). Some ways in which goals differ and some implications of those differences. In: P.M. Gollwitzer & J.A. Bargh (Eds.), *The psychology of action. Linking cognition and motivation to behavior* (pp. 645–672). New York: Guilford.

Carver, C. S. & Scheier, M. F. (1990). Principles of self-regulation. Action and emotion. In: E.T. Higgins & R.M. Sorrentino (Eds.), *Handbook of motivation and cognition. Foundations of social behavior* (Vol. 2, pp. 3–52). New York: Guilford.

Carver, C. S. & Scheier, M. F. (1998). *On the self-regulation of behavior*. Cambridge UK: Cambridge University Press.

Carver, C.S. (1996). Some ways in which goals differ and some implications of those differences. In: P. M. Gollwitzer & J. A. Bargh (Eds.), *The psychology of action. Linking cognition and motivation to behavior* (pp. 645–672). New York: Guilford.

Charlton, M. (1987). Möglichkeiten eines sozialwissenschaftlichen Handlungsbegriffs für die psychologische Forschung. *Zeitschrift für Sozialpsychologie ,18* , 2–18.

Charng, H.-W., Piliavin, J. A. & Callero, P.L. (1988). Role identity and reasoned action in the prediction of repeated behavior. *Social Psychology Quarterly, 51*, 303–317.

Coleman, J.S. (1990). *Foundation of social theory*. Cambridge: Belknap.

Coleman, J.S. & Fararo, T.J. (Eds.) (1992). *Rational choice theory. Advocacy and critique*. Newbury Park: Sage.

Conner, M. & Armitage, C. J. (1998). Evaluating the theory of planned behavior: A review and avenues for further research. *Journal of Applied Social Psychology, 28*, 1429–1464.

Conner, M., Sherlock, K., & Orbell, S. (1998). Psychosocial determinants of ecstasy use in young people in the UK. *British Journal of Health Psychology, 3*, 295–317.

Conner, M. & Sparks, P. (1996). The theory of planned behavior and health behaviors. In: M. Connor & P. Norman (Eds.), *Predicting health behavior. Research and practice with social cognition models* (pp. 121–162). Buckingham UK: Open University Press.

Cornish, D. B. & Clarke, R. V. (Eds.) (1986). *The reasoning criminal. Rational choice perspectives on offending*. New York: Springer.

Dunckel, H. (1986). Handlungstheorie. In: G. Rexilius & S. Grubitzsch (Hrsg.), *Psychologie. Theorien – Methoden – Arbeitsfelder* (S. 533–556). Reinbek: Rowohlt.

Eagly, A. H. & Chaiken, S. (1993). *The psychology of attitudes*. Fort Worth/San Diego: Harcourt Brace Jovanovich.

Eagly, A. H. & Chaiken, S. (1998). Attitude structure and function. In: D. T. Gilbert, S. T. Fiske, & G. Lindzey (Eds.), *The handbook of social psychology* (4th Ed.; Vol. 1, pp. 269–322). Boston: McGraw-Hill.

Esser, H. (1993). *Soziologie. Allgemeine Grundlagen*. Frankfurt a.M.: Campus.

Feather, N. T. (Ed.) (1982). *Expectations and actions: Expectancy-value models in psychology*. Hillsdale: Erlbaum.

Fiedler, K. (1996). Die Verarbeitung sozialer Informationen für Urteilsbildung und Entscheidungen. In: W. Stroebe, M. Hewstone & G. M. Stephenson (Hrsg.), *Sozialpsychologie* (S. 143–175). Berlin: Springer.

Fishbein, M. & Ajzen, I. (1974). Attitudes toward objects as predictors of single and multiple behavioral criteria. *Psychological Review, 81*, 59–74.

Fishbein, M. & Ajzen, I. (1975). *Belief, attitude, intention, and behavior*. Reading: Addison-Wesley.

Frese, M. & Zapf, D. (1994). Action as the core of working psychology. In: M. Dunnette & L. Hough (Eds.), *Handbook of industrial and organizational psychology* (pp.271–340). Palo Alto: Consulting Psychologists Press.

Frey, D. & Irle, M. (Hrsg.) (1993). *Theorien der Sozialpsychologie* (Bd. 1: Kognitive Theorien). Bern: Huber.

Frey, D. & Maas, A. (1985). Persönlichkeit und Krankheit und Gesundheit. In: T. Herrmann & E. D. Lantermann (Hrsg.), *Persönlichkeitspsychologie* (S. 155–163). München: Urban & Schwarzenberg.

Frey, D., Stahlberg, D. & Gollwitzer, P.M. (1993). Einstellung und Verhalten: Die Theorie des überlegten Handelns und die Theorie des geplanten Verhaltens. In: D. Frey & M. Irle (Hrsg.), *Theorien der Sozialpsychologie* (Bd. I, S. 361–398). Bern: Huber.

Gabriel, U. & Greve, W. (1996). «Strafe muss sein!» Sanktionsbedürfnisse und strafbezogene Einstellungen: Versuch einer systematischen Annäherung. In: C. Pfeiffer & W. Greve (Hrsg.), *Forschungsthema Kriminalität* (S. 185–214). Baden-Baden: Nomos.

Gadenne, V. (1997). Probleme der Handlungserklärung. Kommentar zum Beitrag von Werner Greve. *Psychologische Beiträge, 39*, 503–506.

Geen, R. G. (1995). *Human motivation. A social psychological approach*. Pacific Grove: Brooks/Cole.

Gerjets, P. (1997). Volitionale Handlungssteuerung und kognitive Mechanismen: Reduktionsmöglichkeiten auf der Basis intertheoretischer Bänder. *Psychologische Beiträge, 39*, 441–470.

Gilbert, D. T., Fiske, S. T. & Lindzey, G. (Eds.) (1998). *The handbook of social psychology* (2 Volumes; 4th Ed.). Boston: McGraw-Hill.

Godin, G. & Kok, G. (1996). The theory of planned behavior: A review of its applications to health-related behavior. *American Journal of Health Promotion, 11*, 87–98.

Gollwitzer, P. M. (1990). Action phases and mind-sets. In: E. T. Higgins & R. M. Sorrentino (Eds.), *Handbook of motivation and cognition. Foundations of social behavior* (Vol. 2, pp. 53–92). New York: Guilford.

Gollwitzer, P. M. (1993). Goal achievement: The role of intentions. In: W. Stroebe & M. Hewstone (Eds.), *European review of social psychology* (Vol. 4, pp. 141–185). Chichester: Wiley.

Gollwitzer, P. M. (1996). Das Rubikonmodell der Handlungsphasen In: J. Kuhl & H. Heckhausen (Hrsg.), *Motivation, Volition und Handlung* (Enzyklopädie der Psychologie, Motivation und Emotion, Bd. 4, S. 531582). Göttingen: Hogrefe.

Gollwitzer, P. M. & Bargh, J. A. (Eds.) (1996). *The psychology of action. Linking cognition and motivation to behavior*. New York: Guilford.

Gollwitzer, P. M. & Brandstätter, V. (1997). Implementation intentions and effective goal pursuit. *Journal of Personality and Social Psychology, 73*, 186–199.

Gollwitzer, P. M. & Malzacher, J. T. (1996). Absichten und Vorsätze. In: J. Kuhl & H. Heckhausen (Hrsg.), *Motivation, Volition und Handlung* (Enzyklopädie der Psychologie, Motivation und Emotion, C, IV, Bd. 4, S. 427–468). Göttingen: Hogrefe.

Goschke, T. (1996). Wille und Kognition: Zur funktionalen Architektur der intentionalen Handlungssteuerung. In: J. Kuhl & H. Heckhausen (Hrsg.), *Motivation, Volition und Handlung* (Enzyklopädie der Psychologie, Motivation und Emotion, C, IV, Bd. 4, S. 583–663). Göttingen: Hogrefe.

Goschke, T. & Kuhl, J. (1993). Representation of intentions: Persisting activation in memory. *Journal of Experimental Psychology: Learning, Memory, and Cognition, 19*, 1211–1226.

Green, L.W.; Kreuter, M.W.; Deeds, S.G. & Patridge, K.B. (1980). *Health education planning: A diagnostic approach*. Palo Alto: Mayfield.

Greve, W. (1992). Möglichkeiten und Grenzen einer psychologischen Theorie der Freiheit. Kritische Anmerkungen zu von Cranach (1991). *Zeitschrift für Sozialpsychologie, 23*, 277–286.

Greve, W. (1994a). *Handlungsklärung. Die psychologische Erklärung menschlicher Handlungen*. Bern: Huber.

Greve, W. (1994b). Philosophie als Ressource. Argumente für die Bedeutung philosophischer Argumente in einer wissenschaftlichen Psychologie. *Psychologische Rundschau, 45*, 24–36.

Greve, W. (1996a). Die Grenzen empirischer Wissenschaft. Philosophische Schwierigkeiten einer psychologischen Theorie der Willensfreiheit. In: M. von Cranach & K. Foppa (Hrsg.), *Freiheit des Entscheidens und Handelns. Ein Problem der nomologischen Psychologie* (S. 104–121). Heidelberg: Asanger.

Greve, W. (1996b). Schiedsrichter der Schuld? Die Grenzen einer Psychologie der Be- und Entschuldigung. *Jahrbuch für Recht und Ethik/Annual Review of Law and Ethics, 4*, 615–635.

Greve, W. (1997). Erklären verstehen. Grenzen und Probleme einer nomologischen Handlungserklärung. *Psychologische Beiträge, 39*, 482–502.

Greve, W. (2001). Traps and gaps in action explanation. Theoretical problems of a psychology of human action. *Psychological Review, 108*, 435–451.

Greve, W. & Krampen, G. (1991). Gesundheitsbezogene Kontrollüberzeugungen und Gesundheitsverhalten. In: J. Haisch & H.-P. Zeitler (Hrsg.), *Gesundheitspsychologie. Zur Sozialpsychologie der Prävention und Krankheitsbewältigung*. (S. 223–241). Heidelberg: Asanger.

Groeben, N. (1986). *Handeln, Tun, Verhalten*. Tübingen: Francke.

Groeben, N. (1991). Zur Konzeption einer verstehend-erklärenden Psychologie und ihren ethischen Implikationen. *Ethik und Sozialwissenschaften, 2*, 7–22.

Hacker, W. (1998). *Allgemeine Arbeitspsychologie. Psychische Regulation von Arbeitstätigkeiten.* Bern: Huber.

Hacker, W., Volpert, W. & von Cranach, M. (Hrsg.) (1983). *Kognitive und motivationale Aspekte der Handlung*. Bern: Huber.

Haisch, J. & Zeitler, H.-P. (Hrsg.)(1991). *Gesundheitspsychologie. Zur Sozialpsychologie der Prävention und Krankheitsbewältigung.* Heidelberg: Asanger.

Hausenblas, H. A., Carron, A. V. & Mack, D. E. (1997). Application of the theories of reasoned action and planned behavior to exercise behavior: A meta-analysis. *Journal of Sport & Exercise Psychology, 19*, 36–51.

Heckhausen, H. (1989). *Motivation und Handeln*.(2. Aufl.) Berlin: Springer.

Heckhausen, H., Gollwitzer, P. M. & Weinert, F. E. (Hrsg.) (1987). *Jenseits des Rubikon: Der Wille in den Humanwissenschaften*. Berlin: Springer.

Hershberger, W. A. (Ed.) (1989). *Volitional action. Conation and control.* Amsterdam: North-Holland.

Higgins, E. T. (1996). The «self digest»: Self-knowledge serving self-regulatory functions. *Journal of Personality and Social Psychology, 71*, 1062–1083.

Higgins, E. T. & Kruglanski, A. W. (Eds.) (1996). *Social psychology. Handbook of basic principles.* New York: Guilford.

Hillhouse, J. J., Adler, C.M., Drinnon, J., & Turrisi, R. (1997). Application of Ajzen's theory of planned behavior to predict sunbathing, tanning salon use, and sunscreen use intentions and behaviors. *Journal of Behavioral Medicine, 20*, 365–378.

Janz, N. K. & Becker, M. M. (1984). The health belief model: A decade later. *Health Educational Quaterly, 11*, 1–47.

Jonas, K. & Doll, J. (1996). Eine kritische Bewertung der Theorie überlegten Handelns und der Theorie geplanten Verhaltens. *Zeitschrift für Sozialpsychologie, 27*, 18–31.

Kaminski, G. (1970). *Verhaltenstheorie und Verhaltensmodifikation*. Stuttgart: Klett-Cotta.

Karstedt, S. & Greve, W. (1996). Die Vernunft des Verbrechens. Rational, irraional, banal: Die Rational-choice-Theorien in der Kriminologie. In: K.-D. Bussmann & R. Kreissl (Hrsg.), *Kritische Kriminologie in der Diskussion* (S. 171–210). Köln: Westdeutscher Verlag.

Kerner, M. S. & Grossman, A. H. (1998). Attitudinal, social, and practical correlates to fitness behavior: A test of the theory of planned behavior. *Perceptual and Motor Skills, 87*, 1139–1154.

Kim, J. (1996). *Philosophy of mind*. Boulder: Westview.

Krampen, G. (1982). *Differentialpsychologie der Kontrollüberzeugungen*. Göttingen: Hogrefe.

Krampen, G. (2000). *Handlungstheoretische Persönlichkeitspsychologie* (2. Aufl.). Göttingen: Hogrefe.

Krampen, G. (1991). Political participation in an action-theory model of personality: Theory and empirical evidence. *Political Psychology, 12*, 1–25.

Kuhl, J. (1983). *Motivation, Konflikt und Handlungskontrolle*. Berlin: Springer.

Kuhl, J. (1996a). Wille und Freiheitserleben: Formen der Selbststeuerung. In: J. Kuhl & H. Heckhausen (Hrsg.), *Motivation, Volition und Handlung* (Enzyklopädie der Psychologie, Motivation und Emotion, Bd. 4, S. 665–765). Göttingen: Hogrefe.

Kuhl, J. (1996b). Wille, Freiheit, Verantwortung: Alte Antinomien aus experimentalpsychologischer Sicht. In: M. von Cranach & K. Foppa (Hrsg.), *Freiheit des Entscheidens und Handelns. Ein Problem der nomologischen Psychologie* (S. 186–218). Heidelberg: Asanger.

Kuhl, J. & Beckmann, J. (Eds.) (1994). *Volition and Personality*. Seattle u. a.: Hogrefe & Huber.

Kuhl, J. & Heckhausen, H. (Hrsg.) (1996). *Motivation, Volition und Handlung* (Enzyklopädie der Psychologie, Motivation und Emotion, Bd. 4). Göttingen: Hogrefe.

Kuhl, J. & Waldmann, M. (1985). Handlungspsychologie: Vom Experimentieren mit Perspektiven zu Perspektiven fürs Experimentieren. *Zeitschrift für Sozialpsychologie,16*, 153–181.

Lamnek, S. (1993[5]). *Theorien abweichenden Verhaltens*. München: Fink (UTB).

Lamnek, S. (1994). *Neue Theorien abweichenden Verhaltens*. München: Fink (UTB).

Langer, E. J. & Rodin, J. (1976). The effects of choice and enhanced personal responsibility for the aged: A field experiment in an institutional setting. *Journal of Personality and Social Psychology, 34*, 191–198.

Laucken, U. & Mees, U. (1996). Motivationspsychologisches Umgangswissen als kulturell tradiertes Ordnungsangebot. In: J. Kuhl & H. Heckhausen (Hrsg.), *Motivation, Volition und Handlung* (Enzyklopädie der Psychologie, Motivation und Emotion, Bd. 4, S. 3–67). Göttingen: Hogrefe.

Lenk., H. (Hrsg.) (1977ff.). *Handlungstheorien interdisziplinär* (Bd. 1–4). München: Fink.

Lenk, H. (1978). Handlung als Interpretationskonstrukt. In: H. Lenk (Hrsg.), *Handlungstheorien interdisziplinär* (Bd. 2,1; S. 279–350). München: Fink.

Locke, E. A. & Kristof, A. L. (1996). Volitional choices in the goal achievement process. In: P. M. Gollwitzer & J. A. Bargh (Eds.), *The psychology of action. Linking cognition and motivation to behavior* (pp. 365–384). New York: Guilford.

Lösel, F. (1983). Einführung. In: F. Lösel (Hrsg.), *Kriminalpsychologie. Grundlagen und Anwendungsbereiche* (S. 9–25). Weinheim: Beltz.

Lohaus, A.; Gaidatzi, C. & Hagenbrock, M. (1988). Kontrollüberzeugungen und AIDS-Prophylaxe. *Zeitschrift für Klinische Psychologie, 17*, 106–118.

Manstead, A. S. R. (1996). Attitudes and behavior. In: G. R. Semin & K. Fiedler (Eds.), *Applied Social Psychology* (p. 3–29). London: Sage.

Metzinger, T. (Hrsg.) (1995). *Bewusstsein. Beiträge aus der Gegenwartsphilosophie*. Paderborn: Schöningh.

Miller, G. A., Galanter, E. & Pribram, K.H. (1960). *Plans and the structure of behavior*. New York.: Holt, Rinehart & Winston. (dt. (1973), *Strategien des Handelns*. Stuttgart: Klett)

Moore, S. M., Barling, N. R. & Hood, B. (1998). Predicting testicular and breast self-examination behavior: A test of the theory of reasoned action. *Behavior Change, 15*, 41–49.

Myers, D.G. (1999). *Social psychology* (6th ed.). Boston: McGraw-Hill.

Norman, P., Bennett, P., & Lewis, H. (1998). Understanding bingedrinking among young people: An application of the theory of planned behavior. *Health Education Research, 13*, 163–169.

Norman, P. & Conner, M. (1996). The role of social cognition models in predicting health behaviors: Future directions. In: M. Conner & P. Norman (Eds.), *Predicting health behavior* (pp. 197–225). Buckingham (UK): Open University Press.

Oesterreich, R. (1981). *Handlungsregulation und Kontrolle*. München: Urban & Schwarzenberg.

Opp, K.-D. (1992). Micro-macro transitions in rational choice explanations. *Analyse & Kritik, 14*, 143–151.

Orbell, S., Hodgkins, S. & Sheeran, P. (1997). Implementation intentions and the theory of planned behavior. *Personality and Social Psychology Bulletin, 23*, 945–954.

Osnabrügge, G.; Stahlberg, D. & Frey, D. (1985). Die Theorie der kognizierten Kontrolle. In: D. Frey & M. Irle (Hrsg.), *Motivations- und Informationsverarbeitungstheorien* (= Theorien der Sozialpsychologie, Bd. III) (S. 127–172). Bern: Huber.

Parker, D., Manstead, A. S. R., & Stradling, S.G. (1995). Extending the theory of planned behavior: The role of personal norm. *British Journal of Social Psychology, 34*, 127–137.

Parsons, T. (19492). *The structure of social action*. New York: Free Press.

Pennebaker, J. W.; Burman, M.A .; Schaeffer, M. A. & Harper, D. (1977). Lack of control as a determinant of perceived physical symptoms. *Journal of Personality and Social Psychology, 35*, 167–174.

Plies, K. & Schmidt, P. (1996). Intention = Verhalten? Eine repräsentative Längsschnittstudie zur Überprüfung der Theorie des geplanten Verhaltens im Kontext der AIDS-Prävention. *Zeitschrift für Sozialpsychologie, 27*, 70–80.

Powers, W.T. (1973). Feedback: Beyond behaviorism. *Science, 179,* 351–356.

Prinz, W. (1997a). Perception and action planning. *European Journal of Cognitive Psychology, 9,* 129–154.

Prinz, W. (1997). Explaining voluntary action: The role of mental content. In: M. Carrier & P. K. Machamer (Eds.), *Mindscapes: Philosophy, science, and the mind* (pp. 153–175). Pittsburgh: University of Pittsburgh Press.

Ouellette, J. A. & Wood, W. (1998). Habit and intention in everyday life: The multiple processes by which past behavior predicts future behavior. *Psychological Bulletin, 124,* 54–74.

Randall, D. M. & Wolff, J. A. (1994). The time-interval in the intention-behavior relationship: Meta-analysis. *British Journal of Social Psychology, 33,* 405–418.

Rausch, A. (1998). Probleme der Bestimmung und Abgrenzung von ›Handlung‹ als sozialwissenschaftler Grundbegriff. *Ethik und Sozialwissenschaften, 9,* 3–13.

Rogers, R.W. (1985). Attitude change and information integration in fear appeals. *Psychological Reports, 56,* 179–182.

Rokeach, M. (1973). *The nature of human values.* New York: Free Press.

Rotter, J. B. (1982). *The development and application of a social learning theory.* New York: Praeger.

Roxin, C. (1997). *Strafrecht. Allgemeiner Teil* (Bd. 1: Grundlagen, Aufbau der Verbrechenslehre). München: Beck.

Salovey, P., Rothman, A. J. & Rodin, J. (1998). Health behavior. In: D. T. Gilbert, S. T. Fiske, & G. Lindzey (Eds.), *The handbook of social psychology* (4th Ed.; Vol. 2, pp. 633–683). Boston: McGraw-Hill.

Scheier, M. F. & Carver, C. S. (1988). A model of behavioral self-regulation: Translating intention into action. In: L. Berkowitz (Ed.), *Advances in experimental social psychology* (Vol. 21, pp. 303–347). San Diego: Academic Press.

Schmitt, M. (1990). *Konsistenz als Persönlichkeitseigenschaft?* Berlin: Springer.

Schulz, R. & Hanusa, B. H. (1978). Long-term effects of control and predictability enhancing motivations. *Journal of Personality and Social Psychology, 36,* 1194–1201.

Sheppard, B. H., Hartwick, J., & Warshaw, P. R. (1988). The theory of reasoned action: A meta-analysis of past research with recommendations for modifications and future research. *Journal of Consumer Research, 15,* 325–343.

Six, B. & Höcke-Pörzgen, B. (1983). Motivationstheorie und Handlungstheorie. In: Thomae, H. (Hrsg.), *Theorien und Formen der Motivation* (= Enzyklopädie der Psychologie, Themenbereich C, Serie IV, Bd. 1; S. 227–290). Göttingen: Hogrefe.

Smedslund, J. (1978). Bandura's theory of self-efficacy: A set of common-sense theorems. *Scandinavian Journal of Psychology, 19,* 1–14.

Sparks, P. & Guthrie, C. A. (1998). Self-identity and the theory of planned behavior: A useful addition or an unhelpful artifice? *Journal of Applied Social Psychology, 28,* 1393–1410.

Stahlberg, D. & Frey, D. (1996).

Stanley, M. A. & Maddux, J. E. (1986). Cognitive processes in health enhancement: Investigation of a combined protection motivation and self-efficacy model. *Basic and Applied Social Psychology, 7,* 101–113.

Straub, J. (1999). *Handlung, Interpretation, Kritik.* Berlin: de Gruyter.

Straub, J. & Werbik, H. (Hrsg) (1999). *Handlungstheorie. Begriff und Erklärung des Hendelns im interdisziplinären Diskurs.* Frankfurt a.M.: Campus.

Stroebe, W., Hewstone, M. & Stephenson, G. M. (Hrsg.) (1996). *Sozialpsychologie. Eine Einführung* (3rd Ed.). Berlin: Springer.

Suls, J. & Mullen, B. (1981). Life events, perceived control and illness: The role of uncertainty. *Journal of human stress, 7,* 30–34.

Sutton, S. (1998). Predicting and explaining intentions and behavior: How well are we doing? *Journal of Applied Social Psychology, 28,* 1317–1338.

Trafimow, D. & Finlay, K.A. (1996). The importance of subjective norms for a minority of people: Between-subjects and within-subjects analyses. *Personality and Social Psychology Bulletin, 22*, 820–828.

Vallacher, R. R. & Wegner, D. M. (1987). What do people think they're doing? Action identification and human behavior. *Psychological Review, 94*, 3–15.

Verplanken, B., Aarts, H., van Knippenberg, A. & Moonen, A. (1998). Habit versus planned behavior: A field experiment. *British Journal of Social Psychology, 37*, 111–128.

Volpert, W. (Hrsg.) (1980). Beiträge zur psychologischen Handlungstheorie. Bern. Huber.

Volpert, W. (1992). *Wie wir handeln – was wir können. Ein Disput als Einführung in die Handlungspsychologie.* Heidelberg: Asanger.

von Cranach, M. (1991). Handlungsfreiheit und Determination als Prozeß und Erlebnis. *Zeitschrift für Sozialpsychologie, 22*, 4–21.

von Cranach, M. (1992). Handlungs-Entscheidungsfreiheit als psychologischer Prozess. *Zeitschrift für Sozialpsychologie, 23*, 287–294.

von Cranach, M. & Foppa, K. (Hrsg.) (1996). *Freiheit des Entscheidens und Handelns. Ein Problem der nomologischen Psychologie.* Heidelberg: Asanger.

von Cranach, M., Kalbermatten, U., Indermühle, K. & Gugler, B. (1980). *Zielgerichtetes Handeln.* Bern: Huber.

von Wright, G. H. (1974). *Erklären und Verstehen.* Frankfurt a.M.: Athenäum.

Wallston, B. S. & Wallston, K. A. (1984). Social psychological models of health behavior: An examination and integration. In: A. Baum; S. E. Taylor & J. E. Singer (Eds.), *Social psychological aspects of health* (= Handbook of psychology and health, Vol. IV) (pp. 23–53). Hillsdal: Erlbaum.

Wallston, K.A. & Wallston, B.S. (1981). Health locus of control scales. In: H.M. Lefcourt (Ed.), *Research with the locus of control construct* (Vol. I, pp. 189–243). New York: Academic Press.

Wallston, K.A. & Wallston, B.S. (1982). Who is responsible for your health? The construct of health locus of control. In: G.S. Sanders & J. Suls (Eds.), *Social psychology of health and illness* (pp. 65–95). Hillsdale: Erlbaum.

Warshaw, P.R. & Davis, F.D. (1985). Disentangling behavioral intention and behavioral expectation. *Journal of Experimental Social Psychology, 21*, 213–228.

Weber, M. (1921/1965/1975). *Wirtschaft und Gesellschaft.* Tübingen: Mohr.

Wegner, D.M. (1994). Ironic Processes of mental control. *Psychological Review, 101*, 34–52.

Wegner, D.M. & Bargh, J.A. (1998). Control and automaticity in social life. In: D.T. Gilbert, S.T. Fiske, & G. Lindzey (Eds.), *The handbook of social psychology* (4th Ed.; Vol. 1, pp. 446–496). Boston, MA: McGraw-Hill.

Werbik, H. (1978). *Handlungstheorien.* Stuttgart: Kohlhammer.

Werbik, H. (1983) Perspektiven handlungstheoretischer Erklärungen von Straftaten. In: F. Lösel (Hrsg.), *Kriminalpsychologie. Grundlagen und Anwendungsbereiche* (S. 85–95). Weinheim: Beltz.

Westcott, M.R. (1988). *The psychology of human freedom.* New York: Springer.

Westermann, R. & Heise, E. (1996). Motivations- und Kognitionspsychologie: Einige intertheoretische Verbindungen. In: J. Kuhl & H. Heckhausen (Hrsg.), *Motivation, Volition und Handlung* (Enzyklopädie der Psychologie, Motivation und Emotion, Bd. 4, S. 275–327). Göttingen: Hogrefe.

Theorien zu angewandten Aspekten

Führungstheorien

Felix C. Brodbeck, Günter W. Maier und Dieter Frey

1 Einleitung

1.1 Was ist Führung?

Führung lässt sich schlicht als «zielbezogene Einflussnahme auf andere» umschreiben (Rosenstiel, Molt & Rüttinger, 1988). Hierbei ist zu unterscheiden, ob durch Strukturen geführt wird, z. B. durch Anreizsysteme, Rollenbeschreibungen, Vorschriften oder Rechtssysteme (vgl. das Ideal der Bürokratie, Weber, 1921), oder durch Menschen, womit sich das vorliegende Kapitel befasst. Führung durch Menschen bedeutet, andere Personen zu beeinflussen, zu motivieren oder in die Lage zu versetzen, zum Erreichen kollektiver Ziele in Gruppen und Organisationen beizutragen. Diese Definition gilt zum einen als kleinster gemeinsamer Nenner der vielfältigen Umschreibungen von Führung (Yukl, 2002), zum anderen findet sie auch kulturübergreifenden Konsens, beispielsweise zwischen Vertretern sozial- und wirtschaftswissenschaftlicher Fachbereiche aus mehr als 60 Ländern, die sich im GLOBE Projekt (*Global Leadership and Organisational Behavior Effectiveness Program*) zusammengeschlossen haben (House, Wright & Aditya, 1997; House et al., im Druck).

1.1 Womit beschäftigt sich die Führungsforschung?

Die wissenschaftliche Führungsforschung begann erst mit dem zwanzigsten Jahrhundert, wobei die Sozialpsychologie in ihren anwendungsbezogenen Bereichen der Betriebs- und Organisationspsychologie einen bedeutenden Anteil daran nahm. Einer der Begründer sozialpsychologischer Führungsforschung ist beispielsweise Kurt Lewin, auf dessen experimentelle Studien (Lewin, Lippitt & White, 1939) die auch heute noch oft zitierte Differenzierung in demokratischen, autoritären und laisses-faire Führungsstil zurückgeht.

Die Führungsforschung will Theorien zur Erklärung und Vorhersage des Führungserfolges und gut handhabbare Führungsmodelle und Methoden (z. B. Trainingsverfahren, Führungsprinzipien) für die Praxis entwickeln. Um die Gültigkeit (Validität) von Führungstheorien und daraus abgeleiteten Anleitungen für die Praxis richtig einschätzen zu können, ist es wichtig, genau zu spezifizieren, welches Kriterium des Führungserfolgs die jeweilige Theorie erklären will. Unter «Führungserfolg» werden in der Regel drei Klassen von Kriteriumsvariablen subsumiert:

1. *Das Ausmaß des Einflusses auf andere*, z. B. inwieweit eine Führungskraft auf Werte, Einstellungen und Verhalten der Geführten sowie auf Gruppen- und Organisationsprozesse Einfluss nimmt.
2. *Die Leistungen der Geführten*, z. B. die Qualität und Quantität von Erzeugnissen und Dienstleistungen, Umsatz, Innovation und Gruppenklima, sowie auf Individualebene z. B. Arbeitsleistung, Arbeitszufriedenheit, Fluktuation, Unfallrate, Krankenstand oder anderweitige Abwesenheitstage (auch «Führungseffektivität» genannt).
3. *Die Anerkennung als Führungsperson*, der individuelle Aufstieg bzw. Berufserfolg von Führungskräften, z. B. die von ihnen erreichte Führungsposition, ihr Ansehen in relevanten Bezugsgruppen oder das von ihnen erzielte Einkommen.

1.2 Überblick wesentlicher theoretischer Ansätze in der Führungsforschung

Wir unterscheiden vier Ansätze, die in der Führungsforschung große Beachtung fanden bzw. finden, und zwar in Abhängigkeit davon, auf welche Bedingungen oder Prozesse sie jeweils fokussieren, um das Ausmaß an Führungserfolg zu erklären:

1) personalistische Ansätze, die stabile Persönlichkeitsmerkmale als wesentlichen Faktor von Führungserfolg betrachten,
2) verhaltensorientierte Ansätze, die an stabilen Verhaltensweisen (Führungsstile) und erlernbaren Fertigkeiten von Führungskräften ansetzen,
3) kontingenztheoretische Ansätze, die hinausgehend über die unter den Punkten 1 und 2 genannten Faktoren Merkmale der Situation (z. B. der Mitarbeiter, der Aufgabe, der Organisation) einbeziehen, und
4) Macht- / Einflussansätze, die Führung als wechselseitigen sozialen Einflussprozess zwischen Führenden und Geführten betrachten.

In der Sozialpsychologie wird Führung im Kontext sozialer Bezugsysteme, Aufgabenzusammenhänge und Interaktionen definiert, z. B. als *«quality attributed to people as a result of their interrelations with others; the things they think, say and do, and the way they are perceived by others.»* (Smith, 1995, S. 358). Merkmale der Person und des sozialen Kontext (Situation) werden als Bedingungen aufgefasst, die das Ausmaß der zielbezogenen Einflussnahme durch Menschen (d.i. Führung) mehr oder weniger fördern bzw. behindern. Diese Auffassung ist im Einklang mit Kurt Lewins Sichtweise, wonach menschliches Verhalten eine Funktion von Merkmalen der Person und der Umwelt ist, $V = f(P, U)$. Außerdem integriert sie alle Faktoren und Prozesse, die in den zuvor aufgelisteten theoretischen Ansätzen der Führungsforschung als wesentlich herausgestellt wurden.

Im vorliegenden Kapitel beleuchten wir zentrale Theorien der Führungsforschung nach dem obigen Gliederungsschema und aus der gerade angeführten sozialpsychologischen Perspektive.

2 Personalistische Ansätze

Bis in die sechziger Jahre des zwanzigsten Jahrhunderts hinein konzentrierte sich ein Großteil der Führungsforschung auf Persönlichkeitsmerkmale, die als charakteristisch für Führungspersonen anzusehen sind. Implizit wurde dabei angenommen, dass die Fähigkeit zu Führen – angeboren oder erworben – eine relativ stabile, zeit- und situationsunabhängige, Persönlichkeitsdisposition ist. Ziel dieser auch heute wieder populären Forschungsrichtung ist es, das Merkmalsprofil von Führungspersönlichkeiten zu identifizieren und dieses als Maßstab für die Auswahl von Führungskräften in der betrieblichen Praxis zu verwenden, etwa durch den Einsatz von Persönlichkeitstests.

Mit den frühen personalistischen Ansätzen ließen sich Zusammenhänge zwischen Personenmerkmalen (z.B. Intelligenz, Selbstvertrauen) und dem Innehaben hoher Führungspositionen sowie der Führungseffektivität aufzeigen, jedoch wurden sie in narrativen Überblicksarbeiten als wider Erwarten gering und als zwischen den Studien stark streuend bezeichnet (vgl. Mann, 1959; Stogdill, 1948). Reanalysen dieser frühen Führungsstudien (z.B. House & Baetz, 1979; Lord, DeVader & Alliger, 1986) und aktuellen Überblicksarbeiten zufolge (Bass, 1990; Yukl, 2002) wäre jedoch eine voreilige Ablehnung der frühen so genannten «Great-Man»-Ansätze unvernünftig. House und Baetz (1979) reanalysierten beispielsweise die Zusammenfassung von Stogdill aus dem Jahr 1948, indem sie jene Studien ausschlossen, die nur Jugendliche oder Kinder als Untersuchungsteilnehmer hatten. Sie kamen zu dem Ergebnis, dass viele der korrelativen Zusammenhänge zwischen Persönlichkeitseigenschaften von Führungskräften und Indikatoren des Führungserfolgs von substantieller Ausprägung sind ($r = .40 – .50$). Eigenschaften, die konsistent mit verschiedenen Kriterien des Führungserfolgs im Zusammenhang stehen, sind z.B. Intelligenz, Selbstvertrauen, Selbstsicherheit, Energie- bzw. Aktivitätsniveau und aufgabenrelevantes Wissen. In einer weiteren, meta-analytischen Reanalyse der Daten von Stogdill's und Mann's Überblicksarbeiten kommen Lord, et al. (1986) zu ähnlichen Ergebnissen, z.B. korrelierten Intelligenz ($r = .52$), Maskulinität (vs. Femininität: $r = .34$) sowie Dominanz ($r = .17$) signifikant mit Indikatoren des Führungserfolgs.

Diese und vergleichbare Ergebnisse aus korrelativen Untersuchungen (i.d.R. handelt es sich um Querschnitt-Studien) erlauben in der Praxis der Personalrekrutierung und Personalentwicklung eine grobe Einschätzung individueller Führungspotentiale. Andererseits eignen sich Querschnitt-Studien nicht, um kausale Zusammenhangsannahmen empirisch einwandfrei abzusichern und damit auch nicht die in personalistischen Theorien angenommene Determination von Führungserfolg durch Persönlichkeitsdispositionen. Korman (1968) wies darauf hin, dass Korrelationen zwischen bestimmten Personenmerkmalen und erreichter Führungsposition (bzw. Führungseffektivität) auch dadurch zu erklären sind, dass Personen eher zufällig in Führungspositionen geraten (bzw. darin erfolgreich sind) und erst durch die damit verbundenen Verstärkungen bestimmte Personenmerkmale ausbilden, verfestigen oder weiterentwickeln und deshalb zum Beispiel leistungsbewusster, selbstsicherer oder emotional reifer werden. Gleichzeitig betont er den höheren Wert von Längsschnitt- gegenüber Querschnittstudien, denn nur über die ersteren kann die prognostische Bedeutung von Personenmerkmalen nachgewiesen werden. In seinem Überblicksreferat berichtet Korman für Längsschnittstudien geringere Zusammenhänge zwischen Persönlichkeit und Führung als für Querschnitt-Studien. Da die frühen personalistischen Ansätze (und auch viele Neuauflagen) vorwiegend mit Querschnitt-Studien überprüft wurden, ist deshalb davon auszugehen, dass ihre Vorhersagekraft überschätzt wird.

Auf einen Überblick der mannigfaltigen Persönlichkeitsdispositionen, die mit Führungserfolg in Zusammenhang gebracht wurden (siehe z. B. Yukl, 2002), verzichten wir an dieser Stelle zugunsten der Motivtheorie von McClelland (1965, 1985). Sie ist theoretisch und empirisch vergleichsweise gut fundiert und stellt ein bis heute aktuelles Forschungsprogramm über Zusammenhänge zwischen Persönlichkeitsmerkmalen und Führung dar.

2.1 McClellands Motivtheorie

McCelland bezeichnet individuelle Präferenzen für das Erleben bestimmter emotionaler Erfahrungen als Motive, wobei er thematisch zwischen drei Arten unterscheidet, nämlich Leistungs-, Macht- und Anschlussmotiv. Leistungsmotivierte Personen bevorzugen Aufgabenstellungen, bei denen eine Bewertung der eigenen Leistung anhand eines Gütemaßstabs möglich ist und demnach auch Erfolgserlebnisse mit entsprechenden emotionalen Reaktionen, wie beispielsweise Stolz antiziiert werden. Das Machtmotiv ist mit Affekten assoziiert, die sich beim Ausüben von Einfluss auf andere Menschen einstellen. Das Anschlussmotiv zielt hingegen auf Geborgenheits- und Zusammengehörigkeitsgefühle, die durch das Vertrautsein und Geselligsein mit anderen Menschen entstehen. Nach McClellands Auffassung sind diese Motive dem Bewusstsein nicht unmittelbar zugänglich und können nur mit projektiven Verfahren, wie beispielsweise dem Thematischen Apperzeptionstest (TAT), valide gemessen werden (McClelland, 1980; Brunstein, Maier & Schultheiß, 1999).

Motive sind eine Grundlage interindividueller Verhaltensunterschiede, da Personen sich im Ausprägungsgrad der Motive unterscheiden. Die Verhaltensunterschiede entstehen dadurch, dass Personen entsprechend ihrer dominanten Motivdisposition hauptsächlich die korrespondierenden situativen Anreize wahrnehmen und vor allem jene Situationen aufsuchen, die eine Befriedigung ihres dominierenden Motivs erwarten lassen oder besondere Anstrengungen auf sich nehmen, um dieses Motiv zu befriedigen. Die individuellen Motivprofile werden als zeitlich relativ stabil angesehen, wobei einzelne Motive in eingeschränktem Maß durch systematisches Training veränderbar sind, wie etwa das Leistungsmotiv (McClelland & Winter, 1969).

Motive entfalten ihre Wirkung auf verschiedene Kriterien des Führungserfolgs (Einfluss, Leistung, Anerkennung) in Abhängigkeit von den mit Führungssituationen verbundenen Anreizen. Enthalten Situationen individuelle Leistungsrückmeldungen als potentielle Anreize, dann kann davon ausgegangen werden, dass sie vor allem von Personen mit einer hohen Ausprägung des Leistungsmotivs aufgesucht werden, bzw. dass solche Personen in diesen Situationen höheren Erfolg haben. Solche Anreize finden sich beispielsweise vermehrt in unternehmerischen Tätigkeiten oder in mittleren Führungspositionen einer Fachlaufbahn, weil hier eher die Anwendung fachlicher Kompetenzen zum Erfolg beiträgt (im Vergleich zu Aufgaben in der reinen Führungslaufbahn). In einer ganzen Reihe von Studien konnte diese Annahme bestätigt werden: Führungskräfte in eher unternehmerischer Funktion haben ein höheres Leistungsmotiv als vergleichbare Führungskräfte in nicht-unternehmerischer Funktion (Meyer, Walker & Litwin, 1961; McClelland, 1965). Je höher das Leistungsmotiv bei Landwirten (Singh & Gupta, 1977), F&E-Mitarbeitern (Varga, 1975), Geschäftsführern (Wainer & Rubin, 1969) oder Vorstandsvorsitzenden (Chusmir & Azevedo, 1992) ist, desto höher ist ihr ökonomischer Erfolg.

Bei reinen Führungstätigkeiten sollte nach McClelland (1975) eher eine andere Motivkonstellation förderlich sein als bei Fachführungskräften, und zwar ein hohes «sozialisiertes» Machtmotiv bei eher geringer Ausprägung des Affiliationsmotivs («leadership motive pattern» LMP). Beim Machtmotiv unterscheidet McClelland zwei Formen und zwar sozialisiertes versus personalisiertes Machtmotiv: Personen mit hohem sozialisiertem Machtmotiv haben ein hohes Maß an Selbstkontrolle und befriedigen ihr Bedürfnis nach Einflussausübung in sozial verträglicher Weise, indem sie etwa andere beeinflussen, «wertvolle» Ziele zu erreichen oder indem sie anderen helfen, Kompetenzen zu erwerben. Personen mit hohem personalisiertem Machtmotiv dagegen sind in ihrem Streben nach Einfluss nicht so kontrolliert und versuchen auch in sozial nicht verträglicher Weise andere Personen zu dominieren. Reine Führungstätigkeiten bieten verstärkt Anreize, das (sozialisierte) Machtmotiv zu befriedigen, weil dort vor allem Einfluss auf Personen und Entscheidungen ausgeübt werden kann. Im Zweifelsfall müssen auch schwierige Entscheidungen getroffen werden, die für die geführten Mitarbeiter unangenehme Folgen haben, d. h. ein hohes Affiliationsmotiv wäre dabei hinderlich.

In einer Reihe von Längsschnittstudien über bis zu 16 Jahren konnte bestätigt werden, dass das LMP prognostisch bedeutsam für den Berufserfolg in nicht-technischen Bereichen ist (Jacobs & McClelland, 1994; McClelland & Boyatzis, 1982; Winter, 1991). Mitarbeiter von Führungskräften mit hohem LMP berichteten über eine stärkere Wahrnehmung ihrer eigenen Verantwortung, über einen höher ausgeprägten Teamgeist in der Arbeitsgruppe und ihnen waren die organisationalen Anforderungen klarer, als Mitarbeitern von Führungskräften mit niedrigem LMP (McClelland & Burnham, 1976).

McClellands Motivtheorie ist wegen der Konzentration auf Motivdispositionen den Persönlichkeitstheorien in der Führungsforschung zuzurechnen. Darüber hinausgehend stellt sie auch eine Erweiterung personalistischer Theorien um situative Aspekte dar, weil zumindest für breite Klassen von Situationen spezifiziert werden kann, wann welche Motive besonders handlungswirksam werden und zum Erfolg beitragen. Sie liefert ein Erklärungsmodell, das über erhebliche Zeiträume und viele verschiedene Situationen hinweg Vorhersagen über das berufliche Weiterkommen in Führungsbereichen treffen kann.

Für das Kriterium der Führungseffektivität greift McClellands Theorie etwas zu kurz. Zwar stützen die empirischen Befunde die postulierten positiven Zusammenhänge zwischen dem Leistungsmotiv von Führungskräften und der Leistung der Geführten, welche Prozesse diese Zusammenhänge jedoch im einzelnen vermitteln (z. B. Führungsverhalten, Führungsstile), oder moderieren (z. B. situative Merkmale der Aufgabe, der Mitarbeiter, der Organisation) bleibt unklar, ein Makel, der im übrigen allen rein personalistischen Führungstheorien anzulasten ist.

3 Verhaltensorientierte Ansätze

Um insgesamt bessere und spezifischere Vorhersagen des Führungserfolg machen zu können als es mit den persönlichkeitsorientierten Ansätzen möglich war, versuchte man in der zweiten Hälfte des zwanzigsten Jahrhunderts ein genaues Verständnis darüber zu entwickeln, wie bestimmte Führungs*verhaltensweisen* den Führungserfolg determinieren. Im Vordergrund dieser Forschungstradition steht die Frage, ob und wie sich das Verhalten von Führenden klassifizieren lässt, und ob sich effektive von weniger effektiven Führungskräften auf den gefundenen Verhaltensdimensionen unterscheiden lassen.

Zunächst wurden keine Theorien im engeren Sinne formuliert, statt dessen versuchte man, die Fülle der vorliegenden Untersuchungen mit dem Konzept des *Führungsstils* zu ordnen und zu vereinheitlichen. Beeinflusst von den Arbeiten Kurt Lewins und seiner Schüler (vgl. Lewin, et al., 1939) haben zwei Forschergruppen wesentliche Beiträge zu einer entsprechenden Systematisierung des Führungsverhaltens geleistet: die so genannte Ohio Gruppe (Hemphill, Fleishman, Stogdill und Shartle) und die so genannte Michigan Gruppe (Likert, Katz et al.). Wegen der Ähnlichkeit der Ergebnisse beider Forschergruppen wird im folgenden nur auf die Ohio Studien eingegangen.

3.1 Das Ohio State Führungsforschungsprojekt

Eine Gruppe von Wissenschaftlern an der Ohio State University (USA) widmete sich zu Beginn der fünfziger Jahre der Entwicklung von Fragebögen zur umfassenden Beschreibung des Verhaltens von Führungspersonen, einerseits aus der Sicht der Untergebenen (Fremdeinschätzung; «Leader Behavior Description Questionnaire», LBDQ), andererseits aus der Sicht der Führungskraft selbst (Selbsteinschätzung; «Leader Opinion Questionnaire», LOQ). Zur Konstruktion des LBDQ wurde eine Liste von ca. 1800 Beschreibungen des Führungsverhaltens generiert und anschließend auf 150 Items re-

Tabelle 1: Beispielitems aus dem LBDQ

Consideration (C)
    Er (der Vorgesetzte) bemüht sich um ein gutes Verhältnis zwischen seinen Unterstellten und höheren Vorgesetzten.
    Er setzt sich für seine Leute ein, auch wenn er dafür bei anderen schief angesehen wird.
    Er drückt sich leicht verständlich aus.
    Er unterstützt seine Mitarbeiter bei dem was sie tun.

Initiating Structure (IS)
    Er tadelt mangelhafte Arbeit.
    Er besteht auf Information über Entscheidungen seiner Unterstellten.
    Er legt auf die Arbeitsmenge besonderen Wert.
    Er besteht darauf, dass seine Mitarbeiter ihre Arbeit in jeder Einzelheit nach festgelegten Richtlinien erledigen.

duziert, die als gute Beispiele für die wichtigsten Führungsfunktionen gelten konnten. In einem vorläufigen Fragebogen wurden diese Items in verschiedenen Untersuchungen Mitarbeitern aus zivilen und militärischen Organisationen zur Beantwortung vorgelegt. Mit Hilfe faktorenanalytischer Verfahren war feststellbar, dass Mitarbeiter das Verhalten ihrer Vorgesetzten im wesentlichen anhand von zwei übergeordneten Kategorien wahrnehmen: Mitarbeiterorientierung (engl. *Consideration*) und Aufgabenorientierung (engl. *Initiating Structure*). Consideration bezeichnet das Ausmaß, in dem sich eine Führungsperson gegenüber ihren Mitarbeitern freundlich und sozial unterstützend verhält, sodass erkennbar wird, dass sie am Wohlbefinden ihrer Mitarbeiter interessiert ist. Initiating structure bezeichnet das Ausmaß, in dem eine Führungskraft ihr Verhalten an der Zielerreichung und Aufgabenerledigung ausrichtet (siehe Tab. 1). Der LBDQ und verschiedene Derivate davon werden auch heute noch vielfach eingesetzt, sowohl zu Forschungszwecken, als auch zur Beurteilung von Führungskräften bei Mitarbeiterbefragungen.

Die Führungsstile Initiating Structure (IS) und Consideration (C) besitzen eine gewisse interkulturelle Stabilität, d. h. die Zwei-Faktorenstruktur findet sich in Untersuchungen, die in verschiedenen gesellschaftskulturellen Kontexten, u. a. auch in Deutschland, durchgeführt wurden (zusammenfassend, vgl. Bass, 1990). Dem Hauptziel der verhaltensorientierten Führungsforschung entsprechend wurde (in inzwischen Hunderten von Studien) versucht, Zusammenhänge zwischen Kriterien des Führungserfolgs und der wahrgenommenen Ausübung einzelner Führungsstile (IS und C) empirisch abzusichern. Für die meisten der dabei verwendeten Kriterien des Führungserfolgs (z. B. Produktivität, Absentismus) waren die Ergebnisse insgesamt schwach und inkonsistent (Bass, 1990; Yukl, 2002). Das einzige in vielen Studien konsistente Ergebnis verweist auf einen positiven Zusammenhang zwischen Consideration und Mitarbeiterzufriedenheit. Dieser Befund zeigte sich bereits in einer frühen Studie von Fleishman und Harris (1962) aus der Ohio Gruppe. Danach sind Mitarbeiter zufriedener mit Führungskräften, die moderate oder hohe Werte auf der Dimension Consideration aufweisen.

3.2 Die «high IS – high C» Führungskraft

Als Folge der Ohio Studien fanden theoretische Modelle besondere Beachtung, die Vorhersagen zum Führungserfolg so genannter «high-high» Führungskräfte machen (Blake & Mouton, 1964; Misumi & Peterson, 1985). «High-high» bedeutet hohe Werte sowohl bei C als auch bei IS. Während deskriptive Studien, die die Critical-Incident Technik und Interviews einsetzen, die These stützen, dass «high-high» Führungskräfte den besten Erfolg aufweisen, sprechen die Befunde aus fragebogengestützten Untersuchungen und Quasi-Exprimenten nur in sehr eingeschränktem Maße dafür (z. B. nur in Japan, vgl. Misumi, 1985) bzw. zeigen nur schwach ausgeprägte Zusammenhänge (Fisher & Edwards, 1988).

Theoretisch betrachtet dürfte die uneingeschränkte Realisierbarkeit eines «high-high» Führungsstils dort an Grenzen stoßen, wo miteinander im direkten Widerspruch stehenden Zielen (z. B. termingerechte Fertigstellung eines Auftrags vs. volle Rücksichtnahme auf Freizeitregelungen der Mitarbeiter) begegnet werden muss (vgl. Brodbeck, 1997; Sagie, 1997). Die Auflösung derartiger Zielkonflikte macht einen wesentlichen Anteil des «Kerngeschäfts» von Führung aus. Hierfür benötigt man besondere Fähigkeiten und Fertigkeiten. Mit der Frage, welche Fertigkeiten effektive Führungskräfte einsetzen, beschäftigen sich die Fertigkeitsansätze der Führungsforschung.

3.3 Fertigkeitsansätze

Eine Brückenfunktion zwischen abstrakten Persönlichkeitseigenschaften und Führungsstilen auf der einen Seite und konkreten Verhaltensweisen auf der anderen Seite, nehmen verhaltensorientierte Ansätze wahr, die sich mit Fertigkeiten (engl. *skills*) beschäftigen. Im Gegensatz zu dispositionalen Personenmerkmalen sind Fertigkeiten prinzipiell erlernbar und trainierbar, wiewohl teilweise recht enge Zusammenhänge zwischen bestimmten Fertigkeiten und Persönlichkeitsdispositionen, z. B. zwischen Abstraktionsvermögen und Intelligenz, bestehen. «Fertigkeit» bedeutet, etwas in einer effektiven Art und Weise bewerkstelligen zu können.

Führungsrelevante Fertigkeiten werden gemeinhin in drei Kategorien unterteilt, a) technische Fertigkeiten, die das Wissen über, und den effektiven Umgang mit konkreten Dingen umfassen, b) konzeptuelle Fertigkeiten, die zur kreativen und stimmigen Manipulation von Ideen und Abstraktionen benötigt werden und c) interpersonale Fertigkeiten, wie etwa soziale Kompetenz und Kommunikationsvermögen, was für den Umgang mit Menschen notwendig ist. In einer Vielzahl von Untersuchungen fand man schwach bis moderat ausgeprägte Zusammenhänge zwischen diesen Fertigkeiten und Führungseffektivität (vgl. Yukl, 2002, S. 192ff.).

3.4 Diskussion verhaltensorientierter Ansätze

Mit verhaltensorientierten Ansätzen, die sich an den Methoden und Theorien der Ohio- und Michigan-Studien orientieren, konnte letztlich nicht die erwartete hohe Vorhersagevalidität im Hinblick auf Führungseffektivität erzielt werden. Das hat verschiedene Ursachen methodischer und theoretischer Natur.

Die Validität und Objektivität des LBDQ und vergleichbarer Instrumente sind unzureichend, denn nicht das Verhalten des Vorgesetzten wird gemessen, sondern vielmehr die Einstellung der Mitarbeiter zum Vorgesetzten bzw. zu dessen Verhalten und dies zudem noch unpräzise, da viele Items, je nachdem wer befragt wird, unterschiedlich verstanden werden können (vgl. Schriesheim & Kerr, 1974, 1977; Nachreiner, 1978). Von den Mitarbeitern wird oftmals eine Schätzung der Häufigkeit des von der Führungskraft gezeigten Verhaltens verlangt, und zwar für einen Zeitraum von mehreren Monaten. Dies ist jedoch nicht mit ausreichender Präzision möglich, zum einen weil in der Regel keine durchgängige Verhaltensbeobachtung durch einzelne Mitarbeiter gegeben ist, zum anderen weil die Erinnerung daran generell unpräzise ist (Shipper, 1991) und von impliziten Persönlichkeitstheorien verzerrt wird (Eden & Leviathan, 1975; Rush, Thomas & Lord, 1977). Generelle Antworttendenzen, wie die Tendenz zur sozialen Erwünschtheit und Milde-Effekte, tun ein übriges (vgl. Schriesheim, Kinicki & Schriesheim, 1979).

Auch in diesem Bereich der Führungsforschung dominieren Querschnitt-Studien, die keine Aussagen über die Wirkungsrichtung erlauben. Findet man signifikante Korrelationen, dann gibt es verschiedene Interpretationsmöglichkeiten. Dem Postulat stabiler Führungsstile liegt die Annahme zugrunde, dass das Führungsverhalten die abhängigen Erfolgsvariablen determiniert, z. B. Consideration führt zu höherer Mitarbeitermotivation und Leistung. Werden beide Variablen gleichzeitig erhoben, kann zum einen der umgekehrte Kausalitätseffekt gelten, z. B. zeigen Führungskräfte gegenüber hoch motivierten und leistungsstarken Mitarbeitern mehr Consideration-Verhalten (Greene, 1975). Zum anderen kann es sein, dass Mitarbeiter in leistungsstarken Arbeitsgruppen ihren Erfolg, aufgrund entsprechender impliziter Theorien über Führungsverhalten und Gruppenprozesse, auf den «Consideration»-Führungsstil ihres Vorgesetzten attribuieren. Schließlich bleibt in Querschnitt-Studien als weitere Alternativerklärung das Drittvariablenproblem, d. h. es gibt bisher unberücksichtigte Variablen, die sowohl mit dem wahrgenommenen Führungsstil als auch mit der subjektiven Bewertung von Erfolgskriterien positiv korrelieren (z. B. gegenseitige Sympathie), wodurch ein scheinbar direkter Zusammenhang zwischen den betrachteten Variablen entsteht. Das Drittvariablenproblem verschärft sich noch für jene Studien, in denen Auskünfte über Führungsstile und Erfolgsvariablen von den selben Respondenten (common source effect) oder mit den selben Methoden (common method effect) erhoben werden.

Angesichts der weiten Verbreitung des LBDQ und vergleichbarer Fragebogeninstrumente zum Führungsstil im heutigen Personalwesen ist natürlich zu fragen, ob und wie die zugrundeliegende Führungsforschung verbessert werden kann. Hierzu gibt es verschiedene Ansatzpunkte, zum einen auf Seiten der Methodik und zum anderen auf Seiten der Theorie.

Auf Seiten der Methodik sind die Verbesserungsvorschläge ebenso vielfach vorgetragen worden, wie sie untersuchungstechnisch aufwendig sind und deshalb wohl auch eher gemieden werden. Um das Objektivitätsproblem einzugrenzen, wären Verhaltensbeobachtungen durch professionelle Beobachter notwendig, die in Tätigkeitsanalysen geschult sind. Mit der Experience Sampling Method (ESM, vgl. Schallberger & Pfister, 2001), eine Art computergesteuertes Stundenbuch, das über sehr lange Zeiträume hinweg (mehrere Monate) bei Führungskräften und Mitarbeitern eingesetzt werden müsste, wären Häufigkeitsschätzungen von Führungsverhaltensweisen möglich, die wesentlich zuverlässiger sind als durch Befragungen retrospektiv erhobene Schätzungen. Schließlich ist das Kausalitätsproblem in der Tat nur durch Längsschnitterhebungen oder vergleichbare quasiexperimentelle Studien in den Griff zu bekommen (Cook, Campbell & Peracchio, 1990).

Auf Seiten der Theorie haben wir bereits zwei Weiterentwicklungen der klassischen Führungsstilansätze vorgestellt. Zum einen den vor allem durch qualitative Forschung belegten Ansatz, wonach die zwei Dimensionen des Führungsstils (Consideration, Initiating Structure) im so genannten «High-High»-Führungstil optimal vereinigt werden können. In der Praxis wird diese Erkenntnis oft unter dem Motto «*Tough on the issue, soft on the person*» vermittelt. Zum anderen wurden den abstrakten Dimensionen des Führungsstils Taxonomien über konkrete Führungsfertigkeiten zur Seite gestellt. Ein wesentlicher Unterschied zwischen Führungsstil und Führungsfertigkeiten besteht darin, dass Fertigkeiten prinzipiell erlernbar und veränderbar sind. Deshalb sind die Erkenntnisse aus den Fertigkeitsansätzen vor allem zur Weiterentwicklung von Führungstrainings sowie für Coaching von Führungskräften nutzbar. Ansätze zum Führungsstil gehen dagegen von stabilen Verhaltensdispositionen aus. Erkenntnisse aus diesem Forschungsbereich werden deshalb vornehmlich in der Eignungsdiagnostik, etwa bei der Personalauslese und zur Potentialbestimmung von zukünftigen Führungskräften genutzt.

Weitere theoretisch wie praktisch relevante Ansatzpunkte für eine Ergänzung der bisher dargestellten Ansätze personalistischer und verhaltensorientierter Führungsforschung kann man von einem Schema ableiten, das an der Führungsperson (egal, mit welchen Attributen sie ausgestattet ist) und den Ressourcen, die ihr zur Verfügung stehen, ansetzt (Frey, 1998):

Kennen   Was muss eine Führungskraft wissen? Was soll sie tun?
Können   Hat sie die Fähigkeiten und Fertigkeiten, z. B. zu überzeugen, richtig zu loben?
Wollen   Will sie andere von Herzen motivieren, oder sie gehorsam und klein machen?
Sollen   Was betrachten ihre Vorgesetzte, Mitarbeiter oder die Organisation als richtig?
Dürfen   Kann die Führungskraft tatsächlich das machen, was sie möchte? Erfährt sie Unterstützung? Wo sind Handlungsbarrieren in der Umwelt?

An jedem Glied dieser Kette kann man ansetzen, um den Führungsprozess von aussen positiv zu beeinflussen. Theorien, die sich damit beschäftigen, stellen wir im nächsten Abschnitt vor.

4 Kontingenztheoretische Ansätze

Vertreter kontingenztheoretischer Ansätze argumentieren, dass personalistische und verhaltensorientierte Ansätze zu einfachen Antworten auf komplexe Probleme tendieren, denn sie führen Führungserfolg nahezu ausschließlich auf dispositionale bzw. stabile Merkmale der Persönlichkeit und des Verhaltens von Führungspersonen zurück. Im Gegensatz dazu gehen Kontingenztheorien von der These aus, dass je nachdem welche Anforderungen in bestimmten Situationen gestellt werden, ein bestimmtes Profil von Persönlichkeitsdispositionen, Verhaltensstilen oder Fertigkeiten den Führungserfolg determiniert. Demnach ist aus kontingenztheoretischer Sicht auch zu erwarten, dass die in personalistischen und verhaltensorientierten Ansätzen identifizierten Faktoren, deren Wirkungen über eine Vielzahl verschiedener Situationen hinweg gemittelt werden, insgesamt nur einen verhältnismäßig geringen Anteil der Varianz des Kriteriums Führungserfolg vorhersagen können. Und dies hat die weiter oben referierte empirische Forschung auch gezeigt. Die Zusammenhänge sind in der Regel schwach bis moderat ausgeprägt. Um einen größeren Anteil der Kriteriumsvarianz aufklären zu können als dies durch personalistische und verhaltensorientierte Ansätze der Fall ist, ergänzen Kontingenztheorien die bisherigen Ansätze um verschiedene Aspekte der Situation. Diese können je nach theoretischer Ausrichtung Merkmale der Arbeitsaufgabe, der Mitarbeiter, der sozialen Beziehungen in der Arbeitsgruppe oder Merkmale des organisationalen Kontext umfassen. Nachfolgend gehen wir auf einige der bedeutsamsten Kontingenztheorien ein.

4.1 Kontingenzmodell der Führung von Fiedler

Fiedlers (1967; Fiedler & Mai-Dalton, 1995) Kontingenzmodell der Führung greift die früheren personalistischen Ansätze auf, indem auf Seiten der Führungskraft eine zeitlich weitgehend stabile Eigenschaft angenommen wird und zwar die Einstellung der Führungskraft zum so genannten «least preferred coworker» (LPC). Der LPC-Wert wird gemessen, indem die Führungskraft eine Person, mit der sie bislang am schlechtesten zusammengearbeitet hat, auf einer Liste mit bipolaren Adjektiven (z. B. freundlich-unfreundlich, zurückweisend-entgegenkommend etc.) einschätzen soll. Eine vergleichsweise positive Sichtweise des schlechtesten Mitarbeiters weist auf eine mitarbeiterorientierte, eine negative Sichtweise auf eine aufgabenorientierte Haltung der Führungskraft hin. Positiven Einschätzungen der am wenigsten bevorzugten Person entspricht ein hoher LPC-Wert, negativen Einschätzungen ein sehr geringer LPC-Wert. Die LPC-Werte wurden im Verlauf der Zeit inhaltlich unterschiedlich interpretiert, wobei am ehesten eine Wert- bzw. Einstellungsinterpretation mit den Befunden in Einklang zu bringen ist (vgl. Rice, 1978): Führungskräften mit geringem LPC-Wert ist der Erfolg bei der Aufgabenbearbeitung wichtiger (*Aufgabenorientierung*), während Führungskräften mit hohem LPC-Wert Erfolg in zwischenmenschlichen Beziehungen wichtiger ist (*Mitarbeiterorientierung*).

In seinem Modell ergänzt Fiedler die im LPC-Wert enthaltene personalistische Sicht der Führung um Situationsmerkmale, von denen er annimmt, dass sie das Ausmaß der Kontrolle, das die Führungskraft hat, um Einfluss auf den Gruppenerfolg auszuüben, determinieren. Er unterscheidet drei Situationsmerkmale, die in absteigender Wichtigkeit bedeutsam für den Kontrolleinfluss und damit für den Führungserfolg sind:

- Qualität der Beziehung zwischen Führungskraft und Geführten, z. B. das Ausmaß, in dem diese Beziehung etwa durch Freundlichkeit, Kooperativität und Unterstützung gekennzeichnet ist
- Positionsmacht, z. B. das Ausmaß der formellen Sanktionsmöglichkeiten der Führungskraft
- Aufgabenstruktur, z. B. das Ausmaß, in dem die Aufgabenerledigung hinsichtlich Durchführung und Evaluation des Ergebnisses klar und eindeutig festgelegt ist.

Aus der Kombination hoher versus geringer Ausprägungen dieser drei Situationsaspekte ergeben sich acht Felder ($2 \times 2 \times 2 = 8$), die jeweils in unterschiedlichem Grad die Situationskontrolle der Führungskraft wiederspiegeln. Fiedler postulierte, dass Führungskräfte mit hohen LPC-Werten bei mittelgünstigen Situationen (z. B. gute Beziehung zu Geführten, eher unstrukturierte Aufgaben und geringe Positionsmacht) erfolgreich sind, während Führungskräfte mit geringen LPC-Werten eher bei sehr ungünstigen (z. B. schlechte Beziehung zu Geführten, geringe Aufgabenstrukturierung und schwache Positionsmacht) oder sehr günstigen Situationen (z. B. gute Beziehung zu Geführten, strukturierte Aufgaben und hohe Positionsmacht) erfolgreich sind (siehe Abbildung 1).

Das Modell wurde in einer Vielzahl von Studien überprüft, wobei im wesentlichen die Annahmen des Modells bestätigt werden konnten, allerdings nicht für alle der postulierten Kombinationen und eher in Laborstudien als in Feldstudien (Strube & Garcia, 1981; Peters, Hartke & Pohlmann, 1985).

Da Fiedler die Einstellung, die durch den LPC-Wert gemessen wird, als weitgehend stabil und kaum veränderbar annimmt, empfiehlt er als praktische Implikation seines Modells vor allem die Führungssituation an die Verhaltensdisposition der jeweiligen Führungskraft anzupassen bzw., wenn die Situation nicht geändert werden kann, die jeweils für die spezifische Situation geeignetste Führungskraft einzusetzen. Im Gegensatz zu Fiedlers eigenen (und theoriekonformen) praktischen Konsequenzen, wird aus seinem Modell, das für Praktiker auch heute noch einen hohen Plausibilitätsgrad besitzt, oft eine ganz andere Konsequenz abgeleitet: «Der Führungsstil muss sich der Situation flexibel anpassen». Dies scheint ein durchaus vernünftiges Führungsrezept zu

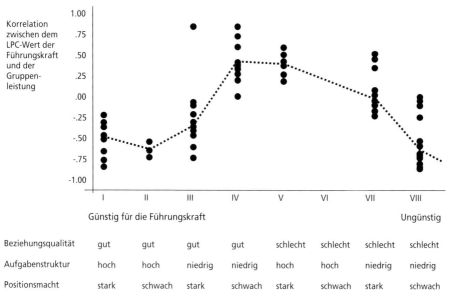

Abbildung 1: Das Kontingenzmodell der Führung (nach Fiedler, 1967, S. 146).

sein, jedoch lässt es sich zumindest mit Fiedlers Annahme eines unveränderlichen Führungsstils nicht in Einklang bringen.

Das wesentliche Verdienst von Fiedlers Theorie besteht darin, die Führungsforschung in eine gänzlich neue Richtung geführt zu haben. Sein Modell stimulierte die Entwicklung einer ganzen Reihe von Kontingenztheorien unter Einbezug bisher unberücksichtigter Situationsmerkmale. Die Kritik an seinem Modell richtet sich vor allem auf Unzulänglichkeiten in den Grundzügen seiner Theorie. Das Modell bietet keine Erklärung weshalb LPC-Werte überhaupt mit Führungserfolg in Zusammenhang stehen sollten. Es spezifiziert keine intervenierenden Variablen (z. B. Führungsverhalten), die eine kausale Verknüpfung zwischen dem Personenmerkmal (LPC-Wert) und Ergebnisvariablen (z. B. Gruppenleistung) herstellen. Ausserdem erscheint die Auswahl und Gewichtung der Situationsaspekte willkürlich. In dem Modell wird nicht erklärt warum diese und nur diese drei Situationsaspekte einen entscheidenden Einfluss auf den Führungserfolg haben sollen und warum sie unterschiedlich zu gewichten sind. Schließlich kann das Modell nur für einen kleinen Teil von Führungskräften Gültigkeit beanspruchen, nämlich für jene mit besonders hohen oder besonders niedrigen LPC-Werten. Über die große Mehrheit von Führungskräften, deren LPC-Werte eher im mittleren Bereich liegen, macht das Modell keine Aussagen.

4.2 Das normative Entscheidungsmodell von Vroom & Yetton

Im Mittelpunkt des normativen Entscheidungsmodells von Vroom und Yetton (1973; Vroom & Jago, 1988; Jago, 1995) steht die Effektivität von Führungsentscheidungen. Nach Vroom und Yetton hängt die Effektivität einer Führungsentscheidung von zwei Faktoren ab und zwar zum einen von der angestrebten Qualität der Entscheidung und zum anderen von der angestrebten Akzeptanz bei denjenigen, die die Entscheidung umsetzten sollen. Wenn eine Entscheidung weitreichende Konsequenzen hat und die verschiedenen Handlungsalternativen sehr unterschiedlich sein können, dann ist der Einflussfaktor «Qualität» besonders wichtig. Wenn eine Entscheidung von den Geführten umgesetzt werden soll oder sie deren Arbeitsmotivation betrifft, dann ist der Einflussfaktor «Akzeptanz» besonders wichtig. Qualität und Akzeptanz können nach Vroom und Yetton durch eine Führungskraft gezielt angestrebt werden, indem Mitarbeitern der jeweils optimale Grad an Mitbestimmungsmöglichkeiten bei einer Entscheidung gewährt wird. Die Grundannahme des Modells beruht darauf, dass mit zunehmenden Partizipationsmöglichkeiten (1) die Akzeptanz der Mitarbeiter für Führungsentscheidungen erhöht wird und (2) die Mitarbeiter mehr Informationen für eine Entscheidung beisteuern, wobei infolgedessen die Entscheidung qualitativ besser wird.

Im Rahmen des Modells wird angenommen, dass Führungskräfte ihr Entscheidungsverhalten flexibel anpassen können, im Hinblick auf die den Mitarbeitern gewährten Mitbestimmungsmöglichkeiten. Um zu einer bestmöglichen Entscheidung zu kommen, müssen die Führungskräfte aber zunächst die (Problem-)Situation im Hinblick darauf analysieren, welches Qualitäts- und Akzeptanzniveau sinnvollerweise anzustreben ist, um dann ihr Verhalten entsprechend den Erfordernissen dieser Situation anzupassen. Dazu entwarfen Vroom und Yetton einen Entscheidungsbaum, mit dessen Hilfe die Situation analysiert werden kann. Der Entscheidungsbaum enthält mehrere aufeinander folgende Fragen, z. B. A) Liegt eine Qualitätserfordernis vor: Ist vermutlich eine Lösungsalternative sachlich besser als eine andere?, B) Haben Sie genügend Informationen für eine Entscheidung von hoher Qualität? etc.. Nachdem die Führungskraft alle relevanten Fragen jeweils mit ja oder nein beantwortet hat, erhält sie durch den Entscheidungsbaum eine oder mehrere Handlungsempfehlungen mit unterschiedlichem Ausmaß an Partizipationsmöglichkeiten (siehe Abb. 2):

– Entscheidung alleine treffen (AI)
– Einholen von Information bei einzelnen Mitarbeitern, Entscheidung alleine treffen (AII)
– Diskutieren des Problems mit einzelnen Mitarbeitern, Entscheidung alleine treffen (BI)
– Gruppendiskussion des Problems mit Mitarbeitern, Entscheidung alleine treffen (BII)
– Gruppenentscheidung (GII).

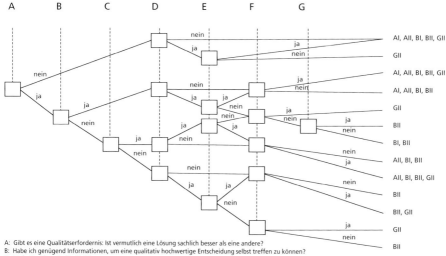

A: Gibt es eine Qualitätserfordernis: Ist vermutlich eine Lösung sachlich besser als eine andere?
B: Habe ich genügend Informationen, um eine qualitativ hochwertige Entscheidung selbst treffen zu können?
C: Ist das Problem strukturiert?
D: Ist die Akzeptierung der Entscheidung durch die Mitarbeiter für effektive Ausführung wichtig?
E: Wenn ich die Entscheidung selbst treffe, würde sie dann von den Mitarbeitern akzeptiert werden?
F: Teilen die Mitarbeiter die Organisationsziele (Betriebsziel), die durch eine Lösung dieses Problems erreicht werden sollen?
G: Wird es zwischen den Mitarbeitern vermutlich zu Konflikten kommen, welche Lösung zu bevorzugen ist?

Abbildung 2: Entscheidungsbaum (nach Jago, 1995, S. 1066)

Wenn mehrere gleichwertige Handlungsempfehlungen resultieren, kann entweder nach dem Prinzip der Zeitökonomie (und mit weniger Partizipation) oder nach dem Prinzip der Mitarbeiterentwicklung (und mit mehr Partizipation) entschieden werden.

In einer Reihe von Studien wurde das normative Entscheidungsmodell überprüft und in seinen wesentlichen Zügen bestätigt (vgl. im Überblick, z. B. Jago, 1995). In den meisten Studien wurden Führungskräfte aufgefordert, eigene, mehr oder weniger erfolgreiche Entscheidungen zu schildern («critical incidence» Technik). Diese Situationen wurden dann entsprechend dem Modell ausgewertet. Die Zusammenfassung von sieben solcher Studien zeigte, dass in 61% der erfolgreichen Situationen die Entscheidungen modellkonform getroffen wurden und in 63% der weniger erfolgreichen Situationen entgegen dem Modell entschieden wurde (Jago, 1995). Auch in Laborstudien konnte Bestätigung für das Modell gefunden werden (z. B. Field, 1982). Obwohl sich Führungskräftetrainings, die nach dem Modell von Vroom und Yetton entwickelt und durchgeführt wurden, sowohl in Labor als auch in Feldstudien als wirksam erwiesen haben, wird es in der Führungspraxis und in Managementtrainings selten propagiert. Häufig wird von Praktikern dessen mangelhafte Handhabbarkeit kritisiert. Allein schon der Entscheidungsbaum (siehe Abbildung 2) scheint abschreckend zu wirken. Drei weitere Gründe für die mangelnde Akzeptanz dieses Modells in der Praxis werden nachfolgend in Form konkreter Herausforderungen für dessen Weiterentwicklung formuliert:

Das Modell behandelt bislang nur den Bereich der Entscheidungsfindung in der Interaktion zwischen einer Führungskraft und ihren Mitarbeitern. Erweist sich das

Modell aber als auch anwendbar und valide, wenn an Entscheidungsprozessen Gleichgestellte oder Personen aus höheren Führungsebenen beteiligt sind? Ausserdem betrachtet das Modell nur eine isolierte Entscheidungssituation. In der Praxis ist es aber häufig so, dass mehrere Entscheidungen, die zum Teil voneinander abhängig sind, getroffen werden müssen. Entscheidungskonflikte und mögliche Synergieeffekte, die durch miteinander verbundene Entscheidungen entstehen können, bleiben unberücksichtigt. Der von Vroom und Yetton postulierte positive Einfluss von Partizipation auf die Akzeptanz von Entscheidungen und die Motivation der Geführten wird von der Partizipationsforschung, die in der Führungspraxis zudem großes Interesse findet, nicht in vollem Umfang gestützt. Hohe Akzeptanz – im Sinne einer hohen Zielbindung («goal commitment») – und Leistung können auch ohne partizipative Entscheidungsfindung erreicht werden, beispielsweise wenn den Geführten außer der Entscheidung auch noch erläutert wird, warum dieses Ziel erreicht werden soll («*tell-and-sell*» Strategie, vgl. Latham, Erez & Locke, 1988).

4.3   Die Weg-Ziel Theorie

Die Weg-Ziel (engl. *path-goal*) Theorie von Evans (1970; 1979) und House (1971; House & Mitchell, 1974) spezifiziert, welche Art von Führungsverhalten unter welchen Bedingungen motivierend auf die Mitarbeiter wirkt. Sie geht dabei von Erwartungsmodellen der Motivation aus (z. B. Vroom, 1964). Dort wird angenommen, dass die Arbeitsmotivation einer Person, d. h. ihr Engagement und ihre Anstrengung bei der Ausübung einer Tätigkeit, von folgenden Größen abhängt: der intrinsischen Valenz des Verhaltens (V_V), der subjektiven Wahrscheinlichkeit, dass mit dem Verhalten, das gewünschte Ziel erreicht wird (Handlungs-Ergebnis-Erwartung bzw. Pfadinstrumentalität: P_I), der intrinsischen Valenz des Ergebnisses (V_E), der subjektiven Wahrscheinlichkeit, dass mit dem Erreichen des Ziels sich auch die gewünschten Folgen einstellen (Ergebnis-Folge-Erwartung: E_F) und der Valenz der Folgen (V_F). Aus diesen Komponenten lässt sich die resultierende Arbeitsmotivation (M_A) errechnen (Wahba & House, 1974):

$$M_A = V_V \times P_I \times (V_E + (E_F \times V_F)).$$

Die path-goal Theorie postuliert:

1. die Motivation und die Zufriedenheit der Mitarbeiter hängt von den Erwartungen und Valenzen der Mitarbeiter ab,
2. diese motivationalen Komponenten werden durch situative Merkmale (z. B. Handlungsspielraum) und Charakteristiken der Mitarbeiter (z. B. Selbstwirksamkeitserwartungen) bestimmt,
3. Führungskräfte können durch ihr Verhalten alle motivationalen Komponenten ihrer Mitarbeiter beeinflussen.

House und Mitchell (1974) stellten eine Taxonomie zu motivationsfördernden Verhaltensweisen von Führungskräften vor:

a. *Unterstützende Führung*: Berücksichtigung der Bedürfnisse der Mitarbeiter, Herstellen eines freundlichen und unterstützenden Klimas.
b. *Direktive Führung*: Anforderungen an die Mitarbeiter deutlich formulieren, Strukturierung der Arbeit, spezifische Anweisungen oder Regeln geben.
c. *Partizipative Führung*: Vorschläge und Meinungen von Mitarbeitern einholen, Mitarbeiter bei der Entscheidungsfindung und -umsetzung beteiligen.
d. *Leistungsorientierte Führung*: Herausfordernde Ziele setzen, betonen höchster Leistung, Mitarbeitern Vertrauen in ihre Leistungsfähigkeit vermitteln.

Je nach Aufgabenstruktur und Charakteristiken der Geführten sollten sich diese Arten der Führung unterschiedlich auf die Motivation und Zufriedenheit der Geführten auswirken. Wenn beispielsweise eine Tätigkeiten belastend oder ermüdend wirkt, dann führt ein unterstützender Führungsstil zu hoher Motivation und Zufriedenheit bei den Mitarbeitern. Dieser Effekt wird erzielt, weil die Führungskraft dabei die intrinsische Valenz der Tätigkeit erhöht und auf die Erfolgserwartung positiv einwirkt. Ist eine Aufgabe demgegenüber von sich aus schon interessant und die Mitarbeiter sicher, dass sie diese Aufgabe erfolgreich bewältigen können, dann hat der unterstützende Führungsstil kaum Einfluss auf die Motivation der Mitarbeiter.

Die path-goal Theorie hat eine Vielzahl von Studien angeregt und eine Beschreibung dieser Theorie findet sich in fast allen einschlägigen Lehrbüchern über Führung. Dies ist nicht zuletzt auch auf ihre unmittelbare Plausibilität und eine vergleichsweise hohe Akzeptanz in der anglo-amerikanischen Managementpraxis zurückzuführen. Wofford und Liska (1993) fassen Befunde von über 120 Studien in einer Metaanalyse zur path-goal Theorie zusammen und kommen, anders als es die Popularität der path-goal Theorie vermuten lässt, zu eher ernüchternden Ergebnissen. Insgesamt sind die Befunde sehr uneinheitlich und stützen die wesentlichen Annahmen der path-goal Theorie nicht. Wofford und Liska erklären dies u. a. mit dem methodischen Problem, dass kein spezifisches Instrument entwickelt wurde, um die postulierten vier Arten von Führungsverhaltensweisen zu erheben (siehe auch House, 1996). Außerdem sind die vier Arten von Führungsverhaltensweisen sehr breit und dadurch etwas unscharf definiert worden, was es schwierig macht, spezifische Zusammenhänge mit einzelnen der Erwartungs- und Wertkomponenten zu identifizieren (Yukl, 2002). Ein konzeptionelles Problem dieser Theorie besteht auch darin, dass sie auf dem Erwartungs × Wert Ansatz von Vroom (1964) aufbaut, dessen Validität aufgrund der Meta-Analyse von Van Eerde und Thierry (1996) angezweifelt wurde. Van Eerde und Thierry konnten in ihrer Analyse, die 77 Studien zu Vrooms Ansatz umfasste, keinen Beleg für die multiplikative Verknüpfung der Valenz-, Erwartungs- und Instrumentalitätskomponenten finden. Als Grund für die schlechte Bestätigung von Vrooms Ansatz gaben sie an, dass viele Studien zu mangelhaft angelegt waren, um Vrooms Ansatz valide prüfen zu können.

Die wissenschaftliche Bedeutung, die der path-goal Theorie trotz ihrer fraglichen empirischen Unterstützung zukommt, gründet sich vor allem darauf, dass sie eine

Reihe neuer Überlegungen formulierte, die zur Entwicklung weiterer und sehr erfolgreicher Führungstheorien angeregt haben. Ein Grundgedanke der path-goal Theorie, nämlich dass ein spezifisches Führungsverhalten nur in bestimmten Situationen erforderlich oder nützlich ist, wurde in der Theorie der Führungssubstitution aufgegriffen und weiterentwickelt (siehe nächsten Abschnitt). Eine weitere Überlegung, nämlich der Einbezug theoretischer Annahmen über das Wahrnehmen, Denken, Fühlen und Handeln der *Geführten*, wurde in Theorien zu impliziten Führungstheorien (siehe Abschnitt 4.5) sowie in Theorien über charismatische bzw. transformationale Führung aufgegriffen (siehe Abschnitt 5.4).

4.4   Die Theorie der Führungssubstitution

Kerr und Kollegen (Kerr & Jermier, 1978; Kerr & Mathews, 1995) greifen einen Grundgedanken der path-goal Theorie auf, wonach Führungsverhalten nur in bestimmten Situationen eine motivierende Wirkung entfalten kann. Sie gehen davon aus, dass es Führungssubstitute gibt, die einige Effekte der «Führung durch Menschen» neutralisieren, d. h. unter bestimmten Bedingungen ist personale Führung ersetzbar (substituierbar) oder unnötig. Führungssubstitute können Merkmale von Mitarbeitern (z. B. Fähigkeiten, Wissen, fachbezogene Orientierung), der Aufgaben (z. B. Komplexitätsgrad, Handlungsspielraum) oder der gesamten Organisation (z. B. Formalisierungsgrad) sein. Ein Beispiel: Mit hochwertigen Fähigkeiten und Fertigkeiten, sowie mit einem umfangreichen Expertenwissen ausgerüstete Mitarbeiter sind in der Lage, sich selbst Ziele zu setzten und ihre eigene Zielverfolgung zu überwachen, wie es beispielsweise bei teilautonomen Gruppen üblich ist. Das macht eine aufgabenorientierte Führung im wesentlichen überflüssig oder (sollte sie dennoch ausgeübt werden) bestenfalls unwirksam und schlimmstenfalls dysfunktional.

In einer Meta-Analyse von Podsakoff, MacKenzie und Bommer (1996) wurden die Ergebnisse aus 22 Studien zur Theorie der Führungssubstitution zusammengefasst. Danach stehen die von Kerr und seinen Mitarbeitern postulierten Führungssubstitute im Zusammenhang mit Kriterien des Führungserfolgs (Mitarbeiterzufriedenheit und -leistung) und zwar *zusätzlich* zur Qualität der Führung, welche in der Regel mit Führungsstilfragebögen erhoben wurde. Praktisch bedeutsam sind diese Befunde, da sie zeigen, dass ein Zugewinn an Führungseffektivität auch durch strukturelle Führung erzielt werden kann und deshalb nicht alle Aufmerksamkeit (und Investitionen) auf die Person der Führenden zu richten ist.

Hingegen findet die Kernannahme der Theorie – Führungssubstitute *moderieren* den Einfluss von Führungsverhalten auf Führungserfolg – keine empirische Unterstützung. Das heißt, die extreme Annahme einer Neutralisierung von personaler Führung durch strukturelle Bedingungen (Mitarbeiterpotential, Aufgabenmerkmale, Organisationsformen) ist beim derzeitigen empirischen Kenntnisstand nicht haltbar. Dieser Befund bedeutet, dass personale Führung und entsprechende Investitionen im Bereich Human Resource Management (HRM) unersetzlich sind.

4.5   Implizite Führungstheorien

Die Theorie impliziter Führungstheorien von Lord und Maher (1991) beschäftigt sich mit den kognitiven Prozessen und dem Verhalten von Personen, die mit Führungskräften zu tun haben (zusammenfassend, Kleinmann & Frey, 1995). Sie fokussiert auf die *Geführten*, im Gegensatz zu den bisher besprochenen Theorien, die sich vor allem mit den Führenden beschäftigen.

Aufbauend auf Theorien konzeptgesteuerter Informationsverarbeitung (vgl. den Beitrag von Bless & Schwarz, in diesem Band) wird angenommen, dass Personen im Laufe ihrer Lebenserfahrung Schemata bei der Wahrnehmung von Merkmalen und Verhalten anderer Personen entwickeln und auf aktuelle Führungskontexte übertragen. Schemata sind im Langzeitgedächtnis gespeichert und ermöglichen eine sparsame und schnelle Informationsverarbeitung unter Bedingungen unvollständiger Information aus der Umwelt. Die Wahrnehmung einiger weniger führungstypischer Merkmale und Ereignisse (z. B. «arbeitet 14 Stunden am Tag», «ist viel unterwegs», «leitet viele Sitzungen») kann bereits ein Führungsschema aktivieren. Das mit diesem Schema verbundene Merkmalsbündel im Langzeitgedächtnis führt zu weiter gehenden Schlussfolgerungen (z. B. «arbeitet auch am Wochenende», «hat mit vielen Leuten zu tun», «bestimmt den Verlauf von Sitzungen», «ist erfolgreich» etc.). Dabei handelt es sich um eine Zuschreibung von Merkmalen, die nicht direkt beobachtet, sondern vom Langzeitgedächtnis abgerufen werden und das Bild des Beobachters über eine Führungskraft automatisch vervollständigen.

Aus Lord und Mahers Konzeption zur Wahrnehmung von Führung lassen sich Hypothesen über ganz unterschiedliche Bereiche in der Führungsforschung ableiten und überprüfen. Beispielsweise wissen wir inzwischen, dass es Frauen in Führungsrollen schwerer haben akzeptiert zu werden, weil die Führungsschemata und Geschlechterrollenschemata der Beobachter divergieren. Wenden sich Frauen mit einer Anordnung lautstark an einen Mitarbeiter, gelten sie als überlastet, Männer hingegen als durchsetzungsfähig (vgl. Morrison, White & Van Velsor, 1987). Eagly, Makhijani und Klonsky (1992) konnten anhand meta-analytischer Untersuchungen nachweisen, dass Frauen in Führungspositionen insbesondere dann negativer als Männer beurteilt werden, wenn sie Führungsverhaltensweisen zeigen, die dem männlichen Stereotyp (z. B. autokratisch, direktiv) entsprechen. Im Bereich der Führungsstilforschung unterstreicht die Theorie impliziter Führungstheorien erneut die Problematik von fragebogengestützten Verfahren zur Messung von Führungsverhalten, wie z. B. der LBDQ. Respondenten strukturieren, ergänzen und bewerten ihre Wahrnehmungen über Führungsverhaltensweisen nach Maßgabe ihrer impliziten Führungstheorien. Deshalb ist beim LBDQ eher von Einstellungs- als von Verhaltensmessungen auszugehen.

Weiterhin stellen Lord und Maher (1991) die Annahme auf, dass mit zunehmender Kongruenz zwischen dem Führungsschema eines Mitarbeiters und den Merkmalen und Verhaltensweisen, die vom Vorgesetzten wahrnehmbar sind, die Akzeptanz und Motivation des Mitarbeiters ansteigen sowie das Ausmaß an Einflussnahme durch den Vorgesetzten zunimmt. Deshalb kann die Theorie impliziter Führungstheorien auch als Kontingenztheorie gelten, denn sie postuliert, dass in Abhängigkeit von den Führungsschemata der Mitarbeiter, der Zusammenhang zwischen Merkmalen bzw. Verhaltensweisen von Führungskräften und verschiedenen Kriterien des Führungserfolgs variiert. Einfacher ausgedrückt: Wird man als Führungskraft wahrgenommen (kategorisiert) und akzeptiert (hohe Übereinstimmung mit dem Führungsschema der Geführten), dann fällt es leichter Einfluss auszuüben.

Die Kenntnis der Erwartungen der Umwelt und eine entsprechende Verhaltensanpassung tragen dazu bei als Führungskraft wahrgenommen und akzeptiert zu werden. Dies kann wiederum in ganz unterschiedlichen Kontexten zum tragen kommen. So zeigte Kleinmann (1991), dass Bewerber in Assessment-Center Verfahren besonders gut abschneiden, wenn sie die Vorstellungen der Beobachter kennen und ihr Verhalten danach ausrichten. In kulturvergleichenden Studien in Deutschland, Europa und weltweit zeigt sich, dass implizite Führungstheorien in Abhängigkeit von gesellschafts-kulturellen Normen, Einstellungen und Werten variieren (Brodbeck, Frese, Javidan, 2002; Brodbeck, et al., 2000; Dorfman, Hanges & Brodbeck, im Druck). Im Falle kulturübergreifender Zusammenarbeit ist deshalb davon auszugehen, dass Vertreter aus kulturell verschiedenen Ländern auch unterschiedliche implizite Führungstheorien besitzen, was nach Shaw (1990) sowie Lord und Maher (1990) mit höherer Wahrscheinlichkeit zu Reibungs- und Vertrauensverlusten, und damit zu verringertem Einfluss, mangelnder Akzeptanz und Leistungseinbußen führt.

Kritisch anzumerken ist, dass sowohl die derzeitige Forschung zu impliziten Führungstheorien als auch die Entwicklung entsprechender Führungstrainings und Anleitungen noch in den Kinderschuhen steckt, vor allem in Bezug auf interkulturelle Führungskontexte. Beispielsweise weiß man noch sehr wenig über das tatsächliche Verhalten der Geführten in Abhängigkeit von dem Ausmaß der Passung zwischen ihren impliziten Führungstheorien und den Attributen der Führungsperson.

5   Macht- / Einflussansätze

Die Art der Macht, über die eine Führungskraft verfügt, und die Einflussstrategien, die Führungskräfte verwenden, sind in einer Reihe verschiedener Führungsansätze thematisiert worden. Sie beschäftigen sich zum Beispiel damit, über welche Arten von Macht eine Führungskraft verfügt, wie Führungskräfte Macht erwerben oder wieder verlieren oder auch, welche Art von Machtausübung und welche Einflussstrategien in welchem Zusammenhang mit Führungserfolg stehen. Theorien über Macht-/Einflussansätze tragen auch dazu bei, das Führungsgeschehen als einen wechselseitigen Einflussprozess zwischen Führenden und Geführten zu konzeptualisieren.

5.1 Grundlagen der Macht

Der Begriff der «Macht» bezieht sich auf die Möglichkeit einer Person, eine oder mehrere andere Personen zu beeinflussen. Viele Studien über die Bedeutung von Macht im Führungsprozess beruhen auf einer Taxonomie über die Grundlagen der Macht von French und Raven (1959). Diese Autoren unterschieden fünf Arten von Machtgrundlagen:

1. *Belohnungsmacht*: Geführte stimmen einer Führungskraft zu, um die durch sie kontrollierte Belohnung zu erhalten.
2. *Bestrafungsmacht*: Geführte stimmen einer Führungskraft zu, um die durch sie ausgeübte Bestrafungsmöglichkeit zu vermeiden.
3. *Expertenmacht*: Geführte stimmen einer Führungskraft zu, weil sie der Überzeugung sind, sie verfüge über besonderes Wissen darüber, wie etwas am besten umgesetzt wird.
4. *Legitimierte Macht*: Geführte stimmen einer Führungskraft zu, weil sie der Überzeugung sind, sie habe das Recht zu bestimmen und die Geführten die Pflicht ihr zuzustimmen.
5. *Identifikationsmacht*: Geführte stimmen einer Führungskraft zu, weil sie sich mit ihr identifizieren und mit einer Zustimmung die Übereinstimmung mit ihr demonstrieren.

Teilweise wurden diese fünf Grundlagen der Macht um spezifische Machtaspekte von Führungskräften in Organisationen ergänzt, wie beispielsweise durch die «Kontrolle über Informationen» (vgl. Yukl & Falbe, 1991). Studien, in denen der Zusammenhang zwischen den unterschiedlichen Machtgrundlagen und Führungserfolg untersucht wurde, gingen im allgemeinen so vor, dass Mitarbeiter in Fragebögen beantworten sollten, in welchem Umfang ihre jeweilige Führungskraft die unterschiedlichen Formen der Macht nutzt (Yukl, 2002). Als Kriterium des Führungserfolgs wurden meist die Zufriedenheit der Mitarbeiter oder deren Leistung herangezogen. Diese Studien zeigten, dass die Experten- und die Identifikationsmacht in positivem Zusammenhang mit der Zufriedenheit und der Leistung der Mitarbeiter steht. Die Befunde über die anderen drei Formen der Macht waren bisher uneinheitlich (im Überblick: Yukl, 2002).

5.2 Macht- und Einflussstrategien

Eine Verbindung zwischen dem Macht-Ansatz und den verhaltensorientierten Fertigkeitsansätzen stellt die Forschung zu Einflussstrategien in der Führung dar. Unter Einflussstrategien versteht man jene Verhaltensweisen in sozialen Beziehungen, die eingesetzt werden, um gegenüber anderen Personen eigene Interessen und Ziele zu verwirklichen (vgl. hierzu auch das Kapitel von Mummendey, in diesem Band). Es wird davon ausgegangen, dass diese Strategien in alle Richtungen hin angewendet werden,

Tabelle 2: Verschiedene Einflussstrategien der Führung.*

Rationale Überzeugung: Verwendung von Fakten und logischen Argumenten.

Charismatische Appelle: Ein Sender macht einen Vorschlag, der beim Empfänger Enthusiasmus weckt, weil damit auf sehr wünschenswerte Ideale, Ziele und Bestrebungen hingewiesen wird, oder weil damit beim Empfänger Selbstsicherheit hervorgerufen wird.

Konsultation: Ein Sender sucht die Teilnahme eines Empfängers bei der Planung einer Strategie, Aktivität o.ä., weil die Unterstützung des Empfängers notwendig ist.

Einschmeicheln: Ein Sender nutzt Lob, Schmeicheleien, freundliches oder hilfreiches Verhalten, um einen Empfänger in eine positive Stimmung zu versetzten, ehe der Sender das eigentliche Anliegen vorbringt.

Persönlicher Appell: Der Sender appelliert an die persönliche Loyalität oder Freundschaft des Empfängers, um Zustimmung zu einem Vorschlag zu erhalten.

Austausch: Der Sender bietet im Hinblick auf die Zustimmung des Empfängers entweder einen Austausch von Gefälligkeiten an, oder stellt das Teilen des erwarteten Gewinns in Aussicht.

Koalitionsbildung: Der Sender sucht die Unterstützung anderer, um einen Empfänger zu überzeugen.

Legitimierungstaktik: Der Sender rechtfertigt den eigenen Vorschlag, indem er sich auf eine Autorität oder sein Recht beruft, oder indem er seine Ansprüche aus der Politik, den Regeln, Praktiken oder der Tradition der eigenen Organisation ableitet.

Druck machen: Der Sender nutzt Nachfragen, häufige Kontrollen oder fortwährende Erinnerungen um einen Empfänger zur Zustimmung zu bringen.

* In Anlehnung an eine Aufstellung von Yukl, 2002, S.160.

also gegenüber Mitarbeitern, Kollegen und Vorgesetzten (Yukl, 2002). Eine Liste häufig untersuchter Einflussstrategien ist in Tabelle 2 wiedergegeben.

Die Einflussstrategie «Druck machen» wird beispielsweise häufiger gegenüber eigenen Mitarbeitern eingesetzt als gegenüber Gleichgestellten oder Vorgesetzten. Die Strategien «rationale Überzeugung», «einschmeicheln» oder «persönlicher Appell» werden meist zu Beginn einer Interaktion eingesetzt, wohingegen die Strategien «Druck machen», «Austausch» oder «Koalitionsbildung» erst dann eingesetzt werden, wenn man auf anfänglichen Widerstand stößt (Yukl & Tracey, 1992). Die insgesamt erfolgreichsten Überzeugungstaktiken sind «rationale Überzeugung», «Konsultation» und «charismatische Appelle». Die am wenigsten erfolgreichen sind «Druck machen», «Koalitionsbildung» und «Legitimierungstaktiken».

Zu den Ansätzen der Macht/Einflussstrategien kann man auch das Prinzipienmodell der Führung von Frey (1996a, b; Frey, 1998; Frey & Schultz-Hardt, 2000) zählen, denn es beschreibt auf Basis sozialpsychologischer Theorien Einflussfaktoren von Führungskräften gegenüber Mitarbeitern und Teams sowie umgekehrt Einflussfaktoren von Mitarbeitern und Teams gegenüber ihren Führungskräften. Dem Prinzipienmodell entsprechend lässt sich zum Beispiel Motivation, Identifikation und Engagement bei der Arbeit durch folgende Einflussfaktoren erhöhen: 1) Sinn- und Visionsvermittlung, 2) adäquate Passung des Anforderungsprofils an vorhandene Fähigkeiten und Fertigkeiten, 3) Transparenz über Information und Kommunikation, 4) Partizipation und Delegation, 5) Wertschätzung über Lob und konstruktive Korrektur, 6) klare Zielvereinbarungen und Zielsetzung, 7) Schaffen eines guten Betriebsklimas, 8) Wachstumsmöglichkeiten schaffen, 9) Vorbilder geben (Vertrauen, Glaubwürdigkeit und Authentizität), 10) flexibles, situationsangepasstes Verhalten zeigen, sowie 11) eine faire materielle Vergütung. Alle diese Faktoren sind aus etablierten sozialpsychologischen Theorien abgeleitet und können sowohl als Bringschuld der Führung gegenüber den Mitarbeitern und Teams als auch als Holschuld (d. h. Mitarbeiter und Teams müssen diese Prinzipien selbständig einfordern) verstanden werden. Entscheidend am Prinzipienmodell ist, dass man verschiedene Hebelwirkungen, sowohl auf Führungs- als auch auf Mitarbeiterseite nutzen kann, um das Verhalten des Gegenübers zu beeinflussen. Dabei wird es aber stets um eine Feinadjustierung gehen, d. h. ganz selten kann man sagen: je mehr ein Prinzip verwirklicht ist, umso besser.

5.3 Leader-Member Exchange (LMX) Theorie

Die leader-member exchange (LMX) Theorie von Graen und seinen Kollegen (vgl. Dansereau, Graen & Haga, 1975; Graen & Uhl-Bien, 1995) konzentrierte sich als eine der ersten Führungstheorien überhaupt auf die *wechselseitige* Beeinflussung von Führenden und Geführten. Sie geht davon aus, dass Führungskräfte ihre Mitarbeiter im wesentlichen hinsichtlich dreier Aspekte unterscheiden: (1) nach deren Kompetenzen und Fähigkeiten, (2) nach dem Ausmaß, in dem sie den Geführten vertrauen können und (3) nach ihrer Motivation, größere Verantwortung innerhalb ihrer Arbeitsgruppe zu übernehmen. Wenn Mitarbeiter hinsichtlich dieser drei Aspekte hoch eingeschätzt werden, werden sie von ihren Führungskräften zur «in-group» zugehörig gesehen. Von Mitglieder der in-group nimmt man an, dass sie ihre Aufgaben auch über ihre rein formalen Pflichten hinaus erledigen und dass sie Verantwortung übernehmen für die Erledigung von Aufgaben, die besonders wichtig für den Erfolg der eigenen Arbeitsgruppe sind. Als Austausch für diesen höheren Einsatz, erhalten die Mitglieder der in-group mehr Aufmerksamkeit, Unterstützung und Zuwendung von ihrer Führungskraft. Jene Mitarbeiter, die hinsichtlich der drei kritischen Aspekte nicht so hoch eingeschätzt werden, gehören zur «out-group». Die Mitglieder der out-group sind eher zuständig für die Erledigung von Routinetätigkeiten und vergleichsweise einfacheren Tätigkeiten. Dafür haben sie auch nur eine eher formale Beziehung zu ihrer Führungskraft. Mitarbeiter der out-group werden von Führungskräften eher durch formale Autorität geführt, während dies bei den Mitgliedern der in-group nicht erfolgt.

Graen und Scandura (1987) nehmen an, dass sich die Entwicklung der Beziehung in der Führungskraft – Mitarbeiter Dyade in drei Stufen vollzieht. In einer anfänglichen Testphase eruieren Führungskraft und Mitarbeiter wechselseitig ihre Motive, Einstellungen und potentieller Ressourcen für den Austausch. Mögliche Veränderungen in der

Rollendefinition werden durch wechselseitige Verstärkungen erreicht. In der zweiten Stufe werden die Austauschbedingungen definiert, wobei sich wechselseitiges Vertrauen, Loyalität und Respekt entwickeln. Manche dieser Austauschbeziehungen entwickeln sich zu einer noch reiferen, dritten Stufe, bei der sich die ursprünglich auf den Austausch von Eigeninteressen basierende Beziehung wandelt, zu einer wechselseitigen Bindung an die zu erfüllende Zielsetzung und die Aufgabenstellung der Arbeitseinheit. In dieser dritten Stufe entspricht Führung einem Veränderungsprozess (d.i. transformationale Führung), während es in den vorigen Stufen vornehmlich um Austauschprozesse (d.i. transaktionale Führung) geht (Graen & Uhl-Bien, 1995). Auf die hier bereits anklingende Theorie zur transformationalen versus transaktionalen Führung gehen wir weiter unten gesondert ein.

Empirische Studien zeigen, dass die Qualität der Austauschbeziehung um so besser ist, je mehr die Mitarbeiter durch ihre Führungskraft als kompetent und vertrauenswürdig eingeschätzt werden und je ähnlicher die Werte und Einstellungen der Mitarbeiter und Führungskräfte sind. Weiterhin ließ sich feststellen, dass je besser die Qualität der Austauschbeziehung ist, desto mehr zeigen Führungskräfte unterstützende Verhaltensweisen, partizipative Führung und Betreuungsverhalten, und Mitarbeiter zeigen mehr Eigeninitiative, mehr Unterstützung, und weniger Druck-Taktiken gegenüber ihrer Führungskraft. Studien über die Konsequenzen der Qualität von LMX-Beziehungen bestätigen im wesentlichen, dass je besser die Beziehung ist, desto zufriedener sind die Mitarbeiter, desto eher fühlen sie sich ihrer Organisation verbunden und desto höher ist ihre Leistung. Demgegenüber besteht kein Zusammenhang zwischen der Qualität der LMX-Beziehung und dem tatsächlichen Kündigungsverhalten der Mitarbeiter (Gerstner & Day, 1997).

Kritisch gegenüber der LMX-Theorie wurde angemerkt, dass sie lediglich deskriptiv sei und keine Vorhersagen über die Leistungsfähigkeit von Mitarbeitern und Arbeitsgruppen erlaubt (Yukl & Van Fleet, 1990, dagegen, Howell & Hall-Merenda, 1999). Ein weiterer Kritikpunkt betrifft die Unterscheidung zwischen in- und out-group Beziehungen. In früheren Fassungen der Theorie wurde nicht deutlich gemacht, inwiefern die Unterscheidung von in- und out-group Mitgliedern durch eine Führungskraft tatsächlich funktional für die Leistungsfähigkeit von Arbeitsgruppen ist. Yukl und Van Fleet (1990) hatten demgegenüber argumentiert, dass eine deutliche Unterscheidung dieser beiden Gruppen eher dysfunktional für die Leistungsfähigkeit von gesamten Arbeitsgruppen sein müsste und zwar deshalb, weil die out-group Mitarbeiter durch die Zuweisung unterfordernder Aufgaben und mangelnde Zuwendung durch eine Führungskraft demotiviert würden und sich infolgedessen auch nicht mit den Gruppenaufgaben identifizierten. Deshalb hatten sie im Gegensatz dazu theoretisch gefordert, dass effektive Führungskräfte zu allen Mitgliedern eine so gute Beziehung aufbauen können sollten, wie sie sonst nur zu den in-group Mitarbeitern aufgebaut wird.

5.4 Charismatische und Transformationale Führung

Eine Reihe neuerer Theorien beschäftigen sich mit herausragenden Führungskräften, denen besondere, oft als Charisma bezeichnete, Eigenschaften zugeschrieben werden. Dazu zählen etwa der Ansatz zur *transformationalen versus transaktionalen Führung* (Bass, 1998; Bass & Avolio, 1993; Bass & Steyrer, 1995), die *Theorie der charismatischen Führung* (House, 1977), die *Attributionstheorie des Charismas* (Conger & Kanungo, 1987; Conger, 1989) sowie die *Selbskonzept-Theorie charismatischer Führung* (Shamir, House & Arthur, 1993). Diese Theorien lassen sich auch als Prozesstheorien der Führung bezeichnen, denn sie versuchen zu erklären, *wie* Führungskräfte sowohl auf die Emotionen, Motive, Präferenzen und Aspirationen der Geführten Einfluss nehmen als auch auf die Struktur, Kultur und Leistungen ganzer Arbeitsgruppen und Organisationen. Die einzelnen theoretischen Ansätze unterscheiden sich nicht substantiell (die unterschiedlichen Nuancen werden aus Platzgründen hier nicht diskutiert). Ihre Gemeinsamkeiten sind folgende (vgl. House & Podsakoff, 1994):

1. Sie vergleichen Merkmale von *herausragenden* Führungskräften mit denen durchschnittlicher Führungskräfte. Herausragende Führungskräfte können anhand entsprechender Leistungen der Geführten (Mitarbeiter, Gruppen, Organisationen), sowie ihrer Anerkennung und Position, als auch an den von anderen zugesprochenen «herausragenden» Führungsqualitäten identifiziert werden (z. B. durch Fragebogen oder Interviews).
2. Als abhängige Variablen werden vor allem affektive Konsequenzen bei den geführten Mitarbeitern betrachtet (z. B. emotionale Bindung an die Führungskraft, motivationale Anregung, Selbstwertgefühl, Vertrauen etc.). In den meisten der zuvor behandelten Theorien und Modelle waren diese Kriteriumsvariablen kein zentraler Untersuchungsgegenstand. Letztlich geht es den Theorien charismatischer bzw. transformationaler Führung natürlich auch um die Erklärung von Führungserfolg (Führungseinfluss, Führungseffektivität und Führungskarriere).
3. Im Bereich des Verhaltens betonen diese Ansätze symbolisches, visionäres und inspirierendes Führungsverhalten sowie nonverbale Kommunikation.
4. Sie gehen von der Prozessannahme aus, dass herausragende Führungskräfte eine Organisation beeinflussen und verändern, indem sie ihr gesellschaftlich relevante Werte und einen moralischen Zweck verleihen und dadurch eine starke affektive Bindung der Mitarbeiter an ihre Organisation erreichen (Shamir, House & Arthur, 1993).

Charismatische oder transformationale Führungskräfte zeichnen sich durch bestimmte Personenmerkmale und Verhaltensweisen gegenüber eher durchschnittlichen Führungskräften aus, und sie entfalten ihre Wirkungen unter besonderen Bedingungen (z. B. in Krisenzeiten).

Personenmerkmale und Verhaltensweisen: Als einer der ersten Führungsforscher, die sich mit Charisma beschäftigten, postulierte House (1977), dass sich charismatische (bzw. transformationale) Führungskräfte durch ein hohes Machtmotiv, hohe Selbstsicherheit, hohe verbale Fähigkeiten und einer starken Überzeugung von den eigenen Ideen auszeichnen. Denn wenn eine Person nicht über diese Eigenschaften verfügt, so argumentiert House, wird sie weniger wahrscheinlich versuchen andere zu überzeugen oder weniger erfolgreich bei ihren Überzeugungsversuchen sein. In der neueren Literatur (vgl. Bass, 1998; Conger, 1989) finden sich weitere Merkmale charismatischer bzw. transformationaler Führungskräfte.

– Sie überzeugen andere von der eigenen Kompetenz (z. B. Sicherheit zeigen und damit Sicherheit vermitteln, über frühere Erfolge sprechen etc.),
– sprechen ideologische Ziele für die eigene Gruppe aus,
– verknüpfen die Aufgaben ihrer Arbeitseinheit mit Werten und Idealen, die alle teilen können,
– halten durch eigenes Beispiel die Mitarbeiter zur Nachahmung an,
– sprechen hohe Erwartungen über die Leistung der Mitarbeiter aus und zeigen gleichzeitig Zuversicht über deren Leistungsfähigkeit,
– regen durch ihr eigenes Verhalten die Mitarbeiter dazu an, dass ihnen Probleme in der Arbeitstätigkeit bewusst werden und dass sie diese Probleme in einem neuen Licht sehen,
– schlagen ungewöhnliche Wege ein, um ihre Visionen zu erreichen.

Diese Verhaltensweisen tragen dazu bei, dass die geführten Mitarbeiter den Entscheidungen dieser herausragenden Personen vertrauen. Beispielsweise regt das Thematisieren hoher moralischer Werte und Ideale die Mitarbeiter dazu an, ihrer eigenen Arbeitstätigkeit einen neuen Sinn zu geben und eigene Interessen zum Wohl dieser höheren Belange zurückzustellen. Der Ausdruck von Zuversicht vermittelt den Mitarbeitern hohe Selbstwirksamkeitsüberzeugungen hinsichtlich der Erreichung der hohen Ziele und hehren Visionen. Das Einschlagen ungewöhnlicher Wege trägt dazu bei, die geführten Mitarbeiter zu beeindrucken und legt die Attribution auf ein außergewöhnliches Personenmerkmal, nämlich «Charisma», nahe.

Bedingungen: Charismatische bzw. transformationale Führungskräfte können ihre Wirkung unter bestimmten Bedingungen in besonderem Maße entfalten, etwa in für die geführten Mitarbeiter unübersichtlichen und belastenden Situationen oder in Krisensituationen. Weiterhin sollte die Arbeitstätigkeit der Mitarbeiter die Möglichkeit bieten, sie überhaupt in Verbindung zu ideologischen Zielen und Visionen zu setzen. Dies dürfte bei stark repetitiven, einfachen Tätigkeiten mit objektiv nur sehr geringer sozialer Bedeutung eher schwierig sein (vgl. House, 1977).

Zu den verschiedenen Ansätzen liegen eine Reihe unterschiedlicher Studien vor, die Teilaussagen der theoretischen Ansätze bestätigen konnten. Gute empirische Bestätigung erfuhr die Annahme, dass sich charismatische Führungskräfte durch ein hohes Machtmotiv auszeichnen. Dies wurde unter anderem anhand einer fast vollständigen Stichprobe aller Präsidenten in der Geschichte der Vereinigten Staaten belegt (House, Spangler & Woycke, 1991). Je höher das Machtmotiv der Präsidenten ausgeprägt war, desto eher wirkten sie charismatisch auf andere (z. B. hohe moralische Werte und beeindruckende Visionen, sowie Zuversicht über die Leistungsfähigkeit der Geführten zum Ausdruck bringen, Akzeptanz bei Geführten etc.) und desto häufiger waren ihre Handlungen erfolgreich, beispielsweise bei internationalen Verhandlungen oder in der Sozialpolitik. Schließlich zeigte sich auch, dass insbesondere in krisenhaften Zeiten charismatische Präsidenten erfolgreicher waren als Präsidenten mit wenig Charisma oder gleichermassen charismatische Präsidenten in normalen Zeiten. Diese Zusammenhänge waren über verschiedene Epochen der amerikanischen Zeitgeschichte, in denen die jeweiligen Präsidenten amtierten, stabil.

Lowe, Kroeck und Sivasubramaniam (1996) berichten in ihrer Meta-Analyse von 39 Studien, in denen charismatische bzw. transformationale Führungsverhaltensweisen mit dem Multifactor Leadership Questionaire (MLQ; Bass, 1998) erhoben wurden. Als abhängige Variable wurden entweder Selbstbeurteilungen der Mitarbeiter über ihr Leistungsverhalten oder objektivere Maße herangezogen. Insgesamt zeigte sich, dass transformationales Führungsverhalten, dessen Merkmale im wesentlichen denen für charismatische Führungskräfte entsprechen, deutlicher und stärker mit der Führungseffektivität korrelierte, als Verhaltensweisen transaktionaler Führung. Transaktionale Führung beinhaltet konventionelle Führungsverhaltensweisen, die in reinen Austauschbeziehungen zu finden sind und wenig mit emotionaler Bindung zu tun haben, z. B. das Einsetzen von Anreizen und kontingenter Belohnung zur Motivation der Mitarbeiter oder lediglich korrektive (nicht unterstützende) Handlungen gegenüber Mitarbeitern als Reaktion auf offensichtliche Abweichungen von Leistungsstandards.

In einem Feldexperiment wurde überprüft, ob die gezielte Vermittlung transformationaler bzw. charismatischer Führungsverhaltensweisen zu einer Leistungssteigerung in der Abteilung der jeweiligen Führungskräfte führt (Barling, Weber & Kelloway, 1996). Eine Experimentalgruppe erhielt dort ein Training, um zwei Aspekte der transformationalen Führung (geistige Anregung, engl. *inspiration*, und individuelle Bedachtnahme, engl. *individual consideration*) effektiver einzusetzen. Es zeigte sich, dass die Mitarbeiter der trainierten Führungskräfte einige Zeit später eine höhere organisationale Bindung aufwiesen und bessere Verkaufszahlen erzielten als jene Mitarbeiter, deren Führungskräfte nicht an dem Training teilgenommen hatten.

In zwei Laborstudien wurden die Auswirkungen transformationalen bzw. charismatischen Führungsverhaltens auf die Leistung und Zufriedenheit der geführten Personen untersucht (Howell & Frost, 1989; Kirkpatrick & Locke, 1996). In beiden Studien stellten Schauspieler Führungskräfte mit unterschiedlichem Führungsverhalten dar. Howell und Frost konnten zeigen, dass charismatisches bzw. transformationales Führungsverhalten zu höherer Zufriedenheit und Leistung bei den geführten Mitarbeitern führt im Vergleich zu den Auswirkungen bei Mitarbeitern von direktiven oder mitarbeiterorientierten Führungskräften. Die Studie von Kirkpatrick und Locke (1996) zeigt außerdem, dass die Darstellung einer Vision oder eine besonders klare und präzise Aufgabenstellung zu einer Verbesserung der Qualität bei den Arbeitsergebnissen führt, wobei eine quantitative Leistungssteigerung nur bei der klaren und präzisen Aufgabenstellung erreicht wurde (vgl. dazu auch die «goal setting Theorie» von Locke & Latham, 1990, sowie den Beitrag von Oettingen, in diesen Bänden).

Schließlich widmeten sich einige Untersuchungen auch der «dunklen» Seite charismatischer Führung. Charisma ist problematisch, wenn es dazu eingesetzt wird, um eine Gefolgschaft für engstirnige Ideologien zu gewinnen oder um eine Steigerung des eigenen Selbstwertgefühls zu erreichen (narzistische Führung). Derartige «negative» Charismatiker unterscheiden sich von den «positiven» Charismatikern unter anderem auch dadurch, dass sie mutmaßlich glorreiche Projekte mit oftmals unrealistischen Erfolgschancen in Angriff nehmen, weniger Einsatz bei der konkreten Umsetzung ihrer Visionen erkennen lassen, aus Fehlern mit geringerer Wahrscheinlichkeit lernen als «positive Charismatiker» und es in der Regel unterlassen, für kompetente Nachfolger zu sorgen (zusammenfassend, Conger, 1989).

Die Befunde der Studien über herausragende Führungskräfte und charismatische bzw. transformationale Führung sind insgesamt vielversprechend. Ausprägung und Stärke der gefundenen Zusammenhänge stehen im wesentlichen im Einklang mit den theoretischen Postulaten. Von praktischer Bedeutung sind vor allem die in den Theorien angelegten Möglichkeiten durch Personalauswahl, durch Training und durch eine Verbesserung der Passung zwischen Situation und Qualität des Führungsprozesses die Wahrscheinlichkeit erfolgreicher Führung zu erhöhen. Alle der genannten Theorien charismatischer bzw. transformationaler Führung greifen wesentliche Kritikpunkte an den klassischen personalisitischen und verhaltensorientierten Ansätzen auf. Sie konzeptualisieren charismatische bzw. transformationale Führung als einen Prozess, der durch teils dispositionale und teils erlernbare Verhaltensweisen der Person auf der einen Seite und durch besondere Bedingungen der Situation auf der anderen Seite beeinflusst wird. Darüber hinaus ist die Breite der forschungsmethodischen Ansätze in dieser Tradition der Führungsforschung einzigartig. Man findet neben den klassischen Fragebogenstudien mit subjektiven Erfolgsmassen im Feld vor allem auch teilweise sehr aufwendige Längsschnittuntersuchungen, Quasi-Experimente, Laborexperimente und Feldstudien mit objektiven Leistungsindikatoren.

Einige Herausforderungen für die zukünftige Forschung sind natürlich auch in dieser Forschungsrichtung auszumachen. Obwohl der MLQ zur Erhebung transformationalen Führungsverhaltens kontinuierlich weiterentwickelt wurde, weist er eine Reihe von Schwächen auf. So sind beispielsweise die Skalen zur transformationalen Führung sehr hoch untereinander korreliert, was es bislang kaum erlaubte, differentielle Befunde für die einzelnen Verhaltenskomponenten in Feldstudien zu ermitteln (u. a. deshalb sind wir im Text auf die einzelnen Skalen des MLQ nicht näher eingegangen). Weiterhin trifft auch der bereits erwähnte Kritikpunkt an der LPC-Theorie von Fiedler auf Theorien über «herausragende» Führungskräfte zu. Diese beziehen sich lediglich auf einen kleinen Teil von «extrem» sichtbaren und erfolgreichen Führungskräften. Ob sie auch jene Varianz aufklären können die im unteren bis mittleren Spektrum des mehr oder weniger transformationalen Führungsgeschehens zu finden ist, steht noch aus.

An diesen kritischen Punkten anknüpfend bleibt noch zu sagen, dass die Prozesstheorien charismatischer bzw. transformationaler Führung, gemessen an der Gesamtheit der Person- und Situationsmerkmale, wie wir sie aus den zuvor dargestellten Ansätzen her kennen, nur einen kleinen Ausschnitt aller potentiell relevanten Variablen berücksichtigen (gewisse Einschränkungen der Variablenanzahl sind natürlich sachnotwendig, um detaillierte und methodisch anspruchsvolle Theorienüberprüfungen durchzuführen). Es bleibt also noch viel Raum für weiterführende Forschung.

6 Zusammenfassung und Diskussion

In diesem Kapitel wurde die Entwicklung der wissenschaftlichen Führungsforschung des vergangenen Jahrhunderts anhand von vier theoretischen Hauptströmungen nachgezeichnet. Die zeitlich früheste und inzwischen revitalisierte Hauptströmung konzentriert sich auf stabile Persönlichkeitsmerkmale zur Vorhersage von Führungserfolg über viele verschiedene Situationen hinweg. Ihre Grundannahmen und Forschungsergebnisse werden in der Praxis als Rechtfertigung für die Verwendung von Persönlichkeitstests bei der Bestimmung individueller Führungspotentiale, sowie zur Personalauslese und -entwicklung herangezogen. Die zweite Hauptströmung in der Führungsforschung beschäftigt sich mit Führungsstilen, die vergleichbar den Persönlichkeitsmerkmalen als zeitlich stabile und situationsübergreifend wirksame Verhaltensweisen konzeptualisiert werden. Sie mündete in Testinstrumenten zur Personalauslese und -beurteilung, die Fremdwahrnehmungen über verschiedene Dimensionen des Führungsverhaltens messen (z. B. Consideration, Initiating Structure).

Sowohl aus forschungsmethodischer als auch aus theoretischer Sicht sind Untersuchungen aus beiden Hauptströmungen vielfach kritisiert worden. Ein Großteil der eingesetzten Untersuchungsstrategien (i.d.R. korrelative Querschnittstudien) eignen sich nicht zur einwandfreien Überprüfung der theoretischen Kausalannahmen. Außerdem überschätzen sie die Effektstärke von dispositionalen Faktoren (Persönlichkeit und Verhaltensstil) als kausale Deteminanten des Führungserfolgs, weil rückwirkende Effekte in Querschnittstudien prinzipiell nicht und nahe liegende Drittvariablen nur selten berücksichtigt werden. Eine maßgebliche Theoriekritik wurde von Vertretern der Kontingenztheorien, welche der dritten Hauptströmung in der Führungsforschung zuzurechnen sind, vorgetragen. Kontingenztheorien beschäftigen sich damit, wie bestimmte Situationsmerkmale Zusammenhänge zwischen Personmerkmalen und Verhaltensweisen auf der einen mit Führungserfolg auf der anderen Seite beeinflussen. Verschiedene Kontingenztheorien machen einheitlich eine zentrale Aussage: Durch eine wechselseitige Anpassung von Führungsverhalten und Situationsparametern lässt sich der Führungserfolg systematisch verbessern. Fiedler, der mit seiner Kontingenztheorie Pionierarbeit leistete, postulierte noch die Stabilität des Führungsverhaltens und gab dementsprechend die praktische Empfehlung, entweder Merkmale der Situation zu verändern, sodass sie dem Führungsstil des Vorgesetzten entgegenkommen, oder Führungskräfte auszuwählen, deren Führungsstil situationsangemessen ist. Andere Kontingenztheorien (z. B. Vroom & Yettons Entscheidungsmodell, path-goal-Theorie von House) verweisen auf die Veränderbarkeit und Trainierbarkeit von Führungsverhaltensweisen, was letztlich in der Forderung an Führungskräfte (bzw. an entsprechende Ausbildungs- und Trainingsmaßnahmen) mündet, Führungskompetenz so aufzubauen, dass Fähigkeiten und Fertigkeiten flexibel an verschiedene und veränderliche Situationen angepasst werden können. Dabei geht es in den meisten Fällen weniger um Grobanpassung, als um die berühmte Feinanpassung des «etwas mehr» oder «etwas weniger». Erwähnt werden sollten an dieser Stelle auch jene rein verhaltensorientierten Ansätze, die ebenfalls von der Veränderbarkeit bzw. Erlernbarkeit konkreter Verhaltensweisen (den Führungsfertigkeiten) ausgehen. Durch empirisch gestützte Klassifikationen führungsrelevanter Fertigkeiten können auch sie einen wesentlichen Beitrag zur Verbesserung der Ausbildung und des Coaching von Führungskräften leisten.

Die inhaltlichen und methodischen Unzulänglichkeiten der drei Hauptströmungen in der Führungsforschung verdeutlichen, wie schwierig es ist, *eindeutige* kausale Zusammenhänge zwischen Faktoren der Person, des Verhaltens und der Situation mit Führungserfolg nachzuweisen. Geht man von einem ganzheitlichen oder systemischen Ansatz aus, in dem multiple Wechselwirkungen eine zentrale Rolle spielen, wird es nur ganz selten einen einzigen Faktor geben, dem stets eine zentrale Hebelwirkung zukommt. Als vierte Hauptströmung der Führungsforschung (unter dem Sammelbegriff Macht-/Einflussansätze) wurden deshalb Theorien beschrieben, die sich aus prozesstheoretischer Perspektive mit wechselseitigen Anpassungsprozessen zwischen Person-, Verhaltens- und Situationsvariablen befassen. Ohne erneut auf einzelne Ansätze hier im Detail einzugehen sei angemerkt, dass die Macht-/Einflussansätze für eine sozialpsychologisch ausgerichtete Führungsforschung aus drei Gründen besonders interessant sind: Erstens betrachten sie Führung als Prozess der wechselseitigen sozialen Einflussnahme zwischen Führenden und Geführten. Zweitens beziehen sie Merkmale des Verhaltens, der Person und der (sozialen) Umwelt gleichzeitig in ihre theoretischen Modelle ein, was in der eingangs beschriebenen sozialpsychologischen Definition von Führung angelegt ist und schon in Lewins Formel, $V = f(P,U)$, einen prägnanten Ausdruck fand. Und drittens zeichnen sie sich in ihrer Gesamtheit durch eine in den ersten drei Hauptströmungen kaum zu findende Orientierung an sozialpsychologischer Grundlagen- und Anwendungsforschung aus, sowie durch eine Methodenvielfalt beim Testen ihrer theoretischen Annahmen und praktischen Vorhersagen, die Ihresgleichen sucht.

Insgesamt gesehen sind in der Führungsforschung große Entwicklungsfortschritte zu verzeichnen, vor allem in der Theorieentwicklung, die sich auf Grundlagen- und Anwendungsforschung stützt. Weniger deutlich auszumachen sind Fortschritte in der Anwendung von Forschungsergebnissen in der Praxis. Insbesondere konnte bisher offensichtlich nicht überzeugend genug demonstriert werden, wie praktisch relevant das inzwischen erreichte hohe theoretische und methodische Niveau der Führungsforschung in jenen kommerziellen Bereichen ist, in denen Führungspraktiken zum Einsatz kommen oder professionell gelehrt werden.

Die Akzeptanz von Erkenntnissen aus der wissenschaftlichen Führungsforschung ist sowohl in Wirtschaftskreisen als auch in betriebswirtschaftlichen Bildungseinrichtungen eher gering – zumindest im deutschsprachigen Raum. Interessanterweise gilt dies für anglo-amerikanische Bildungsinstitutionen (vornehmlich die Business

Schools) nicht in gleichem Maße. Dort gehören Erkenntnisse aus der wissenschaftlichen Führungsforschung zum Standardrepertoire (u. a. auch als Teil von Kursen über Organisational Behavior und Human Resource Management), das sowohl für eine nationale als auch für eine internationale Anerkennung kommerzieller MBA (Master of Business Administration) und MSc (Master of Science) Programme vorgeschrieben ist.

7 Ausblick

Die wissenschaftliche Führungsforschung verfügt inzwischen über eine Reihe fundierter und objektivierbarer Theorien sowie über systematische Evaluationsmethoden mit denen sich eindeutig zeigen lässt, unter welchen Bedingungen und in welchem Ausmaß ihre Empfehlungen mit welchem Kriterium erfolgreicher Führung einhergehen und *warum* dies der Fall ist. Derartig kraftvolle Instrumente der Erkenntnisgewinnung, die in jeder Wissenschaft hoch angesehenen sind, scheinen jedoch in der Führungspraxis und in der Aus- und Weiterbildung von Führungskräften nicht sehr viel zu gelten. Viele Erkenntnisse aus der Führungsforschung werden in der Praxis als «zu akademisch» oder «praxisfern» abgetan. Einen solchen Ruf kann sich eine letztlich anwendungsorientierte Wissenschaft nicht leisten. Wir denken, dass die Erkenntnisse der Führungsforschung besser an den Mann bzw. an die Frau gebracht werden können als dies bisher der Fall ist.

Kurt Lewin sagte einmal in einem Vortrag, den er als Präsident der Society for the Psychological Study of Social Issues im September 1942 in Washington hielt, «Wir sollten uns des Wertes der Theorie bewusst sein. Ein Geschäftsmann hat einmal festgestellt ‹es sei nichts so praktisch wie eine gute Theorie›.» (Graumann, 1982, S. 217). Theorien sind Wahrnehmungs-, Denk- und Interpretationswerkzeuge, die insbesondere auch im alltäglichen Handeln von hohem Wert sind, sofern man weiß, unter welchen Bedingungen und mit welchem Vorhersagekriterium man sie anwenden kann, wie man sie spezifischen Bedingungen anpasst und gegebenenfalls durch systematisches Überprüfen weiterentwickelt. Ein für den Alltag tauglicher Umgang mit psychologischen Theorien wird jedoch in der Regel nicht vermittelt, wenn Führungstheorien der Öffentlichkeit dargeboten werden. Psychologie als Wissenschaft in der Öffentlichkeit verständlich darzustellen und psychologisches Wissen und die Gebrauchsanleitung zum verantwortlichen Umgang damit weiterzugeben, das sollte in unserer Disziplin deutlicher auf der Tagesordnung stehen.

Was können wir tun? Zum Beispiel können wir populäre «Management by ….» Prinzipien oder «Irrefutable Laws of Leadership» und was sonst noch in der Managementliteratur feilgeboten wird, wissenschaftlich herausfordern, d. h. die vorgetragenen Prinzipien, Gesetze und Behauptungen theoretisch analysieren und empirisch testen und dies den Studierenden und Trainingsteilnehmern an Führungsseminaren auch vermitteln. Populäre Behauptungen könnten sich dadurch als Binsenweisheiten erweisen, womit Führenden und Geführten Irrwege erspart blieben. An manchen populären

Behauptungen könnte aber auch wirklich etwas dran sein, was in der wissenschaftlichen Führungsforschung bisher noch nicht thematisiert wurde.

Eine weitere Möglichkeit besteht darin, sich verstärkt den drängenden Themen in der gegenwärtigen Praxis zuzuwenden und zu zeigen, welcher Nutzen aus soliden Führungstheorien und empirischen Studien gezogen werden kann. Themen wie *Diversität* (in Bezug auf Geschlecht, ethnische Herkunft oder Expertise) und *Internationalisierung* in der Arbeitswelt, in Arbeitsgruppen (multinationale Teams) und Organisationen (global players), Führung in *Veränderungsprozessen* (bei Unternehmenszusammenschlüssen, für lernende Organisationen) und virtuelle Arbeitswelten (Telearbeit, virtuelle Teams) dürften sich zur Zeit hierfür eignen.

Schließlich kann man auch durch Weiterentwicklung der bisherigen Ansätze in der Führungsforschung praktisch nützliche Erkenntnisse generieren. Ungeklärt ist beispielsweise wie Führung die Persönlichkeit verändert. Ungeklärt ist, wieso Führende oft den Kontakt zur Basis verlieren und sich damit so etwas wie Führungsarroganz entwickelt. Gleiches gilt andererseits für Unterwürfigkeit von Mitarbeitern gegenüber Führung. Ungeklärt ist aber auch letztlich der konkrete Nachweis, ob Führung mit Menschenwürde («tough on the issue, soft on the person») tatsächlich langfristig zu höherem Führungserfolg führt als eine Philosophie die geprägt ist von «tough on the person».

Literatur

Barling, J., Weber, T. & Kelloway, E. K. (1996). Effects of transformational leadership training on attitudinal and financial outcomes: A field experiment. *Journal of Applied Psychology, 81*, 827–832.

Bass, B. M. (1990). *Bass and Stogdill's handbook of leadership: Theory, research, and managerial applications* (3. Aufl.). New York: Free Press.

Bass, B. M. (1998). *Transformational leadership*. Mahwah, NJ: Erlbaum.

Bass, B. M. & Avolio, B. J. (1993). Transformational leadership: A response to critique. In: M. M. Chemers & R. Ayman (Hrsg.), *Leadership theory and research* (S. 49–80). San Diego: Academic Press.

Bass, B. M. & Steyrer. (1995). Transaktionale und transformationale Führung. In: A. Kieser, G. Reber & R. Wunderer (Hrsg.), *Enzyklopädie der Betriebswirtschaftslehre: Bd. 10. Handwörterbuch der Führung* (S. 2053–2062). Stuttgart: Schäffer-Poeschel.

Blake, R. R. & Mouton, J. S. (1964). *The managerial grid*. Houston: Gulf Publishing.

Brodbeck, F. C. (1997). Practical compatibility of leader direction and employee participation. *Applied Psychology: An International Review, 46*, 416–419.

Brodbeck, F. C., Frese, M., Ackerblom, S., Audia, G., Bakacsi, G., et al. (2000). Cultural variation of leadership prototypes across 22 European countries. *Journal of Occupational and Organizational Psychology, 73*, 1–29.

Brodbeck, F. C., Frese, M. & Javidan, M. (2002). Leadership made in Germany: Low on compassion, high on performance. *Academy of Management Executive, 16 (1)*, 16–29.

Brunstein, J. C., Maier, G. W. & Schultheiß, O. C. (1999). Motivation und Persönlichkeit: Von der Analyse von Teilsystemen zur Analyse ihrer Interaktion. In: M. Jerusalem & R. Pekrun (Hrsg.), *Emotion, Motivation und Leistung* (S. 147–167). Göttingen: Hogrefe.

Chusmir, L. H. & Azevedo. (1992). Motivation needs of sampled fortune-500 ceos: Relations to organization outcomes. *Perceptual and Motor Skills, 75*, 595–612.

Conger, J. A. (1989). *The charismatic leader: Behind the mystique of exceptional leadership.* San Francisco: Jossey-Bass.

Conger, J. A. & Kanungo, R. N. (1987). Toward a behavioral theory of charismatic leadership in organizational settings. *Academy of Management Review, 12*, 637–647.

Cook, T. D., Campbell, D. T. & Peracchio, L. (1990). Quasi experimentation. In: M. D. Dunnette & L. M. Hough (Hrsg.), *Handbook of industrial and organizational psychology* (2. Aufl., Bd. 1, S. 491–576). Palo Alto, CA: Consulting Psychologists Press.

Cummin, P. C. (1967). TAT correlates of executive performance. *Journal of Applied Psychology, 51*, 78–81.

Dansereau, F. Jr., Graen, G. & Haga, W. J. (1975). A vertical dyad linkage approach to leadership within formal organizations : A longitudinal investigation of the role making process. *Organizational Behavior and Human Performance, 13*, 46–78.

Dorfman, P. W., Hanges, P. J. & Brodbeck, F. C. (im Druck). Leadership prototypes and cultural variation: The identification of culturally endorsed implicit theories of leadership. In: R. J. House, P. J. Hanges, M. Javidan, P. W. Dorfman und GLOBE Associates (Hrsg.). *Culture, leadership and organisations: Project GLOBE – A 62 Nations Study.* Beverly Hills, CA: Sage.

Eagly, A. H., Makhijani, M. G., & Klonsky, B. G. (1992). Gender and the evaluation of leaders. *Psychological Bulletin, 111*, 3–22.

Eden, D. & Leviathan, M. (1975). Implicit leadership theory as a determinant of the factor structure underlying supervisory behavior scales. *Journal of Applied Psychology, 60*, 736–741.

Evans, M. G. (1970). The effects of supervisory behavior on the path-goal relationship. *Organizational Behavior and Human Performance, 5*, 277–298.

Evans, M. G. (1979). Leadership. In: S. Kerr (Hrsg), *Organizational Behavior* (S. 207–239). Columbus: Grid.

Fiedler, F. E. (1967). *A theory of leadership effectiveness.* New York: McGraw-Hill.

Fiedler, F. E. & Mai-Dalton, R. (1995). Führungstheorien – Kontingenztheorie. In: A. Kieser, G. Reber & R. Wunderer (Hrsg.), *Enzyklopädie der Betriebswirtschaftslehre: Bd. 10. Handwörterbuch der Führung* (S. 940–953). Stuttgart: Schäffer-Poeschel.

Field, R. H. G. (1982). A test of the Vroom-Yetton normative model of leadership. *Journal of Applied Psychology, 67*, 523–532.

Fisher, B. M. & Edwards, J. E. (1988). Consideration and initiating structure and their relationships with leader effectiveness: A meta-analysis. *Proceedings of the Academy of Management,* August, 201–205.

Fleishman, E. A. & Harris, E. F. (1962). Patterns of leadership behavior related to employee grievances and turnover. *Personnel Psychology, 15*, 43–56.

French, J. R. P. & Raven, B. (1959). *The bases of social power.* In: D. Cartwright (Hrsg.), Studies in social power (S. 150–167). Ann Arbor, MI: University of Michigan.

French, J., Raven, B. H. (1960). The bases of social power. In: D. Cartwright, A. F. Zander (Hrsg.), *Group Dynamics (S. 259–269).* Evanston, IL: Row & Peterson.

Frey, D. (1996 a). Notwendige Bedingungen für dauerhafte Spitzenleistungen in der Wirtschaft und im Sport: Parallelen zwischen Mannschaftssport und kommerziellen Unternehmen. In: A. Conzelmann, H. Gabler & W. Schlicht (Hrsg.), *Soziale Interaktionen und Gruppen im Sport* (S. 3–28). Köln: bps-Verlag.

Frey, D. (1996 b). Psychologisches Know-how für eine Gesellschaft im Umbruch – Spitzenunternehmen der Wirtschaft als Vorbild. In: C. Honegger, J. M. Gabriel, R. Hirsig, J. Pfaff-Czarnecka & E. Poglia (Hrsg.), *Gesellschaften im Umbau. Identitäten, Konflikte, Differenzen* (S. 75–98). Zürich: Seismo.

Frey, D. (1998). Center of Excellence – ein Weg zu Spitzenleistungen. In: P. Weber (Hrsg.), *Leis-*

tungsorientiertes Management: Leistungen steigern statt Kosten senken (S. 199–233). Frankfurt: Campus.

Frey, D. & Schulz-Hardt, S. (2000). Zentrale Führungsprinzipien und Center-of-Excellence-Kulturen als notwendige Bedingung für ein funktionierendes Ideenmanagement. In: D. Frey & S. Schulz-Hardt. (Hrsg.), *Vom Vorschlagswesen zum Ideenmanagement* (S. 15–46). Göttingen: Verlag für Angewandte Psychologie.

Gerstner, C. R. & Day, D. V. (1997). Meta-analytic review of leader-member exchange theory: Correlates and construct issues. *Journal of Applied Psychology, 82*, 827–844.

Graen, G. B. & Scandura, T. A. (1987). Toward a psychology of dyadic organizing. *Research in Organizational Behavior, 9*, 175–208.

Graen, G. B. & Uhl-Bien, M. (1995). Führungstheorien, von Dyaden zu Teams. In: A. Kieser, G. Reber & R. Wunderer (Hrsg.), *Enzyklopädie der Betriebswirtschaftslehre: Bd. 10. Handwörterbuch der Führung* (S. 1045–1058). Stuttgart: Schäffer-Poeschel.

Graumann, C. F. (1982). Kurt Lewin: Werkausgabe (Bd. 4: Feldtheorie). Bern: Huber, Stuttgart: Klett-Cotta.

Greene, C. N. (1975). The reciprocal nature of influence between leader and subordinate. *Journal of Applied Psychology, 60*, 187–193.

House, R. J. (1971). A path goal theory of leader effectiveness. *Administrative Science Quaterly, 16*, 321–328.

House, R. J. (1977). A 1976 theory of charismatic leadership. In: J. G. Hunt & L. L. Larson (Hrsg.), *Leadership: The cutting edge.* Carbondale: Southern Illinois University Press.

House, R. J. (1996). Path-goal theory of leadership: Lessons, legacy, and a reformulated theory. *Leadership Quarterly, 7*, 323–352.

House, R. J. & Aditya, R. N. (1997). The social scientific study of leadership: Quo vadis? *Journal of Management, 23*, 409–473.

House, R. J. & Baetz, M. L. (1979). Leadership: Some empirical generalizations and new research directions. In: B. M. Staw (Hrsg.), *Research in Organizational Behavior, 1*, 341 – 423.

House, R. J., Hanges, P. J., Javidan, M., Dorfman, P. W., & GLOBE Associates (im Druck). *Cultures, leadership, and Organizations: A 62 Nation GLOBE Study.* Thousand Oaks, CA: Saga.

House, R. J., Hanges, P., Ruiz-Quintanilla, S. A., Dorfman, P. W., Javidan, M., Brodbeck, F. C. et al. (1999). Cultural influences on leadership and organizations: Project GLOBE. In: W. Mobley, M. J. Gessner, V. Arnold (Hrsg.), *Advances in Global Leadership* (Bd. 1, S. 171–234). Stamford, CN: Jai Press.

House, R. J., & Mitchell, T. R. (1974). Path-goal theory of leadership. *Contemporary Business, 3 (Fall), 81–98.*

House, R. J. & Podsakoff, P. M. (1994). Leadership effectiveness: Past perspectives and future directions for research. In: J. Greenberg (Hrsg.), *Organizational behavior: The state of the science* (S. 45–82). Hillsdale: Erlbaum.

House, R. J., Shane, S. A. & Herold, D. M. (1996). Rumours of the death of dispositional research are vastly exaggerated. *Academy of Management Review, 21*, 203–224.

House, R. J., Spangler, W. D. & Woycke, J. (1991). Personality and charisma in the U.S. Presidency: A psychological theory of leader effectiveness. *Administrative Science Quarterly, 36*, 364–396.

House, R. J., Wright, N. S., Aditya, R. N. (1997). Cross-cultural research on organizational leadership: A critical analysis and a proposed theory. In: P. C. Earley, M. Erez (eds.), *New Perspectives on International Industrial/Organizational Psychology* (S. 435–625). San Francisco: New Lexington Press.

Howell, J. M. & Frost, P. J. (1989). A laboratory study of charismatic leadership. *Organizational Behavior and Human Decision Processes, 43*, 243–269.

Howell, J. M. & Hall-Merenda, K. E. (1999). The ties that bind: The impact of leader-member-exchange, transformational and transactional leadership, and Distance on predicting follower performance. *Journal of Applied Psychology, 84*, 680–694.

Jacobs, R. L. & McClelland, D. C. (1994). Moving up the corporate ladder: A longitudinal study of the leadership motive pattern and managerial success in women and men. *Consulting Psychology Journal, 46,* 32–41.

Jago, A. G. (1995). Führungstheorien – Vroom/Yetton-Modell. In: A. Kieser, G. Reber & R. Wunderer (Hrsg.), *Enzyklopädie der Betriebswirtschaftslehre: Bd. 10. Handwörterbuch der Führung* (S. 1058–1075). Stuttgart: Schäffer-Poeschel.

Kerr, S. & Jermier, J. M. (1978). Substitutes for leadership: Their meaning and measurement. *Organizational Behavior and Human Performance, 22,* 375–403.

Kerr, S. & Mathews, C. S. (1995). Führungstheorien – Theorie der Führungssubstitution. In: A. Kieser, G. Reber & R. Wunderer (Hrsg.), *Handwörterbuch der Führung* (S. 1022–1034). Stuttgart: Schäffer-Poeschel.

Kirkpatrick, S. A., & Locke, E. A. (1996). Direct and indirect effects of three core charismatic leadership components on performance and attitudes. *Journal of Applied Psychology, 81,* 36–51.

Kleinmann, M. (1991). Reaktivität von Assessment Centern. In: H. Schuler & U. Funke (Hrsg.), *Eignungsdiagnostik in Forschung und Praxis* (S. 159–162). Stuttgart: Poeschel.

Kleinmann, M. & Frey, D. (1995). Social Information Processing Theory. In: A. Kieser, G. Reber & R. Wunderer (Hrsg.), *Handwörterbuch der Führung* (2. Auflage, S. 1927–1935). Stuttgart: Poeschel.

Korman, A. K. (1968). The prediction of managerial performance: A review. *Personell Psychology, 21,* 259–322.

Latham, G. P., Erez, M. & Locke, E. A. (1988). Resolving scientific disputes by the joint design of crucial experiments by the antagonists: Application to the Erez-Latham dispute regarding participation in goal setting. *Journal of Applied Psychology, 73,* 753–772.

Lewin, K, Lippitt, R. & White, R. K. (1939). Patterns of aggressive behavior in experimentally created social climates. *Journal of Social Psychology, 10,* 271–299.

Locke, E. A., Latham, G. P. (1990). *A Theory of Goal Setting and Task Performance.* Englewood Cliffs, NJ: Prentice Hall.

Lord, R. G., DeVader, C. L. & Alliger, G. M. (1986). A meta-analysis of the relation between personality traits and leadership: An application of validity generalization procedures. *Journal of Applied Psychology, 71,* 402–410.

Lord, R. G. & Maher, K. J. (1990). Alternative information-processing models and their implications for theory, research, and practice. *Academy of Management Review, 15,* 9–28.

Lord, R. G. & Maher, K. J. (1990). Perceptions of leadership and their implications in organizations. In: J. S. Carroll (Hrsg.), *Applied Social Psychology and Organizational Settings* (S. 129–154). Hillsdale: Erlbaum.

Lord, R. G. & Maher, K. J. (1991). *Leadership and Information Processing: Linking Perceptions and Performance.* Boston: Unwin-Hyman.

Lord, R. G. & Maher, K. J. (1991). *Leadership and information processing.* London: Routledge.

Lowe, K. B., Kroeck, K. G. & Sivasubramaniam, N. (1996). Effectiveness correlates of transformational and transactional leadership: A meta-analytic review of the MLQ literature. *Leadership Quarterly, 7,* 385–425.

Mann, R. D. (1959). A review of the relationships between personality and performance in small groups. *Psychological Bulletin, 56,* 241–270.

McClelland, D. C. (1965). N achievement and entrepreneurship: A longitudinal study. *Journal of Personality and Social Psychology, 1,* 389–392.

McClelland, D. C. (1975). *Power: The inner experience.* New York: Irvington.

McClelland, D. C. (1980). Motive dispositions: The merits of operant and respondent measures. In: C. Wheeler (Hrsg.), *Review of personality and social psychology* (Bd. 1). Beverly Hills, CA: Sage.

McClelland, D. C. (1985). *Human motivation.* Glenview, IL: Scott, Foresman.

McClelland, D. C. & Boyatzis, R. E. (1982). Leadership motive pattern and long-term success in management. *Journal of Applied Psychology, 67,* 737–743.

McClelland, D. C. & Burnham, D. H. (1976). Power is the great motivator. *Harvard Business Review*, March-April, 100–110.

McClelland, D. C. & Winter, D. G. (1969). *Motivating economic achievement.* New York: Free Press.

Meyer, H. H., Walker, W. B. & Litwin, G. H. (1961). Motive patterns and risk preferences associated with entrepreneurship. *Journal of Abnormal and Social Psychology, 63,* 570–574.

Misumi, J. (1985). *The behavioral science of leadership: An interdisciplinary Japanese research program.* Ann Arbor: University of Michigan Press.

Misumi, J. & Peterson, M. (1985). The performance-maintenance (PM) theory of leadership: Review of a Japanese research program. *Administrative Science Quarterly,* 30, 198–223.

Morrison, A. M., White, R. P. & Van Velsor, E. (1987). Executive women: Substance plus style. *Psychology Today, 21,* 18–26.

Nachreiner, F. (1978). *Die Messung des Führungsverhaltens.* Bern: Huber.

Peters, L. H., Hartke, D. D. & Pohlmann, J. T. (1985). Fiedler's contingency theory of leadership: An application of the meta-analysis procedures of Schmidt and Hunter. *Psychological Bulletin, 97,* 274–285.

Podsakoff, P. M., MacKenzie, S. B. & Bommer, W. H. (1996). Meta-analysis of the relationship between Kerr and Jermier's substitutes for leadership and employee job attitudes, role perceptions and performance. *Journal of Applied Psychology, 81,* 380–399.

Ray, J. J. & Singh, S. (1980). Effects of individual differences on productivity among farmers in india. *The Journal of Social Psychology, 112,* 11–17.

Rosenstiel, L. v., Molt, W., & Rüttinger, B. (1988). Organisationspsychologie (7. Auflage). Stuttgart: Kohlhammer.

Rice, R. W. (1978). Construct validity of the least preferred coworker score. *Psychological Bulletin, 85,* 1199–1237.

Rush, M. C., Thomas, J. C., & Lord, R. G. (1977). Implicit leadership theory: A potential threat to the internal validity of leader behavior questionnaires. *Organizational Behavior and Human Performance, 20,* 93–110.

Sagie, A. (1997). Leader direction and employee participation in decision making: Contradictory or compatible practices? *Applied Psychology: An International Review, 46,* 387–452.

Schallberger, U. & Pfister, R. (2001). Flow-Erleben in Arbeit und Freizeit: Eine Untersuchung zum «Paradox der Arbeit» mit der Experience Sampling Method (ESM). *Zeitschrift für Arbeits- und Organisationspsychologie, 45,* 176–187

Shaw, J. B. (1990). A cognitive categorization model for the study of intercultural management. *Academy of Management Review, 15,* 626–645.

Schriesheim, C. A. & Kerr, S. (1977). Theories and measures of leadership: A critical appraisal. In: J. C. Hunt and L. L. Larson (Hrsg.), *Leadership: The cutting edge.* Carbondale, IL: Southern Illinois University Press.

Schriesheim, C. A., Kinicki, A. J. & Schriesheim, J. F. (1979). The effect of leniency on leader behavior descriptions. *Organizational Behavior and Human Performance, 23,* 1–29.

Shamir, B., House, R. J. & Arthur, M. B. (1993). The motivational effects of charismatic leadership: A self-concept based theory. *Organization Science, 4,* 577–594.

Shipper, F. (1991). Mastery and frequency of managerial behaviors relative to subunit effectiveness. *Human Relations, 44,* 371–388.

Singh, N. P. (1970). Among agricultural and business entrepreneurs of Delphi. *The Journal of Social Psychology, 81,* 145–149.

Singh, S. & Gupta, B. S. (1977). Motives and agricultural growth. *British Journal of Social and Clinical Psychology, 16,* 189–190.

Smith, P. M. (1995). Leadership. In: A. S. R. Manstead, M. Hewstone (Hrsg.), *The Blackwell Encyclopedia of Social Psychology* (S. 358–362). Oxford: Blackwell.

Stogdill, R. M. (1948). Personal factors associated with leadership: A survey of the literature. *Journal of Psychology, 25,* 35–71.

Strube, M. J. & Garcia, J. E. (1981). A meta-analytic investigation of Fiedler's contingency model of leadership effectiveness. *Psychological Bulletin, 90,* 307–321.

Van Eerde, W. & Thierry, H. (1996). Vroom's expectancy models and work-related criteria: A meta-analysis. *Journal of Applied Psychology, 81,* 575–586.

Varga, K. (1975). Achievement, Power and effectiveness of research and development. *Human Relations, 28,* 571–590.

Vroom, V. H. (1964). *Work and motivation.* New York: Wiley.

Vroom, V. H. & Jago, A. G. (1988). *The new leadership: Managing participation in organizations.* Englewood Cliffs: Prentice Hall.

Vroom, V. H. & Jago, A. G. (1991). *Flexible Führungsentscheidungen: Management der Partizipation in Organisationen.* Stuttgart: Poeschel.

Vroom, V. H. & Yetton, P. W. (1973). *Leadership and decision making.* Pittsburgh: University of Pittsburgh Press.

Wahba, H. A. & House, R. J. (1974). Expectancy theory in work and motivation: Some logical and methodological issues. *Human Relations, 27,* 121–147

Wainer, H. A. & Rubin, I. M. (1969). Motivation of research and development entrepreneurs: Determinants of company success. *Journal of Applied Psychology, 53,* 178–184.

Weber. M. (1921). *Wirtschaft und Gesellschaft. Grundriss der verstehenden Soziologie.* Köln: Kiepenheuer und Witsch.

Winter, D. G. (1991). A motivational model of leadership: Predicting long-term management success from TAT measures of power motivation and responsibility. *Leadership Quarterly, 2 (2),* 67–80.

Wofford, J. C. & Liska, L. Z. (1993). Path-goal theories of leadership: A meta-analysis. *Journal of Management, 19,* 857–876.

Yukl, G. (2002). *Leadership in organizations* (5. Aufl.). Upper Saddle River: Prentice Hall.

Yukl, G. & Falbe, C. M. (1991). Importance of different power sources in downward and lateral relations. *Journal of Applied Psychology, 76,* 416–423.

Yukl, G. & Tracey, B. (1992). Consequences of influence tactics used with subordinates, peers, and the boss. *Journal of Applied Psychology, 77,* 525–535.

Yukl, G. & Van Fleet, D. D. (1992). Theory and research on leadership in organizations. In: M. D. Dunnette & L. M. Hough (Hrsg.), *Handbook of industrial and organizational psychology* (2. Aufl., Bd. 3, S. 147–197). Palo Alto, CA: Consulting Psychologists Press.

Kreativität und Innovation

Michael Diehl und Jörg Munkes

1 Einleitung

Kreativität und Innovation gehören zu den zentralen Schlagworten moderner Industriegesellschaften. Kaum ein Führungskräfteseminar kommt ohne diese Begriffe aus, und die Politik sieht eine wichtige Aufgabe in der Förderung von Kreativität und Innovation. Dies wurde z. B. in der Erklärung von Bundeskanzler Schröder deutlich, die er 1998 anlässlich seines Regierungsantritts abgab. Er sagte: «Es ist schon richtig: Kreativität, künstlerische Phantasie, handwerkliches Können, die geniale Idee, der Mut zur bahnbrechenden Neuerung – all das kann vom Staat nicht herbeiorganisiert werden. Es ist das Ergebnis eines Prozesses von zahllosen kleinen Verbesserungen, an denen Tausende von kreativen, phantasievollen, kundigen und mutigen Menschen tagtäglich arbeiten. Deren Bemühungen zu unterstützen ist eine unserer wichtigsten Aufgaben.»

Der Stellenwert, den Kreativität und Innovation aus politischer Sicht einnehmen, beruht offensichtlich auf der Annahme, dass Neuerungen die Motoren unserer exportorientierten, im internationalen Wettbewerb stehenden Wirtschaft sind. Die zu beobachtenden zyklischen Schwankungen der wirtschaftlichen Entwicklung wurden bereits von dem Wirtschaftswissenschaftler Josef Alois Schumpeter (1912) auf unternehmerische Innovationen zurückgeführt. Er vertrat die Theorie des dynamischen Unternehmers, der den Konjunkturaufschwung herbeiführt, indem er Innovationen durchsetzt und entsprechende Investitionen tätigt. Die Maxima von Innovations- und Konjunkturzyklus sind um etwa eine halbe Phasenlänge gegeneinander verschoben, d. h. im Konjunkturhoch findet sich das Innovationstief, und im Konjunkturtief findet sich das Innovationshoch. Aus wirtschaftswissenschaftlicher Perspektive erscheint es sinnvoll, Innovationen im konjunkturellen Hoch zu fördern, da sich dadurch die Konjunkturzyklen abflachen sollten und möglicherweise sogar ein kontinuierliches wirtschaftliches Wachstum erreicht werden kann. Aus sozialpsychologischer Perspektive kann man den Zusammenhang zwischen Innovation und Konjunktur aber auch ganz anders sehen. Möglicherweise ist Innovation nicht ursächlich für den Konjunkturzyklus, sondern der Konjunkturzyklus ursächlich für Innovation. Erst wenn es wirtschaftlich bergab geht, beginnt man sich Gedanken um neue Verfahren und Produkte zu machen.

Unabhängig davon, wie der Zusammenhang zwischen Konjunktur und Innovation aussieht, ist Kreativität eine der notwendigen Voraussetzungen für Innovation. Unter

Kreativität wird im allgemeinen das Hervorbringen neuer und brauchbarer Ideen verstanden. Die erfolgreiche Umsetzung einer kreativen Idee kann als Innovation bezeichnet werden. Die Verbreitung einer Innovation in einem sozialen System (z. B. eines neuen Produktes im Markt) wird Diffusion genannt. Demnach kann es keine Diffusion ohne Innovation und keine Innovation ohne Kreativität, sehr wohl aber Kreativität ohne Innovation und Innovation ohne Diffusion geben. Um für diese Wirkungskette von der kreativen Idee zur erfolgreich diffundierten Innovation förderliche Bedingungen schaffen zu können, ist es notwendig, mehr über die Determinanten, insbesondere über die sozialen Einflüsse auf Kreativität, Innovation und Diffusion zu wissen. Daher werden im folgenden einige der für Kreativität, Innovation und Diffusion relevanten sozialpsychologischen Theorien und Modelle referiert.

2 Überblick

In der psychologischen Forschung wird der Eigenschaftsbegriff *kreativ* sowohl zur Kennzeichnung von Personen benutzt, als auch auf den Prozess und das Produkt des kreativen Bemühens bezogen. Der Eigenschaftsbegriff *innovativ* wird im Alltag sehr unscharf verwendet. Er sollte aus unserer Sicht der Kennzeichnung eines kreativen Produkts vorbehalten bleiben. Obwohl zu allen drei Bereichen, also Person, Prozess und Produkt, Fragestellungen aus allen grundlagenwissenschaftlichen Disziplinen der Psychologie möglich sind, wird die Forschung zur Kreativität durch differentiellpsychologische Ansätze zu Fragen der kreativen Person dominiert. Zum kreativen Prozess gibt es sehr viel weniger Arbeiten, im wesentlichen sind dies allgemeinpsychologische. Das kreative oder innovative Produkt findet in der Forschung meist nur insoweit Beachtung, als es als Indikator für die Kreativität seines Schöpfers gelten kann. Die Sozialpsychologie hat den Bereich Kreativität eher vernachlässigt, vor allem im Hinblick auf das kreative Produkt. Ein sozialpsychologischer Ansatz zur kreativen Person wird von Simonton (1988) verfolgt, der unter anderem den Einfluss sozialer Variablen auf historisch bedeutsame Künstler und Wissenschaftler untersucht.

Arbeiten zum Einfluss sozialer Variablen auf den kreativen Prozess wurden erst durch Moscovicis (1976) Forschung zum Minoritätseinfluss auf gesellschaftliche Innovationsprozesse geweckt. Aus Moscovicis Theorie ging Charlan Nemeths (1986) Ansatz zum Minoritätseinfluss auf individuelle Kreativität hervor. Decis (1975) Theorie der intrinsischen Motivation war Ausgangspunkt eines weiteren sozialpsychologischen Ansatzes zur individuellen Kreativität, des Komponentenmodells der Kreativität von Teresa Amabile (1983a). Ein Produkt der «Social Cognition Forschung» zum Einfluss von Stimmungen auf die Informationsverarbeitung, wie er sich zum Beispiel aus der Gedächtnistheorie Bowers (1981) ableiten lässt, ist der Ansatz Alice Isens (1984, 1987), dem im Hinblick auf eine Sozialpsychologie individueller Kreativität große Bedeutung zukommt.

Obwohl diese drei Ansätze sich mit sozialen Einflüssen auf den Prozess bei der Erstellung individueller kreativer Leistungen beschäftigen, besitzen sie auch für kollektive

Kreativität Bedeutung. So lässt sich aus allen die Annahme ableiten, dass in Gruppen besonders günstige Umstände für kreative Leistungen gegeben sein sollten. Wichtiger für die Erklärung kreativer Leistung in Gruppen sind allerdings Forschungsfragen zum Einfluss von Interaktion und Kommunikation auf die Kreativität der beteiligten Personen und auf den Prozess der Entstehung eines gemeinsamen kreativen Produkts. Aber auch Fragen zum Einfluss der sozialen Umwelt außerhalb der Gruppe auf den kreativen Prozess und das kreative Produkt spielen eine Rolle, wie zum Beispiel die Fragen, ob der kollektive kreative Prozess dem individuellen kreativen Prozess als überlegen angesehen wird, oder welche sozialen Einflüsse bestimmen, ob ein Produkt für kreativ oder innovativ gehalten wird. Kollektive Kreativität wurde vor allem in empirischen Arbeiten zur Ideenproduktion in Kleingruppen untersucht. Die meisten dieser Untersuchungen beschäftigen sich mit der Frage nach der Überlegenheit der Gruppenarbeit gegenüber der Einzelarbeit bei der Ideenproduktion. Eine solche Überlegenheit der Gruppenarbeit wird z. B. von Osborn (1957), dem Begründer des bereits legendären Brainstormings, postuliert. Über die Forschung zu diesem Thema wird im Abschnitt zur «Kreativität in Gruppen» referiert. Danach wird im Abschnitt «Kreativität und Innovation in Organisationen» über förderliche und hinderliche Einflüsse auf die erfolgreiche Implementierung kreativer Ideen im organisationalen Kontext berichtet. Schließlich wird im letzten Abschnitt über die Verbreitung von Innovationen in sozialen Systemen auf die Bedeutung von Minderheiten eingegangen. Aus soziologischer Sicht wird vor allem der Einfluss der Eigenschaften der Innovationen und die Bedeutung der Zeit im Diffusionsprozess dargestellt.

3 Individuelle Kreativität

Die bereits erwähnten sozialpsychologischen Ansätze zur individuellen Kreativität sind das Komponentenmodell der Kreativität (Amabile, 1983a, 1983b), der Einfluss von Minoritäten auf die Kreativität (Nemeth, 1986) und der Einfluss von Stimmung auf die Kreativität (Isen, 1984, 1987). Sozialpsychologisch sind die drei Modelle in dem Sinn, dass sie sich mit direkten, situativ bedingten Einflüssen auf den kreativen Prozess und der daraus resultierenden individuellen kreativen Leistung beschäftigen, nämlich der intrinsischen Motivation, dem Minoritätseinfluss und der Stimmung.

3.1 Intrinsische Motivation und Kreativität

In diesem Modell werden die Determinanten der individuellen kreativen Leistung beschrieben. Indikator für die kreative Leistung ist das von einer Person geschaffene kreative Produkt. Daher stellt sich die Frage, was ein kreatives Produkt aus einer theoretischen Perspektive ausmacht und wie diese Kreativität praktisch erfasst werden kann. Amabile (1982b, 1983a) bietet hierzu zwei Definitionen an: eine konzeptionelle Definition und eine konsensuelle Definition.

Ausgehend von theoretischen Überlegungen unternimmt Amabile den Versuch einer konzeptuellen Definition von Kreativität: «A product or response will be judged as creative to the extent that (a) it is both a novel and appropriate, useful, correct or valuable response to the task at hand, and (b) the task is heuristic rather than algorithmic.» (Amabile, 1983a, S. 33). Amabile unterscheidet in dieser Definition zwischen algorithmischen und heuristischen Aufgaben (McGrath, 1978). Bei algorithmischen Aufgaben ist der Lösungsweg bekannt, während dies bei heuristischen Aufgaben nicht der Fall ist. Der Definition zufolge ist Kreativität also nur bei heuristischen Aufgaben möglich.

Nach der konsensuellen Definition ist für Amabile (1982b) das kreative Produkt der einzige direkt erfassbare Indikator für Kreativität. Wie kreativ ein Produkt ist, kann nur im Konsens unabhängiger Beurteiler erfasst werden. Ein Produkt ist demnach kreativ, wenn es Fachleute (i.e. die Beurteiler) für kreativ halten. Nach Amabile (1983b) ist eine solche Definition notwendig, da keine objektiven Kriterien für kreative Produkte benannt werden können. In diesem Sinne ist Kreativität als kontinuierliches Merkmal eines Produktes zu verstehen, ein Produkt kann folglich mehr oder weniger kreativ sein.

Das Komponentenmodell der Kreativität geht davon aus, dass die kreative Leistung durch die Fähigkeiten und die *Motivation* des Individuums bedingt wird. Die Fähigkeiten lassen sich in *bereichsrelevante* und *kreativitätsrelevante Fähigkeiten* unterteilen.

Unter *bereichsrelevanten Fähigkeiten* versteht Amabile das bereichsspezifische Wissen, die benötigten technischen Fertigkeiten und andere bereichsrelevante Talente. Als Beispiel für ein solches Talent nennt sie die Fähigkeit zur Imagination, die sich im wissenschaftlichen wie im künstlerischen Bereich (z. B. bei Einstein und Mozart) als bedeutsam erwiesen habe.

Zu den *kreativitätsrelevanten Fähigkeiten* zählt die implizite oder explizite Kenntnis von Heuristiken zur Produktion neuer Ideen, so genannte Kreativitätstechniken. Ebenso gehören ein förderlicher Arbeitsstil und angemessene kognitive Stile zu diesen Fähigkeiten. Ein förderlicher Arbeitsstil umfasst nach Amabile die Fähigkeit, Anstrengung und Aufmerksamkeit über längere Zeit hinweg aufrechtzuerhalten. Angemessene kognitive Stile sind z. B. durch flexibles Wahrnehmen und Denken, Verständnis für Komplexität, Offenhalten von Antwortalternativen, Aufschub von Bewertung und die Überwindung eingefahrener Vorgehensweisen gekennzeichnet.

Während die Fähigkeiten als relativ stabil angesehen werden, ist die *Motivation* aufgabenspezifisch. Sie wird sowohl von der Einstellung zur Aufgabe als auch von der Wahrnehmung der Gründe für die Durchführung der Aufgabe bestimmt. Die Wahrnehmung der Gründe für die Durchführung der Aufgabe hängt im wesentlichen von der Anwesenheit oder Abwesenheit äußerer Zwänge ab. Sieht eine Person die Ursache für ihr eigenes Handeln durch äußere Zwänge oder Bedingungen bestimmt, kann die intrinsische Motivation verringert werden (Deci, 1975). Amabile zufolge soll intrinsische Motivation kreativen Leistungen förderlich sein, während extrinsische Motivation kreativen Leistungen abträglich sein soll.

Amabile nimmt an, dass alle drei Komponenten ihres Modells, also Aufgabenmotivation sowie bereichs- und kreativitätsrelevante Fähigkeiten, notwendige Bedingungen kreativer Leistungen darstellen. Allerdings legen bereichsrelevante und kreativitätsrelevante Fähigkeiten nur die potentielle Leistung fest, während die tatsächliche Leistung im kreativen Prozess durch die Aufgabenmotivation bestimmt wird. Beim kreativen Prozess unterscheidet Amabile fünf sukzessive Phasen, beginnend mit der *Problemstellung* über die *Vorbereitung*, die *Entwicklung* von Lösungsvorschlägen und die *Bewertung* dieser Vorschläge hin zu einem *Ergebnis*, das nicht immer die Problemlösung sein muss, sondern oft auch nur einen mehr oder weniger großen Schritt in Richtung auf die Lösung darstellt.

Die erste Phase, also das Aufgreifen einer *Problemstellung*, wird vor allem von der Aufgabenmotivation bestimmt. Falls ein intrinsisches Interesse vorhanden ist, wird dies dazu führen, dass die betreffende Person sich ohne äußeren Antrieb mit dem jeweiligen Problem auseinander setzt. Zwar kann auch ein von außen an die Person herangetragenes Problem ihr intrinsisches Interesse erregen, doch wird in einem solchen Fall die intrinsische Aufgabenmotivation nicht das gleiche Ausmaß erreichen wie bei einem selbstgestellten Problem. In der zweiten Phase, der *Vorbereitung* der Lösungssuche, sind es dann die bereichsrelevanten Fähigkeiten, die den Umfang und die Güte der für den Lösungsprozess bereitgestellten Informationen und Lösungsalgorithmen bestimmen. Auf dieser Basis findet dann in der dritten Phase der eigentliche kreative Prozess statt, bei dem Aufgabenmotivation und kreativitätsrelevante Fähigkeiten bei der *Entwicklung* möglichst vieler und guter Problemlösungsvorschläge zusammenwirken. In der nächsten Phase geht es nur noch um die *Bewertung* der vorhandenen Lösungsvorschläge im Lichte des von den bereichsrelevanten Fähigkeiten abhängigen Wissens. Auf der Grundlage des aus diesen Bewertungen resultierenden *Ergebnisses* ist schließlich in der fünften und letzten Phase eine Entscheidung darüber zu treffen, ob der Problemlöseprozess erfolgreich beendet werden kann, ohne Erfolg abgebrochen werden muss oder aufgrund eines Teilerfolgs erfolgversprechend weitergeführt werden soll.

In zahlreichen Experimenten wurden Amabiles Annahmen zum Einfluss sozialer und ökologischer Variablen auf die intrinsische Motivation und die kreative Leistung untersucht. Die Ergebnisse bestätigen eindrucksvoll Amabiles Hypothese der positiven Wirkung intrinsischer im Vergleich zu extrinsischer Motivation auf die kreative Leistung. So zeigte sich, dass die Ankündigung der Bewertung von künstlerischen Arbeiten durch Experten (Amabile, 1979), die Einführung von Wettbewerb durch die Vergabe von Preisen (Amabile, 1982a), die Beschränkung der Möglichkeit, die Materialien zur Herstellung von Kollagen selbst auswählen zu können (Amabile & Gitomer, 1984), die Betonung extrinsischer Gründe für die Abfassung von Gedichten (Amabile, 1985) und die Einführung monetärer wie nicht monetärer Belohnungen für die Durchführung kreativer Aufgaben (Amabile, Hennessey & Grossman, 1986) die kreative Leistung signifikant verringerten. Allerdings ist die negative Wirkung von Belohnungen auf die intrinsische Motivation nicht unumstritten. So gibt es empirische Evidenz (z. B. Eisenberger und Armeli, 1997), dass Belohnungen die intrinsische Motivation und damit die Kreativität sogar steigern können (vergleiche die Meta-Analyse von Eisenberger und Cameron, 1996). Amabile (1996) räumt in ihren aktuellen theoretischen Überlegungen denn auch ein, dass extrinsische Anreize nur dann die kreative Leistung beeinträchtigen, wenn sie als Leistungskontrolle erlebt werden. Extrinsische Anreize können aber auch die kreative Leistung fördern, wenn sie Informationen über die Qualität der Leistung liefern.

3.2 Minoritätseinfluss und Kreativität

Der Ansatz Nemeths (1986) behandelt den direkten Einfluss anderer Personen in einer Interaktionssituation auf die individuelle Kreativität. Grundlage der Annahmen ist Moscovicis Theorie des sozialen Einflusses von Minoritäten (Moscovici, 1976, 1980), die im Kapitel von Erb und Bohner ausführlich dargestellt wird. Laut Nemeth führt die Konfrontation mit einer Minorität zu einer verstärkten kognitiven Beschäftigung mit der Position der Minorität. In einer Reihe von Untersuchungen überprüfte Nemeth diese Hypothese. Bei diesen Untersuchungen wurden die Versuchspersonen mit anderen vermeintlichen Versuchspersonen, bei denen es sich jedoch um vom Versuchsleiter instruierte Personen handelte, konfrontiert. Diese «Konfidenten» des Versuchsleiters vertraten entweder eine Minderheits- oder Mehrheitsposition oder stellten selbst numerisch die Minderheit oder Mehrheit in der Gruppe dar. Nemeth und Mitarbeiter konnten zeigen, dass Personen, die einer von ihrer Sicht der Dinge abweichenden Ansicht einer Minorität ausgesetzt sind, mehr und originellere Lösungen produzieren (Nemeth & Kwan, 1985), flexiblere Lösungsstrategien wählen (Nemeth & Kwan, 1985) und mehr richtige Problemlösungen finden (Nemeth & Kwan, 1985; Nemeth und Wachtler, 1983) als Personen, die mit der gleichen abweichenden Ansicht einer Majorität konfrontiert werden. Das heißt, nicht das Aufeinandertreffen unterschiedlicher Ansichten ist wesentlich für die Kreativität, sondern die durch eine Minorität provozierte Auseinandersetzung mit einer abweichenden Ansicht im Sinne eines Validierungsprozesses der eigenen Ansicht führt zu höherer kreativer Leistung. Der von einer Majorität ausgeübte soziale Druck hat dagegen Konformität, d. h. eine zumeist nur äußere Anpassung und damit geringere kreative Leistung zur Folge. Minoritätseinfluss sollte daher vor allem die Lösung solcher Probleme erleichtern, welche die Überwindung eingefahrener Strategien erfordern.

Während in den Untersuchungen von Nemeth und Mitarbeitern immer Konfidenten des Versuchsleiters die Rolle der Minorität oder Majorität übernahmen, untersuchten Smith, Tindale und Dugoni (1996) den Einfluss echter Minoritäten in interagierenden Gruppen. Zu diesem Zweck erfassten sie die Einstellung von 250 Studenten zu der Frage, ob die Regierung ein Gesetz verabschieden solle, das Englisch als offizielle Sprache in den USA etabliert. Dann wurden Gruppen mit unterschiedlichen Mehrheitsverhältnissen gebildet, die anschließend über das Thema diskutierten. Es zeigte sich, dass unter Minoritätseinfluss tatsächlich mehr originelle Argumente produziert wurden. Allerdings waren diese Argumente in Übereinstimmung mit der eigenen Position. Dies zeigt, dass Personen, die Minoritätseinfluss ausgesetzt sind, zwar kreativer über das Thema nachdenken, ihre kognitiven Anstrengungen jedoch auf die Verteidigung ihrer eigenen Position ausrichten.

3.3 Stimmung und Kreativität

Isen (1984, 1987) postuliert in ihrem Ansatz einen Einfluss der Stimmung auf die kreative Leistung und begründet diesen mit der Stimmungsabhängigkeit kognitiver Prozesse. Sie geht dabei jedoch weit über den Bereich der Kreativität oder des kreativen Problemlösens hinaus. Sozialpsychologisch ist dieser Ansatz nur insofern, als Stimmungen zumeist situativ bedingt sind und der Charakter von Situationen im wesentlichen durch den direkten oder indirekten Einfluss anderer Menschen bestimmt wird. Die Ergebnisse der Untersuchungen von Isen und Mitarbeitern (Isen, Daubman & Gorglione, 1987; Isen, Daubman & Nowicki, 1987) lassen den Schluss zu, dass positive Stimmung die kreative Leistung fördert. Ursache dafür ist vermutlich eine veränderte Informationsverarbeitung und nicht eine allgemein höhere Erregung. Auch in vielen anderen Untersuchungen zeigte sich, dass die Informationsverarbeitung unter guter Stimmung sich von der unter schlechter Stimmung unterscheidet: Positive Stimmung aktiviert positive Gedächtnisinhalte während negative Stimmung negative Gedächtnisinhalte aktiviert. Da es mehr positive als negative Gedächtnisinhalte gibt und positive Inhalte mehr Verbindungen zu anderen Inhalten aufweisen, führt positive Stimmung zur Verwendung umfangreicherer Kategorien bei der Informationsverarbeitung. In positiver Stimmung wird daher Information eher ganzheitlich, flexibel und heuristisch, in negativer Stimmung dagegen detaillierter, rigider und elaborierter verarbeitet. Diese stimmungsbedingten Unterschiede in der Informationsverarbeitung weisen starke Ähnlichkeit zu Guilfords (1956) Unterscheidung zwischen konvergentem und divergentem Denken auf.

Die Frage, ob sich Stimmungen unterschiedlich auf die Quantität oder die Qualität der kreativen Leistung auswirken, untersuchten Hirt, Levine, McDonald und Harackiewicz (1996). Sie nahmen an, dass der Einfluss der Stimmung vom Kontext abhängig ist, in dem diese erlebt wird (Martin & Stoner, 1996; Martin, Ward, Achee & Wyer, 1993). In ihrer Untersuchung bestand die Aufgabe darin, möglichst viele Unterschiede und Ähnlichkeiten zwischen mehreren Fernsehserien aufzuzählen. Der Kontext bestand in unterschiedlichen Regelungen darüber, wann die Untersuchungsteilnehmer die Aufgabe beenden durften. Je nach experimenteller Bedingung wurde ihnen gesagt, dass sie aufhören könnten, wenn sie ihrer Meinung nach die Aufgabe lange genug bearbeitet hätten, es ihnen keinen Spaß mehr mache, oder ihnen wurde nicht gesagt, wann sie die Aufgabe beenden sollten. Die Ergebnisse zeigen, dass nur der Einfluss der Stimmung (positiv, neutral oder traurig) auf die *quantitativ-kreative* Leistung (Anzahl der Nennungen) vom Kontext abhängig war. Bei der *qualitativ-kreativen* Leistung hingegen waren die positiv gestimmten Versuchspersonen unabhängig vom Kontext besser als die Versuchspersonen in negativer Stimmung. Hirt et al. (1996) interpretieren ihre Ergebnisse als Hinweis darauf, dass unterschiedliche Prozesse dafür verantwortlich sind, wie sich Stimmung auf die Quantität oder die Qualität der kreativen Leistung auswirkt. Bestätigt wurde diese Interpretation durch eine weitere Untersuchung von Hirt, Levine, McDonald und Melton (1997).

3.4 Bewertung der drei Ansätze zur individuellen Kreativität

Alle drei Ansätze beschäftigen sich mit sozialen Einflüssen auf die kreative Leistung von Individuen. Die dabei thematisierten Variablen, also intrinsische Motivation, Minoritätseinfluss und Stimmung, sind allerdings auf sehr unterschiedlichen konzeptuellen Ebenen angesiedelt. Während es sich bei intrinsischer Motivation um ein hypothetisches Konstrukt handelt, bezeichnet Minoritätseinfluss einen objektiven, das heißt mit hoher interpersonaler Übereinstimmung zu beobachtenden, sozialen Prozess, wohingegen Stimmung wiederum ein nur dem subjektiv phänomenalen Erleben zugänglicher Zustand ist. Vergleichbar werden diese drei Ansätze erst dann, wenn man die von ihnen postulierten Auswirkungen auf den kreativen Prozess betrachtet. Obwohl im Ansatz von Amabile (1983a) ein theoretisches Modell des kreativen Prozesses existiert, welches keine direkten Bezüge zu Informationsverarbeitungsprozessen aufweist, erscheint die Annahme gerechtfertigt, dass in allen drei Modellen die kreative Leistung von der Art der Informationsverarbeitung abhängt. Nicht nur positive Stimmung und Minoritätseinfluss sondern auch intrinsische Motivation scheinen divergente Denkprozesse gegenüber konvergenten Denkprozessen zu begünstigen.

4 Kreativität in Gruppen

Wenn Kreativität gefragt ist, wird häufig auf das kreative Potential der Gruppe gesetzt. Eine der bekanntesten Kreativitätstechniken, die zumeist in Gruppen eingesetzt wird, ist das so genannte Brainstorming. Es geht auf Osborn (1953) zurück. Nach seiner Auffassung verbessert Brainstorming sowohl die Quantität als auch Qualität der produzierten Ideen. Eine Bewertung der Ideen oder eine Entscheidung über die Umsetzung der Ideen soll strikt von der Produktion der Ideen getrennt werden. Osborn (1957) gliedert den kreativen Problemlöseprozess in drei sukzessive Phasen, die er (1) fact-finding, (2) idea-finding und (3) solution-finding nennt. In der ersten Phase sollen das Problem definiert und problemrelevante Information zusammengetragen werden. In der zweiten Phase sollen Problemlösungsvorschläge gesammelt werden, indem neue Ideen produziert oder bereits genannte Ideen kombiniert oder weiter ausgearbeitet werden. In der dritten Phase sollen dann die Ideen bewertet werden, um diejenige Idee auszuwählen, welche die geeignetste Lösung für das Problem darstellt. Osborn formulierte zwei Grundprinzipien des Brainstormings, die er schlagwortartig als «Deferment of Judgement» (Beurteilungsaufschub) und «Quantity breeds Quality» (Quantität erzeugt Qualität) bezeichnet. Aus diesen zwei Prinzipien lassen sich die vier Regeln des Brainstormings ableiten:

1. Je mehr Ideen, desto besser!
2. Je ungewöhnlicher die Ideen, desto besser!
3. Verbessere und ergänze die bereits genannten Ideen!
4. Sei nicht kritisch!

Die Technik des Brainstormings wird in der zweiten Phase (idea-finding) des Problem-löseprozesses angewendet. Die erste Regel betont die Bedeutung des zweiten Prinzips, also die Quantität der Ideen, da aus einer Erhöhung der Quantität auch eine Steigerung der Qualität folgen soll. Die dritte Regel dient ebenfalls der Erhöhung der Quantität, da Personen ohne Beachtung der Urheberschaft Ideen weiterentwickeln sollen, auch wenn andere Personen bereits ähnliche Ideen genannt haben. Die zweite Regel soll dazu er-muntern, auch Ideen zu nennen, die man selbst für unsinnig oder undurchführbar hält. Die letzte Regel soll die Angst vor negativer Bewertung reduzieren. Die zweite und dritte Regel sind also Ausdruck des Prinzips des Beurteilungsaufschubs.

Beim Gruppenbrainstorming soll die Kreativität durch die wechselseitige Anregung der Gruppenmitglieder erhöht werden. Die empirische Evidenz weist jedoch genau in die entgegengesetzte Richtung. Alleine arbeitende Personen produzieren wesentlich mehr Ideen als Personen, die in einer Gruppe interagieren (für einen Überblick siehe Diehl & Stroebe, 1987; Lamm & Trommsdorff, 1973). In den meisten Untersuchungen wurde die Leistung von Realgruppen mit der Leistung von Nominalgruppen bezüglich der Quantität und der Qualität der Ideen verglichen. Während Realgruppen aus inter-agierenden Personen bestehen, sind Nominalgruppen aus gleich vielen, alleine arbei-tenden Personen zusammengesetzt. Gezählt wird jeweils nur die erstmalige Nennung einer Idee, da die Wiederholung einer Idee in Nominalgruppen aufgrund der fehlenden Kommunikation wahrscheinlicher ist. Was sind mögliche Ursachen für die beobachte-ten Produktivitätsverluste in realen Gruppen? Im Modell der Gruppenproduktivität von Steiner (1972) werden zwei Arten von Prozessverlusten unterschieden. Dies sind *Motivations- und Koordinationsverluste*. Koordinationsverluste sind auf das nicht opti-male Zusammenwirken der individuellen Leistungen zu einem Gruppenprodukt zu-rückzuführen. Motivationsverluste beziehen sich darauf, dass durch die Zusammenar-beit in einer Gruppe die Leistungsbereitschaft des einzelnen reduziert wird. Zu den Motivationsverlusten zählt das Trittbrettfahren (Stroebe & Frey, 1982). Trittbrettfahren sollte auftreten, wenn Gruppenmitglieder ihre eigenen Anstrengungen reduzieren, da die individuellen Leistungen zu einer Gruppenleistung zusammengefasst werden und somit der einzelne Beitrag als eher entbehrlich erlebt wird. Diehl und Stroebe (1987) zeigten allerdings, dass der Leistungsunterschied zwischen Real- und Nominalgruppen nicht als das Ergebnis von Trittbrettfahren erklärt werden kann. Der Leistungsunter-schied kann aber auch nicht auf Motivationsverluste aufgrund von Bewertungserwar-tung zurückgeführt werden, also darauf, dass Personen in Realgruppen aus Angst vor der Bewertung durch andere Personen Ideen nicht äußern (Diehl und Stroebe, 1987).

Verantwortlich für die Leistungsunterschiede ist vielmehr ein Koordinationsver-lust, nämlich die wechselseitige Produktionsblockierung (Diehl & Stroebe, 1987, 1991). Mitglieder in Realgruppen müssen sich beim Sprechen abwechseln, da immer nur eine Person gleichzeitig reden kann. In Nominalgruppen existiert diese Einschränkung nicht, die Mitglieder können jederzeit parallel Ideen produzieren. Die schlechtere Leis-tung realer Gruppen ist aber nicht eine Folge mangelnder Redezeit, sondern offensicht-lich auf eine Beeinträchtigung der kognitiven Prozesse bei der Ideenproduktion zu-rückzuführen (Diehl & Stroebe, 1991).

Durch die Vernetzung von Computern ist es möglich geworden, ein Gruppenbrainstorming auch mittels Computer durchzuführen. Computerbrainstorming in Gruppen wurde als eine Möglichkeit angesehen, durch die parallele Eingabe von Ideen die Produktionsblockierung auszuschalten und dennoch die Anregung durch die anderen Gruppenmitglieder zu erhalten. Die bisherigen empirischen Befunde (z. B. Gallupe, Bastianutti & Cooper, 1991; Valacich, Dennis & Nunamaker, 1992) konnten allerdings keine Überlegenheit des Computerbrainstormings im Vergleich zu Nominalgruppen zeigen. Computerbrainstorming ist lediglich dem Brainstorming in Realgruppen überlegen. Dies ist jedoch nicht erstaunlich, da – wie bereits erwähnt – beim Computerbrainstorming keine Produktionsblockierung vorhanden ist. Es fehlt jedoch bisher der überzeugende Nachweis, dass durch wechselseitige Anregung beim Gruppenbrainstorming eine Steigerung der Kreativität erreicht werden kann.

5 Kreativität und Innovation in Organisationen

Das Entwickeln innovativer Produkte geschieht nicht zum Selbstzweck. Unternehmen und Organisationen haben ein Interesse, sich durch innovative Produkte und Verfahrensweisen einen Wettbewerbsvorteil gegenüber ihren Mitkonkurrenten zu verschaffen. Zur Erreichung dieses Ziels wurden daher Verfahren entwickelt, die Kreativität und Innovation in Organisationen optimieren sollen. Eine Reihe dieser Verfahren ist bei Frey, Brodbeck und Schulz-Hardt (1999) dargestellt. Die Implementierung dieser Verfahren kann allerdings nur dann zu mehr Kreativität und Innovation führen, wenn in einer Organisation auch die entsprechenden Rahmenbedingungen vorhanden sind. Hierbei ist das Teamklima von besonderer Bedeutung. Unter Teamklima werden die sozial geteilten Wahrnehmungen von organisationalen Praktiken, Prozeduren und Werten verstanden (Reichers und Schneider, 1990). Mit dem Zusammenhang zwischen Teamklima und Innovation beschäftigen sich die Ansätze von West (1990) und Amabile (1988), die im folgenden dargestellt werden:

West (1990) nennt vier Faktoren des Teamklimas, die für Innovationen bedeutsam sind: *Vision, Partizipative Sicherheit, Aufgaben- und Leistungsorientierung* und *Unterstützung von Innovationen.*

Unter *Vision* versteht West höhere Ziele, die Mitarbeiter motivieren, die als bedeutsam erachteten Konsequenzen einer Innovation anzustreben. Arbeitsgruppen mit klar definierten Zielen sollten effektiver sein, da ihre Anstrengungen Richtung und Fokus haben. Visionen sollten von allen Teammitgliedern geteilt werden und realisierbar sein, da zu hoch gesteckte Ziele demotivierend wirken können.

Partizipative Sicherheit meint, dass die Rahmenbedingungen zur Beteiligung an der Entscheidungsfindung motivieren und Kollegen und Vorgesetzte als nicht bedrohlich erlebt werden. In einer Organisation kann das bedeuten, dass die Mitarbeiter ermutigt werden, sich an der organisationalen Weiterentwicklung zu beteiligen, ohne befürchten zu müssen, ihre eigene Position zu gefährden. Das gleiche gilt für Diskussionen innerhalb der Arbeitsgruppe; sie sollten in einem nicht wertenden und unterstützenden Klima stattfinden.

Aufgaben- und Leistungsorientierung ermöglicht hervorragende Leistungen und ist durch Evaluation, Veränderung, Kontrollmechanismen und kritische Bewertung gekennzeichnet. Innerhalb der Arbeitsgruppen sollte die individuelle Verantwortlichkeit wie auch die Gruppenverantwortlichkeit betont werden. Es sollte in der Gruppe eine gegenseitige Kontrolle stattfinden, Leistungen und Ideen sollten einer kritischen Bewertung unterzogen werden. Demnach muss eine herausfordernde Gruppenumgebung geschaffen werden, in der Kooperation zwischen den Mitgliedern der Arbeitsgruppe stattfinden kann.

Unter *Unterstützung von Innovationen* versteht West, dass die Organisation Versuche erwartet, die neue oder verbesserte Vorgehensweisen in die Arbeitsumwelt einführen und dass diese Versuche Zustimmung und praktische Unterstützung erfahren. Oftmals wird in Organisationen innovatives Verhalten erwartet und auch ausdrücklich gebilligt, es fehlt aber an der praktischen Unterstützung. West unterscheidet daher zwischen artikulierter und ausgeführter Unterstützung für Innovation. Unterstützung kann in verbaler Form geäußert werden, sie kann sich aber auch in der Zusammenarbeit zwischen den Gruppenmitgliedern zeigen oder auch darin, dass Zeit und Ressourcen zur Verfügung gestellt werden.

Die genannten vier Faktoren sollen nach West geeignet sein, Innovation am Arbeitsplatz vorherzusagen. *Unterstützung von Innovation* und *partizipative Sicherheit* sollten die Mitarbeiter zu Innovationsversuchen ermutigen und daher insbesondere die Häufigkeit von Innovationen erhöhen. *Visionen* und *Aufgaben- und Leistungsorientierung* sollen hingegen Einfluss auf die Qualität der Innovationen haben, da sie eher an der Aufgabe oder am Produkt orientiert sind.

Den Prozess der Innovation unterteilt West in vier Phasen: *Erkennen, Initiation, Implementierung und Stabilisierung*. Den oben genannten Faktoren des Teamklimas kommen in den einzelnen Phasen des Innovationsprozesses unterschiedliche Bedeutungen zu:

In der Phase des *Erkennens* wird ein Missstand wahrgenommen, und als Reaktion darauf werden Ideen produziert und Verbesserungsvorschläge gemacht. Obwohl auch denkbar ist, dass eine Innovation allein aufgrund ihrer Vorteile und nicht zur Behebung eines erkannten Missstands übernommen wird, sollte in dieser Phase eine hohe Ausprägung auf dem Faktor *Vision* bedeutsam sein, da durch klar definierte Ziele die Aufmerksamkeit auf bestehende Missstände gelenkt wird.

In der zweiten Phase, der *Initiation*, wird die Innovation anderen Personen in der Arbeitsgruppe oder Organisation vorgeschlagen. In dieser Phase wird die Innovation entsprechend der Reaktionen der anderen Personen angepasst und im Extremfall sogar aufgegeben. In dieser Phase ist der Faktor *partizipative Sicherheit* wichtig, da Veränderungsvorschläge eher in einem Klima vorgebracht werden, in dem Mitarbeiter keine negativen Konsequenzen für ihre Beteiligung fürchten müssen.

Die *Implementierung* erfolgt, wenn die Innovation zum ersten Mal in der Organisation verwendet wird und die Folgen der Anwendung sichtbar werden. Auch in dieser Phase kann die Innovation weiterentwickelt bzw. modifiziert aber auch ganz aufgegeben werden. Damit letzteres nicht geschieht ist eine hohe *Unterstützung für Innovationen* von Bedeutung.

In der letzten Phase, der *Stabilisierung*, wird die Innovation routinemäßig in der Organisation angewendet. Damit verbunden ist die Standardisierung der Innovation und die Einführung von Kontrollprozeduren. Schlägt die Stabilisierung der Innovation fehl, so kann dies ebenfalls zur Aufgabe der Innovation führen. Da Organisationen ständig Veränderungen unterworfen sind, endet der Innovationsprozess nicht mit der Stabilisierung. Vielmehr kann er jederzeit mit der Phase des Erkennens neu beginnen beziehungsweise fortgeführt werden. In dieser Phase soll die *Aufgaben- und Leistungsorientierung* von besonderer Bedeutung sein, da durch eine solche Orientierung die Anwendung der Innovation wahrscheinlicher wird.

Nach dem Komponentenmodell der Kreativität und Innovation in Organisationen von Amabile (1988) soll ebenfalls durch organisationale Randbedingungen die Voraussetzung für die individuelle Kreativität geschaffen werden. Das Komponentenmodell der Kreativität (Amabile, 1983) wurde in diesem Kapitel bereits dargestellt. Ein innovationsförderliches Teamklima ist nach Amabile (1988) durch drei Komponenten gekennzeichnet: *Motivation zur Innovation, Ressourcen im Aufgabenbereich* und *Fähigkeiten im Innovationsmanagement.*

Motivation zur Innovation meint die grundsätzliche Bereitschaft in der Organisation, Veränderungen zuzulassen und Innovation zu fördern.

Unter *Ressourcen im Aufgabenbereich* versteht Amabile die Mittel, die im Unternehmen für den Aufgabenbereich, der Ziel einer Innovation ist, zur Verfügung gestellt werden.

Fähigkeiten im Innovationsmanagement bezeichnet die Art und Weise, wie die Unternehmensleitung Innovation fördert. Hierzu gehören beispielsweise das Zulassen von Freiheit und Autonomie bei der Arbeitsgestaltung und eine klare Zielsetzung.

Aussagen über das Teamklima sind nur sinnvoll, wenn dieses auch zuverlässig erfasst werden kann. Amabile und Kollegen haben einen Fragebogen (KEYS) entwickelt, der die Messung des Teamklimas ermöglicht (Amabile, Conti, Coon, Lazenby und Harron, 1996). Diesem Fragebogen liegt eine detailliertere und spezifischere Formulierung des Komponentenmodells der Kreativität und Innovation in Organisationen zugrunde, welches mit dem Fragebogen zuverlässig erfasst wird. Zur Messung der vier Faktoren des Teamklimas von West (1990) wurde ebenfalls ein Fragebogen (Team Climate Inventory – TCI) von Anderson und West (1994; deutsche Fassung Brodbeck, Anderson & West, 2000) entwickelt. Die von West angenommene vierfaktorielle Struktur ist gut bestätigt (Anderson & West, 1998). Ebenso gibt es empirische Hinweise auf Zusammenhänge zwischen den vier Faktoren des Teamklimas und der tatsächlichen Qualität und Quantität von Innovationen (Bain, Mann & Pirola-Merlo, 2001; West & Anderson, 1996).

6 Die Verbreitung von Innovationen in sozialen Systemen

Während die vorangegangenen Abschnitte sich mit dem kreativen Prozess der Entstehung einer Innovation beschäftigten, soll es im nun folgenden Abschnitt darum gehen, wie sich eine Innovation innerhalb eines sozialen Systems verbreitet. Die Verbreitung einer Innovation wird auch als Diffusion bezeichnet.

6.1 Der Minoritätseinfluss und die Diffusion von Innovationen

Minoritäten spielen bei der Einführung neuer Entwicklungen eine entscheidende Rolle. Innovationen verbreiten sich meist in Konkurrenz zu bereits bestehenden Produkten, Ideen, Verhaltensweisen oder Einstellungen. So musste sich beispielsweise die Psychoanalyse Freuds gegen die Ende des 19. Jahrhunderts existierenden Behandlungsformen psychischer Störungen durchsetzen. Die später entwickelte Verhaltenstherapie musste sich dann gegen die mittlerweile etablierte Psychoanalyse durchsetzen. Personen, die eine Innovation entwickelt oder früh übernommen haben, befinden sich anfänglich stets in der Rolle der Minderheit.

Die Bedeutung, die Minoritäten für die Verbreitung von Innovationen haben, stellt Moscovici in seinem Buch *Sozialer Wandel durch Minoritäten* (1976, deutsch 1979) dar. Moscovici (1980) ist der Meinung, dass sich der Einfluss, den Minoritäten ausüben, qualitativ von dem Einfluss unterscheidet, den Majoritäten üblicherweise auf Minoritäten ausüben. Der Einfluss einer Majorität soll durch den von ihr ausgehenden normativen Druck eher auf der öffentlichen Ebene wirksam werden und zu Nachgeben (*compliance*) führen. Minoritäten müssen dagegen, um erfolgreich zu sein, überzeugen können. Dazu ist ein bestimmter Verhaltensstil notwendig, der durch die Art und Weise gekennzeichnet ist, wie die Minorität ihre Position bezieht und gegen den Druck der Majorität verteidigt. Entscheidend ist hierbei die *intraindividuelle Konsistenz*, also die Stabilität über die Zeit und die *interindividuelle Konsistenz*, also die Einigkeit zwischen den Mitgliedern der Minorität. Die Minorität darf dabei jedoch nicht rigide wirken. Der Einfluss von Minoritäten soll im Unterschied zu dem von Majoritäten auf der privaten Ebene stattfinden und damit eine echte Meinungsänderung (*conversion*) bewirken. Dies geschieht durch einen Validierungsprozess, der darauf ausgerichtet ist zu verstehen, warum die Minorität auf ihrer Position beharrt. Durch die *Konversion* von Majoritätsmitgliedern sollte die Minorität wachsen und bei ausreichender Stärke einen sozialen Wandel herbeiführen.

Im Unterschied zu Moscovici geht Latané (1981) nicht von einem qualitativen sondern von einem quantitativen Unterschied hinsichtlich der Art des Einflusses von Minoritäten und Majoritäten aus. Bei ihm ist der *soziale Einfluss* (social impact) eine multiplikative Funktion von *Stärke* (strength), *Unmittelbarkeit* (immediacy) und *Anzahl* (number) von Einflussquellen. *Stärke* bezieht sich dabei beispielsweise auf den Status oder die Überzeugungskraft der Einflussquelle. Mit *Unmittelbarkeit* ist räumliche oder zeitliche Distanz bzw. die Klarheit der Kommunikationskanäle zwischen Individuen gemeint. Je näher sich zwei Individuen sind, desto größer ist die Unmittelbarkeit. Die *Anzahl* bezieht sich darauf, aus wie vielen Personen die Einflussquelle besteht. In Formel (1) steht *î* für das Ausmaß des Einflusses (impact), *f* für Funktion, *S* für Stärke (strength), *I* für Unmittelbarkeit und *N* für die Anzahl (number). Nach dieser Formel wächst der soziale Einfluss mit dem Anwachsen jeder Variable.

$$\hat{i} = f(SIN) \quad (1)$$

Von besonderer Bedeutung ist für Latané der Zusammenhang zwischen der Anzahl der Personen und dem sozialem Einfluss. Er postuliert eine Potenzfunktion, die besagt, dass durch zusätzliche Personen der soziale Einfluss immer weniger stark anwächst (Formel (2)). Nach dieser Formel macht es einen größeren Unterschied, wenn man ein Referat vor 6 statt vor 5 Zuhörern hält, als wenn man ein Referat vor 51 statt vor 50 Zuhörern hält. Der soziale Einfluss, den 50 Personen ausüben ist zwar größer als der von 5 Personen. Eine weitere Person erhöht den Einfluss der ursprünglich 5 Personen jedoch stärker als dies bei ursprünglich 50 Personen der Fall ist. Dieses Prinzip ist in Abbildung 1 graphisch und in Formel (2) mathematisch dargestellt. In dieser Formel steht î wieder für die Größe des Einflusses und N für die Anzahl, s ist eine Skalierungskonstante und t ein Exponent, der kleiner als 1 ist. Empirische Studien haben gezeigt, dass der Wert von t bei 0,5 liegt (Latané & Harkins, 1976; Latané & Wolf, 1981), N^t entspricht also der Quadratwurzel aus N.

$$\hat{i} = sN^t \quad (2)$$

6.2   Die dynamische Theorie des sozialen Einflusses

Was passiert nun, wenn sich Individuen wechselseitig beeinflussen, sie also nicht nur Ziel des Einflusses sondern auch Einflussquelle sind? Nowak, Szamrej und Latané (1990) konnten anhand von Computersimulationen zeigen, dass aus einer zufälligen Verteilung von zwei verschiedenen Einstellungen in einer Population durch die Interaktion der Individuen eine Ordnung entsteht. Die Einstellungen gruppieren sich, sie bilden so genannte Cluster (Abbildung 2). In diesem dynamischen Modell des sozialen Einflusses wird jedes Individuum neben seiner Einstellung durch drei weitere Merkmale repräsentiert.

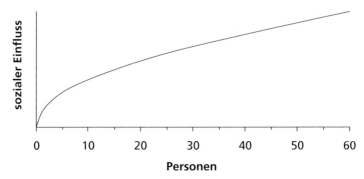

Abbildung 1: Darstellung des Zusammenhanges zwischen Anzahl der Personen und Größe des sozialen Einflusses nach Latané (1981).

Die ersten beiden Merkmale sind *Überzeugungskraft* (persuasiveness) und *Unterstützungsfähigkeit* (supportiveness). Jeder Person wird zufällig ein Wert für ihre Überzeugungskraft und für ihre Unterstützungsfähigkeit zugeordnet. *Überzeugungskraft* meint dabei, wie sehr ein Individuum Personen beeinflussen kann, die anderer Meinung sind. Entsprechend bedeutet *Unterstützungsfähigkeit*, wie gut ein Individuum die Personen, die der gleichen Meinung sind, unterstützen kann. Überzeugungskraft und

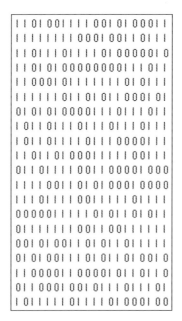 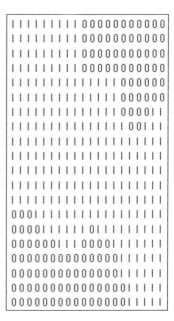

Abbildung 2: Aus einer Zufallsverteilung (linker Kasten) mit einer 40%igen Minderheit entsteht durch Interaktion eine geordnete Verteilung (rechter Kasten) mit einer 34%igen Minderheit.

Unterstützungsfähigkeit unterscheiden sich in diesem Modell nicht zwischen Minorität und Majorität, sie variieren nur innerhalb der Minorität und Majorität. Unterstützungsfähigkeit und Überzeugungskraft entsprechen der Stärke S in Formel (1). Jede Person ist Quelle von überzeugendem und unterstützendem sozialen Einfluss, sie ist aber auch überzeugendem und unterstützendem Einfluss ausgesetzt.

Das dritte Merkmal ist die *Position* des Individuums. Aus der Position zweier Individuen kann die Entfernung zwischen ihnen berechnet werden. Die Entfernung zwischen zwei Individuen entspricht der Unmittelbarkeit I in Formel (1). In dem Modell wird in Analogie zu physikalischen Kräften die Annahme gemacht, dass die Unmittelbarkeit I im Quadrat der Entfernung zwischen den einzelnen Individuen abnimmt. Entsprechend nimmt auch die Stärke des Einflusses im Quadrat der Entfernung ab. Ist Person X von Person A doppelt so weit entfernt wie Person Y von Person A, so beträgt der Einfluss von Person X auf Person A nur ein Viertel des Einflusses, den Person Y auf Person A hat.

Der soziale Einfluss, der auf eine Person wirkt, wächst mit der Anzahl N der überzeugenden bzw. unterstützenden Individuen an. Nach Formel (2) wächst der Einfluss allerdings nicht linear sondern negativ beschleunigt an. Eine Person ändert ihre Meinung, wenn sie einem stärkeren überzeugenden Einfluss ausgesetzt ist als sie unterstützenden Einfluss aus ihrer Umgebung erhält.

Genauere Beschreibungen des Vorgehens und des Programms finden sich bei Nowak und Latané (1994) und bei Latané und Nowak (1997).

Wie bereits erwähnt, zeigen Computersimulationen mit den genannten Modellannahmen, dass sich die beiden differierenden Einstellungen gruppieren. Die Minorität verschwindet also nicht, wenn sie dem Einfluss der Majorität ausgesetzt ist, sie wächst allerdings auch nicht an. Die resultierende Minorität ist immer kleiner als die am Anfang existierende Minorität (Nowak et al., 1990). Das Modell ist demnach in der vorliegenden Form nicht in der Lage, die erfolgreiche Diffusion von Innovationen zu erklären, da hierbei die Minorität zur Majorität werden soll. Es kann jedoch so modifiziert werden, dass auch der Fall der Ausbreitung der Minorität innerhalb des Modells simuliert werden kann. Werden der Minorität nämlich abweichend von Latanés (1981) ursprünglichen Annahmen systematisch höhere Überzeugungswerte bzw. Unterstützungswerte zugeordnet, so sollte sie zur Majorität werden können. Im Falle von Innovationen ist es plausibel, eine höhere Überzeugungskraft für die Minderheit anzunehmen, da Innovationen in der Regel eine Verbesserung des bisher Existierenden darstellen. Dass der relative Vorteil eine wesentliche Eigenschaft einer Innovation ist, die deren Verbreitung erleichtert, wird auch in dem im nächsten Abschnitt behandelten Ansatz betont. Die Annahme höherer Überzeugungswerte einer Minorität im Vergleich zur Majorität ist auch mit Moscovicis (1980) Konversionstheorie konsistent. Unterstützende Befunde für die qualitativen Unterschiede von Minoritäts- und Majoritätseinfluss erbrachte eine Meta-Analyse von Wood, Lundgren, Ouelette, Busceme und Blackstone (1994).

Das Modell von Nowak, Szamrej und Latané (1990) ist ein gutes Beispiel dafür, dass einfache individuelle Prozesse komplexe Effekte auf der Gruppenebene hervorrufen können. In dem Modell wird aufgrund der auf eine Person wirkenden Überzeugung und Unterstützung deren momentane Einstellung bestimmt. Wirkt mehr Überzeugung als Unterstützung auf eine Person ein, so ändert diese ihre Einstellung. Das gleichzeitige Ablaufen mehrerer dieser recht einfachen individuellen Prozesse führt auf der Gruppenebene dazu, dass sich die Einstellungen ordnen. Es ist demnach nicht notwendig, einen ordnenden Prozess auf Gruppenebene anzunehmen. Zur Erklärung des Gruppenprozesses sind die individuellen Prozesse vollkommen ausreichend. Die auf Computersimulationen basierenden Schlussfolgerungen aus dem Modell wurden auch in empirischen Untersuchungen bestätigt (Latané & L'Herrou, 1996).

6.3 Eigenschaften der Innovation und die Bedeutung der Zeit im Diffusionsprozess

Die Diffusion von Innovationen aus soziologischer Sicht beschreibt Rogers in seinem Buch *Diffusion of Innovations* (1995). Rogers definiert Diffusion als den Prozess, durch den eine *Innovation* durch bestimmte *Kanäle* über die *Zeit* innerhalb eines *sozialen Systems* verbreitet bzw. kommuniziert wird. Da im folgenden nicht alle Aspekte des Diffusionsprozesses dargestellt werden können, beschränken wir uns auf Eigenschaften der Innovation und die Bedeutung der Zeit im Diffusionsprozess.

6.3.1 Eigenschaften der Innovation

Die Diffusion von Innovationen lässt sich durch eine logistische Wachstumsfunktion beschreiben, wobei sich die Geschwindigkeit der Verbreitung (i.e. die Diffusionsrate) zwischen einzelnen Innovationen unterscheidet. In Abbildung 3 sind zwei Diffusionskurven dargestellt. Kurve a beschreibt die Diffusion einer Innovation, die sich schnell verbreitet, während Kurve b die Diffusion einer sich langsam verbreitenden Innovation darstellt. Die Zeit ist auf der Abszisse abgetragen, auf der Ordinate wird der Anteil der Anwender der Innovation angezeigt. Aus den Kurven wird deutlich, dass sich Innovationen anfänglich nur langsam verbreiten. Die Geschwindigkeit, mit der sich Innovationen verbreiten, nimmt jedoch zu, bis die Hälfte der potentiellen Anwender die Innovation übernommen haben. Danach sinkt die Geschwindigkeit der Verbreitung wieder ab.

Bestimmte Charakteristika der Innovationen sollen Einfluss auf die Diffusionsrate haben. Diese lassen sich folgendermaßen zusammenfassen:

1. Relativer Vorteil: Dies ist das Ausmaß, in dem eine Innovation als besser wahrgenommen wird als die bisherigen Ideen oder Produkte. Der Vorteil kann sich auf wirtschaftliche, soziale oder psychologische Faktoren beziehen.
2. Kompatibilität: Dies ist das Ausmaß, in dem eine Innovation als übereinstimmend mit den bisherigen Werten, Erfahrungen und Bedürfnissen wahrgenommen wird. Eine Innovation, die mit den Werten eines sozialen Systems übereinstimmt, sollte schneller übernommen werden. Die Übernahme einer Innovation kann aber auch

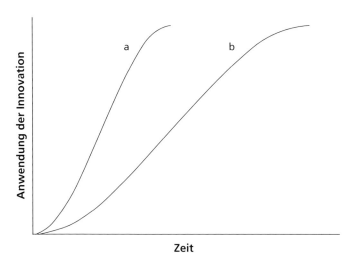

Abbildung 3: Zwei logistische Wachstumsfunktionen. Kurve a entspricht einer Innovation, die sich schnell verbreitet, Kurve b hingegen zeigt eine sich langsamer verbreitende Innovation.

die Übernahme eines neuen Wertesystems erfordern. Ein Beispiel dafür ist die Verbreitung von Kontrazeptiva in katholischen oder islamischen Ländern.

3. Komplexität: Dies ist das Ausmaß, in dem eine Innovation als schwierig zu verstehen und zu verwenden wahrgenommen wird. Je leichter eine Innovation zu verstehen ist, desto schneller sollte sie übernommen werden. Erfordert eine Innovation den Erwerb neuer Fähigkeiten, sollte sich dies negativ auf die Diffusionsrate auswirken.

4. Möglichkeit des Ausprobierens: Dies ist das Ausmaß, in dem eine Innovation vor ihrer Übernahme ausprobiert werden kann. Eine Innovation, die ausprobiert werden kann, sollte schneller übernommen werden, da dadurch Unsicherheit über die Funktionsweise und Unsicherheit über mögliche Risiken reduziert werden.

5. Möglichkeit zur Beobachtung: Dies ist das Ausmaß, in dem die Folgen und Ergebnisse einer Innovation für andere sichtbar sind. Eine Innovation, deren Folgen und Ergebnisse leicht zu beobachten sind, sollte schneller übernommen werden. Eine hohe Beobachtbarkeit soll die Diskussion über die Innovation fördern und so zu deren Verbreitung beitragen.

Besonders für den relativen Vorteil einer Innovation ist der Zusammenhang mit der Diffusionsrate gut gesichert. Der relative Vorteil war beispielsweise verantwortlich dafür, dass sich ein Produkt wie der Taschenrechner innerhalb weniger Jahre verbreitete, während sich Helme für Fahrradfahrer nur sehr langsam durchsetzten. Durch sinkende Preise erhöht sich der relative Vorteil einer Innovation. Ein Beispiel hierfür ist die Verbreitung von technischen Produkten wie Computer und Videorecorder.

6.3.2   Die Bedeutung der Zeit

Die Diffusion von Innovationen wird von Rogers als fünfstufiger Prozess betrachtet:

1. Wissen: Eine Person muss zuerst über Wissen bezüglich der Innovation verfügen. Dieses Wissen bezieht sich auf die Existenz und die Funktionsweise der Innovation.
2. Überzeugung (Persuasion): Die Person muss eine positive oder negative Einstellung bezüglich der Innovation ausbilden, sie muss überzeugt werden.
3. Entscheidung: Die Person unternimmt Schritte, die zu einer Entscheidung hinsichtlich Übernahme oder Ablehnung der Innovation führen.
4. Implementierung: Sollte die Person sich für die Innovation entschieden haben, so beginnt sie, diese anzuwenden.
5. Bestätigung: Nachdem eine Person sich für eine Innovation entschieden hat, sucht sie nach Bestätigung für ihre getroffene Entscheidung. Sie kann jedoch auch ihre getroffene Entscheidung umkehren, wenn sie Widersprüchliches über die Innovation erfährt.

Personen unterscheiden sich hinsichtlich der Geschwindigkeit, mit der sie die Stufen des Prozesses durchschreiten. Sie unterscheiden sich demnach auch bezüglich des Zeitpunktes, wann sie beginnen, eine Innovation anzuwenden. Sie können entsprechend in vier Kategorien, so genannte «Anwenderkategorien», eingeteilt werden. Es gibt (1) *frühe Anwender*, (2) die *frühe Mehrheit*, (3) die *späte Mehrheit* und (4) *Nachzügler*. Die Ersten, die eine Innovation übernehmen, werden als *frühe Anwender* bezeichnet, die Letzten sind entsprechend die *Nachzügler*. Diese Unterscheidung wurde das erste Mal in einer Untersuchung von Ryan & Gross (1943) getroffen. Diese untersuchten retrospektiv die Verbreitung einer neu gezüchteten Weizenart bei Landwirten im US-Bundesstaat Iowa in den Jahren 1928 bis 1941. Die Mitglieder der Kategorien unterschieden sich neben dem Zeitpunkt der Anwendung der neuen Weizenart auch auf anderen Dimensionen. Ryan & Gross fanden, dass die innovationsfreudigen Bauern über größere Farmen, ein höheres Einkommen und eine längere Ausbildung verfügten. Sie waren auch «kosmopolitischer», was durch die Häufigkeit ihrer Besuche in der größten Stadt Iowas (Des Moines) gemessen wurde.

Die Frage, warum die *frühen Anwender* die Innovation übernehmen, beantwortet die two-step flow Hypothese (Lazarsfeld, Berelson und Gaudet, 1944). Sie besagt, dass in einem ersten Schritt Information, durch Massenmedien vermittelt, zu den so genannten Meinungsführern fließt. Meinungsführer sind demnach Personen, die eine Innovation frühzeitig übernehmen. Der Einfluss und damit die eigentliche Verbreitung geschieht dann in einem zweiten Schritt durch direkte Kommunikation zwischen den Meinungsführern und deren Anhängern.

Valente (1996) weist darauf hin, dass der Zeitpunkt der Übernahme nicht nur aufgrund des gesamten sozialen Systems (beispielsweise alle Bauern in Iowa) beurteilt werden kann, sondern auch bezüglich des persönlichen Netzwerks. Ein Geschäftsmann, der sich vier Jahre nach Einführung des Mobiltelefons eines kaufte, übernahm diese Innovation im Vergleich zum Rest der Bevölkerung eher früh, verglichen mit anderen Geschäftsleuten jedoch eher spät. Personen besitzen unterschiedlich hohe Schwellen zur Übernahme von Innovationen. Diese Schwellen sollten über das persönliche Netzwerk einer Person definiert werden. Ein persönliches Netzwerk besteht dabei aus den direkten Verbindungen einer Person innerhalb eines sozialen Systems. Dies erscheint vernünftig, da eine Person wohl kaum in der Lage sein dürfte, ständig darüber informiert zu sein, wieviel Prozent des sozialen Systems eine Innovation bereits übernommen haben und diese Information zur Grundlage ihrer Entscheidung zu machen.

Implizit wird bei diesen Kategorisierungen die Annahme gemacht, dass Innovationen für alle Personen zur gleichen Zeit verfügbar und zugänglich sind. Bandura (1977) weist aber darauf hin, dass persönliche, soziale oder wirtschaftliche Unterschiede zwischen den Mitgliedern der Anwenderkategorien zumindest teilweise darauf zurückzuführen sind, wann eine Person zum ersten Mal mit einer Innovation konfrontiert wird. Bandura unterscheidet auch zwischen dem *Erwerb* und der *Anwendung* innovativen Verhaltens. Erwerb meint dabei, dass eine Person eine innovative Verhaltensweise durch Lernen am Modell in ihr Verhaltensrepertoire aufgenommen hat. Anwendung bedeutet, dass die Person das Verhalten auch zeigt. Der *Erwerb* einer Innovation ist nur eine notwendige und keine hinreichende Bedingung für die *Anwendung* dieses Verhaltens im Alltag. Auch bei technischen Innovationen kann zwischen dem Erwerb des Produktes und dessen Anwendung unterschieden werden.

Rogers (1995) beschreibt in seinem Modell den Prozess der Diffusion auf der Ebene von sozialen Systemen. Sein Hauptaugenmerk liegt dabei auf dem Ablauf des Prozesses und wie dieser Prozess beeinflusst werden kann, beispielsweise durch die Eigenschaften der Innovation. Individuelle Unterschiede berücksichtigt er in der Form, dass er Personen nach dem Zeitpunkt der Übernahme einer Innovation in verschiedene Anwendergruppen einteilt. Eine solche Einteilung hat allerdings keinen Erklärungswert dafür, *warum* sich Personen hinsichtlich des Zeitpunktes der Übernahme einer Innovation unterscheiden.

7 Fazit

Bei einer Integration der hier berichteten theoretischen Ansätze und empirischen Befunde der Erforschung des Prozesses von der kreativen Idee bis hin zur erfolgreichen Diffusion einer Innovation, kommt man zu folgendem Fazit: Aus der in diesem Kapitel verfolgten sozialpsychologischen Perspektive sind vor allem die intrinsische Motivation (Amabile, 1983b), die Konfrontation mit einer Minderheit, deren Sichtweise von der eigenen abweicht (Nemeth, 1986), und eine divergente, kognitive Prozesse begünstigende, positive Stimmung (Isen, 1987) die wesentlichen Determinanten der *individuellen* Kreativität. Obwohl alle diese Einflüsse bei Gruppenarbeit potentiell in stärkerem Maße gegeben sein sollten als bei der Einzelarbeit, weisen die empirischen Befunde eindeutig und unzweifelhaft auf eine Unterlegenheit von Gruppen bei der Produktion kreativer Ideen hin. Ursache dieser Unterlegenheit ist vermutlich eine Störung der kognitiven Prozesse durch die gleichzeitige Rezeption und Produktion von Ideen (Diehl & Stroebe, 1991). Für Kreativität und Innovation im sozialen Kontext einer Organisation sind nach West (1990) folgende Bedingungen förderlich: motivierende Visionen, sichere Partizipation, qualitätsbewusstes Klima und normative Unterstützung für Innovationen. Weitgehend deckungsgleich damit sind die von Amabile (1988) genannten Bedingungen Motivation zur Innovation, Ressourcen im Aufgabenbereich und Fähigkeiten im Innovationsmanagement. Für die erfolgreiche Diffusion eines innovativen Produkts oder eines innovativen Verfahrens ist nach Rogers (1995) vor allem der relative Vorteil der betreffenden Innovation im Vergleich zu den bisherigen Produkten oder Verfahren verantwortlich. Darüber hinaus begünstigen weitere Eigenschaften der Innovation deren Ausbreitung von einer Minderheit auf die Mehrheit einer Gesellschaft (Moscovici, 1976; Nowak et al. 1990). Nach Rogers sind dies eine hohe Kompatibilität mit den bestehenden Verhältnissen und eine geringe Komplexität der Innovation selbst sowie die Möglichkeit potentieller Anwender zur Beobachtung und zum Ausprobieren der Innovation.

Die hier referierte Forschung zeigt also, dass es nicht *die* Theorie der Kreativität und Innovation gibt. Die erwähnten unterschiedlichen Theorien und Modelle können jedoch Wege aufzeigen, wie die Rahmenbedingungen des Prozesses von der kreativen Idee zur erfolgreichen Diffusion von Innovationen verbessert werden können. Dabei sollte aber beachtet werden, dass nicht nur sozialpsychologische Variablen wirksam sind, sondern Kreativität, Innovation und Diffusion von weiteren im Individuum, in der Gruppe und in der Gesellschaft wirksamen psychologischen und soziologischen Variablen beeinflusst werden. Weiterhin sollte gerade bei diesem Thema bedacht werden, dass nicht zuletzt die Forschung immer im Fluss ist und hier nur der derzeit aktuelle Stand berichtet werden kann. Wissenschaftliche Kreativität führt zu innovativen Theorien und Methoden und damit möglicherweise zu Forschungsergebnissen, die unser derzeitiges Verständnis von Kreativität und Innovation verändern werden.

Literatur

Amabile, T. M. (1979). Effects of external evaluation on artistic creativity. *Journal of Personality and Social Psychology, 37*, 221–233.

Amabile, T. M. (1982a). Children's artistic creativity: Detrimental effects of competition in a field study setting. *Personality and Social Psychology Bulletin, 8*, 573–578.

Amabile, T. M. (1982b). Social psychology of creativity: A consensual assessment technique. *Journal of Personality and Social Psychology, 43*, 997–1013.

Amabile, T. M. (1983a). Social psychology of creativity: A componential conceptualization. *Journal of Personality and Social Psychology, 45*, 357–376.

Amabile, T. M. (1983b). *The social psychology of creativity*. New York: Springer.

Amabile, T. M. (1988). A model of creativity and innovation in organizations. In: B. M. Staw & L. L. Cummings (Eds.), *Research in organizational behavior* (Vol. 10, pp. 123–167). Greenwich: JAI Press.

Amabile, T.M. (1996). *Creativity in context: Update to the social psychology of creativity*. Boulder: Westview.

Amabile, T. M. & Gitomer, J. (1984). Children's artistic creativity: Effects of choice in task materials. *Personality and Social Psychology Bulletin*, 10, 209–215.

Amabile, T. M. (1985). Motivation and creativity: Effects of motivational orientation on creative writers. *Journal of Personality and Social Psychology*, 48, 393–399.

Amabile, T. M., Hennessey, B. A. & Grossman, B. S. (1986). Social influences on creativity: The effects of contracted-for reward. *Journal of Personality and Social Psychology*, 50, 14–23.

Amabile, T. M., Conti, R., Coon, H., Lazenby, J. & Herron, M. (1996). Assesing the work environment for creativity. *Academy of Management Journal, 39*, 1154–1184.

Anderson, N. R. & West, M. A. (1994). *The Team Climate inventory: Manual and user's guide, assessment services for employment*. Windsor, UK: NFER-Nelson Publishing Company.

Anderson, N. R. & West, M. A. (1998). Measuring climate for work group innovation: Development and validation of the team climate inventory. *Journal of Organizational Behavior, 19*, 235–258.

Bain, P. G., Mann, L. & Pirola-Merlo, A. (2001). The innovation imperative: The relationship between team climate, innovation, and performance in research and development teams. *Small Group Research, 32*, 55–73.

Bandura, A. (1977). *Social leraning theory*. Englewood Cliffs: Prentice-Hall.

Bower, G. H. (1981). Mood and memory, *American Psychologist*, 36, 129–148.

Brodbeck, F. C., Anderson, N. R. & West, M. A. (2000). *Das Teamklima-Inventar*. Göttingen: Hogrefe.

Deci, E. (1975). *Intrinsic Motivation*. New York: Plenum.

Diehl, M. & Stroebe, W. (1987). Productivity loss in brainstorming groups: Toward the solution of a riddle. *Journal of Personality and Social Psychology*, 53, 497–509.

Diehl, M. & Stroebe, W. (1991). Productivity loss in idea-generating groups: Tracking down the blocking effect. *Journal of Personality and Social Psychology*, 61, 392–403.

Eisenberger, R. & Cameron, J. (1996). Detrimental effects of reward: Reality or Myth? *American Psychologist*, 51, 1153–1166.

Eisenberger, R. & Armeli, S. (1997). Can salient reward increase creative performance without reducing intrinsic creative interest? *Journal of Personality and Social Psychology*, 72, 652–663.

Frey, D., Brodbeck, F. C. & Schulz-Hardt, S. (1999). Ideenfindung und Kreativität. In: C. G. Hoyos & D. Frey (Hrsg.), *Arbeits- und Organisationspsychologie* (S. 122–136). Weinheim: Psychologie Verlags Union.

Gallupe, R. B., Bastianutti, L. M. & Cooper, W. H. (1991). Unblocking brainstorms. *Journal of Applied Psychology*, 76, 137–142.

Guliford, J. P. (1956). The structure of intellect. *Psychological Bulletin, 53*, 267–293.

Hirt, E. R., Levine, G. M., McDonald, H. E. & Harackiewicz, J. M. (1996). Processing goals, task interest, and the mood-performance relationship: A mediational analysis. *Journal of Personality and Social Psychology*, 71, 245–261.

Hirt, E. R., Levine, G. M., McDonald, H. E. & Melton, R. J. (1997). The role of mood in quantitative and qualitative aspects of performance: Single or multiple mechanisms? *Journal of Experimental Social Psychology*, 33, 602–629.

Isen, A. M. (1984). Toward understanding the role of affect in cognition. In: R. Wyer & T. Strull (Eds.), *Handbook of social cognition*. Hillsdale: Erlbaum.

Isen, A. M. (1987). Positive affect, cognitive processes, and social behavior. In: L. Berkowitz (Ed.), *Advances in Experimental Social Psychology*, Vol. 20, 203–253. New York: Academic Press.

Isen, A. M., Daubman, K. A. & Gorgoglione, J. M. (1987). The influence of positive affect on cognitive organization: Implications for education. In: R. Snow & M. Farr (Eds.), *Aptitude, learning, and instruction: Affective and conative factors*. Hillsdale: Erlbaum.

Isen, A. M., Daubman, K. A. & Nowicki, G. P. (1987). Positive affect facilitates creative problem solving. *Journal of Personality and Social Psychology*, 52, 1122–1131.

Lamm, H. & Trommsdorff, G. (1973). Group versus individual performance on tasks requiring ideational proficiency (brainstorming): A review. *European Journal of Social Psychology*, 3, 361–388.

Latané, B. (1981). The psychology of social impact. *American Psychologist*, 36, 343–356.

Latané, B. & Harkins, S. (1976). Cross-modality matches suggest anticipated stage fright a multiplicative power function of audience size and status. *Perception and Psychophysics*, 20, 482–488.

Latané, B.& Wolf, S. (1981). The social impact of majorities and minorities. *Psychological Review*, 88, 438–453.

Latané, B. & L'Herrou, T. (1996). Spatial clustering in the conformity game: Dynamic social impact in electronic groups. *Journal of Personality and Social Psychology*, 70, 1218–1230.

Latané, B. & Nowak, A. (1997). Self-organizing social systems: Necessary and sufficient conditions for the emergence of clustering, consolidation, and continuing diversity. *Progress in Communication Sciences*, 13, 43–74.

Lazarsfeld, P. F., Berelson, B. & Gaudet, H. (1944). *The people's choice*. New York: Duell, Sloan and Pearce.

Martin, L. L., Ward, D. W., Achee, J. W. & Wyer, R. S., Jr. (1993). Mood as input: People have to interpret the motivational implications of their moods. *Journal of Personality and Social Psychology*, 64, 317–326.

Martin, L. & Stoner, P. (1996). Mood as input: What we think about how we feel determines how we think. In: L. L. Martin & A. Tesser (Eds.), *Striving and feeling: Interactions among goals, affect, and self-regulation*. Hillsdale: Erlbaum.

McGrath, J. E. (1978). *Groups: Interaction and performance*. Englewoods Cliffs: Prentice-Hall.

Moscovici, S. (1976). *Social influence and social change*. London: Academic Press.

Moscovici, S. (1979). *Sozialer Wandel durch Minoritäten*. München: Urban & Schwarzenberg.

Moscovici, S. (1980). Toward a theory of conversion behavior. In: L. Berkowitz (Ed.), *Advances in experimental social psychology*, Vol. 13, pp. 209–230. New York: Academic Press.

Nemeth, C. J. (1986). Differential contributions of majority and minority influence. *Psychological Review*, 93, 23–32.

Nemeth, C. J. & Wachtler, J. (1983). Creative problem solving as a result of majority vs. minority influence. *European Journal of Social Psychology*, 13, 45–55.

Nemeth, C. J. & Kwan, J. L. (1985). Originality of word associations as a function of majority vs. minority influence. *Social Psychology Quarterly*, 48, 277–282.

Nowak, A., Szamrej, J. & Latané, B. (1990). From private attitude to public opinion: A dynamic theory of social impact. *Psychological Review*, 97, 362–376.

Nowak, A. & Latané, B. (1994). Simulating the emergence of social order from individual behavior. In: N. Gilbert & J. Doran (Eds.), *Simulating societies: The computer simulation of social processes*. London: University College London Press.

Osborn, A. F. (1953). *Applied imagination*. New York: Scribner.

Osborn, A. F. (1957). *Applied imagination*. (rev. ed.). New York: Scribner.

Reichers, A. E. & Schneider, B. (1990). Climate and culture: An evolution of constructs. In: B. Schneider (Ed.), *Organizational Climate and Culture*. San Francisco: Jossey Bass.

Rogers, E. M. (1995). *Diffusion of Innovations*. (4 ed.). New York: Free Press.

Ryan, B. & Gross, N. C. (1943). The diffusion of hybrid seed in two Iowa communities. *Rural Sociology*, 8, 15–24.

Schumpeter, J. A. (1912). *Theorie der wirtschaftlichen Entwicklung*. Leipzig: Duncker und Humblot.

Simonton, D. K. (1988). *Scientific genius: A psychology of science*. Cambridge: Cambridge University Press.

Smith, C. M., Tindale, R. S. & Dugoni, B. L. (1996). Minority and majority influence in freely interacting groups: Qualitative versus quantitative differences. *British Journal of Social Psychology*, 35, 137–149.

Steiner, I. D. (1972). *Group process and productivity*. New York: Academic Press.

Stroebe, W. & Frey, B. S. (1982). Self-interest and collective action: The economics and psychology of public goods. *British Journal of Social Psychology*, 21, 121–137.

Valacich, J. S., Dennis, A. R. & Nunamaker, J. F. (1992). Group size and anonymity effects on computer-mediated idea generation. *Small group research*, 23, 49–73.

Valente, T. W. (1996). Social network thresholds in the diffusion of innovations. *Social Networks*, 18, 69–89.

West, M. A. (1990). The social psychology of innovations in groups. In: M. A. West & J. L. Farr (Eds.), *Innovation and creativity at work : Psychological and organizational strategies* . Chichster: Wiley.

West, M. A. & Anderson, N. R. (1996). Innovation in top management teams. *Journal of Applied Psychology*, 81, 680–693.

Wood, W., Lundgren, S., Ouelette, J. A., Busceme, S. & Blackstone, T. (1994). Minority Influence: A meta-analytic review of social influence processes: *Psychological Bulletin*, 115, 323–345.

Kulturvergleichende Sozialpsychologie

Gisela Trommsdorff

Was den Gründern der Sozialpsychologie (Allport, 1924; Asch, 1952; McDougall, 1908) noch selbstverständlich war, die Einbeziehung sozialer Bedingungen in die psychologische Theorienbildung, ist mit der vorwiegend kognitiven Sichtweise der letzten Jahrzehnte zunehmend aus dem Auge geraten. Kritiker haben immer wieder das Soziale der Sozialpsychologie (vgl. Himmelweit & Gaskell, 1990) angemahnt. In diesem Zuge werden neuerdings auch Zweifel an einer sozialpsychologischen Theorienbildung artikuliert, die psychologische Prozesse isoliert vom *kulturellen* Kontext untersucht: «Given its original orientation to social context, social psychology could have come to recognize that culture is the most basic and far-reaching context in which psychological processes are engaged and thus formed» (Fiske, Kitayama, Markus & Nisbett, 1998, S. 919). Diese Kritik betrifft zugleich den Anspruch der Sozialpsychologie auf universelle Gültigkeit ihrer Theorien und empirischen Befunde (auch wenn es sich um Theorien «mittlerer Reichweite» und begrenzter Phänomenbereiche handelt), da psychologische Forschung, die dem Phänomen «Kultur» Rechnung trägt, die Defizite von lediglich im westlichen Kulturraum und an selegierten Stichproben (weiße Mittelschichtprobanden) erprobten Verfahren offen legt.

1 Kultur und Sozialpsychologie

1.1 Kulturpsychologie und Kulturvergleich

Die Frage, ob eine kulturelle Perspektive zur Verbesserung sozialpsychologischer Theorieansätze beiträgt, lässt sich unterschiedlich aufgreifen. Die Perspektive mit dem schwächeren Kulturbezug, die so genannte «kulturvergleichende Psychologie», berücksichtigt den kulturellen Kontext, in dem die zu untersuchenden sozialpsychologischen Phänomene auftreten, nur als formale Kategorie ohne eigentliche psychologische Relevanz. Zusammenhänge zwischen Kultur und psychologischen Prozessen werden hier nicht weiter thematisiert. Den stärksten Kulturbezug hat die so genannte «kulturpsychologische» Beschreibung sozialpsychologischer Phänomene, die Mensch und kulturelle Umwelt als kohärente Systemeinheit begreift. In Aufnahme eines Vorschlags von Pike (1967) und in Anlehnung an die linguistische Unterscheidung von Phon*etik* und

Phon*emik* werden die beiden Zugangsweisen auch als *etic*- und *emic*-Ansätze voneinander unterschieden: während Vertreter des kulturvergleichenden (etic-) Ansatzes versuchen, einen Standpunkt außerhalb der untersuchten Kulturen einzunehmen und dabei primär die Aufdeckung von *universellen* Verhaltensmerkmalen verfolgen, geht es beim kulturpsychologischen (emic-) Ansatz darum, einen Standpunkt innerhalb der jeweils untersuchten Kultur zu gewinnen, um so *kulturspezifische* Verhaltensmerkmale aufzudecken. Beide Perspektiven lassen sich allerdings sinnvoll verbinden, wenn man «Kultur» als einen psychologischen Variablenkomplex betrachtet, der im Sinne eines quasi-natürlichen Experimentes eine Variation von theoretisch postulierten relevanten Bedingungen erlaubt, um deren Einfluss auf psychologische Phänomene zu prüfen. «Kulturvergleich» ist dann eine *Methode*, um

– Auftreten, Entstehungsbedingungen und Wirkungen von psychologischen Phänomenen systematisch zu untersuchen, darauf bezogen universelle Theorien auf ihre Gültigkeit zu prüfen und ethnozentrische Voreingenommenheiten aufzudecken,
– die in einer Kultur konfundierten Variablen durch systematischen Vergleich mit anderen Kulturen zu entkonfundieren,
– neue Variablen aufzudecken und in ihrem Einfluss zu isolieren,
– die in einer Kultur gegebene beschränkte Varianz durch Vergleich mit anderen Kulturen zu erhöhen, um die Hypothesen strengeren Tests zu unterziehen,
– psychologisch relevante Unterschiede und Gemeinsamkeiten verschiedener Kulturen zu beschreiben und zu erklären,
– die Brauchbarkeit von standardisierten Methoden in verschiedenen Kulturen und die ökologische Validität von Verfahren zu prüfen, d. h. die Wahl des Untersuchungsgegenstandes und der Methoden (Wahl der Instrumente; Selektion von Items und Reizen für die Verfahren; Durchführung), die Definition der theoretischen Konzepte und die Interpretation der Daten kritischer zu reflektieren, sowie auch um
– Phänomene bei Begegnungen von Angehörigen verschiedener Kulturen zu untersuchen.

Um psychologisch relevante Effekte von kulturellen Bedingungen auf soziales Verhalten zu untersuchen, sind daher zunächst Studien, die von quasi-natürlichen experimentellen Bedingungen Gebrauch machen, wichtig. Gelegenheit dafür boten z. B. Untersuchungen in Ostdeutschland vor und nach dem Fall der Mauer und der deutsch-deutschen Vereinigung (Trommsdorff, 1994). Des Weiteren sind – wie das für die experimentelle sozialpsychologische Forschung generell zutrifft – Replikationsstudien erforderlich. Diese sind in der kulturvergleichenden Sozialpsychologie besonders selten. Zudem wären experimentell kontrollierte Kulturkontexte wünschenswert. Dies ist im eingeschränkten Sinne durchaus möglich, wie das berühmte Feldexperiment von Sherif (1936) bei systematischer Manipulation von sozialen Normen und zufälliger Zuordnung von Probanden zeigt. Und schließlich sind beim systematischen Vergleich verschiedener Kulturen sehr gute Kulturkenntnisse unerlässlich, schon allein um die Validität der verwendeten Verfahren (vor allem die funktionale Äquivalenz der Methoden) zu sichern und die Ergebnisse angemessen zu interpretieren. Die Einbeziehung solcher Kulturkenntnisse kann ethnozentrischen Verzerrungen vorbeugen, z. B. auf Grundlage einer «indigenous psychology», d. h. durch Berücksichtigung unterschiedlicher ethnospezifischer Konzepte, die Kulturen für die ihnen jeweils angemessen erscheinende Beschreibung und Erklärung psychologischer Phänomene entwickelt haben und die wirksam weiterbestehen. Darüber hinaus kann sie eine Integration kulturpsychologischer (emic) und kulturvergleichender (etic) Zugänge gewährleisten, wie sie vielfach von extremen Vertretern beider Positionen (die gleichzeitig eine Opposition von nomothetischer und ideographischer Methode damit verbinden), nicht für möglich gehalten wird. Durch die Einbeziehung von Kulturkenntnissen lassen sich sowohl theoretische wie methodische Verbesserungen vornehmen, die dem Ziel einer «sozialen» bzw. hier *kulturellen* Sozialpsychologie, menschliches Denken und Handeln als einen Teil von sozialen und kulturellen Prozessen zu untersuchen, näher kommen.

1.2 Zur Geschichte einer kulturbezogenen Sozialpsychologie

Nachdem Wilhelm Wundt, der Begründer der institutionalisierten Experimentalpsychologie mit seiner zehnbändigen Völkerpsychologie (1900–1920) die zunächst von Lazarus und Steinthal durch die Herausgabe der «Zeitschrift für Völkerpsychologie und Sprachwissenschaft» (1860) etablierte Richtung einer «sozial- und kulturpsychologischen» Psychologie weitergeführt hat, war damit auch schon das vorläufige Ende dieses Ansatzes in der Psychologie eingeleitet (vgl. Chakkarath, 2000; Trommsdorff, 1986). Wundts Schüler Hellpach hat in seinem Entwurf einer Sozialpsychologie zwar eine Berücksichtigung völkerpsychologischer Ansätze versucht, die jedoch keine Beachtung fand und erst mit der modernen ökopsychologischen Forschung wieder entdeckt wurde. Näher spezifiziert wurde die Bedeutung des *Kontextes* psychologischer Prozesse vor allem im feldtheoretischen Ansatz von Lewin (1951), der damit auch die Basis für eine kulturvergleichende Sozialpsychologie im weiteren Sinne geliefert hat, allerdings ohne auf die im engeren Sinne *kulturellen* Bedingungen der Umwelt abzuheben. Von einer ganz anderen Seite entwickelte sich erst in den letzten Jahrzehnten ein Interesse der Psychologie an der kulturellen Dimension psychischer Phänomene. Dass individuelle mentale Prozesse in der Aneignung von interpersonalen Prozessen zu sehen sind und dass Denken daher im Kulturkontext eingebettet ist, hat Vygotsky (1930–1935/1978) aus seinen entwicklungspsychologischen Untersuchungen abgeleitet. Michael Cole (1996) und Jaan Valsiner (1999) haben diese Erkenntnis in den achtziger Jahren in die USA transferiert, von wo sie wieder zurück nach Europa gelangt ist. Hier hat vor allem Jahoda (1992) dazu beigetragen, die Kulturpsychologie zu einer eigenständigen Disziplin zu entwickeln. Allerdings hat die Kulturpsychologie bisher die sozialpsychologische Forschung kaum grundlegend beeinflusst.

Die in den letzten Jahren von einigen Sozialpsychologen konstatierte «Krise der Sozialpsychologie» (vgl. Rijsman & Stroebe, 1989) kann als Ergebnis einer individuumszentrierten kognitiven Sozialpsychologie gesehen werden, gegenüber der nun die soziale Einbindung von individuellem Verhalten betont wird (vgl. Graumann, 1996; Pepitone, 1989). Diese Überlegungen wurden jedoch nicht für eine *kulturvergleichende sozialpsychologische* Forschung nutzbar gemacht, vielleicht weil die weiter gehende Auffassung, wonach auch die sozialpsychologische Theorienbildung selbst als soziale Konstruktion zu verstehen ist, zugleich den universellen Anspruch nomothetischer Ansätze in Frage stellt.

Eine kulturvergleichende Sozialpsychologie hat auch eine *kulturpsychologische* Aufgabe zu bearbeiten, nämlich eine theoretische Auseinandersetzung mit den psychologisch bedeutsamen Merkmalen des kulturellen Kontextes, wie dies Jahoda (1992) oder Cole (1996) gelingt. Diese Autoren gehen davon aus, dass psychische Phänomene nicht vom Kulturkontext zu trennen sind. Durch soziale Interaktion werden soziale Prozesse initiiert und weitergeführt, die sowohl aus dem Kulturkontext heraus entstehen als auch ihn selbst mit beeinflussen. Allerdings findet diese Annahme in der kulturvergleichenden Forschung wenig Anklang, wenn diese sich als eine experimentelle Methode für die Variation quasi-natürlicher Kontexte außerhalb des Individuums versteht, und beim Vergleich von Stichproben aus verschiedenen Kulturen Universalien testet, ohne die Besonderheiten dieser Kulturen unter theoretischer Zuordnung zu psychologischen Konzepten zu spezifizieren.

Ein Umdenken in der Sozialpsychologie ist heute noch nicht in Sicht. Dies wird schon deutlich an dem Stellenwert von kulturvergleichender Forschung in einschlägigen Lehrbüchern der Sozialpsychologie (jeweils ein Kapitel in Gilbert, Fiske & Lindzey, 1998 und in Higgins & Kruglanski, 1996). Eine der wenigen Ausnahmen ist das Lehrbuch «Psychology» von David Myers (1998), das kulturelle Faktoren in allen Kapiteln explizit mit behandelt und dabei u. a. von den Aktivitäten der «International Association of Cross-Cultural Psychology» profitiert. Allerdings wächst die Beachtung von Kultur als einem für sozialpsychologische Prozesse besonders wichtigen Faktor durch Forscher, die in mehr als einer Kultur aufgewachsen und vielleicht eher für ethnozentrische Voreingenommenheiten sensibel sind. Wissenschaftler aus solchen Kulturen, zu denen die Mehrzahl der Weltbevölkerung gehört, dem nichtamerikanischen und nichteuropäischen Kontext, haben inzwischen Untersuchungen durchgeführt, die Grenzen der «White American Psychology» demonstrieren. Besonders fruchtbar sind die Arbeiten von Psychologen mit asiatischem Kulturbezug, was Fiske et al. (1998) in ihrem Handbucharticle veranlasst, systematisch eine westliche «independente» einer asiatischen «interdependenten» Mentalität gegenüber zu stellen. Dass die kulturvergleichende Forschung in den letzten Jahren entscheidend durch Studien aus Süd- und Ostasien gewonnen hat, machen zahlreiche Sammelbände (vgl. Bond, 1988a, 1996; Kao & Sinha, 1997; Pandey, Sinha & Bhawuk, 1996) deutlich. In der Gründung eigener Fachzeitschriften (z. B. Asian Journal of Social Psychology) oder dem Zusammenschluss in regionalen Fachverbänden dokumentiert sich, dass asiatische Psychologen ihren besonderen Beitrag erkennen und verstärken wollen.

Gegenwärtig ist die weitere Entwicklung einer kulturvergleichenden Sozialpsychologie unklar. Einerseits geht mit der Kritik am «mainstream» eine Hinwendung zu kulturpsychologischen Ansätzen einher, die eine «indigene» Psychologie unter Einbeziehung lokaler Kulturkenntnisse favorisieren. Andererseits werden auch ethnozentrische Grenzen bei einer regionalisierten kulturspezifischen Psychologie deutlich. Bei einer *kulturvergleichenden* Methode, die *Kulturspezifika* mit einbezieht, ist daher am ehesten zu erwarten, dass die Probleme einer jeweils einseitigen Vorgehensweise kontrolliert und balanciert werden können.

2 Universalien und Kulturspezifika

Zahlreiche kulturvergleichende Studien haben die Grenzen der westlichen «mainstream»-Sozialpsychologie deutlich gemacht. Wenn man davon ausgeht, dass kulturelle Faktoren dazu beitragen, Verhalten zu erklären und vorherzusagen, stellt sich die Frage nach den kulturinvarianten und kulturspezifischen Phänomenen und Prozessen.

2.1 Universalien

Universalien werden häufig in *biologischen* Faktoren gesehen, während *kulturelle* Faktoren als variabel gelten. In Bezug auf psychologische Prozesse heißt das, dass für sensumotorische Bereiche die wenigsten und für soziales Verhalten die meisten Kulturunterschiede auftreten. Mit einer Dichotomisierung von physischen und mentalen Phänomenen werden jedoch Wechselbeziehungen zwischen Kultur und Biologie ignoriert (Worthman, 1992).

Aus evolutionstheoretischer Perspektive sind Universalien in allen Strategien der Maximierung des Reproduktionserfolges zu sehen. Typische Strategien sind z. B. auch Partnerwahl oder Hilfeverhalten. Hier wird angenommen, dass die genetische Ausstattung kulturelle Unterschiede im Verhalten insofern bewirken kann, als Menschen optimale Strategien in dem gegebenen kulturellen Kontext lernen. Bei dieser Theorie besteht allerdings das Problem, wie weit die empirische Prüfung gehen kann.

Aus einer ganz anderen Perspektive lassen sich universell wichtige Themen sehen, wie die Abgrenzung von Selbst und Anderen, Geschlechtsidentität, Reife, Verwandtschaftsbeziehungen, ethnische Zugehörigkeit, Handlungsverursachung, Gleichheit und Ungleichheit, Natur und Kultur, Autonomie und Verbundenheit, Kooperation und Konflikt. Aus kulturpsychologischer Sicht interessiert dann, wie diese Themen hinsichtlich ihrer Bedeutung und Handlungsrelevanz interkulturell variieren (vgl. Shweder, 1982).

Universalien lassen sich auch in der Ausstattung des Menschen mit solchen Fähigkeiten sehen, durch die eigene Grundbedürfnisse erfüllt werden können. Das sind biologische und soziale Fähigkeiten, deren Entstehung und Ausprägung kulturspezifisch variieren. Danach müssten Grundbedürfnisse (z. B. nach Bindung, Klarheit, Sicherheit, Konsistenz, Kontrolle) jeweils kultur- und situationsspezifisch ausgeformt und unterschiedlich wirksam werden. So sind auf der Grundlage der biologisch begründeten Bindungstheorie empirisch prüfbare Hypothesen für kulturspezifische Einflüsse auf soziale Interaktionen und auf die Organisation von Emotionen (und damit verbundene interne «Arbeitsmodelle») sowie universelle Zusammenhänge zwischen Bindungsqualität und Sozialverhalten, einschließlich der Regulation von Emotionen, ableitbar (vgl. Grossmann, in diesem Band).

Das universell anzunehmende Bedürfnis nach Klarheit und Ordnung müsste mit einer universell nachweisbaren Tendenz zur Kategorisierung und selektiven Informationsverarbeitung zusammenhängen. Allerdings bestehen erhebliche kulturelle Unterschiede darin, welche Kategorien gewählt werden, welche Bedeutung diese haben und wie unverrückbar deren Grenzen sind. Es bestehen aber auch Kulturunterschiede in der Qualität von Ordnungsstrukturen, z. B. in Bezug auf Konsistenz. So kann in ostasiatischen Kulturen eine in westlichen Kulturen «störende» Inkonsistenz (zwischen Aussagen oder auch Einstellungen und Verhalten) durchaus als «konsistent» gelten (vgl. Choi & Nisbett, 1999).

2.2 Zur Konzeptualisierung von Kulturmerkmalen: Kultur als Umwelt und Kultur als Bedeutungssystem

Seit Jahrzehnten bemühen sich Sozialwissenschaftler um eine brauchbare Konzeptualisierung von Kultur (vgl. Kroeber & Kluckhohn, 1952; Shweder & LeVine, 1984). Im Folgenden werden wir nicht eine weitere Definition von Kultur versuchen, sondern zwei Auffassungen gegenüberstellen: Kultur als von Menschen gemachte Umwelt mit objektiven Produkten und subjektiven Elementen (Normen, Werte etc.) (vgl. Triandis, 1988) und Kultur als Denken und Handeln (Cole, 1996; Jahoda, 1992).

Welcher Auffassung auch immer man den Vorzug gibt: Für eine psychologische Theorienbildung ist ein Kulturbegriff im Sinn von Namen und Orten («Adressen») unbefriedigend, also auch die Aussage, dass sich Angehörige von Kultur A und von Kultur B in bestimmten Merkmalen, wie Sprache, Religion, politischer Struktur etc. unterscheiden. Vielmehr ist erforderlich, Kulturen als theoretische Variable mit spezifischen *psychologischen Merkmalen* zu konzeptualisieren. Dann erst können interkulturelle Differenzen systematisiert und für psychologische Theorienbildung nutzbar gemacht werden. Für psychologische Untersuchungen erscheint es daher sinnvoll, historische, ökologische und soziale Merkmale zwar zunächst als Merkmale kultureller Variation einzuordnen, aber für einen theoretisch fundierten Zugang die psychologisch relevanten Variablen zu bestimmen, die in der betreffenden Kultur eine gemeinsame subjektive Bedeutung (shared meaning) haben. Dann ergibt sich die Frage, ob Kultur als *Kontext* von Handeln oder als *Merkmal* von Handeln gesehen werden kann. Diese Frage thematisiert die Natur der Beziehungen zwischen Kultur und Handeln und konkretisiert, nach welchen theoretisch brauchbaren Kriterien sich kulturelle Differenzen im Verhalten ordnen lassen.

Auf der Grundlage der erstgenannten Sichtweise haben Studien einen fruchtbaren Zugang eröffnet, die von einem öko-psychologischen Ansatz ausgehen und Verhalten als Ergebnis der Auseinandersetzung mit ökologischen Umweltbedingungen interpretieren (vgl. Whiting & Whiting, 1975). In Weiterführung dieses Ansatzes hat Berry (1976) durch systematische kulturvergleichende Studien kulturelle Unterschiede in kognitiven Stilen (Feldabhängigkeit vs. -unabhängigkeit), im Sozialverhalten (Kooperation vs. Konflikt) oder in der Kindererziehung (Konformität vs. Selbständigkeit) nachgewiesen. Diese Unterschiede lassen sich als Anpassungsleistung an unterschiedliche ökologische Anforderungen einordnen. So werden in bäuerlichen Kulturen eher Anforderungen an Gehorsam und Einordnung des Einzelnen in die Gruppe gestellt, während in Jägerkulturen individuelle Leistung und Selbständigkeit prämiert werden. Der zugrunde liegende theoretische Rahmen beruht auf der Annahme, dass menschliches Verhalten plastisch ist und sich den gegebenen ökologischen Anforderungen über Lernprozesse anpasst (Trommsdorff, in Druck; Trommsdorff & Dasen, 2001).

Aufschlussreich sind auch Versuche, eine Systematisierung von Kulturen und den in einer Kultur üblichen Verhaltensmustern gemäß psychologischen Merkmalen von Sozialisation vorzunehmen. So wurden die Human Relations Area Files (HRAF, angelegt von Murdock 1937), die aus zahlreichen traditionellen und relativ homogenen Kulturen eine Vielfalt von Dokumenten und Zeugnissen einheimischer und auswärtiger Beobachter enthalten, u. a. unter der Frage ausgewertet, welche Erziehungspraktiken jeweils vorherrschen (kontrollierend, streng, warm), um zu prüfen, ob und wie diese Erziehungspraktiken mit Indikatoren von Aggressivität in Zusammenhang stehen (Rohner, 1975). Zwar konnten schon aufgrund des speziellen Datenmaterials hier nicht die vermittelnden Prozesse des Lernens (und zu erwartende Interaktionseffekte) untersucht werden, jedoch wurden systematische Zusammenhänge zwischen elterlichem Erziehungsstil und beobachtbarem Sozialverhalten in den verschiedensten Kulturgruppen festgestellt.

Ein Problem bei der Sichtweise, Kulturen schlicht als Kontexte zu betrachten, besteht darin, die Wechselwirkungen zwischen Individuum und Kultur zu ignorieren. Für Kulturpsychologen sind diese Wechselwirkungen jedoch zentral bedeutsam: Denken und Handeln sind mit Kultur untrennbar verbunden (Bruner, 1996). Auch wenn es zunächst nahe liegt, den ökologischen Ansatz im Sinne des klassischen Kulturvergleichs zu verstehen (Kultur als «unabhängige» Variable), zeigen vor allem davon ausgehende neuere Ansätze zur «developmental niche» von Super und Harkness (1997), wie man unter Berücksichtigung kultureller Besonderheiten (z. B. subjektive Theorien von Kulturangehörigen) kulturspezifische Aussagen machen kann, die psychologische Prozesse und Kultur nicht unabhängig voneinander betrachten.

Aus psychologischer Sicht erscheint ein Zugang besonders fruchtbar, der sich mit dem Bedeutungssystem von Kulturen befasst und diese Bedeutungssysteme nach psychologisch relevanten Konzepten strukturiert. Wie dies aussehen kann, soll im Folgenden am Beispiel gegenwärtig einflussreicher Forschungen zum *Individualismus-Kollektivismus* (Selbst- vs. Gruppenorientierung) und zur *Independenz-Interdependenz* (individuelle Unabhängigkeit vs. soziale Verbundenheit) erläutert werden. Es sei vorausgeschickt, dass die Verwendung dieser Konzepte nicht frei von Problemen ist: Ein Problem ist die typologische Sichtweise mit dem ihr eigenen Hang zur Vereinfachung (u. a. der Reduktion auf eine Dimension). Ein anderes Problem ist, dass man nicht ohne weiteres davon ausgehen kann, dass Kulturen homogene Einheiten sind. Vielmehr ist anzunehmen, dass individuelle Unterschiede bestehen, die es erforderlich machen, auch nach intrakulturellen Differenzen zu suchen. Ein weiteres Problem ist, dass auf der Ebene von kulturellen Merkmalen (z. B. Religion, Sprache) oder von Aggregaten (z. B. Mittelwerte von individuellen Werthaltungen) nachgewiesene Kulturbesonderheiten nicht ohne weiteres den jeweiligen individuellen Kulturangehörigen zugeschrieben werden können.

2.2.1 Individualismus-Kollektivismus als Dimension von Kulturen

Gegenwärtig dominieren Ansätze, Unterschiede zwischen Angehörigen verschiedener Kulturen auf der Dimension Individualismus-Kollektivismus einzuordnen. Vereinfacht gesagt, ist unter individualistischer Orientierung eine Bevorzugung von individuellen Zielen gegenüber Zielen der Gruppe zu verstehen, und umgekehrt unter einer kollektivistischen Orientierung die Bevorzugung von Gruppenzielen gegenüber eigenen Zielen. Damit hängt zusammen, dass bei einer individualistischen Orientierung Selbständigkeit und Selbstverwirklichung als wichtiger und Konformität und Normenübernahme als weniger wichtig gelten. Diese Unterscheidung wurde zunächst in anthropologischen Studien verwendet (Kluckhohn & Strodtbeck, 1961; Marsella, DeVos & Hsu, 1985) und seit den empirischen Arbeiten von Hofstede (1980) zunehmend in der kulturvergleichenden Psychologie übernommen. Hofstede hat aufgrund seiner weltweit vergleichenden Studien zu Werthaltungen von Mitarbeitern eines multinationalen Unternehmens diese Dimension als eine von mehreren anderen relevanten Dimensionen von Werten nachgewiesen (Individualismus-Kollektivismus; Feminismus-Maskulinität; Unsicherheitsvermeidung; Machtdistanz).

Die Dimension Individualismus-Kollektivismus wurde in den letzten Jahren in einer Reihe von kulturvergleichenden Untersuchungen als Erklärungsvariable für Unterschiede im sozialen Handeln von Angehörigen verschiedenster Kulturen verwendet.

Damit ist das Problem der Transformation von Kultur- und Persönlichkeitsmerkmalen verbunden. Dies haben Triandis und Koautoren (1985, 1986) durch Unterscheidung verschiedener Untersuchungseinheiten zu lösen versucht, indem sie annahmen, dass die Persönlichkeitsdimension «ideozentrisch-allozentrisch» der Kulturvariablen «Individualismus-Kollektivismus» entspricht. Allozentrische Tendenzen erfassen nach diesem Konzept drei Faktoren: Unterordnung individueller Ziele unter Gruppenziele; Wahrnehmung der Eigengruppe als einer Erweiterung des Selbst und ausgeprägte Eigengruppenidentität. Für die Operationalisierung dieser Merkmale liegen inzwischen eine Vielzahl von Verfahren vor (von einfachen Selbstbeschreibungen bis hin zu Skalen, die Einstellungen und Präferenzen erfassen sollen).

Kagitcibasi (1994, 1996) argumentiert, dass nicht ohne weiteres davon ausgegangen werden kann, dass individualistische und kollektivistische Orientierungen zwei Pole einer Dimension darstellen. Im übrigen unterscheiden sich Kulturen, die als individualistisch oder kollektivistisch kategorisiert werden. Des Weiteren decken die von Hofstede nachgewiesenen Dimensionen nicht alle Kulturbesonderheiten ab. Bond (1988b) hat auf der Grundlage von Hofstedes Befunden eine Skala mit 40 in China wichtigen

Werten konstruiert und in 22 Ländern eingesetzt. In 20 Ländern ergaben sich Faktoren, die Hofstedes vier Dimensionen entsprachen. Darüber hinaus ergab sich ein Faktor «Confucian Work Dynamism», der mit keinem der vier Faktoren korrelierte und offenbar ein Kulturspezifikum für Chinesen bedeutet.

Das Konzept «Individualismus-Kollektivismus» hat sich jedoch bisher trotz seiner Grenzen als fruchtbar für psychologische Erklärungen und Vorhersagen in Bezug auf eine Reihe von sozialpsychologischen Phänomenen erwiesen (vgl. Bond 1988a, 1996; Gudykunst & Bond, 1997; Kim & Berry, 1993; Triandis, 1995).

2.2.2 Independenz versus Interdependenz

In den letzten Jahren hat sich ein weiteres Konzept zur Unterscheidung von kulturspezifischen Phänomenen durchgesetzt: das von Markus und Kitayama (1991, 1993) im Zusammenhang mit ihren Untersuchungen zu kulturspezifischen Besonderheiten in Selbstkonzept, Emotionen und Kognitionen elaborierte Konzept des independenten (unabhängigen, autonomen) und des interdependenten Selbst. Diese Differenzierung hat Ähnlichkeit mit dem oben genannten Konzept des Individualismus-Kollektivismus.

Nach Markus & Kitayama (1991) und Fiske et al. (1998) wird bei einem *independenten* Selbstkonzept die Unabhängigkeit der eigenen Person und Priorität für die Realisierung der eigenen Interessen bevorzugt; bei einem *interdependenten* Selbstkonzept steht die Einbindung des Selbst in den sozialen Kontext im Vordergrund bei gleichzeitiger Bereitschaft, eigene Interessen gegenüber Gruppeninteressen zurückzustellen. Die Autoren gehen von den kulturellen Besonderheiten im westlichen, vor allem nordamerikanischen Kulturkontext im Vergleich zu asiatischen Kulturen aus und knüpfen an zahlreiche Studien an, die im Westen hohe Selbstfokussierung und in Asien hohe Gruppenbindungen feststellen (vgl. Bond, 1988a; Kim & Berry, 1993). Aufgrund dieser Konzeptualisierung lassen sich viele Ergebnisse kulturvergleichender Studien besser einordnen und Folgen einer kulturspezifischen Selbst-Umwelt-Beziehung für eine Vielzahl psychologischer Phänomene aufdecken (vgl. Fiske et al., 1998).

Mit den Studien aus der Tradition dieser oben skizzierten Differenzierungen zwischen Individualismus und Kollektivismus und zwischen dem independenten und interdependenten Selbst ist bereits ein wichtiger Fortschritt in der kulturvergleichenden Forschung erfolgt: es werden relevante psychologische Konstrukte im Zusammenhang mit kulturellen Bedeutungssystemen untersucht. Kulturen werden dabei nicht nur als externe Variablen verstanden, die gemäß formalen Kategorien klassifiziert werden. Vielmehr geht es darum, in *einem bestimmten Kulturkontext bevorzugte Handlungsorientierungen* festzustellen, die sich dort aus bestimmten Gründen herausgebildet haben, *um deren Wirkung auf psychologische Prozesse* zu untersuchen. Damit mutiert der Kulturvergleich zum Vergleich der sozialpsychologischen Folgen subjektiver Bedeutungssysteme. Kultur wird hier als Teil von individuellen psychischen Phänomenen und von sozialen Interaktionen verstanden.

Auch bei diesem Zugang sollten interindividuelle Differenzen und kulturelle Teilgruppen nicht ignoriert werden, denn Kulturen als Bedeutungssysteme sind nicht homogen. Trotz Problemen der Typologisierung erscheint eine solche Differenzierung zunächst als ein brauchbarer heuristischer Zugang, um aus *kulturorientierter psychologischer* Sicht Ähnlichkeiten und Unterschiede in psychologischen Phänomenen vorherzusagen und zu erklären. Im Folgenden soll dies an einigen ausgewählten Beispielen aus der sozialpsychologischen Forschung veranschaulicht werden.

3 Sozialpsychologische Themen aus kulturvergleichender Sicht

3.1 Soziale Kognition

Attribution. Eine besondere Leistung sozialpsychologischer Theorienbildung ging von Heiders (1958) Annahme aus, dass der Mensch als naiver Wissenschaftler versucht, beobachtbares Verhalten mit nicht beobachtbaren Ursachen zu verbinden, kognitive Schemata und naive Theorien über sich selbst und die Beziehung zur Umwelt zu entwickeln und entsprechend zu handeln. Dabei können Verzerrungen und Fehler erfolgen. Der bekannte Attribuierungsfehler, als Beobachter einer anderen Person situative Bedingungen zu unterschätzen und interne Merkmale der beobachteten Person zu überschätzen (bzw. umgekehrt bei der Selbstbeobachtung im Sinne von Selbstwerterhöhung) (vgl. Übersicht von Ross & Nisbett, 1991) scheint nicht, wie lange angenommen, ein universelles Phänomen zu sein, sondern kulturabhängig zu variieren (vgl. Smith & Bond, 1994). Kulturvergleichende Studien von Miller (1984) zeigen, dass hinduistisch-indische Probanden im Vergleich zu nordamerikanischen eher externe, situative Merkmale und weniger interne Merkmale als Ursache für Verhaltensergebnisse wahrnehmen, gleich ob es sich um erwünschtes oder unerwünschtes Verhalten handelt. Man kann also nicht – wie in der Sozialpsychologie bisher üblich – ein universelles Bedürfnis nach Selbstwertschutz («self serving bias»; vgl. Stahlberg, Frey, Dauenheimer & Petersen, in diesem Band) annehmen. Der jeweilige kulturspezifische Attribuierungs-«Fehler» wird offenbar im Laufe der Sozialisation gelernt. Mit zunehmendem Entwicklungsalter wird der jeweilige kulturspezifische Attributionsbias übernommen. Ähnliche Kulturunterschiede im Attribuierungsbias zeigen sich auch bei Intergruppenurteilen (Pettigrew, 1979).

Kontrollüberzeugungen. Kognitive Schemata umfassen Überzeugungen darüber, ob eher die eigene Person oder eher externe Faktoren Handlungsergebnisse beeinflussen. Solche Kontrollüberzeugungen (zu Kontrolltheorien vgl. Frey & Jonas, in diesem Band) wurden von Rotter (1966) als Persönlichkeitsmerkmale (*internal* vs. *external locus of control*) gesehen, die Vorhersagen z.B. über Leistungshandeln erlauben sollten. Während in den USA dieser Zusammenhang nachweisbar war, zeigten Kulturvergleiche mit Probanden aus anderen Kulturen (u.a. Indien) sogar gegenläufige Zusammenhänge.

Diese und andere widersprüchliche Befunde haben Weisz, Rothbaum und Blackburn (1984) veranlasst, von einem universellen Bedürfnis nach Kontrolle auszugehen und Kontrollüberzeugungen als kulturpsychologische Phänomene der Selbst-Umwelt-Gestaltung zu konzeptualisieren. Die Autoren unterscheiden zwischen «primärer» und «sekundärer» Kontrolle und dabei weiter nach verschiedenen Kontrollarten (wie interpretativer, illusionärer, stellvertretender Kontrolle). Bei «primärer» Kontrolle versucht das Individuum seine Umwelt gemäß eigenen Zielen und Überzeugungen zu gestalten (assimilative Kontrolle). Bei «sekundärer» Kontrolle versucht das Individuum, sich den Gegebenheiten der Umwelt anzupassen (akkommodative Kontrolle). Beide Kontrollarten können der aktiven Gestaltung von Selbst-Umwelt-Beziehungen dienen. Sie unterscheiden sich jedoch in Bezug auf ihre Bedeutung in verschiedenen Kulturkontexten. Während im westlichen Kontext «sekundäre» Kontrolle als Schritt der Resignation und Kontrollverzicht gesehen werden kann, ist «sekundäre» Kontrolle im asiatischen Kontext eine angemessene Strategie, den Anforderungen der Situation zu entsprechen und eigene Ziele zurückzustellen. Tatsächlich wurden deutliche Unterschiede (u. a. bei arabischen, deutschen, israelischen, malaysischen und nordamerikanischen Studierenden, wie auch bei deutschen und japanischen Müttern) in Bezug auf die Bevorzugung beider Kontrollarten und deren Zusammenhang mit anderen kulturspezifischen Werthaltungen und Problemlösepräferenzen nachgewiesen (vgl. Seginer, Trommsdorff & Essau, 1993; Trommsdorff, 1989). Offenbar hängt die Wahl von eher «primärer» oder eher «sekundärer» Kontrolle (oder von gleichzeitig beiden Kontrollarten) davon ab, was sich im gegebenen Kulturkontext als optimale Strategie erwiesen hat. Daher wäre es ein ethnozentrischer Kurzschluss, der ohne Einsicht in die kulturspezifischen Bedeutungszusammenhänge entstehen muss, die Wahl von «sekundärer» Kontrolle bei asiatischen Probanden als mangelnde Problemlösefähigkeit zu interpretieren.

Laientheorien. Peng und Nisbett (1999) belegen in ihren kulturvergleichenden Studien zum Umgang von chinesischen und nordamerikanischen Probanden mit widersprüchlichen Informationen die Wirkung von kulturspezifischen Laientheorien über die Natur der Welt und das Wissen. Während chinesische Probanden (auch solche, die in den USA leben und dort studieren) Widersprüche eher tolerieren und Kompromisse zwischen widersprüchlichen Aussagen suchen, lehnen nordamerikanische Probanden logische Widersprüche eher ab und entscheiden sich für eine der Alternativen. Gemäß den Prinzipien der chinesischen dialektischen Epistemologie (Wandel, Widerspruch und Interdependenz) sind Konzepte und Regeln sehr flexibel und mit einer Vielzahl von Bedeutungen und Funktionen ausgestattet. Die «Wirklichkeit» wird als dynamisch, flexibel, aktiv, wandelbar und subjektiv – also nicht als objektive und identifizierbare Einheit wahrgenommen. Dies hängt mit kulturspezifischen Heuristiken im Umgang mit Widersprüchen (Peng & Nisbett, 1999) und darauf beruhender unterschiedlicher Bedeutung situativer Anforderungen bzw. sozialer Erwartungen (Fiske et al. 1998) zusammen, die Problemlösen und soziales Verhalten beeinflussen. Daher ist nicht nur die Toleranz für Widersprüche in formaler Argumentation bei asiatischen im

Vergleich zu westlichen Probanden ausgeprägter. Auch Widersprüche zwischen inneren Einstellungen und gezeigtem Verhalten werden eher akzeptiert. Dies mag erklären, warum der Dissonanzeffekt in dem forced-compliance Paradigma (siehe Frey & Gaska, 1993) für ostasiatische Probanden teilweise nicht repliziert werden konnte (vgl. Choi & Nisbett, 1999). In Japan gilt es z. B. als wünschenswert, sich situationsangemessen und den sozialen Normen und Erwartungen gemäß zu verhalten, auch wenn eigene Einstellungen dem Verhalten nicht entsprechen. Inkonsistenzen zwischen Einstellungen und Verhalten müssen daher nicht «überwunden» werden, sondern sind im Gegenteil ein Beispiel für eine «reife» und gut sozialisierte Persönlichkeit.

Selbsttheorien. Zwar wurde schon früher heftige Kritik an einer individualistischen Sicht des Selbst und der Validität von im Westen geprüften Selbsttheorien geübt (z. B. Spence, 1985), ohne aber in der sozialpsychologischen Forschung fruchtbar zu werden. Erst Arbeiten von Psychologen aus nichtwestlichen Kulturen haben zu einem Umdenken geführt (vgl. Markus & Kitayama, 1991; Marsella, DeVos & Hsu, 1985). Besonders einflussreich ist gegenwärtig der bereits erwähnte Ansatz von Markus und Kitayama (1991, 1994), die eine Theorie des Selbst entwickelt haben, die ethnozentrische Engen bisheriger westlicher Ansätze zu überwinden versucht und neue Perspektiven eröffnet, emotionale und kognitive Grundlagen von sozialen Interaktionen im Zusammenhang mit Selbsttheorien zu erklären. Kulturvergleiche befassen sich dabei u. a. mit der Frage, inwieweit Tendenzen der Selbstaufwertung auch in Kulturen nachweisbar sind, die gemäß buddhistischer Auffassung individuelle selbstbezogene Bedürfnisse zu überwinden versuchen. In individualistischen im Vergleich zu kollektivistischen Kulturen tendieren Personen eher zu einer positiven Selbstwahrnehmung und Selbstdarstellung (Kitayama, Markus, Matsumoto & Norasakkunkit, 1997; Markus & Kitayama, 1991; Triandis, 1995) und einer geringeren Wahrnehmung von Ähnlichkeit mit anderen (Kim & Markus, 1999). Die in Japan geltende Regel, dass sich der Einzelne nicht hervorheben sollte, auch und gerade wenn er (für die Gruppe) besondere Leistungen erbracht hat, lässt sich mit dem Begriff «kuro-ko» (der im Dunkeln stehende Meister im Puppenspiel) umschreiben (M. Mori, persönliche Mitteilung, 9. Dezember 1999).

Unterschiede im Selbstkonzept von Probanden aus individualistischen vs. universalistischen Kulturen ergeben sich aus zahlreichen kulturvergleichenden Studien. Auf die Bitte, sich selbst zu beschreiben («wer bin ich?») erhält man typischerweise von ostasiatischen Probanden Antworten, die die eigene Person in ihrer sozialen Beziehung zu anderen einordnet (ältester Sohn von …; jüngster Bruder von …), während sich amerikanische oder deutsche Probanden auf der Grundlage bestimmter (häufig abstrakter) Eigenschaften beschreiben (Kobayashi & Friedlmeier, 1996). Im Japanischen fehlt ein sprachliches Äquivalent für den Begriff «Ich». Der Sprecher bezieht sich vielmehr auf diverse soziale Merkmale in Relation zum Zuhörer (wie Geschlecht, Zugehörigkeit zu einer Firma oder andere soziale Attribute, z. B. den eigenen sozialen Status im Verhältnis zu dem des Partners). Bei kollektivistischer Orientierung strukturieren soziale Beziehungen, bei individualistischer Orientierung die individuellen Besonderheiten die Selbstwahrnehmung.

3.2 Soziale Interaktion

Sozialer Einfluss. In diesem Zusammenhang ist die Bedeutung von «Gesicht Wahren» (z. B. in Ostasien) relevant. «Gesicht» ist das Fremdbild, das die Person für sich wahrnimmt. Damit ist soziale Anerkennung durch andere sowie Akzeptanz als Gruppenmitglied impliziert. Kritik an der eigenen Person kann als (aggressive) Bedrohung von «Gesicht» und als Zurückweisung erlebt werden. Gesicht-Wahren oder Gesicht-Wiederherstellen stehen in Zusammenhang mit der Einhaltung von sozialen Normen. Wenn man soziale Regeln verletzt (z. B. Reziprozitätsnormen nicht genügt), verliert man «Gesicht».

Während soziale Interaktionen bei einer individualistischen Orientierung eher von individuellen Zielen beeinflusst werden, sind bei einer kollektivistischen Orientierung eher soziale Verpflichtungen und Normen, die vor allem die Harmonie in der Eigengruppe erhalten sollen, relevant. *Konformität* ist wohl daher in individualistischen im Vergleich zu kollektivistischen Kulturen weniger ausgeprägt (vgl. Bond & Smith, 1996) und hat eher die Bedeutung, die Individualität des Einzelnen zu bedrohen (vgl. Kim & Markus, 1999). Bei Gruppenleistungen führt die Anwesenheit von anderen in individualistischen Kulturen (USA), vor allem bei männlichen Probanden, zu einem Nachlassen eigener Anstrengung (*social loafing*), in kollektivistischen Kulturen (in Ostasien) hingegen nicht (*social striving*) (vgl. die Metaanalyse über 78 Experimente von Karau & Williams, 1993). Im Fall von kollektivistischer oder interdependenter Orientierung dient individuelle Leistung der Gruppe. Ein Nachlassen individueller Leistung würde sich zu Lasten der anderen Gruppenmitglieder auswirken. Bei einer individualistischen oder independenten Orientierung ist daher eher eine «free-rider»-Einstellung wahrscheinlich.

Aufteilungsverhalten. Die Kenntnis der im gegebenen kulturellen Kontext üblichen sozialen Normen erlaubt auch, spezifische soziale Interaktionen vorherzusagen. Die *Equity-Theorie*, die Aufteilungsentscheidungen in Gruppen vorhersagt und erklärt, wird in Kulturvergleichen nur unter bestimmten kulturellen (individualistischen/kollektivistischen), situativen (Eigen-/Außengruppenzugehörigkeit) und personenspezifischen (ideozentrische/allozentrische Orientierung) Bedingungen bestätigt (vgl. Übersicht über 14 Studien: Marin, 1985, zitiert nach Triandis, 1988). Gleichheits- und Gerechtigkeitsnormen (siehe Müller & Hassebrauck, 1993) haben kulturspezifisch eine unterschiedliche Bedeutung. Die Equity-Norm (jeder erhält was er eingebracht hat: Verhältnis von Input und Output) wird in individualistischen Kulturen und die Equality-Norm (jedem das Gleiche unabhängig von seinem Input) wird in kollektivistischen Kulturen bevorzugt. Beim Vergleich von Probanden mit ideozentrischer vs. allozentrischer Orientierung zeigen sich ähnliche Unterschiede. Diese kulturellen Unterschiede in Aufteilungsentscheidungen und dem zugrunde liegenden Wert von «Fairness» hängen damit zusammen, ob die Beteiligten die Bedeutung individueller Leistungen oder die Bedeutung von Gruppenkonsens und Harmonie höher schätzen.

Hilfeverhalten und Aggression. In Bezug auf Hilfe zeigen sich besonders dann Kultur-unterschiede, wenn die hilfsbedürftige Person nicht zur Eigengruppe gehört. Angehö-rige kollektivistischer Kulturen sind in dem Fall weniger hilfsbereit. Im chinesischen Kulturkontext besteht gegenüber den Familienmitgliedern eine hohe Verpflichtung in Bezug auf Hilfe und Unterstützung. Hilfeleistung gegenüber Nichtfamilienmitgliedern wird hingegen kaum erwartet. Allerdings sind japanische im Vergleich zu deutschen Kindern angesichts der Hilfsbedürftigkeit einer fremden Person stärker emotional be-rührt (sie zeigen mehr Distress), aber sie greifen auch weniger aktiv helfend ein (Trommsdorff, 1995). Bei einem interdependenten (im Vergleich zu einem independen-ten) Selbstkonzept zeigen japanische Kinder mehr Empathie. Bei japanischen und deutschen Kindern fördert ein interdependentes Selbstkonzept das Hilfeverhalten (Ko-bayashi, 1994). In Bezug auf Aggressivität belegen Studien von Kornadt und Tachibana (1999) und Kornadt und Eisler (1999) zwar eine ähnliche Struktur von deutschen im Vergleich zu japanischen Jugendlichen, aber geringere Ausprägung des Aggressionsmo-tivs.

Soziale Beziehungen. Bei kollektivistischer Orientierung sind Freundschaftsbeziehun-gen ein Ergebnis sozialer Verpflichtungen (in Japan *giri*, *on*; vgl. Lebra, 1976). Diese re-gulieren den gegenseitigen Austausch von Zuwendungen (z. B. Reziprozität). Während bei einer individualistischen Orientierung die voluntaristische Seite der Reziprozität höher bewertet wird, erfolgt Reziprozität bei kollektivistischer Orientierung gemäß so-zialen Verpflichtungen, die lebenslang wirksam sind und den einzelnen in ein soziales Netz mit klarer Abgrenzung nach außen einbinden. Kulturspezifische Formen von en-gen Beziehungen lassen sich in Japan mit «*amae*» (in Korea: *chong*) beschreiben, einer angestrebten gegenseitigen emotionalen Abhängigkeit (vgl. Doi, 1973), die Besonder-heiten der frühen emotionalen Mutter-Kind-Interaktion weiterführt (Friedlmeier & Trommsdorff, 1999; Trommsdorff, 2001; Trommsdorff & Friedlmeier, 1993, 1999; Trommsdorff & Kornadt, in press) und vielfältige Konsequenzen für die Strukturie-rung von engen Beziehungen hat (vgl. Rothbaum, 1999; Trommsdorff, 1991).

Interkulturelle Kontakte. Aus der umfangreichen, auch kulturvergleichend angelegten Forschung zu Intergruppenbeziehungen und Kulturkontakt wird deutlich, dass die Bindung an eine vertraute Eigengruppe ein universelles Phänomen ist, das mit sozialer Identität, sozialer Kategorisierung, Ethnozentrismus, Stereotypisierung und Inter-gruppenkonflikten zusammenhängt. Die Soziale Identitätstheorie von Tajfel (1978; siehe auch Mummendey, in diesem Band) scheint universell gültig zu sein. Die Frage, ob durch Kontakt zwischen Angehörigen verschiedener Kulturgruppen soziale Diskri-minierung und Konflikte reduziert werden können, wird durch empirische Befunde nicht eindeutig beantwortet. Über Kontakt und gegenseitige Kenntnis hinaus sind uni-versell mindestens die Wahrnehmung von Ähnlichkeit und von Chancengleichheit (z. B. in Bezug auf sozialen Status) zentrale Voraussetzungen für eine Erhöhung von Intergruppenattraktion und Verminderung von Intergruppenkonflikten (vgl. Über-blick von Gudykunst & Bond, 1997). Im Fall von Kulturbegegnungen in pluralistischen

Kulturen (z. B. bei Migration) sind Prozesse der psychologischen Akkulturation zu untersuchen. Dabei geht es darum, inwieweit eigene Kulturbesonderheiten beibehalten oder aufgegeben werden, und ob dies in *Integration, Assimilation, Akkulturation* oder *Separation* mündet. Hierfür sind offenbar auch universell eine Reihe von situativen und personenspezifischen Bedingungen relevant, wie die Freiwilligkeit der Kulturbegegnung (Berry & Sam, 1997). So sind Abgrenzungen zwischen Eigen- und Außengruppenmitgliedern bei individualistischer Orientierung weniger ausgeprägt als bei kollektivistischer Orientierung. Das hat Konsequenzen für Konformität und Konfliktregulation in der Eigengruppe und im Verhältnis zur Außengruppe.

4 Ausblick

Die Befunde kulturvergleichender sozialpsychologischer Forschung machen deutlich, dass es problematisch ist, die in einem Kulturkontext mit dort entwickelten Verfahren getesteten Hypothesen zu generalisieren. Die Gefahr ethnozentrischer Verzerrung und unzulässiger Generalisierung theoretischer Aussagen wird durch solide kulturvergleichende Forschung, die möglichst durch Replikationen fundiert ist, gemildert. Eine Sozialpsychologie, die Gesetzmäßigkeiten sozialen Verhaltens erklären und vorhersagen will, bedarf einer Methodologie, die die Generalisierbarkeit der theoretischen Aussagen durch Erhöhung der ökologischen Validität und Vergrößerung der Varianz von Anfangsbedingungen prüft. Diese wird verbessert, wenn sie den sozialen und kulturellen Kontext einbezieht und als theoretische Variable konzeptualisiert. Dies impliziert jedoch Kosten, die nicht nur zeitlicher und finanzieller sondern auch methodischer Art sind (wie die Schwierigkeit der Randomisierung oder der Kontrolle von Einflussvariablen).

Die Einbeziehung des kulturellen Bedeutungssystems in die Planung und Auswertung von Untersuchungen gibt der Sozialpsychologie ihren sozialen und kulturellen Gegenstandsbereich zurück. Dabei erscheinen zwei Vorgehensweisen möglich, die sich zunächst gegenseitig auszuschließen scheinen: ein kulturpsychologischer und ein kulturvergleichender Ansatz. Beide Ansätze sind jedoch für sich genommen zu einseitig. Daher ist zu prüfen, ob die Berücksichtigung von beiden Perspektiven Grundlage einer *kulturorientierten Psychologie* sein kann.

Kulturvergleiche stehen vor der bisher noch unzureichend gelösten Aufgabe, Universalien und Kulturunterschiede theoretisch und methodisch zu präzisieren. Hypothesen über kulturelle Unterschiede in Bezug auf psychologische Phänomene müssen so formuliert werden, dass die kulturspezifischen psychologischen Prozesse angemessen konzeptualisiert sind. Wenn das gelingt, wird sich wohl der *mainstream* sozialpsychologischer Forschung einer *kulturorientierten Sozialpsychologie* öffnen. Wenn zudem angenommen wird, dass menschliches Verhalten durch Interaktionen zwischen biologischen und Umweltbedingungen entsteht (vgl. Sternberg & Grigorenko, 1997; Worthman, 1992), erweitern sich allerdings die Aufgaben einer kulturorientierten Sozialpsychologie beträchtlich.

Literatur

Allport, F. H. (Ed.). (1924). *Social psychology*. Boston: Houghton Mifflin.

Asch, S. E. (1952). *Social psychology*. New York: Prentice-Hall.

Berry, J. W. (1976). *Human ecology and cognitive style: Comparative studies in cultural and psychological adaptation.* New York: Sage.

Berry, J. W., & Sam, D. L. (1997). Acculturation and adaptation. In: J. W. Berry, M. H. Segall, & C. Kagitçibasi (Eds.), *Handbook of cross-cultural psychology: Vol. 3. Social behavior and applications* (pp. 291–326). Boston: Allyn & Bacon.

Bond, M. H. (Ed.). (1988a). *The cross-cultural challenge to social psychology*. Beverly Hills: Sage.

Bond, M. H. (1988b). Finding universal dimensions of individual variation in multicultural studies of values: The Rokeach and Chinese value surveys. *Journal of Personality and Social Psychology, 55,* 1009–1015.

Bond, M. H. (Ed.). (1996). *The handbook of Chinese psychology.* Hong Kong: Oxford University Press.

Bond, R., & Smith, P. B. (1996). Culture and conformity: A meta-analysis of studies using Asch's (1952b, 1956) line judgment task. *Psychological Bulletin, 119,* 111–137.

Bruner, J. (1996). *The culture of education.* Cambridge: Harvard University Press.

Chakkarath, P. (2000). *Kultur und Psychologie: Zur kulturwissenschaftlichen Genese und zur Ortsbestimmung der Kulturpsychologie.* Unveröffentlichte Dissertation, Universität Konstanz.

Choi, I., & Nisbett, R. E. (1999). Causal attribution across cultures: Variation and universality. *Psychological Bulletin, 125,* 47–63.

Cole, M. (1996). *Cultural psychology: A once and future discipline.* Cambridge, Harvard University Press.

Doi, L. T. (1973). *The anatomy of dependence.* Tokyo: Kodansha.

Fiske, A. P., Kitayama, S., Markus, H. R., & Nisbett, R. E. (1998). The cultural matrix of social psychology. In: D. T. Gilbert, S. T. Fiske, & G. Lindzey (Eds.), *The handbook of social psychology* (Vol. 2, pp. 915–981). Boston: McGraw-Hill.

Frey, D. & Gaska, A. (1993). Die Theorie der kognitiven Dissonanz. In: D. Frey & M. Irle (Hrsg.), *Theorien der Sozialpsychologie: Bd. 1. Kognitive Theorien* (2., vollst. überarb. und erw. Aufl., S. 275–324). Bern: Huber.

Friedlmeier, W., & Trommsdorff, G. (1999). Emotion regulation in early childhood: A cross-cultural comparison between German and Japanese toddlers. *Journal of Cross-Cultural Psychology, 30,* 684–711.

Gilbert, D. T., Fiske, S. T., & Lindzey, G. (Eds.). (1998). *The handbook of social psychology* (4th ed., Vol. 2). Boston: McGraw-Hill.

Graumann, C. F. (1996). Psyche and her descendants. In: C. F. Graumann & K. J. Gergen (Eds.), *Historical dimensions of psychological discourse* (pp. 83–100). New York: Cambridge University Press.

Gudykunst, W. B., & Bond, M. H. (1997). Intergroup relations across cultures. In: J. W. Berry, M. H. Segall, & C. Kagitçibasi (Eds.), *Handbook of cross-cultural psychology: Vol. 3. Social behavior and applications* (pp. 119–161). Boston: Allyn & Bacon.

Haruki, Y., Shigehisa, T., Nedate, K., Wajima, M., & Ogawa, R. (1984). Effects of alien-reinforcement and its combined type of learning behavior and efficacy in relation to personality. *International Journal of Psychology, 19,* 527–545.

Heider, F. (1958). *The psychology of interpersonal relations.* New York: Wiley.

Higgins, E. T., & Kruglanski, A. W. (Eds.). (1996). *Social psychology: Handbook of basic principles.* New York: Guilford.

Himmelweit, H. T., & Gaskell, G. (Eds.). (1990). *Societal psychology.* Newbury Park: Sage.

Hofstede, G. (1980). *Culture's consequences: International differences in work-related values.* Beverly Hills: Sage.

Jahoda, G. (1992). *Crossroads between culture and mind: Continuities and change in theories of human nature.* New York: Harvester Wheatsheaf.

Kagitçibasi, C. (1994). A critical appraisal of individualism-collectivism: Toward a new formulation. In: U. Kim, H. C. Triandis, C. Kagitçibasi, S. C. Choi, & G. Yoon (Eds.), *Individualism and collectivism: Theory, method and applications* (pp. 52–65). Newbury Park: Sage.

Kagitçibasi, C. (1996). *Family and human development across cultures: A view from the other side.* Mahwah: Erlbaum.

Kao, H. S., & Sinha, D. (Eds.). (1997). *Asian perspectives on psychology.* New Delhi, India: Sage.

Karau, S. J., & Williams, K. D. (1993). Social loafing: A meta-analytic review and theoretical integration. *Journal of Personality and Social Psychology, 65,* 681–706.

Kim, H., & Markus, H. R. (1999). Deviance or uniqueness, harmony or conformity? A cultural analysis. *Journal of Personality and Social Psychology, 77,* 785–800.

Kim, U., & Berry, J. W. (Eds.). (1993). *Indigenous psychologies: Research and experience in cultural context.* Newbury Park: Sage.

Kitayama, S., Markus, H. R., Matsumoto, H., & Norasakkunkit, V. (1997). Individual and collective processes in the construction of the self: Self-enhancement in the United States and self-criticism in Japan. *Journal of Personality and Social Psychology, 72,* 1245–1267.

Kluckhohn, F. R., & Strodtbeck, F. L. (1961). *Variations in value orientations.* Evanston: Row, Peterson.

Kobayashi, M. (1994). *Selbstkonzept und Empathie im Kulturvergleich: Ein Vergleich deutscher und japanischer Kinder.* Konstanz: Universitätsverlag Konstanz.

Kobayashi, M. & Friedlmeier, W. (1996). Entwicklungs- und Kulturperspektive des Selbstkonzeptes: Ein Vergleich deutscher und japanischer Kinder. In: G. Trommsdorff & H.-J. Kornadt (Hrsg.), *Gesellschaftliche und individuelle Entwicklung in Japan und Deutschland* (S. 237–255). Konstanz: Universitätsverlag Konstanz.

Kornadt, H.-J., & Eisler, A. C. (1998). Psychological indicators of social change in Japan and Germany. In: G. Trommsdorff, W. Friedlmeier, & H.-J. Kornadt (Eds.), *Japan in transition: Social and psychological aspects* (pp. 243–258). Lengerich, Germany: Pabst Science Publishers.

Kornadt, H.-J., & Tachibana, Y. (1999). Early child-rearing and social motives after nine years: A cross-cultural longitudinal study. In: W. J. Lonner, D. L. Dinnel, D. K. Forgas, & S. A. Hayes (Eds.), *Merging past, present, and future: Selected proceedings of the 14th International Congress of the International Association for Cross-Cultural Psychology* (pp. 429–441). Amsterdam: Swets & Zeitlinger.

Kroeber, A. L., & Kluckhohn, C. (1952). *Culture: A critical review of concepts and definitions.* Cambridge: Peabody Museum.

Lebra, T. S. (1976). *Japanese patterns of behavior.* Honolulu, HI: University of Hawaii Press.

Lewin, K. (1951). *Field theory in social science.* New York: Harper & Row.

Markus, H. R., & Kitayama, S. (1991). Culture and the self: Implications for cognition, emotion, and motivation. *Psychological Review, 98,* 224–253.

Markus, H. R., Kitayama, S., & Heiman, R. J. (1996). Culture and «basic» psychological principles. In: E. T. Higgins & A. W. Kruglanski (Eds.), *Social psychology: Handbook of basic principles* (pp. 857–915). New York: Guilford.

Marsella, A. J., DeVos, G., & Hsu, F. L. K. (Eds.). (1985). *Culture and self: Asian and Western perspectives.* New York: Tavistock.

McDougall, W. (1908). *Introduction to social psychology.* London: Methuen.

Miller, J. G. (1984). Culture and the development of everyday social explanation. *Journal of Personality and Social Psychology, 46,* 961–978.

Müller, G. F. & Hassebrauck, M. (1993). Gerechtigkeitstheorien. In: D. Frey & M. Irle (Hrsg.), *Theorien der Sozialpsychologie: Bd. 1. Kognitive Theorien* (2. vollst. überarb. und erw. Aufl., S. 217–240). Bern: Huber.

Myers, D. G. (1998). *Psychology* (5th ed.). New York: Worth.

Pandey, J., Sinha, D., & Bhawuk, D. P. S. (Eds.). (1996). *Asian contributions to cross-cultural psychology*. New Delhi: Sage.

Peng, K., & Nisbett, R. E. (1999). Cultures, dialectics, and reasoning about contradiction. *American Psychologist, 54,* 741–754.

Pepitone, A. (1989). Toward a cultural social psychology. *Psychology and Developing Society, 1,* 5–19.

Pettigrew, T. F. (1979). The ultimate attribution error: Extending Allport's cognitive analysis of prejudice. *Personality and Social Psychology Bulletin, 5,* 461–476.

Pike, K. L. (1967). *Language in relation to a unified theory of the structure of human behavior* (2nd rev. ed.). The Hague, The Netherlands: Mouton.

Rijsman, J., & Stroebe, W. (Eds.). (1989). Controversies in the social explanation of psychological behavior [Special issue]. *European Journal of Social Psychology, 19*(5).

Rohner, R. P. (1975). *They love me, they love me not: A worldwide study of the effects of parental acceptance and rejection.* New Haven: HRAF Press.

Ross, L., & Nisbett, R. E. (1991). *The person and the situation: Perspectives of social psychology.* New York: McGraw-Hill.

Rothbaum, F. (1999, July). *Cultural differences in attachment relationships across the lifespan.* Paper presented at a meeting of Collective Research Center 511: «Anthropology and Literature» entitled «Ethnotheories of child development and value of children in cultural context», University of Konstanz.

Rotter, J. B. (1966). Generalized expectancies for internal versus external control of reinforcement. *Psychological Monographs, 80* (Whole No. 609).

Segall, M. H., Dasen, P. R., Berry, J. W., & Poortinga, Y. H. (1999). *Human behavior in global perspective: An introduction to cross-cultural psychology* (2nd ed.). Boston: Allyn & Bacon.

Seginer, R., Trommsdorff, G., & Essau, C. (1993). Adolescent control beliefs: Cross-cultural variations of primary and secondary orientations. *International Journal of Behavioral Development, 16,* 243–260.

Sherif, M. (1936). *The psychology of social norms.* New York: Harper.

Shweder, R. A. (1982). Beyond self-constructed knowledge: The study of culture and morality. *Merill-Palmer Quarterly, 28,* 41–69.

Shweder, R. A., & LeVine, R. (1984). *Culture theory.* Cambridge: Cambridge University Press.

Smith, P. B., & Bond, M. H. (1998). *Social psychology across cultures* (3rd ed.). London: Allyn & Bacon.

Spence, J. T. (1985). Achievement American style: The rewards and costs of individualism. *American Psychologist, 40,* 1285–1295.

Sternberg, R. J., & Grigorenko, E. (Eds.). (1997). *Intelligence, heredity and environment.* Cambridge: Cambridge University Press.

Super, C., & Harkness, S. (1997). The cultural structuring of child development. In: J. W. Berry, P. R. Dasen, & T. S. Saraswathi (Eds.), *Handbook of cross-cultural psychology: Vol. 2. Basic processes and human development* (pp. 1–39). Boston: Allyn & Bacon.

Tajfel, H. (1978). *Differentiation between social groups: Studies in the social psychology of intergroup relations.* New York: Academic Press.

Triandis, H. C. (1988). Cross-cultural contributions to theory in social psychology. In: M. Bond (Ed.), *The cross-cultural challenge to social psychology* (pp. 122–140). Beverly Hills: Sage.

Triandis, H. C. (1995). *Individualism and collectivism.* Boulder: Westview Press.

Triandis, H. C., Bontempo, R., Betancourt, H., Bond, M., Leung, K., Brenes, A., Georgas, J., Hui, C. H., Marin, G., Setiadi, B., Sinha, J. B. P., Verma, J., Spangenberg, J., Touzard, H., & de Montmollin, G. (1986). The measurement of the etic aspects of individualism and collectivism across cultures. *Australian Journal of Psychology, 38,* 257–267.

Triandis, H. C., Leung, K., Villareal, M. J., & Clack, F. L. (1985). Allocentric vs. idiocentric tendencies: Convergent and discriminant validation. *Journal of Research in Personality, 19,* 395–415.

Trommsdorff, G. (1986). German cross-cultural psychology. *The German Journal of Psychology, 10,* 240–266.

Trommsdorff, G. (1991). Sympathie und Partnerwahl: Enge Beziehungen aus interkultureller Sicht. In: M. Amelang, H. J. Ahrens & H. W. Bierhoff (Hrsg.), *Partnerwahl und Partnerschaft: Formen und Grundlagen partnerschaftlicher Beziehungen* (S. 185–219). Göttingen: Hogrefe.

Trommsdorff, G. (1994). Psychologische Probleme bei den Transformationsprozessen in Ostdeutschland. In: G. Trommsdorff (Hrsg.), *Psychologische Aspekte des sozio-politischen Wandels in Ostdeutschland* (S. 19–42). Berlin: de Gruyter.

Trommsdorff, G. (1995). Person-context relations as developmental conditions for empathy and prosocial action: A cross-cultural analysis. In: T. A. Kindermann & J. Valsiner (Eds.), *Development of person-context relations* (pp. 113–146). Hillsdale: Erlbaum.

Trommsdorff, G. (2001). Eltern-Kind-Beziehungen aus kulturvergleichender Sicht. In: S. Walper & R. Pekrun (Hrsg.), *Familie und Entwicklung: Aktuelle Perspektiven der Familienpsychologie* (S. 36–62). Göttingen: Hogrefe.

Trommsdorff, G. (in Druck). Kulturvergleichende Entwicklungspsychologie. In: A. Thomas (Hrsg.), *Kulturvergleichende Psychologie: Eine Einführung* (2., vollst. überarbeitete Aufl.). Göttingen: Hogrefe.

Trommsdorff, G., & Dasen, P. (2001). Cross-cultural study of education. In: N. J. Smelser & P. B. Baltes (Eds.), *International encyclopedia of the social and behavioral sciences* (pp. 3003–3007). Oxford UK: Elsevier.

Trommsdorff, G., & Friedlmeier, W. (1993). Control and responsiveness in Japanese and German mother-child interactions. *Early Development and Parenting, 2,* 65–78.

Trommsdorff, G. & Friedlmeier, W. (1999). Emotionale Entwicklung im Kulturvergleich. In: W. Friedlmeier & M. Holodynski (Hrsg.), *Emotionale Entwicklung: Funktion, Regulation und soziokultureller Kontext von Emotionen* (S. 275–293). Heidelberg: Spektrum.

Trommsdorff, G., & Kornadt H.-J. (in press). Parent-child relations in cross-cultural perspective. In: L. Kuczynski (Ed.), *Handbook of dynamics in parent-child relations.* London: Sage.

Valsiner, J. (1999). *Culture and human development.* London: Sage.

Vygotsky, L. S. (1978). *Mind in society: The development of higher mental processes* (M. Cole, V. John-Steiner, S. Scribner, & E. Souberman, Eds.). Cambridge: Harvard University Press. (Original work published 1930–1935)

Weisz, J. R., Rothbaum, F. M., & Blackburn, T. C. (1984). Standing out and standing in: The psychology of control in America and Japan. *American Psychologist, 39,* 955–969.

Whiting, B. B., & Whiting, J. W. M. (1975). *Children of six cultures: A psychocultural analysis.* Cambridge: Harvard University Press.

Worthman, C. M. (1992). Cupid and psyche: Investigative syncretism in biological and psychological anthropology. In: T. Schwartz, G. White, & C. Lutz (Eds.), *New directions in psychological anthropology* (pp. 150–178). Cambridge, England: Cambridge University Press.

Autorenverzeichnis

Athenstaedt, Ursula, geb. 1962, Universitätsassistentin in der Abteilung für Sozialpsychologie des Institutes für Psychologie der Universität Graz, Studium der Psychologie in Graz, Dr. phil. 1989, Arbeitsschwerpunkte: Geschlechtsrollenforschung (Geschlechtsrollen-Selbstkonzept), Adresse: Institut für Psychologie, Universität Graz, Universitätsplatz 2, A-8010 Graz. E-Mail: ursula.athenstaedt@kfunigraz.ac.at

Becker-Stoll, Fabienne, geb. 1967, Studium der Psychologie in Regensburg, Dipl. Psych. (1994). Dr. phil. (1997). Wissenschaftliche Assistentin an der Universität Regensburg. Arbeitsschwerpunkte: Bindung und Autonomie im Jugendalter, Entwicklungsaufgaben des Jugendalters, Bindung und Essstörungen, Methoden der Familieninteraktionsbeobachtung.

Bierhoff, Hans-Werner, geboren 1948, Studium der Psychologie in Bonn 1967–1971. Promotion Dr. phil. 1974. Wissenschaftlicher Assistent, Psychologisches Institut der Universität Bonn 1973–1980. Privatdozent (Habilitation mit Venia legendi in Psychologie, Universität Bonn) 1977. Hochschullehrer (Sozialpsychologie) 1980–1992 im Fachbereich Psychologie der Universität Marburg. Seit 1992 Lehrstuhl Sozialpsychologie der Ruhr-Universität Bochum. Arbeitsschwerpunkte: Hilfreiches Verhalten, Fairness, Romantische Beziehungen, Solidarität und Vertrauen. Adresse: Ruhr-Universität Bochum, Fakultät für Psychologie, Lehrstuhl für Sozialpsychologie, D-44780 Bochum. E-Mail: Hans-Werner.Bierhoff@ruhr-uni-bochum.de.

Bohner, Gerd, geb. 1959, Dipl.-Psych. 1986 Heidelberg, Dr. phil. 1990 Heidelberg; Habilitation 1997 Mannheim. Senior Lecturer und Director of Graduate Studies, Department of Psychology, University of Kent, Canterbury, Großbritannien. Arbeitsschwerpunkte: Einstellungsänderung; soziale Urteilsbildung; geschlechtsbezogene Einstellungen und Verhalten; Forschungsmethoden und Datenanalyse. Adresse: University of Kent at Canterbury, Department of Psychology, Canterbury, Kent CT2 7NP, UK. E-Mail: G.Bohner@ukc.ac.uk

Brodbeck, Felix C., geb. 1960, Dipl.-Psych. (Schwerpunkt: Klinische Psychologie, Universität München), Dr. phil. (Schwerpunkt: Arbeits- und Organisationspsychologie, Universität Giessen), Habil. (Schwerpunkt: Experimentelle Sozialpsychologie, Universität München). Studium verschiedener Bereiche der Psychologie in München, New

York und Giessen. Forschungsaufenthalte an der University of Scheffield und der Wharton School, University of Pennsylvania. Seit 1999 Professor of Social and Organisational Psychology an der Aston Business School, Aston University, Birmingham (UK). Arbeitsschwerpunkte: Experimentelle und Angewandte Sozialpsychologie (soziale Kognition und Interaktion, Gruppenprozesse, Führungsprozesse), Arbeits- und Organisationspsychologie (HRM, Organisational Behavior, Gruppenleistung, Teamklima, Organisationskultur), Interkulturelle Psychologie (Soziale Interaktion und Führung im Kulturvergleich), Methoden (multi-level, sowie die Verbindung qualitativer und quantitativer Forschungsmethoden). Anschrift: Aston Business School, Aston University, Aston Triangle, Birmingham B4 7ET, UK. E-Mail: f.c.brodbeck@aston.ac.uk

Brömer, Philip, geb. 1966. Dipl.-Psych., Dr. rer. soc., Wissenschaftlicher Angestellter. Studium der Psychologie und Promotion an der Universität Tübingen. Arbeitsschwerpunkte: Einstellungen, Soziale Wahrnehmung und Konflikte in Beziehungen, Gruppenprozesse, Personalentwicklung. Adresse: Psychologisches Institut Tübingen, Friedrichstraße 21, D-72072 Tübingen. E-Mail: philip.broemer@uni-tuebingen.de.

Diehl, Michael, geb. 1952. Dipl.-Psych., Dr. rer. soc. habil., Univ.-Professor. Studium der Psychologie an den Universitäten Regensburg und Marburg. Diplom in Psychologie 1977. Promotion und Habilitation an der Universität Tübingen. 1993–1995 Professor für Mikrosoziologie und Sozialpsychologie an der Universität Mannheim; seit 1995 Professor für Sozial- und Persönlichkeitspsychologie an der Eberhard-Karls-Universität Tübingen. Arbeitsschwerpunkte: Intra- und Intergruppenprozesse, insbesondere Informationsverarbeitung in Gruppen, netzbasierte Kommunikation in Gruppen, Soziale Identität und Selbstkonzept. Adresse: Psychologisches Institut der Universität Tübingen, Friedrichstrasse 21, D-72072 Tübingen. E-Mail: michael.diehl@uni-tuebingen.de.

Erb, Hans-Peter, geb. 1958, Dipl.-Psych. 1993 Mannheim, Dr. phil. 1996 Heidelberg, Postdoctoral Fellow an der University of Maryland at College Park. Arbeitsschwerpunkte: Urteilsprozesse, Persuasion, sozialer Einfluss. Adresse: University of Maryland, Department of Psychology, College Park, MD 20742-4411, USA. E-Mail: jerb@psyc.umd.edu

Frank, Elisabeth, geb. 1967. Studium der Psychologie an der Universität Mannheim. Diplom in Psychologie 1995. Promotion 1998 an der Ludwig-Maximilians-Universität München.
Arbeitsschwerpunkte: Einflussfaktoren von Zielsetzungen und Ausdauer, Annäherung und Vermeidung bei persönlichen Bindungen, kognitive Barrieren der Konfliktlösung. Adresse: Institut für Psychologie/Sozialpsychologie, LMU München, D-80802 München

Freudenthaler, Heribert Harald, geb. 1966; Wissenschaftlicher Assistent am Institut für Psychologie der Universität Graz; Studium der Psychologie und Soziologie; Mag. rer.

nat. 1993, Dr. rer. nat. 1999. Forschungsschwerpunkte: Sozialpsychologische Aspekte von Gerechtigkeit, Menschliche Intelligenz. Adresse: Institut für Psychologie der Universität Graz, A-8010 Graz. E-Mail: harry.freudenthaler@uni-graz.at

Frey, Dieter, geb. 1946, Studium der Psychologie und Soziologie in Mannheim und Hamburg; Promotion 1973; Habilitation 1978; 1978–1993 Professor für Sozial- und Organisationspsychologie an der Christian-Albrechts-Universität in Kiel; 1988/89 Theodor-Heuss Professor an der Graduate Faculty der New School for Social Research in New York; seit 1993 Professor für Sozial- und Wirtschaftspsychologie an der Ludwig-Maximilians-Universität München; Mitglied der Bayerischen Akademie der Wissenschaften; Deutscher Psychologie Preisträger 1998. Arbeitsschwerpunkte: Entscheidungsverhalten in Gruppen, Teamarbeit, Führung, innere Kündigung, Absentismus, neue Kulturen zur Erhöhung von Kreativität und Motivation, personale und organisatorische Bedingungen für ein Center of Excellence, Forschungen über Entstehung und Veränderungen von Einstellungen und Wertesystemen, Überprüfung sozialpsychologischer Theorien. Adresse: Institut für Psychologie der Ludwig-Maximilians-Universität München, Lehrstuhl Sozialpsychologie, Leopoldstraße 13, D-80802 München. E-Mail: frey@psy.uni-muenchen.de

Greitemeyer, Tobias, geb. 1969, Studium der Schulpsychologie in München 1990–1996. Promotion Dr. phil. 2000. Forschungsaufenthalt an der University of California, Los Angeles 2000–2001. Seit 2002 wissenschaftlicher Mitarbeiter am Lehrstuhl für Sozialpsychologie der Ludwig-Maximilians-Universität. Arbeitsschwerpunkte: Informationsaustausch in Gruppen, pro- und antisoziale Motivation, Entrapment, wirtschaftspsychologische Fragestellungen, insbesondere psychologische Auswirkungen der Einführung des Euro. Adresse: Psychologisches Institut der Ludwig-Maximilians-Universität, Lehrstuhl Sozialpsychologie, Leopoldstraße 13, D-80802 München. E-Mail: togre@psy.uni-muenchen.de

Greve, Werner, geb. 1959, Dipl.-Psych., Dr. rer.nat. habil., M.A. (philos.), Stellvertretender wiss. Direktor des Kriminologischen Forschungsinstitutes Niedersachsen; Arbeitsschwerpunkte: Psychologie der Bewältigung, Selbstbildstabilisierung, Viktimisierung, Entwicklungspsychologie der Lebensspanne. Adresse: Kriminologisches Forschungsinstitut Niedersachsen, Lützerodestraße 9, D-30161 Hannover, E-Mail: greve@kfn.uni-hannover.de

Grossmann, Klaus, geb. 1935, Studium der Psychologie in Hamburg, Dipl. Psych. (1961). Fulbright-Stipendium 1961–1965, Ph.D. (Dr. phil.) University of Arkansa, (1965); Habilitation in Psychologie und Verhaltensbiologie, Universität Freiburg i.Br. (1971); o. Professor für Psychologie, Bielefeld, 1970–1977; Univ.-Professor, Regensburg 1977 bis heute. Forschungsschwerpunkte: Bindungsforschung über den Lebenslauf; Untersuchungen über «Arbeitsmodelle von Bindungen»

Hassebrauck, Manfred, geboren 1953, Diplompsychologe, Dr. phil. habil., Professor für das Fach Sozialpsychologie an der Bergischen Universität Wuppertal. Arbeitsschwerpunkte: Enge Paarbeziehungen, vor allem die Untersuchung von kognitiven Prozessen in und über Beziehungen; physische Attraktivität; Adresse: Prof. Dr. Manfred Hassebrauck, Bergische Universität (GH) Wuppertal, Fachbereich 3 – Psychologie, Gaußstraße 20, D-42097 Wuppertal.

Jonas, Klaus, geb. 1957, Dipl.-Psych., Dr. rer. soc. habil., Studium der Psychologie an den Universitäten Zürich, Bielefeld und Tübingen. Professor für Wirtschafts-, Organisations- und Sozialpsychologie an der TU Chemnitz. Arbeitsschwerpunkte: Einstellungen und Verhalten, Einstellungsänderung, Wirkung von Intergruppenkontakten auf die Reduzierung von Vorurteilen. Adresse: TU Chemnitz, Institut für Psychologie, D-09107 Chemnitz.

Küpper, Beate, geboren 1968, Diplompsychologin, Wissenschaftliche Mitarbeiterin im Fach Sozialpsychologie an der Bergischen Universität Wuppertal, Arbeitsschwerpunkte: Enge Beziehungen, Bindung, Individualisierung und Pluralisierung von Lebensformen, Adresse: Dipl.-Psych. Beate Küpper, Bergische Universität (GH) Wuppertal, Fachbereich 3 – Psychologie, Gaußstraße 20, D-42097 Wuppertal.

Maier, Günter W., geb. 1962, Dipl.-Psych., Dr. phil., wissenschaftlicher Assistent am Lehrstuhl für Organisations- und Wirtschaftspsychologie der Universität München. Studium der Psychologie, Pädagogik und Soziologie in Gießen und München. Seit 1992 wissenschaftlicher Mitarbeiter im Forschungsprojekt «Selektion und Sozialisation des Führungsnachwuchses» der Universität München, seit 1998 wissenschaftlicher Assistent. Arbeitsschwerpunkte: angewandte Motivationspsychologie, organisationale Sozialisation, Eignungsdiagnostik sowie Methoden der Arbeits- und Organisationspsychologie. Anschrift: Institut für Psychologie der Universität München, Leopoldstraße 13, D-80802 München.

Mikula, Gerold, geb. 1943; Professor für Psychologie und Leiter der Abteilung für Sozialpsychologie am Institut für Psychologie der Universität Graz; Studium der Psychologie und Zoologie; Dr. phil. 1966, Habilitation 1972. Forschungsschwerpunkte: Sozialpsychologische Aspekte von Gerechtigkeit (Erleben von Ungerechtigkeit, Verteilung von Haushalts- und Familienarbeit, Gerechtigkeit und soziale Konflikte), Zwischenmenschliche Beziehungen (Interpersonale Attraktion, Soziale Interdependenz, Entwicklung und Dynamik enger persönlicher Beziehungen). Adresse: Institut für Psychologie der Universität Graz, A-8010 Graz. E-Mail: gerold.mikula@uni-graz.at

Mummendey, Amélie, geb. 1944. Dipl.-Psych. 1968 Universität Bonn, Dr. rer. nat. 1970 Universität Mainz, Habilitation 1974 Universität Münster. Lehrstuhl für Sozialpsychologie, Universität Jena. Arbeitsschwerpunkte: Beziehungen und Verhalten zwischen sozialen Gruppen, Konflikt und Kooperation zwischen Gruppen, Aggressives Verhalten.

Adresse: Lehrstuhl für Sozialpsychologie, Friedrich-Schiller-Universität Jena, Humboldtstraße 26, D-07743 Jena; E-Mail: Amelie.Mummendey@uni-jena.de

Munkes, Jörg, geb. 1972. Dipl.-Psych., Wissenschaftlicher Angestellter. Studium der Psychologie an den Universitäten Mainz, Berlin (HU) und Tübingen. Diplom in Psychologie 1999. Wissenschaftlicher Angestellter in einem DFG-Projekt zum Thema «Problemlösen in virtuellen Gruppen». Kollegiat des Virtuellen Graduiertenkollegs «Wissenserwerb und Wissensaustausch mit neuen Medien». Arbeitsschwerpunkte: Informationsverarbeitung in Gruppen, netzbasierte Kommunikation in Gruppen, Sozialer Vergleich und Gruppenproduktivität. Adresse: Psychologisches Institut der Universität Tübingen, Friedrichstraße 21, D-72072 Tübingen. E-Mail: joerg.munkes@ uni-tuebingen.de.

Otten, Sabine, geb. 1960. Dipl.-Psych., Dr. phil.. Studium und Promotion in Psychologie an der Universität Münster; zur Zeit Habilitation an der Universität Jena. Wissenschaftliche Assistentin an der Universität Jena. Arbeitsschwerpunkte: Soziale Diskriminierung; die Rolle des Selbst für Eigengruppenfavorisierung; aggressives Verhalten im Kontext sozialer Gruppen. Adresse: Friedrich-Schiller Universität Jena, Lehrstuhl Sozialpsychologie, Humboldtstraße 26, D-07743 Jena; E-Mail: sabine.otten@uni-jena.de

Schulz-Hardt, Stefan, geb. 1967, Dipl.-Psych., Dr. phil. habil., Privatdozent. Studium der Psychologie an der Universität Kiel. Diplom in Psychologie 1993 und Promotion in Psychologie 1996 an der Universität Kiel. Habilitation 2002 an der Ludwig-Maximilians-Universität (LMU) München. Wissenschaftlicher Assistent am Lehrstuhl Sozialpsychologie der LMU. Arbeitsschwerpunkte: Urteils- und Entscheidungsprozesse in Gruppen, Informationssuche und Informationsverarbeitung im sozialen Kontext, Psychische Sättigung, Wirtschafts- und Finanzpsychologie. Adresse: Institut für Psychologie der Ludwig-Maximilians-Universität München, Sozialpsychologie, Leopoldstraße 13, D-80802 München. E-Mail: schulz-hardt@psy.uni-muenchen.de

Trommsdorff, Gisela, geb. 1941, Studium der Soziologie und Psychologie an den Universitäten Göttingen, Berlin, Chapel Hill/USA und Mannheim; Diplom 1967, Promotion zum Dr. phil. 1971, Habilitation 1976; 1978–87 Professorin an der RWTH Aachen; seit 1987 Lehrstuhl für Entwicklungspsychologie und Kulturvergleich an der Universität Konstanz; Forschungsaufenthalte und Gastprofessuren in Ost- und Südostasien. Forschungsschwerpunkte: Sozio-emotionale Entwicklung von Kindern und Jugendlichen, familiale Intergenerationenbeziehungen und Wertewandel im Kulturvergleich. Adresse: Universität Konstanz, Mathematisch-Naturwissenschaftliche Sektion, Fachbereich Psychologie, Universitätsstraße 10, D-78457 Konstanz. E-Mail: Gisela.Trommsdorff@uni-konstanz.de

Witte, Erich H., geb. 1946, Dipl. Psych., Dr. phil., Professor für Psychologie. Studium der Psychologie, Philosophie und Mathematik in Hamburg. Diplom in Psychologie

1970 und Promotion 1973 in Hamburg. Habilitation 1977, ebenfalls in Hamburg. Lehrvertretungen in Berlin und Salzburg. Seit 1994 Leiter des Arbeitsbereiches Sozial-, Wirtschafts- und Politische Psychologie in Hamburg. Arbeitsschwerpunkte: Paarbeziehungen, Gruppenmoderation, Kulturvergleiche, Ethikforschung, Wirtschaftspsychologie, Methodologie. Adresse: Universität Hamburg, Psychologisches Institut I, Arbeitsbereich Sozialpsychologie, Von-Melle-Park 6, D-20146 Hamburg. E-Mail: witte_e_h@uni-hamburg.de

Sachwortregister

Inhaltsverzeichnisse der Bände I und III